KINO

Cinephile

2024

A
TRIBUTE
ISSUE

KINO cinephile

편집	서희영
KINO	정성일, 이연호, 곽신애, 이영재, 김미영, 장훈, 주성철
MMZ팀	김지연, 김성환, 조윤성, 윤승식, 윤희정, 전경희, 김준경, 정수민

사진	김설우, 강민구
표지사진 제공	(주)모인그룹, JET TONE FILMS LIMITED

표지 디자인	최지웅
내지 디자인	신신

교정	임유청, 백준오

초판 2쇄 인쇄	2024년 5월 9일
초판 2쇄 발행	2024년 5월 15일

발행	MMZ with 플레인아카이브
펴낸곳	플레인아카이브
인쇄	다보아이앤씨

출판등록	2017년 3월 30일 제406-2017-000039호 경기도 파주시 회동길 337-16, 302호 (10881)
ISBN	979-11-90738-63-7

우리는 영화를 통해서 만난 친구입니다

글 서희영

제가 좋아하는 『KINO』의 글로 『키노 씨네필』의 이야기를 시작하고자 합니다.

영화를 사랑하십니까?
그렇다고 대답한다면 우리는
서로 친구가 되는 것입니다.
그래서 영화의 위기에 대해 함께 근심하고
영화의 행복에 대해 함께 기쁨을 나누고
영화가 무엇인가라는 질문 앞에서
서로 머리를 맞대는 것입니다.
— 『KINO』 58호(1999년 12월) 에디토리얼 중에서

콘텐츠의 홍수 속에서 소모품처럼 소비되는 영화들과, 코로나로 찾아온 극장의 위기까지, 영화는 어느 때보다도 위기의 상황입니다. 그래서 우리에게는 더더욱 영화의 위기에 대해 함께 근심하고, 행복에 대해서 함께 기쁨을 나누고, 서로 머리를 맞댈 곳이 필요합니다. 그래서 우리는 영화 팬 커뮤니티 MMZ를 만들었습니다. MMZ는 영화를 사랑하는 마음으로 서로 친구가 되고, 영화의 행복에 대해 함께 기쁨을 나누고, 영화의 위기라는 커다란 근심에서 벗어나기 위해 서로 머리를 맞대어, 혼자서는 할 수 없는 프로젝트를 함께 하는 커뮤니티입니다. MMZ 운영진은 MMZ의 첫 번째 프로젝트를 위해 영화계의 소문난 영화 팬들을 만나 각자가 꿈꾸는 프로젝트 아이디어를 듣던 중, 영화 포스터 디자이너 최지웅의 드림 프로젝트를 만났습니다. 그의 드림 프로젝트는 새로운 『KINO(키노)』를 보는 것이었습니다. 그에게 영화 일을 하고 싶다는 꿈을 갖게 해주고 그 꿈을 이루게 해준 것이 『KINO』였기 때문입니다.

한국의 1990년대는 학생 운동의 시대가 끝나고, 문화에 대한 열정이 광범위하게 드러나기 시작한 시대였습니다. 세계 영화사가 100주년을 맞이했던 1995년은, 월간지 『KINO』가 창간한 해이기도 합니다. 『KINO』가 발간되던 90년대 중반부터 2000년대 초반까지 '한국 영화 르네상스' 시기에는 〈쉬리〉, 〈접속〉, 〈비트〉, 〈넘버3〉, 〈8월의 크리스마스〉, 〈여고괴담〉, 〈공동경비구역 JSA〉, 〈주유소 습격사건〉, 〈친구〉 등 다양한 장르의 흥행작과 박찬욱, 봉준호, 이창동, 홍상수 등 한국영화계의 거장으로 불리는 감독들이 탄생했습니다.

영화 전문 월간지 『KINO』는 시네마테크 문화를 통해 국내외 작가주의 영화를 소개하고, 단편 영화, 독립 영화 등에서 자신만의 색깔을 드러낸 새로운 작가 감독들을 발견함으로써 한국영화의 새로운 지평을 여는 데 기여했습니다. 깊이 있는 문화 담론을 통해 영화를 다루며 프랑스의 '카이에 뒤 시네마', 영국의 '사이트 앤 사운드'에 비견된 『KINO』는 영화를 사랑하고 깊이 있게 즐기고 싶어 했던 당시 영화 마니아 층의 열렬한 지지를 받았습니다.

'시장에서 제외된 영화를 감싸 안는 원칙'도 『KINO』가 사랑받은 이유 중 하나였습니다. "모든 영화에게는 친구가 필요하다"는 말처럼, 『KINO』는 가치가 있음에도 홀로 외로이 남겨진 영화들에게 친구가 되어 주었고, 그럼으로써 외로운 영화를 좋아하는 외로운 관객의 친구가 되어 주었습니다.

또한 『KINO』는 영화에 대한 관객 한 명 한 명의 견해가 여느 평론가의 견해보다 덜 중요한 것이 아니라고 늘 이야기했습니다. 『KINO』와 독자들은 일방적으로 정보를 전달하는 관계가 아닌, 영화를 통해 만나게 된 친구였습니다. 우리는 영화를 사랑하는 마음으로 모여 연결되는 공동체의 아늑함을 느끼기 위해 『KINO』를 읽었고, 『KINO』는 한 권의 잡지를 넘어선, 커뮤니티였습니다.

2003년 한국영화의 산업화가 급속도로 이루어지던 때, 『KINO』는 99호를 끝으로 폐간하게 되었습니다. 그러나 『KINO』를 사랑했던, 『KINO』라는 커뮤니티에 속해 있던 독자들 중 일부는 영화에 대해 꿈꾸기를 멈추지 않았고, 영화인이 되었습니다. 반의반도 이해하지 못하는 『KINO』를 꼭 챙겨 읽었던 이는 영화감독, 독자 엽서가 실려 기뻐하던 이는 독립 영화 제작자, 우리 애 제발 대학은 가게 『KINO』라는 잡지 좀 그만 읽게 해달라고 어머님이 편집부로 전화를 하게 만들었던

이는 영화 스틸 작가가 되었습니다. 99호의 '굿바이 키노' 메시지에서, 『KINO』는 "당신들이 우리를 있는 힘을 다해 부를 때, 반드시 돌아올 것입니다."라고 했습니다. 그래서 우리는 현재의 영화팬들의 목소리를 모아 『KINO』의 필진을 소환하였고, 그들은 응답했습니다. 『KINO』를 읽으며 영화라는 꿈을 향해 전진했던 우리는 그렇게 『KINO』가 폐간한지 20년이 지난 2023년 MMZ에 모여, 『KINO』 필진과 독자가 함께 만드는 책 『키노 씨네필』을 만들게 되었습니다.

2023년 2월부터 기획 회의를 시작하여 만약 『KINO』가 계속 존재했다면 애정하고 치열하게 다루었을 감독과 작품을 정했고, 그 감독과 작품에 대한 여러 영화팬들, MMZ 멤버들의 생각이 담긴 글을 통해 배움을 구했습니다. 『KINO』가 발간되던 당시 사랑했던 영화인 친구들을 반갑게 다시 만나 오래도록 이야기를 나누었고, 『KINO』가 사라진 후 등장하여 한국영화의 미래가 될 새로운 친구들도 만났습니다.

코로나의 영향, 새로운 플랫폼들의 등장과 함께 영화 시장과 문화는 빠른 속도로 변화하고 있습니다. 그러나 영화 '시장'이 어떻게 변화하든, 영화를 사랑하는 우리들이 영화의 가치와 재미를 발견하고 누리며 자신의 삶을 조금 더 아름답게 만들어 간다는 사실은 변하지 않을 것입니다. 제가 『키노 씨네필』을 만들며 만난 모든 사람들—기존 『KINO』의 필진부터 제작에 참여한 디자이너, 사진작가, 출판사는 물론, 인터뷰를 진행하며 만난 영화인들, 리뷰를 집필한 많은 분들, 그리고 지난 20년간의 '나만의 베스트10 영화'를 고르느라 고심한 MMZ의 많은 분들까지—은 저마다의 방식으로 여전히 열렬하게 영화를 사랑하고 있었습니다. 우리는 『키노 씨네필』에 그 마음들을 담으려 노력했습니다. 그래서 『키노 씨네필』을 펼쳐들 현재, 새로운 세대의 영화팬들 역시 다시 한번 영화의 즐거움을 발견하고, 영화에 대한 사랑을 확인할 수 있다면 좋겠습니다. 『KINO』는 주류와 비주류의 경계를 넘어 다양한 영화를 발견해내며 사랑하고, 영화에 대해 함께 이야기함으로써 새로운 가치를 만들어내는 영화팬 문화의 상징이었습니다. 미래의 어느 날 영화팬들이 문득 돌아보았을 때, 『키노 씨네필』도 우리가 여전히, 그리고 앞으로도 영화를 사랑하고 꿈꿀 것이라는 상징으로 남기를 바랍니다. 🎭

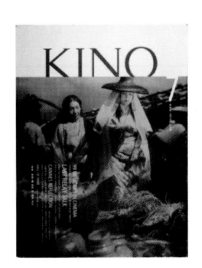

『키노』 2003년 7월호
내 인생에서 가장 '씨네필처럼 살았던' 시절 2003년. 그해 여름 부천영화제 쇼브라더스 특별전에서 장철 감독의 〈금연자〉를 만나고 광분했던 나에겐 끓어오르는 감상을 나눌 친구가 없었다. 『키노』 99호에 실린 오승욱 감독의 '어느 장철교 신자의 신앙고백' 글만이 나의 '장철 팬 친구'였다. 그리고 종이 잡지 『키노』는 99호로 폐간되었다. 오랜만에 다시 만난 친구가 20년 전 보낸 편지를 꺼내보듯, 99호를 다시 읽어 본다.

**라흐마니노프,
'피아노 협주곡 3번' 임윤찬 2022년 반 클라이번 콩쿠르**
긴 세월 동안 수없이 많이 연주된 클래식 음악에 새로움과 아름다움을 더하는 방법은 무엇일까. 2022년 18세의 임윤찬은 폭발적인 에너지와 독창적인 해석으로 명곡에 다시 한번 새로운 숨결을 불어 넣었다. 영화는 나이든 매체인가? 저물어가는가? 영화와 사랑에 빠져 헌신하는 새로운 이들이 있는 한 영화는 영원히 나이 들지 않을 것이다.

MMZ는 극장에서
정말 좋은 영화를 만나면 상영 시간이 영원히 끝나지 않기를, 극장에 영원히 머무르기를 바라곤 한다. 나는 사랑하는 영화에 대한 갈증을 다른 사람에게 그 영화에 대해 이야기함으로써 해소한다. 그래서 극장 문을 나서자마자 기대하며 찾아본다. 누군가 나처럼 그 영화를 사랑하게 된 사람. 영화팬 커뮤니티는 결국 그런 이들을 만나기 위한 공간이 아닐까.

다시 한번 전진합니다
우리들의 약속입니다

글 정성일

보내주신 편지 잘 읽었습니다. 그리고 감사합니다. 2003년 7월에 잠시 멈춘 다음, 우리는 잠시라고 생각했는데, 어느새 20년이 지나갔고, 그리고 다시 인사드립니다. 영화에서는 많은 일이 있었고, 물론 그보다 훨씬 더 많은 일이 세상에 있었습니다. 당신께서도 그러했겠지만, 우리도 극장과 세상 사이를 오가면서, 누군가는 모니터 앞과 세상 사이를 오가면서, 하여튼 영화와 세상 사이를 오가면서, 그사이에서 다시 『키노』를 생각했습니다. 그렇습니다. 『키노』는 항상 그사이에 있었습니다. 그러자 이제까지 우리가 『키노』에 머물면서 영화를 바라보고 영화에 관해서 질문을 던졌다면 이번에는 『키노』가 우리를 바라보고 질문하기 시작했습니다. 당신들은 영화와 세상 사이의 무엇이었나요. 대답할 수 있습니다. 우리는 집이고자 했습니다. 떠도는 영화들, 지친 영화들, 종종 거의 부서진 영화들, 잊혀가는 영화들을 위해서 집이 되고자 했습니다. 그게 왜 중요한가요. 우리는 영화를 환대하였습니다. 그런 다음 우정을 나누고자 하였습니다. 영화의 이야기에 귀 기울이고, 그것을 받아 적고, 틀림없이 이렇게 우리를 매혹시켰다면 미처 알지 못하는 비밀이 있을 것이라는 믿음을 안고, 그리고 그것이 이제 곧 도래할 영화의 미래를 약속하는 기쁜 소식이라는 것을 당신께 전하면서, 열심히 담았습니다. 물론 이 집은 모두를 위해서 열린 문은 아니었습니다. 누군가는 방문을 거절했고, 또 다른 누군가는 우리의 집을 찾지 않았습니다. 『키노』는 단 하나의 집이 아니었기 때문에 모두의 방문을 강요하지 않았고, 또한 그들도 그럴 필요가 없었습니다. 하지만 언제나 우리의 배려는 영화였습니다. 그래서 방문객들에게 항상 같은 질문을 했습니다. 거기에 영화가 있습니까. 어떤 영화가 있습니까. 영화가 어디에 있습니까. 영화 안에 영화는 항상 있는 것이 아니었습니다. 우리는 가끔 영화 안에 영화가 없다는 사실을 발견하고 망연자실해지기도 하였습니다. 하지만 기대를 포기한 적은 없습니다. 어쩌면 우리가 놓쳤을지 모른다는 의심을 멈춘 적은 없습니다. 그리고 거절을 결심했을 때 무엇도 두려워하지 않았습니다.

거기서 우리의 다시 한번, 이 시작되었습니다. 응답. 어쩌면 신호. 신호를 받아들여야 한다고 생각했습니다. 그러면 응답을 해야 한다고 결심했습니다. 달리 무엇이라고 말하겠습니까. 그렇습니다. 이미 알고 있는 것처럼 당신 손에 들려있는 이 『키노』, 다시 한번의 『키노』는 아직은 단 한번의 『키노』입니다. 우리는 여기서 지치지 않고, 만족하지 않고, 그래서 생기에 넘치면서, 그리고

허기에 차서, 다시 한번, 이라는 말을 구호처럼 외치면서 후렴구처럼 말할 것입니다. 그러니 당신
께서 노래 부르듯이 읽어 주시기 바랍니다. 정말 용기가 납니다. 당신이 베풀어준 용기. 그걸 부
러워하지 않을 사람은 아무도 없을 것입니다. 여기서 우리들의 원칙을 다시 한번 질문하고, 그렇
게 자문자답하면서, 언제나처럼 망설임 없이 반성하고, 다시 한번 도약하기 위해서, 이 자리가 더
도 덜도 아닌 문자 그대로, 그렇게 절대적으로 필요했습니다. 이 『키노』가 당신이 기다려왔던 집
이기를 소망합니다. 여기 잠시 머물면서 저 멀리 있는, 그래서 언젠가 다시 한번, 네 그렇습니다.
다시 한번 함께 바라보면서, 대화를 나누고, 의견을 교환하고, 지나간 것을 불러 보면서, 이제부터
도래할 다음번 영화를 가슴 벅차게 기다리면서, 우정을 나누고 싶습니다. 당신의 친구. 한 번 더
다시 한번, 그렇게 우리는 당신 곁에 금방 다시 돌아올 것입니다. 그날까지 편안하게 좋은 영화가
항상 당신이 곁에 있기를 바랍니다. 집에 갈 시간. 집에 돌아가야 할 시간. 집에서 다시 만날 시간.
다시 한번 우리는 전진합니다. 🎬

『키노』 1995년 5월호 표지
만일 배우 강수연이 우리 곁에 지금 머물렀다면 당연히
이번 『키노』의 표지는 다시 한번 강수연이었을 것이다.
하지만 강수연은 우리를 기다려주지 않고 2022년
5월 7일 우리 곁을 떠났다. 당신을 그리워하면서
이 글을 쓴다. 아마 당신도 우리를 그리워할 것이다.
거기에 있지만 여기에 없다는 것에 대해서 생각한다.
당신이 우리에게 베푼 배움, 그 마음을 안고 다시 한번
『키노』를 만들었다. 아마 당신도 기뻐하실 것이다.

**요한 제바스티안 바흐.
'골드베르크 변주곡' 글렌 굴드 1981년 녹음**
1995년 5월호 『키노』 이 자리에는 글렌 굴드가
1955년에 녹음한 바흐의 '골드베르크 변주곡' 음반이
소개되었다. 굴드는 이 곡을 아무것도 건드리지
않으면서 1981년에 완전히 다른 곡처럼 연주하였다.
우리는 그런 마음으로 이번 『키노』를 기획하고,
인터뷰하고, 글을 썼다. 우리는 지금도 거기에 있고,
그리고 지금 여기에 있다. 아마 당신도 거기에 있었고,
지금 여기에 있을 것이다.

〈우게츠 이야기〉 미조구치 겐지
아마도 『키노』 지난 호, 그러니까 99호를 기억하는
독자들은 표지가 미조구치 겐지의 〈우게츠 이야기〉라는
걸 기억할 것이다. 우리는 유령처럼 불쑥 돌아오겠다고
약속했다. 당신께서 기쁘게 놀랐으면 좋겠다.
우리는 약속을 지키기 위해서 돌아왔다. 그리고 다시
돌아올 것이다. 한 번 더 약속한다. 당신이 부르면 다시
돌아올 것이다. 이 말을 지치지 않고 하고 다시 할 것이다.
오래 걸리지 않을 것이다. 함께 기다릴 것이다.

왕가위 감독님에게,

왕가위 감독님에게,

오랜만에 편지를 보냅니다. 2003년 7월 『키노』가 잠시 멈춘 다음
안타깝게도 더 이상 편지를 드리지 못했습니다.
그러는 동안 건강이 중요한 세월이 속절없이 지나가고 있습니다.
건강하게 다음 영화를 준비하고 계신지 참으로 궁금합니다.
새로운 영화는 얼마나 우리를 다시 한번 흥분시키고 놀라게
만들지 기대하고 있습니다.

〈동사서독〉의 대사를 빌리면 우리는 좋은 시절을 함께 보냈습니다.
저는 그렇게 생각합니다. 『키노』를 만드는 시간은 감독님의 새 영화를
기다리는 시간이기도 했습니다. 그래서 오랜만에 『키노』를 기다리는
씨네필들의 기대에 응답하는 단 한 번의 『키노』를 만들면서 당연히도
표지로 〈화양연화〉를 떠올렸습니다. 문자 그대로 우리들의 '花樣年華'.
우리가 다시 만나서 그날처럼 밤늦은 시간까지 영화 이야기를
나눌 날을 기다리고 있습니다. 아마 천둥처럼 벼락치듯이
그렇게 다가올 것입니다. 그날은 정말 아름다울 것입니다.
그날을 기다려주십시오. 저도 열심히 준비하고 있겠습니다.
떠올릴 때마다 늘 감사합니다.

    2023년 12월 선물을 기다리는 마음으로 두근거리면서
    서울에서 정성일 씀

    정성일
    我们的友情

致郑圣一先生，

收到你的来信，十分感谢，实在是久违了。近日我在忙于新作品《繁花》，但愿韩国朋友们也能很快看到这部剧集。

与《KINO》结缘的那些岁月十分美好，是故人。非常感谢你和同仁们一路以来对我和香港电影的支持。从我和《KINO》的初遇，到今天的久别重逢，都非常有意义。

一代人有一代人的使命，无论是电影创作本身，还是办一本电影评论杂志，都不例外。只管埋头苦幹，全力以赴，每天都可以是"花样年华"。

2024.1

王家卫，上海

정성일 감독님에게,

편지 주셔서 무척 감사합니다. 정말 오래간만입니다. 요즘 저는
새 작품 〈번화〉 작업으로 바쁜 나날을 보내고 있습니다. 한국의 관객들도
이 시리즈를 빨리 볼 수 있었으면 좋겠습니다.

『키노』와 함께 보낸 세월은 정말 즐거웠고, 『키노』는 저의 오랜
친구였습니다. 계속해서 저와 홍콩 영화를 응원해주신 여러분과
동료들에게 진심으로 감사드립니다. 『키노』와의 첫 만남도,
그리고 이렇게 오랜만에 다시 만나는 것도 모두 뜻깊은 일입니다.

각 세대에게는 각자의 사명이 있습니다. 영화를 만드는 일이나
영화 평론지를 만드는 일 모두 예외없이 말이죠. 오로지 일에 몰두하고
최선을 다한다면 매일이 '화양연화'가 될 수 있을 것입니다.

2024.1
상하이에서 왕가위 씀 🎞

MMZ 멤버 선정
2003–2023 THE 10 BEST MOVIES

1

2

3

4

5

6

7

8

9

10

『KINO』는 매년 1월호에서 전년에 한국에 개봉한 한국 및 외국영화를 대상으로 베스트10을 선정해 왔고, 편집부에서 선정한 베스트10 뿐만 아니라 독자들의 투표를 집계한 베스트10 목록이 늘 함께 수록되었습니다.『키노 씨네필』도『KINO』가 폐간된 2003년부터 책의 제작이 진행된 2023년까지, MMZ『키노 씨네필』 프로젝트 참여자들이 생각하는 최고의 작품에 대한 설문 조사를 진행했습니다. 대상 영화는 영화관입장권통합전산망 기준 2003년 1월 1일부터 2023년 7월 31일까지 국내에 정식 개봉한 한국 및 외국 영화로, 해당 기간 영화제에서만 특별 상영했거나 제작 연도가 2000년 이전인 작품은 제외했습니다. 영화에 순위를 매기는 것을 지양하고 싶었으나 동점으로 여러 작품이 공동 순위를 차지하는 상황을 최대한 피하기 위하여, 1위부터 10위까지의 순위에 각각 10점부터 1점까지의 점수를 부여하는 방식으로 설문조사를 진행했습니다. 『키노 씨네필』 프로젝트 참여자 중 107명이 설문조사에 참여하였으며, 107명 중 16명은 무순위로 투표하였기에 16명이 선정한 10편에는 모두 평균 점수인 5점을 부여하여 집계했습니다. 자신의 베스트10 영화들을 꼽으며 각자가 남긴 한 줄 평 중 일부를 선정하여 영화명과 함께 수록합니다. (한 줄 평 수록 순서는 닉네임 가나다순입니다.)

스틸 제공
CJ ENM, 판씨네마(주),
워터홀컴퍼니 주식회사,
(주)트리플픽쳐스, (주)에그필름

1위 〈헤어질 결심〉 2022, 한국, 박찬욱

★ 지켜보다 사랑하고 지켜주려 헤어지고 지켜줘서 사랑하고 지켜보라 헤어진다 — 10mopo

★ 그렇게 사랑은 마침내 심장을 앗아간다 — cinebuck

★ 어떤 사랑은 완성되지 못함으로써 완성된다 — gimmeamin

★ 안개가 걷히면 희미하게 다시 아련한 사랑의 모습이 비친다 — 기미팡

★ 붕괴하는 심연 속에서 건져낸 너의 목소리. 마침내, 대지로 끌어당겨지는 나의 눈동자 — 범수

★ 안개처럼 스며들어 파도 속에 잠긴다, 마침내 — 송과 나루

★ 모든 것을 붕괴시킬 거센 파도에도 꼿꼿하게 서있는 한 가지 — 아소기

★ 불가해로 펄펄 끓지만 풀이법도 섹스도 없는, '사랑에 눈먼 상태' 그 자체에 관해 — 이성인

★ 파도와 안개가 이끄는 대로. 붕괴와 사랑, 미결과 영원을 맴도는 결말 — 이수현

★ 결심과 방심의 지연으로 도달하는 에토스의 바다 — 정가은

★ 현기증이 일 정도로 매혹적인 절망의 안개 — 칩거집필극장

★ 모래사장에 묻혀버린 바다의 생은 산이 메워줄 것 — 풍화작용

2위

★ **꿈과 사랑의 아리고도 성공적인 딜레마** ─ Gamja

★ **로맨스라는 껍질을 벗겨내면 꿈을 좇는 두 사람만이 드러난다** ─ Hsuntainted

★ **너무 아름다워서 더 후회만 가득한 사랑의 순간들** ─ RAM

★ **꿈과 사랑 둘 다 이루게 된다면, 그건 영화 〈라라랜드〉겠지** ─ 김당근

★ **내가 좇던 건 꿈일까 너일까** ─ 눈의솔

★ **이루지 못한 꿈은 별이 되어 도시를 노래한다** ─ 송과 나루

★ **일관적인 환상과 매번 다른 현실** ─ 신롬

★ **지난 시간과 추억, 음악과 함께 꿈꾸듯 확장 재생되어 영원히 기억된다** ─ 영화귀신

★ **때로 사람이 가지는 꿈은 너무나도 귀하고 커서, 현실을 잊게 만들기도 한다.**
   어떤 영화는 가슴 속에 묻어둔 꿈을 기어코 꺼내게 만들게 하는데, 이 영화가 그렇다
   ─ 이유진

★ **음악 영화의 새로운 이정표. 사랑에 대한 모든 맛들** ─ 허준혁(핵추남)

3위

〈이터널 선샤인(Eternal Sunshine of The Spotless Mind)〉
2004, 미국, 미셸 공드리

★ 사랑의 시작과 끝은 항상 같은 이유였다라는 것을 느끼게
  해준 추억 같은 영화 — NOAHFILM
★ 꺼내볼 때마다 감상이 다른 영화 중 하나. 사랑에 대한
  생각, 관계에 대한 변화가 나에게 주는 기억들이 영화를
  다시 기억하게 만들고 사랑에 대한 모든 것들을 다시
  느끼게 해준다 — rohpzn
★ 사랑은 원래 그런 거라고, 오롯이 보여주고
  널 다시 그리게 했다 — 감귤
★ 기억을 지워도 사랑했던 그 감정은 사라지지 않는다.
  이별한 후, 겨울에 꼭 보고 싶어지는 영화 — 강알리몽이

★ 사랑, 절대 지워지지 않는 그 운명에 대한 각인 — 김PD
★ 모든 것을 다 알고 있어도 우리는 다시 시작할 수 있을까
  — 올리브나무
★ 어릴 때는 그저 신기한 영화였는데 나이 먹고 다시 보니
  참 가슴이 아리는, 내 성장을 마주하는 거울과 같은 영화
  — 요트경기장
★ 결국은 아플 것이고 힘들 것임을 알아도 하게 되는
  사랑이라는 불가항력 — 을지로왕가위팬
★ 지워질수록 더 소중해지는 감정들에 대하여 — 정지용

4위

〈기생충〉 2019, 한국, 봉준호

★ 사소한 디테일이 만들어낸 가장 커다란 작품 — dbsgkq
★ 햇빛은 위에서만 내리쬐고, 빗방울은 아래로만 흐르기에.
  영원히 오를 수 없는 계단들 앞에 계획은 존재의 이유를
  잃는다 — gimmeamin
★ 위태로운 계단 위에 서있는 현실의 초상 — MEGREZ
★ 첫 장면부터 끝 장면까지 모든 장면이 완벽했던 영화
  — RAM
★ 한국 사회의 완벽한 조감도, 숙주와 기생충의 구별이
  불가능한 기이한 우로보로스 — 모쿠슈라
★ 누구도 행복할 수 없는 양극화의 문제를 온갖 장르를
  경유하며 고찰한 봉준호 월드의 정점 — 오신호
★ 높이, 더 높이 향할수록 깊이, 더 깊이 — 화정오
★ 나 또한 가진 자에 빌붙어 먹고 살고 있기에 그저 남의
  일 같지 않았어 — 황규석

5위

〈에브리씽 에브리웨어 올 앳 원스(Everything Everywhere All At Once)〉 2022, 미국, 다니엘 콴, 다니엘 쉐이너트

★ 최고의 내가 되어서도 너의 곁에 남은 최악의 나를 택할게. 돌멩이로 태어나도 너의 뒷모습을 좇을 눈만 있다면 따라 뛰어들게. 우주가 가진 모든 것과 모든 곳이 한꺼번에 모여 탄생한 이 하찮은 순간을 티끌 같은 존재들의 온기로 데우며 살아낼게 — gimmeamin

★ 모든 걸 가진 것이 가운데가 뚫려있듯 아무리 작은 것이라도 채워가며 그러듯이 살아가는 한순간 모든 곳의 모든 것에게 — jhr

★ 다중 우주의 혼란 속에서도 변하지 않을 지금과 여기 — too_day

★ 평행 우주가 서사에 개입되었을 때, 영화의 모양새에 대한 흥미로운 탐구 — 김주영

★ 시간 낭비지 미움이란 감정 — 눈의솔

★ 미생에게 말해주는, 마찬가지로 미생인 자의 다독거림 — 상곤호두혜인

★ 어떤 모습의 내가 되었건, 결국엔 너와 함께 — 윤기목

★ 진심 어린 지지와 포용 그리고 사랑. 그것보다 강한 것은 이 우주에 존재하지 않아 — 이유진

★ 인생을 영화 한 편으로 축약한다면. 우리 모두가 조금 더 다정한 우주에서 살길 바란다 — 이현지

★ 세상의 모든 실패를 접속사로 추켜올려주는 다정무쌍함 — 키리에

6위

〈다크 나이트(The Dark Knight)〉 2008, 미국, 크리스토퍼 놀란

★ 묵직한 사운드와 철학까지, 히어로물을 넘어선 모든 장르 영화의 이데아 — 감귤

★ 진부한 선악 구분의 틀을 깬 혁신적인 히어로 영화 — 눈의솔

★ 스펙터클 속 새겨 쓴 히어로의 존재 가치에 대한 질문 — 발없는새

★ 가장 대중적인 장르가 예술로서 인정받았던 순간 — 정지용

★ 기존 슈퍼 히어로물의 틀을 깨부숴 감독 본인만의 배트맨을 재해석한 20세기 최고의 걸작 — 조현우

7위 〈드라이브 마이 카(ドライブ・マイ・カ)〉 2021, 일본, 하마구치 류스케

★ 무너진 땅에서 무너진 마음으로 맡아보는 하마구치 류스케의 〈체리 향기〉 — 강탄우

★ 언어가 달라도, 말로 이야기하지 않아도 이해할 수 있는 것들. 그러나 그럼에도 말로써 전해야만 하는 것들에 대한 이야기 — 범수

★ 결국은 살아가야 할 삶 속에서 상실과 상처로 인해 생긴 구멍을 메우고, 수없이 마주할 불행을 이겨내게 하는 대화의 힘 — 윤기목

★ 말할 수 없고, 들을 수 없고, 이해할 수 없더라도, 우리가 되어 살아갈 수 있다면 — 채윤서

8위 〈팬텀 스레드(Phantom Thread)〉 2017, 미국, 폴 토머스 앤더슨

★ 모든 것을 덮어주는 사랑. 그 사랑 속에 애정과 증오는 동반하는 것. 서로는 서로를 완전히 이기지 못하지만, 그렇기에 미친 듯이 사랑할 수 있다 — 이유진

★ 사랑은 독버섯처럼 때론 위험하면서 맛있는 법이다 — 챵크

★ 미련한 건지 미친 건지 — 체코슬로바키아

★ 완벽주의, 보수주의 예술가의 변화는 자기 파괴적 사랑으로만 이룰 수 있다는 지독한 자기 성찰 — 코스텔로

★ 알면서도 꿰매지는 나 — 파이널리

★ 20세기의 그림자가 21세기의 실루엣과 정확히 포개지는 순간 — 펭귄

9위 〈인셉션(Inception)〉 2010, 미국, 크리스토퍼 놀란

★ 이다지도 매력적이고 정교한 꿈속이라면 — 이수현
★ 뒤집힌 세계—무한히 자전하는 팽이—출구가 없는 건물, 그 속에 유영하는 영화 — 이현지
★ 무한한 우주? 무한한 상상력 앞에서는 티끌일지도.... — 하린

10위 〈올드보이〉 2003, 한국, 박찬욱

★ 최민식의 망치, 유지태의 질문, 날뛰는 복수가 서늘하게 담긴 박찬욱의 상자 — 누워있을래
★ 억압받고 뒤틀린 모호한 오이디푸스 — 무비베어
★ 대한민국 역사상 가장 위대하면서도 뜨겁게 불타오르는 영화 — 박현
★ 영화에 압도당한 느낌을 알게 해준 영화 — 타베 미카코

탕웨이
김민희
스티븐 연
이제훈, 박정민, 최우식

얼굴 × 6

한준희

김보라
엄태화

그리고 새로운 세 명의
물결(들)의 질문

『키노』는 스타를 정기적으로 만났습니다. 왜냐하면 그들은 우리 시대 신화의
일부이기 때문입니다. 종종 홀린 듯이 유심히 바라보았습니다. 때로는 텍스트처럼
읽으려고 했습니다. 가끔 기호를 해체시켜 나가듯이 맥락을 살펴보았습니다.
이따금 이데올로기를 다루듯이 호명하고 빈칸을 채워나가듯이 불러보았습니다.
그들은 우리들의 공기였고, 언제나 영화에 관한 대화로 이끄는 유혹이었으며,
영화 안에 머물렀고, 그 안에서 별처럼 반짝거렸습니다.

누구를 만나야 할까요. 우리는 모여 앉아 차례로 호명하였습니다. 누가 만나야
할까요. 그 이름 옆에 차례로 이름을 불러보았습니다. 우리가 놓친 얼굴,
우리가 미처 만나지 못한 사람. 먼저 탕웨이가 떠올랐습니다. 〈색, 계〉로 처음
나타났을 때는 너무 멀리 있다고 생각했습니다. 이만희의 위대한 '실종'이라고밖에
달리 말할 수 없는 영화 〈만추〉를 김태용이 다시 리메이크했을 때 탕웨이는
안개처럼 한국영화 안으로 들어왔습니다. 그런 다음 〈헤어질 결심〉에서 설명하기
힘든 표정에 다소 어색한 한국어 발음으로 "내가 그렇게 나쁩니까?"라고 반문할 때
아, 거의 저항할 수 없을 만큼 이 장면을 사랑하게 되었습니다. 그래서 누구와
만나서 대화를 나누면 좋을까, 라고 질문했습니다. 〈차이나타운〉을 만든 다음
〈D.P.〉를 연출한 한준희를 떠올렸습니다. 그런 다음 김민희를 떠올렸습니다.
먼저 〈아가씨〉, 그런 다음 홍상수와의 일련의 작업. 그 어떤 영화보다도
〈지금은 맞고 그때는 틀리다〉와 〈밤의 해변에서 혼자〉에서 보여준 그 내밀한 투명성.
달리 어떻게 말할 수 있을까요. 아쉽지만 김민희는 모든 인터뷰를 거절하고 있었고
우리의 요청도 받아들여지지 않았습니다. 우회하기로 하였습니다. 신혜은이
이 임무를 떠맡게 된 사연. 『키노』 기자였고, 변영주의 〈화차〉에서 프로듀서를
하면서 촬영 현장에서 지켜볼 기회가 있었습니다. 그 이야기를 청했습니다.

스티븐 연이 〈옥자〉에 나타났을 때 다소 무심하게 보았다는 것을 먼저 고백합니다.
우리는 '옥자'를 보느라고 바빴기 때문입니다. 게다가 폴 다노와 제이크 질렌할에게
시선이 먼저 다가갔고, 그리고 물론 두 명의 틸다 스윈턴이 있었습니다.
당신도 그렇지 않은가요. 하지만 〈버닝〉에서 수수께끼처럼 나타난 이 남자는 그저
유혹이라는 표현 이외에 달리 말할 수 없었습니다. 이 불투명하고 나른한 대상.
누가 용감하게 질문을 던져볼 수 있을까. 〈벌새〉를 만든 김보라가 그 역할을
기쁘게 맡아주었습니다. 아마도 오가는 질문과 대답의 행간에서 긴장을 읽어낼 수
있을 것입니다. 그런 다음 세 명이 한자리에 모였습니다. 박정민, 이제훈, 최우식.
서로 겹치기도 하고(〈파수꾼〉) 혼자 시선을 끌기도 하면서(〈거인〉) 새로 시작한
세 명의 행보에서 우리는 스타의 미래학을 떠올려보았습니다. 그들은 각자의
방식으로 변모하고 다시 변신하였습니다. 여기에 있었고, 금방 저기로 옮겨갔으며,
그리고 이미 저기서 다시 우리 앞에 있었습니다. 그들은 새로운 이미지일
뿐만 아니라 새로운 인물이었고, 영화 안으로 걸어들어왔을 때 새로운 영화가
되었습니다. 그래서 이렇게 말할 수도 있을 것입니다. 새로운 한국영화가
만들어지기 위해서 이 세 명의 스타들에 관한 새로운 사용법을 익혀야 합니다.
그걸 어디서부터 배워야 할까요. 〈잉투기〉를 만든 다음 〈콘크리트 유토피아〉까지
차례로 자기 세계를 넓혀가고 있는 엄태화가 그 역할을 맡아주었습니다.
다시 한번 만날 때 이 이름들이 더 중요해지기를 바랍니다. 오늘은 우리가
바라보았지만, 다음에는 이 이름들이 우리를 바라볼 것입니다. 우리가
정기적으로 만날 수 있기 위해서 더 열심히 자리를 마련해보겠습니다.
그렇습니다. 우리는 영화를 사랑하는 만큼 당신들을 사랑합니다. 우리의 사랑.
별을 바라보는 사랑.

KINO

탕웨이 × 한준희

〈헤어질 결심〉(2023)의 배우 탕웨이와 넷플릭스 오리지널 시리즈 〈D.P.〉의
한준희 감독이 만났다. 배우 고경표가 비슷한 시기 두 작품 모두 출연했기에,
〈헤어질 결심〉의 세트장을 기웃거리기만 했던 한준희 감독은 이제야 탕웨이
배우를 마주했다. 〈색, 계〉(2007)를 시작으로 중화권을 대표하는 배우가 된
탕웨이는 한국영화 〈만추〉(2011)는 물론 할리우드에서 작업한 〈블랙코드〉(2015),
그리고 칸영화제 경쟁 부문에 초청된 〈헤어질 결심〉에 이르기까지 '경계'를
초월한 행보를 이어가고 있다. 〈차이나타운〉(2015)과 〈빵반〉(2019)를 만들고
넷플릭스 오리지널 시리즈 〈D.P.〉 시즌1(2021)과 시즌2(2023)를 연출한
한준희 감독 역시, 뒤이어 웨이브 오리지널 시리즈 〈약한 영웅 Class1〉(2022)의
책임 프로듀서를 맡는 등 역시 연출자로서 최근 극영화와 TV 시리즈,
연출과 제작 등 '경계'를 넘나드는 광폭 행보를 보였다.

지난해 베니스국제영화제 시상식에서 〈색, 계〉에서 호흡을 맞췄던 배우 양조위가
평생공로상을 수상하며 펑펑 울었는데, 그 시상자가 바로 〈색, 계〉의 리안
감독이어서 그 감동이 더했다. 바로 그 〈색, 계〉로 데뷔한 탕웨이는 같은 해
〈헤어질 결심〉으로 칸영화제 레드카펫을 밟았다. 박찬욱 감독이 〈헤어질 결심〉에
탕웨이를 캐스팅 물망에 올렸던 이유도 바로 그 〈색, 계〉로 거슬러 올라가기에
지난해의 이런저런 일들은 꽤 의미심장하게 다가온다. 무엇보다 〈색, 계〉에서
탕웨이가 연기한 왕치아즈는 '남을 속이며 연기하는 인물의 속죄'라는 최근
박찬욱 감독 영화의 테마와 완벽하게 부합하는 인물이다. 〈색, 계〉의 이(양조위)와
〈헤어질 결심〉의 해준(박해일) 모두 그로 인해 '붕괴'된 남자들이다.

KINO

탕웨이는 〈색, 계〉 이후 홍콩 진가신 감독의 〈무협〉(2011), 홍콩 허안화 감독의 〈황금시대〉(2014), 홍콩 두기봉 감독의 〈화려상반족: 오피스〉(2015), 중국 비간 감독의 〈지구 최후의 밤〉(2018) 등에 출연하며 가장 왕성한 활동을 보여주고 있는 중화권 여성 배우라 해도 틀리지 않다. 이런 거장들의 작품과 더불어 중국 개봉 당시 최고 흥행 기록을 세웠던 〈몬스터 헌트〉(2015)를 비롯해 설효로 감독과 함께 한 〈시절인연〉(2013), 〈북 오브 러브〉(2016), 〈내부고발자: 도시영웅〉(2019) 등 상업 장르 영화에도 꾸준히 출연하며 폭넓은 스펙트럼을 보여주고 있다. 팬들은 이런 상업 영화들과 거장 감독들과의 작업을 분리해서 생각할지도 모르겠지만, 정작 탕웨이 자신은 어떤 순간에도 그 특유의 '품위'를 절대 잃지 않는다. 그래서 〈색, 계〉부터 〈헤어질 결심〉에 이르는 그 기나긴 행보는 실로 경이롭다. 이제 탕웨이는 〈만추〉 이후 김태용 감독과 다시 만난 〈원더랜드〉로 찾아온다. 세상을 떠난 가족, 연인과 영상 통화로 다시 만나는 이야기라는 것 정도만 알려져 있다. 어쨌건 이날의 대화는 뒤늦게 탕웨이 배우를 만나게 된 한준희 감독의 설레는 인사로 시작됐다.

뵙게 되어 영광입니다. 〈헤어질 결심〉 이후 〈원더랜드〉도 정말 기대하고 있습니다.

  영화 보시고 좋아해 주셨으면 좋겠네요. 저도 뵙게 되어 영광입니다. 〈D.P.〉 정말 잘 봤습니다.

남편이신 김태용 감독님 영화도 정말 좋아합니다. 〈가족의 탄생〉(2006)은 20대 때 봤던 기억이 있습니다. 당연히 〈만추〉도 좋아하고요. 김태용 감독님 특유의 정서적 결을 좋아하기에, 이번 〈원더랜드〉는 또 어떨까 기대하고 있죠.

  김태용 감독님은 열심히 계속 변하고 싶어 해요. 그래서 〈원더랜드〉가 어떨지 저도 궁금해요. 김 감독님한테 그런 얘기를 했어요. 이런 과정이 앞으로 삶이나 작품에 큰 도움이 될 거라구요. 그 사이 코로나 팬데믹도 있었고 여러 변화들이 있었는데, 김 감독님뿐만 아니라 저도 많이 바뀌고 성장하는 과정이었다고 생각해요. 가령 생활적인 면에 있어서 저는 예전에는 좀 약간 반항적인 성격이었어요.(웃음) 그런데 2016년에 아이가 생기고 키우면서 처음으로 사람이 어떨 때 온유해져야 하는지 서서히 배워가고 있어요. 그전까지는 절대 그런 성격이 아니었거든요. 그 모든 과정이 제게는 성장이라고 생각해요.

무엇보다 〈D.P.〉를 좋게 봐주셨다니, 정말 감사합니다. 고경표 배우가 〈D.P.〉와 〈헤어질 결심〉 둘 다 출연해서 내적 친밀감이 있기도 한데요, 어떤 점이 마음에 드셨는지요.

  사실 제가 어렸을 때 진짜로 군인이 되고 싶었거든요. 군인들은 진짜 힘든 상황에서 무언가를 꼭 해내야 하는 사람들이잖아요. 저도 약간

은 곤경이나 고난을 겪는 가운데 뭘 해내는 걸 즐기는 스타일이에요. 배우로서도 그럴 때 즐거움을 찾았던 적이 많아요. 〈D.P.〉는 군대를 소재로 한 다른 영화나 드라마와 비교해도 그런 측면들이 더 많고 더 깊게 표현된 것 같아서 좋았어요. 〈D.P.〉의 캐릭터들은 하나하나가 매우 섬세하고 생생해요. 인상적인 디테일이 많고, 감독님의 촬영 기준이 높다는 걸 느낄 수 있었고요. 저는 함께 작업하는 감독님이 작품에 대해 높은 기준을 갖고 계신 걸 좋아해요. 안정감을 느낄 수 있거든요.

그럼 그동안 하셨던 작품들 중에서는 어떤 작품이 가장 고난의 작품이었나요.

  허안화 감독님의 〈황금시대〉(2014)가 기억나요. 작품 안에서 나 스스로 몰아붙이며 만족감을 느꼈던 것 같아요. 그런데 〈황금시대〉 이후로는 내가 배우로서 나를 학대하는 것은 이제 좀 그만하자, 이걸로도 충분하다고 생각했던 것 같아요. 그래서 〈황금시대〉 이후로는 스스로 즐기고 재미를 찾아가는 쪽으로 방향을 틀었어요. 무엇보다 저는 노는 걸 좋아하는 사람이기도 해요. 재밌고 새로운 걸 계속 찾아다닌다고 할까요. 그래서 기분 전환이 필요하다는 생각에, 지난해 여름에 에든버러 연극 축제에 2주 동안 가 있었는데 정말 좋았어요. 〈헤어질 결심〉 다음 작품으로 무얼 할까 아직 정하지 못했는데, 어렴풋하게나마 환기가 됐어요.

배우를 꿈꾸기 전의 시절이 궁금합니다. 언제 배우를 꿈꾸셨는지, 그러다 카메라 앞에 맨 처음 서게 됐던 순간도 기억나시는지요.

일단 어렸을 때 배우를 꿈꾼 적은 없어요. 어렸을 때 계속 꿈이 바뀌잖아요. 아까 말씀드렸던 것처럼 군대에 가서 군인이 되고 싶기도 하고, 화가인 아버지의 영향으로 화가가 될까, 하는 생각도 했죠. 한 번도 배우라는 직업을 생각해 본 적 없어요. 그러다 카메라 앞에 섰던 최초의 기억은 고등학교 2학년 때였어요. 담임 선생님의 남편 분께서 문화원에서 어떤 작품을 만들게 됐는데, 거기에 잠깐이나마 학생 역할이 필요했어요. 그래서 담임 선생님의 요청으로 하루 가서 찍었어요. 그냥 3시간 동안 계속 앉아만 있는 학생 역할이었어요. (웃음) 그러면서 영화의 매력을 느끼거나 했던 것도 아니고 그저 '신기하다, 뭐하는 거지?' 하는 생각만 했던 것 같아요. 그래도 선생님이 시켜서 간 거라, 그날은 학교에 안 가도 됐으니 신나기는 했죠. 그런데 그런 경험이 무의식에 남았는지 중앙희극학원에 들어가게 됐어요. 그런데 연출과로 간 거라 배우와는 거리가 멀었지만, 당시 선생님의 남자 친구가 영화를 하던 사람이었는데 제 사진을 보고는 저를 출연시켰으면 좋겠다고 하셨어요. 돈을 벌기 위해서 했죠. (웃음) 그래도 그때는 현장에서 사람들과 노는 게 재밌었어요. 원래 전공한 건 연출이었고, 앞으로 어떻게 해야 하나 고민하던 차에 마침 그런 기회가 왔던 거죠.

바로 시간을 점핑해서 〈헤어질 결심〉에 대해 여쭤보고 싶은데요, 그전에 청룡영화상 시상식에서 가수 정훈희 씨의 노래 '안개'를 들으며 우시는 모습이 화제가 됐어요. 그때 기억은 어떤가요.

솔직히 '왜 나한테 아무도 그런 스페셜 공연이 있다는 얘기를 안 해줬지?' 하는 생각뿐이었어요. 박찬욱 감독님은 분명히 아셨을 것 같

은데, 얘기도 안 해주시고. (웃음) 아무튼 전혀 예상 못 한 감정이었어요. 슬픈 감정에 젖어들면 보통 '울 것 같다'는 생각이 들잖아요, 그런데 그때는 노래를 듣기 시작하면서 울 것 같다는 예상도 하지 못한 상태에서 갑자기 눈물이 주르륵 흘러내렸어요. 살면서 그런 경험은 처음이었던 것 같아요.

〈헤어질 결심〉의 취조실 장면을 좋아합니다. 서로의 모습이 반사되어 비치면서 탐색하고, 컷을 나누는 것만으로도 기묘한 감정의 리듬이 만들어지죠. 특히 함께 스시를 먹고 정리하는 장면이 정말 좋아요. 해준(박해일)과 서래(탕웨이)가 그전까지 전혀 몰랐던 사이인데, 마치 몇십 년을 함께 지낸 부부처럼 호흡을 맞추면서 정리를 하죠. 사실 저는 취조실 장면이 시작됐을 때 좀 당황했어요. 아무래도 저도 연출자다 보니까, 저런 앵글로 찍어도 되나, 저렇게 컷을 나눠도 되나, 하는 생각이 들었거든요. 그런데 그 모든 컷들이 모여서 완전히 새로운 정서가 만들어지는 거예요. 그래서 그 장면에서 박찬욱 감독님의 디렉팅은 무엇이었을까, 너무 궁금했습니다.

감독님이 그냥 "일단 두 분이 한번 정리해 보세요"라고 하면서 리허설을 시작했어요. 그러면서 카메라는 거의 손만 찍었죠. 그러면서 이렇게 두고 저렇게 옮기면서 호흡을 맞춰 갔죠. 편했던 게 뭐냐면, 저도 원래 약간은 결벽증에 가까운 정리벽이 있고, 박해일 씨도 그런 편이라 몇 번 맞춰본 것만으로도 너무 자연스럽게 그런 장면이 나왔어요. (웃음)

박 감독님의 작업이 너무 궁금하기도 하고, 뭔가 특별한 점이 있었을 거라고 생각하고 질문드린 거였습니다. 가령 박 감독님은 촬영 전에 완벽한 콘티를 준비하신다는 게 워낙 유명하기도 하니까요. 그래서 언어적인 문제가 큰 과제인 이번 영화에서, 그런 콘티가 굉장히 큰 도움이 됐을 거라고 예상됩니다.

　　말씀하신 것처럼 박 감독님의 콘티가 워낙 디테일하고, 그게 외국인인 저한테 뿐만 아니라 (박)해일 씨나 다른 배우들한테도 엄청난 도움이 됐다는 걸 알고 있어요. 그래서 제가 큰마음 먹고 홍콩, 타이완, 마카오에서 〈헤어질 결심〉 콘티북을 출판하려고 직접 진행하고 있어요. 이 대단한 콘티가 중화권에도 널리 알려져야 한다는 생각에 중국어로 번역해서 출판하려고 직접 나섰어요. 사실 영화 촬영이 끝나기 전에, 아니 촬영 시작하고 얼마 안 됐을 때 제가 "감독님, 제가 이 콘티북을 중화권에서 직접 출판하고 싶은데 어떻게 생각하세요?"하고 물었어요. 그랬더니 그럴 때 박감독님 특유의 표정 아시죠? "어, 그게 그냥, 어 뭐."(일동 웃음) 하면서 별로 말씀이 없으셨어요. 그 뒤로도 몇 번 더 얘기를 꺼냈는데 매번 같은 반응이셨어요. 그러다 칸영화제에 갔을 때 처음으로 먼저 물어보셨어요. "진짜 출판하고 싶은 거예요?"

놀라운 일입니다. 구체적으로 어떤 과정을 거쳐 번역하고 출판하실 계획이신가요.

　　제가 〈헤어질 결심〉의 송서래가 되기로 결심하면서, 한국말을 그냥 외는 게 아니라 진짜 송서래가 된 것처럼 그 기분을 이해하면서 익히려고 애썼어요. 번역도 마찬가지죠. 콘티북을 동시에 번역하고 있는데, 물론 제가 직접 하는 건 아니지만 영화에 출연한 배우로서 의미 전달을 위해 사실상 같이하고 있다고 할 수 있어요. '뉘앙스'라는 건 제가 이 영화를 했기 때문에 누구보다 잘 알죠. 그러다 보니 마치 학생 시절로 다시 돌아간 것 같아요.(웃음) 살면서 전혀 해볼 것 같지 않았던 '출판업'도 시작한 셈이라, 뭔가 새로운 일을 시작하고 있다는 희열이 있습니다.

〈헤어질 결심〉은 정말 모든 장면들이 좋은데요, 그중에서도 탕웨이 씨가 가장 좋아하는 장면이 무엇인지 궁금해요. 자신이 출연하지 않은 장면 중에서도 골라주시면 감사하겠습니다.

　　저도 좋아하는 장면이 정말 많은데 굳이 고른다면, 제가 출연한 장면 중에서는 한 감독님도 얘기하신 취조실 장면이에요. 솔직히 배우로서는 그냥 거기 앉아 있기만 하면 되는 거잖아요. 그리고 내가 해야 할 대사를 하면 되는 건데, 완성된 영화를 보고는 너무 짜릿했어요. 그리고 제가 출연하지 않은 장면 중에서는 주택가의 옥상들을 넘으며 해준이 홍산오(박정민)를 쫓는 장면이에요. 박정민 배우가 달려가고 쫓아가고 막다른 곳에 다다르는 그 카메라의 움직임이 정말 좋아요. 부감으로 천천히 왔다 갔다 하면서 옥상 위에 오롯이 둘만 남게 되죠. 뭐랄까, 동작과 음악과 정서, 그 모든 게 완벽한 장면이었어요.

〈헤어질 결심〉 이전에 〈만추〉도 굉장히 기억에 남습니다. 두 영화는 언어를 통한 소통의 문제가 공통적으로 등장하죠. 〈만추〉는 〈헤어질 결심〉의 서래처럼 완벽하게 익숙하지 않은 수준이 아니라, 완전히 서로 언어가 통하지 않는 두 사람의 만남이었습니다. 그래서 〈만추〉의 애나를 연기하실 때는 어떠셨는지 궁금해요.

　　배우로서 언어가 문제라고 생각해 본 적은 없습니다. 늘 새로운 걸 하고 싶어서 그런지, 특별히 다른 영화들과 다른 작업이라고 생각해 본 적도 없고요. 항상 낯선 장소와 환경에서 일할 때 오히려 더 내가 모르는 나의 숨겨진 에너지가 나오는 것 같아요. 〈만추〉의 애나는 거기에 딱 들어맞는 캐릭터였죠.

그런 면모는 어렸을 적부터 타고나신 걸까요?

　　원래 그림 그리는 걸 좋아해서 어려서부터 화가가 될 생각도 있었어요. 아버지가 화가셔서 어쩔 수 없이 그런 환경 속에 자랐는데, 그건 혼자 하는 작업이라는 점에서 영화와는 완전히 다르죠. 그래서 그런지 배우 활동 초기에는 사람들이 많은 곳에 놓여 있는 게 마냥 편하진 않았어요. 그러다 〈색, 계〉(2007)를 끝내고 잠깐 영국에 가서 공부하며 지내던 때가 있었는데요. 그때 정말 편했어요. 아무도 나를 모르고, 나도 모르는 사람들만 있는 곳에 있으면, 주변에 아무리 사람이 많아도 괜찮더라고요. 낯선 언어, 낯선 사람들만 가득한 환경에 놓이고 보니 오히려 더 관찰하고 탐색하면서 재미를 찾게 됐죠. 그때야 비로소 '아, 내가 호기심이 많은 사람이구나' 하는 걸 느꼈어요. 어쩌면 그때의 경험이 〈만추〉를 지나 〈헤어질 결심〉에 이르기까지 저를 계속 배우로 살게 해줬는지도 몰라요.

한국영화인 〈만추〉와 〈헤어질 결심〉 사이에 그런 연결고리가 만들어지는군요.

　　〈만추〉 현장에 처음 딱 갔을 때, 많은 사람들이 뭔가 얘기를 하고 있는데, 하나도 못 알아듣겠더라고요. 저도 영국에서 막 돌아왔을 때나 다름없어서 영어를 꽤 하는 편인데도, 희한하게 영어로 주고받는 얘기까지 잘 알아듣지 못하겠더라고요. 그런데 현장 사람들에게 적응하다 보니 그때부터 하나씩 들리기 시작했죠. 서로 같은 언어를 쓰고 있는데도 적응하느냐 못 하느냐에 따라 차이가 생기더라고요. 그래서 〈헤어질 결심〉을 찍을 때도 언어가 중요하다는 생각에 말 공부부터 시작했죠. 서래 캐릭터에 들어가기 위해, 원래 일상적으로 한국어를 쓰는 사람인 것처럼 거의 95% 정도 완벽한 언어 숙지에 집중했죠. 한 글자, 한 글자 익히고 이 글자가 다른 글자와 합쳐졌을 때의 뜻, 그리고 그것이 문장으로 어떻게 이어지는지 꼼꼼하게 공부했어요. 처음에는 중국어로 번역된 대본을 받았지만, 한국어 대본도 읽을 수 있게끔 공부했죠. 그런데 익히다 보니 번역된 중국어 대본의 내용과 내가 한국어를 공부하면서 이해한 한국어 대본의 내용이 살짝 뉘앙스가 다를 때가 있는 거예요. 어쩌면 그래서 이 콘티북을 내가 직접 내야겠다고 생각하게 된 계기가 됐죠. 어떤 사람들은 내가 처음 받았던 중국어 대본을 그냥 출판하면 되는 거 아니냐고 되물을 수도 있겠지만, 내가 처음 받았던 번역 대본과 아무래도 꽤 차이가 있을 수밖에 없어요. 그건 번역이 잘 되고 못 되고의 문제가 아니라, 이 대사를 중국어로 어떻게 바꿔야 하는지 가장 잘 아는 사람이 바로 송서래이기 때문이죠.

KINO

다른 감독 이야기를 해보겠습니다. 평소 인터뷰에서 천재 작가 샤오 홍을 연기하셨던 허안화 감독의 〈황금시대〉에 대해 좋은 추억을 많이 떠올리셨습니다. 함께 했던 여러 감독들 중 허안화 감독님을 콕 집어 존경을 표한 적도 많구요. 혹시 그런 이유가 있으실까요?

일단 허안화 감독님은 홍콩의 모든 영화인이 존경하는, 그리고 모든 배우가 진짜 꼭 한번 함께 일해보고 싶어 하는 감독님이죠. 사실 그런 감독님과 함께했다는 것 자체가 행운이에요. 곁에서 지켜보며 느낀 건, 허안화 감독님은 정말 모든 자기의 삶을 영화에 바친 사람이구나, 하는 거였습니다.

〈황금시대〉에서 맡으신 역할은 1930년대 격변의 중국을 배경으로, 천재 작가 샤오 홍이라는 실존 인물이었죠. 필모그래피를 보면 의외로 실존 인물이나 실화를 바탕으로 한 작품들이 드문데요, 그처럼 실존 인물을 연기하실 때는 어떠신지도 궁금합니다.

네, 정말 엄청 유명한 작가님이시죠. 개인적으로는 예전부터 그런 실제 존재했던 어떤 인물을 해보고 싶다는 생각은 했었어요. 그래서 이 역할이 들어왔을 때 정말 좋았고, 실존 인물이다 보니 이것저것 준비해야 하는 것들이 많았어요. 건네주신 자료도 많았지만 저 혼자서도 열심히 연구했죠. 중요한 건 모두가 익히 알고 있고 관객이 기대하는 실존 인물의 모습이 있고, 그와 달리 감독이 표현하고자 하는 인물의 모습이 있다는 겁니다. 배우로서는 후자에 좀 더 부합해야 한다고 생각하긴 해요. 게다가 허안화 감독님이라는 존재에 대한 굳건한 믿음도 있었죠. 총 5개월 정도 촬영했는데, 돌이켜보면 여기서 내 목숨이 끊어질 수도 있겠다 할 정도로 열심히 하긴 했어요. 왜 이렇게까지 얘기하냐면, 사실 그 작가분이 실제로 31살이라는 이른 나이에 폐결핵으로 돌아가셨거든요. 그러면서 사실상 굶어 죽으신 거죠. 어느 순간부터 몸이 음식을 받아들이지 못하고 혈색 자체가 없어지는 거라, 어떤 연기의 기술이나 기교로 설명할 수 없는 심적 고통을 떨쳐낼 수 없었어요. 허 감독님은 제가 그런 점에 매몰되지 않게끔, 하루 중 일하는 시간을 최소화하셨죠. 배우를 믿고 모니터도 잘 안 보셨어요. 아예 안 보셨다고 하는 게 맞을 것 같네요. 게다가 일단 밤에는 안 찍으시고 해가 지면 재빨리 모두가 퇴근했죠.(웃음) 허 감독님의 그런 현장 관리로 제가 무사히 촬영을 끝냈는지도 모릅니다.

매번 영화를 보면서 느끼는 건, 탕웨이 님은 몸을 쓰시는 연기를 되게 잘 하시는 것 같다는 겁니다. 본인도 그렇게 생각하시는지 궁금하고, 거기에는 어떤 특별한 비결이 있으신가요?

말씀하신 부분을 일부러 생각해 본 적은 없는데, 듣고 보니 저는 카메라 앞에서 상대 배우와 동떨어져 있으면 안 된다는 생각을 늘 하는 것 같습니다. 그리고 뭔가 어느 공간이 비어있다는 생각이 들면 '내가 저기 가서 좀 채워줘야겠다'고 생각하는 것 같아요.(웃음) 아무래도 제가 그림을 오랫동안 그렸잖아요. 그러다 보면 비어있는 곳을 채워야 한다는 생각을 본능적으로 하는 것 같습니다. 왠지 그게 자연스럽다는 생각이 들 정도로 뭔가 강박증이 있는 것 같아요. 사실 지금도 그렇지만, 평소에 일상적으로 가만히 있을 때도 제 시선에서 비어있는 곳을 계속 보고 있기도 하고요. 어려서 아버지한테 미술을 배

울 때도 "아빠, 여기에 뭘 더 그려야 하지 않아?" 그런 얘기도 꽤 했대요.(웃음)

영화감독의 일이라는 게 사실 화면을 채우는 일이라고 할 수 있는데, 배우가 먼저 그렇게 고민해 주시는 게 뭔가 큰 힘이 됩니다.(웃음)

그게 마냥 좋았던 건 아닌 것 같습니다. 저는 '감독을 타는' 배우라는 얘기를 꽤 많이 들었어요. 그런 걸 싫어하는 감독님들도 많거든요. 그런데 그걸 허락해 주면 캐릭터의 감정에 더 잘 빠져드는 스타일이죠.

한국에는 비간 감독 〈지구 최후의 밤〉(2018)의 열렬한 팬들이 많습니다. 그래서 이 영화에 대한 소회도 듣고 싶습니다. 한국에는 사실상 미지의 감독이라고 할 수 있는 비간 감독에 대해서도 궁금하고, 이 영화를 작업하셨던 기억도 궁금합니다. 그리고 비간 감독은 데뷔작인 〈카일리 블루스〉(2015)는 물론 〈지구 최후의 밤〉에서도 수십 분에 이르는 어마어마한 롱테이크로 유명한데, 말씀하신 그런 탕웨이 님의 스타일이 비간 감독과 잘 맞았을 것 같습니다.

비간 감독님은 거의 하루에 한 두세 컷밖에 찍을 수 없는 롱테이크를 좋아하세요.(웃음) 1시간 넘는 롱테이크를 시도하기도 하시구요. 〈지구 최후의 밤〉에서는 1시간 분량의 컷을 하루에 3번 촬영한 적도 있어요. 그런 다음 모니터로 확인하기까지 하니까, 총 6시간이 걸려서 그렇게 딱 하루의 일과가 되는 거예요. 비간 감독님의 영화를 찍으면서는 '나 다시 학교에 돌아왔구나!' 하는 생각에 힘들지만 즐거웠어요. 비간 감독님에게는 야생의 에너지가 있어요. 〈카일리 블루스〉와 〈지구 최후의 밤〉 둘 다 비간 감독의 고향인 구이저우성 카일리를 배경으로 하고 있는데, 그 구이저우성의 울창하고 미스터리한 삼림에서 자라는 어떤 야생 식물 같은 사람입니다.(웃음) 예상할 수 없는 방향으로 막 자라는 식물인 거죠. 앞으로 어떤 영화를 만드실지 너무 궁금하죠. 그런 묘한 에너지를 가지신 분이라 함께하는 것만으로도 좋았습니다.

비간 감독 같은 독립 예술 영화뿐만 아니라 개봉 당시 박스오피스 1위를 차지했던 〈시절인연〉 등 상업 장르 영화까지 작품 선택의 폭이 굉장히 넓으십니다. 감독에 대한 호기심일 수도 있고, 하여간 작품을 선택하실 때의 기준은 무엇일까요?

말씀하신 바로 그 호기심입니다. 사실 〈지구 최후의 밤〉에 나오는 그 기나긴 롱테이크는 원래 시나리오에는 없었어요. 그리고 실제로 영화 촬영도 다 끝났어요. 그런데 갑자기 감독님이 불러서 다 모였고 나중에 찍은 거죠. 그전에 어쩌면 이 장면을 다시 찍게 될지도 모르겠다고 말씀하셨던 적은 있어요. 그러면서 "다음에 다시 와줄 수 있어요?" 하고 물으셨고 "네, 갈게요"라고 했어요. 그렇게 해서 나중에 다시 찍은 롱테이크입니다. 비간 감독님의 이전작 〈카일리 블루스〉를 정말 좋아했었기에 〈지구 최후의 밤〉에 흔쾌히 출연하게 된 건데요, 이분은 화가로 치면 '개성파 화가'입니다. 이 감독님은 어떤 식으로 작업할까 너무 궁금했고, 그런 부분까지 다 감안해서 참여하기로 한 거니까, 나중에 다시 어렵게 추가 촬영을 요구하셨을 때 흔쾌히 간 거죠. 오히려 이번에는 어떻게 달리 바꿔서 가시려나, 하는 호기심이 더 생기는 거죠. 어쨌거나 그렇게 다시 찍은 장면이 어떻게 나

올지는 알 수 없는 건데, 나중에 완성된 영화를 보고는 '역시 비간 감독님답다' 하는 생각이 들었습니다.

그런 개성파 화가 같은 감독님들과의 작업도 있지만, 개봉 당시 최고 흥행 기록을 세웠던 〈몬스터 헌트〉(2015)를 비롯해 설효로 감독과 함께한 〈내부고발자: 도시영웅〉〈시절인연〉〈북 오브 러브〉, 그리고 마초성 감독의 〈스피드 엔젤〉(2010) 등 이른바 흥행 상업 영화에도 많이 출연했습니다. 어쩌면 팬들은 이런 상업 영화들과 거장 감독들과의 작업을 분리해서 생각할지도 모르는데요. 정작 배우 본인의 생각은 다를 수도 있을 것 같습니다. 매 작품 소중한 당신의 영화라고 생각됩니다.

세상 모든 영화가 저마다의 상상력을 가지고 있다고 생각합니다. 물론 그 중심에는 감독이 있죠. 그리고 그건 예술 영화다, 오락 영화다, 하는 식으로 쉽게 예상할 수 없습니다. 관객이 볼 때는 엇비슷해 보이는 상업 오락 영화라고 하더라도 매 캐릭터들이 다 달랐고, 배우로서 늘 배우는 게 있어요. 설효로 감독도 매번 다른 유형의 작품들을 만들어내고 있어요. 그리고 기본적으로 저는 감독님들이 나를 원하지 않는 날이 올 때까지는, 누군가가 나를 찾을 때 마침 그 상황에 내가 하고 싶은 영화라는 생각이 들면 '남한테 뺏기면 안 돼!'라는 생각으로 무조건 하려고 해요. (웃음)

그중에서도 특히 여성 감독 설효로는 함께 가장 많은 작품을 한 감독입니다. 어쨌거나 자신과 잘 통하는 부분이 있기 때문에 계속 함께 하지 않았을까 싶습니다. 특히 오수파 배우와 함께 출연한 〈시절인연〉과 〈북 오브 러브〉는 함께 묶어서 '베이징 연작'이라고도 불리는데, 탕웨이 님의 가장 사랑스러운 모습을 가장 잘 담아내지 않았나 싶습니다.

뭐라고 구체적으로 설명하기는 힘든데, 사실 설효로 감독님처럼 잘 맞는 감독과 배우들이 있긴 있습니다. 그런데 작품 출연이 겹치기도 하면서 못 하는 경우도 많은데, 신기하게도 설 감독님과는 타이밍이 잘 맞아서 가장 많은 작품을 함께 했죠. 그것도 운명이라면 운명입니다. 게다가 우리 어머니가 "〈시절인연〉 속 네 모습이 평소 내 딸과 가장 많이 닮았다"고 말씀하기도 하셨습니다. (웃음)

문득 가벼운 질문을 하나 좀 드리고 싶습니다. 저는 사실 감독으로서 현장에 나갈 때마다 되게 굉장히 무섭거든요. 갑자기 비가 와서 촬영이 취소 됐으면 좋겠고, 왜 나는 아프지 않은 걸까, 하면서 매 회차 힘들게 촬영합니다. 혹시 탕웨이 님은 어떠신지요?

저도 처음에는 그랬던 것 같은데, 스스로 많이 바뀌었습니다. 의식적으로 바꾸어간 부분도 있습니다. 그러다 보니 마음이 편해지고 되게 자유로워졌습니다. 그래서 이제는 촬영 현장이 내 집처럼 편안해요. 감독님은 말할 것도 없고 동료 배우나 스태프들과 친해지는 게 정말 중요해요. 그러면 분명 세트로 만든 거실의 응접실이라도 그게 내 집처럼 느껴집니다. 아무래도 배우보다 감독님들이 현장에서 발생하는 예상치 못한 일들에 대한 공포심이 분명 더 클 거예요. 그런데 저는 그게 건강한 긴장감이자 두려움이라고 생각해요. 그게 다른 예술과는 다른 영화만의 매력 같다는 생각도 들고요. 시간이 좀 더 지나면 훨씬 더 나아지지 않을까요? (웃음)

제가 인터뷰한다는 느낌보다 오히려 상담을 받는 것 같은 느낌입니다. (웃음) 아무튼 저는 다른 위대한 선배 감독님들은 잘하는 것 같은 것들, 가령 내가 모르고 지나치는 멋진 순간들을 어떻게 담아낼 것인가, 하는 고민이 늘 있습니다. 그리고 불안한데 괜찮은 척, 그렇게 감독도 연기를 할 때가 있다고 생각하거든요. 크랭크인 하기 전까지 글을 쓸 때는 그 누구와도 대화를 하지 않고 몇 날 며칠 글만 쓰고 사회성 없는 사람처럼 살다가, 현장에 갔을 때는 굉장히 사회성 있는 사람처럼 행동하거든요.

수련을 거쳐 숙련되는 과정이라고 생각하면 되지 않을까요. 저도 어떤 역할을 맡을 때는 철저하게 대사를 외워 준비하고 캐릭터에 맞게 옷을 입고 분장을 해도, 어색할 때가 분명히 있어요. 그러면 '아직 내가 이 인물이 되지 못한 거 아냐? 그런데 벌써 촬영에 들어가면 어떡하지?' 하고 불안할 때가 분명 있습니다. 그럴 때는 주변 시선에 신경 쓰지 말고 자기 자신을 믿고 가야 돼요. 익숙해질 때까지 믿어야 합니다. 그러다 보면 슬슬 편해지면서 그냥 자연스럽게 그 캐릭터 안에 들어가게 돼요. 〈헤어질 결심〉의 서래도 그런 경우였죠. 실존 인물보다도 더 어려운 캐릭터라고 할 수 있습니다.

언제쯤이면 제가 배우님과 같은 그런 경지까지 갈 수 있을까요. (웃음) 정말 좋은 가르침을 받고 갑니다. 그리고 또 여쭤보고 싶은 건, 이제 전통적인 극장보다 스마트폰으로 영화를 보는 경우가 많고, OTT나 유튜브에서 보내는 시간이 더 길어졌습니다. 한 명의 영화인으로서 이런 변화는 어떻게 받아들이고 계십니까.

앞으로 이제 나의 길은 어떻게 될까, 세상은 어떻게 변할까, 늘 생각합니다. 그리고 그 또한 배우로서 성장하는 과정이라고 생각해요. 오늘 제가 '학교'라는 표현을 여러 번 썼는데 '이번에는 어떤 학교에 들어가서 무얼 배울까, 또 어떤 친구들을 만나게 될까' 하고 생각하면 도전 의식이 생겨요. 저는 인생의 동반자도 찾았고, 어떻게 보면 내 삶에 있어 가장 큰 변화를 이미 겪은 건데요. 그런데도 또 어떤 학교에 들어가서 뭘 배울 수 있을까, 매 순간 늘 똑같이 긴장됩니다. 중요한 건 내가 매번 하고 싶은 일에 한눈 팔지 않고 포커스를 맞추는 거죠. 돌이켜보면 항상 그래왔고 지금도 그러고 있습니다.

앞으로의 변화에 대해 고민하다 보면, 언젠가 AI가 나 같은 영화감독 일을 대신하게 되지 않을까, 하는 상상까지 하게 되는데 저도 그런 태도를 배워야 할 것 같습니다. (웃음) 그럼 혹시 평소에는 영화 외에 어디서 즐거움을 얻으시나요?

먹는 걸 좋아합니다. (웃음) 좋은 식재료로 맛난 음식을 만들기 위해 준비하고 만들고 하는 그런 과정을 좋아해요. 제가 생각해도 좀 과한 편인 것 같습니다. (웃음) 그런데 이게 내게는 가장 행복한 일이구나, 그게 인간으로서나 배우로서나 나라는 인간에게 정말 좋은 에너지를 주는구나, 하는 걸 지난여름에 깨닫게 됐어요. 그리고 제가 수세미를 굉장히 좋아하거든요. 예나 지금이나 똑같은 수세미인데 그걸 최근에 새삼 깨달은 거죠. 어떻게 알게 됐냐면, 제가 집에서 실제로 이런저런 농작물을 기르거든요. 수세미를 기르면서 그걸 알게 된 거죠. 밥상 위에 있을 때는 그걸 모르다가 왜 이걸 기르면서 알게 됐을까, 하는 생각이 문득 들었어요. 제가 너무 개인적인 생활 얘기를 막

하는 것 같은데요.(웃음) 아무튼 영화도 그와 별반 다르지 않은 것 같아요. 어느 날, 문득 영화를 새롭게 인식하게 되는 계기가 감독님이나 저나 생기게 되지 않을까요?

정말 재밌는 얘기입니다. 그냥 생활 속에서 그런 생각을 얻으셨다니 철학자와 대화하는 기분도 듭니다.(웃음) 저는 오늘 너무 어리석은 질문을 던진 게 아닐까, 하는 순간들이 꽤 많았는데 계속 놀라고 있습니다. 배우 탕웨이 외에 자연인 탕웨이에 대해서도 많이 알게 된 것 같습니다. 그럼 혹시 자신의 이전 영화를 보면 어떤 느낌이 드시나요? 저는 최근에 모 단편 영화제에서 10년 전 제 단편 영화를 상영한 적 있는데, 도저히 못 보겠더라고요. 부끄럽다는 느낌이 아니라, 너무 좋아하는 내 영화지만 아쉬운 지점들이 많이 보여서 그랬습니다.

당연히 저도 그렇습니다. 그런데 〈헤어질 결심〉을 놓고 보자면, 여태껏 찍은 영화 중에서는 그래도 '재밌다', '잘했다' 하는 느낌을 주는, 아쉬운 게 별로 없는 영화이긴 합니다. 사실 어제 한국에 와서 블루레이 음성 해설 작업을 했거든요. 취조실에 제가 혼자 가만히 앉아 있는 장면을 보는데, 마치 남의 영화 보는 것처럼 '오, 괜찮네, 자연스럽네' 하는 생각이 들었습니다.(웃음)

오늘 이 자리의 감회가 새로운 게, 사실 예전에 인사드릴 기회가 있었는데 그러지 못했기 때문입니다. 〈D.P.〉 시즌1을 부산에서 크랭크인했는데, 옆 세트장에서 〈헤어질 결심〉을 찍고 있다는 얘기를 들었죠. 구교환 배우와 함께 너무 세트장 구경을 가고 싶었어요. 고경표 배우가 〈D.P.〉에도 나오고 〈헤어질 결심〉에도 나오니까, 그걸 빌미로 일단 가서 박찬욱 감독님과 탕웨이 배우님께 인사라도 드리고 싶었죠. 그런데 인사도 채 드리기 전에 촬영에 들어가시게 되어 재빨리 나온 적 있습니다.

사실 저도 스튜디오에 가면 옆 세트장에 무슨 영화 촬영하는지 알아보고, 반드시 구경을 가야 직성이 풀리는 스타일입니다.(웃음) 그런데 그때는 코로나 팬데믹으로 고생하던 시기여서 아무래도 신경이 쓰일 수밖에 없었죠. 매일 아침 일어나 평안하기를 기도하는 날들이었습니다. 다행히 〈헤어질 결심〉 현장은 운이 좋았는지, 반나절 정도 촬영이 중단된 적 빼고는 별다른 영향을 받지 않고 순조롭게 촬영했어요. 그래서 〈헤어질 결심〉은 제게 더 큰 의미로 다가오는 감사한 영화입니다.

앞서 자연인 탕웨이에 대해 많이 알게 된 것 같다고 말씀드렸는데요, 혹시 자연인 탕웨이의 현재 가장 큰 행복은 무엇인가요.

사실 너무 많습니다. 일도 소중하고 가족과 친구도 소중하죠. 그래도 역시 먹는 게 좋습니다. 특히 옥수수를 먹을 때 진짜 행복해요. 물론 밥은 밥대로 먹고 옥수수는 간식이죠. 바로 지금도 누가 밥과 국수와 옥수수 중에서 하나만 택하라면 옥수수를 먹을 것 같아요. 근데 너무 매일 먹으니까 다른 식구들은 질려서 이제 저 혼자만 먹고 있습니다.(웃음)

식이조절을 해야 하는 영화를 하실 때는 정말 힘드시겠습니다.(웃음)
부정할 수 없습니다.(웃음) 제가 그 정도로 먹는 걸 좋아하는 사람인

데도, 아까 말씀드린 〈황금시대〉 촬영 때는 아침에 죽만 먹느라 정말 힘들었어요. 역할을 위해서 촬영 내내 소미죽과 비타민만 먹었죠. 특히 넓적한 러시아 바게트라고 제가 정말 좋아하는 빵이 있는데, 그건 진짜 눈에 보이면 못 참아요. 그래서 '나는 안 먹고 싶어, 난 먹는 거 싫어하는 사람이야' 하고 계속 최면을 거는 게 정말 힘들었습니다. 두통이 와서 계속 머리를 싸매고 있었죠. 남들은 종종 입맛이 떨어질 때가 있다는데, 저는 딱히 입맛이 없을 때가 없어서 사실 좀 고민입니다. 너무 많이 먹는 게 썩 좋은 일은 아니니까요.

먹는 얘기를 하시니까, 다른 사소한 것도 궁금한데요.(웃음) 혹시 촬영 현장에서는 주로 뭘 챙겨 드시나요? 보통 배우들은 따로 챙겨 드시는 게 있더라고요. 사실 저는 촬영에 들어가면 뭘 잘 못 먹거든요.

미안합니다, 저는 너무 잘 먹습니다.(웃음) 초콜릿은 손 닿는 곳에 무조건 있어야 하고, 다음은 목캔디? 그리고 한국 밥차 정말 좋아합니다. 사실 한 판 먹고 또 받으러 가고 싶은데 주변에서 참으라고 해요. 그런데 제가 먹는 모습을 좋아하는 사람들이 있어요. 대학교 때도 구내식당에서 식판을 들고 가서 밥을 먹잖아요. 한번은 맞은편에 모르는 사람이 앉아 있었는데, 다 먹고 나가면서 "당신이 먹는 것만 봐도 참 행복했습니다" 그러더라고요.(웃음) 내가 먹는 모습만으로도 남에게 행복을 줄 수 있구나, 하는 생각을 했죠. 어쩌면 연기도 그런 것 아닐까요.

정말 재밌습니다. 그런 사소한 삶의 이야기도 배우의 예술관과 연결된다는 게 놀랍습니다. 아무튼 저는 과거의 『키노』가 『키노 씨네필』이라는 이름으로 찾아오면서 오늘의 인터뷰를 진행하게 되어 정말 영광입니다. 학창 시절 『키노』를 보면서 영화 공부를 했고, 〈헤어질 결심〉의 박찬욱 감독님도 과거 이 잡지의 편집위원으로 글을 쓰기도 하셨죠. 왕년의 『키노』 독자들이 〈헤어질 결심〉의 열렬한 팬이기도 했을 겁니다. 그런 독자분들께 마지막 인사 말씀 부탁드리겠습니다.

제게도 과거에 그런 영화 잡지가 있었다면, 뭔가 좀 달라지지 않았을까요. 그런 점에서 한국의 씨네필이 부럽기도 합니다. 어쨌건 저를 비롯해서 많은 독자분들이 좋은 영화를 다 같이 기다리고 있다는 점에서, 한 감독님이나 제가 더 열심히 해야겠다는 생각이 듭니다. 그리고 다시 한국어 공부에 빠져들게 만들 새 작품도 만나고 싶습니다.

오, 그 작품, 제가 한번 써보겠습니다.(웃음)
기대하겠습니다.(웃음) 우리 다 같이 열심히 해요!

진행, 글　주성철
사진　강민구
장소 제공　북촌 한옥카페 비담

KINO

영화 속을 걸어가는 여자의 옆모습
— 김민희를 생각함

김민희를 처음 만난 건 2010년이었다. 원작 소설엔 뒷모습만 나오고 시나리오에선 스물일곱 개 씬에 등장하는 인물(경선-선영)의 역할을 제안했고, 감독과 함께 만나 얘기를 나눴다. 감독은 서른을 앞둔 김민희의 얼굴과 표정이 너무나 좋아서 긴장했던 마음이 탁 풀리며 설렜고, 그에게 차경선을 입히니 경선의 몇몇 장면들은 더욱 좋아졌다. 경선을 기다리던 문호(이선균)에게 소식을 전했다. 우린 모두 신이 났다. 하지만 〈화차〉는 미스터리 장르가 비상업적이란 의견과 결말이 허무하다는 평가로 대부분의 투자배급사에서 본심사에 진입조차 못하고 '엎어지기' 직전까지 다다랐다. 이선균과 김민희, 두 동료는 감독의 불안을 위로하며 기다려주었다. 2011년 4월, CJ E&M 내 브랜드팀이었던 필라멘트픽처스와 논의 끝에 〈화차〉는 원래의 절반에 가까운 예산으로 통과되어 촬영 준비를 시작했다. 씬리스트 장소만 74개였던 저예산 영화 〈화차〉는 폭우가 쏟아지고 수해가 속출했던 2011년 여름, 7월 8일부터 9월 23일까지 두 달 반의 촬영을 완료했고 2012년 3월 8일에 개봉했다.

이 책에서 나는 김민희론을 쓰게 되었다. 원래 기획은 한국영화의 내일을 기대하는 인물들에게 필자가 질문하고 그들의 말을 듣는 인터뷰가 될 것이지만, 편집진에게서 들은 바로는 이 글만 '인터뷰 없이', 김민희와 직접 영화 작업을 해본 인연이 있다는 이유로 그에 대한 '배우론'을 내가 쓰게 되었다. 솔직히 말하면 이 글을 쓰게 된 지금의 상황이 아직도 믿기지가 않는다. 과연 내가 김민희의 연기에 대해 무엇을 논할 수 있을까? 이 글을 쓰기 위해 〈화차〉 이후 그가 나온 영화들을 모두 찾아서 다시 한번 보았지만, 글쎄 여전히 나는 그를 그리워하고 사랑할 뿐이다.

오래전 『키노』를 만들면서 영화와 사람들에 대한 글을 썼다. 그로부터 벌써 이십여 년이 흐른 지금의 나는 그런 관점을 단련하는 법을 잊어버린, 배우론을 쓸 깜냥이 안 되는 사람이다. 게다가 함께 작업했던 동료-배우를 떠올리는 일은 지극히 개인적인 감정과 생각들로 가득하다. 고민 끝에 '아무래도 이건 너무 사적인 감상으로만 가득한 잡문이 될 것 같으니 기획을 망치고 싶지 않다'고 말씀드리고 고사했더니 "바로 그런 '개인적인' 글을 보고 싶다"는 편집진의 답신이 돌아왔다. 아마도 『키노』 원년 멤버에 대한 자부심과 신뢰가 깔린 종용일 테고 자신만의 관점으로 쓴 글을 원한다는 뜻이다. 하지만 나는 모른 척하기로 한다. 내심 고맙고 반가워서 그 단어에 매달려 이렇게 장황한 서두를 쓰고 있다. 그가 보고 싶기 때문이다. 꽤 오랜 기간 개인적인 연락 없이 지내며 소원해진 지인은 특별하게 구체적인 기억의 도움 없이는 대체로 존재가 희미해진다. 하지만 나는 그동안 내가 김민희의 영화들을 계속 챙겨 보고 있었다는 걸 이번에 그의 출연작들을 확인하면서 깨달았다. 나는 계속 그를 보고 있었다. 영화 속에서 김민희는 웃고, 말하고, 담배를 피우고, 술을 마시고, 낯선 공간의 바람 속에서 끄덕이며 주저앉았다가도 이내 일어서서 걸어갔다. 걸어가는 여자의 옆모습이다.

박찬욱 감독의 〈아가씨〉에서 김민희가 연기한 히데코는 관음과 허영의 대상으로 결박되고 착취당하면서 모든 걸 준비하고 설계하는 인물이고 소매치기 숙희를 만나 서로 속이면서도 로맨틱한 관능에 몸과 마음을 연다. 그들은 사랑에 베팅하고 운명을 탈출한다. 변태적인 낭독회 무대에 꼿꼿이 무릎 꿇고 앉은 히데코, 온갖 톤과 시선과 몸으로 일인극 춘화를 연기하는 김민희를 바라보는 것은 드넓은 공연장 같은 서재의 다다미 객석에 앉아 온 감각을 곤두세워 그 모습을 지켜보고 체위와 장면을 오버랩해서 상상하고 즐기는 귀족들의 시선, 그 흔적이 낭자한 폭력의 겹을 체험하게 한다. 〈아가씨〉의 김민희-히데코는 엄청나게 넓은 관음의 레인지를 선사한다. 영리하고 자극적이고 무방비하게 관능적인 히데코를 처음 본 숙희는 중얼거린다. "여지껏 내 손으로 씻기고 입힌 것들 중에 이만큼 이쁜 것이 있었나?" 공포로 통제당하고 대상화되는 피해자, 아기처럼 의존적이고 냉소적이고 섬약한 수인, 또 거칠 것 없는 낭만과 쾌락을 원하는 매혹적인 지배자. 그 모든 것을 보여준 김민희의 히데코는 디킨스 세계에서 날아온 야무진 꼬맹이 숙희의 손을 꽉 잡고는 코믹하고 에로틱하게 밀어닥친 격랑에 과감하게 올라타듯 잔혹한 감옥과 덜떨어진 협잡꾼에게 안녕을 고했다. 책 읽는 아가씨와 일자무식 하녀, 옷을 입거나 벗으면 마치 쌍둥이 같기도 한 여자들의 굿바이.

〈아가씨〉 이후 지금까지 김민희는 홍상수 감독의 영화 아홉 편에서 연기했고 (목소리 출연한 〈물 속에서〉와 〈아가씨〉 전에 작업한 〈지금은 맞고 그때는 틀리다〉를 포함하면 열한 편이다) 본인이 연기하지 않은 영화들에선 현장 스태프로 참여했다. 그는 2017년 〈밤의 해변에서 혼자〉로 베를린영화제에서 여우주연상을 받았고, 2020년 『뉴욕타임스』는 '21세기 위대한 배우 25인'에서 열여섯 번째 이름으로 김민희를 호명했다. 대조적으로, 한국영화에서 김민희라는 이름은 어느덧 사라진 것처럼 보인다. 더 정확히 말하면 영화 드라마의 캐스팅보드와 광고에서, 즉 스타 매니지먼트 비즈니스의 라인업에서 사라졌다. 그는 계속 홍상수 감독의 영화 작업에만 참여하고 있다. 〈지금은 맞고 그때는 틀리다〉의 희정, 〈밤의 해변에서 혼자〉의 영희, 〈그 후〉의 아름, 〈클레어의 카메라〉의 만희, 〈풀잎들〉의 아름, 〈강변호텔〉의 상희, 〈도망친 여자〉의 감희, 〈인트로덕션〉의 집주인 화가, 〈소설가의 영화〉의 길수, 〈우리의 하루〉의 상원이었지만, 이 영화들을 본 사람들은 종종 "그건 김민희잖아"라고 말한다. 그런 반응을 접할 때마다 나는 생각해 본다. 그런가? 저 인물들은 그렇게 공통점이 있는가? 누가 봐도 김민희를 떠올리게 할 만큼 실제의 본인과 닮아 있는가?

희정은 수원의 큰 불상이 있는 언덕 위 집에서 엄마와 함께 사는 화가다. 영희는 배우인데 유부남 감독과의 관계 때문에 외국에 나가 있다가 돌아와 지인을 보러 강릉에 왔다. 영화사 직원 만희는 칸영화제에 출장 와서 일하던 중에 정직하지 않다고 해고당한다. 감희는 남편과 떨어져 있어 본 적이 없는데 그가 출장 간 사이에 친구를 만나러 간다. 또 길수는 재능 있는 배우인데 당분간 일을 쉬고 있고 루틴처럼 집 근처 공원을 걸으며 땀을 낸다. 상원은 예전에 배우였지만 연기를 그만두고 건축 공부를 하러 외국에 갔다가 돌아와 지금은 친구 집에 묵고 있다. 아름은 출판사에 출근한 첫날 예기치 않은 일들을 겪는다. 사장 부인에게 불륜 상대로 오해받아 머리채를 잡힌 아름은 정작 사장의 애인이 돌아오자 그 자리에서 일자리를 잃는다. 책을 잔뜩 싸 들고 택시를 타는 아름. 아름이 돌아가는 길에 밤눈이 내린다. 또 다른 영화의 아름은 카페에서 타인의 이야기를 엿들으며 글을 쓴다. 수원의 희정은 처음 본 감독과 술을 마신 다음 날, 그의 영화를 보러 온다. 영화를 보고 나오자 눈이 내린다. 홀가분한 미소를 짓고 희정은 눈 내리는 길을 걸어간다. 상희는 헤어진 후 상처가 깊어 강변호텔로 와 친구를 기다린다. 짧은 잠에서 깨어나보니 온 세상이 눈으로 덮여 있다.

그러고 보면 김민희가 연기한 이 인물들은 서로가 직업이나 근황에 대한 정보들이 종종 겹친다. 어떤 인물들은 아예 이름이 같기

도 하다. 생의 그다음 길로 건너가기 위해 잠시 모색하고 있는 상태라든지 최근 일을 하지 않거나 직업과 거주지처럼 커다란 길을 바꾸길 선택하고 변화를 겪거나 겪은 여자들이 보인다. 이들은 '진짜'와 '가짜'에 대해 예민하고, 다분히 추상적으로 보이는 이 문제에 단호하게도 자기 결론을 갖고 있거나, 최소한 그런 대화와 생각을 해본 사람들이다. 우연히 만나는 사람들에게 모든 걸 충분히 이해받지는 못하지만 자기 생각을 분명히 말하거나 진지하게 질문한다. 나이를 먹을 만큼 먹은—하지만 여전히 젊은—이 여자들은 생각이 많고 외롭거나, 고집스럽고 간혹 위태로워 보일 때도 있다. 하지만 최소한 자신의 생과 상관없는 상대가 친근하게 마음대로 던지는 말(개인적인 이유로 일을 쉬고 있는 배우에게 너무 아깝다는 '덕담'을 반복해서 던지는 유명 감독이라든지 오랜만에 만난 후배에게 너는 왜 그렇게 아무것도 모르는 척하느냐 나는 너에 대해 다 알고 있다고 호통치는 선배님)과 만나고 그들에게 대답하거나 반응할 때, 또는 난감한 자리를 피해 혼자의 시간을 가질 때, 그 인물들은 당연하게도 김민희 자신이 아니라 바로 그 영화의 일부이자 가장 한가운데, 중심으로 존재한다.

그런데 이때 영희, 길수, 상원이 어떤 사람에 대해, 자기 자신이 겪거나 느꼈던 것에 대해, 본인이 원하는 삶, 관계, 추구하는 것에 대해 설명하거나 주장할 때 마치 그 인물이 아니라 김민희가 김민희 자신에 대해 말하거나 설명하고 있는 것 같은 착각을 일으킬 수도 있다. "그건 그냥 김민희잖아!"라고 반응할 수도 있겠다. 나는 말하고 웃고 연기하는 김민희를 바라보는 것을 예전부터 무척 좋아했고, 영화에서뿐 아니라 현장이나 실제의 모습에서도 그랬다. 고백하자면, 김민희가 출연한 홍상수 감독의 거의 모든 영화들이 나는 재미있었고 좋았는데, 그건 '김민희'가 그 속에서 '어떤 인물'로 존재해서다. 하지만 사실상 이건 일종의 착각 때문인데, 내가 김민희를 어느 정도 안다고 믿기 때문에 그런 식으로 보는 것이다. 나뿐 아니라 많은 사람들이 스타—어떤 이미지가 있고 알려진 배우—들에게 저지르는 일이다.

물론 홍상수 감독이 영화를 만들 때 구상하는 방식이나 배우들과 어떻게 작업하는지는 꽤 알려져 있어서 이런 오버랩의 느낌은 자연스럽기도 하다. 하지만, 감독이 만들고 인물들에게 부여한 모든 상황과 구성, 대사와 디테일에 '살아있음'과 '리듬'과 '톤'을 불어넣는 건 배우의 얼굴과 목소리와 시선, 숨결, 몸짓이고, 그건 요즘 유행하는 회-빙-환 이전의 마술 같은 것이다. 홍상수 감독은 영화의 구성처럼 음악도 마치 어딘가에 전주-간주-후주 정도의 선을 그어두고 지나치게 몰입하거나 감정을 과장하지 않도록 울림이나 파장이 번지는 모습을 지켜보는 정도에서 사용하는데 그 속에서 인물들의 대화가 주는 정보와 서사는 느슨한 도형을 만들고, 김민희가 발화하는 언어는 형상이 되고, 반대로 홍상수의 영화를 본다는 건 점점 더 짧은 소설을 읽는 것처럼 느껴진다.

〈밤의 해변에서 혼자〉에서 강릉에 간 영희는 선배의 카페 앞에 나와 혼자 서서 담배를 피며 노래를 부른다. 뮤지컬 영화가 아니지만, 이때 영희의 노래는 내면의 언어고 감정의 풍경이며 그가 지나온 일들을 끌어안는 서사이며 기억이다. 사랑의 길 위에서 말 대신

부르는 노래는 그런 것이어서 한낮에 노래하는 영희, 화단의 꽃양배추를 쓰다듬는 영희는 아름답고 슬프다. 〈우리의 하루〉에서 상원이나 의주를 만나기도 전에 미리 선수를 쳐서 인식의 레이어를 만드는 텍스트들과는 정반대의 방식으로, 외로운 이의 옆모습에다 언어의 겹으로 풍경을 만들어 보여준다.

〈우리의 하루〉에서 상원은 배우가 되고 싶어 하는 친척 동생 지수에게 자신이 연기를 그만두게 된 얘길 해주면서 "연기에서 중요한 건 솔직함이고 자기를 솔직히 드러내려면 이미 너무 많이 씌워져 있는 것들—습관, 편견, 이미지, 두려움—을 벗겨내야 한다"고 말한다. "남들이 좋아하는 그 유명한, 통하는 이미지들은 백 번 만 번 울궈먹어봤자 바로 밑바닥이 드러나. 나도 그렇게 할 수 있는 작품이 없었지. 사람들이 먼저 정해놓은 게 있으니까, 솔직한 것과 그들이 원하는 걸 같이 한다는 건 불가능한 거야. 나는 그런 능력이 없어. 사람들이 원하는 이미지가 있거든. 내가 그걸 집에서 몇 가지 옵션을 준비를 해 가. 감독이 거기서 하나를 골라. 그러면 내가 딱 그거를 하는 거야. 그게 끝이야. 그러니까 내가 촬영장 구석에서 맨날 어이구 빨리 끝나라, 빨리, 이러고 있었지." "누구를 만났는데, 그 사람이 나한테 자극을 줬지. 그 일하는 모습이 진짜–진짜 일을 하고 있는 것 같이 느껴졌어. 배우를 하는 게 다 빛이 바래버렸다고. 맨날 남들이 써 준, 말도 안 되는 대사들을 힘들게 외우고 연기한다 하는데, 너무 텅 빈 것 같이 느껴지는 거야. 갑자기 정내미가 뚝 떨어졌어. 힘이 탁 빠졌지."

이건 마치 김민희의 입을 빌어 입센의 작품을 두고 '인생은 저렇지 않다'고 잘라 말했다는 체홉의 이야기를 들려주는 것 같기도 하다. '말도 안 되는 대사들'을 써서 정해놓은 것들, 사람들이 원하는 이미지들. 복잡한 미스터리는 풀리고, 던진 질문들은 모두 답을 얻고, 갈등과 긴장이 있고 인과 관계가 대체로 분명한 결말을 맞이하는 입센의 이야기들에 비해 체홉의 세계는 분명 그렇지 않다. 인생의 질문들은 일상의 조각들 사이에 스며들 뿐 인물들은 서로 감정을 쉽게 드러내지 않는다.

〈소설가의 영화〉에서 작품을 못 쓴 지 오래인 소설가 준희는 영화를 만들고 싶어 한다. 지금은 영화를 하지 않고 지내는 배우 길수를 만나자 준희는 함께 영화 찍기를 제안한다. 배우가 자신의 날것 그대로의 감정을 자연스럽게 드러낼 수 있도록 진짜 감정을 가질 수 있는 상황 속에서 실제 삶에서 관계를 맺고 있는 사람들과 함께 찍기를 원한다. '사람들을 끌어당기는 힘이 있는 이야기'가 필요하지 않느냐는 물음에 지어낸 이야기는 현실을 과장하는 느낌이 들어 소설을 더 쓸 수 없었다는 준희. 그 순간의 진짜 감정을 담아낸 영화를 찍고 싶고, 그건 다큐멘터리와는 다른 무엇이라는 것이다. 준희는 길수와 함께 그 영화를 완성했다. 우리가 볼 수 있는 건 '길수' 또는 '김민희'가 들꽃과 낙엽으로 꽃다발을 엮어 부케처럼 가슴에 들고 해맑게 웃으며 카메라를 향해 나직이 신부 입장—결혼행진곡을 부르는 흑백 화면이다. 그가 묻는다. 색깔로 찍고 있어? 아뇨. 아깝다 이렇게 예쁜데. 그럼 색깔로 찍으면 되죠. 감독이 화답하듯, 다음 컷은 흑백에서 컬러로 바뀐다. 마치 가족과의 한때를 담은 홈 무비 같은 이 영상은 묘한 감동을 준다. '극장에서 상영되는 준희의 단편 영화'

자리에 있는 영상이지만 뒤이어 짧은 엔딩 크레딧이 나오고 또 영화를 본 '길수'가 극장을 나온 후에 어디에도 보이지 않는 준희를 찾아 엘리베이터를 타는 데서 영화는 끝이 난다. 아마도 김민희, 인 그는 바람 때문에 시린 눈을 감으면서도 카메라를 향해 예쁘게 웃고 말을 걸고 꽃을 보여주고 아마도 가족인 듯한 여성과 함께 공원의 계단을 올라 넘어간다.

처음으로 돌아가, 지금 내가 보는 김민희는 내가 알고 있던, 안다고 생각한 김민희가 아님을 빨리 인정해야겠다. 〈도망친 여자〉의 감희는 그 극장에 왜 왔을까? 감희와 주변인들과의 관계는 흥미로워서 그 후의 이야기가 궁금하다. 나라면 감희가 그곳에 왜 왔는지 분명히 세세히 설정하고 사건들을 관계 지어서 의미와 긴장과 효과적인 감흥을 만들고 싶었을 것이다. 〈화차〉는 감독이 여러 번 각본의 수정과 모니터링을 거쳤고 엔딩을 열아홉 버전을 본 후에 원래대로 돌아갔다. 용산역의 대사와 디테일은 촬영 전날까지 배우들과 함께 만들고 수정했다. 나는 오랜 시간 다큐멘터리를 기획 제작했고, 상상의 인물과 사건들로 이루어진 이야기—가짜—를 진짜처럼 만드는 영화를 기획하고 만든다. 〈화차〉의 경선을 캐스팅할 때도 '이미지'는 중요한 요소였다. 다른 후보들도 있었지만 '우아하고 조용하지만 어디로 튈지 모르는' '미스터리하고 불균질한 에너지가 느껴지는' 이미지의 김민희와 일했던 게 큰 행운이었다. 복선을 깔고 반전이 있고 절정을 향해 달려가는 이야기들로부터 멀리 떨어져 다른 방식의 작업에 몰두하고 있는 이에게 그리움을 담아 안부를 묻고 싶다. 나는 여전히 이미지와 가짜에게 마음을 빼앗긴 관객이며, 앞으로도 장르와 VX를 고민하며 좀 더 정교하게 상상하고 확장된 이야기와 스타일의 영화를 만들고 싶어서 지리멸렬 노력할 게 분명하다. 때로는 지나치게 과장되고 온갖 장식들로 세상을 꾸며대고 있는 것처럼 보이는 바로 그 영화들은, 실은 진짜도 가짜도 아닌, 우리가 각자 서 있는 이 세계의 자기 자리에서, 각자의 방식으로 사유하며 조금씩 전진하고, 때론 성공하기도 실패하기도 하는, 그 어떤 영화로 인해 반영된 또 하나의 현실이고, 이미지이며, 서사라는 이름의 작은 읊조림이라는 걸, 우리는 언제쯤 다시 나눌 수 있을까.

글 신혜은
사진 제공 (주)게티이미지코리아

스티븐 연 × 김보라

〈워킹 데드〉의 스타, 〈옥자〉, 〈버닝〉 등 한국 명감독들과의 작업,
〈미나리〉로 한국계 미국인 배우 최초 미국 아카데미 남우주연상 노미네이트,
〈성난 사람들〉로 골든 글로브 리미티드 시리즈 남우주연상 수상.
배우 스티븐 연을 수식하는 단어는 화려하다. 〈벌새〉로 많은 관객의 사랑을 받고
전 세계 영화제 60관왕을 기록했던 김보라 감독이 스티븐 연을 만났다.
눈부신 이야기로 채워온 30대를 지나 나란히 40대에 들어선 감독과 배우가
나누는, 일과 삶에 대한 아주 솔직한 대화.

먼저 〈성난 사람들〉이 너무너무 좋았다는 것부터 말씀드리고 싶어요. 정말 훌륭한 드라마였고, 당신이 연기하는 장면을 볼 때마다 소름이 돋았어요. 솔직히 말해서 저는 아시아계 미국인의 정체성을 다루는 영화나 드라마의 팬은 아니었어요. 주제 의식 때문은 아니고, 아마 보편적으로 느껴지지 않아서인 것 같아요. 저보다 훨씬 더 잘 아시겠지만, 아시아계 미국인의 정체성은 유럽 등의 다른 나라에서 온 이민자와는 또 다르게 매우 독특하잖아요. 그래서 아시아계 미국인의 이야기를 독특한 방식으로 다루는 작품들은 저 자신이 아시아인임에도 불구하고 때로는 공감하기 어려웠어요. 하지만 〈성난 사람들〉은 정말 모든 사람에게 보편적으로 가 닿는 매우 드문 작품이라고 생각해요. 아시아계 미국인이 주인공이지만, 결국 모든 사람의 삶에 관한 이야기죠. 인생에서 느끼는 공허함이나, 진실한 자기 자신을 마주하고 자신 안에 있는 어두움과 대면하는 것은 매우 보편적인 주제니까요. 하지만 이 작품은 동시에 여전히 매우 유니크한 방식으로 아시아계 미국인의 삶을 포착해요. 그런 작품을 볼 수 있어서 너무 기뻤어요. 소설 『파친코』도 정말 좋아했는데, 〈파친코〉와 〈성난 사람들〉의 제작진 여러분은 매우 다른 방식으로 똑같이 훌륭한 일을 해냈다고 생각해요.

그렇게 이야기해 주시니 정말 감사합니다. 한국계 미국인, 아시아계 미국인을 다루는 작품에 대해 그렇게 느낄 수 있어요. 백인이 대부분인 미국에서 타자로서 살아가다 보니 그런 일들이 많이 일어나는 것 같아요. 미국에서는 인종을 지나칠 정도로 의식해요. 모두가 서로에게 낯선 사람이고, 당신이 속한 작은 인종 집단을 제외하면 다른 전체적인 집단은 사실상 없어요. 당신의 인종 집단 안에 있을 때 당신은 평범한 사람, 사람 그 자체로 존재할 수 있지만, 그 집단 밖으로 나가는 순간 갑자기 당신은 아시아인, 백인, 흑인이 되죠. 그리고 전 우리 아시아인들이 인종적 관점을 너무 많이 내면화한다고 생각해요. 비아시아인들이 주류인 시스템에 들어가면, 우리의 이야기, 아시아인의 이야기가 왜 중요한지를 그들에게 설명해야 하는 일이 벌어지기 때문이죠. 방송사에게도, 제작자에게도, 심지어 조명 스태프에게도 설명하고 또 설명하고…. 이렇게 자기 자신에 대해 계속 설명하다 보면 결국 당신의 본질적인 경험과 열정으로부터는 멀어지게 돼요. 왜냐하면 다른 사람에게 설명을 하기 위해서는 자기 자신의 시선 대신 외부의 시선으로 자신을 바라보며 이야기를 하게 되거든요.

그런 시스템 안에서 자기 자신의 관점으로 이야기를 전달하는 것은 매우 어려워요. 특수한 이야기로서 갖게 되는 가치를 기꺼이 포기해야 하기 때문이죠. 아시아계 미국인 이야기, 아프리카계 미국인 이야기, 히스패닉계 미국인 이야기를 하는 순간 그들의 문화적 특수성, 문화 자체가 그 이야기가 지닌 가치가 되곤 하니까요. 지배적인 문화는 우리에게 늘 "당신들의 삶은 어떤가요?"라고 묻곤 해요. 그 특수한 표면적 가치에 대해서만 이야기하죠. 밥, 김, 김치, 찌개…. 그런 것들이 우리 삶이라고 생각합니다. 그러나 정작 한국인들에게 밥과 김치찌개는 그냥 음식일 뿐이잖아요.

그래서 한국계 미국인 스스로의 관점에서 자신의 이야기를 제작하려면 아주 맹렬하게 노력해야 하는 부분이 있어요. 우리 문화의 표면적인 가치들이 눈에 띄지 않게, 배경에만 머물도록 하기 위해서요. 〈성난 사람들〉을 제작할 때 우리는 우리 자신의 관점에서 이야기하자는 원칙을 고수했어요. 미술감독 그레이스 윤은 진정성이 넘치는 세계를 창조해 냈죠. 예를 들어 "와, 이게 라면이야"라고 강조하

지 않고, "이제 라면 먹자"라고 등장인물들이 자연스럽게 이야기하는 방식으로요. 왜냐하면 라면은 우리가 늘 먹는 음식일 뿐이지, 그게 우리의 존재를 뜻하는 건 아니니까요.

〈미나리〉도 비슷하다고 생각해요. 이민자 가정에 대해 그들의 관점에서 이야기하려고 한 작품이죠. 〈미나리〉에 대해서 "왜 백인이 아시안에게 가한 억압에 대해 이야기하는 작품으로 만들시 않는가?"라고 하는 사람들도 있었어요. 그에 대한 우리 대답은, "우린 당신(백인)들에 대해서는 생각조차 하지 않았으니까."예요. 〈미나리〉는 회복, 힘, 용기에 대한 이야기인데, 왜 우리가 자신을 피해자로 정의하며 피해자의 입장에서 이야기해야 하나요? 저는 늘 피해자가 아닌 우리 자신의 관점에서 이야기하는 작품을 원했어요.

제가 왜 〈성난 사람들〉을 사랑할 수밖에 없었는지 완벽하고 우아하게 설명해 주셨네요. 앞으로 저의 〈성난 사람들〉 감상을 이야기할 때 이 인터뷰를 이야기해도 될까요? (웃음)
| 그렇게 해주시면 감사하죠. (웃음)

이민자 정체성에 대해 다루는 일부 작품들에 대해서 조금 불편한 느낌을 받았던 이유를 알겠어요. 그 작품들은 사실 "우린 당신들 때문에 이렇게 고통을 받은 피해자야. 우리가 어떤 존재인지 설명해 줄게."라고 '백인에게' 말하는 이야기였기 때문이었어요. 〈성난 사람들〉은 그렇지 않아요. 아시아계 미국인인 등장인물들은 그냥 존재해요. 다른 백인들과 똑같이, 우리 존재에 대한 어떤 설명도 하지 않고요. 바로 그렇기 때문에 〈성난 사람들〉의 아시아계 미국인 등장인물들은 복잡한 내면을 가진 캐릭터, 인간 그 자체로 보이게 돼요. 아시아계 미국인 캐릭터도 백인 캐릭터와 마찬가지로 공허함이나 존재의 위기 등을 겪는 존재입니다.
| 맞아요, 아시안도 백인도 다 같은 사람이죠.

그리고 자신을 피해자로 정의하고 싶지 않다는 당신의 이야기가 정말 좋았어요.
| 쉬운 일이 아니지만, 가끔 문이 열리는 때가 있어요. 우리 이전 세대까지는 그런 기회를 얻지 못했다고 생각해요. 자기 자신을 피해자로 여기든 그렇지 않든 간에, 실제로 혹사를 당했고 같은 인간으로 대접을 받지 못했으니까요. 하지만 이제 문이 열리고 "이제 네 얘길 해도 돼. 네가 인간이 아니라고 말하는 게 누구야? 그들이야? 아니면 네 자신이야?"라는 질문을 받게 됐어요. 그런데 당신이 받았던 억압과 벌여왔던 투쟁을 너무 깊이 내면화하면, 자기 자신조차 스스로를 인간 그 자체로 보지 못하고 자신만의 이야기를 하기가 힘들어지는 거예요. 그래서 〈미나리〉와 〈성난 사람들〉을 만들 때 우리의 목표는 보편적인, 우리 스스로를 인간 그 자체로 보는, 품위 있는, 모두와 연결될 수 있는 이야기를 하자는 거였어요.

특히 〈성난 사람들〉의 마지막 에피소드가 아주 아름다웠어요. 물론 모든 다른 에피소드들도 다 재미있고 매력적이었고, 어떻게 보면 오히려 마지막 에피소드가 좀 다르고 특이하다고 생각하는 시청자도 있을 거예요. 하지만 전 마지막 에피소드가 대단한 직관을 담고 있고 거의 영

적인 면이 있다고 생각해요. 그리고 그 마지막 에피소드가 없었다면 이 시리즈 전체가 의미가 없었을 거예요. 마지막 에피소드에는 제작진이 정말로 전달하고자 했던 품위, 영성, 타인과의 연결—이 모든 것들이 담겨 있어요.

영성에 대한 이야기가 나와서 말인데, 이창동 감독님이 이번에 『키노 씨네필』과의 인터뷰에서 이야기한 당신과의 일화가 있었어요. 〈버닝〉 캐스팅 미팅 때 원작 소설을 읽고 온 당신이 원작의 '벤' 캐릭터에 대해 "그는 공허한(emptiness) 사람이다. 그리고 나는 그 감정을 잘 안다."고 했대요. 너무 정확한 해석이고 이 정도로 캐릭터에 대해 깊이 이해하는 건 매우 드문 일이라 이창동 감독님도 깜짝 놀랐다고 해요. 당시에 당신은 무명 배우 생활 끝에 〈워킹 데드〉로 갑자기 스타덤에 오른 후 공허감과 '존재론적 위기(Existential Crisis)'를 느꼈다고 했어요. 그 위기와 감정에 어떻게 대응했는지, 그리고 〈버닝〉 이후에 성장과 변화가 있었는지 궁금합니다.

당시 '존재론적 위기'를 느낀 이유는 여러 가지였어요. 결혼하고 집을 사고 첫 번째 아이가 태어나고, 무엇보다 제 인생에서 그렇게 크게 방향이 바뀌는 경험은 처음이었어요. 〈워킹데드〉 전에는 주로 연극을 했고, 어떤 캐릭터를 그렇게까지 깊이 연기하고 캐릭터의 삶을 살아본 적이 없었어요. 그냥 내 인생을 나로서 살고 있었죠. 그런데 〈워킹데드〉를 시작하고 7년간 '글렌'이란 캐릭터로서 살게 되었어요. 그리고 이전에는 나를 거의 보지도, 생각지도 않고 지나쳤을 세상 사람들이 갑자기 나를 스티븐 연이란 사람이 아닌 '글렌'이란 캐릭터로 보기 시작했죠. 〈워킹데드〉에서 하차하면서 느낀 감정을 그때는 파악하지 못했던 것 같은데, 지금은 알 것 같아요. 나는 그저 '빈 그릇'이에요. 슬픈 뜻은 아니고, 내가 '진짜'라고 믿는 나도 그저 이 몸을 통해 살아가는 어떤 한 사람이라는 의미로요. 사실 저는 우리 모두가 그런 존재라고 생각하지만, 배우처럼 자신의 직업 때문에 실제로 다른 인생을 살아보게 되는 사람들은 많지 않죠. 〈워킹 데드〉를 떠나고 계속 생각했어요. '왜 이렇게 텅 빈 느낌일까? 왜 이 인생도 의미도 모두 나에게서 흘러나가 버리고 갑자기 내가 누구인지조차 모르겠다는 기분이 들까?' 그러다가 남편이 되고, 아빠가 되는 과정에서 삶의 목적을 점차 찾아가게 됐어요. 〈버닝〉을 했던 건 그쯤이었고요.

'벤'을 연기하는 건 정말 좋았어요. '벤'이 좋은 사람인지 나쁜 사람인지는 알 수 없지만, 제게는 정말 흥미로운 캐릭터였어요. 특히 제 '교포'로서의 삶 속에서 한 번도 느껴본 적이 없는, 엄청난 '여유'를 가진 인물이거든요. 미국의 평범한 아시아계 미국인의 삶은 '벤'처럼 여유롭지 않아요. '벤'처럼 그저 모든 것을 앉아서 관찰하는 최상류층 인물을 연기하는 것은 일종의 도취적인 경험이에요. 그는 매우 강한 사람이고 그의 힘은 완전한 초연함에서 나와요. 그는 아무것도 필요로 하지 않고, 어떤 것에도 애착이나 소속감이 없어요. 저는 '벤'과는 전혀 다른 평범한 교포로 살았어요. 엄마랑 아빠랑 동생이랑 딱~ 붙어서. (웃음) 그래서 "난 아무것도 필요 없어."라는 식의 여유로움을 느낀다는 건 정말 엄청난 경험이었죠.

'벤'의 여유는 '진짜 여유'는 아닌 것 같아요. 당신이 생각하는 '진짜 여유'는 뭔가요?

'진짜 여유'는 이해하고 받아들이는 것이라고 생각해요. '벤'도 어떤 순간에는 진짜 여유를 누리죠. 그는 물질세계에서 충분한 여유를 갖고 있기 때문에 철학책을 읽든 명상을 하든 삶을 이해하려고 노력할 수 있는 시간을 충분히 갖고 있어요. 제가 〈버닝〉에서 가장 좋아하는 부분은 '벤'의 그 여유가 결국 감옥이 된다는 거예요. 여유가 지나쳐서 오히려 속박이 되는 거죠. 저는 엔딩에서 '벤'이 기뻤을 거라고 생각해요. 그제서야 진짜로 자유로워진 거니까요.

그렇군요. 그럼 〈버닝〉의 경험 이후로 당신의 '존재론적 위기'를 극복했나요?

음…. 아뇨. (웃음) 아마 영원히 '극복'을 하지는 못할 거예요. 하지만 이제는 너무 놀라거나 충격을 받지 않고 잘 받아들이게 되었죠. 누구든 아주 많은 다른 삶들을 받아들일 수 있는 내면의 힘을 갖고 있다고 생각해요. 누구나 인생에서 다른 트랙으로 옮겨갈 때 그런 경험을 할 수 있지만, 특히 배우의 삶이란 건 참 독특하죠.

그 존재론적 위기와 당신의 직업이 연관이 있다는 뜻인가요?

네, 배우라는 제 직업이 존재론적 위기를 깨닫게 했다고 생각해요.

명성이나 자극적인 환경 때문일까요?

그런 것도 있지만, 계속해서 여러 다른 인물들의 삶을 내면 깊숙이 이해하고 감정을 이입하는 배우의 일 자체 때문이기도 해요. 예를 들어 〈성난 사람들〉에서 '대니'를 연기할 때의 어려움은 이런 거예요. 나의 어떤 부분은 '대니'랑 똑같은데, 부끄럽고 숨기고 싶은 부분이지만 사랑해야만 해요. 그러면서 깨닫죠. '대니'는 내가 아니고, 다른 누구도 아니지만, 모두가 내면에 '대니'를 갖고 있다는 것을. '대니'처럼 매일매일 억눌리고, 심한 압박을 받고, 자유도 여유도 없고, 모든 것이 당신을 방해하는 것만 같은 삶을 살다 보면 어떻게 될까? 그런 생각을 하며 '대니'라는 캐릭터를 이해하게 되죠.

그렇군요. 그렇게 한 캐릭터에 깊이 이입하다 보면 한 캐릭터에서 다른 캐릭터로 넘어갈 때 남아있는 감정 때문에 힘들 것 같은데, 그런 감정들은 어떻게 처리하나요?

상담 치료죠. (웃음) 솔직히는 제 아내와 아이들 덕분에 지금 여기까지 올 수 있었다고 생각해요. 아빠로서, 남편으로서, 가족의 일원으로서 매일을 살아가는 제 인생의 이야기가 있기에 안정감을 느끼며 계속 일을 할 수 있어요. 그게 정말 중요하다고 생각해요.

저도 〈벌새〉를 만든 후 비슷한 감정을 겪었기에 다른 이들은 어떻게 그런 위기를 헤쳐 나갔을지가 궁금했어요. 그런데 제 '존재론적 위기'는 감독이라는 직업뿐만 아니라 '중년의 위기'이기도 해요. 이제 저도 40대가 되었는데, 수많은 감정 변화를 느끼고 자신의 더 깊은 내면과 마주하게 되는 시기 같아요.

저는 18살 때부터 명상을 했는데, 사실 그래서 자신에 대해서 잘 안다고 생각했어요. 순진한 착각이었죠. 비슷한 나이에 비슷한 위기를 겪은 주변 사람들 이야기를 들어보면, 결국은 더 안정감을 찾고 인생의 참

의미를 찾는 방향으로 나아갔다고 해요. 위기를 겪는 중에는 당신 인생 중 가장 어두운 밤처럼 무섭게 느껴지지만, 겪을 가치가 있는 일이죠.

맞아요. 당신의 '이야기'를 떠나보내는 건 정말 고통스러운 일이에요. 나 자신이나 남들이 곧 나의 존재라고 여겼던 것과 헤어지는 일은 마치 아주 멋진 탑을 쌓아 놓고 그걸 부숴버리는 느낌이죠. 너무 아깝고 아쉽고….

'이야기'가 매우 정확한 표현이라고 생각해요. 우리는 모두 자신이 만들어 낸 자신의 이야기에 집착하죠. 그런데 우리는 창작자이기에, 이전에 만들어낸 이야기는 던져버리고 처음부터 새로운 탑을 쌓아야 해요. 그건 아주 영적인 과정이고, 그 과정에서 해방감을 느끼기도 해요.

맞아요. 그 과정에서 더 강해지기도 하고요. '대니'는 우리의 집단적인 수치심, 숨기고 싶은 부분들을 대표하는 인물이에요. '대니'를 연기하면서 그런 부분들을 숨기지 않고 꺼내어 마주하고, 나의 이런 부분도 괜찮다고, 사랑한다고 말하는 일은 아주 멋졌어요. 그리고 그 모든 이야기를 내면에 받아들인 후 떠나보내면서 좀 더 성장하게 돼요.

아까 당신이 '빈 그릇'이란 단어를 쓴 것이 매우 흥미로웠는데요, 불교 교리에도 '공(空)'이란 개념이 있죠. 당신은 빈 그릇이자 근원으로서 존재하고, 여러 이야기가 당신 안으로 흘러 들어왔다가 나가요. 당신은 왔다가 가는 것들을 갠지스강에서 떠내려가는 인간의 시체를 보듯이 그저 바라보고요. 당신의 '빈 그릇'이라는 표현에 그런 불교 사상적인 의미가 있나요?

정확히 그런 의미예요. 예를 들어 하늘을 날아가는 독수리는 '와우, 난 독수리야! 난 정말 멋져!'라거나 '하… 난 절대 제대로 된 독수리가 못 될 거야…'라는 생각을 하지 않겠죠. 그저 존재할 뿐이지. 이런 생각들로 고통받는 건 인간뿐이에요. 인간만이 자신의 존재 밖에서 제삼자의 시선으로 스스로를 관찰하죠. 심지어 이제는 오토파일럿처럼 그런 자동화된 행동을 대신해 주는 기계까지 있어요.

맞아요. 그리고 아까 '대니'에 대해서 집단적인 수치심이라는 단어를 썼는데 정말 공감되는 표현이었어요. 〈성난 사람들〉의 감독도 틀림없이 당신의 캐릭터 해석을 사랑했을 거예요. 캐릭터를 진정으로 이해하고 연기하는 배우와 작업한다는 것은 정말 행복한 일이죠.

〈성난 사람들〉을 봤을 때, '대니'가 동생의 대학 입학 지원서를 없애버리는 장면에서 이렇게 생각했어요. "세상에, 완전 선을 넘었네!" 보통 작가와 감독들은 메인 캐릭터를 관객이 좋아할 수 있는 인물로 그려내려고 하잖아요. 동생의 지원서를 마음대로 없애버리는 건 주인공이 할 만한 행동이 전혀 아니죠. 그래서 감독의 의도가 뭘까 생각하다가 나중에서야 이렇게 이해했어요. 이것은 '대니'가 자신의 잘못을, 부끄러운 자신에 대해 고백하는 이야기이고, 그 고백이야말로 결국 그가 맞는 결말의 시작점이라는 것을.

그건 '대니' 자신이 제어할 수 없는 일들이었어요. 저는 '대니'가 동생의 지원서를 버리는 건 동생을 자신 곁에 두기 위해서라고 생각했어요. '대니'가 진짜 두려워하는 건 혼자가 되는 거예요. 늘 "혼자 있고 싶다, 자유롭고 싶다" 이야기하지만, 사실 그는 혼자가 되는 것을 두

려워해요. 우리 모두가 이런 두려움을 갖고 있다고 생각해요. 홀로 외로이 남겨지지 않으려고 여러 가지 선택을 하죠.

맞아요. 그러다가 마침내 진정한 자기 자신이 되고 홀로 존재하는 것이 편해지면 제정신으로 돌아오죠. 저도 '칼 융'의 심리학 저서에 빠진 적이 있었는데 〈성난 사람들〉의 감독도 작품에서 융을 인용한 부분이 있어요. 〈성난 사람들〉은 융의 이론처럼 자신의 그림자, 수치스러운 부분을 마주하고 완전히 받아들여야만 그런 부분이 당신의 존재 자체는 아니라는 사실을 깨달을 수 있다는 이야기였죠.

당신은 '빈 그릇'이고, 당신이 당신의 존재 자체라고 생각하는 온갖 부정적이고 유독하고 잘못된 정보나 이야기들은 그저 그릇에 담겼다가 빠져나갈 뿐이에요. 그것을 인정한 후에, 탑이 무너지는 것을 바라보며 불현듯 온전한 자기 자신이 되는 거죠.

맞아요, '근원'이 되는 거예요. 감독님과 이런 이야기를 할 수 있다니 정말 좋네요.

작품을 고를 때 가장 중요한 기준은 무엇인가요?

저는 일단 정말 행운아였기에, 제 인생의 어떤 순간과 관련이 있거나 스스로 하고 싶었던 이야기들을 만나게 된 것 같아요. 일단 이 캐릭터가 하고 있는 이야기를 나도 하고 싶은지가 스스로에게 하는 첫 번째 질문이에요. 대답이 예스라면 감독이 작품을 통해 하려는 이야기가 내가 하고픈 이야기와 같은지 시나리오 전체를 살펴보고요.

그리고 이 캐릭터의 삶을 살아보고 싶은지, 이 캐릭터와 작품의

에너지를 나의 가족들에게까지 가져오고 싶은지, 세상 사람들에게 들려줄 가치가 있는 이야기인지를 다시 질문해 봐요. 작품을 제작하는 것만도 1~2년이 걸리고, 세상에 공개하고 반응을 얻는 것까지 더하면 정말 긴 과정이니까요. 물론 그냥 해야겠다고 한 방에 감이 올 때도 있어요. 이창동 감독님이 〈버닝〉 캐스팅 때문에 연락하셨을 때처럼요. 연락을 받자마자 '그럼, 당연히 해야지' 생각했죠.(웃음)

작품 선택의 기준에 대해 들으니, 당신의 삶과 연기한 캐릭터들이 맞아떨어지면서 캐릭터들과 함께 성장해 왔다는 느낌도 드네요.

맞아요. 캐릭터들이 저를 성장하게 했죠. 연기를 하다 보면 저와는 전혀 다른 캐릭터의 어떤 부분을 제 안으로 끌어오게 되고, 그래서 할 수 있을 거라고 생각지도 못했던 일들을 하기도 해요. 〈버닝〉의 '벤'도 그런 캐릭터였어요.

〈버닝〉 시나리오를 처음 읽었을 때 '벤'의 삶은 나와는 정말 다르고 이해할 수 없다고 생각했어요. '벤'은 자신의 삶으로부터 거리를 두고 분리되어 있는 인물이에요. 그에게는 아무런 이야기도 없어요. 물질세계로부터 완전히 초연한 인물이기 때문이죠. 그는 스스로를 신이라고 생각해요. 하지만 공허함이라는 감정을 통해 캐릭터를 조금씩 이해하기 시작했어요. 그의 공허함을 저도 이해한다는 것을 점차 깨닫게 되었죠.

필모그래피를 돌아보면 일종의 발전이랄까, 작품이나 캐릭터 간의 연결 지점이 보이나요?

그렇죠. 연기자로서의 삶 속에서 늘 과거를 돌아보거나 미래를 생각하며 이야기를 만들어내곤 했어요. 그런데 요즘은 현재에 집중하려고 노력해요. 과거나 미래에 대한 생각이 연기자 생활 초반에는 분명 도움이 되었지만, 제가 너무 생각이 많다고 느껴지기도 하거든요. 좀 더 야생 동물처럼, 그냥 잘 먹고 잘 자고 일하고…. 순간에 충실하게 살고 싶어요. 매일 실패하고 있지만. (웃음)

좋은 접근인 것 같아요. 순간에 집중하고 지금 하는 일에 집중하는 것이 명상법 중 하나잖아요. 요리를 하거나 청소를 하더라도 그 일에 정말 집중하고 있다면 그게 곧 명상의 순간이 되죠.
저도 명상을 하면 좋겠는데 너무 게을러요. (웃음)

당신은 연기자로서나 삶에서 이미 근원과 연결되는 경험을 하고 있어서 굳이 명상을 할 필요 없을 것 같아요. 근원을 찾는 방법에는 명상 말고도 여러 가지가 있으니까요. 저는 그냥 명상이 제일 편해서 하는 거예요. (웃음) 이건 아주 가벼운 질문인데요, 일상생활의 루틴이 있나요?
그냥 평범해요. 일어나서 애들 밥 먹이고 학교에 데려다주고. 운동하고, 시나리오나 책을 읽고…. 어떨 땐 그냥 아무것도 안 하기도 하고요. 아직 아이들이 어려서 가능한 많은 시간을 아이들과 함께 보내려고 해요.

그럼 현장에서 긴장을 풀기 위해 하는 루틴도 있나요? 감독들은 현장에서 엄청나게 긴장하고 자극을 받다 보니 긴장을 풀기 위해 상담을 받거나, 약을 먹거나, 저처럼 명상을 하는 방법을 쓰곤 해요.
현장에서는 주로 담배죠. (웃음) 집에 있을 때는 아내와 이야기 나누면서 쉬고요. 나쁜 버릇이지만 종종 스마트폰에 푹 빠지기도 하고….

여태까지 많은 작품 속에서 연기를 하면서 정말 인상 깊었던 순간이 있나요? 현장이 너무 힘들어서였든, 아주 좋은 의미에서였든.
작품마다 그런 순간이 있지만, 특히 〈미나리〉에서 '제이콥'과 '모니카'가 불타는 헛간을 함께 바라보던 장면이 떠오르네요. 촬영 전날부터 벼르고 있었어요. '좋아, 내일은 아주 결정적인 순간이야. 영혼 깊숙한 곳으로부터 상실과 애도를 표현해야 해. 눈물을 흘리면서.' 촬영 당일 두 번째 테이크까지 갔는데 감정을 끌어올릴 수도 없고 눈물도 나지 않았어요. '왜 눈물이 안 나지? 빨리 감정을 폭발시켜야 하는데!' 어린 시절 눈물 연기를 하려고 쓰던 '슬픈 음악 듣기' 같은 방법까지 시도해도 소용이 없었어요.
그리고 세 번째 테이크에 들어갔을 때, 억지로 무언가 하지 말고 그냥 이곳에 서서 관찰해 보기로, 그냥 그 순간을 살아 보기로 했어요. 그러자 한예리 씨(모니카 역)가 울고 있는 모습이 보였어요. 그녀는 세 테이크 내내 너무나 자연스럽게 눈물을 흘리고 있었어요. 그 순간 갑자기 깨달았어요. 여태까지 온 가족을 위해서 감정적인 고통을 느끼고 있었던 사람이 바로 '모니카'였다는 사실을요. 그건 바로 '제이콥'이 불타는 헛간과 '모니카'를 바라보며 그 순간 깨달아야 하는 사실이기도 했어요. '가장 고통받았던 건 내가 아니라 모니

카였구나.'라고요. '배웠다'는 느낌이었죠. 저와 연기하는 캐릭터가 동시에 배움을 얻은 거예요.
그 깨달음이 온 순간 정말 행복했어요. 모든 상황을 통제할 수 없고, 그저 그곳에 존재하면서 어떤 일이 일어나는지 봐야 할 때가 있는 거죠. 도저히 눈물이 나오지 않는다면, 아마도 당신의 캐릭터가 울어야 하는 장면이 아닌 거예요. 제 연기 인생에서 정말 결정적인 순간이었어요. 그 순간을 다시 떠올려 보니 거의 눈물이 날 것 같은데요. (웃음) 캐릭터를 이해한다는 충만한 경험을 한 순간이었어요. 그리고 한예리 씨는 정말 진정성이 넘치는 배우예요.

'울어야 한다'고 생각하는 배우로서의 자아를 내려놓지 못했다면 그런 배움을 얻지 못했겠죠. 정말 멋지고 시적인 순간이네요.
오랜 경력을 이어가면서 열정을 유지하는 방법이 있나요?
가끔 다 끝났다, 그만두고 싶다 생각할 때도 있어요. 하지만 언제나 연기로 돌아오게 되는 이유는, 호기심이에요. 진짜 나는 누구인지, 이 세상은 어떤 곳인지, 여전히 궁금하거든요.

마지막으로, 여태까지 당신의 삶에서 가장 중요한 깨달음이나 교훈은 무엇인가요? 예를 들어 당신의 아이들에게 전하고 싶은 딱 하나의 교훈이 있다면요?
"배움에는 끝이 없다. 우리는 평생 동안 인생을 배우는 학생이다. 절대 세상을 완전히 알 수도, 이해할 수도 없다."

진행, 번역 서희영, 이숙현
사진 제공 John Chong, 박용빈

이제훈, 박정민, 최우식 × 엄태화

Next Generation
한국영화를 부탁해

배우는 그 시대의 얼굴이자, 그 세대의 마음이다. 2010년을 전후하여 데뷔해 지난 10년 간 한국영화의 새로운 피로 종횡무진하며 자기 세대의 표정을 만들어 왔으며 어느 새 한국영화의 중심으로 자리 이동한 세 명의 배우, 이제훈, 박정민, 최우식. 한국영화의 지난 10년간 동력은 무엇이었고 미래의 한국영화는 어떤 모습으로 우리에게 다가올 것인가. 침체된 영화 시장에 대한 근심에서부터 배우로서의 내밀한 고민에 이르기까지 허심탄회했던 이들의 대화를 통해 한국영화의 과거와 현재 그리고 미래를 상상해 본다.

FACE(S) × TALK(S)

세 분은 어떻게 처음 만나신 거예요?

> 박정민 배우(이하 박): 제훈이 형이랑은 〈파수꾼〉이고 우식이는 〈사냥의 시간〉….

이제훈 배우랑 최우식 배우 두 분도 그럼 〈사냥의 시간〉에서….

> 이제훈 배우, 최우식 배우(이하 이, 최): 맞아요 네.

〈사냥의 시간〉 하실 때 어땠어요? 저는 이제 진짜 우리 세대 배우들과 감독이 우리 세대 스태프들과 만든 영화가 나오는구나 하면서 되게 부러웠거든요. 그래서 현장도 굉장히 재밌었을 것 같고 궁금하기도 했는데 그때 얘기 좀 해 주시죠.

> 이: 여기 이렇게 셋이랑 안재홍 배우가 함께했는데, 그때가 제일 즐겁고 행복했던 것 같아요. 첫 촬영 들어가기 전에 같이 모여서 리딩하고 그럴 때까지 너무 좋았다가 크랭크인 날 우식 배우와 안재홍 배우가 같이 오프닝 씬을 찍었는데….
>
> 박: 아직도 기억나. 48.
>
> 최: 전설의 48테이크가 남아 있죠.
>
> 이: 오프닝 씬이 원 씬 원 컷이었는데 그걸 첫날 찍었어요. 저는 그 장면에 출연하지 않아 응원하러 갔는데 진짜로 48테이크를 가더라구요.
>
> 최: 그때 재홍이 형이 막걸리 몇 통 먹었다고.
>
> 이: 어떻게 보면 제가 찍었던 영화와 드라마를 통틀어서 체력적으로나 정신적으로나 가장 강도 높게 촬영했던 작품이에요.
>
> 최: 제가 알기로 그때가 아마 처음이었을걸요? 하루 12시간 촬영제한.
>
> 박: 그래 맞아. 맞아. 그때쯤이었어. 과도기.
>
> 최: 배우들도, 감독님도 처음이었고 스태프분들도 다 처음이고. 근데 첫날에 48테이크를 가니까. 다들 와 여기 장난 아닌데 그랬던….
>
> 이: 크랭크인 날 가장 많은 테이크를 간 걸로 한국 기네스에 올라갈 수 있지 않을까.
>
> 최: 저는 〈사냥의 시간〉이 인생 처음으로 또래 형들이랑 같이 현장에서 주눅 안 들고 작업했던 첫 작품이었거든요. 그전에는 막내에다 아예 존재감도 없었어요(웃음). 근데 또래 형들이랑 같이 하니까 48테이크까지 찍고 해도 그냥 그게 너무 재미있는 거예요. 감독님이 어땠으면 좋겠다 말하면 저도 의견을 내고 형들도 얘기를 하고 그런 과정들이 재미있어서 나랑 안 어울린다는 느낌이 들거나 좀 힘들어도 오케이가 되는 거예요.

〈올드데이즈〉라고 한선희 감독님이 만든 〈올드보이〉 다큐멘터리를 보면 박찬욱 감독님도 젊지만, 주변에 스태프나 배우들이 다 또래예요. 그래서 그 또래들이 만들어내는 시너지가 느껴지거든요. 저도 그렇게 작업을 하고 싶다는 열망이 컸고 세 분이 함께 출연하는 작품을 보면서 저 작품은 그렇게 작업할 수 있겠구나 하는 생각이 들었어요. 어떤 한 세대가 하나의 작품을 함께 만든다는 게 굉장히 중요한 거 같아요.

> 박: 자주 있는 일은 아니죠.

독립 영화 할 때는 우리들끼리 하는 그런 판이 좀 만들어지죠. 〈들개〉나 〈파수꾼〉이나 저도 〈잉투기〉 할 때 그랬고. 그런 판을 우리가 다시 만들어내는 게 중요하지 않나 라는 생각을 많이 해요.

> 최: 제가 같이하는 사람들의 영향을 좀 많이 받는 스타일이에요.

그래서 그 세대끼리 하는 게 되게 중요한 거 같아요. 특히 한국 사람들은. 더 마음껏 시너지를 만들 수 있어서.

> 최, 이, 박: 맞아. 맞아.

사실 우리가 비슷한 세대잖아요. 세 분도 뭔가 공통으로 공유하고 있는 문화나 뭐 그런 게 있었을 것 같은데 만화나 아니면 영화라든가 좋아하셨던 게 있었나요?

> 이: 제가 배우 일을 할 수 있었던 거는 어렸을 때부터 영화를 많이 접해서이지 않을까 생각해요. 저는 특이하게 한국영화를 많이 봤어요. 90년대 한국영화가 어떻게 발전해 나가는지 눈여겨보면서 자라왔던 세대죠. 블록버스터로는 〈쉬리〉가 생각이 나요. 그리고 저에게 있어서 가장 큰 영감과 에너지를 줬던 해는 2003년도로 기억하는데….
>
> 박, 최: 〈살인의 추억〉, 〈지구를 지켜라〉….
>
> 이: 맞아요. 지금 생각해 보면 그때가 가장 황금기지 않았을까. 그때 작품들을 보면서 배우로서의 꿈과 의지가 강하게 솟구쳐 오르는 걸 느꼈죠.
>
> 박: 지금은 극장 가려면 맘먹고 가야 되는 느낌인데, 저희 학창 시절 때는 딱 한국영화 부흥기라 극장가는 게 자연스러웠어요. 자주 들락날락했던 것 같아요. 별의별 영화 다 봤던 것 같은데 그때 경험을 특별하게 받아들인 사람들이 저희처럼 영화를 하고 있거나 드라마를 하고 있는 거겠죠.
>
> 최: 저는 그때 캐나다에 있었어요. 그래서 지금 무슨 얘기하는지….(웃음) 근데 희한하게 저는 친구들이랑 노는 게 영화 보는 거였어요. 영화에 흥미가 있어서거나 영화배우나 연출자가 되고 싶어서라기보다는 그냥 자연스럽게 노는 게 영화 보는 거였어요.

우리 윗세대 감독님들은 외국 영화를 보고 외국 배우들을 보면서 공부를 했는데 우리는 한국영화를 보고 한국 배우를 보면서 공부하다 보니까 그분들과는 다른 점이 있을 거라는 생각이 드는데 어떤 부분이 그럴까요?

> 박: 감독님들 얘기 들어보면, 무슨 영화를 보려면 아주 어렵게 구해서 봐야 됐대요. 저희는 그보다 쉽고 친숙하게 접할 수가 있어서 조금 더 이 문화가 친숙하다는 느낌을 받았던 거 같고 좀 더 편하게 이 일을 시작할 수 있는 계기가 되지 않았나….
>
> 이: 90년대 후반에 일본 영화도 들어오고 외화도 많이 수입되면서 스크린쿼터 투쟁도 있었고 우리나라 작품들을 많이 사랑해 달라는 분위기가 형성됐어요. 외국과는 다르게 우리나라의 경우 관객들이 한국영화를 좀 더 사랑해 주고 보는 횟수도 많이 늘면서 많은 좋은 작품들이 나오지 않았나. 그래서 선배들은 외화들을 보면서 감독에 대한 꿈을 키웠다면, 저희 세대들은 한국영화를 보고 받아들이는 게 자연스러웠던 거 같아요.

롤모델

그렇게 한국영화를 보면서 자랄 때 롤모델이 되었던 배우가 있을까요?

> 이: 저는 한석규 선배님. 이창동 감독님의 〈초록 물고기〉에서의 연기가 생각나요. 그때 감정적인 울림이 세게 왔던 것 같아요. 그런데 나중에 만나서 같이 연기를 할 수 있게 돼서 그때가 너무 꿈같은 시간이었죠. 정말 많이 배웠어요. 저에게 영향을 많이 끼친 선배님이세요.
>
> 박: 저는 사실 되게 많은데, 어렸을 때부터 같이 해보고 싶다고 입에 달고 살았던 건 송강호 선배님. 우리 시대, 우리 세대에게 송강호라는 배우는 하나의 상징성이 있으니까 물론 최민식 선배님도 계시고 설경구, 이병헌 선배님도 계시고 너무 많은데 뭔가 송강호라는 사람에게 매력을 많이 느꼈던 것 같고 시대를 이끌어온 모든 배우, 감독님들과 다 같이 영화를 만드시면서 하나의 상징성 같은 게 좀 있었던 것 같아요.

현장에서 함께 하면서 송강호 선배님에게 놀라게 되는 순간들이 있었나요? 배우로서 봤을 때.

> 박: 상황 대처 능력과 애드리브를 보면서 정말 감각이 뛰어나다고 생각했는데 정말 준비와 계산이 철저한 배우이셔서 놀랐어요. 열심히 준비해 오시고 계산된 거 안에서 자유롭게 하시는 분이라는 말은 들었지만 사실 체감을 못 했는데 〈1승〉하면서 실감했어요. 사람들은 코미디 영화를 감각으로 한다고 생각하는 경우가 많잖아요. 그런데 철저한 계산 하에 준비한 거 안에서 하시는 모습을 보면서 놀랐죠.

전 동생(배우 엄태구)한테 들은 건데 테이크마다 다 다르게 하신다고. 현장 편집 기사한테 가서 "1번 테이크에 요 부분이랑 2번에 요거랑 이렇게 붙여 봐" 해서 딱 붙이면 그게 하나의 맥락이 생긴다고.

> 박: 맞아요.
>
> 최: 핸드폰에 적어 놓으시더라고요.
>
> 박: 몇 번째 테이크가 좋았다….
>
> 최: 그리고 후시 녹음 부분도.
>
> 이: 체크하시는구나.
>
> 박: 괜히 위대한 배우가 아니다.
>
> 최: 저는 이병헌 선배님이랑 같이 한번 해보고 싶어요. 제가 선배님들 앞에서 좀 주눅이 잘 드는 것 같아서….
>
> 박: 이병헌 선배님은 주눅 안 들게 할 것 같아?

그건 맞아요. 저는 같이 영화 하면서 너무 좋았던 게, 진짜 경험이 많으시니까 이럴 때는 자기 생각이 맞다고 생각할 수 있잖아요. 근데 그거를 질문을 하세요. 이건 어때요? 저건 어때요? 그게 저한테는 굉장히 힘을 실어주시는 것 처럼 느껴졌어요. 제가 그걸 선택 안 할 수도 있다는 걸 열어두고 하시는 거니까. 저를 굉장히 존중한다는 느낌을 받게 했어요. 또 놀라웠던 거는 어떤 연기를 하고 제가 OK를 해도 그냥 "한 번 더 해볼게요" 하고 진짜 작은 뉘앙스를 살짝 바꿔서 던져서 "골라 쓰세요" 이렇게 하는데 그게 똑같은 대사인데 어미를 내리냐 올리느냐에 따라 다

음 컷이 붙었을 때 뉘앙스가 달라지는 걸 편집할 때 알게 돼요. 현장에서는 잘 모르고.

전환점

각자 필모에서 전환점이 됐다고 생각하는 작품이 있나요?

> 이: 작품을 할 때마다 변화되는 모습이 있고 작품을 하면서 계속 성장을 하고 있다고 느껴서 매 작품이 터닝 포인트인 것 같아요. 지워버리고 싶은 작품도 존재하지만 대부분의 작품은 저를 성장시킨 터닝 포인트가 되었다고 생각해요.

안 좋았던 작품조차도 터닝 포인트가 될 수 있겠네요.

> 이: 왜냐하면 다시는 그런 선택을 하지 않으니까.
>
> 박: 그거 되게 중요해. 맞아. 맞아.
>
> 최: 저의 터닝 포인트는 〈거인〉!
>
> 박: 아 〈거인〉. 그렇지 그렇지.
>
> 최: 〈거인〉 전에는 진짜 일이 없었어요. 연기가 재미없을 정도로 작품도 안 들어왔고 맨날 똑같은 역할만 해서 새롭게 경험할 수 있는 것도 없었어요. 앞으로 더 나아가고 싶은데 길도 없고. 그래서 〈거인〉으로 부산영화제 갔을 때 김태용 감독님이랑 호텔 방에서 술 엄청 먹고 이제 캐나다로 돌아가야지 했는데 〈거인〉 이후에 상황이 달라졌죠. 〈기생충〉도 〈거인〉 때문에 가게 된 거고.
>
> 박: 저는 항상 〈파수꾼〉, 〈동주〉를 이야기하는데 사실 그거는 너무 흔한 이야기라서.

바뀌지는 않아요, 그 생각이?

> 박: 제 인생을 바꿔준 영화니까 그 두 영화에 대한 저의 애정은 확고해요. 다만 제가 〈동주〉 이후로 상업 영화 필드에서 좀 주요한 역할을 맡아서 하게 됐는데 그렇게 상업 영화를 하면서 내가 이 정도 사이즈의 영화를 담을 만한 그릇이 되지 못하는 건가라는 생각을 항상 마음에 품고 있었어요. 그러다 〈다만 악에서 구하소서〉를 했는데, 그전까지는 저런 배우가 있지, 저 배우 어떤 영화에 나왔었지, 그 영화 재밌었지 이런 정도의 반응이었다면, 그 영화가 나오고 나서는 대중들이 나라는 배우한테 관심을 가져 주네라는 느낌을 받았어요. 저는 그 영화에서 연기한 제 모습을 별로 좋아하지는 않는데….
>
> 최: 전 너무 좋아해요.
>
> 이, 엄: 저도 저도.
>
> 박: 그 영화가 개봉하고 나서 사람들이 저라는 배우에 대한 어떤 인식이 조금 바뀐 것 같다는 생각이 들더라고요. 사람들이 나한테 관심을 주네 하면서 약간 용기를 얻게 되고…. 저 배우가 나오네 하면서 보러 가는 관객들이 그전보다는 그래도 조금 더 늘지 않았나 생각이 들었어요. 어쨌든 배우는 사람들의 관심을 먹고 자라야 되는 직업이다 보니까 그 관심이 느껴지지 않을 때 오는 허탈감 같은 게 있어서 조리돌림을 하더라도 다뤄주는 게 좋죠.
>
> 이: 그 작품 나왔을 때 저는 박정민 배우가 너무 부러웠고 나도 저런 캐릭터를 너무 하고 싶다는 생각을 했어요.

궁금하다. 제훈 씨가 했어도 되게 재밌었을 것 같아요.

이: 박정민 배우가 보여준 부분이 있으니까 그렇게까지는 또 못할 것 같고. 최근에 〈밀수〉나 〈천박사 퇴마 연구소: 설경의 비밀〉에서 특별 출연을 했는데, 거기서 보여준 그런 다양한 캐릭터들을 보면서 나도 저렇게 연기하고 싶은데 하면서 부러운 마음이 많이 들었어요. 그래서 박정민 배우를 사람들이 그렇게 찾는구나 느끼게 되고 앞으로가 더 많이 기대되고 그래요.

박: 그래서 자꾸 특별 출연이 들어와. 몇 개째인지 모르겠어요. (웃음)

각자가 보는 서로의 장점

반대로 다른 배우 여기 세 분 중에 나 저 배우의 저런 역할은 해보고 싶다 혹은 뭐 저건 진짜 부럽다 하는 배역이 있으셨어요?

이: 저는 최근에 충격적이었던 게 안재홍 배우가 나온….

최, 박: 아이씨떼루!

(웃음) 재홍 씨 이 자리에 왔어야 했네요.

이: 그거는 정말 훌륭하더라.

박: 나는 진짜 깜짝 놀랐어. 얘 이거 하고 은퇴하려나?

이: 쇼킹했죠. 그거를 더 잘 표현하고 싶어서 뭔가 더 노력하는 모습을 보니까 숙연해지고 난 아직 멀었구나 생각하고. 내가 올해 본 캐릭터 중에 가장 강렬했어. 대단하더라.

최: 그리고 그 작품을 한 그 기준도!

박: 사실 사람들이 저한테 이런 역할도 하고 저런 역할도 한다고 하지만 저는 저의 단점이라고 생각하는 게 장르의 제한성이라고 생각하거든요. 그런 점에서 이제훈 배우와 최우식 배우가 부러워요. 캐릭터의 폭은 모르겠지만, 제가 할 수 있는 장르의 폭은 두 사람보다 좁다고 생각해요. 두 사람은 정말 많은 장르를 소화할 수 있는 배우들이에요. 예를 들어서 멜로가 가능하잖아요.

최: 왜요? 멜로.

박: 불가능해요. 아무도 보고 싶어 하지 않을 거고 제안도 많이 없고. 저는 사실 그런 부분에서 이 두 배우가 부러운 게 있어요. 그 확장성이, 할 수 있는 작품들이 더 많다.

최: 진짜 멜로 해보지.

이: 저는 보고 싶은 게 박정민 배우의 로맨틱 코미디 그리고 진한 멜로.

저도 보고 싶은데, 재밌을 것 같아요.

최: 보고 싶은 사람 엄청 많아요.

박: 아니 안 좋아해요. 우식이 나왔던 〈그해 우리는〉 이런 건 진짜 내가 할 수 없는 영역. 제훈이 형도 멜로도 했다가 추리물도 했다가 하면서 여러 장르를 섭렵하는 걸 보면 질투가 많이 나죠. 좋은 질투.

최: 저는 아직도 기억나는데, 〈파파로티〉였어요. 거기서 제훈이 형이 노래 부르면서 눈물 흘리는 장면이 나와요. 슬픈 연기를 하는데도 다양하게, 제가 생각하지 못한 얼굴 연기를 그 영화에서 너무 많이 봤어요. 저렇게도 할 수 있구나. 선배님 앞에서 저렇게 연기를 하려면 도대체 저 현장이 얼마나 편해야 되지? 노래 부르면서 저렇게 되나? 몇 테이크나 갔을까? 정말 많이 생각했어요.

박: 진짜 제훈이 형의 눈물 연기는 국보급이다라고 생각하는 순간이 되게 많아. 〈고지전〉 마지막에 형 죽을 때. 흐르지 않는 눈물. 그거 어떻게 하는 거야? 시사회 끝나고도 물어봤어. 난 형이 굉장히 훌륭한 감정선을 갖고 있는 게 부러워.

〈파수꾼〉에서도 막 화를 내지만….

박: 그렇그렁한 그런 게 있잖아요. 그거는 사실 정말 순간 집중력이라는 건데 대단하다. 멋지다고 생각해요.

이: 잘 봐 주셔서 부끄럽네요.

최: 정민이 형 같은 경우에는, 〈동주〉에서 강하늘 씨랑 형이 연기를 한 걸 보고 모든 제 나이 또래 애들은 다 이렇게 생각했어. 저걸 저렇게 잔잔하게 끝까지 갖고 가는 배우가 우리 나이 또래에는 없다.

그렇죠. 그렇게 막 폭발시키지 않고….

최: 사람들은 무조건 엄청 극적으로 가야 연기를 잘하는 것처럼 보는데 정반대로 하기가 더 어렵다는 걸 모르거든요. 근데 〈동주〉에서 그걸 다 보여주지 않았나.

아주 어렵죠.

이: 저는 최우식 배우랑 〈사냥의 시간〉을 통해서 만나게 되었는데 이전까지 보여지는 이미지는 순수하고 유약한 느낌이 있었어요, 그런데 〈사냥의 시간〉에서 그와는 다른 모습을 봤어요. 촬영이 굉장히 힘들었는데도 두루두루 잘 지내는 그런 대인배 같은 캐릭터면서도 아주 날카로운 모습을 보여줄 때가 있었어요. 연기를 하는 순간에도 이 친구가 가지고 있는 심지가 묵직하구나, 그리고 내면에 서늘함이 있구나 그런 걸 많이 느꼈고 그래서 앞으로 이런 부분들이 굉장히 다채롭게 보여지지 않을까. 경력은 있음에도 불구하고 아직까지 보여주지 못한 부분이 너무 많은 양파 같은 배우다. 앞으로 최우식 배우가 할 게 되게 많구나 생각했어요. 그리고 바로 〈기생충〉으로 갔는데 저는 너무나 잘 해낼 줄 알고 있었죠.

박: 정말 큰 무기가 최우식이라는 사람이 갖고 있는 매력이라고 생각해요. 마주하는 사람들을 무장 해제를 시켜버리니까.

영화배우의 경계

이: 예전에는 영화배우라고 특정해서 칭하는 게 있었잖아요. 탤런트와 구분해서. 근데 요즘에는 그 영화배우라는 명칭을 쓰는 게 좀 약간 어색한 느낌.

최: 예전엔 진짜 그게 있었던 것 같아요. 영화배우 드라마 배우가 너무 경계가….

박: 맞아. 경계가 너무 심했지.

이: 이제는 경계가 많이 무너져 드라마 배우나 영화배우를 구분하는 지칭이 사라지면서 이제는 뭐 그냥 배우죠.

박: 자라날 때 한국영화 중흥기를 통과했다 보니 영화배우가 되고 싶었던 그 시절의 나의 꿈과 신념이 있고 또 지금 이 시대가 나한테 원하는 것들이 있잖아요. 영화가 많이 만들어질 수 없는 상

〈올드보이〉 다큐멘터리를 보면 박찬욱 감독님도 젊지만, 주변에 스태프나
배우들이 다 또래예요. 그래서 그 또래들이 만들어내는 시너지가 느껴지거든요.
저도 그렇게 작업을 하고 싶다는 열망이 컸고 세 분이 함께 출연하는 작품을
보면서 저 작품은 그렇게 작업할 수 있겠구나 하는 생각이 들었어요.
어떤 한 세대가 하나의 작품을 함께 만든다는 게 굉장히 중요한 거 같아요.
— 엄태화 감독

황이 점점 다가오는데 난 영화배우니까 다른 건 안 할 거야 라고 할 수는 없는 것 같아요. 지금은 마음이 좀 정리가 됐지만 그런 것들을 한참 고민했던 시기도 있었어요. 하지만 그때는 신념, 지조라고 생각했던 게 오히려 나를 퇴보하게 만들 수 있겠다 싶어요. 이제는 영화나 드라마나 시스템 자체도 많이 다르지 않아졌고 연기하는 환경도 크게 다르다고 느껴지지 않으니까. 이제 우리 배우들이나 영화 하는 사람들, 드라마 하는 사람들도 모두 다 맞춰가야 되는 시대가 온 것 같다는 생각이 들더라구요.

이: 나는 영화배우가 되고 싶었던 꿈을 가지고 성장을 해서 지금 이렇게 일을 하고 있는데 요즘 좀 더 젊은 친구들은 영화배우가 되고 싶다는 꿈을 꿀까? 영화를 찍고 싶다는….

박: 나도 그게 되게 궁금했거든. 그래서 물어봤거든? TV에서 꽤 잘하고 있는 20대 배우들 몇 명한테 물어봤는데 하고 싶다고 하더라고. 자기도 영화를 찍고 싶대. 그런데 없대. 우선 20대 배우한테 들어올 수 있는 대본이 지금 많지 않고.

20대 배우한테 갈 대본이 세 분한테 가죠.

박: 저희한테 오는 거죠. 그게 더 안전하니까. 근데 사실 이제는 우리도, 특히 제훈이 형은 이제 마흔인데 그러면 안 되잖아. 그리고 티 나. 티 나더라고.(웃음)

이: 그렇지, 매우 티 나지.(웃음)

산업이란 게 쉽지가 않은 것 같아요. 어쨌든 표를 팔아야 되니까. 라이징 스타를 만드는 시도에 대해서 점점 더 보수적이 되는 것 같고.

박: 그래서 그 시도를 이제는 우리가 어느 정도를 맡아서 해야 되는 세대가 되지 않았나라는 생각도 가끔씩 해요. 어떤 20대 배우가 지금 잘하고 있는지, 그 배우와 영화를 만들거나 작품을 같이 하는 거에 대해서 좀 관심을 가져야… 나 현장 가면 아직도 막내야. 언제까지 내가 20대 연기를 해야 해. 가끔은 고딩 연기도 하는데….

최: 저 내년에 또 교복 입어야 돼요.

박: 지금 선배님들이나 감독님들한테는 아직 우리가 애기니까 우리가 그게 가능하다고 생각을 하시고 감사하게도 제안을 해 주시는 건데. 이제는 조금 관심 있게 좀 봐야 될 것 같더라고요. 20대 배우.

저도 이제야 막 후배 감독들이 생기거든요. 그전까지 한준희 감독이랑 저랑 감독 조합 가면 계속 막내였어요. 이런 상황과 분위기에 있다 보니 옛날 저희와 비슷한 나이대에 선배 감독님들이 만들었던 영화나 그때의 배우들에 비해서 약간은 덜 어른스러운 느낌을 주는 것 같다는 생각을 한 적이 있거든요. 선배 감독들이 그 나이대에 얘기하는 걸 들어보거나 당시 20대 후반 배우의 연기를 보면 느껴지는 어떤 성숙함 같은 게 있어요. 정민 씨 말처럼 우리도 이제 좀 더 어른스러워져야 된다.

박: 우리도 좀 올라가야 또 아래서 올라올 테니까.

배우가 가지고 있는 본연의 캐릭터성이 너무 강하다 보면, 예를 들어 예능을 많이 해서 내 캐릭터가 많이 소비됐을 경우 다음 작품에서 새로운 캐

릭터를 맡을 때 좀 방해되지 않을까? 혹시 이런 걱정은 해본 적 없으세요?

최: 저는 그걸 잘 몰랐거든요. 근데 보는 사람들이 확실히 좀 달라지는 것 같아요. 사람들이 〈서진이네〉 이후로 어딜 가도 야 우식아! 이렇게 불러요. 그렇게 저를 좀 더 편하게 생각하는 것 같아요. 그런데 그런 게 제가 새로 작품을 하면서 어떤 캐릭터를 맡았을 때 사람들이 그걸 어떻게 받아들이게 될까 하는 생각을 하게 되긴 해요.

박: 저는 침착맨 유튜브에 가끔씩 나가면서 마음이 좀 바뀌었어요. 내가 어떤 배우가 될지 미래는 모르겠지만 마냥 그것만을 바라보면서 내가 지금 재밌는 거를 쳐내? 10년 동안 그래왔으니 이제는 안 그러고 싶다는 생각이 들더라고요. 그래서 조금 마음 편하게. 하고 싶은 게 있으면 그냥 하는 게 낫겠다. 보는 사람이 어떻게 볼지 모르겠지만, 내가 딱 행복하게 즐길 수 있는 만큼 선을 지키면 내 삶이 조금 풍족해지지 않을까.

이: 저는 작품 할 때 항상 철저하게, 배우이기 때문에 어딘가에 나의 사생활이나 예능적인 부분이 나가서 이미지 소모가 되면 안 된다고 생각했던 사람인데 이제는 시대가 바뀌었고 사람들에게도 작품을 보는 눈은 따로 있다고 생각이 들어요. 배우가 예능을 많이 나갔다고 해서 영화나 드라마에 나오는데 그 이미지가 계속 오버랩이 되면서 집중이 안 된다 하면 그거는 배우의 잘못이죠. 저는 밸런싱이라고 생각하는데 작품에 크게 누가 안 되는 선에서 자기가 잘 조율한다면 그렇게 다방면으로 다양하게 활동할 수 있지 않을까 생각이 들어요.

이제 마무리 질문인데 단기적인 계획과 장기적인 계획에 대해서 한번 말씀해 주시겠어요.

이: 계속 좋은 작품이 있으면 꾸준히 하나하나씩 잘해가고 싶은 게 목표이고, 조금 더 개인적인 욕망이 있다면 영화를 많이 찍고 싶어요. 그래서 많은 관객분들이 극장에 와서 한국영화를 정말 뜨겁게 환영해 주고 좋은 작품들이 많이 나와서 축제 분위기가 될 수 있는 그런 날이 오기를 너무나 꿈꿉니다.

박: 지금 하고 있는 〈전,란〉 끝내고 윤성현 감독님의 〈인플루엔자〉라는 시리즈 옆에서 잘 보좌하면서 행복하게 찍는 게 우선은 단기적인 목표이구요. 장기적인 플랜으로는 뭔가 기획하고 제작하고 창작자로서 어떤 역할을 해봐도 재밌겠다는 생각이 요즘 좀 들더라고요. 내가 연출을 하는 게 아니더라도 재밌는 작품이 있거나 내가 재밌는 얘기가 떠오르거나 하면 기획 정도는 해놓으면 내 재산이 될 수 있겠다는 생각이 들어서 공부를 좀 해볼까 생각만 있습니다.

최: 저는. 근데 그냥 일단 단기적으로 재밌게 즐기고 건강하게 작품을 하고 장기적으로는, 연기를 언제까지 할까라는 생각도 가끔은 하는데, 장기적으로도 그냥 열심히 즐기면서 하자. 재밌게.

긴 시간 수고하셨습니다. 감사합니다. 🎬

진행, 글 장훈

사진 김설우

장-뤽 고다르 Jean-Luc Godard
A24 filmography〈production〉

우리 세기의 작가주의 × 12

아마 틀림없이 반문할 것입니다. 왜 이 이름은 없는 것인가요. 어쩌면 누군가는 이 자리에 없는 이름을 찾기 위해서 뒤적거릴 것입니다. 물론 누군가는 잠깐 잊었을 것입니다. 그리고 누군가는 쓴 다음 지웠습니다. 하지만 먼저 이렇게 말해야 할 것입니다. 배제가 없는 선택이란 없습니다. 『키노』는 항상 명단을 만들었습니다. 만든 다음 부수고 다시 만들었습니다. 오랜 독자들은 기억할 것입니다. 그것은 또한 테스트였습니다. 누가 시간을 견딜 것인가. 그렇습니다. 예술가는 시간의 마모를 견뎌내야 합니다. 대중들의 일시적인 변덕이나 비평가들의 장황한 수사, 영화제에서의 단 한 해 동안의 박수를 뒤로하고 그들은 계속해서 자신을 증명해야만 했습니다. 키노들이 모여 앉아 서로 각자의 이름을 호명했습니다. 부르고 또 불렀습니다.

아마도 이 설명은 일종의 보고서일 것입니다. 아피찻퐁 위라세타쿤은 점점 더 멀리 나아갔습니다. 〈정오의 이상한 물체〉로 등장한 다음 정말 그 영화들은 21세기 영화의 '이상한 물체'가 되었습니다. 우리의 세기에 아피찻퐁이 지난 세기에 데이비드 린치가 했던 역할을 해내고 있다는 데 합의하였습니다. 〈하지만 〈트윈 픽스: 더 리턴〉을 무시하기란 힘들었습니다.〉 20세기에 하워드 혹스가 있었다면 우리 세기에는 스티븐 스필버그가 있습니다. 물론 이 자리에는 클린트 이스트우드와 두 사람을 올려놓은 다음 한참을 고민했습니다. 두 사람 모두 있으면 안 되나요. 물론 그것이 정답입니다. 하지만, 그렇게 말했습니다, 하지만, 이라고 한 다음 다시 한번 긴 이야기 끝에 결심했습니다. 누군가 스필버그 대신 이스트우드를 놓아도 우리는 전혀 이의를 제기하지 않을 것입니다. 켈리 라이카트는 느리게 성장했지만 〈믹의 지름길〉을 보았을 때 이 영화가 21세기의 걸작 반열에 들어섰다는 걸 받아들였습니다. 거기서 멈추지 않았습니다. 〈어떤 여자들〉과 〈퍼스트 카우〉는 더 멀리 나아갔습니다. 아마 앞으로 더 훌륭할 것입니다. 페드로 코스타가 디지털카메라를 들고 리스본의 빈민촌 폰타이냐스에 도착했을 때 20세기에 로셀리니가 해낸 것을 다시 볼 수 있었습니다. 봉준호는 1970년대 할리우드가 해낸 풍요로운 유산, 네 그렇습니다, 지금 브라이언 드 팔머, 존 카펜터, 스필버그를 떠올려 주십시오, 거기에 비통한 유머를 담아서 다시 한번 스펙터클을 펼쳐 보이고 있습니다. 그리고 알베르 세라가 있습니다. 미술이 영화로 넘어오고 반대로 넘어가면서 점점 경계가 희미해져 가는 우리의 세기에 새로운 이미지, 새로운 빛, 새로운 형상의 스펙터클을 발명하였습니다. 물론 앞으로 나아가는 이름들만 있는 건 아닙니다. 폴 토머스 앤더슨은 뒤로 돌아서서 1950년대 더글라스 서크와 니콜라스 레이, 그리고 안소니 만의 어딘가에 머물면서 고전 영화의 계보 안으로 우리를 데려갔습니다. 거기서 다시 시작한 다음 〈2001: 스페이스 오디세이〉를 리메이크한 것 같은 〈데어 윌 비 블러드〉는 우리 세기의 할리우드 영화에서 새로운 이정표가 되었습니다. 우리 세기의 영화가 영화사만을 뒤적이는 것은 아닙니다. 왕빙은 씨줄과 날줄을 그어가면 서 1950년대 대기근 시대에 우파 분자로 강제 노동 수용소에서 '사령혼〈死靈魂〉'이 되어 돌아온 생존자들을 만나면서 다른 한편으로 반딧불처럼 살아가는 인민들을 만나기 위해 3,200미터 산 정상의 세 자매와 정신 병원에 갇힌 환자들, 그리고 지옥의 가장자리처럼 보이는 공장의 민공〈民工〉을 기록합니다. 하지만 잠시만요. 웨스 앤더슨을 생각했습니다. 오직 수평과 수직의 카메라 운동만으로 세트라기보다는 자신이 세운 유니버스를 종횡무진으로 이동하는 이 기괴한 영화를 어떻게 지나쳐갈 수 있겠습니까. 그런 다음 하마구치 류스케를 생각하고 있습니다. 한 마디로 고전주의 시네필의 영화. 달리 설명할 수 없는 이름. 세 편의 소품을 모아놓은 〈우연과 상상〉을 보면서 아, 이 영화들을 사랑하지 않기란 불가능하구나, 라고 말해버렸습니다. 그런 다음 이 사람 자체가 영화사〈histoires du cinema〉라고 해야 할 장-뤽 고다르를 생각합니다. 2022년 9월 13일에 작별 인사를 한 고다르를 생각하는 건 우리의 의무일 것입니다. 그런 다음 영화사〈映畫社〉A24를 바라봅니다. A24 없이 21세기 할리우드 영화를 설명할 수는 없을 것입니다. 어쩌면 이 회사는 영화 자본의 새로운 모델이며, 그러므로 새로운 질문입니다. 우리는 명단과 함께 계속해서 질문 앞에 마주할 것입니다. 그러므로 이 명단을 소개의 글로 읽지 마시고 질문으로 읽어주시기 바랍니다.

아핏차퐁 위라세타꾼 อภิชาติพงศ์ วีระเศรษฐกุล

스티븐 스필버그 Steven Spielberg

켈리 라이카트 Kelly Reichardt

페드로 코스타 Pedro Costa

봉준호 Bong Joon-ho

알베르 세라 Albert Serra

폴 토머스 앤더슨 Paul Thomas Anderson

웨스 앤더슨 Wes Anderson

왕빙 王兵

하마구치 류스케 濱口竜介

아핏차퐁 위라세타쿤
ศิลปินภาพยนตร์อภิชาติพงศ์ วีระเศรษฐกุล

유령이 된 역사적 현실, 유령포획장치로서의 영화

글 김미영
—
스틸 제공 영화사 찬란

〈정오의 낯선 물체〉(2000)는 '옛날 옛적에'라는 자막이 뜬 후, 라디오 드라마 〈내일은 당신을 사랑하리〉 예고편이 들려오는 가운데 도심 풍경 속으로 계속 이동해가는 4분여의 트래블링 숏으로 시작한다. 생선 소스와 참치 등을 파는 트럭을 이동차 삼아 찍은 이 숏은 고가도로, 시장 골목, 주택가 등 1998년 태국을 담은 아카이빙 이미지이자 이야기의 무대가 될 장소로, 거리를 오가는 오토바이와 차와 행인들의 세계로, 라디오 드라마에서 이미 시작된 이야기라는 형식 안으로 들어온다. 트럭의 여자 상인이 아버지가 차비 때문에 자기를 팔았다며 울먹인다. 카메라 뒤에 있는 아핏차퐁은 그녀에게 부탁한다. 실화든 꾸며낸 이야기든 거짓말이든 책에서 본 것이든 아무 이야기나 해달라고 한다. 생선 소스와 참치를 사라고 외치는 확성기 소리가 들려오는 가운데, 화면은 휠체어에 앉아있는 소년과 가정 교사의 장면으로 넘어간다. 이제 눈물을 지우고 이야기꾼의 자리에 선 여자 상인이 만들어낸 이야기가 재현되기 시작한다. 이야기 속 가정 교사의 이름은 '천상의 꽃'이라는 뜻의 독파(ดอกฟ้า)이다. 어느 식당 주인, 오렌지밭의 노부인, 이산의 모르 람(หมอลำ 이산의 전통적인 라오스식 노래) 공연단, 코끼리를 조련하는 소년들, 농학교 여학생들, 초등학교 아이들 등으로 이야기꾼이 바뀌면서 독파는 소년뿐 아니라 자기 아버지도 돌봐야 해서 병원에 가야 하고 독파의 몸에서 이상한 물건이 나오고 그 별 모양의 것은 무엇으로든 변할 수 있는데 다른 소년으로 변신하고 다른 소년은 독파로 변신하고 독파를 짝사랑하던 이웃 남자가 진짜 독파를 구하게 되고 독파와 이웃 남자는 두 소년을 납치하고 이웃 남자는 소년들을 식당에 팔고 독파는 가수이자 댄서가 되어야했고 소년들은 접시닦이로 사는 어려운 시기에 서로에게만 말을 하지만 단단하게 성장하고 소년은 호랑이를 죽이고 다른 소년이 외계인이라는 것이 밝혀지고 독파는 또 다른 호랑이에게 잡아먹히고 착한 외계인이 나와서 소년이 다른 소년에게 복수하는 것을 돕는다. 이 영화의 태국어 제목의 뜻은 '악마의 손아귀에 떨어진 독파'이다. 등장인물은 이야기꾼들의 손에서 예측불허의 삶을 살아야 한다. 영화는 크게 세 부분으로 나뉜다. 태국 각지의 사람들이 앞사람이 한 이야기를 듣고 이어서 뒷이야기를 지어내는 이야기꾼 부분과 그 이야기들을 극화한 재현 부분, 그리고 이야기꾼들을 만나기 위해 떠나는 길과 장소들, 그 여정에서 만나는 실제 삶을 촬영한 부분이다. 재현부의 배우들 역시 대부분 이야기꾼들과 다름없이 여러 지역에서 만난 비전문 배우들이다. 독파를 맡은 어느 여자가 연기하는 동안, 그 여자의 남편은 뒤쪽에서 한가하게 신문을 보고 있다. 최초의 독파를 맡은 여자는 연기를 끝내고 촬영장을 찾아온 두 아이들과 함께 집으로 간다. 다른 소년 역을 맡은 소년은 만화책도 봐야하고 빨리 집에 가서 할머니에게 돈을 줘야 한다고 촬영이 언제 끝나냐고 묻는다. 〈욕망의 모호한 대상〉에서 콘치타는 두 명의 배우가 무작위로 번갈아 가면서 하는데, 여기서 독파와 이웃 남자와 소년들을 맡은 배우들은 아주 여럿이다. 그래도 이야기는 이어진다.

〈정오의 낯선 물체〉는 영화라는 매체 내의 관례적인 규범들에 근거한 작품에 대한 판단을 중지시킨다. 장르들, 주제들, 시대 배경은 분화하고 흩어진다. 영화 내적, 외적 요소 모두 이 작품을 판단하는 규범이 되지 못한다. 심지어는 재현의 양상도 달라진다. 댄서가 된 독파를 어떻게 재현했는가. 파운드푸티지 방식이다. 독파가 이웃 남자를 만나러 간 장면의 시대는 언제로 건너뛰었는가. 태국이 태평양 전쟁이 끝난 후, 미군을 환영하자는 조항을 발표하는 라디오 방송이 들려오는 시기이다. 재현부를 찍는 아핏차퐁과 제작팀의 점심시간 장면이 보이기도 하고 무성영화의 자막에서처럼 장면 내용이 설명되기도 한다.

예술 작품의 의미 내용과 형식에 대한 미적 판단 규준이나 작품의 효과에 대한 윤리적 접근 모두를 초과하는 것이 이 영화에 있다. 이 영화는 "허가받지 않은 화자들의 공적 무대로의 위반적 등장"(이하 큰따옴표 인용은 자크 랑시에르)을 통해 "무차별의 평등"을 구현한다. 이 영화는 "재현의 모든 위계들을 타파"한다. 이야기꾼들은 "정통성 없는 공동체로서의 독자들의 공동체"들이다. 이 영화가 1990년대 후반 태국 북동부의 가장 가난한 이산 지역에서 남부에 이르는 여정에서 만나게 된 실제 삶을 이야기하기 위해 택한 전략은 그들에게 이야기를 지어내는 자의 자리에 서달라고 요청한 것이다. 화자가 된 사람들의 현실 인식은 각 사안에 대한 직접적인 견해로 표명되는 것이 아니라 그들이 지어내는 이야기 안에 내포된 상태로 은연 중에 드러난다. 삶의 진실은 애초에 그 자체로 말해지지 않는 것이다. 그것은 허구의 방식을 우회하면서 비로소 목소리를 갖는다. 코끼리 조련하는 소년들은 언젠가 방콕에 가서 직업을 구하고 싶다고 하지만 그곳에 간다는 것은 접시닭이의 단단한 시절을 겪는 것이다. 어느 이야기꾼에게 장애는 그냥 받아들일 수밖에 없는 것이다. 누구나 운이 좋은 것은 아니고 낙태 시도의 후유증일 수도 있다. 이웃 남자가 사랑하는 선생의 목을 치료할 돈을 벌기 위해서는 권투 경기에나 나갈 수 있다. 하지만 그는 경기에서 질 것이다.

이야기가 존재하기 위해서는 단지 시작, 중간, 끝이 순서와 상관없이 자리하면 된다(고다르). 하지만 이 영화의 이야기는 완결에 그 의미가 있지 않다. 단지 이야기라는 것이 어떻게 시작되고 이야기가 실제 삶

과 교차하고 만나는 지점들이 어디인가에 대한 숙고가 남는다. "어떤 메시지를 문학에 부여하는 것에 대한 플로베르의 거부 그 자체가 (비록 그는 왕정 지지자이지만) 민주주의적 평등에 대한 하나의 증거로 간주"되었다고 한다면, 제작 과정과 내용에서 당대의 사람들을 사로잡고 있는 민담과 종교의 영역들과 현실 인식을 포착하고 있으나 그것에 정치적 제스처를 부여하는 것이 아니라 16밀리 흑백 필름의 영화사 안에서 자유로운 미학적 탐색을 하고 있는 아핏차퐁에 대해서는 어떤 위치를 부여할 수 있을까.

여기에는 실제 삶의 양상을 어쩌면 가장 통렬하고 직접적인 방식으로 그려내면서 기존의 영화 규범적 방식으로는 판단이 불가능한 작품을 만드는 것이 영화 매체에서 가능하다는 경이가 있다. 그 경이를 만들어낸 것 중 하나가 어느 한 시기의 특정 지역을 살아가는 사람들의 이야기에서 보편으로 나아갈 수 있는 어떤 면밀한 탐색이다. 이것을 2006년 군부 쿠데타 이후 〈징후와 세기〉(2006, 태국어 제목의 뜻은 '세기의 빛')의 네 장면이 검열된 후 '자유타이영화' 운동을 조직했지만 결국은 검열을 피하지 못한 채 태국 내에서 일부 장면을 삭제된 상태로 상영을 했던 아핏차퐁이 비로소 눈을 뜬 정치적 각성의 증거라고 사후적으로 판단하는 것은 이 영화의 성과를 축소하는 것이 될 수도 있다. (검열된 장면들은 스님이 기타를 연주하는 장면, 스님들이 리모트 콘트롤로 장난감 우주선을 조종하는 장면, 의사들이 병원에서 술을 마시는 장면, 의사가 진료실에서 여자 친구와 키스하는 장면이다. 자유타이영화 운동에도 불구하고 이후 태국 정부는 민족적 자부심과 도덕적 품위를 해치는 영화를 공식적으로 금지할 수 있게 법령을 제정했다. 하지만 〈엉클 분미〉(2010)가 칸 그랑프리를 받은 이후, 오히려 가장 명시적으로 태국 현재 상황에 대한 제시라고 할 수 있는, 영혼조차 왕족의 군대가 되어 싸우고 있느라 깊은 잠에 빠져있는 군인들을 다룬 〈찬란함의 무덤〉(2015, 태국어 제목의 뜻은 '콘깬의 사랑', 아핏차퐁의 고향이 콘깬이다)은 검열되지 않았다. 한편 아핏차퐁은 '대중 영화야말로 자동적으로 자기 검열을 한다'고 했다.) 어느 정도까지는 〈정오의 낯선 물체〉가 "새로운 지각 양식들을 존재하게 하며, 정치적 주체성의 새로운 형태를 초래하는, 경험의 배치로서의 미학적 행위"라는 말의 실체적 예시로는 작동할 수 있을 것이다. 아핏차퐁 자신은 '하지만 처음부터 정치 영화는 만들 수 없고 개인적인 영화만 만들 수 있다고 스스로 다짐하고, 사람들의 기억이나 의학적 환경 등 제가 가장 관심을 두는 것들을 추구했습니다'라고 처음으로 태국이 아닌 곳, 콜롬비아에서 촬영한 〈메모리아〉(2021)와 관련된 인터뷰에서 말했다(플로베르의 거부가 무엇의 증거가 되었던가).

〈친애하는 당신〉(2002, 태국어 제목의 뜻은 '완전한 행복')의 세 인물은 학교도 제대로 나오지 못했지만 미얀마 불법 노동자인 민을 사랑해서 민에게 서툴게 태국어를 가르쳐주고 돌보는 룽과, 룽이 공장에서 미니어처 인형을 색칠하는 동안 민을 돌봐주는 오른, 그리고 민이다. 절벽과 계곡이 있는 숲으로 피크닉을 떠나는 차 안 트래블링 숏에서 룽은 만면에 웃음을 띤 얼굴로 조수석의 민을 바라본다. 이에 대응되는 시점숏은 없다. 사랑받는 민의 얼굴은 나오지 않는다. 우리는 민의 보이스오버 내레이션을 통해 비로소 민이 어떻게 살고 무엇을 생각하는지 알게 된다. 이야기가 진행되는 스크린 위로 민이 삐뚤하게 쓴 태국어 글씨, 룽과 오른을 그린 그림이 유리판 위의 흰 선으로 출현한다. 민은 다들 자신

을 바보라고 알지만 그래도 태국어로 자기 이름을 쓰거나 그림을 그린다고 말한다. 아무도 그것을 보지 못했다고 말한다. 이제 우리가 그것들을 본다. 관객의 자리는 그런 자리다.

〈열대병〉(2004, 태국어 제목의 뜻은 '이상한 짐승'으로 태국 민담에 나오는 모습을 바꾸는 호랑이를 말한다. 〈정오의 낯선 물체〉의 초등학교 학생들이 언급했고, 〈열대병〉의 마을 주민들이 흉흉한 소문과 함께 이야기했고, 켕이 나무 위의 호랑이를 부르는 이름 '숫 플랏'이다)의 전반부는 현직 군인인 켕과 전직 군인인 통의 만남과 구애의 시간들을 보여준다. 이 영화의 인트로는 켕이 소속된 수색대가 남자 시체를 발견하고 마치 호랑이 사냥을 기념하여 단체 사진을 찍는 것처럼 수색대가 사진을 찍는 장면이다. 이 장면은 나중에 〈엉클 분미〉에서 엉클 분미가 산에 들어간 공산주의자들을 잡아 죽인 것을 고통스러운 기억으로 떠올리고, 그들을 죽이지 못해 스스로 산에서 실종된 자신의 삼촌에 대해 이야기하는 장면으로 이어질 것이다. 수색대 씬은 수색대가 멀어지자 픽스 롱숏으로 그들을 지켜보던 카메라가 갑자기 트랙인하는 컷으로 끝나는데, 마치 그 다음 컷에 등장하는 호랑이 유령에 사로잡힌 실종된 남자가 수색대를 숨죽여 바라보고 있다가 비로소 움직이는 듯한 시점 숏처럼 보인다. 통이 기르던 흰 개는 종양으로 수술받아야 하고 뮤직홀에서 통도 켕을 위한 노래를 같이 부르고 켕과 통은 우연히 만난 중년 부인과 동굴 속을 탐험한다. 부인은 어린 스님이 두 농부에게 부자가 되려면 연못에 가보라고 일러준 이야기를 해준다. 어린 스님과 두 농부는 〈정오의 낯선 물체〉의 삽화처럼 불쑥 등장하는 재현부를 이루고 이러한 방식은 〈엉클 분미〉의 공주와 메기로 이어진다. 켕과 통은 그 어린 스님은 어디 가면 만날 수 있냐고 묻는다. 아마 이미 죽었을 거라고 부인이 말한다. 민담의 세계는 이 세계로 넘어온다. 〈친애하는 당신〉의 중간에 제목과 함께 이 영화의 진짜 무대가 될 소풍 장소로 이동하는 것처럼 〈열대병〉도 '영혼의 길'이라는 중간 자막과 함께 무당의 영혼이 갇힌 호랑이를 소개하면서 두 번째 장을 시작한다. 트럭을 타고 일종의 '구역'인 숲으로 들어온 켕은 이미 중간계로 들어간 통과 호랑이를 대면하고 자신의 영혼과 육체와 기억을 세상에 바친다. 이 엔딩은 신화적 시대와 역사적 시대를 거슬러 올라가 이 산에서 살해당하고 실종당한 이들을 부르며 그들과의 일체성을 고백하는 장면이기도 하다. 아핏차퐁은 나카지마 아츠시의 〈산월기〉를 언급했다. 시인으로서의 명성을 갈구하다 미쳐버린 당나라 시대의 이징은 호랑이로 변하고, 관리가 되어 그 지역을 지나게 된 친구 원참에게 자신의 시들을 기억해달라며 읊는다. '결국 나는 과거를 모두 잊고 한 마리의 호랑이가 되어 미쳐 돌아다니며 길에서 자네를 만나도 몰라보고 잡아먹고는 아무 죄의식도 갖지 못할 걸세. 인간이나 짐승이나 원래는 다른 존재였던 것일까?' 이것은 〈엉클 분미〉에서 분쏭의 친구들이 숲에서 붉은 눈을 반짝이는 장면으로 이어지며, 〈징후와 세기〉에서 소년 시절에 닭들의 다리를 부러뜨렸었는데 꿈에서 자신이 닭이 되었다며 혼령들의 앙갚음을 받게 될 업을 이야기하는 늙은 스님 이야기, 〈찬란한 무덤〉에서 잠든 군인인 잇의 영혼을 자신의 몸에 받아들인 젊은 영매 깽이 젠을 숲으로 인도하며 그 숲을 옛날의 왕궁으로 상상하도록 안내하는 장면으로 이어진다. 현재 우리가 서 있는 곳은 지난한 시대의 영혼들이 함께 있는 자리다. 〈찬란한 무덤〉의 엔딩에서 젠은 두 눈을 크게 뜨고 당대 태국의 시위

자가 된다. 〈메모리아〉의 제시카는 '이야기는 이미 충분히 많다'며 돌과 자신의 몸에 새겨진 사람들의 기억을 나눠주는 에르난을 통해 이전 시대에 살았던 사람들의 체험을 자신의 것으로 가져오고 기억과 공감의 공동체의 일원이 된다. 제시카를 움직이게 했던 미지의 쿵 소리는 마침내 숲에 감춰져 있던 미확인물체의 발진과 함께 투명한 원환으로 소리의 형상을 만들어낸다.

통상적인 영화에서 인물들이 감정의 인과와 과정을 보여주면서 요구되고 주장되어야 한다고 여겨진 어떤 삶의 의미에 붙들려 있다면 〈열대병〉에서는 그저 인물들이 그 순간과 장소들에 존재할 뿐이다. 일반 영화 문법이 요구하는 의미로 봉합되는 것이 아니라 인물들은 그 의미에서 분리된다. 의미가 언어로 포착되는 것이라면 그 언어 속에서 망각한 것이 존재로서의 삶이다. 〈정오의 낯선 물체〉의 세 번째 부분은 일종의 실재의 침투 같은 것으로, 삽입(인서트)으로, 영화 속의 공백으로 〈찬란한 무덤〉과 〈메모리아〉에 이르면 더욱 분기되어 영화 전체의 맥락과 교집합으로 존재할 뿐 완전히 영화 안에서 설명될 수 없는, 영화 밖의 실제 세계의 직접적 제시가 된다. 혹은 의미화되지 않는 등장인물들의 잠 속의 꿈이거나 불현듯 찾아온 그 장소의 기억이 된다. 아핏차퐁에 이르러 영화는 내러티브를 넘어서서 직접적인 현시가 가능한 매체가 되었다.

〈엉클 분미〉 분쏭과 나

글 김태용(소설가)

짝짓기가 끝나자 그의 몸에서 털이 자라기 시작했다. 처음엔 털의 개수를 셀 수 있었지만, 그것은 우리 종족만이 느낄 수 있는 첫사랑 혹은 사유의 방식이었다, 이후 셈을 포기하고 그가 나와 같은 종족이 되는 과정을 지켜보았다. 그의 동공이 점점 커지더니 빨간빛을 내기 시작했다. 아주 영롱한 빛이었다. 작은 슬픔이 어려 있기도 했다. 후회하고 있나요? 나는 묻지 않았고 그는 대답하지 않았다. 나는 선택받았고, 그 역시 선택받았다. 무엇으로부터? 누구에게? 손이 닿지 않고, 말이 닿지 않은 어딘가의 통증이 느껴졌다. 통증을 느끼고 싶었다.

나는 이 순간을 영원히 기억하게 될 것이다. 우리 종족의 언어에는 미래형이 존재하지 않지만 나는 그렇게 믿기로 했다. 어쩌면 그와 나의 시간이 섞일 때 그가 우리 종족 언어를 내면화한 것처럼 나 역시 인간종 언어의 일부를 내면화했는지 모른다. 우리의 내면은 외부의 털과 연결되어 있다. 인간 언어의 먼지가 내 입술 주변의 털에 엉겨 붙었다. 나는 인간 언어의 먼지를 조금씩 핥고 있다. 달콤하고 비릿하다. 인간, 그들의 언어에는 소망과 미래형의 문장들이 많다. 더불어 후회와 한탄의 언어들이 몸의 주름 사이사이에 자리하고 있다.

우주의 생명체 중 인간의 언어 체계가 가장 불완전하고 불안하다. 그러니까 그들은 위험한 짐승이다. 조상으로부터 우리는 그렇게 배웠다. 배움은 경고였고, 우리의 지식과 행동의 경계를 만들었다. 인간의 간교하고 폭력적인 말에 끌려간 조상들도 있다. 목줄에 묶인 조상의 최후가 어떻게 되었는지 우리의 언어로는 설명할 수 없다. 우리 종족은 함께 몸을 비비며 울었다고 한다. 그 고통의 기억이 우리에게 유전되었고, 우리의 털을 곤두서게 만들었다.

나는 바나나 잎사귀로 내 몸의 땀을 닦았다. 그가 나를 따라 했다. 우리는 서로의 바나나 잎사귀를 교환했다. 그리고 각자의 몸을 다시 닦

았다. 나는 시선으로 그를 내 쪽으로 끌어당겼다. 그의 털은 부드럽고 윤기가 흘렀다. 어깨가 듬직했고, 심장이 빠르게 뛰고 있었다. 그가 옆에 놓인 옷가지를 내려다보았다. 후회하고 있나요? 나는 여전히 묻지 않았고, 그는 대답하지 않았다. 우리는 땅을 파 작은 웅덩이를 만들었다. 웅덩이 안에 그의 옷가지를 넣었다. 나는 고사목 가지를 뽑아 엉덩이에 치대서 불을 일으켰다. 그가 나의 행동을 보고 입을 벌리고 웃었다. 분홍색 잇몸이 환했다. 나는 그를 살짝 흘겨본 뒤 옷가지에 불을 붙였다. 작은 불씨가 점점 크게 자라났다. 우리는 불타고 있는 옷가지를 바라보았다. 그는 눈을 찡그렸다. 불은 하나의 거울이었다. 거울이 몸을 비틀며 그의 전생을 보여주고 있었다.

"당신은 이미지를 본 적이 있나요?"

그가 처음으로 우리 종족의 언어로 말했다. 나는 기쁨의 눈물을 애써 감추며 대답했다.

"이미지가 무엇인가요?"

"나의 물음에 당신은 물음으로 답을 하는군요."

그의 목소리가 강물에 던진 돌이라면, 나는 강물의 물결을 다 셀 수 있을 것만 같았다. 불의 거울이 그의 얼굴을 환하게 비추고 있었다. 그의 얼굴이 잘 보이지 않았다. 너무 밝은 빛은 우리의 시야를 어둡게 만든다. 거울의 반대편으로 나는 그를 보았다. 그의 눈이 빛나고 있었다. 언젠가 저 눈이 나를 쏘아보게 될까? 이 생각은 나의 것이 아니다. 나는 의심의 언어를 사용해 본 적이 없다. 우리 종족은 그가 나에게 올 것이라는 것을 알고 있었다. 나는 그를 기다렸다. 기다리지 않았다. 때로는 홀로 숲에서 울었고, 폭포수 아래서 미친 듯 웃었다.

"이미지는, 그러니까."

그가 말을 하려다 만다. 무릎의 털을 신기한 듯 매만진 뒤 이어 말한다.

"이미지는 설명할 수 없어요. 이미지를 생각하면 이 불처럼 계속 생각의 형태가 바뀌어요. 말은 이미지를 따라가지 못해요. 나는 이미지를 좇아왔어요."

그가 입바람을 불어 불의 거울을 닦았다. 그가 말한 이미지를 어렴풋하게 알 수 있을 것 같았다. 그는 이미지를 좇아왔다. 그는 카메라를 든 인간이었다. 우리 뒤의 타마린tamarin 나무에 그의 카메라가 걸려 있다. 카메라가 눈먼 부엉이처럼 우리를 지켜보고 있다. 카메라는 위험한 동물이다.

카메라가 발명되기 전까지 우리 종족은 수줍은 그림자로 자연과 함께 했다. 어둠 속에서 인간의 그림자가 커질 때 우리는 잠시 그들의 몸과 생각을 공유했다. 오래전부터 우리 종족은 더 이상 인간의 눈에 띄지 않았다. 우리가 원할 때만 그들에게 모습을 보여준다. 그들은 꿈을 꾸었다고 말한다. 간혹 그들의 카메라에 우리 종족의 외피가 빨려 들어가곤 했다. 카메라는 우리의 외피, 그것이 이미지일까,를 흡수한다. 흡수된 우리의 외피는 납작해진다. 그들은 우리의 외피를 좇아 우리를 찾으려 했다. 그들은 우리를 원숭이 귀신이라 부르며 어둠의 숲을 헤매기도 했다. 숲에서 길을 잃은 채 납작하게 말라죽은 자도 있었다. 인간이여, 가엾고 어리석은 이미지여. 우리는 그들을 부르지 않았다.

그 역시 그런 사람 중의 하나다. 그는 카메라를 통해 나를 발견했다. 나의 외피를 흡수했다. 나는 그에게 이미지가 되었다. 카메라가 그와 나를 연결시켜 주었다는 것을 부정할 수 없다. 카메라는 아름다운 동물이다. 불의 거울이 작아질수록 그의 얼굴이 빛난다. 그는 두 팔을 벌린 채 몸을 엎드려 웅덩이를 들여다본다. 불의 거울이 조각조각 난다. 그의 눈에는 그와 그를 둘러싼 세계가 어떻게 보일 것인가. 이제 불의 거울은 재의 거울이 되었다. 우리 종족에게 익숙한 검은 거울이다.

"두려워 말아요. 당신은 이제 더 잘 볼 수 있게 되었어요."

그가 고개를 들어 나를 바라보았다.

"당신은 나의 이미지였어요. 이제 당신이 더 잘 보여요."

그가 천천히 나에게 기어 오며 말했다.

"오래전 우리의 조상들은 물 위에 자신의 얼굴을 내던지곤 했어요. 한 번 내던진 얼굴은 다시 건져낼 수 없어 이후엔 다른 얼굴로 살아야만 했어요. 혹은 이전의 얼굴과 닮은 가면을 쓰고 다녀야 했어요. 나는 이제 어떤 얼굴일까요?"

내 앞으로 다가온 그의 이마에 나의 이마를 대고 나는 말했다.

"우리 종족에겐 거울이 필요 없어요. 자연은 거대하고 조용한 거울이에요. 이제 흐르는 거울을 보러 가요."

나는 그를 일으켜 세웠다. 그가 몇 걸음 내딛다가 뒤를 돌아보았다. 그가 다시 고개를 앞으로 돌릴 때까지 나는 기다렸다. 그 짧은 순간이 억겁의 시간처럼 느껴졌다. 앞으로 걸으면서 우리는 타마린 나무에 걸린 그의 카메라를 못 본 척했다. 아니, 이제 카메라는 그의 것이 아니다. 그 누구의 것도 아니다. 어느 호기심 많은 유령이 카메라를 발견해 덮개를 열어볼 수도 있을 것이다. 유령은 영원히 자신의 얼굴을 잃어버리고 말 것이다. 그와 나는 서로의 호흡에 귀를 기울이며 강가로 갔다. 우리의 걸음은 한없이 느렸고, 느려서 좋았다. 강물에 비친 자신의 얼굴을 부정하던 공주가 어떤 열망에 이끌려 물에 빠져 메기와 몸을 섞던 전설의 강가에 이르렀다.

"봐요. 이게 당신의 얼굴이고, 우리의 얼굴이에요. 그리고 우리의 얼굴은 이게 다가 아니에요. 흐르는 거울에선 우리가 비춘 얼굴과 우리가 보는 얼굴이 달라요. 같은 강물에 같은 얼굴을 두 번 비칠 수는 없어요. 더 이상 얼굴을 보려 하지 마요. 이제 당신은 당신 바깥에 있어요. 이미지를 믿지 말아요."

그가 강물을 손에 담아 얼굴을 씻은 뒤 말했다.

"이미지가 무엇인가요?"

그와 나는 천천히 강을 건너갔다. 우리 종족이 군락을 이루고 있는 북쪽으로 향했다. 그의 이름을 부르는 소리가 산 너머에서 들려왔다. 산에 불이 켜지고 하늘의 색깔이 바뀌고 있었다. 그가 나의 팔을 움켜잡았다. 그와 나의 몸에서 물이 뚝뚝 떨어졌다.

이 기억이 어제 일 같은데 아주 오래된 일이 되었다. 우리의 얼굴은 서서히 잊혔다. 우리는 하나의 표정으로 남았다. 자연의 시선을 담은 하나의 표정으로 그와 나는 다시 돌아왔다. 그의 아빠, 분미를 찾아왔다. 우리는 한없이 느린 걸음으로 서로의 털을 엮었다 풀어가면서 분미의 집에 도착했다. 조금 늦었는지도 모른다. 늦게 도착했지만, 누구도 우리가 늦게 도착했는지 모를 것이다. 우리는 뒤처져 있고, 느슨한 상태다. 배가 고팠지만 아무것도 먹고 싶지 않았다. 분미의 병을 느끼는 중간계의 존재들이 집 주변을 서성이고 있다. 우리는 그들과 그들이 놓은 풍경과 교감했다. 한 겹 부드러운 열풍이 숲 저편에서 불어왔다. 우리 내면의 미세한 감각들이 동요했다. 모든 죽어가는 것들이 두리번거렸다. 자연은 거대하고 조용한 거울이다. 그의 표정에는 변화가 없었지만, 나는 그의 마음을 읽을 수 있었다. 나는 그가 혼자 가게 두었다. 대신 나의 털 뭉치로 작은 인형을 만들어 그의 어깨에 숨겨두었다. 그가 보는 것을 나도 볼 수 있다.

그는 천천히 나무 계단을 밟아 올라갔다. 식탁에 모여 있는 분미와 젠, 통이 그를 보고 놀라 뒤로 물러섰다. 유령이 된 그의 엄마 후아이만이 표정의 변화가 없었다. 젠이 그를 끌어 의자에 앉힌 뒤 말했다.

'왜 이렇게 털을 길렀니?'

아무도 웃지 않았다. 나의 인형만 웃었다. 그는 이야기를 시작했다. 나의 인형은 인간의 연극을 바라보듯 그들을 관찰했다. 잠시 후 젠이 일어나 자리를 이동했다. 테라스의 긴 의자에 앉아 밖을 내려다보았다. 분쏭, 그의 목소리가 계속 들려왔다.

'전 그 낯선 존재에 매혹되었어요.'

젠이 고개를 돌려 앞을 응시한다. 나를 쳐다본다. 그렇다. 나는 집의 가장 어두운 곳에 서 있었다. 그녀는 놀라는 기색이 없다. 모든 것을 알고 있다는 표정이다. 오히려 놀란 것은 나다. 순간 시간이 정지하고, 나는 그녀의 전생을 본다. 카메라가 된 느낌이다. 검은 털로 뒤덮인 나의 몸이 카메라 상자이고, 나의 붉은 눈은 빛을 조절하는 렌즈이다. 아주 잠시 동안 나는 카메라다. 나는 젠을 본다. 그녀는 꿈속에서 누군가의 삶을 살게 될 것이다. 그리고 모든 것을 기억하게 될 것이다. 그녀는, 지금, 내 앞의, 인간이다. 젠은 나의 화면 속에 있다. 아름다운 정지의 시간이다. 이미지가 무엇인지 알 것 같다. 그녀는 하나의 이미지가 된다. 분쏭, 그의 목소리가 계속 들려온다. 화면 바깥으로 나가야 한다. 이제 내가 그에게 이미지를 설명할 차례인가. 하지만 그는 오래전 이미지를 망각했다.

스티븐 스필버그
Steven Spielberg

스티븐 스필버그 Steven Spielberg

집으로 갑시다

글 김용언

〈캐치 미 이프 유 캔〉에서 부모의 이혼을 인정하지 못하고, 잃어버린 집과 보석과 모피를 자신이 죄다 찾아온다면 다시금 예전처럼 가족이 모여 살 수 있다는 자기 기만적인 희망을 버리지 못하는 소년 프랭크는 TV 드라마 〈페리 메이슨(Perry Mason)〉과 〈닥터 킬데어(Dr. Kildare)〉를 통해 가상의 변호사와 의사의 행동 양식과 그들이 할 법한 말들을 외웠다. 가상과 환상을 탐독하며 그 안에서 긁어모은 지식들은 놀랍게도 현실에서 어느 정도 통용된다. "왜 항상 뉴욕 양키스가 이기는 줄 알아? 다른 팀이 유니폼에 기죽어서야"라는 프랭크 아버지의 말처럼, 사람들은 가상에 의외로 쉽게 굴복하며 영화가 현실을 덮어쓰도록 방치한다. 그와 같은 꿈과 환상의 스토리텔링에 대한 가장 행복한 상상은 2016년 작 〈마이 리틀 자이언트〉에 이르러 만개한다. 불면증을 겪던 어린 소피가 "왜 나에게 꿈을 꾸게 하는 거예요?"라고 질문했을 때 곧장 대답하지 않았던 거인은 나중에야 "그게 네가 소망하는 이야기라는 걸 난 알고 있단다. 이제 너에게 꿈이 찾아온 거야"라고 답한다. 누군가에게 경고를 보내고 싶을 때 소름 끼치는 예언의 꿈을 불어넣고, 외로운 아이에게는 스스로를 자랑스러워할 수 있는 모험담을 만들어 꿈의 무대에서 상연하게끔 하는 연출자의 자기충족적인 기쁨이 느껴졌던 순간이다.

하지만 서사에는 시련과 고난이 필요하다. 낭만적인 스토리텔링이 일그러지는 순간은 현실이 환상을 뒤집고 그사이 미세한 균열을 뚫고 터져 나오며 자신의 진실을 보라고 강요할 때다. 〈파벨만스〉의 주인공 샘은 8밀리 카메라로 무엇이든 찍는다. 영화감독은 자신의 경험과 기억을 그러모아 영화를 만들고, 현실에선 자신이 수정하거나 해결할 수 없는 어떤 문제를 가상으로나마 통제하고, 현실과 거리를 둔 채 한 발 물러서서 관찰함으로써 타인들이 미처 못 본 것을 발견하는 새로운 눈을 가져야 한다. 샘의 눈-카메라는 곧 가족의 비밀의 발견으로 이어진다. 샘은 가족들을 찍은 홈비디오 영상을 편집하다가, 촬영할 당시 그 자신조차 내가 무엇을 보는지 알지 못한 채 담아냈던 은밀한 순간을 발견한다. 그는 처음으로 영화에, 카메라에 두려움을 느낀다. 카메라는 밝혀지면 안 되는, 알고 싶지 않았던 현실의 끔찍한 단면을 포착하는 기계다. 교묘한 편집을 통해 추한 현실을 오려내려 했지만, 그럴수록 가상이 현실을 대체할 수 없다는 점이 분명해질 따름이었다.

카메라나 확대경의 렌즈를 통해 거대하게 확장되는 현실의 단면은 환상보다 훨씬 끔찍하다. 〈우주전쟁〉의 유명한 장면, 외계 생명체의 촉수-카메라가 어두운 지하실 곳곳을 누비며 먹잇감을 찾는 장면에서, 톰 크루즈가 연기하는 레이가 필사적으로 도망 다니다가 큰 거울 뒤에 숨었을 때, 촉수-카메라는 거울 속 자신의 모습을 마주하고 잠시 머뭇거린다. 외계 생명체가 처음 출현했을 때 사람들이 모두 약속이나 한 듯 디지털카메라를 들고 자신들의 익숙한 일상을 때려 부수고 찢어발기는 괴이한 형상을 찍던 장면에서처럼, 외계 생명체 역시 익숙하지 않은 인간의 거주지에서 인간의 생활 양식과 일상 소품들을 기이한 듯 관찰하다가 불쑥 출현한 자신의 거울상에 주춤한다. '언홈리(unhomely)'라는 단어의 의미가 〈파벨만스〉의 홈비디오 속 어머니의 관능적인 미소만큼이나 〈우주전쟁〉 속 촉수-카메라에게서 생생하게 구현되는 것이다. 혹은, 〈링컨〉에서 링컨의 어린 아들 태드가 연극(〈알라딘〉을 원작으로 한 연극이라고 한다)을 관람하던 중 무대 위에서는 금가루가 뿌려지고 불꽃이 번쩍거리는 흥미진진한 장면이 계속되는데 갑자기 커튼이 내려가고, 극장 매니저가 올라와 "각하가 총을 맞았습니다"라는 속보를 알리는 현실의 급격한 침입의 충격 역시 같은 의미선상에서 다뤄질 수 있을 것이다. 〈뮌헨〉에서 주방 가구 업체 'cuisine moderne' 매장의 차갑고 세련된 인테리어(그리고 그 디스플레이에는 '가짜' 풍경 사진을 '진짜' 유리창 너머 풍경인 양 배치했다)를 응시하다가 눈을 감는 모사드 요원 아브너의 얼굴이 유리창 위에 시체처럼 반영되고 그 옆으로 살해된 동료가 등장하는 무시무시한 장면을 떠올려보라. 요리사라기엔 도살자에 더 가까운 큰 손을 가진 아브너는 자신이 선망하던 종류의 주방을 꾸리지 못할 것이다.

그렇다면 현실의 불쾌한 침입과 맞서 싸워 가까스로 승리를 거둔 주인공은 어디로 향하는가? 그들은 집으로 간다. 이는 가족 중심주의라는 보수성으로만 설명할 수 있는 결론이 아니다. '언홈리'한 영역을 '홈'으로 재구성하고 재구축하려는 필사적인 노력이다(스필버그의 2000년대 이후 영화들에서 모험을 떠나는 결말은 〈틴틴: 유니콘호의 비밀〉한 편밖에 없었고, 그나마도 하독 선장이 자신의 집을 되찾고 난 다음 이뤄진다). 애초에 관객의 입장에서는 그저 카메라로 기록만 할 뿐이라고 여기며 미처 눈치채지 못했던 현실의 단면이 렌즈의 끄트머리 가장자리에서 모습을 드러냈다. 혹은 수백 번 돌려보았던 영상에서 전혀 새로운 의미가 갑자기 떠올랐다. 변화는 그렇게 시작되었고, 불화로 이어졌다. 성실하고 목표지향적인 스필버그의 주인공들은 그냥 익숙한 상태로 남아 있자는 비난 섞인 유혹 앞에 흔들리고 망설이면서도, 집을 떠나 자신이 꿈꿨던 바를 향해 다시금 비틀거리며 나아갔고, 잔혹한 현실의 공격에 두려워하지 않으며 거기서 의미를 찾아내기 위해 카메라를 이끌었다. 주인공의 고난의 여정을 통해 환상과 현실은 희미하게나마 화해의 중립지대를 발견했다. 영웅의 임무는 가까스로 완성되고, 주인공은 마침내 집으로 돌아가는 길 위에 선다. 그들은 또렷하게 말한다. 나는, 집으로 돌아갑니다. 예전의 그 집이 아닐지라도, 거기 있어야 하는 누군가

를 이미 상실했더라도, 나의 신체와 영혼이 부서졌더라도, 나는 집으로 돌아가야 합니다. 그 집이, 과거 할리우드 영화들이 편리하게 선택했듯 모든 갈등이 행복하게 해결되고 과거보다 더 좋아진 상태로 기억을 보존할 수 있는 부균질의 공간이 아니더라도 말이다.

〈캐치 미 이프 유 캔〉에서 사기꾼 프랭크가 '아무도 내 뒤를 쫓지 않는다'는 걸 실감하고는 체념하듯 '새로운 집'인 FBI 사무실로 돌아오고, 〈터미널〉의 '외국인' 나보르스키는 미국으로부터의 금지와 추방이라는 두려움을 극복하고 고국으로 향한다. 〈우주전쟁〉의 레이는 죽을 고생을 뒤로하고 이혼한 전 아내의 친정으로 향한다. 그는 전 아내의 집으로 들어갈 수 없지만, 그럼에도 불구하고 딸을 무사히 엄마의 품에 안겨준다는 목표와 사명은 이루어졌다. 〈뮌헨〉의 아브너는 "고향으로 돌아오게"라는 상사의 제안에 "우리집에 와서 함께 식사합시다"라고 응수한다. 두 사람은 이미 각자의 '집'을 선택했고 그것은 돌이킬 수 없다. 〈워 호스〉의 알버트는 말 조이와 함께 석양을 등지고 집으로 돌아온다. 더러워진 아버지의 참전 깃발이 아들의 손에서 다시 아버지의 손으로 건네질 때, 각각 다른 전쟁을 겪었던 부자의 화해는 완성된다. 〈링컨〉에서 수정헌법 13조가 통과되고 난 이후의 인상적인 장면, 급진파 노예제 폐지론자 스티븐스는 모두의 환호를 뒤로 하고 의회를 빠져나와 집으로 걸어가, 사실혼 관계를 맺고 있었다고 알려진 흑인 가정부 리디아에게 따뜻한 애정을 표하며 함께 잠자리에 든다. 〈스파이 브릿지〉는 동베를린에서의 어려운 협상을 마치고 귀가한 변호사 짐이 옷도 벗지 못한 채 침대에 쓰러져 그대로 잠든 모습으로 끝난다. 〈웨스트사이드 스토리〉는 푸에르토리코에서 미국으로 건너온 젊은 이민자들이 젠트리피케이션이라는 동일한 압박하에서 인종 차별이라는 가장 야비한 방식으로 자신들에게 분노의 방향을 돌리며 공멸을 꾀하는 백인 하층민들(이탈리아, 폴란드, 스웨덴 등에서 건너온 이민자들로 추정된다) 세력과 비극적인 결말을 맞는 이야기 너머로, 사랑과 용서라는 가치를 잊지 말아야 한다는 소수의 속삭임을 통해 그래도 세계가 무너지지 않을 수 있는 희망을 애써 발견한다. "우릴 받아줄 세상이 어딘가엔 있겠지, 언젠간 세상이 우릴 받아줄 날이 올 거야"라는 가사의 노래가 1961년 영화 버전과 다른 의미로 다른 장면에서 사용된 것 역시, 결국은 이곳에서 새로 뿌리를 내리기로 결심한 인물들이 참혹한 비극을 겪고서도 미래를 다잡아야 하는 상황과 맞물리며 강렬한 비감을 선사한다. 〈더 포스트〉는 아버지와 남편이 맡아왔던 신문 〈워싱턴 포스트〉의 최초의 여성 발행인이 된 캐서린 그레이엄이 "수많은 사람이 그녀의 것이 아니라고 생각하는 자리"에 불편하게 앉는 것으로 시작하지만, 결국 도박의 승기를 거머쥐고 편안하게 운전기 사이를 오가는 모습으로 끝난다.

덧붙이자면, 스티븐 스필버그는 극장용 장편 데뷔작 〈슈가랜드 특급〉을 제외하면 동시대를 현재진행형 관점에서 '리얼하게' 찍지 않았다. 현재가 배경이라면 SF와 판타지, 호러 등의 비현실적인 장르를 덧씌웠고, 그 경우들을 제외한다면 그의 드라마는 언제나 과거를 향했다. 과거를 빗대어 현재를 이야기하는 방식이 나쁘다거나 도피적이라는 결론을 내려는 게 아니다. 스필버그는 할리우드의 계보를 통과하여 자신의 영화를 만들며 과거를 다루는 영화로 지금의 현실을 이야기하는 감독이므로, 자신을 성장시켰던 전통으로 돌아가는 스토리텔링이 당연한 선택이었다는 뜻이다. 스필버그 역시 거듭 집으로 거슬러 돌아가는 중이다.

〈마이 리틀 자이언트〉

글　김중혁(소설가)

스틸 제공　CJ ENM

책을 읽는다. 단어와 문장과 문단 사이에 길이 나 있다. 종이는 대체로 하얗고 글자는 검어서 눈을 가늘게 뜨면 길이 보인다. 인쇄한다는 것은 하얀 종이 위에 그림자를 만들어내는 일이고, 그림자를 통해 우리는 자신만의 영상을 떠올린다. 소설이 영화로 만들어지는 과정이 그래서 흥미롭다. 누군가 소설을 읽고 '이걸 영화로 만들어야지'라고 다짐하는 순간, 종이의 하얀빛이 그 사람을 통과해 움직이는 활동 영상을 만들어낸다. 원작 소설과 영화의 여러 가지 다른 점을 비교하기보다 '소설의 어떤 빛이 이 사람을 통과한 것일까' 눈여겨보는 편이다.

이청준 작가의 소설 『벌레 이야기』는 일인칭 관찰자의 이야기지만 이창동 감독의 영화 〈밀양〉에서 소설의 관찰자는 사라진다. 사라질 수밖에 없다. 영화는 일인칭을 허용하지 않는다. 영화에서는 카메라가 관찰자의 역할을 대신한다. 카메라는 눈에 보이지 않는다. 아무런 말도 하지 않는다. 그저 빛으로 보여줄 뿐이다. 『벌레 이야기』에서 '벌레'는 누구일까. 영화 〈밀양〉의 시작은 구름 낀 파란 하늘이고, 마지막은 그림자다. 빛에서 시작해 그림자로 끝나는 이야기다. 나는 그림자 속에 벌레가 기어다니고 있다고 믿는다.

소설가들은 이야기 속에 빛을 넣고 싶어 온갖 방법을 사용한다. 시각을 알려주고, 날씨를 묘사하고, 어둠의 정도를 정확하게 표현할 만한 형용사를 사용한다. 어둑하다, 침침하다, 어두컴컴하다, 암막하다, 어스름하다, 어스레하다…, 미세 조명 스위치를 돌려가면서 독자들에게 빛을 설명하려 애쓴다. 〈블레이드 러너〉의 원작 소설 『안드로이드는 전기양의 꿈을 꾸는가?』는 빛을 부여하면서 시작한다.

> "침대 곁에 놓인 기분 조절 오르간의 자동 알람이 발산하는 경쾌하고 약한 전기 자극에 릭 데카드는 눈을 떴다. 깜짝 놀란(이렇게 사전 통고도 없는 상태에서 곧바로 눈을 뜬다는 사실이 그는 매번 놀랍기만 했다) 그는 침대에서 나왔고, 색색의 잠옷 차림으로 일어나 기지개를 켰다."

"빛이 생겨라" 하자 주인공이 눈을 떴고, 소설가가 글을 쓰기에 좋았다. 영화 〈블레이드 러너〉의 시작은 도시의 불빛들이다. "빛이 생겨라" 하자 도시가 생겼고, 밤과 낮의 이야기가 펼쳐진다. 소설과 영화의 차이다. 책을 읽을 때는 최대한 조명을 밝게 하여 꿈을 꾼다. 책에 빠져들다 보면 문득 주변을 잊어버리고 환각몽에 빠질 때가 있다. 암흑세계 속에 둥둥

떠 있는 빛의 섬에서 고립되어 있는 것 같다. 영화를 볼 때는 주변을 최대한 어둡게 하여 꿈을 꾼다. 어느 쪽이든 우리는 빛을 마주하지 않고, 빛이 가리키는 방향을 보면서 꿈을 꾼다.

스티븐 스필버그의 2023년 작 〈파벨만스〉에는 영화 〈지상 최대의 쇼〉의 기차 충돌 장면을 극장에서 본 이후 그 장면을 잊지 못하는 아이, 새미가 등장한다. 빛 속에서의 강렬한 체험은 아이의 모든 감각을 사로잡고, 새미는 결국 기차 장난감으로 충돌을 재현해 보려 애쓴다. 두려움과 맞서 싸우려는 것이다. 한밤중에 기차가 부서지는 소리를 들은 엄마는 새미에게 이렇게 제안한다.

> "새미, 아빠 카메라로 찍어놓자. 충돌은 한 번만이야. 현상해서
> 마음껏 보자. 안 무서워질 때까지. 이러면 기차도 안 망가질 거야."

예술은 현실 세계를 부수지 않고도 두려움과 맞서 싸울 수 있는 곳이다. 영화는 빛으로 만들어내는 가상의 세계이고, 우리는 그 속에서 마음껏 때려 부수고 싸우고 욕하고 도망칠 수 있다. 안 무서워질 때까지.

〈파벨만스〉와 짝을 이루는 영화가 〈마이 리틀 자이언트〉다. 소설 원작이 있다. 『내 친구 꼬마 거인』이라는 제목으로 출간됐다. 영화와 소설 모두 영어 제목은 〈THE BFG〉, 'Big Friendly Giant'의 줄임말이다. 로알드 달이 썼고, 퀸 블레이크가 그림을 그렸다. 소설은 이렇게 시작한다.

> "소피는 잠을 이룰 수가 없었다. 커튼 틈새로 눈부시게 밝은 달빛이
> 쏟아져 들어왔다. 달빛은 곧장 침대 머리맡으로 내리꽂혔다.
> 고아원에 있는 다른 아이들은 벌써 오래 전에 잠들어 있었다."

어둠 속에 무언가 있을 것 같다. 잘 보이지 않지만 거기에 뭔가 있을 것 같아서 잠들 수가 없다. 그러려면 빛을 비추어야 한다. 어둠에 대한 공포, 잘 보이지 않는 세계에서 무언가 튀어나올 것 같은 공포를 로알드 달은 기가 막히게 표현했고, 스티븐 스필버그는 그 빛에 사로잡혔다.

영화의 시작도 비슷하다. 마법의 시간인 새벽 3시, 그 시간이 되면 무슨 일이 벌어지는데, 깨어 있는 사람은 주인공 소피뿐이다. 무언가 만들어내고 꿈꾸는 사람은 새벽에 홀로 깨어 있고, 두려움과 맞서 싸워야

스티븐 스필버그 감독의 시간을 거슬러 올라가면 〈E.T.〉가 있다. 〈E.T.〉, 〈마이 리틀 자이언트〉, 〈파벨만스〉를 어린 시절의 그림자를 이해하기 위한 3부작이라 부르고 싶다. 세 작품 모두 빛과 그림자가 중요했다. 〈E.T.〉 속 하늘을 날아가는 자전거 실루엣은 앰블린 스튜디오의 로고가 되었고, 〈마이 리틀 자이언트〉의 초반 BFG의 등장 장면은 한편의 장대한 그림자극이다. 컴퓨터 그래픽이 어색하다는 지적이 많지만 스티븐 스필버그는 아마도 꿈속의 그림자극처럼 연출하고 싶었을 것이다. 〈파벨만스〉의 어둠 속 옷장에서의 영사 장면은 우리가 절대 잊지 못할 어린 시절의 꿈이다. 빛보다 어둠이 익숙한 아이들은, 어둠 속에서 꿈을 꾸는 방법을 배운다. 어둠 속에서 혼자 노는 방법을 깨친다.

〈마이 리틀 자이언트〉의 마지막 장면에서 소녀는 꿀잠을 자고 일어난다. 불면증이 사라진 이유는 언제 어디서나 속삭이기만 해도 BFG가 자신의 이야기를 들을 수 있기 때문이다. 언제든 내 편을 들어주는 친구가 생긴 것이다. 소설과 영화에서 가장 중요한 설정은, (소량의 스포일러인지도 모르겠지만) 이야기의 화자가 BFG라는 것이다. 책의 마지막 대목은 이렇다.

> "그렇다면 선꼬거(선량한 꼬마 거인; 한국 번역서에 이렇게 번역돼 있다)가 쓴 책은 어디 있는 거죠? 여러분은 이렇게 물을 것이다. 그게 바로 여기 있다. 여러분은 방금 그 책을 다 읽은 것이다."

영화에서도 BFG가 글을 쓴다. 소피의 내레이션으로 이야기가 진행되지만 이 모든 것을 기록하는 사람은 BFG다. 책상에 종이들이 어지럽게 널려 있고, 다 쓴 원고는 날아가지 않도록 잉크병으로 잘 눌러두었고, 책상 앞에는 참고할 그림도 붙여두었고, 본문 일러스트레이션도 직접 그린 걸 보면 재주가 많은 거인 작가다.

나는 소피와 BFG가 동일 인물이라고 믿는다. 두려움이 많은 소피는 좀처럼 잠을 자지 못했을 것이다. 꿈에서 식인 거인이 나타나 자신을 해칠 게 두려웠고, 악몽을 꿀까 봐 겁이 났다. 어둠 속에 있는 게 힘들었다. 소피는 마음속에 잠들어 있던 BFG를 출격시켰을 것이다. BFG는 여러 가지 이야기를 조합해서 두려움을 물리칠 수 있는 이야기를 만들어서 소피에게 들려주었을 것이다. 모든 사람 안에는 BFG 같은 작가가 살고 있다.

스티븐 스필버그는 4살 때 뱀에 관한 다큐멘터리를 보다가 하루 종일 울었던 적이 있다. 공포를 처음 경험한 순간이다. 학교에 가기 싫어 체온계를 전구에 갖다 대 온도를 높인 다음 꾀병을 부린 일화는 영화 〈E.T.〉에 들어가 있다. 그의 아버지는 컴퓨터 엔지니어였는데 근무지를 여러 번 옮기는 바람에 이사를 자주 해야 했고, 고등학교 졸업 즈음에는 부모의 이혼을 지켜보았다. 이런 경험은 〈파벨만스〉에 고스란히 담겨 있다. 많은 창작자들은 자신의 두려움을 응시한다. 작가는 밝은 곳을 보는 대신 어두운 곳에 플래시를 들이밀고, 그 안에 뭐가 들어 있는지 보는 걸 두려워하지 않는다. 물론 시간이 필요하다. 어둠 속에서 보았던 것들, 들었던 것들, 느꼈던 것들, 만졌던 것들이 선명해지기까지는 시간이 필요하다. 꿈이 이야기로 숙성될 때까지 시간을 견뎌야 한다. 바꿔 말하면, 그 시간을 행복하게 견디는 사람이 작가가 된다. 스티븐 스필버그처럼.

한다. 소피는 침대에 엎드려 이불을 뒤집어쓴 채 플래시 불빛으로 책을 읽는다. 소피가 거인에게 납치되는 이유는 '그 시간에 깨어 있었기 때문'이다. 새벽 3시까지 잠들지 않고 깨어 있었기 때문에 거인을 보았고, 거인을 보았다는 이야기를 사방에 떠들어댈 게 분명하기 때문에, 모험의 세계로 강제 출국하게 된 것이다.

〈마이 리틀 자이언트〉의 줄거리를 짧게 요약하자면 '불면증에 걸린 아이 소피와 꿈을 채집하는 착한 거인 BFG가 식인 거인들과 맞서 싸워 악몽에 시달리는 아이들에게 좋은 꿈을 선사하는 이야기'다. 소피와 BFG는 함께 아이들의 잠 속에다 꿈을 선사한다. BFG는 동굴 속에서 수많은 꿈을 조합해서 새로운 꿈을 창조해 낸다. 아마도 스티븐 스필버그 감독은 자신의 모습을 소피와 BFG에게 동시에 투영했을 것이다. 소피의 두려움을 BFG가 보완해 주고, BFG의 상상력을 소피가 채워준다. 무엇인가 창작하기 위해서는 두 가지 마음의 조율이 필요하다. 두려움과 두려움을 벗어나기 위한 상상력. 소피가 BFG에게 말한다. "꿈은 참 금방 끝나요." BFG는 그런 소피를 위로하듯 말한다. "밖에서 볼 땐 그렇지만 안에서는 아주 길다."

LA POLITIQUE
DES AUTEURS,
CINEASTES
2004–2024

3

켈리 라이카트
Kelly Reichardt

방랑하는 빛, 눈물 흘리는 우주, 흙이니 흙으로

글 김미영

〈초원의 강〉(1994)은 주인공 코지의 내레이션으로 시작한다. 일러스트, 사진, 동영상 등의 푸티지 위로 마이애미의 태어난 병원이 대학 내에 있어서 태어나자마자 대학에 다닌 셈이라는 이야기, 열 살에 떠난 엄마가 곡예단을 따라갔다는 이야기, 네 가지 죄를 정해서 돌려가며 고해 성사했다는 이야기, 고교 시절 내내 시를 적어 보냈던 바비와 결혼해서 경매로 산 집 이야기, 그 집 전주인이 남편을 죽였는데 이 여자가 난폭하게 변한 것에 별다른 이유는 없었을 거라고, 사소한 이유가 응어리졌을 거라는 이야기를 한다. 코지는 아직 어린 두 아이의 육아를 책임진 젊은 엄마로 살아가야 하는데 모성애를 타고난 것 같지 않다며, 도망간 엄마는 인생을 계획했는지, 우리 인생은 모두 이미 정해진 것인지 궁금해한다. 차분하고 담담한 내레이션으로. 사실의 자의적인 압축과, 거기에 뒤섞인 농담과 갈망과 의문들, 미래가 상상되지 않은 심상들의 고백은 마치 코지가 어떤 선택을 하든 그것이 극단적인 전 집주인과 같은 소소한 이유들의 폭발로 도달하게 될 그 무엇이 되든 그 행동들의 근거로 작동할 것처럼 여겨진다. 우리는 코지라는 캐릭터를 이미 알 것만 같다. 과연 무언가가 어떤 것의 원인이 될 수 있느냐고 코지가 질문하고 있는데도 그렇다.

코지의 아버지 라이더는 경찰이고 총을 잃어버려 정직에 처해졌다. 그 총은 할머니와 살던 집에서 쫓겨난 이제 곧 서른 살이 되는 리의 손에 들어와있다. 코지의 내레이션은 코지, 라이더, 리 세 사람의 이야기를 묶어낸다. 아이를 재우고 술집에 놀러나와서 코지는 리와 만나게 된다. 둘은 이내 서로를 운명으로 여긴다. 코지는 리의 총을 만져보다가 발사하게 되고, 리와 코지는 풀장의 주인을 죽였다고 생각한다. 이제 리와 코지의 도주가 시작된다. 이들은 통행료가 없어서 마이애미에서 벗어나지도 못하고 돌아온다. 풀장 주인은 죽지 않았고, 코지는 범죄자조차 되지 못했으니 아무것도 한 것이 없다고 말한다. 직장을 구해서 우리 둘을 위한 아파트를 구하겠다고 말하는 조수석의 리를 운전석의 코지가 쏜다.

만약 이 영화를 보고나서 테렌스 멜릭의 〈황무지〉를 다시 본다면, 내레이션의 운용이나 인간 조건을 초월하는 비전으로서의 자연, 개들에 대한 사랑과 그들이 의미하는 삶의 충족들에서 켈리 라이카트가 여러 차례 인정했던 멜릭 영화의 영향력을 알 수 있겠지만, 동시에 〈초원의 강〉이 멜릭 영화가 부감에서 내려다보는 듯한 인간 삶의 메타적인 초월성을 지상으로 끌어내리면서 삶의 구체적 난감함과 진짜 질문들을 던지고 있다는 것을 알 수 있다. 어느덧 〈황무지〉는 지난 이천오백 년을 지속해온 정전의 자리에 머물러 있음을, 그래서 1950년대라는 시대적 배경조차 시대불명의 몽환 상태에 두었음을 알게 될 수 있다. 〈황무지〉의 홀리와 〈초원의 강〉의 코지는 그 이름들만큼이나 영화가 추구하는 지점이 다르다. 〈초원의 강〉은 땅에 붙어있고 리와 코지는 도시의 경계 밖으로도 떠나지 못하며 삶의 비루함이 낳는 질문들의 구체적 양상들은 일상의 범박함과 올라설 사다리가 없는 계층과 여성의 삶에 지나치게 다가갔을지도 모르겠다. 〈황무지〉의 키트는 제임스 딘의 외모에 백발백중 명사수에 뛰어난 운전 실력에, 대화만 했다 하면 상대를 홀리는 능력을 지닌 자이면서 홀리의 아버지를 죽이고 홀리와 미국 대륙을 가로지르며, 쓰레기 수거원과 도축업이라는 가장 낮은 자리의 직업을 전전했고 과거는 불명이다. 그의 이름 키트는 크리스토퍼의 애칭이기도 하다. 〈초원의 강〉 이후에 다시 보는 〈황무지〉는 그 비루함들을 더 높은 곳에서 내려다보고 있고 홀리의 내레이션이 그 높은 곳을 위한 진짜 알리바이였을 수도 있겠다는 느낌을 갖게 한다.

〈초원의 강〉은 〈올드 조이〉 이후의 라이카트 영화에서 자리를 잡은 여러 특성들이 형성되기 전의 영화이다. (데뷔작인 〈초원의 강〉이 선댄스 영화제에서 심사위원상을 받은 이후 두 번째 장편 영화 〈올드 조이〉를 찍기 위해 라이카트가 기다리고 준비한 시간은 12년이었다.) 내레이션으로 주인공의 심리를 설명하다니, 인물이 사건에 뛰어들기 전에 인물의 배경을 설명하다니, 영화가 시작되면 이미 사건이 시작되어야 하는데 인트로가 이렇게 길다니, 플래시백 같기도 하고 상상 같기도 한 장면들이 농담도 아닌데 불쑥 몽타주 되다니, 대사가 이렇게나 많다니, 씬과 씬 사이에 시간의 도약이나 생략이라고 할 만한 것이 거의 없다니, 라이더의 검은 개와 풀장의 검은 고양이가 잠깐 나오지만 동물이 이렇게나 안 나오다니, 기차나 철로가 나오지 않다니, 모닥불이 안 나오고 밤 장면을 진짜 어둠처럼 찍지 않다니, 그 유명한 철저한 사운드 디자인이 그다지 돋보이지 않다니, 도망쳐 나온 가정 생활로 다시 돌아가자는 남자를 쏘아버리는 이렇게나 확실한 결말 장면이 있을 수 있다니, 〈쇼잉업〉 이전에 이렇게 실내 장면이 많은 영화를 찍었다니, 원작이 없는 영화라니, 집요한 로케이션을 찾는 작업 대신 즉 미국 북서부가 아닌(특히 오리건이 아닌) 고향 마이애미를 찍기도 했었다니 등등, 그 이후와 다른 점으로 〈초원의 강〉은 새롭다. 그럼에도 이 데뷔작에는 라이카트의 인장들이 있다. 라이카트의 아버지는 경찰이었고 어머니는 마약단속반이었다. 영화 속 경찰서 장면에서 아버지와 아버지의 동료들의 도움으로 실제 소품들을 가져다가 사무실을 재현했다. 범죄 사실을 담은 사진들도 실제 사진들이다. 라이카트의 리얼리티에 대한 집착은 그대로 남

아있다. 또한 영화는 차 안에서 너무나 많이 진행된다. 데이드 카운티와 브라워드 카운티의 경계만 겨우 오간다 해도 로드 무비이다. 수평선은 뚜렷하고 하늘은 펼쳐진다. 1994년에 촬영한 〈초원의 강〉은 16밀리 작품인데 디지털 시대에 접어든 후에도 〈어둠 속에서〉(알렉사로 찍었다. 영문 제목 'Night Move'는 '야행'이라는 뜻을 가진 영화 속 보트의 이름이다)를 제외하면 라이카트의 작품은 다 셀룰로이드 영화이다. 그리고 클래식 영화들을 다시 읽게 만든 첫 번째 영화이다. 〈웬디와 루시〉를 통해 비토리오 데 시카의 〈움베르토 D〉를 다시 읽게 되고(루시의 운명과 플라이크의 운명은 다르면서도 같을 것 같다), 〈퍼스트 카우〉를 통해 로버트 알트만의 〈맥케이브와 밀러 부인〉을 다시 읽게 되는 것처럼, 이 영화를 통해 〈황무지〉를 다시 읽게 된다. (〈어떤 여자들〉과 〈퍼스트 카우〉에 〈맥케이브와 밀러 부인〉의 술집 주인 쉬한 역을 한 르네 오버르조노아가 출연한다. 켈리 라이카트는 로버트 알트만이 사랑했던 이 배우를 자신의 영화에 담고 싶어했다.) 혹은 라이카트의 영화가 당대의 정치사회적 흐름을 품어낸다고 읽어낼 수 있는 것처럼, 영화사 내부의 그 이전 영화들을 얼마든지 불러올 수 있다. 마치 브레송이 "이전의 영화들을 모방하라. 독창성은 중요하지 않다. 모방을 통해 실패하라"라는 방법론을 말했던 것처럼.

〈웬디와 루시〉의 이십 대 여성 웬디는 순회 노동자이고(이 영화로부터 13년 후에 영화 〈노매드랜드〉가 있다) 개 루시와 곧 고장으로 버려지게 될 낡은 혼다 자동차가 가진 게 전부이고 돈을 벌기 위해 알래스카의 통조림 공장으로 갈 예정이다. 거기까지 갈 경비를 아끼기 위해 웬디는 루시가 먹을 사료 캔을 마트에서 훔친다. 이 판단 착오(플롯의 전개가 되는 하마르티아)는 웬디에게 닥치는 일의 첫 번째 원인이 된다. 라이카트 영화의 인물들은 이러한 판단 착오의 대가를 플롯으로 받는다. 〈퍼스트 카우〉의 쿠키와 킹 루에게 닥친 일도 그러하다. 등장인물들에게 닥치는 일들은 강력한 예감처럼, 혹은 〈퍼스트 카우〉 인트로의 두 해골 숏처럼 인간의 의지적 시도를 넘어서는 어떤 섭리처럼 진행된다. 〈올드 조이〉, 〈웬디와 루시〉, 특히 〈믹의 지름길〉과 〈어둠 속으로〉는 거두절미하고 사건이 이미 진행된 상황에서 영화가 시작된다('인 메디아스 레스'). 인물들이 영화의 시작에 다다르게 된 사전 설명과 캐릭터에 대한 공감 장치 없이 영화는 이미 시작해버리지만 전개와 결말은 어떤 필연적 인과를 따르는 것처럼 보인다. 라이카트 영화가 호메로스에게까지 거슬러 올라가는 전통적 서사 전개의 형식적 맥락 안에 있다는 것은 주목할 만하다. 〈쇼잉 업〉에서 리지는 자신의 고양이 리키가 다치게 한 비둘기를 창밖에 버렸지만 결국에 그 비둘기를 병원에 데려가고 애정을 갖고 보살피게 되는 사람은 리지이다. 라이카트의 결말은 예측 가능하다 하더라도 유보적이다. 즉 최후의 선택에 이르게 된 경과 보고가 없거나, 그 최후의 선택 자체가 찍히지 않는다. 라이카트는 영화가 깔끔하게 모든 설명을 마무리하고 막을 내리는 것이 아니라 관객들의 상상이 펼쳐지고 질문이 시작되는 곳에서 끝나기를 원한다. 라이카트의 모든 영화는 라이카트가 편집했는데, 편집하면서 영화의 시작과 끝을 관통하는 질문들을 영화의 엔딩에서 관객에게 다시 건네는 것이라고 볼 수 있다.

〈웬디와 루시〉는 이후 여러 작품에서 함께 할 소설가이자 공동 각본가인 존 레이먼드, 배우 미셸 윌리엄스가 참여한 첫 영화이다. 그리고 네오리얼리즘의 영향 아래에 있는 것으로 라이카트의 영화가 거론되

기 시작한 작품이다. 라이카트는 미셸 윌리엄스에게 촬영 기간 동안 샤워하는 것과 머리 감는 것을 못하게 했다. 차에서 살아가고 공중화장실에서 세수하고 옷을 갈아입어야 하는 웬디에게 요구된 장치이다. ("등장인물의 일상생활의 작동 방식이 플롯만큼이나 중요하다"- 켈리 라이카트) 이것은 1840년대 골드 러쉬 시대에 미국 동부에서 서부 오리건주 컬럼비아 강까지 마차에 짐을 싣고 말과 소를 끌고 6개월을 걸어가는 개척자들의 행로(오리건 트레일)를 다룬 〈믹의 지름길〉에 출연한 배우들에게도 적용되었다. 라이카트는 리허설 대신에 배우들에게 소를 끌고 마차를 정비하고 성냥 없이 불을 피우는 생존 캠프에서 그 시대의 삶을 살아가게 했다. 1820년대를 배경으로 한 〈퍼스트 카우〉의 배우들에게도 마찬가지였다. 쿠키 역의 존 마가로와 킹 루 역의 오리온 리는 영화 속 의상을 입고 3일 동안 함께 지내면서 직접 반죽을 튀겼고 덫을 설치했다. 〈어떤 여자들〉의 겨울 목장 순회 노동자 역을 맡은 릴리 글래드스턴은 말들에게 먹이를 주고 보살피는 일상의 일을 실제로 수행했고, 〈쇼잉 업〉을 위해 미셸 윌리엄스는 6개월 동안 점토 작업을 배웠다. 〈믹의 지름길〉과 〈퍼스트 카우〉는 수많은 자료 조사와 연구로 시대 고증에 공을 들였다.

이러한 것들만이 라이카트를 네오리얼리즘의 맥락에서 논의하게 만든 것은 아니다. 앙드레 바쟁의 "시나리오의 시사성과 배우들의 진실성은 원료에 지나지 않으며", "무엇보다 깊이 미적이지 않은 것은 예술에서 리얼리즘에 속하지 않는다"는 말은 라이카트의 영화에 정확하게 해당된다. 〈믹의 지름길〉은 라이카트가 촬영감독 크리스 블라우벨트와 만든 첫 영화이다. 사막과 초원에서 라이카트가 원했던 위치에 카메라를 놓고, 원하는 렌즈를 장착했으며, 걸어가는 인물들을 찍는 방식이 핸드헬드 팔로우 숏이 아니길 바랐던 라이카트의 요구에 따라 땅을 파서 트랙을 깔고, 밤을 정말 어두운 밤으로 찍어낸 블라우벨트는 이후 라이카트의 모든 작품을 촬영했다. 〈믹의 지름길〉은 1.37:1 화면비로 보닛을 쓴 여주인공들의 가려진 시야를 반영하면서 기존 웨스턴 장르의 모든 것을 뒤집는다. 정교하게 계획된 인상적인 장면들이 많다. 세 대의 마차와 일행들이 걸어온 길 너머의 하늘에 희미하게 말을 탄 사람과 그를 뒤따르는 마차들이 나타나는 오버랩, 물 없는 사막에 바람이 불어 날아간 물건을 잡는 데 인물이 아닌 바람의 속도를 따라잡는 듯한 숏, 시간을 알리는 하늘 장면들 중 거의 빛이 없는 새벽을 알리는 검은 구름 사이의 태양 숏, 그 빛 없는 어둠 속에서 기상하고 아침 준비를 하는 여자들 숏, 사막의 밤에 양초를 담은 랜턴 불빛 하나로 오가며 묵직한 어둠 속에서 대화하는 부부 숏 등은 라이카트와 블라우벨트의 미학적 성취를 보여준다. 〈어떤 여자들〉과 〈퍼스트 카우〉 역시 주목할 만한 연출과 동선들로 채워져 있다. 〈어떤 여자들〉의 목장 노동자는 크리스틴 스튜어트가 맡은 법학대학원을 막 졸업한 변호사 베스에게 긴 밤의 외롭고 고단한 여정 끝에 베스 앞에 서 있게 된 것 그 사실 자체로 넘쳐나는 감정을 고백한다. 베스는 침묵으로 답을 하고 목장 노동자는 그대로 돌아서서 목장을 향해 트럭을 몬다. 목장 노동자(영화 속에서 이름이 없다)의 먹먹한 감정을 따라가는 롱테이크 끝에 졸음운전으로 트럭은 도로를 벗어나 경계를 넘어 길가의 초지로 빠져든다. 목장 노동자가 베스의 도시에서 보낸 시간과 두 사람의 투 숏들과 그들 사이의 거리와 침묵은 긴장을 쌓아 올려 제 길을 벗어난 트럭의 뒷모습에 이른 것이다. 많은 말 없이

감춰진 표정 너머 황량한 풍경 안에 감정들의 뒷모습이 갖는 호소력이 여기에 있다. 라이카트 영화의 품격의 일부이다.

〈퍼스트 카우〉의 동부에서 온 요리사 쿠키와 중국에서 온 킹 루의 우정과 아무 대가도 구하지 않는 즉각적인 연대와 호의는 〈쇼잉 업〉의 점토 예술가 리지(미셸 윌리엄스 분)와 설치 미술가 조(홍 차우 분)의 티격태격을 거쳐 서로의 작업 속에서 발견하는 경외와 우정으로 이어진다. 〈올드 조이〉의 바랜 우정이 새 시대를 시작하고 있는 것이다. 〈쇼잉 업〉의 행정 업무에 시달리는 예술학교 학장인 리지의 어머니, 도예가인 아버지, 천재라고 여겨지지만 불안정한 시선과 내면의 논리에 의해서만 움직이는 동생 숀(다시 한번 존 마가로 분)은 리지의 일상과 전시장을 침범하는 요인이면서 동시에 리지의 마음에서 사랑과 연민을 끌어내는 주변인들이다. 비록 개개인들이 서로를 침범한다 하더라도 우리들의 영혼은 허약하지 않고 여전히 도움이 필요한 상대와 사랑하는 사람들과 사랑하는 동물들과 주변의 공동체에게 손을 내밀고 조용히 그들의 말을 듣고 어디가 되었든 함께 걸어갈 수 있다는 것을 켈리 라이카트의 영화는 말하고 있다.

〈퍼스트 카우〉
두 사람만 모여도 하나의 사회

글 이랑(싱어송라이터, 영화감독)
스틸 제공 (주)영화사진진

나는 퀸사이즈 침대 위에 있다. 두툼한 토퍼 위에 벨벳 감촉의 커다란 담요를 덮어 더욱 포근하게 만들어두었다. 베개 위에 쿠션을 겹쳐 올려 헤드보드에 등을 기대고 앉는다. 노트북에 연결된 프로젝터는 맞은편 흰 벽에 4:3 비율의 2019년작 영화 〈퍼스트 카우〉를 영사 중이다. 영화 속 시간은 1820년대, 미국이 되어가던 중인 오리건 지역에서 흐르고 있다. 나와 접점이 전혀 없는 약 200년 전의 시공간이다. 보고는 있지만 감각되지는 않는 그 시간을 벨벳 담요 위에 열여덟 살 먹은 고양이와 함께 누워 들여다본다.

영화 속 두 명의 주인공 중 하나인 쿠키가 숲속에서 버섯을 따고 있다. 덥수룩한 수염에는 흙이 잔뜩 묻었고, 뭉툭한 손가락 마디마디도 그렇다. 쿠키는 숲길을 도보로 이동하며, 불을 붙인 장작 근처에 너덜너덜한 천막을 치고 쉬어가는 사냥꾼들의 요리 담당이다. (요리 담당이라서 이름이 쿠키인 걸까) 21세기 서울 한복판에 살고 있는 나로서는 쿠키의 시간을 상상하기 어렵다. 나는 인터넷에 접속된 휴대폰 배달 앱을 열고 '버섯 볶음밥'을 검색한다. 결제할 카드만 있다면 2-30분 내에 원하는 것을 먹을 수 있다. 19세기 오리건 숲속에서 버섯을 따는 쿠키도 신기하지만, 21세기 서울 망원동에서 벌어지는 이 배달 절차도 신기하기는 마찬가지다. 접점은 없지만 서로가 신기해할 만한 이야기가 여기 한 공간 안에 함께 존재하는 중이다.

　숲속에서 버섯을 따며 돌아다니던 쿠키는 완전히 벌거벗은 채 커다란 잎사귀들 사이에 웅크리고 있던 동양인 남자를 만난다. 킹 루라는 이름의 중국 남자다. 쿠키는 이곳에 중국인이 있다는 데 놀라지만, 루는 태연하게 '금을 캐기 위해 온갖 종류의 사람들이 이곳에 와 있지 않냐'

며 되묻는다. 아, 우리 사이에 하나의 연결 고리를 찾았다. 금을 가치 있게 여긴다는 것. 어쩌면 19세기에 채굴된 금이 돌고 돌아 내 도금된 귀걸이에 와 닿아있을지도 모른다. 하지만 이 영화에서 쿠키와 루는 금을 찾아 떠도는 사람들이 아니었기에 이야기는 다시 버섯이 많은 숲으로 돌아간다. 루는 도둑으로 몰린 친구가 러시아인 무리에게 살해당하는 것을 보고 그들 중 한 명을 총으로 쏴 죽인 뒤 쫓기는 중이다. 쿠키는 루에게 옷과 먹고 마실 것을 가져다주고 자기 천막으로 데려와 재운다. 다음 날 쿠키가 일어났을 때 루는 이미 떠나고 없다.

얼마간의 시간이 지난 뒤, 쿠키는 작은 술집에서 루와 재회한다. 비슷한 지역에 자리 잡고 살다 우연히 다시 만난 둘은 같은 지역에 대한 다른 감상을 나눈다. 쿠키는 이곳이 딱히 새로울 게 없다 하지만 루는 역사의 손길이 아직 닿지 않은 이곳에서 원하는 방식으로 역사를 맞이할 수 있다는 가능성을 이야기한다. 그리고 이번엔 루가 자기 거처로 쿠키를 초대한다. 비록 허름한 판잣집이지만 전에 묵었던 쿠키의 천막보다 훨씬 낫다. 둘은 번갈아 서로에게 호의를 표현한다. 이렇게 좋은 것을 제공하는 행동이 쌓여 관계가 된다.

두 사람만 모여도 하나의 사회다. 사회 안에서 사람들은 약속을 하고 그 약속을 지킨다. 약속은 눈에 보이지 않는 질서 혹은 문화이지만, 금보다 더 귀하게 여겨지기도 한다. 누군가 '여긴 내 집이야'하고 초대하면 초대받은 자는 손님이 되고, 손님은 '실례합니다' 하며 들어간다. 손님은 집 안에 놓인 물건에 손대지 않고 '여기 있는 것들은 저 사람의 것'이라고 믿는다. 19세기 오리건 숲속의 판잣집에서도, 21세기 서울 스타벅스에

서도 그 약속은 계속해서 지켜지는 중이다. 사람들은 약속을 지키며 자신이 믿을만한 사람임을 말과 행동으로 보여주려 한다.

　　느린 호흡의 영화 〈퍼스트 카우〉의 시간 속 두 주인공은 그 믿음을 쌓기 위해 꽤나 분주하다. 루가 집을 데우기 위한 장작을 패는 동안 쿠키는 집 안에서 빗자루를 찾아 청소를 한다. 두 사람이 함께 나눌 시간을 준비하는 소리가 조용한 숲에 리드미컬하게 울려 퍼진다. 쿠키는 청소를 마치고 집 주변에서 들꽃을 꺾어다 꽃다발을 만들어 거실을 꾸미기까지 한다. 루는 아껴둔 위스키를 아낌없이 쿠키와 나누며 건배를 청한다. 이제 막 두 번 만났기에 서로에 대해 아는 것이 별로 없지만 루는

즐거운 표정으로 건배사를 내뱉는다.

"Here's to... something!"

서로에게 베푼 호의가 쌓여 신뢰 관계가 만들어지고, 이제 두 사람은 서로를 탐색한다. 어디에서 왔고, 어디로 가는 중인지, 그리고 어떻게 살고 싶은지. 그 대화 속에서 쿠키의 꿈이 등장한다. 샌프란시스코에 호텔을 열고 거기서 빵을 만들어 팔고 싶다는 꿈이다. 몇 가지 사업을 구상해본 적 있는 루는 자본금과 영향력이 있어야 사업을 할 수 있다며, 가난한 사람은 사업 구상하기가 여간 어렵다고 한다. 대화가 오가던 중 루

소다. 팩터 대장은 그 커다란 암소를 런던에 머물던 시절을 떠올리며 홍차에 넣을 우유를 공급하는 데 쓴다. 사치 그 자체다. 암소의 젖에 팩터 대장의 사치를 채우고도 남아도는 우유가 있을 거란 생각이 쿠키와 루에게 떠오른다. 소 주인의 사치에는 피해를 주지 않으면서, 남은 우유로 맛있는 빵을 만들어 시장에서 팔 수 있다면? 그야말로 지금까지 보이지 않았던 '능력을 자본으로 바꿀 방법'이다. 일면 합당해 보이지만 믿을 수 있는 사람으로 살고자 노력해 온 쿠키에게 이것은 인간 사회의 약속을 깨는 범죄이다. 하지만 그가 지켜온 신의와 약속을 바탕으로 하는 사회가 애초에 불공정한 곳이었다면? 불공정한 사회에서 각자도생을 요구하는 게 가장 불공정하다면? 그렇다면 이곳에서 약속을 지키는 것이 공정한 일일까. 아직 완성되지 않은 사회에서 가능성의 틈을 찾는 게 루가 말한 '원하는 방식으로 역사를 맞이하는 방법'일까.

프랑스에 사는 친구를 만나러 갔다가 한 달 반 정도 파리에 머물렀던 때가 있다. 학생 신분으로 받을 수 있는 대출 상품을 이용해 겨우 비행기 값과 숙소비만 마련해 떠난 여정이었다. 먹고 마시는 데 쓸 돈은 거의 없었다. 그러다 운 좋게 일요일마다 여닫는 야채/과일 마켓을 발견했고, 마켓이 닫는 시간에 상인들이 버리고 간 음식을 줍는 가난한 사람들을 따라서 음식을 줍기 시작했다. 체류 기간 내내 일요일엔 마켓에 나가 버려진 음식을 줍고, 음식을 손질하고, 다음 일요일이 올 때까지 그것들을 먹으며 지냈다. 자주 얼굴을 마주치는 사람들과 주운 물건을 서로 바꾸기도, 나누기도 했다. 1시간 전에는 박스에 예쁘게 놓여 얼마인가에 팔리던 것들이지만 땅에 버려지면 음식 쓰레기였고, 그것을 줍는 건 죄가 아니었다. 그렇게 줍고 난 뒤엔 '내 것'이 되었다. 내 것이기에 다른 사람들에게 호의를 베풀며 나눔을 할 수도 있었다. 주운 과일들은 어느 한 구석이 썩었거나, 시식용으로 쓰여 칼로 베어내고 남은 것들이라 그걸 그대로 되파는 것은 불가능했다. 하지만 남은 멀쩡한 부분의 살을 잘라서 통에 담으면 얼마든지 맛나게 보이는 멀쩡한 모둠 과일팩이 되었다. 그렇게 하면 팔 수도 있었을 것이다. 만약 그때 주운 과일로 과일팩이나 잼을 만들어 팔았다면 어땠을까? 단지 돈을 쓰지 않고 먹을 것을 구하는 것에서 한 발짝 더 나아가 돈을 번다면? 그렇다면 문제였을까. 불공정한 시스템에서 벗어난 방식으로 재료를 얻고, 그 재료에 노동과 능력과 시간을 투자해 자본화할 상품을 만든다면 그것은 범죄일까. 19세기에 쿠키와 루가 젖이 남아도는 남의 소를 보면서 하는 고민과, 문 닫은 시장에 버려진 과일을 주워 먹던 나의 고민이 그리 다르지 않다. 어느 시대나 '먹고 사는' 문제로 우리는 고민한다. 모두 같은 출발선에 서 있지 않기에 그 고민을 특히 많이 할 수 밖에 없는 집단이 존재한다.

가 '범죄는 어때?'라며 묻는데, 쿠키는 그 질문에 대답하지 않는다. 쿠키는 언제 어디서 누구와 있어도 조용히, 묵묵히, 자신을 드러내지 않고 '믿을 수 있는 사람'으로 살고자 노력하는 모습이다. MBTI는 인프피(INFP)일 것 같다. 반면 쿠키의 꿈을 응원하고, 현 상황에서 실현 가능한 계획을 세우고 결국 행동으로 옮기는 루는 인프제(INFJ)로 보인다. 어찌됐건 내향인인 두 사람은 말과 사냥꾼, 군인들이 미쳐 날뛰는 서부 시대에서 유독 조용한 일상을 보낸다. 조용하고 가난하지만 각자의 능력이 있는 두 사람이 그것을 '자본'으로 바꿀 방법은 보이지 않던 중, 이 마을에 암소 하나가 배를 타고 들어온다. 마을의 대지주인 팩터 대장의

〈퍼스트 카우〉의 첫 장면은 현재 시점에서 개와 산책하던 사람이 나란히 누운 두 구의 해골을 발견하면서 시작된다. 어쩌면 그 두 구의 해골은 뒤이어 나오는 19세기 이야기 속, 우유를 훔쳐 케이크를 만들던 쿠키와 킹 루의 것일지도 모른다. 결국 이 이야기는 해골을 발견한 사람이 상상한 이야기를 상상한 감독의 일이겠지. 그리고 나는 쿠키와 루의 작은 사회를 보며 21세기의 온갖 문명을 이용해 이 글을 쓴다. 다른 사람의 일과 이야기를 보고 글을 쓰는 것은 과연 공정한 일과 이야기일까 생각하면서.

페드로 코스타 Pedro Costa

페드로 코스타 Pedro Costa

2003 당신의 숨겨진 미소는 어디에? Where Does Your Hidden Smile Lie?
2005 Minino macho, Minino fémea
2006 Little Boy Male, Little Girl Female
2006 행진하는 청춘 Colossal Youth
2007 토끼 사냥꾼들 — 수용소의 삶: 디지털 삼인삼색 2007 중 The Rabbit Hunters
2007 삶의 조건 State Of The World
2009 아무것도 바꾸지 마라 Change Nothing
2012 센트로 히스토리코 Centro Historico
2014 호스 머니 Horse Money
2019 비탈리나 바렐라 Vitalina Varela

페드로 코스타

글 정성일

네 편의 영화, 반다의 방_2000년, 행진하는 청춘_ 2006년, 호스 머니_2014년, 비탈리나 바렐라_2019년

21세기에 영화를 만드는 현장의 모든 자리의 각자는 (여전히 필름으로 작업하는 극소수를 제외하고는) 디지털에 적응해야만 했다. 새로운 방법들. 누구보다도 데이비드 린치의 〈인랜드 엠파이어〉. 차이밍량의 〈행자(行者)〉 연작. 지아장커의 '현장주의(紀實主義, jishizhuyi)', 라브 디아즈의 '지속(duration)' 시네마, 계속해서 또 다른 방법, 또 다른 태도가 나타났다.

페드로 코스타는 그 안에서도 특별한 자리를 차지하고 있다, 그 자리를 설명하기 위해서는 순서대로 따라가야 할 것 같다. 페드로 코스타는 영화가 자기를 이끄는 데로 따라간 사람이다. 그 경로가 마치 구불구불 골목길을 더듬거리지만 자기 손에 든 영화가 밝히는 빛을 바라보면서 나아가는 것만 같다. 아마 누군가에게는 이 험난한 이야기가 힘이 될 것이다. 페드로 코스타는 리스본 대학교에서 서양 중세사를 공부하였다. 졸업한 다음 포르투갈에 영화 학교가 생겨서 막연한 기대를 안고 입학했다가 자신이 기대한 것과 달라 곧 자퇴하였다. 그런 다음 영화 현장에 갔다. 여러 감독의 영화 연출부를 했다. 클레르 드니의 현장에도 있었다. 텔레비전 방송국의 지원금으로 첫 영화 〈피〉를 찍었다. 1989년의 일이다. 첫 영화를 만들고 나서 페드로 코스타는 이 영화가 자신이 원하던 영화가 아니라는 것을 알아차렸다. 방향을 바꾸어서 포르투갈 식민지였던 아프리카 연안의 섬 카보 베르데에 가서 두 번째 영화 〈용암의 집〉을 찍었다. 이 영화는 클레르 드니와 자크 투르뇌르의 〈나는 좀비와 함께 걸었다〉를 이상하게 뒤섞어 놓은 변종이었다. 하지만 예기치 않은

일이 벌어졌다. 이 섬에 사는 원주민의 많은 친척이 리스본에서 이주 노동자로 일을 하고 있었고, 돈이 없는 그들은 리스본의 친척에게 자신들의 선물을 전해달라고 페드로 코스타에게 대신 부탁했다. 알고는 있었지만, 전에는 가본 적이 없었던 리스본 빈민촌 폰타냐스에 방문하게 되었다. 이 가난한 동네의 풍경을 만나면서 자신이 찍어야 할 진정한 장소를 찾았다는 걸 문득 깨달았다. 하지만 아직은 아니다. 페드로 코스타는 여기서 세 번째 영화 〈뼈〉를 35밀리 필름으로 이전과 같은 방식의 스태프와 함께 찍었다. 작업 과정 내내 전통적인 유럽 아트하우스 영화 시스템이 이 장소의 어떤 것도 제대로 담지 못하고 있다는 것을 알았다. 페드로 코스타는 그때까지 자신의 영화 프로듀서였던 파울로 브랑코와 결별하고 다시 시작할 필요를 느꼈다.

그때 페드로 코스타가 손에 든 건 작은 파나소닉 DX 100 디지털 카메라였다. 이 카메라는 블루 컬러 기반의 높은 선명도를 지닌 소니 기종과 달리 그린 컬러의 부드러운 채도로 이미지 해상도를 재현하였다. 페드로 코스타는 이 컬러가 지옥의 가장자리 폰타냐스의 색채라고 생각했다. 〈반다의 방〉은 페드로 코스타를 진정한 '작가'로서의 페드로 코스타로 만든 첫 번째 영화이다. 21세기가 시작되었다. 무엇보다 디지털카메라는 35밀리 필름 시스템으로부터 해방을 가져다주었다. 카메라의 무게로부터 자유로워졌고, 폰타냐스의 열악한 실내 조명 상태에도 불구하고 방 안의 작은 등불이나 가까스로 빛이 들어오는 창문으로 충분했다. 무엇보다 〈반다의 방〉은 (위험한 줄 알면서도 용기를 내서 이 표현을 사용할 수밖에 없는데) 처참할 지경의 가난이 아름답게 보인다. 오해하지 말기 바란다. 페드로 코스타가 가난을 착취하고 있다는 의미가 아니다.

그렇지만 〈반다의 방〉은 라스 폰 트리에 그룹의 도그마 95 '이후' 수없이 나타난 디지털 영화와 결정적인 다른 점이 있다. 페드로 코스타는 디지털카메라의 경량에 매혹되지 않았다. 〈반다의 방〉은 이 가벼운 카메라를 더없이 무거운 중량이 실린 것처럼 참으로 고요하게 다루었다. 시네필 페드로 코스타에 어울리는 표현을 쓰겠다. 〈반다의 방〉은 어쩔 수 없이 오즈 야스지로가 떠오르는 정물화처럼 찍어나갔고, 그러면서 폰타냐스의 빈민촌을 마치 존 포드가 모뉴먼트 밸리를 찍듯이 숭고한 풍경처럼 바라보았다. 〈반다의 방〉을 찍으면서 페드로 코스타는 계속해서 보들레르의 산책자처럼 폰타냐스의 골목을 돌아다닌다. 그때 도시 개발 계획에 따라 계속해서 집을 허물고 있다. 하지만 그 집은 누군가 사는 곳이다. 그 순간 페드로 코스타의 영화는 미학에 머물지 않고 정치적인 차원으로 도약한다. 〈반다의 방〉은 폐허가 되는 리얼리티의 시간을 더 느리게 바라보는 영화이다. 현실보다 더 느린 시간.

페드로 코스타는 〈반다의 방〉을 찍으면서 돈을 벌기 위해 카보 베르데 섬에서 리스본에 온 가난한 이주민 벤투라를 만났다. 그에게 이야기를 들었다. 벤투라는 부자들이 거래하는 리스본의 은행을 세우는 건축 공사 현장에서 일했고, 포르투갈의 위대한 문화유산을 보존하는 박물관을 세우는 노동 현장에서 형편없는 임금을 받으면서 일했다. 벤투라는 1974년 8월에 리스본에 왔다. 그해 4월 25일 포르투갈에는 40년간 독재 정치를 한 마르첼로 카에타누 총리 정권을 몰아낸 좌파 군사 쿠데타가 있었다. 그리고 76년 민주 정부가 들어섰다. 하지만 40년이 지난 지금도 폰타냐스는 빈민가이고, 벤투라는 참혹한 매일을 살아간다. 페드

로 코스타는 벤투라에게 바치는 〈행진하는 청춘〉을 이어서 2006년에 찍었다. 여기까지만 따라온다면 페드로 코스타가 폰타냐스에 관한 다큐멘터리를 찍고 있다고 생각할 수도 있다. 그렇기도 하고 아니기도 하다. 페드로 코스타는 폰타냐스에서 벤투라를 찍는다. 하지만 벤투라에게 들은 이야기를 다시 연기해 보기를 요구한다. 그리고 그것을 찍는다. 여기에는 일상생활과 퍼포먼스 사이의 기묘한 재연의 긴장이 유지된다.

페드로 코스타는 폰타냐스에 관한 다음 영화의 영감을 제이콥 리스의 사진에서 끌어냈다. 1870년에 미국으로 이주한 이 덴마크인은 19세기 뉴욕 빈민가 이민자들의 뒷골목을 캔디드 플래시 기법으로 찍었다. 한밤중에 플래시 효과 때문에 순간적으로 스튜디오 사진처럼 보이는 이 사진들은 새로운 영감이 되었다. 그 무렵 페드로 코스타에게 벤투라가 무서운 이야기를 해주겠다면서 1974년 카네이션 혁명 당시 자기를 죽이려고 했던 낯 모르는 군인이 지금도 꿈에 나타난다고 말해 주었다. 줄거리를 정리하는 것이 거의 불가능한 〈호스 머니〉는 그렇게 시작되었다. 정신병동에 갇힌 벤투라는 현재와 과거, 역사와 트라우마, 거의 미로 같은 건물 속을 돌아다닌다. 이렇게 설명했지만 페드로 코스타는 단호하게 대답한다. "이 영화의 모든 장면은 현재예요" 그러면 역사는 어디에 있는가. 벤투라 그 자체. 그는 병원에서 무서운 꿈을 꾸는 중이다. 어떤 꿈? 역사라는 꿈. 이 병원에서 벤투라는 자신을 계속 위협하면서 따라다녔던 남자 조아킴의 아내 비탈리나 바렐라를 만난다. 〈홀스 머니〉를 마친 다음 페드로 코스타는 벤투라에 관한 영화는 끝났다고 말했다. 하지만 폰타냐스에서 다음 영화를 찍을 것이라고 덧붙였다. 폰타냐스. 페드로 코스타의 우주.

페드로 코스타는 비탈리나 바렐라와 함께 돌아왔다. 2013년 6월 27일 비탈리나 바렐라는 남편의 장례식을 치르기 위해서 리스본을 방문한다. 〈비탈리나 발레라〉는 그게 이야기의 전부이다. 하지만 폰타냐스는 이제 거의 표현주의 영화 세트장처럼 보이고, 그림자 속에서 일부 화면들은 어둠에 지워져 보이지 않는다. 틀림없이 페드로 코스타는 프리츠 랑의 영화를 좋아한다고 말했다. 이 어두운 길거리에서 휘파람 소리가 들리는 것만 같다. 스타일로서의 폰타냐스. 이걸 지적한 사람은 정치철학자 자크 랑시에르이다. 당연한 일이다. "미학을 통해서 정치학"을 주장한 랑시에르는 영화에서 정치란 무대를 마련하는 것이며, 그러므로 정치는 미장센이며, 거기서 활동하는 인간이 정치의 주체를 가능하게 만든다, 라고 말했다. 정치란 무엇인가. 불화를 일으키는 것이다. 페드로 코스타의 무대 폰타냐스는 세계의 비참함이라는 미장센에 다름 아니다. 거기서 활동하는 벤투라와 비탈리나 바렐라가 정치의 주체가 아니라면 달리 무엇이라고 부르겠는가.

보상 없는 기도는 오늘도 계속된다

〈뼈〉, 〈반다의 방〉,
〈행진하는 청춘〉을 보고

글　장민승(시각예술가·필름메이커)
스틸 제공　Pedro Costa

고백하자면 페드로 코스타의 영화를 보고 이 글을 쓰는 것이 근래 들어 가장 힘겨운 일이었다. 가까운 영화제 프로그래머가 화창한 날 휴양 도시의 어두운 방 안에서 우울한 영화를 매일 봐야 했을 때의 고통을 토로한 기억이 떠올랐다. 『키노』의 절판을 탄식하고 그리워했을 분들을 떠올리니 백일몽이 아닌 『키노』 100호의 한 켠에 함께 한다는 것은 미술관의 커다란 공간을 부여 받는 것보다 부담스러운 일이었다. 때문에 필진으로부터 처음 연락을 받았을 때 며칠 동안 망설였으나 미대생 시절 프랑스 영화 보기로 허영도 떨고 영화과 수업을 기웃거리며 유영길 촬영감독님의 구도를 동양화법론에 비유해 가며 호기를 부렸던 시절들이

상기되었다. 한편 번호표를 뽑을 순번도 되지 않는 나를 기억해 주신 데에는 필진의 섬세한 의도가 있으리라 생각했다.

　페드로 코스타의 많은 작품 중 그의 인생과 필모그래피에서 전환기적 작품이 되고 감독으로서 입지를 견고하게 만든 포르투갈의 빈민촌 폰타냐스(Fontainhas) 배경의 연작 〈반다의 방〉(2000), 〈뼈〉(1997), 〈행진하는 청춘〉(2006)을 보았다. 카보 베르데(Cabo Verde)라는 한때 포르투갈령이었던 아프리카 근처의 섬에서 두 번째 장편 〈용암의 집〉(1994)의 촬영을 마치고 섬을 떠날 때, 페드로 코스타는 현지에서 가까워진 사람들로부터 포르투갈로 이민을 간 친척들에게 전할 편지와 선물을 전해 받았고 그것들을 전하기 위해 방문한 곳이 리스본에 거주하는 그에게도 생소한 폰타냐스였다. 영화를 더 깊이 보려면 포르투갈의 역사를 비롯해 장소와 연결된 많은 맥락을 이해하는 것이 필요하지만 어려운 일이었고 해석을 경계하며 무심한 시선으로 영화를 바라보고자 노력했다.

　어떤 구체적인 계획이나 시나리오도 없이 이끌림에 의해 자연스럽게 장면화되어 퍼즐처럼 영화적 구조를 갖춰 가는 연출 방식과 고정된 앵글과 흐르는 자연광, 소품이라 할 것도 없는 최소한의 장치들은 촛불이 빛의 전부인 중세 수도자의 방을 연상하게 했다. 생활과 기도가 분리 되지 않은 수도자의 일과처럼 영화 만들기가 예술로서 존재하기 이전에 수많은 직업 중 하나라는 그의 말과 누룩 없이 빵을 만들 수 있어야 한다는 말로 들리는 가난한 영화 만들기 방식이 피사체와 카메라의

거리를 좁혔을 것이다. 영화 제작에 있어서 시간과 예산, 인력은 다다익선이 아니었던가. '한 대의 바이올린으로 될 것을 두 대의 바이올린으로 하지 마라'는 비발디의 말을 인용한 로베르 브레송의 말처럼 불필요한 움직임 없이 최소한의 것만이 화면에 남아 있었다. 영화를 보며 인상적인 장면들을 캡처하고 보니 사진이 처음 만들어졌을 때의 이미지들을 보는 듯한 환영을 일으켰다. 그러나 선형 편집된 활동사진으로 보기에는 쉽지 않았는데 그것은 영화 외부의 이유 때문이었다.

나는 지난여름 아내의 미국 발령으로 정착을 거들 겸 미국 동부 노스캐롤라이나의 주도 랄리(Raleigh)옆의 작은 도시 더럼(Durham)에 가게 되었다. 영화를 본 장소가 뭐가 중요하겠냐마는 음악도 듣는 타이밍에 따라 사운드트랙이 될 수도 있고 휘발될 수도 있는 것처럼 영화를 볼 때의 심적 상태와 장소는 영화적 경험을 확장할 가능성을 제공한다고 믿는다. 그렇기 때문에 이 영화들을 보며 머물던 낯선 도시에 대한 약간의 설명이 필요하겠다. 더럼은 미국 동부의 중간 지역에 해당하는 곳으로 플로리다처럼 반복되는 허리케인에 시달리지도 않고 위에 있는 뉴욕주와 같이 추위에 시달리지도 않는 위치에 있다. 헨리 소로우가 『월든』을 집필한 오두막도 노스캐롤라이나에 있고 저명한 생태학자들을 많이 배출한 것도 우연은 아닐 것이다. 역사적으로는 남북전쟁에서 총을 내려두고 집으로 돌아갈 수 있게 만든 회담이 이뤄진 장소도, 마틴 루터 킹의 그 유명한 흑인 인권 연설이 있었던 곳도 인근에 있으며 라이트 형제의 비행이 있던 곳으로도 잘 알려져 있다. 더럼은 19세기 근대 담배 산업의 시초였던 아메리칸타바코의 산업 유산이 남겨진 곳이다. 지금은 다운타운에 구글의 연구소가 들어섰고 명문 사립 대학 듀크가 도시의 역사와 함께하고 있는 성공적인 도시 재생을 이룬 작지만 세련된 도시다. 그러한 까닭인지 여기가 과연 내가 아는 미국이 맞나 의심이 들 정도로 평화롭고 여유로운 분위기였다.

사실 미국을 그다지 좋아하지 않던 나는 의도치 않게 최근 5년 사이에 다양한 목적으로 빈번하게 미국의 이곳저곳을 가보게 되었다. 팬데믹으로 엄청난 사상자가 발생할 때 처참히 무너지는 모습도 목도했으며 그 가운데 소중한 가족도 속수무책으로 황망하게 잃었다. 시신을 안치할 관도 구할 수 없고 장례비가 없어 냉동고에서 시신을 찾아가지도 못하는 광경을 맨눈으로 보았다. 팬데믹 종식 선언과 함께 마스크를 벗고 거리는 이전으로 회복되는 듯하나 고물가와 증폭된 빈부의 격차는 또 다른 회복 불능의 시기로 접어들게 만든 듯하다. 특히 엘에이, 샌프란시스코 등 서부의 대도시는 팬데믹과 함께 감염이 우려되는 버려진 마약 주사기와 의식주가 위태로운 사람들을 거리에서 공기처럼 만날 수 있게 되었다. 〈반다의 방〉이 영화에서처럼 뒷골목이 아닌 대로에, 해변에, 공원에 널려있다. 연민을 느낄 새도 없이 절도, 폭행, 강간의 위협으로부터 피하라는 경고를 계속 듣게 된다. 그와 반대로 더럼에서 보낸 첫 일주일 동안 가장 인상적이었던 것은 가난이나 차별로 인해 어려워 보이는 사람들을 못 만났다는 것이다. 그런 분위기 속에서 방문객인 나 역시 안도와 여유를 느낄 수 있었다.

일주일이 지나도 시차로 인해 이른 아침이면 눈이 떠졌고 나는 매일 도심 밖으로 자전거를 타고 나갔다. 그곳에는 어렵게 국경을 넘은 이민자들의 덧대어진 집과 부서진 가구에 의지해 근근이 살고있는 마을이 있었다. 사진작가 김기찬의 골목 안 풍경 속에 보이는 다 같이 못 사는

가운데 정을 나누는 그런 풍경과는 전혀 다른 것이었다. 한눈에 보기에도 좋은 음식을 먹은 지 오래되어 보였으며 치아가 부실한 사람들이 생존을 위해 무료한 전쟁을 치뤄내고 있었다. 유기농 마트와 고급 식당이 즐비한 깨끗한 도심은 실거주 구성원의 직업과 소득을 증명해야되는 입주 자격 심사, 높은 임대료와 같은 조건들로 철저하게 사람들을 분류해낸다. 마트에도 서열이 있고 마트 진열대에 놓인 감자칩에도 서열이 있는 나라이니 놀랍지도 않지만 간밤에 수북하게 쌓인 거리의 낙엽과 쓰레기들은 누가 치운 것일까. 그림자 같은 삶을 사는 외곽의 이민자들이 동이 트기도 전에 소리 없이 거리를 치웠다는 사실에 고마움보다는 미안함과 서글픈 감정이 들었다. 이들의 가족이 또 다른 반다이고 벤투라가 아닐까. 페드로 코스타의 말처럼 건강, 가족, 물건 등 뭐 하나 더 잃을 것이 남지 않은 가운데서 세 편의 영화는 희극도 비극도 아닌, 시작도 끝도 없는 반다의 기침 소리처럼 끝이 난다. 더럼에 도착해 잘 들리지 않던 그 기침 소리는 시간이 지날수록 영화 외부 여기저기에서 들려왔고 영화 보기는 점점 어려워져만 갔다.

듀크대 도서관 열람실 입구에는 꼭 봐야 할 영화로 봉준호 감독의 〈기생충〉이 놓여있다. 영화에서 반지하에 물이 차오르는 장면이 더 이상 보기 어려워진 것은 작년 여름 불어난 물에 반지하 철창에 갇혀 일가족이 목숨을 잃는 참혹한 사연과 무고한 이들에게 매일 자비 없이 가해지는 가난이라는 형벌을 떠올리게 하기 때문이다. 『키노』의 발행이 멈춘 후 영화계를 비롯해 세상의 많은 것들이 변했고 이 과정에서 많은 것을 얻기도 하고 잃기도 했다. 당연하게 허구의 설정으로 받아들일 수밖에 없는 영화들이 있지만 간혹 이 설정을 능가하는 현실의 상황들이 빠르게 갱신되어 영화 다시 보기를 불편하게 만든다. 나에겐 페드로 코스타의 영화가 그랬다. 이제 팝콘과 소다수를 마시며 전쟁 영화를 다시 볼 수 있겠는가? 이 글을 쓰는 오늘 기나긴 하나의 전쟁이 끝나기도 전에 팔레스타인 가자 지구에 미국의 지원 아래 이스라엘의 대규모 보복이 시작되었다. 가자 지구의 절규와 미사일에 희생되는 장면이 SNS를 타고 실시간으로 전송된다. 분노하다가도 이내 무력해지는 마음을 추스를 피안의 자리가 영화에는 남아 있을까. 그런 자리가 점점 협소해진다는 생각은 나만의 것이기를 바란다.

최근 리스본은 유럽에서 가장 젠트리피케이션이 심한 곳이라는 소식을 접했다. 상대적으로 저렴한 물가와 아름다운 풍경이 이유라는데 호화 생활에 가성비를 따지는 부유한 이주민들이 물가와 임대료를 올리고 원주민들을 내몰고 있다고 한다. 영화 속 폰타냐스는 철거되어 사라졌겠지만 잃을 것 없는 이들의 잃음은 복제되고 반복 재생되고 있을 것이다. 빠르게 갱신되는 현실 공포가 이 영화들로 얻어야 할 성찰과 감동을 모조리 빼앗아감을 경험한 한달살이였다. 평화를 기원하는 미사를 아무리 봉헌해도 평화는 오지 않지만 그럼에도 언젠가를 기약하며 우리는 계속 평화를 기도하고 연대한다. 기도는 보상이 없더라도 간절함을 바라는 영혼의 의식이다. 그의 삶과 영화들은 이런 기도의 행위로 느껴졌고 페드로 코스타는 카메라를 든 구도자라는 생각이 들었다.

— 2010년 제11회 전주국제영화제 페드로 코스타 마스터 클래스 강연 전문이 실린 '오큘로'(2016) 2호를 참고하였다.

봉준호 Bong Joon-ho

봉준호 Bong Joon-ho
2003 살인의 추억 Memories of Murder
2004 인플루엔자 Influenza
2006 괴물 The Host
2008 흔들리는 도쿄 Shaking Tokyo
2009 마더 Mother
2013 설국열차 Snowpiercer
2017 옥자 OKJA
2019 기생충 Parasite
2024 미키 17 Mickey 17

화살을 쏘다

글 김용언
스틸 제공 CJ ENM, 영화사청어람(주)

봉준호의 영화에서 가장 강렬한 순간은 집회(와 군중)를 둘러싸고 형성된다. 한국에서 '집회'라는 단어를 들었을 때 즉각 연쇄적으로 연상되는 고리들이 있다. 죽음과 투쟁에 관련된 단어들, 즉 경찰, 군인, 고문, 의문사, 군사 독재 정권 같은 것들. 1980년대부터 1990년대 초반까지 극심했던 거리의 열기와 흥분과 분노의 정념. 봉준호의 영화들은 그 폭발적인 에너지를 픽션의 영역으로 끌고 들어올 때 어떻게 '장르'라는 지층을 그 사이사이에 끼워 넣으면서도 동시에 관객들에게 선명한 투쟁의 메시지를 전달할 수 있는가에 대한 탐구다.

거리로 쏟아져 나와 항의하는 사람들의 물결은 2020년대에도 이어지고 있지만, 30년 전에 비해 확연히 교활해진 상대방의 매끈한 얼굴에 어떻게 효과적인 저항의 흠집을 낼 수 있는가에 대한 고민은 한층 깊어졌다. 혹은 '데모'의 현장으로서의 거리가 아니라 공공의 영역으로서의 좀 더 큰 거리에서 군중/다수가 개인에게 가하는 육체적/정신적 린치에 대해 개인은, 약자는, 소수자는 어떤 식으로 맞받아칠 수 있는가라는 질문은 더 다양해졌다. 그리고 봉준호는 능란하게 미스터리와 스릴러, SF를 오가며 그 고민과 질문들을 정교하게 전달한다. 한 마디로 그는 가장 세련된 선동가로서의 작가다.

같은 괄호 안으로 묶일 수 있는 〈살인의 추억〉과 〈마더〉에는 비슷한 풍경들이 존재한다. 황갈색 논밭과 잔잔한 강물이 흐르는 평화로운 시골 풍경, 서로가 서로를 너무 잘 아는 좁은 공동체 안의 뻔한 면면. 여기서 여자들이 학대당하고, 살해당하고, 버려진다. 그리고 그 시체는 딱히 숨기는 기색도 없이 금방 눈에 띌 수 있는 곳에 전시된다. 배수로에, 논에, 숲에, 건물 옥상에. 특정한 인물의 비뚤어지고 추잡한 욕망으로 벌어진 죽음은, 누구라도 쉽게 발견할 수 있고 우글우글 몰려들어 구경할 수 있는 공공의 대상이 된다.

이 살인극에서 한국 현대사의 끔찍한 순간들은 어떻게 중첩되는가. 〈살인의 추억〉은 1980년대 이춘재 연쇄 살인 사건(지금은 진범이 잡혔기 때문에 이 사건을 지칭하는 이름이 바뀌었다)의 범인을 잡는 데 무능할 수밖에 없던 이유로 군사독재정권의 우울한 장면들을 부지런히 삽입한다. 매일 밤 민방위 재난 통제 본부에서 내보내는 경고 방송은 온 마을을 가득 채우고 사람들은 일제히 가게 셔터를 내리거나 불을 끈다. 거리는 온통 캄캄해지고 조용해진다. 여중생들은 붕대를 감거나 부상자를 옮기는 훈련을 받는다. 북미 5개국을 순방하고 온 전두환 전 대통령 관련 행사에 동원된 한복 입은 여학생들은 쏟아지는 소나기에 비명을 지르며 거리 곳곳으로 흩어지고, 화염병을 들고 나선 대학생 주축 시위대는 곤봉과 최루탄으로 무장한 경찰들에게 무자비하게 진압당하며 폭행당한다. 형사 용구는 시위대 중 여학생의 머리채를 잡아 패대기를 치고, 그 군홧발로 살인 사건 용의자의 가슴팍을 짓밟는다. 시위대와 살인 사건 용의자를 동일하게 대하는 공권력은, 그러나 전자에 훨씬 더 많이 동원될 수밖에 없다. 공권력은 개인의 범죄보다 집단의 열기를 내리누르는 작업으로 빨려들어가며 일상의 안전의 공백을 만든다. 국가의 민주화를 열망하는 뜨거운 외침들 사이로, 항시 지속 중인 전시 국가의 과시적인 경고들 사이로, 그 공백의 시공간에서 혼자 걸어가던 여자들은 느닷없이 살해된다. 한적한 농촌 마을의 어둠을 활보하던 범죄적 개인은 집단의 아비규환 속에서 조용히 시체를 쌓아 올린다. 〈살인의 추억〉의 경찰들은 죽은 여자들과 조금이라도 관계가 있는 인근의 남자들을 죄다 불러 모아 신문하고 사진을 찍는다. 라디오 프로그램 [저녁 인기 가요]를 즐겨 듣는 경찰 귀옥은 잔잔한 가요가 흐르는 가운데 그 사진들을 조심스레 오려 스크랩한다. 스크랩 노트에는 각 인물 별 특징과 그의 전과가 정리되어 있다. 범죄의 스크랩북. 이들은 연쇄 강간 및 살인 사건을 저지르진 않았을지 몰라도, 촘촘하게 일상적인 성범죄의 가해자들이며 공모자들이다. 혹은 〈마더〉에서 도계산 기도원을 탈출한 지체장애인 종팔이가 언급될 때 우리는 선감학원이나 삼청교육대, 형제복지원, 신안군 염전 노예 사건 같은 명단을 떠올리지 않을 수 없다. 부랑아와 장애인을 사회 구성원으로 아예 취급하지 않는 가혹한 '공동체'는 한국 도처에 편재해 있으며, 기도원을 탈출하는 데 성공한 줄 알았던 종팔이는 살인 누명을 뒤집어쓰고 감옥에 갇힌다. 그가 이번에도 그곳에서 도망칠 수 있는 가능성은 제로다. 그리고 같은 영화에서 진태와 미나의 섹스 장면에는 뜬금없는 전투기 비행 소음이 깔린다.

〈괴물〉의 집단 빈소 장면은 오히려 개봉 당시보다 지금 더 강력하게 다가올 수 있다. 한강에서 여가를 즐기고 있을 뿐이던 사람들이 느닷없이 튀어나온 괴생명체에게 당해 비명횡사했고, 가족들은 이 기막힌 상황에서 누구를 원망할 수도 없이 모여 앉아 영정 사진들을 바라보며 아이고 아이고 울부짖는다. 이들의 두꺼운 군중 숏은 한국에서 너무 익숙해져버린 '집단 사망'의 현장을 어쩔 수 없이 연상시킨다. 원효대교 밑의 하수구에는 괴생명체가 포식을 마치고 뱉어낸 인간의 뼈들이 쌓여간다. 한국에서 땅을 깊이 파면 드러나는 과거 집단 학살의 기억들, 여러 가지 이유 때문에(기록의 소멸, 동일한 권력자의 오랜 생존 등) 학살의 주체를 명확히 정리할 수 없는 원통함으로 가득한 오래된 시신들은 여기에 얼마나 가까운가. 〈옥자〉의 슈퍼 돼지들이 줄지어 끌려가는 도축장은, 감

독의 인터뷰에 따르면 아우슈비츠 수용소를 참조한 이미지다. 〈기생충〉의 스토리라인에는 아메리칸 원주민과 그에 관련된 '미국' 장난감이 툭툭 튀어나오며, 창백한 '지하생활자'의 갑작스런 등장은 〈괴물〉의 남일처럼 공권력으로부터 '도바리' 중인 이들을 떠올리게 한다. 〈설국열차〉의 꼬리칸 사람들은 "개체 수를 아주 정확하고 엄격하게 관리해야만 최적화된 균형 상태를 지속"할 수 있는 "폐쇄 생태계"의 유지를 위해 주기적으로 살해당한다.

봉준호는 이들의 죽음에 대한 책임 소재를 명확하게 한다. 그는 애매하게, 모호하게, 결말을 망설이듯 열어놓으며 조심스러운 태도를 취하지 않는다. 제작 당시만 해도 미제 사건이었던 실화를 배경으로 한 〈살인의 추억〉에서 범인의 얼굴은 제시되지 않는다. 하지만 그 존재가 5년 동안 아무런 방해를 받지 않고 연쇄 살인을 저지를 수 있게끔 방치했던 국가를 겨냥한다. 〈마더〉에서는 아무런 기댈 데 없는 약자를 편리한 제물로 삼은 경찰의 무능과 지독한 혈연 중심주의가 통렬한 시선을 받는다. 〈괴물〉에서는 한국전쟁 이후 한국의 강력한 우방 국가인 동시에 오염 행위와 간섭을 서슴지 않는 압제자로서의 두 얼굴을 보여주는 미국이, 〈설국열차〉에서는 '합리적인' 차별에 둔감해진 우리들의 감각이, 〈옥자〉에서는 공장형 축산과 대기업의 현혹시키는 마케팅이, 〈기생충〉에서는 계급 갈등과 더불어 계급을 막론하고 일상화된 가족 이기주의가 문제의 핵심 근간임을 폭로한다.

그의 영화는 전시 국가, 투쟁과 탄압이 과거에나 현재에나 일상화된 나라, 공권력의 촘촘한 숨결과 발길질에 익숙해져 있던 나라에서 가장 쉽게 희생되던 약자들에 대한 분노와 연민이 강력하게 작용하는 세계다. 영화 속 개인들이 한국의 강력한 집단주의(순혈과 한민족에 대한 집착과 더불어 소수자의 정체성을 가지고 있는 이들을 향한 잔혹한 우월감까지, 그리고 국가로 대표되는 공권력이 오랜 세월 개인들을 말살시켰던 기억까지)에 패배하거나, 망각으로 도피하거나, 허망하게 멈춰 설 순 있다. 하지만 봉준호의 개인들은 부서질지언정 사라지지 않는다. 그 파편들은 다시금 새로운 조합을 찾아내거나 끈질긴 재생 작용을 일으키거나 새로운 이식에 적응하며 한 걸음씩 움직이는 모습을 기어이 보여준다. 영화가 끝날 즈음에 이르면 개인은 더 이상 과거의 그가 아니다. 변화는 반드시 찾아온다. 옴니버스 영화 〈도쿄!〉 중 봉준호가 맡은 파트 〈흔들리는 도쿄〉에서, 11년째 집 밖으로 나가지 않았던 남자의 정리벽이 발휘된 실내를 둘러보던 피자 배달원은 "여긴 정말 완벽해"라고 중얼거린다. 그리고 스스로 피자집을 그만두고 집에 틀어박힌다. 히키코모리 남자는 용기를 내어 11년 만에 거리로 나와 배달원의 집까지 쉬지 않고 달려가 외친다. "나와주세요. 빨리요, 나와요. 지금 나오지 않으면 평생 못 나와요." 〈기생충〉의 지하생활자도 얼빠진 표정으로 지난 삶을 회상하며 "난 그냥 여기가 편해. 여기서 태어난 것 같기도 하고"라고 스스로를 정의내린다. 하지만 우리가 살고 있는 토대는 결코 태어나면서부터 튼튼하고 영속적인 무엇이 아니다. 평생 갇혀 살 것만 같았던 그 벽에는 열고 나갈 수 있는 문이 있었다. 우리의 발아래에서 절대 무너질 것 같지 않던 토대가, 견고하게 눈앞을 가로막던 벽이 흔들리고 있다. 지진이든, 침이든, 괴물이든, 모스 부호든, 슈퍼 돼지든, 투시력이든, 산업 폐기물 크로놀이든, 무엇이든 가능하다. 거기서부터 균열은 시작됐고, 봉준호는 그 틈을 향해 화살을 쏜다. 그 화살은 확신을 가지고 과녁을 향해 날아간다.

〈괴물〉 속 괴물

글　달시 파켓(영화평론가, 번역가)
번역　김태영

봉준호 감독의 〈괴물〉을 본 사람이라면, 다채롭고 인상적인 인물들을 쉬이 잊을 수 없을 테다. 노랑머리의 송강호는 철없고 나약한, 다소 일반적이지 않은 아버지 강두를 연기한다. 고아성은 어린 나이지만 가족 중 가장 영민하고 유능한 딸로 활약한다. 박해일은 빛바랜 냉소주의에 갇힌 다혈질의 운동권 출신으로, 배두나는 투지와 결단력을 겸비한 프로 양궁 선수로 분한다. 강두의 아버지를 연기한 변희봉은(고인의 명복을 빈다.) 묵직한 삶의 무게로 이야기에 진중함을 더하고 소원한 가족을 모으는 중심축 역할을 톡톡히 해낸다. 임필성 감독이 분한 기회주의자 샐러리맨, 윤제문이 연기한 노숙자, 그리고 폴 라자르의 미국인 의사 역할까지, 짧게 등장하는 조연들의 연기 역시 하나같이 강렬하다. 봉준호만의 유일무이한 캐릭터 연출 능력은 전 세계가 '봉준호 월드'에 열광하는 가장 큰 이유로, 〈괴물〉은 그 재능이 백분 발휘된 영화다. 그런데 개인적으로, 영화가 개봉한 지 17년이 지난 지금, 가장 눈에 띄는 인물은 다른 누구도 아닌 괴물 그 자체다.

〈괴물〉 속 괴물에겐 여느 괴수물에 등장하는 괴물들과는 차별화된 몇 가지 특징이 있다. 감히 주장하건대 봉준호의 괴물에겐 아주 흔치 않은 카리스마가 있다. 물론 첫눈엔 다소 흉측해 보일 수도 있으나, 괴물의 기이한 모습이나 불규칙한 움직임은 보면 볼수록 흥미롭다. 녀석은 종종 발을 헛디디거나 미끄러지는 등 어딘가 정감 가면서도 지극히 인간적인 모습을 보여주다가도, 날렵하고 기민한 행동으로 관객을 놀라게 한다. 또한 영리한 괴물은 불쌍한 인간들보다 늘 한발 앞서 있다.

물론 괴물은 영화 속 절대 우위의 악당이다. 관객의 관점에서 녀석의 진기함을 돌고래 묘기 구경하듯 감상하기란 분명 쉽지 않다. 괴물은 도시의 안전을 위협하는 데다가 아무것도 모르는 불쌍한 현서를 잡아먹으려 하지 않는가. 관객으로서 우리는 자연스럽게 괴물을 적대시할 수밖에 없다. 하지만, 그렇다고 해서 괴물이 악하기만한 존재일까?

흔히 어떤 영화를 논할 때, 평론가는 그 감독이 영향을 받았을 만한 다른 작품과 감독을 이야기하곤 한다. 봉준호는 몇몇 인터뷰에서 〈괴물〉의 시나리오를 쓰는 데 스티븐 스필버그의 〈죠스〉, M. 나이트 샤말란의 〈싸인〉으로부터 각기 다른 영향을 받았다고 한 바 있다. 그렇다면 정반대의 질문을 던져보고 싶다. "〈괴물〉은 어떤 영화와 대립하는가?" 감독과의 인터뷰에선 흔히 찾아볼 수 없는 질문이지만, 어떤 영화로부터 영감을 얻거나 반감을 갖는 일은 그 영향력 자체만을 놓고 보면 비등하다고 생각한다.

봉준호는 군부의 검열로 한국영화가 이분법적 선악 구도를 띠던 시대에 유년기를 보냈다. 7~80년대의 주인공들은 모범적이고 강한 데다가 정의롭기까지 했다. 약간의 나약한 모습은 인간적이고 친근감을 주는 아주 사소한 결점에 불과했다. 반면 악당들은 주변인과 세상에 온통 부정적인 영향만 끼치는, 선한 구석이라고는 하나 없는 악랄한 존재로 그려졌다. (악당이 북한 사람일 경우, 악함의 수준은 배가되었다.)

물론 영웅은 절대 선이고 악당은 절대 악이라고 믿는 게 속 편할 때가 있다. 여러 관점에서 봤을 때, 분명한 선악 구도는 관객이 이야기에 몰입하는 데 도움이 된다. 때로는 선한 사람도 악행을 저지른다는 불편한 진실을 마주하지 않아도 되고, 영웅의 폭력을 정당화하기 위해 골머리 썩일 필요도 없다. 공공의 안전을 위협하는 악인을 정의의 이름으로 처단하는 행위는 전혀 불편하지 않을뿐더러 통쾌하기까지 하다.

봉준호의 필모그래피를 살펴봤을 때, 봉 감독은 이러한 단순한 선악 구도, 흑백 논리에 분명히 반감이 있는 듯하다. 봉준호 월드에 영웅과 악당이 없다는 게 아니다. 다만 봉 감독의 영웅은 결점이 있고 다층적이며, 악당은 그 나름의 도덕적 가치관을 따른다. 〈설국열차〉 속 절대 권력자 윌포드는 꼬리칸 사람들을 처리하는 게 그들이 생존할 수 있는 가장 합리적인 방안이라 믿고 이를 실행에 옮겼을 뿐이다. 마찬가지로 〈괴물〉 속 굶주린 괴수도 가장 맛있고 영양가 있는 먹이를 찾다 보니 인간을 노릴 수밖에 없었다. 물론 두 영화 속 희생자들의 시선에선 잔인하다 못해 용서받을 수 없는 행동이지만, 반대의 시각에서 본다면 악인의 논리도 납득할 만하다.

'그렇다면 〈살인의 추억〉 속 악인은 어떻게 설명할 수 있을까?' 혹자는 이런 의문을 품을 수도 있다. 〈살인의 추억〉의 살인자야말로 봉준호의 영화를 통틀어 가장 극악무도한 인물임이 틀림없다. 그러나 이는 범인이 영화 내내 단 한 번도 얼굴을 보여준 적 없는 모호한 존재이기 때문에 가능한 것 아닐까? 봉준호가 〈살인의 추억〉의 악인을 그토록 잔인하고 끔찍하게 묘사할 수 있었던 이유는 어쩌면 여기에 있을지도 모른다.

한국영화사를 되짚어 보면 전에 없는 '악'에 대한 강렬한 묘사로 관객을 사로잡았던 영화가 몇 있다. 최근 십여 년간의 한국영화 중 가장 먼저 떠오르는 예는 나홍진 감독의 〈곡성〉이다. 개인적으로 봉준호의 세계관은 〈곡성〉 같은 영화와 거리가 있어 보인다. 좋고 나쁨을 떠나, 어쨌든 〈살인의 추억〉 속 악은 봉준호의 필모그래피에서 앞으로도 유일무이할 것이다.

다시 본론으로 돌아와 이런 질문을 던지고 싶다. 〈괴물〉 속 괴수는 정말 혐오의 대상이어야만 할까? 우리는 두렵고 위험이 된다는 이유로 그 존재를 '괴물'이라 명명한다. '괴물'이라 부르는 순간, 그 대상을 증오하기도, 심지어 죽이기도 쉽기 때문이다. 하지만 만약 두려움을 거두고 시각을 달리한다면, 우리는 이 생명체를 혐오해야 할 대상이 아닌 자연의 경이로도 볼 수도 있지 않을까.

끝내 이뤄지지 않았지만, 꽤 오랜 시간 동안 〈괴물〉의 속편 제작이 논의되었다고 한다. 개인적으로 바랐던 속편은 괴물의 시점에서 풀어낸 영화다. 이 영화라면 우리는 치우치지 않은 시선으로 괴물의 독특한 개성과 능력을 온전히 감상할 수 있을지도 모른다. 또한 괴물의 눈을 통해 완전히 새롭게 세상을 보게 될 수도 있다. 관객에게 새로운 시각을 전달하고 공감을 자아내는 시네마의 강력한 힘이 이러한 이야기를 만났을 때, 무엇이 탄생할지 진정으로 궁금하다. 물론 내가 생각한 속편에서 인간에게 동정심을 느끼기란 쉽지 않을 듯하다. 따지고 보면, 본능을 따르는 것뿐인 존재에게 폭력을 행사하는 우리 인간이야말로 '괴물' 아닌가.

알베르 세라

Albert Serra

알베르 세라

글 주성철

영화는 생명을 가지고 있는가. 아니, 영화는 예술인가. 그리고 영화는 왜 영화인가. 알베르 세라는 산소 호흡기를 달고 겨우 연명하고 있는 현대 영화 예술에 기어이 생명의 숨결을 불어 넣으려는 사람이다. 그를 위해 택한 방법은 거대한 원작 안에서 목적지를 정해두지 않은 방랑의 오딧세이다. 〈기사에게 경배를〉(2006)에서는 세르반테스의 소설로 들어가 나이 든 돈 키호테가 되고, 〈새들의 노래〉(2008)에서는 성서 속 동방 박사가 되어 황무지를 떠돌며, 〈내 죽음의 이야기〉(2013)에서는 심지어 (실존 인물인) 카사노바와 (실존 인물이라고 믿는 사람도 있는) 드라큘라를 한 곳에서 만나게 한다.

알베르 세라야말로 현대 영화의 돈 키호테 같은 존재다. 칸영화제에 초청되고 〈까이에 뒤 시네마〉의 베스트 10에 오른 두 번째 장편 〈기사에게 경배를〉 자체가 바로 스페인의 대문호 세르반테스의 『돈 키호테』를 각색한 것이다. 앞선 장편 데뷔작 〈크레스피아〉(2003)에서 픽션과 다큐멘터리의 경계를 무너뜨리려 애썼던 그는 〈기사에게 경배를〉에서는 아예 제작진과 배우, 세트와 실제 장소, 각본과 즉흥 연기를 구분하는 것조차 무의미한 영화적 여정에 나선다. 산초와 함께, 아니 돈 키호테가 그냥 산초라고 부르니까 자신을 산초라고 생각하는 것 같은 한 남자와 함께 여행을 떠난다. 기묘한 시정(詩情)이 동반한 롱테이크도 이어진다. 돈 키호테와 산초가 그저 말없이 풀벌레 소리만 듣는 가운데, 보름달이 나무에 걸쳐 있다가 조금씩 올라가서 중천에 뜨는 순간까지 쭉 보여준다. 알다시피 달은 그대로이지만 지구가 움직여 그렇게 보이는 것이다. 알베르 세라가 생각하는 예술도 그와 같을 것이다. 저마다의 해석의 차이만 있을 뿐 그 본질은 그대로다.

뚜렷한 기승전결의 서사가 배제된 가운데, 돈 키호테와 산초는 위대한 문학과 인생 사이에서 얼핏 무의미해 보이는 대사를 주고받는다. 돈 키호테가 일방적으로 쏟아내는 '말'과 '말' 사이를 채운 것은 오직 세상의 '공기'와 '바람' 뿐이다. 그 망상의 모험은 갈 곳을 잃은 현대 예술가의 쓸쓸한 고뇌와 닮았다. 돈 키호테의 그 고뇌의 화술은 장황하지만 기묘하고도 숭고한 성찰에 다다른다.

놀랍게도 알베르 세라는 몇몇 짧은 문구 정도를 제외하고는 원작으로부터 대사를 가져오지 않았다. 마치 원작의 바깥에 존재하는 돈 키호테와 산초의 여정을 따라가는 것 같다. 그런데 이게 대체 말이 되는 일인가. 돈 키호테와 산초는 『돈 키호테』가 있었기에 존재하는 인물들인데, 알베르 세라는 마치 그 원작이 없었던 것처럼 그들을 불러와 여정을 담은 것이다. 그것은 원작에 대한 재해석도 아니고 재구성도 아니며, 그저 원작의 캐릭터 이름만 빌려온 관념과 세계의 재창조다. 그처럼 설명할 수 없는, 혹은 설명할 의지도 없는 초현실의 세계를 유영하다가 불현듯 돈 키호테의 입을 빌어 문학과 영화, 더 나아가 예술이 가야 할 길에 대해 질문한다. "이제 우리는 어디로 가야 하지?"

『돈 키호테』를 설명하는 가장 익숙한 문구는 '지구상에서 성서 다음으로 많은 언어로 번역된 책'이다. 그런데 놀랍게도 『돈 키호테』에 이은 알베르 세라의 다음 목적지는 바로 성서였다. 아기 예수의 탄생을 축하하기 위해 별의 안내를 받아 경배하러 가는 성서 속 3인의 현자 이야기를 모티브로 삼은, 한편으로 카탈루냐 지방의 민요로부터 제목을 가져온 〈새들의 노래〉(2008)도 〈기사에게 경배를〉처럼 시적인 정취가 배어있는 미장센과 함께 또 한 번 초현실의 여정으로 이끈다. 세르반테스의 『돈 키호테』와 성서 등 어딘가 신기루처럼 느껴지는 (성서도 굳이 '원작'이라 표현할 수 있다면) 거대한 원작을 기어이 끌어들이고자 하는 그 욕망은 어디에서 온 것일까. 전혀 별개의 것으로 보이는 두 '작품'의 공통점이라면, 모두 단일한 판본이 있다고 할 수 없는 원작이라는 것이다.

어쩌면 그것이 알베르 세라로 하여금 성서의 이야기로 이끌었을 것이다. 세 동방 박사가 좁은 곳에서 부대끼며 잠을 잘 때는 블랙 코미디인가 싶을 정도로 티격태격 다투기까지 한다. 여기서 감독의 욕망은 헤로데 대왕의 명령을 거부하고 결국 메시아에 경배를 바친 동방 박사들의 결심을 지켜보는 것이다. 원래 알려진 성서의 이야기를 보자면, 자신을 몰아낼 새로운 왕이 태어난 것으로 여긴 헤로데 대왕이 자신을 대신해 동방 박사들을 보냈다. 그런데 그들은 아기에게 경배하고 자신들의 보물인 황금, 유향, 몰약을 바친 뒤, 꿈의 지시를 받아 헤로데를 만나지 않고 바로 고국으로 돌아갔다. 여기서 드디어 목도한 메시아의 존재는 간절히 대면하길 원하는 예술의 숭고한 경지와 가치로 치환할 수 있다. 얼핏 그 모든 것을 해체하고 어떤 규범도 따르지 않는 것 같은 두 영화는 흥미롭게도 계속 무언가를 찾아다니는 '로드 무비'라는 공통점이 있다.

〈새들의 노래〉에 대한 제작 과정과 후일담은 이 영화에 요셉 역으로 출연한, 영화 잡지 『시네마스코프』의 편집장인 영화 평론가 마크 페란슨이 직접 만든 다큐멘터리 〈산초를 기다리며〉(2008)에 담겨 있다. 영화 촬영지였던 스페인의 그란카나리아섬에서 5일간 배우로 참여한 그는 알베르 세라 감독 특유의 롱테이크와 비전문 배우와의 작업, 그리고 즉흥 연출 등 극영화와 다큐멘터리의 경계를 넘나드는 현장을 면밀하게 기록했다. 그가 내린 결론은 매 장면, 매 순간 기존의 영화 미학에 할 수 있는 최대한으로 저항하는 것이다. 비록 〈새들의 노래〉에서 동방 박사들 앞에 나타난 마리아가 "그(아마도 예술의 어떤 경지)와 대적하는 것은 불가능하고 가치 없는 일"이라고 말하지만 말이다.

〈내 죽음의 이야기〉에 이르러서는, 미(美)와 진리(眞理)의 개념을 뒤엎으려는 극단적 탐색에 나선다. 카사노바와 뱀파이어의 초현실적 조우를 주선한 이유는 감독 스스로 얘기하길, "진리는 아름답고 아름다움은 진리"라는 명제에 의문을 제기하기 위해서다. 지난 영화들의 주인공들처럼 역시 떠도는 주인공 카사노바를 내세웠는데, 알베르 세라는 그가 당대 미학의 '선구자'라는 도발적인 질문을 던진다. 사실 카사노바는 18세기 유럽 사회의 정치, 문화를 그대로 관통하며 유럽 전역을 끊임없이 여행하고 체험한 당대 유럽 최고 수준의 지성이기도 했다. 국내에 『불멸의 유혹』이라는 제목으로 출간되기도 했던 자서전 『내 인생 이야기』는, 연애담을 넘어 당시 유럽 문화를 생생하게 기록한 귀중한 사료이기도 하다.

하지만 언제나 그랬던 것처럼 카사노바의 회고록을 꼼꼼히 읽고 연구하면서도, 딱히 가져온 대화라는 게 없다. 오직 그의 관심은 카사노바의 '몰락'이다. 인생의 황혼기에 유럽 전역을 떠돌았던 그였기에 알베르 세라 특유의 '방랑'의 정서가 겹쳐지며, 결국 뱀파이어에게 흡혈을 당하며 제물이 된다. 원작의 '인생'은 '죽음'으로 채워진다. 퇴폐적이고도 탐미적인 극단의 이미지들이 유혹하는 가운데 극도의 긴장감이 화면을 가

득 채운다. 이전까지 그의 영화가 한없이 비어있는 영화였다면 〈내 죽음의 이야기〉는 압도적으로 가득 채워져 있다. 불멸을 꿈꾸었지만 늙을 수밖에 없는 황혼기의 카사노바와, 살아있지만 늙지 않는 존재 뱀파이어의 교차를 통해 보여주는 그 욕망과 고갈의 풍경은, 알베르 세라가 스페인 감독들 중 가장 존경해 마지않는다는 루이스 부뉴엘적인 세계에 점점 더 다가서고 있다는 증거다.

이후 〈루이 14세의 죽음〉(2016), 〈리베르테〉(2019)를 지나 칸영화제 경쟁 부문에 초청된 〈퍼시픽션〉(2022)은 〈기사에게 경배를〉에 이어 다시 한번 『까이에 뒤 시네마』의 베스트 10에 올랐고, 무려 1위였다. 그의 영화가 언제나 모국 스페인, 더 나아가 카탈루냐 지방을 정서적 배경으로 삼았다면, 〈퍼시픽션〉은 프랑스령 폴리네시아에서 일어나는 정치 권력 투쟁과 계급 문제를 탐구한다. 사실 이것은 그의 필모그래피에서 그야말로 굉장한 변화다. 배경을 옮긴 것에 더해 언제나 비직업 배우와 함께 했던 그가 프랑스의 스타 배우인 브누아 마지멜을 영화 속 고위 공무원으로 캐스팅했다. 앞서 『내 죽음의 이야기』에 1970년대 이후 카탈루냐의 도발적이고 창의적인 시각 예술에 대한 책 『비주얼컬처』를 쓴 빈센 알타이오라는 거물급 예술계 인사를 카사노바 역에 캐스팅한 적 있지만, 어쨌건 그 역시 유명세와 무관하게 비직업 배우라고 할 수 있었다.

여기서 그는 점점 더 부뉴엘적인 세계로 침투하고 있다. 겉으로만 봐도 〈퍼시픽션〉이 프랑스에서 제작한 영화는 아니지만, 캐스팅과 더불어 프랑스를 배경으로 삼은 것도 부뉴엘이 60대에 접어들면서 프랑스에서 잔 모로, 카트린 드뇌브 등의 스타 배우들과 함께 수많은 걸작을 만들었던 걸 떠올리게 한다. 당대를 휩쓸던 다다이즘과 초현실주의 운동에 깊이 경도됐던 부뉴엘은 과거 스페인을 떠나 프랑스 파리로 옮겼다가(이때 연출한 작품이 바로 〈안달루시아의 개〉다) 다시 멕시코로 넘어갔다가 프랑스로 회귀하는 작가적 여정을 보여준 바 있다. 그런 점에서 〈퍼시픽션〉은 '알베르 세라의 〈부르주아의 은밀한 매력〉(1972)'이다. 부뉴엘의 〈부르주아의 은밀한 매력〉에서 결코 채울 수 없는 부르주아의 가식적인 탐욕은 아름다운 풍경 아래 소년, 소녀들의 은밀한 성매매가 오가고 프랑스 부르주아들이 여전히 부패한 식민지 권력을 행사하는 〈퍼시픽션〉의 세계와 닮았다. 프레디 버틀러의 'I Like Your Style'이 흐르는 가운데 클럽의 벌거벗은 원주민 직원들과 제복을 갖춰 입은 제독이 춤을 추는 생경한 풍경은, 딱히 뭐라 묘사할 수 있는 단어를 찾기 힘들다. 언제나 사막에서 이야기를 시작한 알베르 세라가 폴리네시아의 파도에 몸을 맡기고 서핑과 제트 스키를 즐기는 백인 부르주아들을 포착한 이미지도 그야말로 압도적이다. 한편으로 〈퍼시픽션〉의 드 롤러(브누아 마지멜)는 부뉴엘의 마지막 영화 〈욕망의 모호한 대상〉(1977)에서 하녀에게 홀딱 반해 이율배반적인 행동을 이어가는 마티유(페르난도 레이)와 닮기도 했다.

극도의 미니멀리즘 아래 완결된 서사와 숙련된 연기를 거부하며 해체에 해체를 거듭해온 알베르 세라의 이러한 변화가, 언제나 목적지를 정해두지 않고 떠나는 알베르 세라 오디세이의 일탈일지, 아니면 드디어 힘겹게 목적지를 찾은 작가의 준비된 미래였는지 무척 궁금하다. 〈기사에게 경배를〉에서 "신이시여, 저를 버리지 마소서. 힘을 주소서!"라고 외쳤던 돈 키호테는 "진리를 말하는 자는 반드시 보상받는다"는 것을 알게 된다. 그처럼 예술의 신을 향해 외치고, 예술의 진리에 가 닿고자 하는 알베르 세라의 여정은 여전히 끝나지 않았다.

〈퍼시픽션(Pacifiction)〉과 알베르 세라의 다른 두 영화

글 박찬경(미디어 아티스트, 영화감독)

〈퍼시픽션〉의 첫 장면. 선착장에 보트 한 척이 도착한다. 등에 'Marine Nationale(국가 해병대)'이 찍힌 청색 셔츠의 백인 청년들이 내린다. 그들은 '파라다이스 나이트'에서 칵테일을 홀짝일 뿐이지만, 실은 프랑스군 잠수함을 타고 여기 프랑스령 폴리네시아까지 온 것이다. '파라다이스 나이트'는 영화에서 중요한 장소다. 이 클럽의 원주민 웨이터와 웨이트리스는 압도적으로 건장하고 아름다운 몸들을 과시하고, 그 사이사이에 끼어있는 백인 권력자들은 멍한 얼굴로 서로에 대한 무관심을 나눈다. 마치 식민주의는 먼 옛날 이야기라는 듯이 모든 것이 지나치게 담담해 보이기 때문에, 오히려 깊이를 가늠하기 어려운 현대 식민지의 퇴폐성, 또는 숨겨진 공포에 대한 영화일 것 같다는 느낌이 퍼뜩 든다. 조지프 콘래드의 〈암흑의 핵심〉 현대판일까? 프랜시스 포드 코폴라의 〈지옥의 묵시록〉에서 백인 자의식의 장엄한 드라마를 완전히 뺀 버전으로 말이다. 하여간 영화를 보다 보면 스멀스멀 악의 기운이 올라오는 동시에 내 몸은 극장 좌석 밑의 어둠 속으로 조금씩 빠져드는 것만 같다.

선입견을 버리고 맨눈으로 영화를 즐기는 편이 좋겠지만, 일단 이렇게 보기 시작하면 악의 얼굴은 다양하게 나타난다. 그것은 프랑스 식민주의와 폴리네시아의 미시 정치에 달라붙어 있기도 하고, 휴양지의 권태와 데카당스 속에 스며들기도 하고, 타히티의 덥고 축축한 날씨와 함께 숨쉰다. 나이트클럽의 몽롱한 음악, 운전기사의 졸음, 심지어 칵테일 잔의 미니 우산 장식에도 뭔가 나쁜 기운이 깃든 것이 아닌가 싶다. 프랑스의 핵 실험이 이 섬에서 비밀리에 자행될 것이라는 소문이 들리면서부터는 그림같이 아름다운 풍경조차 악령과 모종의 거래를 하고 있는 것 같이 느껴진다. 대자연은 인간사에 대한 관심을 끊기로 결심이라도 한 것 같다.

주인공 드롤레(브누아 마지멜 Benoît Magimel)는 진짜 악이라 할 수 있는 핵 실험 소문을 어떻게든 처리해야 하는 사람이다. 그는 판무관(High Commissioner)으로서 이곳에서 프랑스를 대리하는 나름대로 현지 친화적 권력이다. 음주, 협박, 예술과 스포츠 후원, 우정과 협잡 등이 크게 구분되지 않는 정치가 그의 일이며, 멋 부리고 대접받고 그럭저럭 지내왔을 뿐이기에 핵 실험을 막는 것은 고사하고 단순한 진실 파악

조차 그의 능력 밖이다. 프랑스 정부가 아무 통지도 없이 핵 실험을 할 수 있다는 것을 잘 알고 있어서인지, 본국에 전화 통화 한번 시도하는 대신 쌍안경을 들고 섬 주변을 살피러 다니는 것이 그의 미니 군사 작전이다. 하와이안 셔츠에 새하얀 정장에다 파란 색안경을 쓰고 말이다. 사실 확인에 별다른 소득이 없자 초조해진 드롤레는 한밤중에 바다로 나가 손전등으로 잠수함을 찾는 등 보기에도 안쓰러운 일들을 벌인다. 또는 트랜스젠더 원주민 샤나(Pahoa Mahagafanau)에게 간첩 짓을 시키는데, 과연 그것이 목적인지 그녀의 환심을 사는 것이 목적인지 그 자신도 잘 모르는 것 같다.

드롤레는 때로 '아메리카 인디언 학살은 유감스럽지만 그것이 문명 발전의 기초였다'든가, '원전으로 번 돈으로 암을 치료하면 된다'는 등 위험한 의견도 피력하지만, 그것도 남의 의견을 자기 생각처럼 반복하는 것으로 들린다. 원주민 공연을 연습하는 현장에서는 '내가 연기에 대해 지적하는 건 폭력적이지 않다는 거야…. 땀도 피도 흥건하고…. 이 정도는 난폭해야지!'라고 광분하기도 한다. 그의 이런 행동은 원주민을 야만인, 짐승으로 보고 싶은 뒤틀린 동일시의 역사를 상투적으로 되풀이 하면서, 중간 보스로서 자신의 애매한 처지에 대해 화풀이하는 것처럼 보인다.

어쩌다 엉뚱한 곳에 던져진 인물의 무능력, 과장된 표현, 분열이라는 면에서 〈퍼시픽션〉의 드롤레는 그레이엄 그린의 소설 〈코미디언스〉에 나오는 아이티(또 다른 프랑스령의 섬이었고 타히티와 이름만 비슷한)의 백인들을 생각나게 한다. 이들도 평소에는 특정한 정견을 신봉하며 여기저기 떠돌다가 위기가 닥치면 갑자기 의견을 바꾸거나 쩔쩔매는 것이다. 물론 이로부터 수십 년 후의 타히티는 훨씬 모호해졌다. 영화에는 백인과 원주민의 관계를 사도마조히즘으로 본다는 암시도 있다. 드롤레가 나이트클럽 주변에서 우연히 보게 되는 장면이 하나 있는데, 거대한 체구의 원주민 남성이 백인 여성의 목을 조르고 있지만 그 둘은 희열 속에 있다. 뭐든 뜻이 불확실한 것이 알베르 세라 연출법이라서, 이런 장면을 너무 도식적으로 해석하지 않는 것이 좋다.

영화의 줄거리를 띄엄띄엄 점선으로, 그러나 관객 심리의 밑바닥에서 이어주는 프랑스의 핵 실험 계획도 알베르 세라는 다소 불확실하고 상징적으로 다루는 편이다. 그렇다고 핵 실험을 단순히 문학적인 비유로 소비하는 것은 아니다. 핵 실험은 95년에 폴리네시아에서 실제로 있었으며 감독도 드롤레도 이를 심각하게 여긴다. 다만 영화에서 재앙을 초래할 거대한 사건은 사건 자체보다는 그 사건이 사람들 사이에서 전개되는 포스트모던한 상황이랄까, 열정을 잃은 악이 사람들 사이에 게으르게 돌아다니는 모습으로 묘사된다. 사건이 그 심각성에 걸맞게 이해될 공간을 찾지 못하고 감기나 유령처럼 떠돈다고 하는 편이 맞을 것 같다. 영화 속에서 원주민을 대표한다는 청년조차 그 반경 안에 있다. 그는 핵 실험에 반대하는 시위가 사진을 찍기 위한 것이며, 가짜 뉴스를 퍼뜨리는 것도 요즘 세상에선 어쩔 수 없는 선전 수단이라고 대수롭지 않게 말하는 것이다.

상황이 이런데도, 아니면 그렇기 때문에 영화 속의 악은 뭔가 현대적이고 현실감이 있다. 만사가 너무 표피적이어서 그것이 거꾸로 심연처럼 보이는 것에 모종의 악이 머무는 것일까? 데이비드 린치의 TV 시리즈 〈트윈 픽스〉처럼 말이다. 〈트윈 픽스〉의 악마 '밥Bob'이 이번에는 타히티 이곳저곳에 등장하며 우리의 신경을 긁는 미국인 남자로 환생한 것 같다. 이 미국인은 눈을 반쯤 가리는 갈색 그러데이션 색안경을 쓰고 다니며 어색한 냉소를 몇 번 날리는 정도로 이 모든 걸 해낸다. 휴양지의 일상에 내려앉아 고인 시간과 임박한 재앙을 비슷한 무게로 다루는 영화의 구조가 요즘 현실―방사능 오염수를 바다에 버려도 회만 먹지 않으면 된다는 식으로―에 부합하기 때문에 현대성을 갖는지도 모르겠다. 하여간 이렇게 핵 실험이 루머와 실체 사이에 있다고 해서 영화가 분위기 잡는 몽환적인 그림에만 의존하고 있는 것은 전혀 아니다. 영화의 매력이자 아이러니는 이 모든 일이 바로 여기서 이렇게 벌어지고 있다는 실재의 감각을 아주 집요하게 일깨운다는 데 있다. 그 때문에 영화의 상당부분이 (퍼시)픽션이라는 제목과는 달리 다큐멘터리 느낌을 준다.

다큐멘터리란 말이 좀 어긋난다면, 로베르 브레송의 '있는 그대로' 미학이라는 면에서 그렇다. 배우는 배역에서 자주 벗어나 카메라 앞에 그냥 있고, 어떤 컷은 카메라가 어디 있는지 모르는 배우가 연기하지 않는 모습을 보여준다. 작은 카메라가 여러 대 있었거나, 때로 액션 전후에 찍힌 자투리 분량을 영화에 사용한 것 같다. 배우 브누아 마지멜은 각본을 읽지도 않고 현장에 와서 무선 이어폰으로 실시간 알려주는 대사를 따라 하기도 했다 하니, 쓸 만한 우연으로 현장감을 살려내는 감독의 기술이 의외로 치밀할 것 같다. 그렇게 플롯에 앞서 있는 인물의 존재감, 풍경의 질감이 크고 작은 울림을 주며 영화의 특이한 리듬을 만들어간다.

그런데 영화에는 이와 결이 전혀 다른 종류의 실재감도 있다. '초실재감' 같은 말로 표현할 수 있겠다. 〈퍼시픽션〉의 후반 어딘가 드롤레와 그의 친구들이 수상 제트 스키(Jet Ski, 실제로 프랑스령 폴리네시아는 이 스포츠로 유명하다.)를 연습하는 바다 한복판으로 나간다. 바다가 좀 출렁이나 싶더니 갑자기 거대하고 무시무시한 파도가 되어 스크린을 휘감으며 보는 사람 혼을 쏙 빼놓는다. 이 장면의 숭고미는 나처럼 어중간한 예술 영화 애호가에게 꿋꿋이 지루함을 버틴 보상으로 내려주는 큰 상이다. 자연과 영화의 합작이 주는 은혜. 굳이 '은혜'라고 기독교식 표현을 할 만한 이유도 있다. 알베르 세라의 다른 작품 〈새의 노래

Birdsong〉에서 동방 박사가 아기 예수를 경배하는, 이 영화에서 유일하게 거룩한 장면이 있는데 〈퍼시픽션〉의 파도 장면도 이런 종류의 이미지다. 이에 견줄만한 같은 계열의 이미지로 아피차퐁 위라세타쿤의 〈열대병〉 주인공이 짙은 어둠 속에 마주치는 호랑이가 생각난다.

느리게 진행되며 일상성을 강조하는 영화는 많이 있지만, 알베르 세라의 진짜 강점은 위에 말한 것처럼 다른 차원으로 영화의 정신적인 톤을 느닷없이 바꾸는 것에 있다. 일상/숭고, 속(俗)/성(聖), 또는 아름다움/그로테스크의 갑작스런 뒤집기다. 가만가만 대상을 직시하다가 어떤 순간 현실 저편의 소용돌이나 심연 같은 곳으로 빠져들게 한다. 브레송 스타일의 무신론적 장면들은 어떤 초월적 장면의 효과를 최대로 끌어내기 위한 숨고르기이기도 하다. 〈새의 노래〉에서 동방박사, 요셉, 마리아, 아기 예수가 모두 철저하게 속세의 인물로 묘사되고, 바로 그런 속됨과 소박함 덕분에 성모자의 에피파니가 역설의 탄력을 받아 더욱 거룩해지는 것처럼 말이다. 그가 영화 후반에 안팎을 잘 뒤집는다는 것은 〈루이 14세의 죽음 La mort de Louis XIV〉에서 말 그대로 보여 진다. 루이 14세가 죽음으로 향해가는 기나긴 존재론적 시간이 마침내 끝나자, 드디어 영화가 끝나는구나 내심 반길 때, 신하들이 방금 죽은 왕의 배를 갈라 미끌미끌한 내장을 꺼내 드는 것이다.

알베르 세라 감독은 기독교에 관심이 깊은 것 같다. 〈새의 노래〉는 성경 에피소드를 탈신비화해서 신약을 원래의 소박한 상태로 돌려보내는데, 그래서 다시 신학적 입장이 분명한 종교 영화가 된다. 〈루이 14세의 죽음〉에서 왕은 단순히 병들어 죽어가는 몸이 된다. '태양왕'이 단순히 무거운 육체라는 것을 확인하는 것은 다소 역설적인 종교적 물음으로 이어진다. 왜냐하면 신하와 의사들이 왕의 몸을 헤집고 창자를 적출하는 장면을 보면서 우리는 위대한 왕의 영혼이 어디에도 없다는 것에 식겁하기 때문이다. 〈퍼시픽션〉에서 악은 깊이를 잃은 인간과, 연관성을 잃어버린 세상이다. 이 세계는 지옥 문턱에 있는 연옥쯤인 것 같다.

영화의 마지막에 이르러서야 핵실험은 곧 실행될 것으로 밝혀진다. 검붉은 황혼이 임무를 수행하러 떠나는 배를 감싼다. 우리를 지옥 비슷한 곳으로 데려가는 인물은 해병 제독(Marc Susini)이다. 제독은 배 위에서 평소의 나른한 모습과 사뭇 다르게 작전의 정당성에 대해 열변을 토한다. 그런데 그의 웅변은 그를 프렌치 쇼비니스트 어릿광대이자, 살아있는 클리셰로 만들 뿐이다. 이렇게 하나의 소극(笑劇)이 콘래드식 식민 서사의 비극적인 정서를 대체한다. 〈지옥의 묵시록〉의 커츠 대령처럼 낮은 목소리로 '공포.... 공포....'를 되뇌는 대신, 제독은 '우리는 공포를 떨쳐버릴 것이다!'라고 허공에 대고 신경질을 부린다. 바로 그 설득력 없음, 개연성 없음, 깊이 없음이 공포를 준다.

암흑의 핵심은 이제 구시대의 희극적인 귀환, 그 몰염치의 투명성이 차지한다. 이 작품이 동시대의 묵시록인 이유는 이러한 장면이 더 이상 풍자가 아니라는 데 있다. 영화는 인물을 애써 우습게 만들 필요가 없다. 현실 자체가 풍자이기 때문에 이를 수동적으로 보여주는 편이 시대에 맞는 리얼리즘 방법이라는 생각이 든다. 요즘 세상이 그렇지 않은가. 제독과 해병을 비추던 카메라는 보트가 바다를 가르며 토해내는 물거품 쪽으로 방향을 튼다. 배의 붉은 조명이 거품에 비쳐 물이 불처럼 보인다. 이 추상적이고 불길한 이미지가 〈퍼시픽션〉의 마지막 컷이다.

LA POLITIQUE
DES AUTEURS,
CINEASTES
2004–2024

7

폴 토머스 앤더슨
Paul Thomas Anderson

나의 살던 고향은…
How green was my valley?

글 강혜연

폴 토머스 앤더슨 Paul Thomas Anderson

2007 데어 윌 비 블러드 There Will Be Blood
2012 마스터 The Master
2014 인히어런트 바이스 Inherent Vice
2015 Junun
2017 팬텀 스레드 Phantom Thread
2021 리코리쉬 피자 Licorice Pizza

폴 토머스 앤더슨(PTA)이 고향으로 돌아왔다. 그가 살던(지금도 살고 있는) 고향은, '복숭아꽃 살구꽃, 아기 진달래'가 피어나는 꽃피는 산골은 아니다. LA 광활한 사막의 풍광, 커피숍 옆의 스트립 클럽이 어색하지 않은, 100만 불 규모인 미국 포르노 산업의 90퍼센트가 촬영/제작되었던 포르노 산업의 요충지, 작은 산(세인트 빈센트) 하나를 두고 할리우드의 글래머를 공유하지만, 태생적으로 주변부일 수밖에 없는 느슨하고도 체념적인 분위기의 골짜기, '샌 페르난도 밸리'가 그의 고향이다. 그리고 의식적이건 무의식적이건 그의 영화는 고향 안의 세상과 고향 밖의 세상으로 선명하게 나누어진다.

뉴욕대를 이틀 만에 그만두고, 등록금으로 만들었던 작품으로 선댄스를 휩쓸었던 '천재 소년', 그 명성에 비해서는 평범했던 데뷔작 〈리노의 도박사〉 이후, 실질적인 데뷔작 같았던 〈부기 나이트〉(1997). 〈매그놀리아〉(1999). 〈펀치드렁크 러브〉(2002)까지 '밸리 삼부작'이라 불리는 3편의 영화를 찍고 그는 고향을 멀리 떠나 다른 시공간의 세상으로 떠났다.
　1920년대의 석유 황무지를 개발하는 오일맨, 〈데어 윌 비 블러드〉(2007), 2차대전 후 만신창이가 된 채 떠돌다 마스터를 만나게 되는 남자, 〈마스터〉(2012), 어쩌면 고향 안과 밖의, 그 어디쯤의 완충 지대 같던, 70년대의 LA를 다룬 〈인히어런트 바이스〉(2014), 그리고 가장 멀리 다른 세상으로 나아갔던 50년대의 런던의 디자이너, 〈팬텀 스레드〉(2022)까지, 고향 밖의 세상을 나선 지 꼭 20년 만에, 그는 〈리코리쉬 피자〉(2022)로 다시 그의 고향, 밸리로 돌아온 것이다.
　미국 대중 문화계에 희화된 캐릭터, '밸리 걸'이 있다면(프랑크 자파와 문 자파의 노래 〈밸리 걸〉(82)로 처음 명명된, 독특한 악센트와 나른

한 말투의 부잣집 백인 십 대 소녀), PTA는 할리우드의 2부 리그처럼 무시되어왔던, 하지만 그에게는 아름답고 평범하기만 한 고향, 밸리의 독특한 문화적 지형과 정서를 (포르노가 아닌) 주류 할리우드 영화 속에 심어놓은 '밸리 보이'이다.

'밸리' 속의 삶이건, '밸리'를 떠나온 삶이건, 나이와 상관없이 PTA의 남자들은 맨차일드, 자라지 못한 소년이다. 유사 아버지, 혹은 유사 아들, 절대자 같은 멘토, 혹은 광신도에 가까운 멘티를 찾아내고, 애정을 시험하는 방식은 종종 '부성'의 영역을 넘어선 모호한 섹슈얼리티까지 확장된다. 그리고 그들은 허기진 모성에 대한 갈증을 풀어줄 풍만한 여성을 갈구하면서도, 맘 깊은 곳 자리 잡은 경멸과 공포를 처리하지 못하고 허둥거린다(〈펀치 드렁크 러브〉에서의 로맨스가 가능했던 것은 이 분열적 시선을 나눠 가져갔던 7명의 누나 덕분이지 않을까).

비슷한 영화적 문제를 가지고 있는 소년들이지만, 고향인 밸리 안에서와, 밸리를 벗어난 세상은 너무나 다르고, 그 다른 세상에 대응해 나가는 소년들의 반응 역시 다르다(고향 밖이지만 고향처럼 보이는 〈인히어런트 바이스〉, 그리고 고향 안이지만 그가 겪을 바깥세상의 광기 어린 공기를 예견하고 있는 듯한 〈매그놀리아〉는 이 두 세상의 중간 지대처럼 느껴진다).

밸리 안의 세상은 섹스는 넘쳐나지만 섹슈얼하지는 않다. 남자들은 성기를, 여자들은 가슴을 덜렁거리며 아무렇지도 않게 걸어 다닌다. 코를 풀 듯 대수롭지 않게 섹스를 하지만 끈적한 섹슈얼리티는 느껴지지 않는다. 반면, 밸리 밖의 세상에서는 모두가 욕구불만이다. 나이 든 소년들은 발기 부전에 변비까지 걸린 듯 강팍하고 신경질적이다. 풀어내지 못한 성난 욕망만이 뜨겁게 소년의 몸 안에서만 말라간다. 그런 까닭인지, 밸리 소년들의 촉촉하게 땀이 밴, 보드라운 복숭앗빛 피부에 비해, 밸리 밖의 소년들은 성마르고 거칠다. 날 선 눈빛에 경직되어 있으며, 오로지 경고를 날릴 때만 미소 짓는다.

밸리 안에서 소년은 항상 패거리 속에 있다. 아니, 패거리 속으로 태어난다. 관계의 본질은 모호하지만, 항상 사람들에 둘러싸여 있고, 고향 밖의 소년들은 항상, 절대적으로, 혼자이다. 그가 들어가는 패거리는 모두 그로 인해 무너져 내리거나, 그가 무너뜨리고 만다. 밸리 안의 소년들은 망가져도 무심해 보이지만, 밸리 밖의 소년들의 자신들의 파멸을 정확히 인지하고 절망한다. 특유의 땀 냄새가 가득한 파스텔 톤과 네온 사인의 밸리, 그리고 거친 청회색 모노톤의 밸리 밖의 세상만큼, 이 두 개의 다른 세상은 지킬과 하이드처럼 PTA의 필모를 끊임없이 피곤하게 긴장시키고 있다.

창작자의 성장 환경과 가족 안의 역학이 그들의 작품 세계의 비밀을 푸는 대단한 열쇠처럼 호들갑을 떠는 것만큼 지루한 일도 없을 터이지만, PTA에게 있어 이 분명한 이분법의 세상은 그 스스로가 순순히 관객들에게 던져주는 단서와도 같은 것이다.

할리우드에서는 ABC 방송국의 성우로, 지역 방송에서는 공포 괴담 프로그램의 사회자 '굴라디'로, 항상 자신을 지지해 주었다는 아버지에 대한 PTA의 공개적인 애정은 유명하다(자신의 제작사 이름을 아버

지의 예명으로 지었을 정도!). 반면 격하게 경멸적인 태도를 보여왔던 배우 출신 어머니와의 관계는 어머니 집 차고에 살면서 그곳을 벗어나기 위해 포르노 스타가 되는 〈부기 나이트〉 속 모자 관계의 원형이라고 알려져 있다. 어쩌면 PTA에게 있어 고향 안의 세상은 아버지의 세상이고, 고향 밖의 세상은 어머니의 세상인지도 모르겠다.

이상화된 밸리, 따뜻한 아버지의 땅에서 소년은 안전하지만, 그 밸리 밖을 나선 냉정한 어머니의 세상에서는 유예되었던 결과물을 고스란히 맞으며 파멸하는 이분법은 결코 부정할 수 없는 PTA의 PTSD인 셈이다.

"밸리의 맛과 냄새, 보여지는 모습 그대로가 좋아요. 사랑하는 것 이상이죠. 내가 밸리를 넘어서는 다양성을 가지고 싶었을까요? 아마 그랬을 겁니다. 밸리 밖의 다른 이야기를 쓰고 있었죠. 꽤 깊게 파고 들어갔는데, 리코리쉬 이야기가 계속 어른거렸어요. 물론 스스로 물어봤죠. 이미 충분한 거 아니냐고. 그랬지만, 그냥 그 목소리를 무시했어요."

〈부기나이트〉의 선명한 인장뿐 아니라, 〈매그놀리아〉, 〈펀치 드렁크 러브〉 등 밸리 삼부작의 공기 속에 존재하지만, 〈리코리쉬 피자〉에서는 미세한 변화가 감지된다. '젊은 거장'으로 칭송받았던 초기 '밸리 3부작'이 그 자신을 위해, 혹은 자신의 아버지를 위해서라도 아름다워야 했던 '밸리'의 당위를 필사적으로 변호하는 자기 부정 상태 같았다면, 〈리코리쉬 피자〉 속의 PTA는 보고 싶지 않던 곳을 덮어버렸던 그만의 필터를 서서히 걷어내고 있는 것 같다. 20년 만에 돌아와 그가 자란 세상을 제대로 마주하고, 그 균열을 현란한 연출적 테크닉이나 배우들의 숨 막히는 열연으로 덮지 않은 채, 어떤 긴장이나 불안 없이 관객에게 드러내고 있는 것이다. 아버지의 세상과 어머니의 세상, 고향과 고향 밖이라는, 사춘기적이었던 날 선 경계가 허물어지기 시작한 것일까?

그렇다면 다음은 어디일까? 머무를 것인가? 떠날 것인가? 화려한 영화적 기교로 동어 반복의 추억팔이로 돌아설까? 아니면 냉철한 자기 객관화에 필요한 새로운 영화적 장치를 찾아낼까? 섣부른 호들갑일지도 모르겠지만, 그가 어디로 향하건 이제는 상관없을 것 같다. 고향 안에서건, 고향을 떠나서건, 원형과도 같은 그의 인물들을 다시 소환하여, '소년'의 눈이 아닌, '남자 어른'의 눈으로 그 원형을 깨부수는 분열적 성장이 조심스럽게 기대되기 때문이다. 감독에게 있어, 같은 인물이겠지만 다를 것 같다는 영화적 기대 만한 상찬은 없을 것이다.

하지만, 만약, 그가 그의 고향, 밸리에 머무른다면, PTA의 '샌 페르난도 밸리'는 펠리니의 '로마'처럼, 스코세이지의 '뉴욕'처럼, 세계 영화의 지도 속의 고유 명사가 되어 모두의 고향이 될 수 있을지도 모른다. 세상을 보고 돌아온 소년이 고향 안에서, 그의 원형인 부모를 부정도, 이상화도 없이 오롯이 마주해 어른이 되어가는 모습만큼 완벽한 신화적, 영화적 내러티브는 없을 테니 말이다.

〈인히어런트 바이스〉
개소리 예술가

글 정지돈(소설가)

이봐 스내그, 성경에는 무엇이 있는가?
성경의 각 권들은 무엇인가?
그 이름들을 대보라, 나에게 개소리를 하지 말고.
— 『칸토스』 74편, 에즈라 파운드

토마스 핀천의 소설이 거의 영화화되지 않은 이유는 내용 대부분이 개소리이기 때문이다. 흔히 얘기되는 작품의 난해성, 깊이, 언어의 현란함이나 서사의 모호함은 핑계에 불과하다. 토마스 핀천은 20세기가 낳은 최고의 개소리 예술가Bullshit Artist다. 아무 근거도 논리도 없는 개소리를 음모론과 편집증의 관점에서 기술 문명의 정신병리학적 증상과 연결시킨, 전무후무한 아무말러. 영미문학의 전설에게 너무 심한 말 아니냐고 생각할 수 있지만 이건 최고의 찬사다. 유사 이래 가장 많은 텍스트가 쏟아지는 시대에 제일 중요한 현상은 뭘까? 바로 개소리의 천문학적 양산이다. 그러니 핀천이 개소리를 소설의 본령으로 삼은 건 당연한 일이다.

게다가 소설만큼 개소리에 적합한 장르도 없다. 소설은 태초부터 아무말을 하기 위한 장르였다. 『가르강튀아 . 팡타그뤼엘』과 『돈 키호테』를 떠올려보라. 시, 희곡과 대비되는 소설의 특징은 끝도 없이 지껄여대는 개소리였다.

반면 19세기에 탄생해 20세기에 영예를 차지한 기술 문화의 적자인 영화는 개소리를 증오한다. 영화는 개소리와 가장 대척점에 있는 예술 중 하나다. 영화는 심지어 개소리를 할 때조차 개소리를 증오한다. 영화의 역사는 체계적인 개소리 배제의 역사라 할 수 있다. 재현과 환영에 대한 몰입은 이것이 개소리가 아니라는 믿음에서 시작된다. 2시간 남짓한 러닝 타임에 개소리에 들일 시간 같은 건 없다. 미국 영화 비평의 사제인 제임스 에이지와 마니 파버가 진정성을 중시한 이유도 여기 있다. 영화는 거짓말을 할 때조차 진정성이 있어야 한다. 그것은 진정한 의도를 가진 거짓말이어야 한다. 종국에는 폭로되고 진실을 드러낼 수 있게 설계된 거짓말은 진리의 다른 이름이기 때문이다. 데이비드 보드웰은 『미국 영화 비평의 혁명가들』의 마지막 챕터에서 비주류 평론가인 파커 타일러를 다루며 그가 에이지나 파버에 비해 알려지지 않은 이유가 이 때문이라고 지적한다. 파커 타일러는 개소리 예찬론자였다. 그는 "에이지와 파버가 정확성 혹은 진정성이라고 찬사를 보낸 것들에 거의 관심이" 없었다. "영화라는 놀이는 그런 진중한 것이 아니라는 것이다."

이쯤에서 개소리가 뭔지 잠깐 정리하고 넘어가자. 철학자 해리 프랭크퍼트는 『개소리에 대하여』에서 개소리, 영어로 Bullshit을 거짓말과 구분한다. 거짓말을 하려면 진실이 뭔지 알고 있어야 한다. 그러므로 거짓말은 의도를 가지고 계획되고 실행된다. 반면 개소리를 개소리로 만드는 것은 "진실에 대한 무관심"이다. 개소리는 무계획적이고 즉흥적이며 목적도 의도도 없다. 똥shit은 설계되거나 수공예로 만드는 게 아니다. 그냥 싸지르는 것이다.

비트겐슈타인은 그의 철학적 프로젝트 대부분을 '헛소리'를 규명하고 방지하는 데 바쳤다. 사생활에서도 그런 태도는 마찬가지여서 한번은 그의 러시아어 교사인 파니아 파스칼의 말을 문제 삼았다. 건강 문제로 요양 중이던 파스칼은 병문안 온 비트겐슈타인에게 "마치 차에 치인 개가 된 느낌이에요"라고 말했다. 그러자 비트겐슈타인은 정색하며 "당신은 차에 치인 개가 무엇을 느끼는지 알 수 없소"라고 일갈했다.

비유적인 표현일 뿐인데 이렇게 화를 내는 이유가 뭘까? 그냥 비트겐슈타인의 성격이 개떡 같아서일까. 물론 그건 사실이겠지만, 프랭크퍼트는 사태를 다르게 해석한다. 비트겐슈타인이 화를 낸 이유는 "생각 없음" 때문(때문)이었다. 파스칼은 자신의 표현이 적확한지에 대한 고려 없이, 다시 말해 진실에 대한 조금의 노력도 없이 말했다. 비트겐슈타인을 불편하게 만든 건 바로 이 점이었다.

해리 프랭크퍼트는 그런 의미에서 현대 사회의 개소리 확산을 큰 문제로 봤다. 개소리는 진리의 권위를 무시함으로 사람들을 회의주의로 이끈다. 객관적 실재에 대한 믿음을 무너뜨리고 정확성에 대한 규율(규율)과 헌신을 개인적 차원의 문제로 환원한다. 그러므로 문화는 쇠퇴한다.

할리우드-미국 주류 문화가 히피를 혐오하는 이유도 여기에 있다. 히피들이 베트남전을 반대하고 샤론 테이트를 살해해서 싫어하는 게 아니다. 할리우드는 반항아를 사랑한다. 사이코패스, 살인마 역시 사랑한다. 그러나 개소리쟁이는 아니다. 그들은 진지함의 기반을 무너뜨리고 영화의 전제를 파괴한다. 약에 절어 헛소리나 하는 히피들의 영화는 플롯도 없고 주제도 알 수 없는 몽롱한 이미지뿐이다. 반문화의 물결을 타고 일시적인 성공을 거뒀지만 그들의 성공 때문에 영화의 본질은 훼손됐다.

쿠엔틴 타란티노의 〈원스 어폰 어 타임 인 할리우드〉(이하 〈할리우드〉)는 이러한 관점에서 역사를 재구성한 영화다. 타란티노는 동시대 영화의 처지를 1969년 가상의 할리우드에 외삽한다. 갑자기 왜 〈할리우드〉 얘기냐고 생각할 수 있지만 내가 보기에 〈인히어런트 바이스〉는 〈할리우드〉와 나란히 놓았을 때 그 의미를 명확히 알 수 있는 영화다. 〈인히어런트 바이스〉의 배경은 1970년 LA다. 그러니까 〈할리우드〉의 그 난리로부터 1년 후인 것이다.

〈할리우드〉에서 타란티노의 주제는 해리 프랭크퍼트와 동일하다. 개소리에 대한 증오. 타란티노가 개소리를 증오한다니, 그것 자체가 개소리 같지만 타란티노는 초기와 달리 개소리 예술가로서의 정체성을 포기했다. 〈할리우드〉는 개소리를 절대 참지 않는 상(백인 할리우드)남자를 추억하는 영화다. 브래드 피트가 연기한 스턴트맨 클리프 부스는 겨우 캐스팅된 영화 현장에서 쪼그만 동양 남자의 개소리를 참지 못해 일자리를 잃는다. 히피들의 개소리를 참지 못해 싸움을 일으키고 개소리를 지껄이는("나는 악마의 일을 하러 왔다") 히피 살인마들의 머리를 짓이긴다. 〈할리우드〉의 등식은 나치=히피=개소리=〉 영화의 종말이다.

반면 전직 약쟁이인 폴 토머스 앤더슨은 〈인히어런트 바이스〉에서 토머스 핀천의 개소리를 충실히 재현한다. 그가 영화에 들여놓은 장치와 구조는 전적으로 개소리적이다. 영화 속 인물들은 안과 밖이 어울리지 않는 장소에 갑자기 등장해 터무니없는 고유명사를 던지고 유령처럼 사라진다. 난데없는 정보들은 제시만 되며 플롯에 영향을 주지 않고 설정을 위한 설정, 여담 그 자체로 휘발된다. 무엇보다 〈인히어런트 바

이스〉가 개소리적인 이유는 끊임없이 말하면서도 스스로가 말하는 것이 무엇인지 알지 못하기 때문이다.

일반적으로 우리는 자신이 뭘 말하는지도 모르면서 말하는 사람을 배격한다. 하지만 조금만 생각해 보자. 자신이 뭘 말하는지 알고 있다고 생각하는 사람은 정말 그걸 알고 있을까? 이 점이 바로 핀천이 동시대에 대해 말하려는 것이다. 쏟아지는 정보, 얽히고설킨 네트워크 속에서 실제 사태가 어떻게 전개되는지 이해하는 사람은 없다. 현대 사회는 이해라는 개념이 성립할 수 없는 세계다. 그러나 이것은 회의주의나 상대주의, 반실재론적인 태도와는 다르다.

〈인히어런트 바이스〉는 진실이나 최종 종착역으로서의 진리가 없다고 주장하는 게 아니라 추리 소설의 합리적 이성이 보장하는 방식, 미국-영화가 보여주는 선별적이고 통제광적인 방식으로는 그곳에 도달할 수 없다는 것을 개소리의 형식을 통해 보여준다. 우리는 진리에 도달하는 방식을 제어할 수 없다. 그러나 우리는 어느 순간 진리에 도달한다. 진리는 마리화나의 연기처럼 흩어지지만 그럼에도 불구하고 그러한 순간은 존재한다. 샤스타와 닥 스포텔로가 어딘가로 향하는 마지막 씬처럼, 진리의 순간은 무차별적 정보에 열려 있을 때 우리를 잠깐 비출 뿐이다.

LA POLITIQUE
DES AUTEURS,
CINEASTES
2004–2024

8

양
빙
철
수

왕빙

글 정성일
스틸 제공 Pyramide

왕빙 Wang Bing

발췌한 일곱 편의 영화. 〈철서구〉 2003년, 〈펑밍, 중국 여인의 연대기〉 2007년, 〈이름 없는 남자〉 2009년, 〈세 자매〉 2012년, 〈광기가 우리를 갈라놓을 때까지〉 2013년, 〈사령혼〉 2018년, 〈청춘〉 2023년

첫 영화의 첫 장면. 중국 라오닌성(遼寧省) 선양(審陽) 서남부에 철강 공장으로 이루어진 톄시구(鐵西區)는 철로로 구역을 연결하고 있다. 눈이 내리고 있다. 첫 장면은 주의해서 보지 않으면 흑백으로 촬영한 것처럼 보일지도 모른다. 기차에 DV 카메라를 든 사람이 타고 있다. 기차가 톄시구 한복판 궤도를 따라 달린다. 카메라 렌즈에 눈발이 듬성듬성 묻는다. 눈을 맞으면서 풍경이 펼쳐진다. 조금도 아름답지 않다. 차가운 바람결과 흩날리는 눈발, 그리고 지나가는 기차 저편의 이따금 보이는 노동자들. 여기서 보는 것은 톄시구의 풍경이다. 하지만 동시에 이 장면은 화면의 맞은편에서 겨울날 눈 내리는 풍경의 날씨를 견디는 몸을 보는 것이다. 아마도 카메라를 들고 있는 손이 얼어붙는 것만 같았을 것이다. 영화의 장면이란 영화를 찍는 과정의 몸이다. 카메라가 거기에 있고, 그렇다면 그 카메라를 든 사람이 거기에 있다는 것이고, 그 사람은 그 장소의 모든 것을 받아들여야만 한다. 여기에 어떤 거짓도 있어서 안 된다는 결정. 상영시간 9시간 11분에 이르는 다큐멘터리 〈철서구〉는 그렇게 시작한다. 왕빙의 영화는 그렇게 시작한다.

첫 장면을 보자마자 가장 떠오른 영화는 1896년 1월 25일에 첫 상영된 오귀스트와 루이 뤼미에르 형제의 〈시오타 역으로 들어오는 열차〉였다. (알려진 것과 달리 이 영화는 1895년 12월 28일에 상영된 파리 카퓌신 대로에 있는 그랑 카페에서 상영된 10편 프로그램에 포함되지 않았다) 꼭 이 영화를 보고 한 말은 아니겠지만 브레송은 뤼미에르 형제의 영화를 보고 영화 예술의 좌표를 설정했다. 유명한 구절. "전쟁의 예술. 시네마토그라프. 전투를 준비하는 것처럼 영화를 준비할 것"(『시네마토그라프에 대한 노트』, 이윤영 옮김) 왕빙은 영화를 시네마토그라프에로 돌려놓았다. 〈철서구〉에 관한 많은 비평이 있다. 내가 들은 가장 설득력이 있는 말은 〈광기가 우리를 갈라놓을 때까지〉를 준비하다가 정신병원에서 허가 문제로 쫓겨난 이튿날 밥상에 모여 앉아 이 영화가 어쩌면 좌절될지도 모른다는 불안 속에서 대화를 나눌 때 들었다. (《천당의 밤과 안개》) 왕빙은 "이럴 때마다 내가 하찮게 여겨져"라고 하자 촬영을 돕기 위해 베이징에서 온 동료 원하이는 고개를 저으면서 말했다. "그렇지 않아. 〈철서구〉를 생각해 봐. 만일 네가 그때 거기에 그 시간에 없었다면, 그래서 카메라에 그들을 담지 않았다면, 그들은 중국 역사에서 아무것도 아닌 존재가 되는 거야. 아무도 기억하지 않는다는 건 없다는 것과 똑같은 말이야. 네가 거기에 있으면 그들은 비로소 거기에 있는 거야."

왕빙은 동분서주하였다. 중국 북동쪽에 자리한 선양에서 시작해서 남쪽 끝 윈난성(雲南省) 라오스 국경까지 (《세 자매》, 〈타양〉, 그리고 남동쪽 저장성(浙江省) 후저우(湖州) 근처의 시골 마을 마이후이(麥匯)에서 《광슈잉》) 서쪽 고비 사막까지 오갔다. (〈채유일기〉, 〈사령혼〉) 지도를 펼쳐놓고 이 지역을 차례로 찾아보기 바란다. 여기는 중국이다.

이때 왕빙은 두 종류의 다른 사람을 찾아 나섰다. 먼저 중국의 역사를 이루는 네 개의 서로 다른 계층을 이해할 필요가 있다. 먼저 농민(農民)이 있다. 그리고 기술자가 있다. (工人). 지식을 논하는 학자가 있고 (士), 나라를 보호하는 병사가 있다. (兵) 그리고 그들 사이에 물건을 사고파는 장사꾼이 있었다. (商) 그런데 1949년 중국은 자본주의 없이 사회주의로 이행되었다. (이 간단한 도식은 긴 논의를 요구할 것이다. 하지만….) 그런 다음 이 다섯 개의 계층은 번갈아 서로의 위계질서를 바꾸었다. 덩샤오핑의 수정주의 근대화 노선 이후 상황이 복잡해졌다. 누군가는 사회주의 안의 자본주의라고 불렀고, 다른 누군가는 자본주의 안의 사회주의라고 불렀다. 기술자는 노동자가 되었고, 학자는 지식인이 되었고, 병사는 해방군이 되었고, 장사꾼은 사업가가 되었다. 그런데 농민은 농민으로 남았다. 그 과정에 심연과 같은 두 개의 역사가 놓여있다. 하나는 1958년 대약진이라고 부르는 대기근이고, 다른 하나는 1964년에 시작해서 마오쩌둥의 죽음과 함께 끝난 문화대혁명이다. 중국은 자본주의의 신화처럼 이야기된다. 그런데 중국 사회주의 인민은 어디에 있는가?

첫 번째 도정, 왕빙은 그래서 지금 인민을 만나러 다닌다. 그리고 그 장소는 매번 지옥의 가장자리이다. 왕빙은 그걸 원한 것이 아니다. 하지만 그들이 거기 머물기 때문에 할 수 없는 일이다. 〈채유일기〉는 고비 사막에 가서 원유를 채유하는 저임금 노동자의 일상 생활을 찍은 상영 시간 14시간의 영화이다. 무시무시할 정도로 고요하고 종종 상영이 멈춘 것 같은 시간이 이어진다. 영화 문법에서 그런 시간을 데드 타임(dead_time)이라고 부른다. 여기서는 기술적일 뿐만 아니라 감정적으로 노동자들의 '죽은 시간'을 보는 두려움을 느끼게 만든다. 이때 왕빙에게 문제가 생겼다. 해발 3,200미터에서 촬영하는 왕빙은 고산병에 걸렸다. 이 병은 이후 내내 왕빙의 작업을 시시때때로 방해하였다. 하지만 왕빙은 다시 산에 올라갔다. 그래서 윈난성 차오쟈현(巧家縣) 해발 3,600미

터 야오산(藥山) 위의 작은 마을 시양탕춘(洗羊糖村)에서 헐벗고 사는 세 자매. 첫째인 잉잉(英英). 열 살. 둘째인 쩐쩐(珍珍), 여섯 살. 막내인 펀펀(粉粉). 네 살. 세 아이를 찍은 〈세 자매〉를 만들었다. 그런 다음 여러 가지 다른 이유로 정신 병원에 감금된 환자들에 관한 기록인 〈광기가 우리를 갈라놓을 때까지〉를 찍었다. 이 과정에서 만난 세 소녀가 상하이에서 150킬로미터 떨어진 쯔리시(織里市)에 간다는 이야기를 듣고 따라간다. 쯔리시에는 1만 8천여 개의 개인 봉제 공장이 있었고, 30만 명이 일하고 있었다. 그들은 아침 7시부터 밤 10시까지 매일 일을 했다. 그들은 누구인가. 중국의 새로운 계층. 농민들은 농촌에서 가난을 벗어나기 위해 도시로 몰려들었다. 그들을 '농민공(農民工)' 혹은 '민공(民工)'이라고 부른다. 왜 노동자(工人)라고 부르지 않는가. 1958년에 도입된 중국의 후커우조례(戶口條例)에 따라 호적을 대물림하게 되었으며 이주를 허락받는 과정은 매우 까다롭고 거민신분증(居民身分證)을 받지 못하면 의료, 교육, 노동에 관한 어떤 혜택도 받지 못한다. '민공'은 인민의 맨 밑바닥에 왔다. 왕빙은 쯔리시의 '민공'들을 주인공으로 〈쿠치앤(苦錢, 쓰디쓴 돈)〉, 〈15시간〉 그리고 삼부작 중의 첫 번째 영화 〈청춘〉을 찍었다.

두 번째 도정, 왕빙은 〈철서구〉를 찍은 다음 간쑤성(甘肅省) 란저우(蘭州)에 사는 할머니 허펑밍(和鳳鳴)의 하룻밤 인터뷰로만 이루어진 영화 〈펑밍, 중국여인의 연대기〉를 찍었다. 허펑밍은 남편과 함께 고등학교를 졸업하고 '간쑤일보'에서 일을 했다. 대약진이 시작된 1957년, 남편과 함께 우파분자로 고발당했다. 대규모의 반우파 숙청 운동이 시작되었다. 우파분자들은 사상 개조라는 명분으로 강제 노동 교화소로 보내졌다. 허펑밍이 보내진 곳은 간쑤성 고비사막에 있는 저볜거우(夾邊溝) 농장이었다. 이 농장에는 3만 5천 명이 보내졌고, 대약진 운동이 끝나면서 600명이 살아 돌아왔다. 대약진 운동은 그 짧은 기간 동안 기아와 폭행으로 4천5백만 명이 죽어서 끝났다. 이 숫자는 2차 세계 대전 중에 유럽 전체 사망자 숫자보다 많다. 천안문의 지도자는 이 보고를 받았다. 마오쩌둥은 간단하게 대답했다. "인민의 절반이 배불리 먹을 수 있다면 남은 절반이 굶어 죽을 수도 있다." 왕빙은 허펑밍 이후 저볜거우 노동 교화소에서 살아 돌아온 인민들을 만나러 돌아다니기 시작했다. 〈사령혼〉은 그렇게 시작되었다. 돌아온 생존자들은 하지만 침묵을 지키고 살아가야만 했다. 왜냐하면 공산당은 문화 혁명에 대해서는 인민들에게 사과했지만, 대약진 기간 동안의 반우파 숙청에 대해서는 아무 말이 없다. 여기는 사회주의 중화인민공화국이다. 살아남은 자들은 카메라 앞에서 유언을 남기듯이 노동 교화소에서 벌어진 일을 말하기 시작한다. 상영시간 8시간 15분. 〈사령혼〉은 증언이 전부이다. 하지만 이것은 아무도 말하지 않았던 역사이다. 우리가 본 영화는 삼부작 중의 첫 번째 〈사령혼〉이라고 한다. 문자 그대로 '죽은 영혼들' 이미 죽어서 벌판에서 나뒹굴고 있는 수많은 영혼이 자신들을 대신해서 세상에 여기서 벌어진 일을 알려줄 아직도 많은 증언을 기다리고 있다. 인민들의 목소리. 한 번 더 같은 말을 하겠다. 왕빙이 거기에 있으면 그들은 비로소 거기에 있는 것이다.

〈광기가 우리를 갈라 놓을 때까지〉

글 김미례(다큐멘터리 감독)

오전인지 오후인지 모를 시간, 햇볕이 도도하게 병실의 더러운 벽과 병상 위를 비춘다. 허물 같은 이불이 벗겨지면 알몸이거나 옷을 입었거나 상관없는 몸들이 움직인다. 이 공간을 비추고 있는 햇볕이 드러낸 것들과 마주하게 하면서 느닷없이 영화는 시작되었다. 시작이 좋다. 나에게 한 편의 다큐멘터리를 보는 행위는 만드는 위치와 보는 위치가 동시에 작동한다. 그래서 이 두 위치를 분리하지 않고, 굳이 기승전결의 꼴로 완결되지 않는 감상평을 쓰기로 한다.

왕빙 감독은 왜 이 공간을 선택했을까

도입부, 사람들이 줄지어 약을 받아먹는다. 흰 가운을 입은 의사들이 물을 마시고 삼키라고 지시한다. 이 공간이 정신 병원이라는 것이 명확해진다. 정신 병동에 있는 사람들을 찍겠다는 선택은 어려운 일이다. 실제 인물을 이야기 소재로 해서 공공연하게 보여줘야 하는 다큐멘터리 작업에서 자기의 의사 표현을 잘할 수 없는 인물을 대상으로 촬영을 한다는 것은 나에게는 민감한 이슈이며, 언제나 논란의 여지가 있다고 생각한다.

먼저, 그들의 합법적인 관리자 혹은 보호자와의 합의 절차를 통과해야한다. 이런 외부적인 과정보다 더 어려운 것은 감독이 스스로부터 요청받은 기준을 만드는 것이다. 무엇을, 어떻게, 어느 경계까지 보여줄 것인가. 물론 상호 소통이 잘 되는 대상과의 작업에서도 이러한 기준은 만들어져야한다. 때로는 작업마다 다른 기준을 설정하기도 한다. 이런 기준에 대해서는 복잡하고 구체적인 논의가 필요하지만 우선 안일하게 이것을 윤리적 태도라고 말한다면… 이것은 언제나 다큐멘터리 작업과 함께 있어 왔던 질문이다. 왕빙 감독은 어떤 기준을 설정했을지 궁금했고, 나는 그의 카메라와 대상과의 거리, 카메라의 시선, 그리고 닫힌 공간에 무작위로 쌓아 올린 숏의 길이에서 그의 기준을 찾은 생각이 든다.

카메라와 대상의 거리

오프닝 장면에서부터 카메라는 인물들의 전체적인 몸을 일정한 거리에서 응시하거나 몸의 이동을 따라간다. 카메라와 인물과 구경하는 사람들의 거리는 오프닝에서 클로징까지 거의 일정하게 유지된다. 서로의 몸이 닿지 않는 거리. 한 걸음 다가가면 좀 더 친밀해질 수 있고, 한 걸음 물러서면 그만큼 마음도 멀어지는 거리. 몸의 표현에 의해 인물의 감정을 알아차릴 수 있는 거리. 서로의 소리를 파악하고 소통할 수 있는 거리. 그리고 실제 인물에 대해 최소한의 예의가 지켜질 수 있는 거리. 같은 공간에 있는 다른 존재들이 편하게 프레임의 내부와 외부를 드나들 수 있는 거리. 관객을 능동적으로 움직이게 하며 생각의 여지를 줄 수 있는 거리....

왕빙이 설정하고 있는 거리는 갇혀 버린 몸과 그 몸이 거주하고 있는 공간을 함께 보여준다. 공간에 갇혀서 지속되는 시간을 견디는 몸, 버티는 몸, 부서지는 몸의 이미지들. 낯설지만 이 시각적 경험이 나의 감각으로 여기저기 쌓여가고, 마침내 예상할 수 없었던 감정을 불러일으켰다. 병상 위에서 잠을 이루지 못하는 몸, 수갑에 묶여서 이러지도 저러지도 못하고 고통스러워하며 길들여져가는 몸, 쇠창살 너머의 공간을 하염없이 응시하는 몸, 외부로 나갔지만 다시 돌아오는 몸, 체념하는 몸.... 이런 몸들의 행위를 짧은 길이로 분절을 한다거나 클로즈업을 해서 전체로부터 조각내버린다면 이 이미지는 무의미하고 무기력해질 것이다. 혹은 고정된 카메라로 그들의 움직임이 멀어지고 가까워지는 것을 지켜보기만 한다면 이 이미지도 마찬가지로 무의미하고 무기력해질 것이다. 신체화된 카메라는 이 거리를 시종일관 유지하며 대상의 몸과 함께 걷고 달리거나 멈출 때, 그 이미지는 힘을 얻게 된다.

카메라의 시선

난 이 구멍에 영원히 갇혔어. 한 남자가 뒤집어쓰고 있던 이불을 제껴 버리고 벌떡 일어난다.

알몸으로 뛰쳐나가는 남자. 카메라도 일정한 거리를 유지하면서 그를 따라 뛰쳐나간다. 그는 세면대에서 냉수를 받아 머리에서부터 뒤집어쓴다. 머리끝에서 발끝까지 좌악 흘러내리는 물. 다시 병동으로 돌아온다. 이불 속으로 들어가 몸을 웅크리고 그가 카메라를 향해 말한다. 너 나 우습게 보지 마. 카메라는 그들을 응시하면서 동시에 또 다른 그들의 시선으로 움직인다.... 모든 숏들은 갇혀 있는 또 다른 누군가의 시선이다. 카메라는 늘 갇혀 있는 누군가의 시선을 유지한다. 외부인의 시선으로 찍힌 숏들은 없다. 외부인인 촬영팀의 존재는 숏 안에서 모두 지워진다. 예를 들면 복도를 열다섯 바퀴 뛰고 나서 그가 말한다. 너도 나처럼 땀이 나는구나. 그를 따라 뛴 카메라로부터 헐떡거리는 소리도 나지 않는다. 대답도 없다. 질문도 없다. 외부의 시선과 마찬가지로 외부의 소리도 지워진다. 사람들로 가득 찬 TV 방으로 들어갔다 나오는 카메라를 응시하는 사람들의 눈. 숏이 갑자기 짧다. 여기서 삭제된 그들의 말 건넴과 간섭이 상상되어진다. 그러니까 왕빙은 카메라는 존재하지만 동시에 부재로 처리한다는 기준을 정했다는 생각이 든다.

카메라의 시선으로 보여 지는 이미지들이 지속되는 과정에서, 갇혀 버린 이들의 감정이 나에게 스며든다. 어느 순간부터 나의 마음이 그들과 함께 하게 된다. 아주 멀리 있다고 믿었던 이미지들이 내가 감각할 수 있는 거리로 다가온 것이다. 좁은 복도를 오고가는 사람들이 나를 스쳐

가고, 철창을 움켜쥐고 몸을 흔들고 있는 사람의 손의 감각을 알 것 같고, 쪼그려 앉아 햇볕을 쬐고, 그들의 궁핍감과 절망감이 나의 온몸으로 스며든다. 벌레를 잡으며 죽어 죽어라고 따라서 말하고 싶다. 그 순간 나는 화면 밖으로 튕겨 나온다. 위기감과 두려움이 엄습한다. 이 감정은 다른 단계로 나의 생각을 전개시킨다.

시간과 숏의 길이

왕빙이 인물들에 대해서 알려주는 정보는 그의 이름과 그가 몇 년째 입원하고 있는가이다. 자막으로 몇 년째 입원이라는 숫자가 보이는 순간 나의 시선은 숫자에서 머문다. 갇힌 공간 안에서 시간이 흐르지만 어느 때인가를 아는 것도 무의미하다. 어둠과 밝음은 반복된다. 카메라도 어둡고 밝음에 대해서 신경 쓰지 않는다. 신경 쓰고 있는 것은 이 공간에서 무한 반복하는 몸들의 움직임이고 그 몸들이 내는 소리이다. 그 몸의 움직임과 소리를 카메라는 길게 주시하고 따라간다. 할 수 있는 한 끝까지 따라가고 이제 그만 멈춰야 하지 않을까 하는 시점에서 멈춘다. 그들의 시선과 마찬가지로 소리도 갇혀버린 이들의 귀로만 들리는 것을 듣게 한다. 이렇게 각 이미지와 소리의 행위가 적절히 완결되어져 긴 숏들이 만들어진다.

숏과 숏의 연결과 배치가 영화 안의 닫힌 공간을 연상시켰다. 입구와 출구가 닫힌 공간 안에서 허락된 자유로움을 가지고 숏들은 여기저기 놓여 있다. 그러니까 오프닝과 클로징만 제자리에 두고 다른 숏들은 무작위로 재배치해도 영화의 이야기는 크게 달라지지 않을 거 같다. 그리고 우리에게 보여주는 숏들은 이 공간에서 오랜 시간 축적되어 일상화되어 있는 이미지와 소리들이다. 일회적이거나 특이하게 일어나는 사건은 아직 축적되어 단단한 지층을 만들지 못했기 때문이다. 이 일상화되어 있는 거 같은 숏들이 진정성이라는 이름으로 설득력을 갖고 우리를 영화의 이야기에 동참시킨다.

엔딩과 본다는 것의 의미

왕빙의 영화는 보는 내내 중국 정신 병동에 갇힌 인민들의 삶과 세계에 대한 많은 생각을 하게 했다. 엔딩은 〈광기가 우리를 갈라놓을 때까지〉라는 제목을 불러와 다시 생각하게 한다. 두 남자가 서로 친밀감을 주고받을 때 카메라의 거리도 가까워진다. 중반부에서도 두 남자의 몸이 함께 있을 때 카메라가 그들에게 가까이 갔다. 어두운 밤 두 남자가 서로의 몸에 기대어 실현할 수 있을 것 같은 '귀가'에 대한 말을 한다. 영화는 이렇게 끝이 났다. 감독의 역할도 끝났다. 나는 사실 엔딩의 의미를 잘 모르겠다. 그렇지만 이 영화를 보는 과정에서 나에게로 온 것들이 있다. 정서적으로 체험했던 감각과 중국의 빈곤한 정신 병동의 인민들에 대한 이미지들. 그러나 갇혀 있지 않아서 다행이라는 안도감과 이것이 나의 일이 될 수 있을지도 모른다는 두려움도 함께 왔다. '본다'는 자리에서 발생하는 사건. 이것은 불편함과는 좀 다른 이야기다. 전쟁이나 비극적인 일들을 목격할 때 늘 그런 거 같다. 나는 이런 두려움이 마음을 닫는 방향이 아니라 마음을 여는 방향으로 향하기를 바란다.

웨스 앤더슨

글 주성철

웨스 앤더슨 Wes Anderson

『우연히, 웨스 앤더슨』이라는 책이 있다. SNS 인스타그램에서 200만 명 가까운 팔로워 수를 자랑하는 '@AccidentallyWesAnderson' 계정의 내용을 엮은 책이다. 계정 주이자 저자인 윌리 코발은 여행을 다니다가 우연히 웨스 앤더슨의 영화에 등장할 법한 건축물이나 공간을 볼 때마다 사진을 찍어 올리기 시작했고, 많은 이들의 공감을 얻으며 다른 사람들에게까지 유행처럼 번져갔다. 심지어 그 장소 챕터들은 미국과 캐나다로 시작해 중동과 아프리카를 거쳐 남극으로 마무리된다. 웨스 앤더슨이 공식 인증하고 직접 서문을 쓴 유일무이한 책이기도 한데, 그는 서문에서 "내가 한 번도 본 적 없는 장소와 사물들을 찍은 것이지만, 솔직히 내가 찍고 싶은 사진들"이라며 "이제 나는 우연히 나 자신이 된다는 것이 어떤 건지 이해한다"라고 썼다. 뭐랄까, 그의 필모그래피는 인스타그램 시대의 인터랙티브 영화라고 해도 이상하지 않을 것 같다.

웨스 앤더슨의 고유성과 독창성에 대해 『뉴요커』의 영화 평론가 리처드 브로디가 "웨스 앤더슨은 화면을 보는 즉시 알아챌 수 있고, 심지어 이름 자체가 형용사가 될 수 있는 몇 안 되는 감독 중 한 명"이라고 했던 것을 떠올리게 하는 일이다. 더불어 『보그』 미국판에서는, 이러한 콘셉트의 책이 나오게 됐다는 것에 대해 "예술이 삶을 모방하는 게 아니라, 그 반대도 사실이라는 것을 보여주는 사례"라고도 썼다. 실제 영화 촬영지에 가서 그 영화를 떠올리는 게 아니라, 사실 아무 관계도 없는 장소에서 진심으로 누군가의 작품을 떠올린다는 것은 삶이 예술을 모방하는 것 같은 무척이나 귀한 상상력이다. 갈수록 영화를 조그만 모니터와 스마트폰 액정 화면으로 가두는 세상에서, 웨스 앤더슨의 영화는 프레임의 한계를 초월해 현실과의 만남을 주선한다. 그는 세계영화사를 통틀어 오직 '색감'과 '구도'로 이뤄진 공간의 상상력만으로 자기만의 유니버스를 만든 몇 안 되는 감독 중 하나다. 그처럼 그의 영화는 디자인에서 사용되는 색상 집합이자 색상 탐색표인 컬러 팔레트(Color Palette)의 영화다. 이 컬러 팔레트 위에서 일반적인 장르 구분은 무의미하다. 그나마 코미디가 지배적인 양상을 띠고 있긴 하나 장르를 규정짓는 특징이나 기표를 전혀 찾아볼 수 없다. 그래서 그의 영화를 할리우드가 아닌 '인디우드' 영화라고도 부른다.

과거 〈굴 공주〉(1919), 〈낙원의 곤경〉(1932), 〈사느냐 죽느냐〉(1942) 등을 만들었던 에른스트 루비치 감독의 스타일에 대해 그 특유의 미묘한 유머와 풍자, 그리고 시각적 위트에 대해 '루비치 터치'(The Lubitsch Touch)라고 표현했다. 단순한 유머가 아니라 관객의 상상력을 자극하는 연출과 재치 있는 대사가 하나의 숏이나 간단한 씬 안에 그대로 압축되어, 관객으로 하여금 한 컷도 놓치지 않게끔 했고 결과적으로 영화 전체를 가로지르는 아이러니를 제공했다. 웨스 앤더슨의 영화에도 '앤더슨 터치'라고 불러도 좋을, 딱 하나의 프레임으로도 알아볼 수 있는 '색'과 '형태'가 있다. 그 또한 루비치 터치처럼 특정 건축물의 '문'이나 '지붕', 혹은 인물들이 카메라를 향해 서 있는 '구도'만으로도 서사의 뼈대를 드러낸다. 에른스트 루비치를 멘토로 삼았던 빌리 와일더는 "루비치라면 어떻게 했을까?"라는 말을 벽에 써 붙여두고 연구했다. 그 말을 바꿔서 앤더슨이라면 어떤 색을 썼을까, 어떻게 인물 배치를 했을까, 라고 말할 수 있을 것이다. 그것은 단순한 호기심 이상의 영감의 교류다.

장편 데뷔작 〈바틀 로켓〉(1996)에서 오언 윌슨과 루크 윌슨 형제가 연기하던 미국 텍사스 골방의 루저들이, 어느덧 세월이 흘러 힙스터들의 제왕이 될 것이라 감히 상상이나 했을까. 이를 맨 처음 알아본 것은 역시 (!) 마틴 스코세이지였다. 그는 자신의 '90년대 영화 베스트 10' 목록에, 선댄스영화제에서 처음 공개된 뒤 혹평에 시달리고 흥행에서도 참패했던 〈바틀 로켓〉을 포함시켰다. 그는 "웨스 앤더슨은 사람들 사이의 단순한 기쁨과 상호 작용을 너무나 훌륭하고 풍부하게 전달하는 방법을 알고 있다"며 "요즘 이런 감성을 보여주는 영화는 드물다. 그는 매우 특별한 재능을 갖고 있다"고 추켜세웠다. 그러면서 그가 비교했던 감독은 무려 장 르누아르와 더불어, 앞서 언급한 에른스트 루비치와 함께 당대 최고의 스크루볼 코미디 장르의 대가였던 〈이혼소동〉(1937), 〈나의 길을 가려다〉(1944)의 레오 맥커리였다. 흥행 실패에 낙담해 오언 윌슨이 해병대 입대를 진지하게 고려하고, 연기의 꿈을 접을 생각까지 하게 만든 〈바틀 로켓〉은 그처럼 극소수 지지자들의 열광적인 호응을 끌어냈고, 세월이 흘러 2008년에는 '크라이테리온 컬렉션'으로 출시되기에 이른다.

다음 영화인 〈맥스군 사랑에 빠지다〉(원제: Rushmore, 1998)는 이후 그의 모든 영화에 출연하게 되는 빌 머리와 처음 만난 작품이기도 한데 "기회도 지지리도 없던 젊은이들과 함께 고생길에 오를 기회"에 끌려 출연한 것이었다. 하지만 그 결과는 데뷔작의 상처를 만회하기에 충분한 것이었다. 미국 의회 도서관은 1989년부터 개봉한 지 10년 이상 되고 '문화적, 역사적, 미학적으로 중요한 영화'를 매년 선정해 보관하는데, 2016년에는 바로 〈맥스군 사랑에 빠지다〉를 여기 포함시켰다. 이듬해 〈타이타닉〉(1997)과 〈메멘토〉(2000)가 선정되기까지 가장 '최신' 영화였다. 웨스 앤더슨과 오언 윌슨이 함께 시나리오를 쓰면서 '로알드 달의 소설처럼' 만들고 싶었던 바람도 성공적으로 담겼고, 웨스 앤더슨의 시그니처라고 할 수 있는 평면 숏도 등장했다. 그의 영화에서 '배치'와 '구도'가 그렇게 조금씩 자리잡혀가기 시작했다.

당시 웨스 앤더슨으로 하여금 '영화란 무엇인가?'라는 생각을 하게 만들어준 최초의 감독은 바로 히치콕이었다. 그런데 그중에서도 〈이창〉(1957)이 가장 충격적이라고 했는데, 그 충격적이었던 이유가 충격적이다. "영화가 아파트를 전혀 벗어나지 않는다"는 게 그의 뇌리를 떠나지 않았다. 언제나 공간을 중심에 두고 영화를 사유하는 그의 태도와 닮았을뿐더러, 〈이창〉에서 많은 시간 건너편에서 카메라 렌즈로 훔쳐보는 장면들은 그의 영화에 쌍안경을 들고 등장하는 인물들이 종종 있다는 점과도 연결된다. 특히 〈문라이즈 킹덤〉(2013)에서 언제나 목에 쌍안경을 들고 다니는 수지(카라 헤이워드)를 떠올리게 하는데, 실제로 웨스 앤더슨은 그런 설정에 대해 "내 영화를 그렇게 집중해 주길 바란다"고도 말한 적 있다. 영화에서 왜 늘 쌍안경으로 보냐는 물음에 수지는 "멀리 있는 것도 잘 보이잖아"라고 단순하게 대답한다. 그래서였을까, 그의 영화 전반을 총체적으로 다룬 비평집 『웨스 앤더슨; 아이코닉 필름 메이커』의 표지가 바로 〈문라이즈 킹덤〉에서 등대 위에 올라 쌍안경으로 아래를 내려다보는 수지의 자리에 웨스 앤더슨이 똑같이 들어간 파스텔톤 삽화다.

〈기생충〉(2019)으로 아카데미 시상식 무대에 섰던 봉준호 감독이 객석의 마틴 스코세이지를 가리키며, 그로부터 배운 가장 중요한 가르침이 "가장 개인적인 것이 가장 창의적인 것"이라고 했던 것을 살짝 바꿔 웨스 앤더슨에게 돌려준다면 "가장 인공적인 것이 가장 창의적인 것"이라 할 수 있다. 한 번 더 바꿔 말하자면, 웨스 앤더슨에게 있어 "가장 인공적인 것이 가장 진실된 것"이기도 하다. 웨스 앤더슨과의 긴 인터뷰가 실려 있는 그의 첫 번째 컬렉션북 『웨스 앤더슨 컬렉션: 일곱 가지 컬러』에 서문을 쓴 퓰리처상 수상 작가 마이클 셰이본은, 웨스 앤더슨을 페데리코 펠리니와 비교하며 "훤히 들여다보이는 인공물이야말로 예술가가 주장할 수 있는 유일한 진짜 '진실성'"이라며, 그것이야말로 "웨스 앤더슨의 '미니어처 모형의 역설적인 힘'"이라고까지 말한다. 더불어 툴리오 케치치가 쓴 『페데리코 펠리니』에서 펠리니가 자신의 영화 중 거대한 비닐로 가짜 바다를 만들었던 〈그리고 배는 간다〉(1983)를 두고 했던 "거짓말이 진실보다 흥미롭다. 때로는 명백한 현실보다 허구가 일상의 더 큰 진실을 보여준다"는 말을 인용한다. 웨스 앤더슨 영화가 노골적으로 드러내는 과도한 인공성과 그로 인해 고립된 우주, 그리고 그 우주의 규칙에 따라 움직이는 인물들에 대한 더없는 찬사다.

웨스 앤더슨이 종종 따로 또 같이 추구해 왔던 프로덕션 디자인의 인공성과 스토리텔링의 인공성이 가장 절묘하게 밸런스를 이룬 영화가 1955년 가상의 사막 도시를 배경으로 한 〈애스터로이드 시티〉(2023)라면, 이후 로알드 달의 소설을 바탕으로 넷플릭스에서 제작한 4개의 단편이자 그의 가장 최신작인 〈기상천외한 헨리 슈거 이야기〉, 〈백조〉, 〈쥐잡이 사내〉, 〈독〉은 멈추지 않는 실험 정신을 보여준다. 브레히트의 서사극처럼 관객의 감정 동화나 카타르시스에 의한 심리 작용 등을 거부하여 최면술적인 감동에서 벗어나게 함으로써, 관객을 새로운 인식으로 유도하여 실천적 각성을 불러일으키려는 목적까지는 아니겠지만, 그 특유의 거리두기 방식이 OTT 플랫폼을 통해 훨씬 극대화된 것이다.

〈기상천외한 헨리 슈거 이야기〉에서 컷을 나눠도 되는 장면을 기어이 연극의 막 교체로 보여주거나, 인물이 공간을 이동할 때 그것이 세트임을 보여주는 것도 익숙하며, 카메라를 정면으로 바라보며 얘기하는 것도 이전 영화들과 닮았다. 심지어 로알드 달(랄프 파인즈) 캐릭터도 등장한다. 그런데 언제나 문학과 영화의 경계를 초월하기 위해 '누군가에게 이야기를 들려주는' 형식을 즐겨온 그의 문학적 인용과 연극적 실험이 전혀 다른 차원으로 나아간다. 활자와 영상의 경계를 지워버리려는 듯 출연자가 마치 변사나 성우처럼 카메라를 쳐다보며 심지어 시나리오의 지문도 읽는다. 글의 "내가 말했다"를 영화 속 '내'(데브 파텔)가 "내가 말했다"라고 직접 읽는다. 헨리 슈거를 연기하는 배우 베네딕트 컴버배치가 "헨리가 말했다"로 말을 시작하며 이야기를 들려준다. 굳이 하지 않아도 되는 말, 말할 필요가 없는 말, 지금껏 시나리오를 영상으로 옮길 때 편집되어 들을 수 없었던 말을 굳이 카메라(관객)를 바라보며 '말한다'.

이전까지 웨스 앤더슨이 장르 구분이 무의미한 영화를 만들어왔다면, 여기서는 더 나아가 영화 역사상 최초로 비평은 말할 것도 없고 서술 자체가 불가능한 영화를 만들려는 전대미문의 시도라는 생각마저 든다. 어쩌면 그것이 그가 생각하는 가장 순수한 형태의 영화일지도 모른다. 그렇다면 웨스 앤더슨의 세계에서 "가장 인공적인 것이 가장 순수한 것"이라는 얼핏 모순된 표현마저 가능해지는 걸까. 그는 영화사를 통틀어 가장 대중적인 실험 영화 감독으로 기록될 것이다. 인스타가 사랑하는 실험 영화 감독이라니, 웨스 앤더슨이기에 가능한 일이다.

〈프렌치 디스패치〉

글 이나라(이미지문화 연구자)

정서적으로 깊이 몰두해야 하는 영화, 레퍼런스를 학습하며 후발적으로 이해할 때 지적 쾌감을 얻을 수 있는 영화를 기꺼이 보는 학자 Y는 점잖은 사람들 앞에서 판을 깨뜨려버리는 배짱을 가졌다. 과감하게 권위를 깨는 척하지만 실은 권위를 내세우는 동료들과 달리 Y는 슬쩍 코미디를 연출하고 연기하면서 판을 깬다. 그가 측두엽 신경 세포의 활발한 지적 작용을 필요로 하지 않는 의도적으로 저급한 코미디, 자신을 웃음의 재료로 삼는 스탠딩 코미디의 열렬한 팬이라는 점은 전혀 이상하지 않다. 언제인가 Y는 〈바틀 로켓〉, 〈맥스군 사랑에 빠지다〉, 〈로열 테넌바움〉, 〈문라이즈 킹덤〉 등에서 일관되게 드러나는 웨스 앤더슨 영화의 미숙한 어른과 한국 사회의 청년 문제를 연결한 강연을 준비하며 수다를 떨려던 내게 웨스 앤더슨의 영화는 너무 가볍다고 일축해 버렸다. 정면에서 진지한 주제와 형식적 실험성을 드러내는 영화를 선호하는 이들에게 웨스 앤더슨의 영화는 로맨스, 청년, 코미디 장르 영화의 일종으로 여겨진다. 앤더슨은 〈스티브 지소와의 해저 생활〉, 〈애스터로이드 시티〉 같은 영화에서 알 수 있듯, SF, 액션이나 범죄물의 문법까지 사용한다. 하지만 이런 사용은 제한적이다. 앤더슨의 로맨스는 성공하기보다 실패하고, 거대하고, 진지하며, 그럴듯한 집, 장소, 관계는 사소하고 유치한 정체를 드러낸다. 또는 거짓말을 숨기고 있다. 앤더슨의 영화는 장르 문법을 차용하면서도 의도적으로 거리를 두는 영화지만, 지나치게 숭고하거나 급진적인 영화 관객이라면 웨스 앤더슨의 영화를 분명 외면할 수 있다. 웨스 앤더슨은 본인이 지극히 사랑하는 방식으로 코믹한 요소를 사용한다. 웨스 앤더슨처럼 만화를 좋아하는 봉준호 감독이 말하는 "삑사리"의 묘미를 잘 살리는 감독이 웨스 앤더슨이다. 〈다즐링 주식회사〉에서 삼 형제가 기차를 향해 달려가는 장면은 웨스 앤더슨 특유의 시네마틱한 슬로 모션 장면인 동시에 슬랩스틱의 허둥지둥함을 가지고 있다. 앤더슨 영화의 주인공들은 에른스트 루비치적 주인공의 절묘함이나 트뤼포적 악동의 악의 없는 장난의 계보 역시 탁월하게 잇는다. 그렇지만 이는 인터넷 시대 대중 문화의 신체적이고 직접적인 웃음 코드의 해방성을 높이 사는 Y의 구미에 맞지 않다. 나는 앤더슨의 영화의 웃음이 언제나 정교하게 시각적으로 우회하기 때문일 것이라고 짐작한다. 〈판타스틱 미스터 폭스〉, 〈그랜드 부다페스트 호텔〉의 신체 절단은 내 신체의 절단을 위협하지 않고, 묵혀 둔 복수심으로 가득한 나의 영혼을 충족시키지 않는다. 게다가 웨스 앤더슨 영화의 시각적 구성은 장식적인 것에 그치거나, 시장에 진열되는 상품처럼 눈길을 끈다는 혐의를 받는다. 웨스 앤더슨의 화려한 스타 캐스팅과 화려한 상품 포장지를 닮은 시각적 형식을 비난하는 이들은 그가 CG 애니메이션 제작에 모두 나설 때 스톱 모션 애니메이션을 제작하는 방식으로 시장의 흐름을 거슬렀다는 점에는 그다지 관심을 두지 않는다. 여하튼 웨스 앤더슨 영화는 개성적인 캐릭터와 스타일로 분명 미국 인디 영화와 힙스터 문화에 지대한 영향을 미쳤다.

그런데 웨스 앤더슨이 회고록을 쓰기 시작했다. 웨스 앤더슨의 아홉 번째 장편 영화 〈프렌치 디스패치〉(2021), 이 영화는 어떤 의미에서 성인이 된 앤더슨의 첫 번째 회고록이다. 물론 앤더슨이 회고록을 쓰는 것을 상상하기는 쉽지 않다. 일기, 전기, 자서전, 회고록의 장르적 차이를 정확하고 세세히 언급하지는 말자. 회고록은 제도적으로 성공한 어른이 쓴 글이나 책에나 붙이는 이름이라는 점에서 〈프렌치 디스패치〉를 회고록이라고 부르는 것은 적절치 않을지도 모른다. 이미 앤더슨은 스티븐 스필버그, 폴 토머스 앤더슨, 제임스 그레이가 근작에서 다루었던 유년 시절과 유년의 문화적 코드를 일찌감치 다루었다. 반면 미국의 캔자

스 시티, 프랑스의 상상의 도시 앙뉘 쉬르 블라제(Ennui sur Blasé. 프랑스어로 앙뉘는 권태, 블라제는 흥미를 잃어버림을 뜻한다. 쉬르~는 프랑스 하천 유역 도시에 붙이는 흔한 이름으로, 직역하자면 블라제 강변의 앙뉘라는 뜻이다), 잡지사는 앤더슨의 자전적 세계가 아니다. 상상의 잡지 〈프렌치 디스패치〉의 마지막 호에 실린 한 편의 부고, 지역 소개(〈짧은 여행 가이드〉), 정신 병력을 가진 수감자이자 천재 화가(〈콘크리트 걸작〉), 대학생이 주도하는 점거와 시위의 68혁명적 분위기(〈선언문 수정〉), 경찰 식당의 요리사 이야기(〈경찰 서장의 개인 식당〉)도 마찬가지다. 좀 더 직접적으로 성장기의 열광을 참조하는 〈바틀 로켓〉과 〈맥스군 사랑에 빠지다〉, 성장기의 상실을 참조하는 〈로열 테넌바움〉, 〈문라이즈 킹덤〉 등과 견주어 보면 아무래도 〈프렌치 디스패치〉는 자서전이 아니라 위대한 시대, 인물, 사건을 기록한 회고록 같다.

앤더슨은 동화 작가 로알드 달, 전기 작가 스테판 츠바이크에 대한 취향을 완고하게 반영하기 위해 상상 속 동물의 세계(〈판타스틱 미스터 폭스〉), 과거에 존재했던 오스트리아 헝가리 제국(〈그랜드 부다페스트 호텔〉)의 세계를 모방하며 영화적 세계를 구성한 바 있다. 앤더슨이 이번에 회고하는 것은 '위대한 문화 유산'이다. 일러스트레이션으로 표지를 장식하는 뉴욕의 유서 깊은 교양 잡지 『뉴요커』와 필진의 명성과 역사, 트랜스 아틀랜틱 문화 교류의 역사가 여기에 있다. 두말할 나위 없이 영화 예술과 영화 창작자의 역사 역시 여기에 투사된다. 잡지사 윤전기 설비 위로 기사를 찍어낼 빈 종이가 필름처럼 길게 이어진 채 쏟아져 나오는 것을 보여주는 영화의 첫 장면은 잡지와 영화 사이의 평행 관계를 에두르지 않고 분명하게 제시하고 있지 않은가.

뉴요커, 잡지, 문화 예술 비평의 세계는 앤더슨을 키운 문화적 유산, 앤더슨이 사랑하는 과거다. 이 세계는 〈그랜드 부다페스트 호텔〉의 오스트리아 헝가리 제국과 달리 아직 완전히 사라지지 않은 세계다. 이 세계는 비인간 사회의 판타지를 통해 인간 사회의 현실을 환기하는 〈판타스틱 미스터 폭스〉의 세계와 달리 실재하는 세계다. 그래서 〈프렌치 디스패치〉는 사랑하는 세계를 열렬하되 영화적으로 회고하기 위해, 비스듬하게 회고해야 했다. 영화는 아직 일어나지 않은 잡지의 완전한 죽음, 미래의 죽음을 회고한다. 영화는 전설적인 『뉴요커』 편집장 몇몇의 개성을 섞어 창조한 『프렌치 디스패치』 편집장 아서 호위처 주니어의 부고 기사로 시작된다. 죽은 자의 목소리를 빌려 이야기를 시작했던 빌리 와일더의 〈선셋 대로 Sunset Blvd〉, 오토 프레밍거의 〈로라 Laura〉 같은 빼어난 영화들을 떠올려보자. 영화가 죽은 자의 목소리와 얼굴과 맺는 특권적인 관계를 떠올려보자. 신문과 잡지는 부고 기사를 통해 영화처럼 죽음과 특권적 관계를 맺는다.

웨스 앤더슨이 〈프렌치 디스패치〉를 만들었던 시기, 할리우드의 선배와 동년배들은 관객이 쉽게 몰두할 수 있는 가족과 친구, 지역 공동체 안에서 자전적 이야기를 전개했다. 이들은 집단 기억을 복기하고 문화적 향수를 불러일으킬 수 있는 영화 매체의 힘을 확인하고자 한다. 반면 웨스 앤더슨은 〈프렌치 디스패치〉에서 의도적으로 관객의 정서에서 한 걸음 더 물러선다. 그는 오랫동안 즐겨 사용했던 액자 구조를 더 한층 정교하게 하고, 인쇄 잡지의 섹션 구성을 모방한 에피소드 구성을 취하며, 흑백 화면과 컬러 화면, 프랑스어 대사와 영어 대사, 운동 이미지와 정지 이미지를 엄격하지 않은 원칙에 따라 뒤섞는다. 〈프렌치 디스패

치〉는 이전의 웨스 앤더슨 영화처럼 유희적인 형식주의의 면모를 가지고 있다. 그런데, 여기에 더해 이 영화에서 웨스 앤더슨은 지극히 분석적 형식주의 역시 실험한다. 〈프렌치 디스패치〉는 영화로 쓴 잡지의 역사이자 잡지의 세계로 반추하는 영화의 세계이기 때문이다. 가령 〈콘크리트 걸작〉은 존 포드의 서부극 〈리버티 밸런스를 쏜 사나이 The Man Who Shot Liberty Valance〉처럼 영웅의 신화를 해체한다. 존 포드 영화를 연상시키는 대목 중 하나는 시몬의 사례다. 〈프렌치 디스패치〉에는 웨스 앤더슨이 좋아하는 영화 중 하나로 꼽아 온 루이스 부뉴엘의 〈사막의 시몬 Simon del desierto〉의 흔적이 있다. 부뉴엘의 시몬은 사막 속 솟대 위에서 온갖 환영을 보면서도 고행을 거듭한다. 앤더슨의 시몬은 단상 위에서 불가능한 포즈를 취한다. 이 때문에 〈콘크리트 걸작〉 속 시몬과 부뉴엘 영화 속 성인 시몬 사이의 모종의 유사성과 차이를 추측하게 된다. 그런데 또 한 사람이 같은 포즈를 취한다. 바로 미술관 운영자이자 『프렌치 디스패치』의 필자 J.K.L. 베렌슨이다. 그녀는 미술관 청중에게 실수로 노출한 사진 속에서 시몬과 같은 포즈를 취하고 있다. 이 장면은 곧 베렌슨 자신이 시몬일지도 모른다는 추측을 낳는다. 마찬가지로 기사 자체의 진의 역시 의혹의 대상이 될 수 있다. 기사가 다루고 있는 미치광이 천재 화가와 감옥 속 뮤즈는 과연 존재했던 실존 인물일까? 신화를 창조하는 장르 영화 안에서 신화와 역사의 불가분의 관계를 다루었던 존 포드의 영화에서 서부에 돌아온 제임스 스튜어트는 신문 기자에게 비밀을 털어놓는다. 〈프렌치 디스패치〉에서 비밀을 털어놓는 이는 기자 본인이다. 사진을 통해 콘크리트 걸작 신화의 허구성을 청중에게 직접 폭로하는 베렌슨의 사례는 오늘날 일인 미디어 시대의 상황, 모두가 공적으로 말할 수 있으며, 모든 공적인 매체가 사적으로 말하는 상황을 은유하고 있지 않은가?

〈짧은 여행 가이드〉는 앙뉘의 강에서 매주 8.25구의 시체가 발견된다고 전한다. 〈프렌치 디스패치〉가 영화라면 앙뉘는 죽음을 소재로 삼은 영화가 끝없이 상영되는 극장이다. 정치적 영웅의 신화를 해체하는 〈선언문 수정〉에서 한 청년은 바닥으로 뛰어내려 죽고, 다른 한 청년은 위로 올라가 죽는다. 웨스 앤더슨의 미장센은 이제껏 수직성의 세계를 구축해왔으므로, 두 청년은 웨스 앤더슨적 세계의 양 끝에서 죽는다. 앤더슨은 마지막 에피소드인 〈경찰 서장의 개인 식당〉에서 미국보다 인종 차별이 덜한 프랑스에서 디아스포라적 삶을 살아야 했던 흑인 동성애자 시인 제임스 볼드윈, 『욕망이라는 이름의 전차』를 쓴 극작가 테네시 윌리엄스와 『뉴요커』 음식 평론가 리블링(AJ Liebling)을 참조하여 『프렌치 디스패치』의 음식 섹션 담당 기자 뢰벅 라이트(Roebuck Wright)라는 인물을 만들어냈다. 예술적 영웅의 신화와 정치적 영웅의 신화를 해체하고, 신화를 생산하는 언론의 공모를 가볍게 문제 삼던 〈프렌치 디스패치〉는 뢰벅 라이트와 위대한 셰프를 다룬 마지막 에피소드에서 "친구 하나 없는 외국인"이 느끼는 슬픈 외로움을 언급한다. 웨스 앤더슨 영화에서 슬픈 외로움의 정조는 늘 마지막에 찾아온다. 〈스티브 지소와의 해저 생활〉, 〈판타스틱 미스터 폭스〉 등의 마지막 부분에서 앤더슨은 이해할 수 없는 감정, 미지의 감정, 벅차고 슬픈 감정을 언급한 바 있다. 〈프렌치 디스패치〉는 두 이방인에게 앤더슨적 세계의 핵심, 슬픔의 자격을 부여한다. 〈프렌치 디스패치〉는 또한 이방인의 회고록이다.

‘책 읽기’라는 방법론, 번역으로서의 연기

글 이영재
스틸 제공 그린나래미디어㈜, ㈜트리플픽쳐스

하마구치 류스케 濱口 竜介

하마구치 류스케 Ryusuke Hamaguchi

2005 Friend of the Night
2007 Solaris
2008 열정 Passion
2009 영원히 그대를 사랑해 I Love Thee for Good
2010 심도 The Depths
2012 Intimacies
2012 The Sound of Waves
2013 Voices from the Waves — Kesennuma
2013 Voices from the Waves — Shinchimachi
2013 Storytellers
2013 섬뜩함이 피부에 닿는다 Touching the Skin of Eeriness
2015 해피 아워 Happy Hour
2016 천국은 아직 멀어 Heaven is Still Far Away
2018 아사코 Asako I & II
2021 우연과 상상 Wheel of Fortune and Fantasy
2021 드라이브 마이 카 Drive My Car
2024 악은 존재하지 않는다 Evil Does Not Exist

〈드라이브 마이 카〉의 다언어 연극 연출가이자 배우인 가후쿠(니시지마 히데토시)는 배우들에게 감정을 최대한 배제하고 ‘책을 읽듯이’ 대본 리딩을 요구한다. ‘전화번호부’를 읽듯이 그저 읽을 것. 일본, 대만, 한국, 필리핀, 인도네시아, 말레이시아 등의 국적을 가진 자들은 각자 자신들의 모국어로 번역된 체홉의 『바냐 아저씨』를 읽는다.(이 언어‘들’에는 한국 배우에 의한 한국어 수화도 있다.) 당연한 말이지만 각자의 배역에 따라 읽는 대사의 끝이 어디인지 알 수 없는 이 상황은 하나의 신호를 만들어내는데, 배우들은 테이블을 가볍게 통 치는 신호로 대사가 끝났음을 알린다. 통, 통, 통. 이 장소에서 통용 가능한 공통 언어는 영어로 상정되지만, 영어는 극히 기능적인 역할을 할 뿐이다. 인사말, 간단한 지시, 연습의 시작과 끝을 알리는 알림 같은. 이를테면 가후쿠는 대본 리딩을 다시 할 것을 지시한다. “From the beginning act 2.” 대만에서 온 여배우 재니스가 급기야 그에게 영어로 “우리는 로봇이 아닙니다. (중략) 지시해 준다면 더 잘 연기할 수 있습니다”라고 항변한다. 배우의 항변은 극히 정당하다. 대체 그저 읽는 게 무슨 소용이 있는가? 당신이 원하는 것은 무엇인가? 연출자로서 당신의 ‘의도’는 무엇인가? 여기에 대해 가후쿠는 평이한 어조로 그러나 고집스럽게 다음과 같이 말한다. “더 잘할 필요 없습니다. 그냥 단순히 대본을 읽어주세요.”

이 장면은 잘 알려져 있다시피 하마구치 류스케 본인의 연출 방법을 재현한 것이다. 하마구치는 감정을 배제하고 억양과 인토네이션을 억제한 대본 리딩을(그는 이를 ‘책 읽기’라고 부른다) 자신의 고유한 연기 연출의 방식으로 도입해왔다. ‘책 읽기’는 〈드라이브 마이 카〉에서 히로시마 연극제에 레지던스 예술가로 초청받은 가후쿠처럼 2014년에 하마구치가 레지던스 예술가로 고베에 초청받아 ‘즉흥 연기 워크숍’을 주최했을 때 도입한 방법론이다. 이 워크숍에서 하마구치는 ‘서브텍스트’라고 그가 부르는 풍부한 텍스트군들의 생성을 또한 발명하였다. ‘서브텍스트’는 캐릭터의 내력, 심정, 관계성에 대해 그 자신에 의해 덧붙여 쓰여지거나 참가자들에 의해 쓰여진 ‘이야기’와, 배역들의 상호 인터뷰를 통한 배역에의 이해의 심화, 이를 돕기 위한 ‘17개의 질문’ 등을 총칭한다. (여기에 대해서는 하마구치 자신이 쓰고 있는 다음 책에 자세하다. 『카메라 앞에서 연기한다는 것』) 한 가지 덧붙이자면 ‘서브텍스트’가 스타니슬랍스키의 ‘무대적 사실주의’의 핵심 방법론 중의 하나였으며, 스타니슬랍스키의 ‘시스템’이 적용되었던 유력한 대상이자 가장 성공적인 결과를 낳았던 것이 또한 체홉의 작품이었음을 언급해 두자.

이 8개월간의 워크숍은 5시간 17분에 이르는 영화 〈해피 아워〉라는 결과물을 낳았고, 이 영화로 비직업 배우인 네 명의 워크숍 참가자 다나

카 사치에, 기쿠치 하즈키, 미하라 마이코, 가와무라 리라는 로카르노영화제에서 공동 여우주연상을 수상하였다.

하마구치 스스로 밝히듯 '책 읽기'는 두 가지로부터 영감을 받았다. 첫 번째 장 르누아르의 연기 지도. 르누아르의 배우였던 지젤 브론베르제가 감독한 단편 〈장 르누아르의 연기 지도〉에서 르누아르는 배우들에게 대본을 '전화번호부 읽듯이' 감정을 배제하고 억양 없이 몇 번씩 반복해서 읽기를 요구한다.(이 영화는 유튜브에서 찾아볼 수 있다. https://www.youtube.com/watch?v=aSlFWldLzJw) 두 번째, 연극 연습. 2012년 하마구치는 도쿄의 연기 학원 엔부 제미나르와의 협업으로 자신이 쓴 대본을 학생들이 연출/연기하고 이를 카메라에 담는 작업을 진행하였다. 이 과정에서 그가 목격한 것은 장 르누아르의 '책 읽기'와 동일한 방법으로 이들 배우 지망생들이 연습을 수행하는 장면이었다. 〈해피 아워〉의 워크숍 직전에 있던 이 목격은 그에게 '책 읽기'에 대한 확신을 주었던 것 같다. 하마구치는 이 협업의 결과물, 즉 그가 쓴 대본으로 만들어진 연극을 극중극의 형식으로 가운데에 두고 동거 중인 연출가 커플의 이야기와 짧은 에필로그까지 3부로 이루어진 4시간 15분짜리 영화 〈친밀함〉(2012)을 완성하였다.

'책 읽기'의 방법론은 하마구치의 최초의 상업 영화라고 할 수 있을(이는 다름 아닌 직업 배우들과 타이트한 스케줄 내에서 작업했다는 의미이다) 〈아사코〉에도 적용되었다. 유사와 반복의 논변을 멜로드라마에 도입한 이 '괴기 영화'(이 표현은 이 영화를 통해 일본 영화의 제3의 황금시대가 도래했다고 특유의 과장된 어사로 말하고 있는 하스미 시게히코의 언급이다)의 일본어 제목과(〈자나 깨나〉) 영어 제목은(Asako I & II)은 서로가 서로에게 기대어 의미를 보충해주고 있는 것처럼 보인다. 사랑은 유형에서 비롯되는 것이 아니라 유일성에서 비롯된다. '너'와 같은 자가 아닌 '너'라는 유일성이야말로 내가 너를 사랑하는 이유이다. 나는 너를 너이기 때문에 사랑한다. 유사와 반복이 유일의 자리와 교환될 때 이 영화는 (사랑의 개념 속에서) 진정 괴기 영화일 수밖에 없는데, 그것을 가능하게 하는 것은 의식과 무의식, 발현된 것과 잠재적인 것이('자나 깨나') 영화 속 현실에서 하나로 이어져 있기 때문이다. 또는 료헤이와 바쿠가 함께 등장하는 레스토랑 씬이 그토록 기이한 것은 발현된 것과 잠재적인 것이 시차 없이 말 그대로 하나의 숏 안에 '존재'하고 있기 때문이다. 실제로는 불가능한 이 장면이 영화적 트릭을 통해 가능해진 순간 아사코가 그녀에게 있어 첫 번째 이미지였던 바쿠를 좇아가는 것은 그 순간에 매우 타당한 것이지만, 센다이에서 바쿠와의 동행을 멈추고 다시 돌아오는 것 또한 극히 타당한 일이다. 이 영화에는 알다시피 실재했던 사건의 어마어마한 부피가 영화 속 현실로 도입되어 있다. 아사코와 료헤이는 대지진 당시 조우했고, 센다이로 함께 구호 활동을 다녔다. 료헤이와 함께 실제 사건이 중첩된 영화 속 시간을 살아간 그녀는 이미 아사코II이기 때문에 그렇다. 아사코II는 아사코I과 같을 수 없다. 센다이라는 지명은 영화의 안과 밖에서, 또 카메라의 뒤에 있는 자와 앞에 있는 자가 함께 공명하고 있는 장소이기도 하다.

2011 3.11 직후 하마구치 류스케는 동료 사카이 코와 함께 센다이를 거점으로 '도호쿠 기록 영화 삼부작'을 찍었다. 3.11 이전의 재해의 기억에 관한 〈파도 소리〉, 재해를 입은 자들의 대화와 인터뷰로 이루어진 〈파도 목소리〉, 도호쿠 지방의 전승 민담을 이야기꾼이 말하고 청자가 듣

는 과정을 기록한 〈노래하는 자〉까지 약 2년 동안 지속된 이 다큐멘터리 작업은 그로 하여금 목소리의 존재론이라고 할만한 것을 강하게 각인시켰다. 하마구치의 고백에 따르면 이 작업은 언어에 그것을 발화하고 있는 카메라 앞에 선 자의 존재가 고스란히 담겨있는 것을 실감한 것이었다. 하마구치는 그 이전 도쿄예술대학원 졸업 작품이자 그의 장편 영화 데뷔작인 〈열정〉(2008)부터 일본 영화에 희유한 '총탄과 같은 대화'의 영화라고 할만한 것을 보여주었다. 그의 영화는 아르노 데스플레셍적인 회화의 영화에 또는 존 카사베티스의 '감정'의 데쿠파쥬에(하마구치의 대학 졸업 논문은 존 카사베티스의 '감정' 이미지에 관한 것이었다) 비견되었으며, 지난 20년간 데뷔한 그 누구보다도 열광적인 지지를 끌어모았다. 그런 그에게 있어 '책 읽기'는 언어가 존재와 일치되는 저 생생함의 체험을 극영화로, 다시 말해 카메라 앞에서 연기하는 배우에게 각인시킬 수 있는 적실한 방법론의 모색이 도달한 하나의 답변이다. "제가 유일하게 겨냥하고 있는 것은 어느 순간의 목소리가 신체 깊숙이에서 울려오고 있는 것처럼 느껴질 수 있는 그 순간입니다. '텍스트를 통해 그 사람 자신이 표현'되는 것 같은 목소리가 울릴 때가 있습니다."(하마구치 류스케)

다시 〈드라이브 마이 카〉의 장면으로 돌아가보자. 배우들은 '책 읽기'를 연습하던 실내에서 벗어나 공원으로 나간다. 소냐 역을 맡은 한국 배우 유나와 엘레나 역을 맡은 대만 배우 재니스는 리허설을 시작한다. 중국어 대사와 한국어 수화가 오간다. 수화가 부여하는 침묵과 골똘한 응시와 중국어 발화가 교차되는 어느 지점, 땅바닥의 마른 나뭇잎을 집은 소냐가 엘레나의 등 뒤에서 그녀에게 나뭇잎을 건네고 꼭 껴안으며 수화로 말한다. "치세요, 들려줘요." 소냐가 등 뒤에서 엘레나를 껴안음으로써, 둘은 정면을 향해 서 있다. 서로를 향해 미소 짓는 두 얼굴이 더없이 감동적인 순간을 만들어낸다. 그때 오케이 사인을 보내며 가후쿠가 말한다. "지금 뭔가가 일어났어." '책 읽기'는 이로써 '텍스트를 통해 그 사람 자신이 표현'되는 결과를 얻는다. 그런데 실은 이 장면에서 가후쿠는 그녀들의 저 감동적인 미소를 볼 수 없었다. 그는 다른 배우들과 함께 포커싱 아웃된 채 그녀들의 뒤편에 앉아있었다. 당연한 말이지만 정면을 향한 그녀들을 보고 있는 것은 카메라 뒤편의 존재, 하마구치 자신이다. 그렇다면 이 장면에서 가후쿠의 언사("지금 뭔가 일어났어")는 그들이 수행한 것과 동일한 방식으로 그들을 통해 영화를 만든 감독의 말에 다름 아닐 것이다.

'책 읽기'에 다언어의 층위를 더한 〈드라이브 마이 카〉의 연습 장면에서 영어가 기능적인 언어로 설정된 것은 우연이 아니다. 그것은 최소한의 의미를 전달할 뿐, 이 학습된 군림의 언어를 통해 텍스트는 '신체화'될 수 없다. 세계 언어로서 군림하는 영어가 '공통성'을 폭력적으로 강제하는 것이라면, 여기서 찾아내고자 하는 것은 복수의 존재의 신체와 목소리에서 비롯되는 조건 없는 개방성만을 자신의 조건으로 하는 공동체의 보편성인지 모르겠다. 이 순간 하마구치가 자신의 '책 읽기'를 직역에 비유하고 있는 것은(하마구치는 연기가 번역과 같은 것이라고 생각한다) 더없이 의미심장해 보인다. 벤야민은 직역을 옹호하며 "진정한 번역은 훤히 비쳐 나오는 번역으로서 원작을 덮지 않고 원작에게 빛을 가리지 않으며, 오히려 순수 언어를 번역 자신의 매체를 통해 강화하여 그만큼 더 원작 위로 떨어지게 한다"고 말한 바 있다. 어쩌면 하마구치 류스케의 영화는 '순수 언어'에 대한 언제나 위기에 가득 찬 현재진행형의 움직임인지 모른다.

〈해피아워〉

글　장건재(영화감독)

영원히 끝날 것 같지 않은 영화가 있다. 마치 깊고 검은 우물 안을 들여다 보고 있는 기분이 드는 영화들. 할 수 있다면 빠져나오고 싶은 세계. 그냥 지나칠 수는 있겠지만 분명히 거기에 존재하는 장소. 내가 외면하더라도 끝없이 계속될 것 같은 시간. 그 안에서 온몸으로 버티고 서 있는 인물들. 매혹적이지만 어둡고 때로는 형언하기 힘든 세계. 어떤 감독들은 기꺼이 그 세계에 몸을 던져 카메라를 세우고 우리를 그 길로 안내한다. (내겐 페드로 코스타, 왕빙, 그리고 라브 디아즈의 영화들이 그렇다)

그리고 여기 다른 종류의 영화가 있다. 끝나지 않고 계속되었으면 하는 영화들. 영화 속 인물들이 더 이상 불행하지 않기를 바라게 되는, 그

래서 영화 밖으로 빠져나가는 것이 망설여지는 세계. 그 인물들과 오래도록 함께 살아가고 싶게끔 만드는 영화들. 영원히 붙잡아 두고 싶은 순간. 말하자면, '행복한 시간'. (압바스 키아로스타미와 아키 카우리스마키의 영화들 그리고) 하마구치 류스케 감독의 영화 〈해피아워〉가 내겐 그렇다.

5시간 17분에 달하는 〈해피 아워〉는 긴 상영시간과 명료한 제목에서 풍기는 은은한 야심과 달리 고베에 사는 4명의 중년 여성들의 일상을 소박하게 펼쳐 놓으면서 시작한다. 싱글 간호사 마키노

아카리, 중학생 아들을 둔 전업주부 이바 사쿠라쿠, 아트 센터 '포르토'에서 근무하는 쓰카모토 후미, 이혼 소송 중인 주부 요시카와 준, 이들은 모두 각자의 자리에서 각자의 방식대로 30대 중반을 통과하고 있는 절친한 친구 사이다. 이 살갑고 다정한 친구들은 후미의 동료가 기획한 신체 워크숍에 참가하고, 함께 1박 2일로 아리마 온천에 다녀오고, 후미의 남편이 편집자로 있는 소설 『수증기』의 낭독회에 가기로 약속한다. 특별할 것 없이 평온하게만 보이던 일상은, 인물 내면에 도사린 미세한 불안과 관계 속의 작은 균열을 천천히 보여주면서 우아하게 진행해 나간다. 그리고 영화는 두 번의 이벤트를 거치면서 기묘한 길로 들어섰다 다시 돌아나간다.

〈해피아워〉를 보면서 마주했던 기이한 순간이 있다. 4명의 친구는 '중심(重心)에 귀 기울이다'라는 타이틀의 신체 워크숍에 참가한다. 워크숍 강사 우카이 케이는 동일본대지진 피해 지역에서 자원봉사를 했던 경험을 바탕으로 '중심이란 무엇인가'라는 질문을 하면서 워크숍을 시작했다고 밝힌다. 그러면서 영화는 참가자들이 사람의 중심을 찾고, 중심의 소리를 듣고, 나아가 마음의 소리를 읽는 수행을 차례로 보여준다. 보통의 영화라면 가벼운 스케치나 몽타주로 넘어갈 수 있는 장면을 무려 30분이나 할애한다. 여기서 영화는 홈 드라마로 시작했다가 워크숍의 과정을 다룬 다큐멘터리로 스리슬쩍 둔갑하는 마술을 부린다. 이 시퀀스는 언뜻 이야기의 흐름에서 비켜나간 것처럼 보이지만, 시간이 흐르면서 점차 감독이 의도한 어떤 걸 분명히 봐야만 하는 의무를 지게 만든다. 하지만 그것이 어떤 의도인지 알아차리기 쉽지 않고, 그러기도 전에 원데이 클래스는 끝난다.

그런 후 장면은 사쿠라쿠가 화장실에서 머리매무새를 가다듬고, 음료수를 마시기 위해 자판기 앞으로 서는 것으로 전환한다. 그 순간 남자 화장실에서 같은 워크숍 참가자였던 가자마가 등장해 자판기 앞에 나란히 선다.

뭔가 희한한 워크숍이었죠? 네. 재밌긴 했지만요. 사쿠라쿠 씨. 네? 이 이후로 뭔가 예정이 있으신가요? 괜찮다면 식사라도…. 죄송합니다. 친구들과 함께 와서요. 죄송합니다. 괜찮습니다. 저도 친구랑 왔습니다. 네? 뭡니까? 그럼, 방금 왜 그런 말을…?

그야말로 평범하고 흔하디흔한 얼굴을 지녔다고 밖에 말할 수 없는 가자마는 (그렇다면 과연 배우의 얼굴이란 무엇인가) 4명의 주연 배우들 사이에서 그저 엑스트라처럼 머물다 퇴장했어도 충분한 인물처럼 보인다. 물론, 이 말에는 모순이 있다. 〈해피아워〉의 배우 중에 프로페셔널은 없기 때문이다. 그럼에도 내게 이 장면은, 고베의 시민이자 하마구치 류스케 감독의 연기 워크숍의 수강생인 아마추어 배우 '사카쇼 하지메'가 논픽션이라고 하는 거대한 벽을 허물고 픽션의 세계로 걸어 들어와 '가자마 유다이'의 목소리(대사)로 전환하는 천지개벽의 순간처럼 보인다. 이 장면은 영화 〈해피아워〉을 감상하는 하나의 가이드가 된다.

그리고 다시 뒤이어 30분에 가까운 워크숍 뒤풀이 장면이 묘사된다. 여기서 더 이상한 것은 우카이의 얼굴이다. 그는 워크숍 내내 쓰나미가 휩쓸고 간 폐허에서 중요한 깨달음을 얻은 같은 현자의 얼굴을 하고 있다가 과연 같은 사람일까, 라는 생각이 들 정도로 의뭉스러운 표정으로 뒤풀이 자리에 앉아 있다. 처음 〈해피아워〉를 보면서 이러한 변화무쌍한 전환과 시치미가 당혹스럽게 느껴졌다. 지금까지 내가 뭘 본 것일까. 이 사람들은 도대체 왜 이러는 걸까.

무카이가 빠져버린 『수증기』 낭독회의 대담자로 나선 준의 남편이자 생명물리학자인 히노 고헤이도 마찬가지다. 그는 처음 준과의 이혼 법정에 등장해 차갑게 식어버린 표정으로 준을 바라본다. 그리고 혼자 사는 준의 집에 예고 없이 방문한다. 고헤이의 등장은 그 자체로 위험적이다. 하지만 무카이의 대타로 나선 자리에서 소설 『수증기』를 누구보다도 사려 깊은 마음으로 이해하고 작가 노세에게 날카로운 질문을 던진다. 이 장면에서 고헤이의 얼굴은 오후의 햇살처럼 따뜻하고 부드럽다.

사쿠라쿠의 말처럼 그가 "사람의 마음을 모르지 않는구나." 사람과 "이렇게 대화하는구나" 라는 점을 부정하기 어렵게 만든다. 이렇듯 등장인물들은 영화가 끝날 때까지 고정되지 않고 끊임없이 다른 면을 보여준다. 우리는 한 인물이 어떤 사람인지 끝까지 판단을 유예할 수밖에 없다. 이것은 하마구치 류스케가 존 카사베츠를 방법론을 계승-전유한 것이다. 또한, 시간을 들여 인간을 이해하는 그의 사려 깊고 조심스러운 방법 같기도 하다. 어쩌면 317분의 상영시간은 인물들과 관계하기 위한 최소한의 근거가 아닐까. 하지만 이 사람들을 이해하는데 고작 317분이라니. 그 짧은 시간에? 우리는 잠시 한 단면을 볼 수 있을 뿐이다.

알려진 대로, 〈해피아워〉는 '디자인 크리에이티브센터—고베(Kito)'에서 일반 시민들을 대상으로 약 5개월에 걸쳐 진행한 '즉흥연기 워크숍'의 결과물이다. 이 워크숍은 영화 제작을 전제로 이뤄졌고, 이후 1년여간 주말마다 촬영했다. 선발된 17명의 참가자 중에서 연기 경험이 전무한 4명의 여성들을 주인공으로 최종 선발했다. 게다가 이들은 모두 생업이 있는 사람들이었다. 워크숍을 주도한 세 명의 각본가(하마구치 류스케, 노하라 다다시, 다카하시 도모유키)의 대본이 기초가 되고, 배우들과 함께 리딩하면서 대사를 수정하고, 수정한 대사를 다시 읽어 나가면서 계속 고쳐 나간다. 필요하다면 평일 저녁에도 시간을 내어 읽고 또 읽었다. 어떤 날에는 2~3일 동안 리딩에만 시간을 쏟아붓는다. 촬영을 마쳤어도 부족하다는 생각이 들면 더 찍어 나갔다. 그 과정에서 가장 중요하게 생각한 것은 배우들이 두려움에서 벗어나도록 돕는 일이었다. 두려움에서 벗어나는 일…. 영화 작업을 하면서 겪는 가장 큰 장애물이 아닐까. 저도 무척 두렵지만 한번 해보겠습니다, 같은 수행이었는지 모르겠지만 감독이 직접 카메라 앞에 서기도 했다. (하마구치 류스케 감독은 아카리와 재회하는 35살의 싱글 대디 '유자와 유지'를 역을 맡아 연기했다) 그리고 가급적이면 워크숍에 참여한 모든 사람들이 참여할 수 있는 방법을 고안해 나갔다. 어쩌면 두 번의 이벤트(워크숍과 낭독회)는 그런 이유에서 탄생한 장면일지 모른다. 때로는 그들이 하는 일과 생활을 캐릭터에 직접 반영하기도 했다. 소설가 노세 고즈에를 연기한 시이하시 레이나는 자신의 캐릭터 구축을 위해 직접 단편 소설 『수증기』를 썼다.

물론 이것이 하마구치 류스케만의 방법은 아니다. 많은 감독이 이와 같이 작업하고 종종 훌륭한 결과물을 만들어 낸다. 이미 시행착오를 겪은 감독들의 방식과 공정을 참조하고, 실행의 과정에서 실패를 거듭하고 자신만의 새로운 길을 내는 것. 당연한 정공법일지 모르지만 결코 만만한 방법은 아니다. 그리고 매번 그렇게 하기가 쉽지 않다. 하마구치 류스케 감독은 잘못 들어선 길에서도 최선을 다해 돌아 나오면서 복기한다. 그리고 처음부터 다시 시작하는 것을 두려워하지 않는다. 우공이산(愚公移山)의 마음. 내가 배운 것은 바로 이러한 정성의 태도다. 그는 계속해서 갱신하고 거듭나고 있는 중이다. 스물여덟 번째 부산국제영화제에서 이 글을 쓰고 있는 지금, 잠시 멈추고 새 영화 〈악은 존재하지 않는다〉의 예고편을 본다. 하마구치 류스케는 당분간 더 멀리 나아갈 것 같다.

LA POLITIQUE
DES AUTEURS,
CINEASTES
2004–2024

11

장 뤽 고다르
Jean-Luc Godard

〈이미지 북〉의 걸음걸음: 한 사유의 모험 이야기

Le Livre d'Image pas à pas: récit de l'aventure d'une pensée

우리 모두 NOUS TOUS[1]

글 스테판 들로름 Stéphane Delorme
번역, 주석 신은실
스틸 제공 그린나래미디어(주)

〈이미지 북〉의 말미, 검은 배경 화면 위에서 동굴 같은 저세상의 목소리가 젊음의 이상과 꺼지지 않는 "열렬한 희망"2을 상기하며 다시 이어질 때, 그토록 사적인 어조를 띈 목소리가 인용문을 읊고 있음을 잠시나마 믿을 수 없게 되고, 목소리는 한 화자에서 다른 이에게로 옮아가, 우리는 말 그대로 신체적이고 감정적인 파도에 휩쓸려 눈물로 무너질 뿐 더는 견딜 수 없는 지경에 이른다. 떨리는 우리의 몸 안에서 우리는 릴케의 다음 구절을 깨닫게 된다. "아름다움은 우리가 견딜 수 있는 공포의 시작일 뿐."3 그 후 고다르가 만든 유일한 영화4인 이흘라바 Jihlava 영화제의 경이로운 1분짜리 스폿 〈우리의 희망 Nos espérances〉은, 모두가 거기 멈춘 듯 〈이미지 북〉의 대단원을 아이폰으로 넘기는 변주다. 우리는 그러한 사태가 일어나지 않기를 헤아릴 수 없을 만큼 기도했으나, 이것은 가능한 마지막 이미지이다. 한편, 〈영화의 역사(들)〉 결말에서, 장미 한 송이가 이 상징의 숲 출구에서 우리 손에 와 머물렀듯, 우리는 자신

1   이 글은 〈이미지 북〉이 프랑스에 공개될 즈음 그에 대한 특집호로 꾸려진 『카이에 뒤 시네마』 2019년 10월호(통권 759호)에 실렸다. 주석과 본문에서 [ ]로 표시한 부연은 모두 역자의 것이다.
2   페터 바이스의 *Die Asthetik des Widerstands*(1978–1981)의 대단원을 〈이미지 북〉 말미에서 고다르가 직접 읽는다. 국역본은 홍승용 옮김, 『저항의 미학 3』, 2016, 문학과지성사, 410쪽. 번역은 역자가 수정했다.

3   라이너 마리아 릴케의 『두이노의 비가』 중 「1비가」에서 발췌한 구절로, 고다르의 〈미녀 갱 카르멘〉(1983)에서 인용된 바 있다.
4   〈우리의 희망〉(2018)은 이흘라바영화제 공식 유튜브 계정에서 볼 수 있다. https://youtu.be/V_Sg31zxf38?si=bKLq4Si5VsN8dH-3 〈우리의 희망〉(2018)을 만든 뒤 2021년 죽기 직전까지 고다르가 파브리스 아라뇨, 니콜 브르네즈 등과 협업했던 〈결코 존재하지 않을 영화의 예고편: 가짜 전쟁들〉이 고다르의 유작으로 2023년에 공개되었다.

앞으로 지나가는 성배를 그냥 두는 페르스발처럼 되진 않을 것이다. 우리가 열렬한 희망을 붙들듯, 오늘 우리에게 필요한 것이 그것뿐이기에 장미를 거머쥘 터이다.

그렇다, 우리는 살아있다. 그렇다, 우리는 아직 여기에 있다.5

그런데, 〈오데트〉(칼 테오도르 드레이어, 1955)의 대단원과 같은 기적이 만일 가능하다면, 그것은 우리가 밤을 겪었기 때문일 테다. 영화는 처음에 그 구조를 노출하는데 손의 다섯 손가락처럼 다섯 단락으로 되어있으며, 어쨌든 〈이미지 북〉은 사유처럼 공간에서 우리가 이동하는 하나의 여정, 위대한 여행이다. 〈영화의 역사(들)〉이 영화를 가로지르는 역사, 영화와 세기의 이야기 들이었다면, 〈이미지 북〉은 빽빽하고 변화무쌍하며 혼란스러운 변증법과, 온갖 실을 함께 짠 듯한 여정을 따르는 철학책이다. 블랙홀로 가득한 이 여행은 〈[영화의] 역사(들)〉에서 영롱하게 반짝이는 멜랑콜리하며 원대한 문장, "새로운 애정과 소음 속으로 출발하라!"(랭보)6와는 거리가 멀다.

〈이미지 북〉은 우선 무시무시한 책이다. 첫 번째 부분인 '1. 리메이크'에서는 전쟁이 전쟁을 반복하고, 휴전 협정 서명은 거짓이며, 전후 또한 여전히 전쟁이고, 베트남 여성 전사를 심문하려고 소생시키며 이슬람국가 Daech가 〈전화의 저편〉[로베르토 로셀리니, 1946]을 재연한다.

이 악몽이 서로 충돌하는 이미지들에 암전이 구두점을 찍는다. 그리고 조제프 드 메스트르 Joseph de Maistre[의 동명 저작]7에 기초한 '2. 상트페테르부르크의 야회(夜會)들 Les soirées de St. Pétersbourg'은 전쟁이 보편적 법칙이고 본디 신성하며, 대지는 제물일 뿐이고, 텍스트는 당치 않으며 우리는 천국에서 영영 쫓겨난 마사초 Masaccio의 [그림에 등장하는] 아담과 이브라고, 우리에게 설명한다. 우리에겐 휴식이, 관객들을 기쁘게 할 더 수월한 막간이 필요하며, 그것이 '3. 여행의 혼란스러운 바람 속에서, 철로 사이에 핀 꽃들'(릴케)8이다. 몇 송이 꽃은 예술이고, "한 시대를 살아남는 유일한 것은 시대가 창조한 예술 형식뿐이다."(홀리스 프램튼)9, 여행 그 자체, "우리는 증기도 돛도 없이 여행하고 싶다"(보들레르)10, 영화에서 기차는 명백한 은유이다(객차들을 각기 한 장의 사진처럼 비교하는 〈베를린 익스프레스〉[자크 투르뇌르, 1948]의 트래블링 숏).... 그 동기들은 꽃다발로 작열한다. (서부의 열차가 내뿜는) 푸른 연기와 『백치』의 도입부11가 (어떤 영화의?)12 한증탕 속 여자들로 이어지는) 하얀 증기. 한데 이 열차들의 행진은 우리를 멀리 데려가기도 한다. 클루조의 영화 〈마농 레스코〉(1949)에서, 마농(레스코)이 만원 기차에서 나아가는 걸 본다면, 영화가 팔레스타인에서 끝날 것을 알게 될 테다.

이제 몽테스키외의 발자취를 따르는 '4. 법의 정신'이다. 사람들은 인간의 법이 조제프 드 메스트르가 기술한 우주의 혼란에 질서를 부여할 거라 믿는데, 이 부분의 구성은 엄혹하다. 먼저 피터 왓킨스의 〈코뮌〉에서의 반란, 경찰을 물리친 군중("1차 경고, 우리는 무력을 사용할 것이다", 여러 세기를 넘나드는 이 말), 위고의 바리케이드13, 이윽고 〈젊은 날의 링컨〉에서 링컨이 발견한 민법전, 민주주의는 속력을 내고, 위험 경고 없이 사람들은 법에서 정의로 나아가며, 유력자의 명령을 받드는 검찰 parquet을 조롱하는 심한 말장난(카유보트 Caillebotte의 〈마루에서 대패질하는 사람들 Les Raboteurs de parquet〉)14, 법은 모든 사람에게 동등하지 않으며 명예를 박탈당한, 이들(화형당하는 잔느와 심

5 이 구절은 1973년부터 유작에 이르기까지 고다르와 계속 협업했으며 삶의 동반자이기도 했던 안느 마리 미에빌이 연출한 첫 장편 극영화 〈우리는 모두 아직 여기에 있다 Nous sommes tous encore ici〉(1997)의 제목에서 따온 듯하다. 미에빌은 이 영화에 고다르를 배우로 출연시켰다.

6 장 니콜라 아르튀르 랭보의 마지막 시집 『일뤼미나시옹』(1886)에 수록된 시 「출발」의 일부이다.

7 왕당파였던 조제프 드 메스트르는 프랑스 혁명 이후 망명 생활 중에 사르데냐 왕국 전권 대사로 임명되어 1802년 상트페테르부르크에 부임했다. 이때 러시아에서 만난 인사들과 국가 권력의 역할 등을 논했던 대화를 엮어 후일 『상트페테르부르크의 야회들』(1821)이라는 책을 낸다. 〈이미지 북〉을 준비하던 중인 2016년 5월에 행한 한 인터뷰에서, 고다르는 이 책의 내용이 "완전히 나치"와 다름없다고 언급했다. JEAN-LUC GODARD — MORALE ARCHÉOLOGIQUE, entretien par Dmitry Golotyuk et Antonina Derzhitskaya, https://debordements.fr/Jean-Luc-Godard-608/, 최종접속일 2023년 12월 29일.

8 릴케의 장시 「가난과 죽음의 책 Das Buch von der Armut und vom Tode」(1903)에서 인용한 구절이다.

9 영화 잡지 『Trafic』, n° 21(printemps 1997, p.134.)에 불역되어 실린 홀리스 프램튼 Hollis Frampton의 글 Pour une métahistoire du film — Notes et hypotheses a partir d'un lieu commun에서 인용한 이 구절이 〈이미지 북〉 내레이션에 쓰였다. 전위영화 감독이자 사진가·시각예술 이론가 등으로 활동했던 프램턴이 회화·사진·영화를 함께 사유하며 영어로 쓴 원문은 잡지 『Art Forum』(Vol. 10, No. 1, September 1971)에 처음 실렸고, 프램턴의 책 『Circles of Confusion』(Visual Studies Workshop Press, 1983)에 재수록되었다.

10 보들레르의 시집 『악의 꽃』에 수록된 「여행」의 일부이다. 〈이미지 북〉에서 고다르는, 줄리 델피가 〈영화의 역사(들)〉 2a '오직 영화만이 Seul le cinéma'(1997)에서 이 구절을 발화하는 목소리를 〈제너럴〉(버스터 키튼, 1926)의 조니가 애너벨 리를 열차에서 구출하는 장면에 삽입한다.

11 도스토옙스키의 소설을 여는 첫 문장들을 〈이미지 북〉에서 고다르가 직접 읽는다.

12 국내에는 2014년에 개봉한 〈시베리아 횡단 열차: 대탈주 The Edge〉(알렉세이 우치텔, 2010)에서 발췌한 장면들이다.

13 〈영화의 역사(들)〉에도 삽입된 루이 피이야드의 〈포도월 Vendémiaire〉(1918) 등 바리케이드 재현 장면을 〈이미지 북〉이 재인용할 때, 빅토르 위고의 『레 미제라블』의 구절들이 들린다.

14 불어 단어 parquet은 '검찰·검사실', '증권 거래소의 입회소'와 '마루, 나무 바닥' 등의 뜻을 함께 지닌다. 귀스타브 카유보트의 그림 〈마루에서 대패질하는 사람들 Les Raboteurs de parquet〉(1875)을 삽입하여 동음이의어로 공권력을 빗대는 동시에 헨리 폰다의 다른 출연작 〈누명 쓴 사나이〉(1956) 등을 인용하며 감옥 바닥을 이야기하는 고다르의 방법론을, 필자는 '말장난'이라 일컫는다.

매치, 그리고 한 사람에서 다른 사람으로 옮아가는 고다르의 목소리는 남자를 보여 주며 "만일 우리가 살아있다면"이라 말하고, 여자를 보여주며 소스라치듯 더 큰 소리로 말한다. "하지만 우리는 살아있습니다!"22 발췌한 화면은 2분 남짓 계속된다. 이 장면은 중심축이다. 우리는 이 커다란 얼굴들 속에서 길을 잃는다. 극단적인 감속 화면, 조각과 다름없게 된 이미지, 그, 돌에 새긴 듯한 그 얼굴, 그녀는 눈을 반짝이며 무얼 생각하는지? 그 이미지는 얼굴들에 확연히 집중하고 있어, 실제로는 두 사람이 서로의 팔에 안겨 있음을 거의 볼 수 없다. 텍스트는 기다림과 시간을 역설하고, 또박또박 '시간'을 말하는 목소리는 시간 낭비이며, 우리는 설 자리를 잃는다. 한데 이 정지 속에서 모든 것이 재구성된다.

암전. 영화는 다시 시작되고, 최초의 동기들이 재시동하듯 되돌아온다. 다섯 손가락을 지닌 손, 손을 들어 올린 베카신 Bécassine23. 이윽고 우리는 열쇠를 다루는 손을 스친다. 〈오명〉[알프레드 히치콕, 1946]의 잉그리드 버그만. 열쇠란 무엇인가? 어떤 자물쇠를 열 것인가? 중간자막: "서구의 눈앞에서". 열쇠에는 'Unica'24라고 적혀 있다. Unica, Arabia felix25? 행복한 아라비아는 모두에게 행복의 열쇠인 걸까?

암전. "서구의 눈앞에서"라는 중간 자막 다음에, 검은 바탕 위에 붉게 쓴 "행복한 아라비아"와 "잃어버린 낙원"이라는 두 가지 자막이 단락 진행을 방해한다. 우리는 잃어버렸다 되찾은 아라비아의 낙원으로 되돌아간다. 중앙 지역, 아마도 아라비아, 오늘날 거의 쓰지 않는 이 아름다운 말은, 유토피아가 되었다. "세계는 아랍인들에게 관심이 없으며 무슬림에게도 그러하다."26 알베르 코스리의 『사막의 열망 Une ambition dans le désert』27) 이야기가 전개되려면 10분을 기다려야 한다. 이참에 우리가 실재에 진입하면서는 낙원에서 촬영한 숏들이 필요하다. 그리고

문관들을 마주한 마녀)15과 〈상하이의 여인〉[오슨 웰스, 1947]에서 미궁 속에 있는 정의의 다이달로스가 잇따른다. 우주는 멸망했을 뿐인가? "사회는 공동의 범죄 위에 성립한다."16 이 폭력은 우리를 아연하게 한다. 무엇이 남았는가? 최근의 몇몇 편린은 레일 사이의 꽃들처럼 드러난다. 한 젊은 여성이 노동법에 반대하는 파업을 촉구하고, 프랑수아 뤼팽 François Ruffin17의 목소리가 들린다("정부를 굴복시키기 위해 계속해야 합니다"). 그런데 이것 모두 역시 리메이크가 아닌가? 아직 그리고 여전히 반복되는 문구들? 야수 앞에서 미녀는 기절한다.18 우리도. 모든 것이 파괴되었다. 에밀 콜의 짧은 애니메이션[〈허수아비네 집의 한 드라마, Un drame chez les fantoches〉(1908)]이 정답게 어깨를 두드리듯 해학으로 이 혼돈에 구두점을 찍는다.

'5. 중앙 지역'은 45분이 지난 뒤 영화의 절반을 여는 마지막 챕터로, 중앙뿐 아니라 공백으로 도약하며 시작한다. 이는 작금의 종(種) 절멸에 관한 것이다.19 이미지는 추상화하고, 잉마르 베리만의 〈마술사〉20 속 얼굴은 돋보기로 종들이 사멸하는 것을 들여다보며, 전격적인 생략으로 제시되는 중간 자막 "카탈로니아 찬가"를 통해 또 다른 이 작은 지역을 바라본다. 그리고는 대조법으로, 소멸하는 대지에서 알렉산드르 도브첸코의 비옥한 〈대지〉[1930]로 이동한다. 남자와 여자21, 두 연인 사이의

15   〈영화의 역사(들)〉에서 재인용한 〈잔다르크〉(로셀리니, 1954)와 〈분노의 날〉(드레이어, 1943)이 삽입된 장면을 가리킨다.

16   이 문구는 르네 지라르의 La violence et le sacré(1972, 국역본은 『성스러움과 폭력』, 박무호·김진식 옮김, 2000, 민음사)에서 발췌하여 〈이미지 북〉에 삽입했다고 알려져 있다. 한데 고다르의 인용 방식이 자주 그렇듯 원문을 그대로 쓰지 않고, 지라르가 '폭력'이라고 쓴 곳을 '범죄'로 변용한 듯하다.

17   프랑스의 기자·작가·다큐멘터리 제작자이며, 현재 좌파 정당 '굴복하지 않는 프랑스(LFI)' 소속 하원의원으로 활동 중이다.

18   〈영화의 역사(들)〉이 인용했던 〈미녀와 야수〉(장 콕토, 1946)의 한 장면이 '법의 정신' 단락 말미에 다시 삽입된다.

19) 다섯 번째 단락을 시작할 때, 고다르는 마이클 스노우의 〈중앙 지역〉(1971) 장면을 발췌해 보여주며 Ecocide: A Short History of the Mass Extinction of Species (프란츠 브로스위머 Franz J. Broswimmer 지음, Pluto Press, 2002)의 불역본 일부분을 직접 읽는다.

20   여기서 고다르가 사용한 스틸 사진은 오슨 웰스의 〈아카딘 씨〉(1955) 속 한 장면인데, 해당 장면의 배우가 수염과 모자 등 〈마법사〉의 출연자와 비슷한 분장을 했기에 필자가 착각한 듯하다. 〈대지〉의 연인들 이미지처럼 이 사진도 미에빌과 고다르가 함께 연출한 단편 〈자유와 조국 Liberté et Patrie〉(2002)에 쓰였고, 〈영화의 역사(들)〉에도 나왔다.

21   116페이지에 실려있는 스틸 사진이 〈대지〉의 연인들 이미지 중 여자의 얼굴이다.

22   모리스 블랑쇼의 L'attente l'oubli (1962)에서 발췌한 구절을 고다르가 해당 장면에서 읽는다. 국역본은 박준상 옮김, 『기다림 망각』, 2009, 그린비, 85쪽.

이 영화는 네 군데 [단락]의 도약이나 작은 여파들을 통해, 마치 그 간결함(1시간 25분[이라는 상영시간])을 넘어서는 거대한 여행처럼, 우리를 이렇듯 멀리 데려간다. 고요한 그 구멍이 있다. 숭고한 바다, 일몰, 해적들28. 그리고는 튀니지29에서 강렬한 색채로 촬영한 장면과 바람에 머리카락이 날리는 소리 녹음. 15분 뒤 코스리의 책이 끝난다.

여러 각도 속 정초적인 이미지들의 반복, 베카신, 손, 〈미라클 워커〉[아서 펜, 1962], 〈영화의 역사(들)〉이 인용한 어린 헬렌 켈러가 손을 내미는 장면 스틸 사진을 다시 삽입]. 이것이 끝인가? "여기 오늘 밤의 장미가 피었네", 이 노래는 〈영화의 역사(들)〉 마지막 장면에서 고다르의 얼굴에 겹치는 노란 장미를 상기시킨다. 모든 것이 한 송이 장미로 끝난다, 노정의 끝에서 손에 쥔 장미 한 송이, 그런데 이 노래는 베를리오즈의 〈파우스트의 겁벌 La Damnation de Faust〉에서 가져온 것으로, 좀 전에는 "오늘날에는 그 누구도 파우스트가 되려 하지 않으며 모두 왕이 되고 싶어 한다"는 문장이 경멸과 함께 던져졌었다. 파우스트, 미친 과학자, 파우스트, 〈쾌락〉[막스 오퓔스, 1952]에서 춤을 추다 정신을 놓는 노인[고다르의 단편 〈21세기의 기원에 대하여 De l'origine du XXIe siècle〉(2000)와 〈이미지 북〉 말미에 해당 장면이 인용됨]처럼, 영원한 젊음이라는 신화. 파우스트, 위대한 낭만주의자. 파우스트 고다르. 오늘날에는 자기애에 빠진 왕자와 왕들이 낭만주의와 절대적인 것에 대한 갈구를 대체했다. 막이 내리고, 자막이 올라간다. 모든 인용 자료와 대문자로 된 웅대한 "그들"은, 〈작은 독립영화사의 흥망성쇠〉[고다르, 1985]에 등장했으며 [〈이미지 북〉의] 세 번째 단락에서 다시 들려왔던 포크너의 문장과 공명한다. "여름의 화려한 녹음을 배경으로 윤곽을 드러낸 그들 모두…."30 계절의 영원한 회귀를 배경으로, 그들 모두. 우리 모두.

완결되는가? 아니, 영화는 다시 시작한다. 또다시, 성자 세례 요한의 손가락. 이미지들은 재빨리 돌아온다. 현기증이 날 지경이다, 마치 고다르가 자신의 영화를 떠나고 싶어 하지 않는 것처럼. 〈미라클 워커〉, 셀린[의 사진], 〈팡토마〉[퓨이야드, 1913], 베카신. 한 문장이 유일한 탈출구처럼 불현듯 들린다. "혁명을 해야 한다." 여러 인용이 얽혀들며, 다성 음악이 불협화음으로 변한다. 그리고 갑자기, 암전, 페터 바이스의 인용구("그리고 설사 우리가 바랐던 대로 되지 않더라도, 우리의 희망은 전혀 바뀌지 않을 것이다….")31에서 "열렬한 희망"이라는 말을 읽을 때의 지나치기 어려운 기침 소리는, "열렬한 희망"을 새롭게, 들리도록, 생생하게 하고, 심지어 이 기침과 소동, 소란이 [열렬한 희망을] 필연으로 존재하게 한다. "우리가 젊었을 때" 품었던 이상은 전혀 변하지 않았다. 이미지가 만들어졌다.

모든 것은 또 다른 [고다르의] 단편에서도 말해졌는데, 2008년 비엔나국제영화제를 위해 만든 이 작품은32 〈대지〉의 커플이라는 중심 부분 모체와 닮았고, 참으로 아름답다. 고다르는 시오드막의 〈일요일의 사람들〉[1930]에서 발췌한 커플의 이미지를 느리게 만들어 시선 하나하나, 사랑의 몸짓 하나하나를 상세히 보여주며, 〈대지〉의 그것과 같은 부드러운 동기, 이마에 얹는 손에서 멈춘다. 자막이 "하나의 재앙 catastrophe은 사랑 시의 첫 연 strophe"33이라 일컫는다.

23 베카신은 '중앙 지역' 단락에 반복해 등장하는 프랑스 만화 캐릭터로, 20세기 초부터 연재된 작품의 주인공이다. 〈이미지 북〉이 시작할 때 "그녀가 입을 다물고 있기에, 세상의 지배자들이 두려워한다"는 조르주 베르나노스의 텍스트 이미지(Les enfants humiliés, 1949)로 호명되는 베카신의 꽉 다문 입은 얼굴에서 거의 보이지 않게 그려진다. 그는 흔히 오염될 수 없는 순수의 상징으로 통하는데, 1919년에는 진압당한 노동자들의 파업을 지지했고 제1차 대전에도 참전한 투사로 그려져 나치 점령기에는 만화가 판매 금지되기도 했다. 〈이미지 북〉 서두와 포스터에 손 부분에 등장하는 다빈치의 그림 〈세례 요한〉(1513~1516 추정)의 제스처처럼, 영화가 보여주는 베카신은 한결같이 집게손가락으로 하늘을 가리키고 있다. 또, 늘 그랬듯 베카신은 브르타뉴 전통 모자를 쓰고 있다. 고다르가 유년과 말년을 지낸 스위스 보Vaud 주(州)의 혁명적 전통을 환기하는 〈자유와 조국〉에도 비슷한 모자를 쓴 여성을 그린 회화가 등장한다. 2020년 12월 31일 자신의 협업인인 니콜 브르네즈·장 폴 바타지아·파브리스 아라뇨 등에게 보낸 전자 우편에서, 고다르는 베른의 지배 권력에 맞서 봉기했던 보 사람들의 모자와 프랑스 혁명기에 파리에서 활동한 브르타뉴인들이 쓴 전통 모자의 연관을 언급한다. Nicole Brenez, JEAN-LUC GODARD — écrits politiques sur le cinéma et autres arts filmiques tome 2, 2023, de l'incidence éditeur, p. 246.

24 라틴어 Unica는 유일한 것, 제일 귀중한 것, 생명 등을 뜻한다.

25 고대 그리스와 로마 사서에도 등장한다는 '비옥한 아라비아 Arabia felix'는, 나일강과 홍해에 면한 비교적 기름진 땅에서 향신료를 생산하던 지금의 예멘 등 아라비아 반도 남부를 일컫는 관용구다. 구약성서 기자에 따르면 이곳의 왕국 시바의 여왕이 솔로몬을 방문했다. 라틴어 'felix'는 프랑스어를 비롯한 현대 인도유럽어에서 흔히 '행복한(heureux/여성형 heureuse)'이란 뜻으로 해석되는데, '중앙 지역' 단락에는 『행복한 아라비아 L'Arabie heureuse』(1860)라는 책 표지가 등장한다. 예멘 토후가 족장으로 봉했다는 제2제정기 프랑스인 샤를루이 뒤쿠레, 일명 하지 아브드 엘하미드의 아시아·아프리카 여행기로, 알렉상드르 뒤마가 펴낸 이 책은 19세기를 대표하는 오리엔탈리즘 저작으로 꼽힌다.

26 에드워드 사이드와 슬루아 뤼스트 부비나 Seloua Luste Boulbina의 공저 Dans l'ombre de l'Occident ; les Arabes peuvent-ils parler?(Payot, 2014)에서 인용한 이 구절을 고다르의 내레이션이 들려준다.

27 이집트 출신으로 프랑스어로 글을 쓴 소설가 알베르 코스리는 이란·이라크전이 한창이던 1984년에 중동의 가상 국가 도파(Dofa)를 배경으로 삼은 장편 『사막의 열망』을 출간한다. 『사막의 열망』은 석유와 종파, 국제 정치가 얽혀 발발한 또 하나의 전쟁인 걸프전을 예견한 픽션으로도 알려져 있다. 〈자유와 조국〉에 목소리로 출연했던 배우 장 피에르 고스 Jean-Pierre Gos가 『사막의 열망』의 주요 대목을 '중앙 지역'의 내레이션 삼아 고다르와 번갈아 읽는다. 〈이미지 북〉과 이 소설의 관련성에 대한 더 자세한 내용은 역자의 졸고 「중앙 지역의 고현학」, 『오큘로』 9호, 2021, 미디어버스, 61~82쪽을 참고하라.

28 '중앙 지역' 단락에는 '행복한 아랍'과 더불어 '고고학과 해적들(Archéologie et Pirates)'이란 자막이 등장한다. 고다르는 역주 7에서 인용한 인터뷰에서, 자신의 연출작 〈아워 뮤직〉(2004)에 출연했고 〈필름 소셜리즘〉(2010) 제작에도 협업한 철학자 장 폴 퀴르니에 Jean-Paul Curnier의 저작 La piraterie dans l'âme : Essai sur la démocratie (2017) 덕에 '해적'에 관심을 두게 되었음을 넌지시 밝힌다.

29 고다르는 〈이미지 북〉의 장면 대부분을 기존 이미지들에서 발췌 편집했지만, '중앙 지역' 단락의 바다 숏 일부는 아라뇨·바타지아와 함께 튀니지 라마르사로 가서 직접 촬영했다.

30 윌리엄 포크너의 단편 「남부 묘지 Sepulture South」(1954)에서 고다르가 인용한 문장이다.

31 페터 바이스, 앞의 책, 410쪽, 번역은 수정.

32 2008년 비엔나국제영화제의 트레일러를 의뢰받아 고다르가 만든 이 단편, 〈하나의 재앙 Une catastrophe〉은 영화제 공식 유튜브 계정에서 볼 수 있다. https://youtu.be/3uBnt4zgjLo?si=fexoIuF dI39iH-49

33 2018년 칸영화제 명예황금종려상 선정 소식에, 고다르는 이 상이 "재앙"과 같다고 답한 바 있었다. 2019년에 출간된 잡지 『Les Inrockuptibles』(nº 1220, 4월 17일자)과의 인터뷰에서, 고다르는 릴케의 글을 인용했다고 밝힌 이 구절을 다시 언급하며 자신의 의도를 부연했다. Entretien exclusif avec Godard à propos du "Livre d'image" par Bruno Deruisseau, Jean-Marc Lalanne, https:// www.lesinrocks.com/cinema/entretien-exclusif-avec-godard-a-propos-du-livre-dimage-146873-16-04-2019/, 최종접속일 2023년 12월 29일.

A24 filmography (production)

〈문라이트〉(2017)에서 〈에브리씽 에브리웨어 올 앳 원스〉(2023)까지
다윗에서 골리앗으로 돌아온 제작사 A24

글 강혜연
스틸 제공 영화사 찬란

2023년 제 95회 아카데미 시상식은 제작사 A24의 대관식이었다. 〈에브리씽 에브리웨어 올 앳 원스〉(이하 〈에에올〉)가 작품상, 감독상, 그리고 여우주연상 미쉘 여, 남녀 조연상의 키 호이 콴과 제이미 리 커티스, 거기에 〈더 웨일〉의 브렌든 프레이저의 남우주연상까지 배우 부문 4개의 상 모두를 휩쓸었고, 이는 거대 스튜디오가 아닌 일개 독립 제작사가 이뤄낸 첫 번째 기록으로 아카데미 역사를 장식했다.

탐욕스럽게도 인디 영화 씬마저 삼켜 버렸던 와인스타인 천하의 할리우드에서 첫 번째 제작 작품인 〈문라이트〉로 89회 아카데미 시상식에서 작품상, 각색상, 그리고 남우조연상을 수상한 지, 꼭 6년 만의 일이었다. 작품상이 〈라라랜드〉로 잘못 호명되고 호들갑스런 수상 소감이 다 끝나고서야 다시 불려진, 6년 전 첫 번째 아카데미의 찝찝함을 제대로 날려버린 드라마틱한 영화적 장면을 만들어내면서였다. 수상 배우들의 파란만장했던 연기 인생사, 그리고 구구절절 감동적이었던 수상 소감까지, 명분과 실속을 모두 챙긴 A24는 아카데미 시상식마저 흥행에 성공시켜 버렸다. 나이 든 백인 남성들의 유령들만이 어슬렁거리는, 보수적이고 폐쇄적인 클럽이라는 오명을 떨치고자 과거 몇 년간 필사적인 깜짝쇼로 이미지 쇄신을 꾀해 왔으나 신통치 않았던, 대신 각종 사고와 추문으로 조롱거리가 되어 버렸던 아카데미는 A24를 왕좌에 올리며 그 상징적 지위와 품위, 그리고 화제성까지 다시 찾아왔다.

2012년 8월 20일 뉴욕 맨해튼에서 영화 투자/제작 업계에서 잔뼈가 굵은 다니엘 카츠, 데이비드 펀켈, 그리고 존 허지 3명(현재 창립 멤버 중 존 허지가 퇴사한 상태다)이 만든 아트하우스 전문 영화 배급사가 단 10년 만에(제작사의 필모그래피로 치자면 단 6년 만에), 말라가고 있는 극장가와 플랫폼의 총공세 속에서 할리우드의 새로운, 아니 유일한 지표가 되었는지에 대한 분석 기사는 이제 각종 매체의 단골 메뉴가 되고 있다. 〈에에올〉의 상업적인 성공(1,430만 달러의 제작비로 전 세계 1억 4천만 달러의 수익)과 아카데미에서의 상징적인 성취는 잊을 법하면 한 번씩 등장하는 할리우드 언더독의 성공 신화와는 그 궤적이 사뭇 달라 보인다.

배급사로서의 이들의 목표는 명확했다. 멀티플렉스를 즐겨 찾지 않는, 마블 프랜차이즈에 질려있는, 특별한 영화를 원하고 있는 관객들, 즉 전통적으로 '중장년의 엘리트층' 위주의 아트하우스 영화의 지형도 속에서, 같은 것을 원하고 있던 젊은 세대를 찾아낸 것이다. 2010년 이후, 명망 있는 인디 배급사들이 기나긴 침체기로 접어들면서, 수많은 독립 배급사가 문을 닫거나, 위기를 모면하려 상대적으로 안전한 선택으로 주춤하게 되었고, 잠재력 있는 문제작들이 관객과 만날 통로를 찾지 못하고 헤매고 있었다. 이 시기를 뚫고 들어온 A24는 '아트하우스의 젊은 관객'이라는 분명한 원칙하에, 가능성 있는 인디 영화들을 차곡차곡 거두어 들였다. 2013년 첫 번째 배급작인 로만 코폴라의 〈어 글림프스 인사이드 더 마인드 오브 찰스 스완 3세 III〉는 소리 소문 없이 폭망했지만, 뒤이어, 하모니 코린의 〈스프링 브레이커스〉와 소피아 코폴라의 범죄물 〈블링 링〉을 그 당시 막 업계에 발을 들여놓았던 아마존 프라임에 배급하며, 안정적인 고정 배급 라인을 확보하기 시작했다. 연출력이 가능성을 보인다는 전제하에, 가족 이야기, 주류에 적응하지 못하는 주변부 찐따 주인공이라는, 새로운 세대의 별 새롭지 않은 문제점들을 시대에 맞는 '섹스'와 '폭력성'으로 담아낸 이야기가 내용적 특징이었다면, 형식적으로는 다양한 디지털 플랫폼을 적극적으로 활용하며 젊은 관객들을 공략한 것이 배급사 A24만의 전략이었다. 〈엑스 마키나〉(2014년) 개봉 당시, 데이팅 앱 틴더에 주인공인 인공 지능 봇 에바의 계정을 만들었던 일화는, 디지털 마케팅 업계의 교과서와도 같은 이야기이다. 아카데미 작품상을 노리는 영화라면 칸국제영화제 혹은 미국의 칸영화제라 불리는 텔룰라이드영화제에서 월드 프리미어를 해야 한다는 불문율 따위는 개나 줘버리고, 당당하게도 SWSX에서 월드 프리미어를 감행한 〈에에올〉까지도 이들의 행보는 여전히 상큼하다.

자신들의 존재를 알아봐준 배급사의 부지런하고도 명민한 초대에 젊은 관객층은 SNS, 특히 '레터박스' 계정을 중심으로 폭발적으로 응답했다. '로튼 토마토', '메타 크리틱'이 업계의 성격이 강하고, 정보 기반의 IMDB가 중장년층/할리우드 영화 중심의 독서 모임과도 같은 올드한 분위기라면, 젊은 세대들의 영화 감성 뽐내기 한마당으로 등장한 레터박스는 이 새로운 관객층과 A24의 즐거운 놀이터가 되어주었다. 나만이 아는 영화, 자막의 수고로움을 넘어서는 해외 영화, 할리우드 고전들을 탐욕스럽게 소화하고 퍼 나르던 젊은 팬들은 A24의 행보를 주목하기 시작했고, '저주받은 나만의 걸작'이나 '망작'의 리스트를 공유하고 퍼트리고, 개봉한 영화의 명장면과 명대사를 짤과 스틸 사진으로 게재하고 재가공하면서 자신들의 수준 높고 독창적인 취향을 디지털 세상 속에서 마음껏 과시했다.

A24의 마케팅 전략이 독창적이었던 이유는 단지 새로운 세대들이 이용하는 툴을 '사용'하는 것에 그치지 않고, 그 툴을 이용해 관객들의 정체성을 새롭게 정의해 주었다는 것에 있다. 이상한 영화들을 찾아보며 혼자 흥분하는 '마니악한 찐따'들의 열정과 진지함을 펼쳐낼 놀이터를 만들어주었고, 비주류로 소심하게 머물러있던 이 소수의 젊은 관객들을 '힙하고도 쿨한 트렌드 세터'로 재정의해주었다. 그것이 문화적 허영이건, 지독한 자본주의 마케팅의 허상이건, 비주류 씨네필이 힙스터가 되는 세상을 만들어낸 것이 A24가 이루어낸 가장 근본적인 성취인 것이다.

아이돌 제작사의 팬덤 양성 전략과도 흡사해 보이는 이 전략은 강력한 충성심과 화력(극장표뿐만 아니라 각종 굿즈에 서슴없이 지출을 하는)을 가진 팬덤으로 응답받았다. 장르적 취향이 아니라, 제작사가 만들어내는 영화에 대한 신뢰로 극장으로 달려가는 관객은, 지금까지 본 적이 없는 충성스러운 팬덤이라 할만하다. 영화 제작사 웹사이트에서 스타의 얼굴이 아닌 제작사의 로고가 박힌 티셔츠와 머그잔을 사고, 다양한 플레이어들을 편집자로 초청해 만들어내는 영화 잡지(『Family business zine』을 만든 스티븐 연과 정이삭 감독, 가장 최근판인 『Never coming to a theater near you zine』의 기획력은 개봉 영화의 홍보 책자라 폄하할 수준이 아니다)를 읽고, 팟캐스트로 그들이 열광하는 아티스트들의 영양가 있는 수다들을 듣고, 제작사가 펴낸 '요리책'(심야 영화를 보면서 먹기에 좋은, 대충 만들어 보는 영화속의 요리책)을 보면서, 〈크레이머 대 크레이머〉의 홀아비 토스트부터, 〈기생충〉의 짜파구리까지 따라 만든다. 그러면서 관객 자신들이 발굴해 낸, 또는 아직 본 적이 없는, 하지만 A24가 보기를 바라는 새로운 영화의 바다로 흘러 들어가고 있는 것이다.

2022년 4월, 이 모든 것을 아우르는 구독 서비스 'AAA24'(영화사가 제공하는 구독 서비스라니!)의 핵심 주력 사업은 굿즈이다. 얼리버드들을 위한 굿즈 선판매, 멤버들만을 위한 독점 굿즈 제작, 그리고 매월 업데이트되는 할인 굿즈와 재기발랄 영화 잡지 구독까지, 세련된 비주얼과 레이아웃을 자랑하는 A24의 웹사이트는 극장이자, 쇼핑몰이자, 라디오이자 방송국이며, 꽤 훌륭한 영화 아카이브다. 영화로 할 수 있는 모든 것을 다 해버리고 있는 21세기의 디지털 놀이터가 있음에도 A24는 여전히 관객을 '극장'으로 불러내려 애쓰고 있다.

새로운 시대의 숨어있던 관객을 찾아내고 그들의 정체성을 재정립해 준 것이 배급사로서의 A24의 비전이었다면, 창작자를 향한 제작사 A24의 원칙 역시 다르지 않다. 2015년 TV 제작 부문을 신설하고, 2016년 샤사 로이드가 회사에 합류하면서 영화 제작과 TV 배급, 그리고 해외 배급까지 확장한 A24에게, '창작자'라는 정의의 범주는 매우 넓은 의미인 듯 보인다. 배급을 맡으며 발굴해 낸 두 명의 '대니얼' 감독들 같은 인연들도 있었지만, 이들이 짧은 시간 안에 다른 곳에서는 못 만들어질 법한 다양한 목소리를 품을 수 있었던 이유는 개별 프로듀서들과의 협업이었다.

초기, 호러 영화의 명가라는 타이틀에 맞게 〈미드소마〉, 〈유전〉, 〈X〉, 〈멘〉 등으로 이름을 알려갔지만, 빠른 시간 안에 다양한 장르로 확장해 나간 A24의 생산력의 비밀은 개별 창작자(감독/작가/배우)들과의 직접적인 관계 유지나 계약이 아니라, 비전을 공유하는 프로듀서와의 협업을 통해 그들과 함께 일해 온 인력들을 흡수하는 방식이었다. 아리 에

스타나 알렉스 갈란드 감독 등과의 작업은 그들이 오래 작업하고 의지해왔던 프로듀서 스콧 루딘과 손을 잡으며 이루어진 케이스다. 역량 있는 개별 프로듀서들과의 신뢰를 바탕으로 하는 협업으로 다양한 색깔을 가진 창작자 풀을 확보하고, 회사 대표들은 오로지 뒤에서 그들의 비전을 구현하기 위한 서포트를 한다는 원칙은 지금까지 지켜져 오고 있다. 제작사를 돌며 만신창이가 된 시나리오를 들고 간 〈문라이트〉의 배리 젠킨스에게 "우리가 원하는 것을 묻지 말고, '당신이 만들고 싶은 것'을 알려 달라"고 말하고, 감독이 마음에 품었던 버전의 시나리오를 보고 '이 이야기를 만들기 위해서는 당신이 요구한 예산으로는 부족해 보인다'며 예산을 상향 조정했다는 이야기는 할리우드 도시 전설과도 같은 일화로 전해져오고 있다.

'자신만의 비전을 가진 창작자를 존중하고 지지한다'는 이들의 소신은 단지 작가나 감독에게만 해당된 것은 아니다. 유독 A24의 영화에서 '부활'의 기회를 얻거나 새로운 얼굴을 보여주게 된 배우들이 많지 않았던가? 자본의 먹이 사슬의 최상위층에 화려하게 군림하는 것처럼 보이지만, 철저하게 상품으로 쓰이고, 대부분 묵살되는 배우들의 아티스트적인 창의성을 존중하는 제작사의 행보에, 함께 작업했던 배우들이 제작사에게 (두려움의 아부가 아닌) 진심 어린 헌사를 바치는 광경도 이미 익숙하다("그들은 절대 우리를 포기하지 않았어요. 제작비가 모자라니, 흥행이 불투명하니 플랫폼에 넘길 수도 있겠다 같은 소리는 단 한 마디도 없었죠."라는 미쉘 여의 상찬은 진심이었다). 40년 만에 배우로 다시 돌아온 키 호이 콴, 할리우드 귀족 집안이었으나 언제나 B급 호러퀸, 코미디물 배우로 취급받았던 제이미 리 커티스, 60이 넘은 나이의 왕년의 액션 스타였던 양자경이라는 〈에에올〉의 조합, 그리고 철저히 육체로 쓰고 버려졌다, 부서진 육신으로 다시 돌아온 〈더 웨일〉의 브렌든 프레이져 뿐 아니라, 〈레이디 버드〉의 시얼샤 로넌, 〈룸〉의 브리 라슨 등, 지금은 스타의 반열에 오른 배우들의 시작을 함께한 A24의 필모그래피만 보아도, 그들이 추구하는 다양한 영화적 가치의 풍성함을 느낄 수 있다.

테크 기업들과 스트리밍 플랫폼에서의 인수 합병설이 끊이지 않던 즈음, 미국 NBA의 CFO(그렇다! 스포츠 자본주의의 꽃, 미국 프로 농구의 재무 전문가이다!), JB 록하트를 초대 CFO 자리로 영입하면서, 어떠한 공식적인 입장 표명 없이, 회사의 양적 확장을 공표했고, 조 단위의 투자 유치가 이어졌다. 2022년 1월, 전 HBO와 아마존 스튜디오 임원을 역임했던 닉 홀이 TV 부문 총괄로 영입되었고, 같은 해, 디즈니 엔터테인먼트 TV 총괄에서 급작스럽게 해임된 후, 아마존 프라임이나 NBC 유니버설로 갈 거라는 루머가 돌았던 할리우드의 거물, 피터 라이스를 독립 제작자 자격으로 영입하면서, 새로운 출발을 알리고 있다. 30여 년 동안 메이저의 메이저로 업계에 있으며, J.J.에이브럼스, 대런 아로노프스키, 대니 보일, 기예르모 델 토로, 댄 포글맨, 니콜 키드먼, 크리스 록 등, 주요 인물들과 돈독한 관계를 맺고 있는 피터 라이스를 사실상 인하우스 프로듀서처럼 파트너십을 맺음으로써, A24는 10년간 그들 앞을 수식했던 '인디 파워하우스'의 '인디'를 떼내어야만 하는 새로운 시기에 들어서고 있는 것이다.

2023년의 라인업 역시 화려하다. 소피아 코폴라 감독의 〈프리실라〉, 크리스토퍼 보글리 감독, 니콜라스 케이지 주연의 〈드림 시나리오〉가 개봉을 앞두고 있고, A24 역사상 가장 큰 대작으로 주목받고 있는 알렉스 갈란드의 〈씨빌 워〉(근미래가 배경인 SF라니!)가 제작 중이다. 장만옥 주연의 영화 버전을 드라마화한 올리비에 아사야스의 〈이마 베프〉에 이어 가스파 노에와 클레르 드니, 조안나 호그 같은 비미국인 감독들과의 협업도 줄줄이 예정되어 있다. 넷플릭스에서는 〈비프〉를, 훌루에서는 〈레이미〉, HBO에서는 〈유포리아〉, 그리고 칸영화제에서는 홀로코스트를 다룬 영화 〈존 오브 인터레스트〉와 위크엔드, 블랙핑크의 제니, 릴리 로즈 뎁까지 화제성만은 단연코 1등이었던 〈아이돌〉까지, 필모그래피의 스펙트럼을 가늠조차 할 수 없게 만든다. 배급사로서의 정체성도 여전히 재기 넘치게 영롱하다. 올해 40주년을 맞는 토킹 헤즈의 콘서트 필름 〈STOP MAKING SENSE〉를 4K로 복원해 23년 9월 토론토 영화제에서 공개하는가 하면(북미 165개 아이맥스 관에서 개봉해 매진 행렬을 이끌어냈다), 대런 아로노프스키의 〈파이〉(1998) 역시 4K로 복원해 재개봉을 기다리고 있다.

메이저 스튜디오뿐만 아니라 넷플릭스, 디즈니, 아마존 등 주요 플랫폼이 모두 다 회원인 미국 TV, 영화제작사단체(AMPTP)에 가입하지 않은 인디 제작사로, 비슷한 성격을 표방하는 제작사 NEON과 함께 공개적으로 배우 조합을 지지하고 나선 '독립'적인 제작사, 하지만 영향력과 화제성, 그리고 만들어내는 콘텐츠에 있어서는 메이저급의 반열에 올라선 제작사. 모순적이어서 팽팽한 긴장감이 느껴지는 이 정체성을 어떻게 유지하고 확장할 수 있는지가 A24의 미래를 결정지을 것이다.

극장은 사면초가이고, 영화적인 내러티브를 이해할 수도, 견뎌낼 집중력도 없는 세대가 등장했다며 한숨만이 넘치는 세상에 A24의 행보는 거침없이 쿨하고 핫하고 시크하다. 할리우드의 똑똑한 인재들은 이들과 영화를 만들고 싶어 하고, 이들이 키워낸 관객들은 A24가 만들어낸 판에서 놀고 싶어 한다. '인디'를 벗고, '아트'를 유지하며, 조금 더 상업적인 영화를 향해 달려 나가는 A24의 새로운 10년에, 할리우드 영화의 정체성이, 극장의 생존 가능성이 시험받을 거라는 생각이 단순한 호들갑만은 아닐 것이다.

〈에브리씽 에브리웨어 올 앳 원스〉 과학 밖 다중 우주를 여행하는 히치하이커들의 다정한 민담

글 황호덕(문학평론가)

스틸 제공 워터홀컴퍼니 주식회사

오 세탁소! 동아시아에서 세계로의 웜홀

세탁소를 운영하는 이민 가정은 눈코 뜰 새 없이 바쁘다. 거울 속에 비친 에블린(양자경)에겐 남편 웨이몬드(키 호이 콴)의 애정에 답할 시간도, 거동이 불편해 모셔 온 아버지 공공(제임스 홍)에게 이 상황을 설명한 시간도, 딸 조이(스테파니 수)가 3년 넘게 사귄 레즈비언 파트너 베키의 존재를 진지하게 사려 속에 넣고 궁구할 시간도 없다. 국세청의 탈세 조사는 애써 일군 세탁소를 압류하기 직전에 이르렀고, 대학을 때려치운 딸 조이는 자신의 성 정체성과 파트너를 인정할 생각이 없어 보이는 가족을 떠나려 하고, 애정 없는 생활에 지친 남편은 이혼 청구서를 내밀지만, 몸이 세 개라도 모자란 에블린에겐 이 상황에 정면으로 대면할 시간이 도무지 없다. 이야기는 세 개의 위기가 한 번에 들이닥치는 순간에 시작되고, 도무지 세상 이치로는 출구가 없어 보인다. 오직 이 우주를 떠날 가능성-평행 우주 속의 다른 가능성만이 상정 가능할 법한 폐색 속에서 에블린은 홍콩에서의 남편과의 만남, 결혼, 이민, 출산, 세탁소 운영에 이르는 시간을 떠올리며 '대체 인생'으로 건너뛴다.

세금 조사의 빌미가 된 에블린의 취미를 생각해 보면, 과연 그녀는 어떤 선택에 따라서는 노래 강사도, 기술자도, 양자경 같은 멋진 배우도, 경극 배우도, 소설가도 될 수 있었을 것이다. 그런데 정말 그런 일이 일어난다. 모든 평행 우주를 오가며 모든 잠재 역량을 내장한 조부 투바키에게 위협받는 우주를 지키고, "악과 싸워 균형을 찾아줄 사람"이 에블린 밖에 없다는 것. 이제 그녀는 메트릭스 버스가 열어주는 통신용 일회용 우주들을 '버스 점프'하며 다른 '나'들에게 능력들을 빌리고 (현 우주의 남편인) 웨이몬드의 도움을 받아 불순한 혼돈의 근원인 (실은 현 우주에서 자신의 딸인 조이인) 조부 투바키와 그녀의 하수인인 (현 우주의 국세청 직원) 디어드리(제이미 리 커티스, 〈할로윈〉 시리즈 속의 공포의 얼굴!)를 무찔러야 한다. 너무 많은 걸 보고 겪어 객관적 진리에 대한 믿음과 도덕률을 잃어버린 채 니힐리즘("nothing matters")과 원한만 남은 조부 투바키와의 격투들이 이제 영화의 8할을 이루는데, 이 과정에서 그녀는 삶 전체와 선택들에 대해 반추하며 다른 우주로의 웜홀을 오간다. 알파 버스의 모든 능력을 지니게 된 조부 투바키와 디어드리라는 적과의 싸움은 현 우주에서의 딸 조이와의 화해와 탈세 조사의 위기를 극복하는 과정이기도 하다. 웨이먼드의 조력과 버스 점프를 통해, 에블린은 좋았던 반환 전 홍콩에서의 배우의 삶, 어느 난세의 쿵푸 무인의 삶, 현 우주의 세탁소 주인의 삶, 손가락이 핫도그지만 나름 행복한 디어드리와의 동성 커플 삶을 정신없이 오가며 '액션'과 '역량'을 펼쳐낸다.

믿지 않는 딸, 믿는 남편, 회의하는 아내의 이야기는 이루지 못한 꿈들과 희망에의 집착과 함께 양자경이라는 배우 자체의 필모그래피들을 뒤섞는다. 아무리 황당한 걸 상상해도 그런 우주가 있고, 서사는 우스꽝스러운 한편 매번 참신하다. 진동 미립자 배열들이 만들어낸 다중 우주들, 세계의 끝인 무(無)이자 모든 미립자와 가능성의 집적인 베이글들이 어쨌든 잠깐 '과학적'으로 설명되지만, 그건 아무래도 좋다. 어떻게 이 무의미하게 출렁이는 오물통 같은 베이글의 인력에서 벗어날 수 있을까. 어떻게 우리는 무의미에서 의미로, 무심함에서 다정함으로 나갈 수 있을까.

하는 선조적 시간에서마저 침묵의 능력과 다정함으로 조부 투바키를 이겨내고 설득하고 끌어안아야 한다.(생명 하나 없는 선조적 시간에 놓인 엄마 돌과 딸 돌의 눈과 그 움직임은 이 영화의 가장 감동적인 시퀀스이다.)

다니엘 콴과 다니엘 샤이너트는 TV 시리즈 〈은하수를 여행하는 히치하이커를 위한 안내서〉, 〈매트릭스〉 시리즈, 다문화 다인종의 이주 사회를 그린 TV쇼 〈김씨네 편의점〉, 양자경의 필모그래피를 그 자체로 하나의 우주처럼 인용한다. 다중 우주 사이의 버스

헌, 새 유물론들에 다정함을
——"다정하고 인내심 많은 사람을 우주가 보내주다."

"천마행공(天馬行空)"하는 에블린이 오가는 모든 우주들에는 다정한 사람, 웨이몬드가 있다. 그것이 중요하다. 이 영화는 과학 서사(SF)라기보다는 과학 밖 서사(ESF, Extro-Science Fiction)이다. 이를테면 쿵탱 메이야수가 이야기한 바, '과학 밖 소설'의 유형 중에서도 우스꽝스러운 넌센스를 다룬 유형으로 『은하수를 여행하는 히치 하이커를 위한 안내서』(더글라스 애덤스)의 경우처럼, 영화는 사실상 "불규칙성이 과학을 폐지하기에 충분하나, 의식에 대해서는 아직 그렇지 않은 세계"를 그려낸다. 에블린은 과학과 법칙의 조건이 사라져도 의식의 조건은 남아 있는 세계-특히 이 세계의 세탁소와 가족을 구하기 위해 분투한다. 그녀의 사회적 혼란은 과학의 혼란으로 전이하지만, 그 혼란에서 가족을 구하는 일과 우주를 구하는 일은 하나다. 환상 문학의 기이와 과학 밖 소설의 경이 사이를 종횡무진 오가는 이 흥미진진한 혼란, 희극적인 힘, 우스꽝스러운 서사는 그렇다면 무엇을 향하는가.

사실 모든 가능성들이 모든 장소에서 한꺼번에 등장하는, 〈에브리씽 에브리웨어 올 앳 원스〉의 우주는 다중 우주와 다중적 서사의 수형도 나아가 수염 뿌리들을 다루고 있는 듯 보이지만, 실상 미국에 온 동아시아 이민자 가족의 세탁소라는 메인 우주의 위기와 그 돌파에 종속되어 있다. 메인 서사는 운영중인 세탁소의 세금 신고 문제와 딸의 성 정체성 인정 문제로 위기에 빠진 아시안 아메리칸 가족의 승리와 원상회복이다. 물론 이 다중 우주의 마스터 서사는 따로 있다. 이 모든 것이 다중 우주들을 오가는 마스터 키를 손에 넣은 알파 우주의 패권자인 조부 투바키의 음모이자, 니힐리즘적 세계 파괴 의지의 결과라는 것. 한쪽에 조이=조부 투바키와 그녀의 병기 디어드리를 비롯한 반동 인물들, 무엇보다 베이글이라는 절대 니힐의 세계가 있다. 그리고 다른 쪽에 이 위기를 넘어야 하는 에블린과 그 어떤 다중 우주에서도 그녀의 연인이거나 조력자인 웨이몬드가 있다.(왜인지 〈구니스〉의 키 호이 콴의 얼굴과 액션은 젊은 날의 착한 성룡을 많이 닮았다.) 세탁소 안주인은 쿵푸 무인의 무술, 경극의 배우의 목소리와 폐활량, 홍콩 여배우의 연기력, 뒤죽박죽 세계의 소시지 손과 동성애 역량까지를 동원해야 하고, 신유물론이 상정

점프란 인유(引喩)의 방법이자 그 자체로 서사의 실험이다. 그러니까 다중 우주와 장르 혼합이 서사의 흥미진진한 혼란, 희극적 힘을 이끌고 간다. 지난 10년간 그 자체로 할리우드 메인스트림 밖의 그 모든 대안 영화들의 다양성을 함축했던 제작/배급사 A24는 이 영화 안에 그들이 실험했던 SF, 호러, 스릴러, 세대, 이민자와 인종 문제, 젠더 트러블의 모든 요소들을 투입하려 했던 듯 보인다. 장르, 세대, 인종, 젠더를 넘나 들어온 A24라는 우리 세기 영화의 다중 우주의 대유물 혹은 알파 버스로 다니엘 콴의 〈에브리씽 에브리웨어 올 앳 원스〉를 떠올려도 좋을까.

그 모든 버스 점프들이 남긴 니힐리즘의 블랙홀에서 빠져나오는 방법으로 암시된 다정함(kindness)이란 그런 의미에서 돌봄이나 관계 노동, 이해나 관용과 같은 자본주의적 친절과는 다른, 사람을 긍휼이 여기는 데서 오는 궁극의 정서이다. 내용에 비해 너무 거대하게 묘사된, 조이=조부 투바키의 우주적 분노의 이미지가 조금은 뻔뻔하고 노골적인 이미지들처럼 보인다 해도 이제 납득이 간다. 이민자 가족에게 삶의 터전의 상실과 가족의 해체란 쌓은 모든 것의 무너짐 뿐 아니라 우주의 붕괴일 것이기 때문이다.

엄청난 규모의 다중 우주를 배후에 두고, 또한 아시아의 이민사와 21세기의 장르 실험의 경로들을 미디어사의 후경으로 둔 이 가족 이야기의 규모는 우주적이다. 그럼에도 이 우주담은 블라디미르 프로프가 '민담 형태론'에서 말한 가족 이야기의 세계적 확대, 즉 '총체로서의 민담'에 근사한 것처럼도 보인다. 에브리씽, 에브리웨어, 올 앳 원스. 적, 증여자, 조력자, 공주 혹은 부친, 파견자, 주인공, 가짜 주인공—마법담 혹은 과학 밖 서사의 세계. 증여자와 조력자와 파견자가 모두 웨이몬드인 한, 이 영화는 다정함에 대한 영화, 세 배로 다정한 영화일 수밖에 없다. 모든 마법담은 그 구조상 동일하지만, 다정함은 그때그때 모든 것에 대해, 모든 곳에서 나날이 필요할 테니. 〈에브리씽 에브리웨어 올 앳 원스〉는 대서사의 종언과 작거나 다중적인 메타 서사들의 범람 속에서, 우리는 어떻게 서사의 기호학적 제약과 의미의 니힐리즘을 넘을 수 있을까에 대한 창의적이고 유쾌한 답변이다. 🎬

우리 세기의 작가주의 × 〈또 다른〉 12

LA POLITIQUE
DES AUTEURS,
ALTERNATIVE
CINEASTES
2004–2024

방금 12명의 명단을 읽으셨습니다. 하지만 또 다른 명단이 있습니다. 우리는 편집 회의에서 이 명단을 '대안적' 명단이라고 불렀습니다. 우선 오해를 막아보겠습니다. 이 명단을 작성하는 테이블에서 모든 결정이 만장일치인 것은 아니었습니다. 어떤 이름도 만장일치는 없었습니다. 당연합니다. 계속해서 그 이름이라면 우리는 이 이름을 선택해야 한다, 라는 반론이 계속해서 이어졌습니다. 그런 다음 최종 결정에서 12명의 선택에 동의하지만 내가 지지하는 것은 아니다, 라는 단서가 뒤따라왔습니다. 거기서 모든 일이 순조롭게 끝난 건 아닙니다. 그런 다음 또 다른 명단이 남았습니다. 맹렬하게 지지하는 12명, 거기에 대해서 단호하게 반대하는 12명, 의견은 좁혀지지 않았습니다. 그래서 지지하지만 동시에 반대하는 12명의 명단을 함께 공개하기로 하였습니다.

먼저 조나단 글레이저가 있었습니다. 〈언더 더 스킨〉에 대해서는 어떤 이의도 없었습니다. 하지만 〈존 오브 인터레스트〉를 지지해야 할 것인가에 대해서 완전히 찬반양론으로 나뉘었습니다. 세련된 아우슈비츠 아트 필름. 마치 화염병 같은 영화. 마렌 아데는 좀 다른 문제와 부딪히게 되었습니다. 21세기 영화를 말하면서 베를리너 슐레를 지나칠 수는 없었습니다. 누군가는 앙겔라 슈날렉을 지지했고, 다른 누군가는 크리스티안 펫촐트를 말했고, 또 다른 누군가는 발레스카 글리제바흐를 거론했습니다. 의견은 좁혀지지 않았습니다, 하지만 이 그룹의 최고 걸작이 〈토니 에드만〉이라는데 동의할 수 있었습니다. 스필버그와 이스트우드와 함께 끝까지 우리를 망설이게 만든 이름은 마틴 스코세이지입니다. 어떻게 지나쳐갈 수 있겠습니까. 사프디 형제는 우리의 대안입니다. 〈굿 타임스〉와 〈언컷 젬스〉를 보았습니다. 아마 점점 더 잘해 나갈 것입니다. 스페인의 새로운 물결도 계속해서 우리의 관심을 끌고 있었습니다. 호나스 트루에바는 그중에서 가장 인상적이었습니다. 〈어거스트 버진〉과 픽션 다큐멘터리 〈누가 우리를 막으랴〉는 거기서 시선을 돌릴 수 없었습니다. 하지만 스페인의 새 물결은 지금 막 시작하였고 누가 더 멀리 갈지 아직 잘 모르겠습니다. 이건 기다림의 응원입니다. 미야케 쇼는 하마구치 류스케 다음 세대입니다만, 단지 그렇게 말할 수 없는 것은 〈너의 새는 노래할 수 있어〉, 그리고 〈너의 눈을 들여다보면〉을 보고 있으면 또 다른 시네아스트의 탄생이라고 말할 수밖에 없습니다. 하지만 결국은 겹치는 이름입니다, 라는 반론이 있었습니다. 두 의견은 좁혀지지 않았습니다. 우리는 결국 여기에 이 이름을 추가하기로 하였습니다. 조던 필은 반드시 있어야 하지만 앞의 명단에 있어야 하는지 뒤의 명단에 있어야 하는지를 놓고 긴 이야기를 나누었습니다. 〈겟 아웃〉은 놀라운 데뷔작이었고, 〈놉〉은 SF 영화와 서부극과 공포 영화를 하나로 잡종 교배한 걸작이었습니다. 게다가 에드워드 머브리지의 1878년 달리는 말에 관한 조에트로프를 끌어들였을 때 감탄의 찬사를 보냈습니다. 그러면서 우리는 좀 더 기다릴 수 있어, 라는 마음으로 이 자리에 놓았습니다. 알리 아바시가 재능이 있다는 건 알겠습니다. 하지만 그가 〈경계선〉을 따라갈지 아니면 〈성스러운 거미〉를 이어갈지는 모르겠습니다. 그러므로 역시 방금 전과 똑같이 말했습니다. 기다릴 수 있어. 카를라 시몽은 로컬 시네마의 새로운 장을 열어 보이고 있습니다. 〈프리다의 그 해 여름〉, 그리고 〈알카라스의 여름〉은 (스페인이 아니라) 카탈루냐 영화입니다. 우리는 이 새로운 경향을 지지합니다. 리산드로 알레소의 〈도원경〉은 의심의 여지가 없는 걸작입니다. 하지만 〈유레카〉가 우리들의 기대에 응답했는지에 대해서 확신할 수 없었습니다. 그래서 이름을 지우는 대신 다시 한번 기다려보기로 하였습니다. 알리체 로르바케르는 반대의 경우입니다. 〈행복한 라짜로〉는 걸작이었고, 〈키메라〉는 더 훌륭해졌습니다. 마술적 리얼리즘의 세계 앞에서 펠리니의 영화를 다시 한번 하지만 다르게 만나는 이 경험은 소중했습니다. 다음 영화는 더 훌륭할 것입니다. 그래서 기다려보기로 하였습니다. 까다로운 이름 아리 애스터가 있습니다. '아메리칸 나이트메어'의 전통을 이어받은 영화들, 〈유전〉을 시작으로 〈미드소마〉를 거쳐서 〈보 이즈 어프레이드〉를 보면서 우리는 다른 이름을 지우고 (구태여 그 이름들을 나열하지는 않겠습니다) 아리 애스터를 남겨놓았습니다. 그리고 신카이 마코토가 있습니다. 단지 이 이름이 아니라 안노 히데아키를 거쳐서 하나의 유니버스를 이루는 세카이계(セカイ界)를 수렴한 〈너의 이름은〉을 보면서 이 평행 우주는 영화에서 만나는 모든 메타 유니버스 중에서 가장 흥미롭다는 생각을 했습니다.

모두 읽은 다음 당신께서 이 12명에 관한 반론을 제기하는 대신 당신의 12명의 명단을 만들어보시기를 권합니다. 우리는 당신의 명단이 궁금합니다.

조나단 글레이저 Jonathan Glazer

마렌 아데 Maren Ade

사프디 형제 Safdies

(Josh Safdie & Benny Safdie)

호나스 트루에바 Jonás Trueba

미야케 쇼 三宅唱

조던 필 Jordan Peele

알리 아바시 Ali Abbasi

카를라 시몬 Carla Simón

리산드로 알론소 Lisandro Alonso

알리체 로르바케르 Alice Rohrwacher

아리 에스터 Ari Aster

LA POLITIQUE
DES AUTEURS,
ALTERNATIVE
CINEASTES
2004-2024

1

조나단 글레이저 Jonathan Glazer

조나단 글레이저 Jonathan Glazer
2004 탄생 Birth
2014 언더 더 스킨 Under the Skin
2023 존 오브 인터레스트 The Zone of Interest

진부한 이미지에 저항하기

글 이영재
스틸 제공 영화사 찬란

조금 시간을 거슬러 올라가 보자. 지금으로부터 24년 전에, 그러니까 새로운 세기가 약간의 호들갑을 동반한 세기말적 불안과 대책 없는 희망의 기묘한 범벅으로 시작되었던 바로 그 순간에 조나단 글레이저는 그의 첫 번째 장편 영화 〈섹시 비스트〉를 선보였다. 그는 이미 1990년대 일련의 뮤직 비디오를 통해 시청각 경험의 최전선으로 우리를 인도했던 자이다. 'Street Spirit'(라디오헤드)이 중력을 벗어난 듯한 운동의 기이한 속도감만으로 어떻게 지구적이고 인간적인 시간의 감각을 이화시킬 수 있는지를 보여주는 것이었다면, 'Rabbit In Your Headlights'(영클)에서 드니 라방이라는 강렬한 신체가 자동차와 충돌을 반복할 때, 그것이 전달하는 지독한 고통의 감각은 본다는 것을 통해 어떻게 우리 모두가 가지고 있는 이 공통의 연약한 몸이 상기될 수 있는가에 관한 놀라운 사례로 보였다. 혹은 당신은 자미로콰이의 디스토피아적 세계의 비전을 안도 타다오와 컨베이어벨트의 아이디어로 구현해 낸 'Virtual Insanity'의 완벽한 기술적 성취를 떠올릴 수도 있을 터이다.

〈섹시 비스트〉는 이상한 말이지만 이미 예견된 걸작이었다. 물론 이 말에는 어폐가 있다. 왜냐하면 여기에는 이 놀랍도록 창조적인 감독에게 있어 장편 극영화가 '목표'일 것이라고 가정되어 있으며 무엇보다 현재적 관점에서 말하자면 '영상들' 사이의 위계가 이미 전제되고 있기 때문에 그렇다. 그럼에도 불구하고 이 말은 이 영화에 쏟아진 주목과 찬사를 설명하는 데에는 여전히 적절해 보인다. 은퇴한 갱스터가 과거로부터 온 자에 의해 다시 런던 지하의 세계(비유적 의미에서 또 실제의 의미에서)로 빠져든다. 이건 극히 타란티노적인 설정이다. (대체 90년대의 그 어떤 갱스터 영화가 타란티노와 동떨어져서 보여질 수 있었겠는가!) 그러나 〈섹시 비스트〉는 90년대의 저 유력한 장르, 젊은 감독들이

대기를 뿜어내던 피에 절은 갱스터 영화들 중의 한 편이 아니다. 조나단 글레이저는 이 장르를 특유의 부조리한 캐릭터를 포함하여 과거와 기억의 침입에 대한 일종의 환유로서 작동시키고 있다. 그로부터 4년 후 완성한 두 번째 영화 〈탄생〉은 그가 전혀 다른 계보의 작가임을 확인시켰다. 남편이 죽은 지 10년 후, 재혼을 앞둔 여자 앞에 10세 소년이 남편의 환생임을 주장하며 나타난다. 남편과 같은 이름을 가진 이 소년은 진짜 남편의 환생인가? 만약 남편의 환생이 아니라면 어떻게 소년은 남편과 그녀 사이의 모든 것을 알고 있는가? 그런데 왜 이 소년은 남편과 그녀의 관계 이외의 아무것도 알지 못하는가? 이 이야기는 지극히 부뉴엘적이다. (이 영화의 시나리오에는 장 클로드 카리에르가 참여하고 있다.) 또한 상실의 고통과 믿고 싶은 소망과 형상의 차이에서 비롯된 혼란에 사로잡힌 니콜 키드먼은 분명 베르히만의 여배우들에 한없이 가깝다. (바그너의 『발퀴레』 1장과 함께 거의 2분여에 가까운 클로즈업을 견뎌내고 있는 이 얼굴의 섬세한 떨림!) 동시에 니콜 키드먼의 이름은 조나단 글레이저가 누구에게 가장 근접해 있는 작가인가를 떠올리게 한다. 이 영화는 〈베리 린든〉적인 실내극이기도 하다.

영화사의 계보 안에서 말한다면 이 영국 감독의 가장 근사치에 있는 것은 스탠리 큐브릭일 것이다. 이건 단지 그가 큐브릭에게 바쳤던 경의만을 의미하는 것이 아니다. (이를테면 'Karmacoma'(매시브 어택)에서 〈샤이닝〉에 대한 독창적인 인용, 'The Universal'(블러)에서 〈시계태엽 오렌지〉의 변주) 오히려 영화에 대한 태도, 이미지에 대한 사유의 형태와 같은 것에 더 가깝다. 큐브릭과 글레이저는 테크놀로지적인 수사학과 형이상학적 이미지, 개별 작품의 단독성을 공유하고 있는 것으로 보인다. 〈탄생〉으로부터 10년 만에 그가 제출한 세 번째 영화 〈언더 더

스킨〉은 '그것'이 '그녀'로 이동하는 이야기이다. 인간의 껍질을 쓰고(스칼렛 요한슨!) 인간을 사냥하는 외계인은 인간에 근접한 순간 인간 이자인 껍질이 겪을 수 있는 가장 끔찍한 폭력의 결과, 죽는다. 우리 세기의 가장 중요한 SF 영화 중 하나로 자리매김될 이 영화에 관한 여타의 이야기는 잠시 미뤄두자. 〈언더 더 스킨〉은 이 예술가가 어떻게 형식과 내용을 사유하는가에 관한 우화처럼 보인다. 인간의 형식 안에 놓인 외계인은 인간이 된다. 거울은 이 형태를 보는 자에게 되돌려준다.

조나단 글레이저의 네 번째 영화는 다시 그로부터 10년 후에 도착하였다. 〈존 오브 인터레스트〉는 20세기 내내 재현의 윤리를 둘러싼 각전장이었던 홀로코스트에 대한 우리 세기의 답변이다. 두 개의 미학적 원칙. 첫 번째 이 영화는 이미지 아카이브가 아닌 사운드 아카이브의 영화이다. 두 번째, 아우슈비츠 수용소와 붙어있는 루돌프 회스의 사택을 리얼리티쇼로서 재현할 것. 그럼으로써 사운드는 증언하고, 전 세계에 범람한 리얼리티쇼의 이미지는 아렌트의 명제, 악의 진부함에 이미지의 진부함을 결합시킨다. 〈존 오브 인터레스트〉는 글레이저 자신의 말을 인용하자면, 현재의 '우익 포퓰리즘'과 역전을 거듭하는 만연한 폭력에 대한 지독한 근심의 영화이다. 2024년 전쟁은 끝나지 않고, 가자에서는 아이들이 죽어가고 있다.

"이 영화의 가장 역겨운 점은 시기적절하다는 점이며, 인간인
  우리가 지속되는 폭력의 순환으로부터 어떻게든 진화할
  수 있을 때까지는 항상 시기적절할 것이라는 점이다."
  ― 조나단 글레이저

마렌 아데
Maren Ade

본캐와 부캐의 틈새

글 이연호
스틸 제공 그린나래미디어

딸과 아버지가 있다. 또는 아버지와 딸이 있다. 그 배치의 구도만으로도
확 달라지는 게 가족 영화이다. 그와 동시에 잘 만들 수 있고
재미있게 만들 수도 있지만 새롭게 만들기는 어려운 게 가족 영화이다.
독일의 여성 감독인 마렌 아데의 〈토니 에드만〉(2016)은 그 명제들을
단숨에 뛰어넘는다. 어떤 조건도 없이 스스로 걸작임을 증명하는 데
걸리는 시간은 단 몇 초. 그러나 가족 간의 소통에도 부캐와 가면 놀이가
필요해진 신자유시대의 절박한 요청은 이미 오래전의 일이다.

결혼식장 또는 장례식장에서 아주 오랜만에 만난 친지들이 주고받는 안부 인사는 으레 오류를 품기 마련이다. 그들 집안의 자랑, 외국의 다국적 기업에서 잘나가는 딸에게 묻는 어떤 노친네의 헛발질이란. "그래, 부다페스트에 있다고?" "아뇨, 부쿠레슈티요". 물론 형식적 대화 속의 장소가 헝가리의 수도이든 루마니아의 수도이든 그것은 중요하지 않다. 이곳은 은퇴한 노인들의 천국이어야 할 독일이라는 게 핵심이니까. 그러니까 지금 나는 별다른 정보 없이 보았고, 오프닝을 보자마자 빠져버렸고, 실실거리고 웃다가 가슴이 뻐근해진 독일 영화 〈토니 에드만〉을 언급하면서 이 영화의 지정학적 토대를 범유럽으로 돌리고 있는 것이다.

그렇게 하는 첫 번째 이유는 여성 감독 마렌 아데의 어떤 시선들이 그것을 바란다는 느낌 때문이다. 〈토니 에드만〉에서 쉴 새 없이 전화기를 붙잡고 있는 워커홀릭 딸을 비추던 카메라는 창밖 도시 풍경으로 넘어가면서 루마니아 빈민들 또는 서유럽에서 추방의 대상이 되곤 하는 루마니아 집시들의 거주지에서 잠시 머뭇거린다. 딱 붙는 비즈니스 슈트와 킬힐로 단장한 다국적 기업의 구조조정 전문가 앞에서 그들은 가장 먼저 청산해야 할 대상 축에도 끼지 못한다. 매사 뜨거운 아버지와 매사 덤덤한 딸의 관계에 집중하면서도 마렌 아데의 시선은 세계를 조종하는 강대국의 질서를 놓치지 않는다. 일군의 새로운 독일 감독을 묶는 '베를린파'의 기수로서 신자유주의 시대의 일상에 불안과 공포를 불어넣은 아데의 이전작들(〈나만의 숲〉과 〈에브리원 엘스〉)처럼 〈토니 에드만〉에도 그것의 기원인 제국주의를 포개는 순간이 서늘하다.

두 번째 이유는 2016년 칸영화제의 풍향계가 알려준 어떤 힌트 때문이다. 그해 칸은 황금종려상의 유력한 후보군 중에서 켄 로치의 〈나, 다니엘 블레이크〉를 선택했다. 인간을 소외시키는 신자유주의 시대의 복지 정책과 그 사각지대를 묘사한 비수 같은 영화. 그때 많은 비평가들이 아깝게 고배를 마신 영화로 마렌 아데의 〈토니 에드만〉을 꼽았다. 같은 시대의 공기를 마시며 살아가는 부녀의 세대차와 소통 가능성을 타진하는 블랙 코미디. 그러니까 극명하게 나뉜 비극과 희극 사이에서 영국의 다니엘 블레이크 씨와 독일의 토니 에드만 씨가 올해의 인물이 된 것이다. 도대체 그들은 누구인가? 왜 지금 그들인가? 실존 인물 또는 전기 영화의 느낌을 풍겼지만 사실 두 사람은 동시대의 아주 시급한 요청으로 구축된 픽션 속의 캐릭터이다. 영국의 다니엘이 본캐라면 심지어 독일의 토니는 부캐이기도 하다. 본캐가 자신에게 주어진 용량을 다 쓰고 시스템에 의해 소멸된다면, 부캐는 최고 레벨에 오른 승자가 새 계정을 개설해서 불러낸 부차적 캐릭터이다. 인터넷 게임에서 유래된 명명은 그렇게 영화 속에서도 제 운명을 만들어낸 셈이다.

어쨌든 그 나라의 가장 평균적인 이름을 조합하여 만들어진 캐릭터는 시대정신의 의인화일 것이다. 독일식 유머라는 말은 영국식 유머라는 말만큼 생소하지만, 가족이라는 구도 속에서도 장난과 농담만 일삼는 아버지와 내색 없이 침착한 딸의 대립각으로 좁히고 집중한 마렌 아데의 경제성은 대단하다. 그것은 관계와 일상에 대한 여성 특유의 예민하고 섬세한 관찰을 동반하면서 두 사람만 모여도 사회를 구성하는 크고 작은 모임 및 파티를 이어 붙인다. 실내극에 조응하듯 〈토니 에드만〉은 일종의 파티 연쇄극이라고 불러도 될 구조이다. 둘만 모여도 카페, 셋만 모여도 펍, 우리 집안의 행사들, 당신 집안의 모임, 모르는 누군가의 파티, 미리 앞당긴 생일 파티, 그리고 무슨 일이 생길 것 같은 진짜 생

일 파티. 오프닝에서 미처 생일 선물을 준비하지 못했던 아버지는 '프*스제' 치즈 강판을 사 들고 부쿠레슈티로 날아가 딸의 일상에 불쑥불*침입한다. 이상한 틀니에 더벅머리 가발을 쓴 허풍쟁이 '토니 에드만*이름으로. 그리고 영화사상 기념비가 될 정도로 시각적 대비가 큰, 북숭이 아빠와 벌거벗은 딸이 조우한다. 혹여 놀라움으로 그날 해소하지 못한 게 있다면 마지막의 할머니 장례식까지 기다려볼 일이다. 맨*굴로 정색하면서 말하지 못했던 삶의 의미나 행복의 조건은, 그것의 가능성을 포착할 때 우리 곁을 스치며 진한 향기를 풍긴다. 마렌 아데*성숙한 화법에 유머의 힘을 싣는 대가이다.

[+]

1976년 독일 카를스루에에서 태어나 뮌헨 텔레비전필름스쿨에서 영화를 공부했다. 첫 장편 〈나만의 숲〉(2003)은 고교 교사로 부임한 멜라니가 새로 사귄 티나에게 과도하게 집착하면서 벌어지는 이야기로, 선댄스영화제 심사위원특별상을 수상. 두 번째 장편 〈에브리원 엘스〉(2009)는 휴양지의 두 커플이 서로를 탐구하고 비교하면서 생기는 혼란스런 감정과 본질의 정곡을 유머 속에서 묘사, 베를린영화제 은곰상과 여우주연상을 수상했다. 7년 만에 선보인 〈토니 에드만〉(2016)은 전 세계 영화인들의 찬사를 한 몸에 받았고 칸영화제에서 국제비평가상을 수상했다.

사프디 형제 Safdies (Josh
Safdie & Benny Safdie)

사프디 형제 Safdies
（**Josh Safdie & Benny Safdie**）

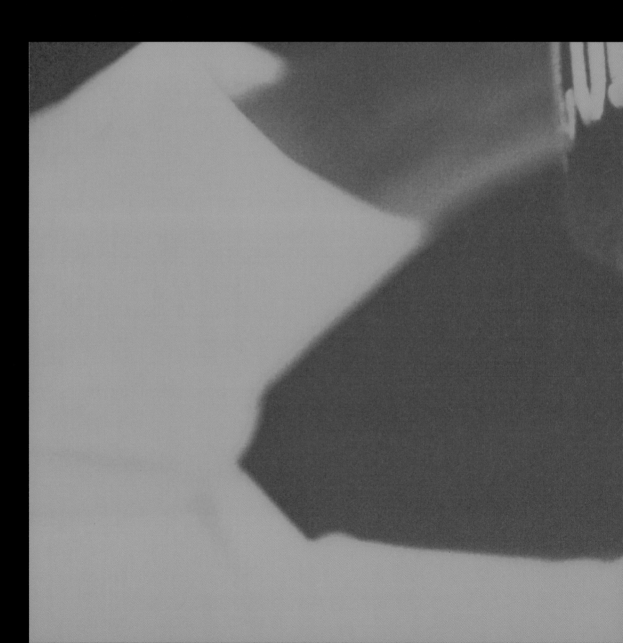

중독된 거리를 뒤쫓는 카메라

글 장훈

사프디 형제는 지금 현재 미국 영화에서 가장 독특한 화법으로 자신들의 작업을 이어가고 있는 시네아스트 중 하나다. 그들의 영화는 카메라를 기관총처럼 치켜들고 온갖 유혹과 중독에서 벗어나지 못하고 대책 없이 무너져 내리는 인물들과 벌이는 난투극이자 사운드트랙을 앰비언스 삼아 수많은 인물들의 쉴 새 없는 수다로 채워낸 도시교향악이다. 그 안에서 그들은 마틴 스코세이지의 뒷골목에 선 존 카사베츠와 같은 태도로 소비자본주의 시대의 얼굴을 포착해 낸다.

네온빛 뒤엉킨 뉴욕의 거리를 종횡무진하는 사프디 형제의 영화는 마치 농구장에서 피벗(한 발을 붙인 채 남은 한 발을 이리저리 돌려가며 선회)하는 농구 선수 같다. 그들 영화 속 주인공은 도벽에 이끌리거나(《도난당하는 것의 즐거움》) 마약에 취해(《헤븐 노우즈 왓》) 혹은 경찰의 추격에 쫓기거나(《굿타임》) 마피아 사촌의 추심을 피해서(《언컷 젬스》) 때로는 뱀파이어처럼, 때로는 유령처럼 도시의 밤낮을 배회한다. 그리고 그 과정에서 수많은 인물들과 마주치고 헤어진다. 주인공의 동선 위로, 애정 결핍과 지독한 집착, 선의와 불신, 도둑질과 강도질, 도박과 경매, 마약과 흥정 등 거리의 삶들이 엇갈리고 교차하며 모자이크처럼 반짝인다. 이것은 멀리는 발터 루트만의 〈베를린: 위대한 도시의 교

향곡〉이나 요리스 이벤스의 〈비〉, 로버트 시오드막과 에드가 울머의 〈일요일의 사람들〉, 지가 베르토프의 〈카메라를 든 사나이〉 같은 1920-30년대 도시교향악 영화의 전통을, 가깝게는 로버트 알트만의 관계망과 존 카사베츠의 무수한 얼굴들을 떠올리게 한다.

형인 조쉬 사프디의 데뷔작 〈도난당하는 것의 즐거움〉부터, 형제가 함께 연출한 〈아빠의 천국〉, 〈레니 쿡〉, 〈헤븐 노우즈 왓〉에 이르기까지. 〈굿타임〉 이전의 사프디 형제 영화에서 발견되는 특징이라면 다큐멘터리를 연상시키는 극사실주의일 것이다. 그들은 영화의 소재 대부분을 철저하게 현실의 경험이나 기억, 실재 인물로부터 가져왔다. 실재 현장 로케이션의 선호와 비전문 배우의 기용도 빼놓을 수 없는 특징이다.

이들의 리얼리티에 대한 집착은 로버트 패틴슨과 아담 샌들러를 각각 파트너로 삼은 〈굿타임〉과 〈언컷 젬스〉에 이르러서 장르를 적극적으로 끌어들이며 새로운 국면으로 나아간다. 사프디 형제는 시가지 전투에 혈혈단신으로 뛰어들어 게릴라전을 펼치듯 영화를 찍어낸다. 긴장이 끓어 넘쳐 금방이라도 비등점에 이를 것만 같은, 그들의 트레이드마크인 흔들리는 망원 렌즈 클로즈업은 이제 마틴 스코세이지의 〈비열한 거리〉나 아벨 페라라의 〈악질 형사〉와 같은 범죄영화의 세계 속에서 아우성친다. 응시와 관찰의 앵글은 기관총으로 바뀌어 숏을 난사하고, 원오트릭스 포인트 네버의 사운드트랙은 부비트랩처럼 폭발하며, 대사들은 사방으로 빗발친다. 논픽션의 정신이 픽션의 구조와 만나 새롭고 강렬한 그들만의 화법을 만들어낸 것이다.

사프디 형제의 영화 속 주인공들은 유아적이고 변덕스러우면서도 한편으로는 집착적이다. 단 한 순간도 제대로 자신의 삶을 성찰하지 못하는 그들은 범죄와 비행을 저지르며 삶의 벼랑 끝에서 위태롭게 움직인다. 그런데 신기하게도 그 모든 위험 속에서도 이상할 정도로 행운이 뒤따른다. 〈도난당하는 것의 즐거움〉의 엘레노어는 절도 행위를 계속해 감에도 잡힐 것 같지 않고, 〈굿타임〉의 코니가 도주 중에 만난 낯선 사람들은 알 수 없는 선의로 그를 도와준다. 〈언컷 젬스〉의 하워드는 끝없이 나락으로 떨어지지만 매번 배팅의 기회가 찾아온다. 그렇기에 그들은 필사적이 되고 마지막까지 희망의 끈을 버리지 않는다. 코니는 병원에 갇힌 동생을 빼내오려는 와중에도 계속해서 큰돈을 만질 수 있다는 기대를 가지고 집요하게 노력하고, 하워드는 넘치는 빚에 끊임없이 쫓기며 협박을 받아 목숨이 간당이는 지경에 있음에도 반전의 기회를 노린다. 하룻밤의 꿈, 일확천금의 미련은 이들을 멈추지 않게 하는 동력이 된다. 희망은 심각한 중독이다.

기적처럼 모든 것이 순조롭게 마무리될 것 같은 그 순간. 환상은 깨어지고 인물들은 무자비한 현실과 직면하게 된다. 운명은 신의 주사위 놀음에서 한 치도 벗어나지 못한다. 겹쳐진 행운과 우연의 연속은 그렇게 필연적으로 가혹한 결말을 만들어낸다. 사프디 형제의 영화는 장르적 상상이 종국에는 고스란히 삶의 진실을 목도하게 만드는 기묘한 체험의 영화이다. 그리고 대책 없는 낙천주의와 그 끝에서 맞닥뜨리게 되는 허무주의는 사프디 형제가 바라보는, 소비자본주의 극단에 선 미국의 현재이자 미래일 것이다.

[+]

형인 조쉬 사프디는 1984년, 동생 베니 사프디는 1986년에 뉴욕에서 태어났다. 두 사람은 보스턴대학교에서 영화를 전공하면서 따로 또 같이 단편 작업을 했다. 이후 조쉬는 핸드폰 광고용 프로젝트에서 출발한 〈도난당하는 것의 즐거움〉으로 2008년 데뷔를 했고 두 사람이 함께 장편 연출을 시작한 것은 다음 작품인 〈아빠의 천국〉(2009)에서부터다. 레니 쿡이라는 농구 유망주에 대한 다큐멘터리 〈레니 쿡〉(2013)을 거쳐 노숙자인 아리엘 홈즈의 자전적인 삶을 다룬 〈헤븐 노우즈 왓〉(2014)을 만들었고 2017년엔 로버트 패틴슨을 주연으로 한 〈굿타임〉을, 2019년엔 아담 샌들러가 주인공을 맡은 〈언컷 젬스〉를 발표하였다.

〈언컷젬스〉

글 MMZ 나해찬

〈언컷 젬스〉의 괄목할 만한 요소 중 하나는 기승전결의 템포를 부정하고 시종 '결'에 해당하는 들끓는 감정으로 일관하고 있음에도 불구하고 훌륭한 완급 조절을 해내었다는 부분이다. 하워드의 미련한 도박 수가 반복되는 상황 자체는 똑같지만, 영화는 이를 매번 다른 스타일로 변주한다. 딸의 공연을 관람하던 도중에 벌어지는 한바탕의 추격전, 오팔을 돌려주러 온 케빈 가넷의 앞에서 갑자기 열리지 않는 문을 활용한 대목, 그리고 짜릿한 마지막 클라이맥스까지. 영화는 이 세 번의 장면에서 제각기 다른 형태의 서스펜스를 구사한다.

특히 두 번째와 세 번째 시퀀스에서의 연출은 가히 신기에 가깝다. 일전에 넓은 공간에서 추격의 서스펜스로 장면을 마무리 지었던 것과는 대조적으로, 케빈 가넷과의 에피소드에서 영화는 서스펜스의 장소를 하워드의 가게, 즉 밀실로 변경한다. 케빈 가넷이 하워드의 가게에 도착하기 직전 상황에, 하워드에게로 전화가 빗발친다. 그리고 그 경황없는 상황에 대해 영화는 눈이 아플 정도의 빠른 편집으로 하워드의 분주한 내면에 관객을 욱여넣는다.

그런데 케빈 가넷이 하워드의 가게에 도착하는 순간, 이번엔 패닝을 통해 숏의 길이가 대폭 연장된다. 갑작스런 리듬 전환. 그리고 이와 더불어 충돌하는 서로 간의 대화, 좀처럼 열리지 않는 답답한 문, 그리고 집중을 방해하는 전방위적인 소음 등등, 이렇듯 악조건이 점차 중첩되는 플롯과 영화의 연출은 완벽히 조응한다.

마지막 클라이맥스 시퀀스. 이 마지막 시퀀스가 구사하는 서스펜스의 핵심은 시점의 바통 터치이다. 구체적으로 말하기 위해 그 전에 등장하는 경매 장면에 대해 먼저 말해보면 좋겠다. 하워드가 장인을 동원해 오팔 하나를 놓고 경매장에서 케빈 가넷과 눈

치 싸움을 하는 내목은 시종 시끄러웠던 상황에서 성적인 긴장감으로 리듬을 재차 전환했다는 지점에서도 흥미롭지만 이입의 대상을 은연중에 변경했다는 점에서 더 인상적이다. 그다지 애착이 가는 인물상은 아니다만, 우리는 영화 내내 하워드의 행보를 응원한다. 그는 관객이 이입해야 할 대상이다. 헌데 경매 장면에서 우리는 하워드의 장인에게 이입한다. 우리는 케빈 가넷이 보다 더 과감한 배팅을 하길 바라며 무고한 장인이 하워드의 꾀에 넘어가 돈을 잃지 않기를 바란다. 영화의 주된 이입의 대상은 하워드임을 전제하되 영화는 이 틈에서 이입의 대상을 일시 전환하여 극을 보다 더 다채롭게 환기한다. 이는 장인의 이득이 영화의 주된 몰입의 대상인 하워드의 이득과 결부됐기에 가능한 전략이다. 종반부는 이러한 전략의 효율을 극대화한다. 먼저, 아르노의 패거리가 또 하워드의 가게로 찾아온다. 여기서의 긴장감은 금세 질리기 십상이다. 아르노에게 겁박당하는 하워드의 모습은 우리가 영화 내내 봐온 것이니까. 하지만 구도가 바뀐다. 농구 경기에 배팅할 돈이 담긴 가방이 하워드의 손에서 줄리아의 손으로 이동하는 순간, 여기서 일종의 은유적 바통 터치가 일어난 셈이고 이제부터 이입의 릴레이가 펼쳐진다.

아르노에게서부터 하워드가 무사하길 바라는 서스펜스는 이제 그의 부하들로부터 줄리아가 잡히지 않기를 바라는 공범 심리로서의 서스펜스로 전환된다. 하지만 영화는 필요에 따라 하워드에게로 바통을 재차 전달하길 조금도 꺼리질 않는다. 추격전의 긴장이 다 할 무렵, 영화는 다시 가게로 이동해 하워드가 아르노와 잔당들을 어떻게 다루는지에 대해 묘사한다. 다시 똑같은 공간으로 돌아왔음에도 불구하고 다만 상황은 바뀌어 있다. 앞서 하워드가 협박을 당했던 것과는 달리 이번엔 그가 그들을 가둬버리며 으르고 있다. 이때 서스펜스를 느끼게 되는 심리적 요인은 이전과 달리 그가 지나치게 과감한 행위의 주체로 행동하고 있기 때문이다.

이제 또 다른 주자가 등장할 차례다. 바로 케빈 가넷이다. 다소 생뚱맞은 지점이지만 케빈 가넷 또한 이입의 대상이 될 수 있는 까닭은 바로 경기에서 그의 개인 레코드가 곧 줄리아와 하워드의 이익과 연결되기 때문이다. 돈가방을 일종의 바통으로 해석한 나의 시각에서, 케빈 가넷이 그 돈가방과 오팔을 동등한 가치로 보고 맞바꾼 행위는 오팔 역시 하나의 바통이 될 수 있음을 영화가 은유의 방식으로 승인한 것이라 보인다. 경기 직전 로커룸에서 케빈 가넷이 오팔을 손에 쥔 채 뚫어지게 바라보는 순간 다시 긴장감의 유형이 뒤바뀐다.

하워드가 무사하길, 그리고 줄리아가 잡히지 않길 바란 관객의 심리는 어느새 스포츠 관중의 심리로 바뀌어있다. 다소 뜬금없게도 이제 우리가 기대해야 하는 건 케빈 가넷의 점프볼과 리바운드, 득점, 그리고 더 나아가 보스턴 셀틱스의 승리이다. 각자의 이득이 곧 공동의 이익, 하나의 목적을 향해 전혀 다른 세 가지 감정으로 전진하는 이 삼중의 서스펜스 구도는 관객 된 입장에서 도무지 그 순수한 영화적 감흥을 당해낼 재간이 없었다.

호나스 트루에바 Jonás Trueba

호나스 트루에바

글 정성일
스틸 제공 엠엔엠인터내셔널㈜, Los Ilusos Films

세 편의 영화, 〈어거스트 버진〉 2019년,
〈누가 우리를 막으랴〉 2020년, 〈직접 와서 봐봐〉 2022년

약간 우스꽝스러운 소개. 호나스 트루에바는 아버지 페르난도 트루에바
가 첫 영화 〈오페라 프리마〉로 데뷔한 다음 해 1981년에 태어났다. 프랑
코 정권이 끝나고 후안 카를로스 1세 민주화 선언 이후 페드로 알모도
바르와 함께 새로운 스페인 영화를 이끈 세대이다. 아버지 페르난도는
영화 비평가였고, 영화 잡지 『카사블랑카』를 창간했고, 작가로 몇 권의
책을 발표했다. 어머니 크리스티나 후에테는 아버지의 프로듀서였다. 페
르난도의 영화 〈벨 에포크〉는 1994년 아카데미 외국어작품상을 받았다.
게다가 다른 영화들도 여러 차례 베를린영화제에 초대받았고 수상했다.
영화 현장에서 얼마만큼 배웠는지는 알 수 없지만 호나스 트루에바가
시나리오를 쓴 세 번째 영화는 아버지 페르난도가 연출한 2009년 영화
〈댄서와 도둑〉이다.

그런 다음 이듬해 자기 시나리오로 〈모든 노래는 나에 관한 것이다〉
로 첫 감독 영화를 찍었다. 그때 스페인 영화의 새로운 재능, 누구보다
도 (호나스 트루에바도 존중하는) 카를라 시몽, 그리고 앙겔 산토스, 이
사키 라쿠에스타, 안드레스 두쿠에, 세르지오 옥스만, 더 많은 이름이 거
의 동시에 등장했기 때문에 호나스 트루에바는 자신을 증명해야만 했다.
게다가 누구보다도 알베르 세라가 있다. 단숨에 더 멀리 가는 건 쉽지 않
은 일이다. 두 번째 영화 〈허상〉과 세 번째 영화 〈로맨틱한 망명〉은 새롭
기는 했지만 특별하지 않았다.

그러기 때문에 네 번째 영화 〈어거스트 버진〉은 진정한 의미에서 호
나스 트루에바의 발견이 되었다. 모두가 휴가를 떠나 텅 빈 8월의 마드
리드를 무대로 맞은편 동네에서 보름간 같은 도시 다른 구역의 빈집을
임대한 33살 에바가 보내는 일기와도 같은 이야기는 처음에는 누가 보
아도 에릭 로메르의 〈녹색광선〉처럼 보였다. 하지만 중간에 갑자기 방향
을 바꿔서 신비로운 우연과 암시로 진로를 옮겨간다. 그런 다음 성모 마
리아의 성처녀 수태로 서사가 뛰어들 때 거의 모험에 가까워진다.

하지만 미리 결론을 내리면 안 된다. 호나스 트루에바가 어디로 향
하는지 어쩌면 그 자신도 알 수 없을지 모른다. 다큐멘터리와 픽션을 뒤
섞은 〈누가 우리를 막으랴〉는 2016년부터 2021년까지 찍은 실험적인
아카이브이다. 상영시간 3시간 50분. 명백히 미구엘 고메시의 〈천일야
화〉를 염두에 둔 이 영화는 10대부터 20대 초반에 이르는 세대를 따라
가면서 마치 웹 서핑 하듯이 전개된다. 그런 다음 다시 한번 방향을 바꾸
어서 중편에 가까운 〈와서 직접 봐봐〉를 만들었다. 이번에는 도시에 사
는 30대 커플 엘레나와 다니엘이 교외 전원에 사는 커플 친구 길레르모
와 수산나의 초청을 받고 그들을 만나러 간다. 그리고 만나서 긴 대화가
진행된다. 대화가 진행될수록 그들은 점점 멀어진다. 하지만 여기서 호
나스 트루에바가 어떤 드라마를 만드는 것은 아니다. 이번에는 레퍼런스
로 장 외스타슈의 〈넘버 제로〉를 가져온다. 아마 충분히 상상할 수 있을
것이다. 하지만 이상한 엔딩을 준비하고 있다. 매번 방향을 바꾸면서 앞
으로 나아가고 있는 호나스 트루에바를 보면 감탄하게 만들지만, 그래
서 여전히 자기의 영화를 찾고 있다는 인상을 준다. 그리고 어느 순간 예
기치 못한 도약을 할 것이라는 심상치 않은 긴장을 안겨주면서도, 그런
데 호나스 트루에바 당신은 누구십니까, 라는 질문에 대답을 계속 미루
고 있다는 망설임이 거기에 있다. 아마 틀림없이 다음 영화는 더 좋을 것
이다. 그리고 거기에는 또 다른 미처 예기치 못한 레퍼런스가 있을 것이
다. 어떤 레퍼런스도 없는 호나스 트루에바의 영화가 보고 싶다.

〈어거스트 버진〉:
낯선 나를 마주하기

글   MMZ 최주형('거위')

한여름, 무더운 8월. 이 기간동안 마드리드를 떠나있는 사람들을 잠시 제쳐둔 채 에바는 마드리드에서 그녀만의 시간을 보내기로 한다. 8월의 휴가 기간 동안 잠시 이곳을 들른 외부인들의 축제 소리는 마드리드에 익숙한 그녀에겐 소음이었다. 셋째 날이 되고 그녀는 잠시 밖으로 나와 마드리드의 관광용 버스에 올라탄다. 그리고 이곳을 분명 여행 삼아 온 것이 분명해 보이는 한 사람의 동선을 쫓아 박물관 안으로 들어온다. 그리고 그녀는 예전에 알고 지냈던 친구를 만난다. 에바가 어떤 새로운 일상을 시작하기 위해 이곳에서 새로운 마음이 움트고 있는지는 확실히 알 순 없으나, 알 것만 같았다. 루이스와의 대화 속에서 직업을 구하지 못한 자신의 모습을 마주하고. 새로 만난 친구들의 대화 속에서 외지인으로 마드리드에 와 이곳을 잠시 즐기다 떠나가거나, 아니면 정착하는. 고향이란 둥지로부터 떠나 자기 자신을 돌아보게 된 이 친구들의 사연들을 들으면서 에바도 분명 자신도 마드리드라는 자신의 둥지 안에서 벗어나 나 자신을 찾게 되는 꿈을 키웠으리라는 생각을 했을 것이다, 라고 난 생각했었다.

에바는 마드리드를 낯선 외부인의 시선으로 이곳저곳을 호기심 넘치게 돌아다닌다. 하지만 이곳은 그녀가 놓고 온 과거들을 마주하기에 너무 쉬운 곳이었다. 아파트의 대문을 열지 못해 그녀의 오래전 친구의 집에 가게 되면서 불편한 이야기를 꺼내기도 하고, 보고 싶은 영화를 보러가는 순간에도 그녀의 옛 애인처럼 보이는 남자가 등장해서 그녀의 계획을 방해하기도 한다. 어쩌면 그녀 스스로가 이 마주침에 연연한 결과였을지도 모른다. 나 자신을 찾는다는 것은 과거와의 이별을 동반해야 한다는 것일지도 모른다고, 그녀는 그렇게 생각했을 거라 믿었었다. 월경의 통증을 덜어내는 의식을 받게 되는 그녀는 이제 자신을 구속했턴 통증에서 잠시나마 심정적으로 벗어나 자기 스스로를 돌아보고 마주하는 순간을 가졌으리라고도 생각해 보았다. 아니, 어쩌면 다리 위에서 그저 허무한 듯 허공을 바라보는 그에게 잠시나마 말동무가 되어주어 그 사람의 자살을 막아주는 것 역시 그녀에게 귀중한 순간이 되었으리라 믿었다. 나는 영화를 보면서 안다고 생각했다. 영화가 마지막에 다다르자 나는 에바에 대해 전혀 모르고 있었다는 생각을 그제서야 하게 되었다. 그리고 영화를 계속해서 곱씹어 보았을 때 에바는 이미 자신의 고민을 드러내진 않았어도 표현을 하고 있었다는 것을 알았다.

에바의 고민은 소피아 앞에서도, 올카 앞에서도, 마리아 앞에서도 드러날 수밖에 없는 고민이었다. 다시 생각해 보니 정말 그랬다. 그런데 왜 아무도 몰랐을까, 그런데 왜 나도 같이 몰랐던 걸까.

에바가 생각하는 에바의 문제는 에바의 입을 통해서 아고스에게 전달이 되었을 때 비로소 자신을 돌아볼 수 있게 되었던 것일까. 그동안 에바는 자신의 문제를 인식하면서도 자신을 찾으려는 노력을 같이 하고 있었다. 그 둘은 떼어서 생각할 수 없다. 같이 가는 것이다. 에바의 문제는 좋은 엄마가 될 수 없을 것 같다는 문제였을까, 아이의 아빠를 찾지 못한다는 문제였을까, 아이를 가진 이후의 자신의 삶에 대한 총체적인 고민이었을까. 영화를 보면서 단언하긴 어렵다. 에바의 문제는 루이스의 문제, 소피아의 문제, 올카의 문제, 조의 문제, 마리아의 문제, 아고스의 문제이기도 했다. 그들이 남긴 말들은 에바에게 있어서 하나하나 다 마음속에 깊숙히 눌리는 눌림이었을 것이다. 에바는 그 과정들을 거쳐왔다.

영화가 정해준 15일의 시간은 에바가 자고 일어나는 그녀만의 인식 속 시간이 아니다. 정형화된 시간, 자정이 넘어서면서부터 그 시간은 페이지가 넘어간다. 에바의 일상의 시간과는 상관없이 느닷없는 순간에도 영화는 빨간 종이 질감에 글자가 올리어진 인서트 컷을 통해 시간의 경과를 보여준다. 그것은 그녀에게 적용되는 시간, 아니 이 세상 모든 사람에게 적용되는 통용된 시간이다. 그 시간 속을 살아가는 우리는 자기만의 리듬을 잃어버린 채 달력이 정해준 시간의 일수와 나이에 따라 살아간다. 하지만 날짜가 넘어가도 파티는 이어지고, 대화는 이어지고, 유성은 떨어진다. 그리고 나는 특별히 변한 게 없는 채로 그저 있을 뿐이다. 정해진 시간은 그저 지표일 뿐 에바가 인식하는 그 기간동안의 시간은 15일이 아니라 더 적게 혹은 더 많게 느껴질 수도 있는 시간이다. 표준으로 정해진 시간은 도량에 불과할 뿐, 그건 그것대로 인정하고 나는 나의 시간 안에서 움직여야만 한다.

낯선 감각은 모두에게 있다. 하지만 마드리드가 더 이상 낯설게 느껴지지 않는다는 것은 에바에게 꽤 힘든 일이었을지도 모른다. 그렇기에 이 공간을 외지인의 시각을 통해 바라보고 낯설어진 나 자신을 바라보는 것을 필요로 했던 것일지도 모른다. 조가 불렀던 국제 여단의 군가는 할아버지가 갖고 있는 스페인의 추억을 그에게 다시 물리어 주었다. 30년대라는 시간은 지금 현재와 얼마나 멀리 떨어져 있을까? 100년의 시간은 낯설게하기에 충분한 시간일지도 모른다. 하지만 우리 모두는 시간을 역사 속으로 추상화시켜 낯선 감각을 잊어버리게끔 만든다.

어제 만난 친구가 오늘 다른 면모를 보이듯이, 사람의 다양한 모습은 우리를 새로운 감각에 빠져들게 한다. 에바는 스스로를 낯설게 보기 위해 낯설게 마드리드를 돌아다녔을지도 모른다. 낯설어진 자신을 마주하기 위해 그곳에서 자신을 처음 보는 새로운 친구들과 함께 다녔을지도 모른다. 그녀는 끝내 아고스를 만나면서 낯선 자신의 모습을 마주하게 될 훈련을 마치게 된 것일까? 아고스의 딸을 보면서 엄마로서의 자신을 상상하게 된 것일까? 계속 영화를 보는 내내 질문을 던지지만 이 영화 속의 캐릭터인 에바 하나를 이해하는 데는 수많은 관찰을 더 동원해야 할 것이라 생각한다. 하지만 이 영화는 나를 판단 바깥으로 인도한다. 알 것만 같다는 감각은 언제나 착각이었다. 앞으로 내가 마드리드라는 도시 하나에서만 평생 산다 한들 내가 마드리드를 다 모르는 것처럼(어디까지나 외부인의 시각을 가지게 되어버렸으니까), 에바라는 인물 한 명을 들여다보는 것조차도 나는 실패할 수 밖에 없었다. 실패라는 말은 나 자신의 판단하려는 마음에 대한 반성함과 동시에 입체적인 한 사람을 보았다는 즐거움이기도 하다. 한 사람을 다 안다는 것은 곧 불가능이다. 하지만 사람과 대화하고 위로해 주는 일은 우리에게 남겨진 숙제 아닌가. 우리에게 주어진 시간은 충분한가? 아니면 너무나도 적은가? 15일이란 시간은 그렇게 지나버리고야 말았다.

미야케 쇼

미야케 쇼는 아마도 현재 일본 영화 안에서 영화란 무엇이었는가, 무엇인가를 가장 오래된 의미에서 갱신하고 있는 작가일 것이다. 오래된 의미를 갱신한다고? 그는 영화의 최소 단위가 여전히 숏으로 이루어져 있으며, 그것을 만들어내는 공동의 작업이자, 또한 이 '작위'를 통제하는 동시에 (그의 표현을 그대로 빌리자면) '운 좋게' 우연을 포착하는 일이라고 믿어 의심치 않는다. 말하자면 미야케 쇼는 영화가 점점 애니메이션을 닮아가며 그리하여 숏이 프레임으로 전화되어가는 이 순간에도 여전히 그의 선배이자 스승들(구로사와 기요시와 만다 쿠니토시와 아오야마 신지와 시노자키 마코토 등)이 그러한 것처럼 숏이야말로 영화의 최소 단위임을 증명해낸다.(이 계보 속에서 아마도 그의 영화적 '할아버지'라고 할만한 하스미 시게히코는 미야케 쇼의 영화를 '영화적 기억으로 가득 차 있는 영화'라고 말한 바 있다.) 그것은 영화가 어떻게 성립하는지에 관한 집요한 질문이자, 그 한 숏에 담기는 공간과 시간과 사물과 사람의 배치를 온전히 전달하는 일이다.

아마도 미야케 쇼의 영화를 본 당신은 잊을 수 없는 어떤 장면들을 이야기할 것이다. 이를테면 이른 새벽 '나'와 시즈오가 빌딩 앞 화환을 훔쳐 걸어갈 때(아마도 이 꽃들은 곧 아침의 청소부에 의해 쓰레기통으로 들어갈 터이다) 아직 꺼지지 않은 가로등과 새벽녘의 푸른 하늘을 잊는다는 것은 불가능해 보인다. 혹은 클럽에서 춤을 추는 사치코의 몸짓과 Hi'Spec의 사운드를 잊을 수 있을까?(《너의 새는 노래할 수 있어》) 케이코와 마츠모토 트레이너가 미트 훈련을 할 때 붉은색, 흰색, 파란색 로프가 쳐진 링, 부유하는 먼지, 이들이 함께 만들어내는 리드미컬한 움직임까지 그것은 정말로 놀랍게도 지금 이 순간 존재하는 '이 장소의 공기'를 전한다. 혹은 스미다 강을 가로지르는 철로 위로 전철이 교차하며 지

나갈 때 밤의 어둠 속에 긴 꼬리를 만들어내는 흰 빛과 출렁이는 물결과 노란빛 가로등의 풍경은 어떤가.(《너의 눈을 들여다보면》) 이 속에서 착실하게 전해지는 것은 이곳을 살아가는 자들의 존재의 감각이다. 하코다테의 여름의 밤과 낮과 새벽을 살아가는 세 청년, 코로나가 덮친 도쿄 아라카와 스미다 강 근처의 복싱장 사람들과 시합을 준비 중인 청각장애 선수의 신체가 오롯이 전달해 주는 감각.

미야케 쇼는 그의 동년배 감독들이 그러한 것처럼 재난 이후의 작가이다. 그것은 구체적으로 3.11이거나 소위 일본의 잃어버린 30년이거나 도저한 폐색감에 사로잡혀 있는 현재 우리가 당면해 있는 상태이거나, 이 모든 것이기도 하다. 노동은 더 이상 성실과 성숙과 성과와 같은 것들로 이어지지 않으며(《쓸모없는》 2010), 도로의 갈라진 균열로 재앙의 흔적은 방치된 채 지속된다(《플레이백》 2012). 그럼에도 이 트라우마의 세계 속에서 어떤 이들은 여전히 함께 무엇인가를 만들어내고 있으며(《THE COCKPIT》 2014, 힙합 뮤지션 OMSB, Bim과 Hi'Spec 등의 뮤지션들이 1박 2일 동안 음악을 창작하는 과정을 담고 있는 이 중편 다큐멘터리는 〈너의 눈을 들여다보면〉의 저 놀라운 사운드 구축의 비밀을 알고 싶다면 필견의 영화이다), 남자의 뒤늦은 고백을 들은 여자의 얼굴은 결정 불가능의 가능성이라고 할만한 것으로 기꺼이 우리를 초대한다(《너의 새는 노래할 수 있어》 2018).

실재하는 사건과 역사가 J호러라는 특정한 장르와 어떻게 결합되어 있었는지를 탐구한(《주온》 2020) 이 젊은 작가는 다시 한번 바로 지금 이 순간 현재에 도착한다. 〈너의 눈을 들여다보면〉은 코로나라는 전 지구적인 또 하나의 재앙의 시간을 통과해 가는 특정한 장소의 기록이자 타인의 흔적으로 이루어진 '나'라는 분인(分人)에 대한 사려 깊고 또한 가장 '감각적인' 이미지-사운드-장소-신체의 기록이다. 소리의 고립 속에 놓여있는 청각장애인 케이코는 그녀가 만난, 혹은 그저 스쳐 지나간 때로 긍정적이고 때로 부정적인 온갖 타인들을 통해 현재의 케이코가 된다. 그녀는 링 위에서 '너'의 몸과 싸우다 패배하지만, '너'의 흔적은 그녀를 새롭게 갱신시킬 것이며, 현재는 지속될 것이다. 실패는 이야기의 끝일뿐 삶의 끝이 아니다.

"저에게 중요한 것은 언젠가 사라질지 모르지만 지금 눈앞에 있는
사람들, 혹은 언젠가 없어질지 모르지만 지금 존재하고 있는
이 장소의 공기와 같은 것입니다. 저의 일은 그것을 방해하지
않는 것, 가장 아름다운 순간을 발견하는 것, 때에 따라서는
그것이 드러나기 용이하도록 준비하는 것입니다."
— 미야케 쇼

〈너의 눈을 들여다보면〉: 영화의 '엘리멘탈'을 찾아서

글 MMZ 강탄우

팬데믹 이후 극장가가 침체기에 빠졌다지만 여전히 사랑스러운 영화들은 사랑을 받고 있다. 이를테면 〈엘리멘탈〉이 그렇다. 높은 관객 수와 넓은 파급력으로 미루어 보아 양질의 사랑을 받은 작품으로 손꼽을 만하다. 세상을 이루는 가장 작은 단위인 '원소'들의 알콩달콩한 모습을 보며 울고 웃었다는 사람이 내 주변에도 수두룩하다. 이 애니메이션의 흥행을 보며 약간은 엉뚱한 질문이 머릿속에 떠올랐다. 이제 우리는 이 물질 세계가 사원소가 아닌 원자로 이뤄졌다는 사실을 알고 있다. 그러나 여전히 영화는 미지의 세계이기 때문에 이 질문은 엉뚱하더라도 유효하다. 영화의 원소는 무엇일까?

〈너의 눈을 들여다보면〉은 이 질문에 '빛과 소리'라는 착실한 대답을 한다. 디지털 시대에 16밀리로 촬영한 이 영화는 그 자체로 눈에 띄는 시도다. 필름은 본질적으로 빛에 민감한 재료다. 덕분에 영화 안 '빛'의 존재는 더욱 도드라진다. 체육관의 낡은 백열등, 겨울날 강변의 햇볕은 각기 고유의 질감을 갖는다. 특히 전철이 어둠을 뚫고 철교 위를 지나는 순간은 이 영화의 무수한 숏 중 백미로 꼽을 만하다. 이러한 이미지의 성취가 단순히 '예쁜' 필름으로 찍은 덕분이라고 평가 절하할 순 없다. 재료에 대한 풍부한 이해와 철저한 계산, 그리고 다시 돌아오지 않을 순간 앞에서 '미야케 쇼' 감독의 과단성이 모두 합쳐진 결과로 보아야 옳다.

영화가 부리는 빛의 마법은 단순히 인서트에만 국한하지 않는다. 중요한 건 영화가 골몰히 들여다보는 한 사람, '케이코(키시이 유키노)'이기 때문이다. 러닝 타임 동안 그녀는 물리적으로나 비유적으로나 명암을 오간다. 링을 비추는 화려한 조명 아래 섰다가도 한밤중 아무도 모르게 강변에서 울분을 삼키기도 한다. 더 나아가 감독은 인물을 표현하는 과정에서 다른 영화와는 차별화된 빛의 쓰임을 제시한다. 바로 '케이

코'의 어머니가 '케이코'의 경기를 촬영한 사진을 영화의 숏에 편입한 부분이다. 이는 사진을 보는 '케이코'의 시점 숏이기도 하지만 동시에 경기를 보는 어머니의 시점 숏이기도 하다. 어머니가 찍은 사진들은 하나같이 초점이 어긋나 있고 노출이 과다해 형체를 알아볼 수 없다. 정말로 흔들린 것은 사진이 아니라 딸의 권투 시합을 보는 어머니의 마음이다. 인물 내면의 요동이 단박에 영화 밖으로 전달된다. 이처럼 〈너의 눈…〉에서 빛은 단순히 이미지의 필요 조건을 넘어 감정의 매질로 기능한다.

〈너의 눈…〉은 청각장애인의 세계를 음소거나 이명으로 표현하는 클리셰를 거부한다. 영화는 가장 먼저 소리를 들려주고 그 진원을 보여주길 반복한다. 이를테면 연필이 사각거리는 소리가 나오면 그다음에 일기를 쓰는 '케이코'가 등장하는 식이다. 이런 음성과 동작의 이격을 통해 관객은 생활 속 모든 소리가 무언가 닿고 부딪히기 때문에 발생한다는 당연한 사실을 재인식한다. 더 나아가 강조된 공간음과 소음이 청각장애인 '케이코'의 세상이 얼마나 고요할지 능동적으로 가늠하도록 유도한다. 일련의 장면을 거치며 관객이 그녀를 들여다보는 순간부터 이 소음은 더 이상 소음이 아니다. 무작위한 소리 속에 패턴이 있고, 무의미한 말들 사이에 이야기가 있기 때문이다. 따라서 '케이코'의 글러브가 미트를 두들기며 내는 소리에서 어떤 리듬을 발견하는 순간이 바로 영화가 시작하는 지점이다. 도쿄의 어느 낡은 체육관에서 들리는, 누구도 귀 기울이지 않던 소리에 몸을 맡길 때 우리는 곧 '케이코'의 코치이고 동료이고 관객이다.

말을 하지 못하는 '케이코'가 수어로 대화하는 순간 또한 소리의 사용이다. 침묵은 단순히 소리의 부재가 아니기 때문이다. 침묵은 그 자체로 영화 안에 존재하는 요소다. 영화는 심지어 이미지에도 침묵을 적용한다. 몇몇 장면에서 '케이코'가 먼저 말을 하면 뒤이어 검은 화면에 자막만 있는 숏을 삽입한다. 고요한 극장에 침묵의 등장은 영화의 리듬과 관객의 호흡을 조절한다. 이처럼 감독은 웅장한 음악이나 미사여구 가득한 음성 언어를 영화 안에서 배제한다. 대신 귀를 스치는 잡음, 짧은 감탄사와 탄식, 더 나아가 침묵을 탁월하게 포착하며 영화를 채워나간다.

빛과 소리라는 가장 기본 단위를 활용해 필름으로 찍어낸 이 영화는 되려 가장 최근의 것이다. 이야기 속 개인은 신체적 장애를, 사회는 팬데믹을 헤쳐 나간다. 세상은 시대의 얼굴이자 세대의 얼굴로 현현해 '케이코'를 소리 없이 코너로 몰아간다. 그녀의 존재는 무언가 고발하거나 문제 삼지 않는다. 다만 질문할 뿐이다. 개인과 사회가 전의를 상실한 지금, 더 싸워야 할까. 강둑을 타고 뛰어올라간 '케이코'는 마침내 점이 되어 사라진다. 엔딩 크레딧 속 도시의 풍경은 보이지 않지만 분명히 존재하는 수천수만 개 점들의 거처다. 영화가 끝날 때쯤, 서로 묻진 않았어도 객석의 점들은 모두 한마음을 공유한다. 세상이 조금은 싸워볼 만하고, 영화는 더 볼 만하구나.

조던 필 Jordan Peele

조던 필 **Jordan Peele**

글 주성철

조던 필 Jordan Peele
2017 겟 아웃 Get Out
2019 어스 Us
2022 놉 NOPE

흑인 남자 크리스(다니엘 칼루야)가 백인 여자 친구 집에 초대받으면서 벌어지는 이야기로 아카데미 각본상을 수상한 데뷔작 〈겟 아웃〉(2017)은, 인종 문제와 문화적 전유의 복잡성을 탁월하고도 독창적으로 파헤친 임상 심리 보고서와도 같은 작품이었다. 특히 크리스가 〈들판의 백합〉(1963)으로 아카데미 시상식에서 흑인으로서는 최초로 남우주연상을 수상한 시드니 포이티어의 〈초대받지 않은 손님〉(1967)이라는 레퍼런스로 입장하면서 전혀 다른 세계가 펼쳐진다. 이후 〈겟 아웃〉의 '나는 누구인가'라는 문제를 '우리는 누구인가'로 확장한 〈어스〉(2019)가 다소 실망스럽지만, 계급과 정체성의 문제까지 아우르려는 야심만큼은 놀라운 '〈겟 아웃〉의 확장판' 느낌이었다면, 세 번째 장편 〈놉〉(2022)은 단숨에 작품 속 미확인공중현상(UAP)처럼 미스터리하고도 매혹적으로 점핑한 세계관을 보여준다.

〈놉〉의 핵심은 조던 필의 '거꾸로 읽는 영화사'다. 그는 할리우드 영화사의 시작, 더 나아가 영화사의 시발점에 흑인이 있었다는 대담하고도 도발적인 질문으로 시작한다. 시드니 포이티어의 환영을 끌어온 〈겟 아웃〉에서도 올림픽 4관왕이었던 전설의 흑인 육상 선수 제시 오언스에 대한 언급이 있었다. 여자 친구의 아버지 딘(브래들리 휘트포드)이 크리스에게 자기 아버지이자 여자 친구의 할아버지를 소개할 때, 그가 육상 선수였는데 1936년 베를린올림픽 미국 대표 선발 예선전에서 흑인 선수인 제시 오언스에게 패배했다고 얘기한 적 있다. 〈놉〉에서는 스포츠가 아니라 영화의 기원을 거슬러 올라간다.

자신의 생일을 알고 있는 유일한 예술인 영화, 그 역사의 시작일은 1895년 뤼미에르 형제의 〈열차의 도착〉이 극장에서 돈을 받고 상영된 날이다. 조던 필은 여기에 의문을 제기한다. 자, 시간을 거슬러 1870년대의 어느 날, 경주마에 관심이 많은 사람들 사이에서 논쟁이 벌어졌다. '말이 달릴 때 네 발굽이 모두 땅에서 떨어지는 순간이 있는가'라는 거였다. 당시에는 사진 기술이 발달하지 않아 움직이는 물체를 찍기가 쉽지 않았다. 경마 애호가이자 독지가인 릴런드 스탠퍼드가 사진작가 에드워드 마이브리지로 하여금 실험을 통해 증명해 달라고 부탁했다. 그래서

그는 1878년 경주 트랙을 따라 12대의 카메라를 1피트 간격으로 늘어놓고 말이 지나갈 때마다 순차적으로 촬영해, 달리는 말의 모습이 정확하게 12컷의 사진으로 구분되어 담겼고, 그 논쟁은 종식됐다.

하지만 그는 여기서 멈추지 않고 이듬해인 1879년, 사진을 연속적으로 이어서 보여주는 주프락시스코프(Zoopraxiscope)를 선보였다. 둥글고 납작한 유리판의 가장자리에 연속 촬영된 동물의 모습을 붙인 뒤 회전시키면 실제 움직임을 생생하게 보여주는 장치로, 스크린에 영화를 비추는 영사기의 원형이라 부를 만한 위대한 발명품이었다. 이는 발명왕 에디슨이 1891년에 만들어 낸 세계 최초의 영화용 카메라 키네토그래프(Kinetograph) 보다도 빨랐다. 그리고 당시 주프락시스코프 실험의 주인공이 바로, 〈놉〉에서 오티스(대니얼 칼루야)와 에메랄드(키키 파머) 남매의 선조라 할 수 있는 '말을 탄 흑인'이었다. 조던 필이 보기에 '흑인 원톱 주연'으로 주프락시스코프가 만들어낸 그 '동영상'이 바로 세계 최초의 영화다. 공인된 세계 최초의 영화 〈열차의 도착〉과의 차이점이라면 '어두컴컴한 거대 유료 상영관'이라는 것 정도일 텐데, 상영관 중심의 예술이라는 영화의 근본적 개념이 희박해지고 있는 현재 OTT 시대의 미디어 관점으로 보자면, 마이브리지의 주프락시스코프야말로 진정 영화의 기원인 셈이다. 〈놉〉은 바로 그 영화의 탄생일 자체에 의문을 제기하며 영화사를 새로이 써야 한다고 주장한다. 조던 필이 줄곧 다뤄온 인종 문제와 문화적 전유라는 화두가 놀랍게도 영화의 역사와 만난 것이다.

그러한 환기로부터 더해지는 것은, 바로 영화 속 미확인공중현상을 담아내기 위해 동원되는 두 대의 카메라다. '놀란의 촬영감독' 혹은 '아이맥스 장인'으로 유명한 호이테 반 호이테마 촬영감독이 놀란의 〈테넷〉(2020)과 〈오펜하이머〉(2023) 사이에 유일하게 촬영한 영화가 바로 〈놉〉이다. 영화에서 할리우드의 유명 촬영감독 앤틀러스 홀스트(마이클 윈콧)의 아이맥스 카메라와, 마트 점원 엔젤 토레스(브랜던 페레아)의 CCTV가 미확인공중현상을 카메라에 담겠다는 공통된 목표를 위해 설치된다. 최첨단의 아이맥스 카메라와 일상의 CCTV가 성능과 화질의 경계, 혹은 더 거창하게 얘기해 성(聖)과 속(俗)의 경계를 넘어 '평등하게 자리한 풍경이야말로 조던 필이 바라보는 미디어 문화의 현재다. 심지어 앤틀러스는 더 멋진 장면을 담아내기 위해 기어이 산에 오른다. 그 광경을 〈놉〉에 취해 더 과장하자면, 세실 B 드밀의 〈십계〉(1956)에서 모세(찰턴 헤스턴)가 하나님으로부터 십계명의 석판을 받는 모습과도 닮았다. 예술의 환영과도 같은 미확인공중현상을 포착하기 위해 마이브리지의 주프락시스코프로 시작해 아이맥스와 CCTV의 사려깊은 동거로 나아가는 〈놉〉은 그야말로 영화사의 근대와 현대를 가로지르는 황홀경이다.

〈어스〉: 기괴함으로 묵직한
메시지를 담은 뛰어난 공포 영화

글 MMZ 김동근('Rabbitgumi')

'나'라는 존재를 선이나 악, 한쪽으로만 구분 지을 수 있을까? 영화에서 등장인물들의 선악이 명확히 구분되는 이유는 우리가 그것을 바라보는 제삼자이기 때문이다. 우리는 이야기에 집중하면서 어떤 쪽이 선인지 악인지 자신이 가지고 있는 기준에서 판단하며 본다. 하지만 현실에서 그것을 판단하기 쉽지 않다. 사회 구조적으로 빈부 격차나 계급 격차는 더욱 커지고 계급 간의 갈등은 더 심해지고 있다. 어떤 계급이 선악인지 구분이 어렵다.

영화 〈어스〉는 자신에 대한 선악 구분, 계급 간의 갈등 같은 요소를 장면 장면에 은유적으로 담아낸 공포 영화다. 중심이 되는 가족은 엄마 애들레이드, 아빠 게이브, 딸 조라, 아들 제이슨이다. 이들이 휴가로 별장으로 놀러 간 때 자신들과 똑같이 생긴 인물들이 별장 안으로 침입하면서 벌어지는 일을 담고 있다. 새롭게 등장한 가족은 말을 못하고 괴성만 낼 수 있는 존재이며 외모도 뭔가 굉장히 그로테스크한 광인들 같다. 그들이 윌슨 가족 앞에 나타났을 때, 윌슨 가족은 그들의 모습을 보고 공포심에 사로잡히고 죽임을 당하지 않기 위해 전력을 다해 달아난다. 마치 분열된 자아와 치열하게 주도권 싸움을 하는 것처럼 윌슨 가족은 각자의 자신과 치열하게 대결한다. 쫓고 쫓기는 대결의 장소는 각 인물들의 특징에 따라 달라진다. 아빠와 도플갱어는 현관문 밖에서 주로 대결을 벌이고, 엄마는 집안에서 앉아서 서로를 바라본다.

특히 영화에서 가장 중심이 되는 엄마는 손이 묶여있다. 그는 어렸을 때 한 놀이공원에서 자신의 도플갱어를 만났던 경험이 있다. 그래서인지 다른 가족보다는 엄마에게 가혹하게 행동한다. 게다가 도플갱어 중 유일하게 말을 할 수 있는 엄마의 도플갱어는 세심하게 상대방을 바라보며 자신의 의사를 이야기한다. 더 많이 알고 있던 존재에게 가혹한

형벌을 주는 것처럼 영화 내내 엄마의 손은 수갑으로 묶여있게 된다. 영화의 후반부까지 보고 나면 그것은 일종의 속박의 의미였다는 것이 드러난다. 영화는 이 사건이 일어나기 전 여러 가지 전조를 보여준다. 예레미야 11장 11절이 강조된다든가 11시 11분에 시계를 보게 되는 등, 불안함을 유발하는 전조들을 보게 된다. 이때 등장하는 숫자 11은 영화 속 대칭성을 상징하는 중요한 전조 증상이다. 이는 모든 존재가 서로 동등하다는 평등의 의미도 가진다.

영화 후반부에는 수많은 도플갱어가 등장한다. 수많은 도플갱어들은 지상에서 살아가고 있는 존재들을 향해 가위를 휘두른다. 가위는 대칭의 의미를 담고 있기도 하지만, 도플갱어들이 자신들과 연결되어 있는 지상의 존재와 연결을 끊고 싶어 하는 강한 의지도 담겨 있는 도구다. 미국 내에는 이민자들을 추방하거나 이민자들이 더 이상 들어오길 바라지 않는 사람들이 존재한다. 이민자와 미국인 간의 갈등의 골은 더 깊어지고 있다. 미국에 본래 살던 사람들은 그들과 사실은 동일한 위치에 있는 도플갱어들을 보면서 그들이 미국인이라는 사실을 잊고 살아간다. 그들에게 이민자의 존재는 뭔가 일그러져 보이는 비정상적 존재다. 하지만 어느 순간 도플갱어가 미국인들에 섞이기 시작하면서 불행이 시작된다.

영화 〈어스〉는 공포 영화라는 장르 안에서 독특한 상상력으로 우리 사회가 당면한 문제를 꺼낸다. 실제로 영화의 제목인 US는 '우리'를 뜻하는 것이지만, '미국'이라는 이중적인 의미의 제목이다. 영화의 공포스러운 상황과 잔인한 생존 싸움은 공포스럽지만 현실도 이 모습과 다르지 않을 것이다. 영화의 마지막 도플갱어들은 각자 손에 손을 잡고 인간 띠를 만든다. 결국 영화는 계급과 사회적 위치가 다르더라도 무시당함이 당연한 존재는 없다는 것을 보여준다. 영화가 끝난 이후에도 그 선과 악의 경계는 쉽게 정할 수가 없다. 영화 〈어스〉는 이런 강력한 메시지를 전해주는 완성도 높은 공포 영화다. 또한 이 영화에 대한 해석은 보는 관객들마다 조금씩 다르기 때문에 영화가 말하는 메시지와 관련하여 영화를 보고 나서 계속 이야기하게 되는 영화이다.

우리 아바시
Ali Abbasi

전략적으로 경계선 넘기

글 이연호
스틸 제공 판씨네마(주)

알리 아바시라는 이름에 익숙해지기까지 몇 번은 놀란 것 같다. 차갑고도 대담한 판타지 〈경계선〉은 매우 미묘한 방식으로 인간과 비인간의 경계를 묻지만 북유럽 특유의 정서와 일상으로 가득 찬 영화였다. 이란 시아파의 성지 마슈하드에서 발생한 연쇄 살인 사건을 다룬 〈성스러운 거미〉가 칸영화제 여우주연상을 수상하면서 비로소 감독의 조국이 중요해졌다. 세계화 시대의 안과 밖, 중심과 주변, 성과 속의 경계, 그리고 장르와 현실을 자유자재로 넘나드는 야심만만한 탐색자.

글로벌 시네마를 유유히 활보하는 가야트리 스피박? 물론 알리 아바시는 여성 감독은 아니다. 대신 이란계-유럽인이라는 혼종의 정체성을 지닌 아바시는 인도계-미국인이었던 스피박처럼 안과 밖, 중심과 주변의 경계선을 넘나들며 독특한 영화 작업을 이어가고 있다. 무엇보다 지금 소환하는 두 사람의 공통점은 오늘날 우리 입맛에 맞는 타자로 재생산되고 있는 존재들에 대한 질문과 각성이다. 〈경계선〉(2019)의 '트롤'은 약자와 소수자와 아웃사이더 담론에 대한 선명한 알레고리와 지독한 농담 사이를 자유롭게 활보한다...라고 쓸 뻔했다. 알리 아바시가 북유럽에서 활동하는 이란 출신 감독이라는 정보만 주어졌을 때의 일이다.

알리 아바시라는 이름에 익숙해지기까지 몇 번은 놀랐던 것 같다. 그 이유를 설명하는 것은, 한 감독의 영화라고 믿기 어려울 정도로 필모그래피를 드라마틱하게 채우는 이 야심가를 소개하기엔 적절하게 느껴진다. 우선 북유럽 신화 속 괴물 또는 전설로 떠도는 반인반수 '트롤'이 등장하는 〈경계선〉을 보면서 감독의 이름에 섞인 아랍식 작명을 알아채지 못했다. 그만큼 〈경계선〉은 고립과 비의가 물처럼 고인 스웨덴 특유의 정서와 일상으로 가득 찬 영화였다. 처음에는 그것이 소재 때문이고 원작자인 욘 아이비데 린드크비스트의 비범한 상상력 때문이라고 생각했다. 뱀파이어를 일상적 재현과 맞물리게 한 〈렛미인〉(2008, 토마스 알프레드슨 감독)의 원작자라는 점을 감안하면서 그런 인상이 더욱 굳어졌다.

물론 〈경계선〉의 대담함은 소설가의 상상력보다는 영화감독의 스타일과 시각화 전략에서 기인한다. 〈경계선〉은 기괴하면서도 현실적이다. 신화적이면서도 신비하지는 않다. 동화에 대한 기대 없이 트롤 커플의 끔찍한 생식기와 적나라한 성애 장면을 견뎌야 한다. 여기서 판타지 장르라는 것을 잊고 단도직입적인 제목이 원하는 바대로, 차갑고 냉정하고 사실적인 재현을 믿어보자. 실재가 아니라고 할 수 있는가. 분명 지구상 어딘가에서 이상한 교미가 이루어지면 새로운 변종이 탄생할 것이고, 그에 맞는 질서와 지도력이 도래하기까진 시간이 걸릴 것이다.... 그렇게 알리 아바시는 판타지 장르를 리얼리즘으로 돌파하는 북유럽 뉴웨이브의 일원이 되었다.

하지만 이란의 실제 사건을 끌어들인 〈성스러운 거미〉(2022)가 후속작이고, 이란 정부의 탄압 때문에 유럽을 떠도는 여배우에게 칸 여우주연상이 주어지면서 아바시의 특수한 위치가 정확히 알려졌다. 그는 어릴 때의 이민이나 정치적 망명이 아니라 성인의 나이에 문화적 망명의 방식으로 북유럽 유학을 선택한 경우였다. 그럼 그의 모든 영화에 제작비를 댄 덴마크와 스웨덴의 국적은 이제 정체성의 문제라기보다는 자본의 문제가 된다. 이때부터 알리 아바시의 영화는 능수능란한 토대로 자리 배치가 바뀌게 된다. 그는 처음부터 따분한 예술가가 아닌 것이다.

알리 아바시는 대조적인 두 영화의 핵심 동력, 즉 〈경계선〉의 판타지와 〈성스러운 거미〉의 리얼리티를 정반대의 방식으로 직조할 만큼 테크니컬하다. 매우 미묘하게 인간과 비인간의 경계를 드나들며 신화적 존재의 본질을 드러내는 〈경계선〉은 일상적이고 사소한 미학으로 점철된다. 어쩌나 리얼한지 트롤 커플인 티나와 보레의 얼굴이 기존 영화에서 보지 못한 '추(醜)의 미학'을 직접 드러낸다. 반면 참혹한 원리주의 사회의 이면을 폭로하는 〈성스러운 거미〉는 제목의 은유처럼 일정 부분 거리를 유지한다. 영화 속 외부를 차지하는 여기자의 시선, 그 사건의 서스펜스를 불안하게 따라가는 장르적 울타리. 코란 송이 울려 퍼지는 밤의 도시를 바이크를 타고 순회하는 연쇄 살인범 뒤로 마틴 스코세이지의 〈택시 드라이버〉가 겹치는 이유이다.

스피박과 결별한 자리에서 이상하게 그의 개념은 되살아난다. 지배 계층의 헤게모니에 완전히 종속된 하층 계급을 지칭했던 그람시의 '서발턴'은 스피박의 사유를 통과하며 계급에 젠더와 언어의 삼중고를 더했다. 늘 그렇듯 서발턴은 영영 말할 수가 없다. 〈성스러운 거미〉에서 가장 인상적인 장면은 수차례 목이 졸리며 죽어가는 거리의 매춘부들이 제대로 비명조차 지르지 않는다는 점이다. 소멸의 운명을 예감한 자들의 표정과 "집에 아이가 있어요"라는 유일한 말조차 곧 엄마를 잃게 될

소녀의 얼굴을 보여주면서 시작한 영화의 구조이자 서사 전략이지 독자적인 여성 언어라고 할 수는 없다. 반면 사회적 옹호를 받는 살인자는 자신의 범행에 정당성을 부여하며 종교와 국가와 남성을 버무린 언어를 무기처럼 휘두른다. 대조적인 두 영화의 핵심 동력을 정반대의 방식으로 직조한 알리 아바시는 묻고 있다. 진짜 믿기 어려운 것은 어느 쪽인가.

[+]

1981년, 이란 테헤란 출생. 이란에서 대학을 마치고 건축을 공부하기 위해 스웨덴(KTH Royal Institute of Technology)으로, 또 영화를 공부하기 위해 덴마크(Denmark National Film School)로 유학 이민을 떠났다. 불임 부부가 외지인에게서 아기를 얻으며 생기는 공포를 다룬 데뷔작 〈셜리 Shelley〉(2016)도 덴마크와 스웨덴의 공동 제작이었다. 그 후에도 북유럽 자본을 끌어들여 '트롤 이야기' 〈경계선〉(2019)으로 칸영화제 주목할만한시선상, 고국 이란의 암흑기로 돌아간 〈성스러운 거미〉(2022)로 칸영화제 여우주연상(배우 자르 아미르 에브라히미)을 수상했다.

〈경계선〉:
이 영화는 '경계선'을 초월한다

글 MMZ 주준홍('누워있을래')

한 작품을 이야기하는 데에 있어 '영화의 역할은 무엇인가?'라는 엄청난 거대 담론을 끌고 들어오는 것이 너무 과격할 수 있지만 조금만 이야기해 보자면, 나는 영화 (혹은 예술)의 역할 중 하나는 '타자와 세계에 대한 이해를 통한 인식의 확장'이라고 생각한다. 우리는 예술에서 오감을 활용해 정보를 얻고 생애 동안 축적된 경험에 기반해 인식을 확장해나간다. 영화 〈경계선〉은 이런 측면에서 무척 신선한 정보일 뿐만 아니라 '이종'의 입장이 되어 경계선에 서보는 대단히 큰 인식의 확장일 것이다. 이 영화는 적어도 내가 본 영화 중엔 '지금까지 본 적 없는 영화다'라고 감히 말해보고 싶다.

나는 누군가 이 영화가 '아름다운 이종족의 로맨스 영화'라고 한다면 그는 십중팔구 영화를 제대로 보지 않았거나, 알량한 자의식을 과시하기 위해 거짓말을 하고 있다고 생각한다. 주인공 '티나'의 외적인 모습에 작중 인물들이 불쾌감을 나타낼 뿐 아니라 뒤에 나오는 '보레'의 모습, 괴성을 지르며 관계를 맺는 둘의 모습이나, '보레'의 출산, '티나'에서 남근이 돋아나는 장면들은 적어도 21세기를 살아가는 인류의 미학적 통념과는 한참 거리가 있는 시각적 충격을 준다.

심지어 '티나'는 감정을 후각으로 느낄 수 있는 능력으로 인해, 세관에서 밀수범을 잡아내거나, 경찰과의 협력으로 소아성범죄자를 잡아내기도 한다. 대체 이 인물은 어떤 존재일까 들여다보게 하는 이 이야기는 시종일관 '티나'를 경계선에 올려놓는다. 출입국 세관이라는 공간적 경계뿐 아니라 '보레'의 등장으로 인해 단순히 못생겼다고만 여겨졌던 자신과의 동질감을 느끼는 인물을 발견하고, 그에게 끌리면서 '티나' 스스로도 본인에게 정체성 혼란을 느낀다. 그리고 영화가 약 한 시간 이상이 흐르고 나서야 그들의 존재를 정의할 수 있게 된다. 그들은 '트롤'이었다.

그때서야 이제 벌레를 먹거나, 꼬리뼈 부근의 흉터, 동물과의 친화력, 도저히 인간의 범주에 둘 수 없는 생식기 등이 설명이 된다. 그리고 '티나'는 자신의 본래 정체성을 깨닫고 '보레'와 자유롭게 포효하며 숲속을 달린다. 마치 〈퐁네프의 연인들〉처럼. 그리고 영화를 보고 있던 우리도 비로소 불쾌감에서 벗어난다. 왜냐면 그들은 이제 우리의 인식 상에서 '인간' 또는 '인간 같은 것'이 아니라 '트롤'이니까. 심지어 여자와 남자라는 성별조차 그들에겐 어떻게 붙여야 될지 모르는 '이종'이니까.

여기서 끝났다면 꽤 독특한 영화에 불과했을 것이다. 하지만 영화는 한발 더 나아간다. '보레'는 '티나'에게 지난 세월 동안 인간은 '트롤'을 지적생명체로 존중한 게 아니라 도구로 바라봤다는 인간의 추악함과 자신이 인간에게 품은 복수심, 악의를 밝힌다. 그리고 조금 지난 지점에서 '티나'는 소아성범죄에 이용될 아이를 공급하던 게 '보레'임을 알게 된다. '티나'가 '보레'에게 맡은 것은 동족의 냄새뿐만이 아니라 악의적인 감정 또한 맡은 게 맞다는 점에서 트롤을 연민의 시선으로 봤던 우리는 또다시 인식이 깨진다.

'티나'는 자신을 성욕 해소의 대상으로 바라봤던 '롤랜드'나 '딸'이 필요해서 자신의 정체성을 지워버렸던 '아버지'에게 분노하지만, 지난 세월 '인간'으로 살아온 시간 동안 인간의 선의 또한 느끼면서 살아왔을 것이다. 이에 따라 '트롤의 입장'에선 복수지만, '인간의 입장'에선 소아성범죄라는 최악의 범죄에 가담하는 악마 같은 행위를 지켜볼 수 없게 된다. '티나'는 트롤 공동체로 가는 것이 아니라 "누구도 해치기 싫어요. 이렇게 생각하면 인간인가요?"라는 말을 뱉으며 '보레'를 고발하고, 자신의 과거에 대한 진실(자신의 진짜 이름 '레바'를 알게 됨)을 마주하며 다시 트롤에서 트롤과 인간 사이 경계선으로 자리를 옮긴다.

영화의 마지막은 아마도 인간과 트롤 둘 모두를 멀리하고 혼자 살고 있는 '레바'에게 새로운 선택의 순간이 오는 것이다. '레바'는 '보레'와만 관계를 맺었기 때문에 '보레'가 출산해서 보냈을 것이 분명한 자신의 아이를 보고, 핀란드로 오라는 일종의 초대를 받는다. '레바'는 자신의 아이를 안고 트롤 공동체로 돌아가 진정한 자신의 집을 찾게 될까?

우리는 이 영화를 보면서 '티나' 혹은 '레바'가 경계선에 설 때마다 우리의 인식도 확장됨을 경험한다. 우리는 이 인물을 보면서 지금까지 인류가 저질렀던 소수자, 사회적 약자 혹은 동물들에 대한 탄압과 차별을 반성하며 죄의식을 느낄지 모른다. 뜻깊은 반성이다. 그렇지만 나는 이 '인간다운 인식'에 머물지 말고 확장된 인식을 통해 '레바'의 행보를 예상해 보자고 말하고 싶다.

'레바'는 어떤 세계에 살길 원할까. 두 가지다. '트롤'이 인간의 도구가 되지 않고, 나의 자식이 단미(斷尾)하지 않아도 되는 곳. 그리고 누구도 해치지 않는, 악의 없는 곳. 이 두 가지의 교집합은 현재로선 없어 보인다. 하지만 '레바'가 이런 세계에 사는 한 가지 방법이 있다. 바로 '레바'가 서 있는 '경계선' 위에서 스스로 새로운 공동체를 만들어 나가는 것이다. 만약 그렇게 공동체를 만드는 데 성공한다면, 그곳은 더 이상 '경계선'이 아니게 된다.

카를라 시몬
Carla Simón

영화가 다른 예술과 가장 다른 점이라면, 바로 '배우'라는 생명을 지닌
존재가 있다는 것이다.

작가에게 펜이 있고 화가에게 붓이 있다면, 영화감독에게는 배우가
있다. 그런데 이 배우라는 존재는 그런 '도구'와 달리 제멋대로일 때가
많다. 말을 잘 들을 때도 있지만 아닐 때도 있으며, 잘 들었다고 해서 전
적으로 도움이 되는 것만도 아니다. 심지어 감독과 배우가 완벽하게 같
은 목적과 세계관을 공유한다 해도, 창작자가 자신의 의도를 작품에 완
벽하게 담아내는 일은 불가능하다. 문학과 음악과 미술과 비교해, 창작
의 영역에 있어 오직 영화의 감독이라는 사람들만이 배우와의 '소통' 능
력을 요구받는다. 하물며 미성년자라는 이유로 종종 영화의 정보를 완
전하게 전달할 수 없고, 연기에 필요한 상황도 다르게 설명해 줘야 할
때가 많은 아역 배우는 어떤가. 영화에 있어 '성장 영화'라는 거대한 우
주가 장르의 경계를 초월해 존재하는 데는 분명한 이유가 있다. 데뷔 이
전 다큐멘터리 작업을 하기도 했던 카를라 시몬은, 타인과의 거리감이
라는 걸 배울 이유도 여유도 없이 세상의 중심이 당연히 자신이라고 믿
으며 살아온 아이들의 시선이나 감정의 온도를 있는 그대로 담아낸다.

세상 모든 사람은 유년기의 기억에서 벗어나지 못한다. 몸만 자랄
뿐 머리는 그때 그 시절 어딘가에 머물러 있을지도 모른다. 그를 바탕으
로 이른바 자전적 영화를 만드는 감독이야 무수히 많지만, 〈알카라스의
여름〉(2022)으로 베를린영화제에서 황금곰상을 수상한 최초의 스페인
여성 감독 카를라 시몬은, 그 기억 안에서 그때는 느끼지 못했던 주변
의 공기나 심지어 그 기억이 생성된 땅의 기운까지 담아낸다. 장편 데뷔
작 〈프리다의 그해 여름〉(2017)의 원제는 '1993년의 여름'이라는 뜻의

카를라 시몬

글   주성철
스틸 제공   (주)영화사진진

〈Estiu 1993〉이다. 1986년 바르셀로나에서 태어난 카를라 시몬 감독은 바로 그 1993년, 학교라는 곳에 들어가기 직전 겪었던 자신의 기억을 끄집어낸다. 실제로 스페인어가 아닌 카탈루냐어를 사용했고, 역시 실제로 머물렀던 카탈루냐 지방의 가로트하에서 촬영했다. 바르셀로나에 살던 6살 프리다(라이아 아르티가스)는 어머니를 떠나보내고 외숙모와 외삼촌, 그리고 사촌 동생이 살고 있는 카탈루냐의 한 시골 마을로 간다. 환경이 바뀌면서 표정도 감정도 미묘하게 바뀐다.

카를라 시몬의 시간 여행이 놀라운 것은, 그저 관객을 타임머신에 태워 그때 그 순간으로 데려가기만 하는 것이 아니라 '기억'과 '추억' 사이 그 어떤 지점에 절묘하게 착지한다는 것이다. 마치 예전의 엄마가 했던 것처럼 얼굴 화장을 하고, 손에 담배를 든 채 사촌 동생 아나를 딸 삼아 엄마가 했을 법한 이야기, 심지어 아이가 귀찮을 때와 좋을 때의 엄마의 변덕까지 담아낸 이야기를 늘어놓으며 소꿉놀이를 한다. 잠들기 전에는 엄마가 들려줬던 주기도문도 직접 읊는다. "우리의 잘못을 용서하시고 우리를 유혹에 빠지지 않게 하시고 악에서 구하소서." 상실감이라고는 찾아볼 수 없는 한 아이의 모든 자연스러운 행동들이 사실은 새로운 환경을 견뎌내기 위한 몸부림이다. 때로는 심술이 나서 사촌 동생 아나를 버려두기도 하고, 다른 친척에게는 "저한테 일을 다 시켜요, 날 하녀 부리듯 해요"라는 거짓 불평까지 한다. 침대 위에서 방방 뛰는 게 마냥 좋을 나이에 가출까지 행동에 옮기는, 하지만 "너무 깜깜해서 내일 갈 거예요."라며 당당하게 귀가하는 프리다의 내면에서 벌어지는 소용돌이는 감히 짐작하기 힘들다. 슬픔을 억누른다는 말은 얼핏 세상 풍파 다 겪은 어른들의 것으로 여겨질지 모르지만, 카를라 시몬이 생각하기

에 우리는 이미 그때 모든 걸 알고 있었다.

〈알카라스의 여름〉에는 프리다보다 좀 더 자란 것 같은 10대 사춘기 소녀 마리오나(세니아 로셋)가 주인공이다. 솔레 가족은 3대째 복숭아 농장을 운영하고 있다. 영화의 원제는 실제로 감독의 친척들이 농사를 짓고 있는 지역명을 따온 〈알카라스〉인데, 굳이 제목을 바꾼다면 〈알카라스의 여름〉이 아니라 〈알카라스의 밤과 낮〉이 어울린다. 낮에는 열심히 복숭아 수확을 하고, 밤에는 그 복숭아 농사를 망치는 토끼를 사냥한다. 그렇게 밤의 어른들이 죽인 토끼를 낮의 아이들이 장례를 치러준다. 영화에서 가장 아름다운 초현실의 순간은, 죽은 토끼를 묻어 주려는 아이들에게 한 아프리카 이주노동자가 다가와 '알라마야 알라하나'라는 그들만의 주문을 외운 뒤, 아마도 그가 고향에서 했을 법한 동작을 떠올려 흙을 이마에 문지르는 장면이다. 이후 아이들은 그 주문이 무슨 말인지도 모르지만, 죽은 토끼를 볼 때마다 그렇게 주문을 외고 흙을 이마에 문지른다.

아프리카 어딘가에서 지금도 여전히 행해지고 있을 그 토속적인 주문과 동작이 스페인 카탈루냐 지방의 한 시골 마을 꼬마의 입과 손으로 이어진다. 대서양과 지중해를 건너다 세상을 떠났을 수많은 현대의 난민들과 스페인 내전이 앗아간 수많은 과거의 목숨들이 그 주문으로 만나 1930년대 스페인 내전의 기억까지 거슬러 올라가는 삼대(三代)의 땅의 이야기는 그렇게 아프리카 이주 노동자의 토테미즘까지 가닿는다. 영화에서 무엇인지 모르고 행하는 아이들의 행동이 가장 아름답고 숭고하다. 그것이 카를라 시몬의 아이들이 펼치는 마법이고, 영화의 마법이다.

리산드로 알론소
Lisandro Alonso

돌아온 탕아들과 견딜 수 없는 세계, 진짜 사람의 공포에서 은유로의 도피

글　김미영
스틸 제공　엠엔엠인터내셔널(주)

특정 장소와 인물을 따라가는 카메라가 그 자체로 영화 형식이 되는 초기 영화들에서 리산드로 알론소는 내러티브 중심으로 영화들이 재편되면서 잠시 잊혔던 영화라는 매체가 시작된 순간과 만나게 하는 기이한 체험의 순간을 선사했다. 아키 카우리스마키 감독의 촬영감독인 티모 살미넨과 35밀리 필름으로 비고 모텐슨과 함께 작업한 〈도원경〉에 이어 〈유레카〉에 이르는 그의 여정은 비록 다른 층위에서이지만 여전히 '세상의 시작으로' 떠나는, 오늘로 이어지는 어제의 세계를 돌아보는 여행들이다.

〈자유〉(2001)는 번개와 비, 장작불 소리가 들리는 어둠 속에서 미사엘이 마체테로 뭔가를 잘라먹는 장면으로 시작한다. 미사엘은 카메라를 본다. 그는 보여지는 대상인데 '응시를 되돌려 주며' 관객을 바라보고 있다. 이 응시는 왜 이 영화의 시작과 끝 자리에 오게 되었는가.

　　주인공인 미사엘은 벌목꾼이다. 우리는 그가 나무를 전기톱으로 베고 다듬고 똥을 싸고 밥을 먹고 라디오를 켜놓고 담배를 피우고 텐트 안에서 낮잠을 자는 것을 본다. 그가 살아가는 팜파스의 경계들, 나무들, 옥수수밭을 보고 그가 아르마딜로를 그을릴 때 아르마딜로의 꼬리가 흔들리는 것을 보고 그가 그것을 구워서 마체테로 잘라 먹는 것을 본다. 영화의 제목은 '자유'다. 미사엘 역의 미사엘 사베드라는 비전문 배우로 실제로 벌목꾼이고 이 영화는 그의 하루를 그대로 기록한 것처럼 보인다. 진짜 사람이 나오고 그를 다큐멘터리적으로 따라간 것처럼 보인다. 풍경으로서의 자연이 아니라 사냥터인 자연이 있고 미사엘은 돈을 벌기 위해 자신의 직업을 능란하게 수행한다. 마치 실제만 있다는 호언장담이 있다. 하지만 카메라가 멈춰서서 미사엘이 약속된 동선으로

어오기를 기다리거나 미사엘을 프레임아웃 시키고 컷을 나누어서 앞의 숏을 봉합시키는 순간, 갑자기 연출을 느끼게 된다. 컷이 바뀔 때마다 연출이 있다. 리얼 타임 같지만 다 편집된 시간들이다. 실제 인물인 미사엘의 하루를 찍고 있는 픽션이다. 그럼에도 우리가 통상의 픽션 영화에서 배제하고 있는 진짜 사람의 어떤 실재가 마치 이 영화 안에 있는 것처럼 보인다. 저런 진짜 삶에서 영화가 무엇을 빼고 더하는지 갑자기 생각하게 된다. 실제 삶과 영화의 거리가 얼마큼인지, 실제 삶이라는 것 자체가 주는 기이한 공포를 영화는 어떤 방식으로 감추는지 생각하게 된다. 우리는 미사엘이다. 실제 삶으로부터의 자유, 그것을 영화가 지향하는 것일까 의심이 들 때, 진짜 사람 미사엘이 우리를 응시한다.

〈죽은 사람들〉(2004)의 시작은 숲을 보여주는 롱테이크이다. 나무들과 빛이 가득 보이고 새소리가 들리고 카메라가 숲 여기저기를 한참 훑는다. 그러다가 다친 남자의 등이 보이고 그가 죽어서 물가에 엎어져 있다는 것을 알게 된다. 카메라는 그 시체를 지나쳐가다가 벌거벗은 채 엎드려 죽은 여자의 몸을 보여주고 숲을 여기저기 살피다가 마체테를 들고 걸어가는 어떤 남자의 하반신을 보여준다. 여기까지 한 컷이다. 카메라의 거친 움직임 때문에 이 컷은 처음에는 누군가의 시점 숏처럼 보인다. 하지만 마체테를 든 바르가스는 그 컷의 끝에서 그 컷으로부터 걸어나온다. 우리가 포커스 아웃된 빛의 덩어리들과 나무들을 한참 보는 동안 두 건의 살인이 일어났다는 것을 문득 알게 된다. 우리는 저들이 살해된 순간에 함께 있었다. 그 순간 카메라는 우리에게 나무와 빛을 보여주었을 뿐이다. 다시 한번 영화는 우리에게 무엇을 감추고 무엇을 보여주는지 생각하게 된다. 〈죽은 사람들〉이 마치 영화가 되어가는, 시네마가 되어가는 과정을 생각하게 하는 프리-시네마, 혹은 "시네마토그라프"(이하 큰따옴표 인용은 로베르 브레송)로서의 영화처럼 여겨진다.

〈죽은 사람들〉은 저 시작 이후, 시간을 건너뛰어서 동생을 살해한 죄로 복역하고 만기 출소하게 된 바르가스를 보여준다. 바르가스 역은 아르젠티노 바르가스라는 비전문 배우이다. 그는 능숙하게 사냥 솜씨를 보여준다. 한 컷 안에서 불을 피워 벌을 쫓아내고 벌집을 채취하고 길 잃은 흰 염소의 목을 따서 피를 뺀다. 그는 또한 능숙하게 노를 저어 쪽배로 강을 건넌다. 리산드로 알론소에게 미사엘과 바르가스는 "나는 당신들을 당신들의 모습 그대로 만들어낸다"를 실현시켜 준 진짜 사람들이다. 미사엘과 바르가스는 연기하지 않으므로 이들은 카메라 앞에 있으면서 단 한 순간도 멈춰있지 않다. 그들의 시선은 끝없이 움직이고 손과 발, 몸은 무언가를 계속하고 있다. 그들에게는 연기술이라는 것이 없다. 리산드로 알론소의 영화는 그 어떤 장면도 느리게 흘러가지 않는다. 부단한 몸의 움직임들로 바쁘게 흘러간다. "시네마토그래프는 움직이는 영상과 소리로 쓴 것이다."

미사엘과 바르가스는 배역의 원천이자, 주어진 배역에 아주 걸맞은 인물들이다. 주어진 모든 것을 그 자신으로서 해낸다. 역할이 그들 자신의 "습관과 자동성"을 따르고 있기 때문이다. 〈판타스마〉(2006)에서 카메라는 이제 처음으로 실내 공간으로 들어오는데 극장이다. 알론소에게 는 익숙한 곳이지만 미사엘과 바르가스에게는 아주 낯선 공간이다. 자신들의 영화가 상영되는 극장 건물에서 두 사람은 길을 잃고 엘리베이터 작동을 헷갈리고 계단을 오르는 것보다 내려가는 것을 더 편안해하고 분장실에서 사진들, 소품들, 서랍들을 끊임없이 손으로 만져보고 열

고 닦아본다. 눈이 아니라 손으로 만져봐야 확인되는 사물의 존재들. 그들의 습관과 자동성이 통하지 않는 공간들.

〈리버풀〉(2008)의 파렐은 아무 잔동작 없이, 화면 안의 검은 바다를 바라본다. 이 시선이 무척이나 낯설게 느껴진다. 파렐은 바르가스와 미사엘과 달리 아무것도 안 하는 순간이 있는 것이다. 비로소 배우에 가까운 어떤 존재가 나타났다. 영화 연기술은 배우가 스스로 멈춰서 있을 수 있고, 어딘가를 바라보는 시선을 카메라 앞에 보여줄 때 비로소 시작되는 것 같다. 진짜 사람에서 배우가 탄생하는 순간들. 파렐은 화물선 노동자이고 우수아이아에 정박한 배에서 내려 삼일간의 고향 방문길에 나선다. 고향에는 치매에 걸린 병든 어머니가 있고 왜 왔냐는 아버지가 있고 자신이 떠난 후에 태어난 딸이 있다. 딸은 어머니에게도 딸이다. 파렐은 고향에 낯선 이방인으로 도착했고 환영받지 못했고 아니 돌아온 것만도 못한 귀향이 되었다. 그러니까 파렐은 통상적인 영화 안으로 들어온 사연을 가진 캐릭터이다. 〈리버풀〉은 파렐이 떠난 후의 마을 장면을 더 보여준다. 인물들을 선별하며 이야기에 집중한다. 이제 시네마는 완성 단계에 이르렀다.

〈도원경〉(2014)의 디네센 대위는 병사와 함께 사막으로 떠난 딸을 찾아 나서다가 물에 비친 자기 얼굴을 무념하게 바라본다. 그 시간을 견디는 것, 그것이 배우 비고 모텐슨이 하고 있는 일이다. 디네센은 딸을 찾아나서는 여정에서 미래의 딸인 듯한 어떤 노부인을 만나고 그 동굴을 나오면서 뒤돌아본다. 여기에 대응되는 시점 숏은 없다. 그가 무엇을 마지막으로 보았는지 모른다. 노부인의 내레이션은 어떤 사람은 사람 같지 않다고 말한다. 진짜 사람은 더 이상 이 영화 안에 없다. 캐릭터들은 길을 떠나야만 한다. 〈도원경〉의 엔딩은 현재의 덴마크로 몇백 년을 건너뛴다. 마치 디네센 대위의 딸을 찾는 과정이, 우리 삶의 노정이 누군가의 꿈이거나 TV 속의 이미지였다는 듯이. 시네마가 스스로를 삶과 무관한 무엇으로 재정의하는 단계, 혹은 진짜 삶을 회피하기를 선택하는 단계.

〈유레카〉(2023)는 〈나자린〉의 속세의 아귀 같은 풍경과 〈자유의 환상〉의 비약과 연극으로 가득 찬 황새의 몸짓을 연결시킨다. 사우스다코타의 인디언 보호 구역의 무수한 자살들은 세이디가 황새로 변해서 날아가는 순간으로 은유된다. 여경인 174 알라이나는 처참한 사람들의 구원자가 되어야 하는 하루 끝에 세상과의 교신을 멈춘다. 우리는 인간으로서는 원하는 존재 상태에 도달하지 못하고, 영화는 아버지와 딸이 서로에게 총을 겨누는 픽션의 자리에 멈춰 선 채 TV 안으로 들어가버렸다. 진짜 삶과 영화 중 어느 쪽을 재발명할 것인가.

[+]
리산드로 알론소는 1975년 아르헨티나 부에노스아이레스에서 태어났다. 첫 장편 영화 〈자유〉(2001)로 칸영화제 주목할만한시선에 초청되었고 〈죽은 사람들〉(2004), 〈판타스마〉(2006), 〈리버풀〉(2008)의 장편 작업을 거쳐 비고 모텐슨이 주연한 〈도원경〉(2014)으로 칸영화제에서 국제영화비평가연맹상을 수상했다. 〈유레카〉(2023)는 칸영화제에 초청되었다. 알베르 세라와 서신 교환 영화 〈무제〉를 비롯하여 여러 편의 단편 영화를 만들었다. 부인인 콘스탄차 노빅의 영화 〈다가올 미래〉(2017)를 제작했다.

〈리버풀〉

글 MMZ 김명균('홍상수와 호날두')

시끄러운 음악과 오프닝 크레딧. (A) 게임하는 두 남자와 뒤에 앉아있는 남자. 뒤의 남자는 방을 나간다. (B) 앞의 두 남자는 여전히 게임을 하고 있다. 방을 나간 남자가 복도에 있다. 두 개의 방이 서로 마주 본 복도. 오른쪽 문을 연다. (C) 남자가 방으로 들어간다. (B) 여전히 복도를 보여준다. 빈손으로 방을 나오고 문을 닫는다. (A) 왼쪽 방의 문을 연다. (C) 화면이 바뀌고 창고에서 무언가를 찾는 남자. 음식을 가지고 밖으로 나온다. 다시 복도. 남자는 화면 밖으로 나간다. (B) 왼쪽 방의 문이 아직 열려있다. 남자가 다시 등장하고 열린 문을 닫는다. (A) 'Liverpool'

타이틀이 등장하기까지 영화의 5분이다. 문장 사이에 끼워 넣은 알파벳은 감각이다. 단어를 사용하기에는 부족한 느낌이 있어서 알파벳으로 대체했다. 그렇지만 100% 같은 감각이라는 의미는 아니다. 처음 (A)와 처음 (B)도 같은 감각은 공유한다고 말할 수도 있을 것이며, 두 번째 (C)와 마지막 (A)도 마찬가지라고 할 수 있다. 설명을 위한 임의적인 정의이다.

(A)는 청각에 기반한 단절의 감각이다. 시끄러운 음악이 잔잔한 일상소음으로 바뀌고 창고의 소음이 문을 닫으면서 사라진다. (B)는 보다 시각적인 감각이다. 카메라는 인물을 따라가지 않고 남아있는 감정에 주목한다. (C)는 시각에 기반한 청각적 감각이다. 보이는 공간은 그대로이지만 문이 열림으로 소리가 추가되고 공간이 확장된다.

영화는 이러한 감각을 강박적으로 연결했다. 'Tierra del fuego' 라는 오지의 땅에서 발견할 수 있는 감각들도 선박에서의 감각들과 다르지 않다. 감각들의 반복은 공간의 한계를 용인하거나 부정하는 방식으로 이루어져 하나의 리듬을 형성한다. 바다의 선박과 설원의 마을, 사람의 활동 반경이 극히 제한되는 각각의 장소에서 카메라는 상황을 관조한다. 카메라가 인물들을 찍는 것이 아니라 인물들이 카메라에 찍힌다. 마치 미리 약속된 동선이 없는 것처럼 인물들이 움직이고 카메라는 그 행동에 흥미가 생기면 찍는다. 여기서 (B)에서의 감각이 발생하며 인물들의 위계를 부정하고 모두를 평등하게 만든다. 인물들은 스스로 자신의 가치를 증명해야 한다. 이러한 상황에서 문을 여닫는 행위는 카메라에 대항하는 인물들의 능동적인 행위이다. 영화에서 창문은 제 역할을 하지 못한다. 두 공간 모두에서 창문은 존재하지 않거나 열리지 않으며 그곳에는 내부와 외부를 이어주는 가능성이 존재하지 않는다. 하지만 문이 열리거나 닫히면서 소리나 삽입되고 인물들이 들어온다. 그 순간 세계는 변형된다. 이것은 (C)의 감각이다.

영화의 대부분이 꿈이라는 해석도 가능하다. 패럴은 자신의 현재 상황을 기반으로 고향을 상상했기에 같은 감각들이 되풀이되는 것이다. 굳이 감독이 패럴이 잠에서 깨어나는 장면을 각각의 장소마다 넣은 이유도 다름이 아닐 것이다. 꿈은 현실의 갈망이 반영되는 장소이며, 노스탤지어는 꿈을 통하여 화면에 각인된다. (패럴이 들어간 식당에서 주인은 마침 그의 어머니 이야기를 한다. 이것은 우연이라기보단 패럴에게서 발현된 소망에 가깝다.) 패럴은 영화에서 세 번 잠에 든다. 각각의 수면을 꿈의 단계로 본다면 많은 해석이 가능할 것 같다. 하지만 이러한 해석은 부차적일 뿐 별로 중요하지 않다. 더 중요한 것은 선박-고향이 현실-꿈처럼 같은 차원에 놓일 수 없다는 점이다.

선박에서 내린 후 마을에 도착하기까지는 렘수면 상태와도 같다. 꿈과 현실 모두와 공명하며 패럴은 마을을 떠돈다. 패럴이 가방을 숨기는 행위는 꿈의 한계이다. 패럴이 자신이 숨긴 가방을 다시 찾으러 와야 하듯 꿈속에 영원히 머물 수는 없다. 패럴은 수면제인 술을 마시며 다시 잠에 든다.

후반부에 들어가기에 앞서 짚고 넘어가야 할 영화의 설정이 두 가지 있다. 하나는 패럴에게 디폴트는 선박이라는 점이다. 이는 귀마개를 통해 단적으로 드러난다. 패럴은 선박에서 귀마개를 제대로 끼지 않는다. 심지어 귀마개를 땅바닥에 버려둔 채 소음이 가득한 기계실에서 잠을 잔다. 관객들은 각각의 차원마다 소음이 대체되는 과정에서 패럴의 심정을 어림잡아야 한다. 게다가 패럴은 마을에서 잊혀지고 있다. 어머니는 치매에 걸려 그를 제대로 기억 못하며 딸은 그가 떠난 후에 태어났다. 그를 아는 사람은 뜨루히요가 유일하다. (아버지처럼 나타나는데 패럴의 어머니와 뜨루히요는 같이 살지 않는다. 또 술집에서 마을 사람들이 나누는 대화에서도 어딘가 수상쩍은 느낌을 받을 수 있다.) 패럴은 마을 공동체 입장에서 완전한 외부인이다. 그는 선박의 기계음이 항시 존재하는 공간에서 광활한 설원으로 버려진 것이다. 나머지는 'Tierra del fudgo'의 공동체 마을 그 자체이다. 영화 속 그곳은 사라져 가고 있는 마을이다. 목재가 부족해 제재소가 제대로 운영되지 않으며 폭설에 물자 공급이 원활하게 되지 않는다. 젊은 사람들은 마을을 떠나고 있고 패럴도 그러한 젊은 사람 중 한 명일 것이다. 또한 후반부 담배를 피우며 아날리아를 부르는 남자를 통해 이러한 상황을 암시한다.) 노인들이 쓸쓸히 마을을 지킬 뿐이다. 아마 리산드로 알론소는 그 지역에서 영화를 시작했을 것이다. 그것이 정치적인 상황이든 지리적 요건이든 역사적 배경이든 감독은 그곳에서 무언가를 발견했을 것이다. 그 이유를 모르겠다. 그래서 나로서는 영화의 이해 불가능한 지점이 있다.

후반부 패럴은 딸 아날리아에게 리버풀 열쇠 장식품을 준다. 그리고 패럴은 눈이 덮인 원경으로 걸어서 사라진다. 카메라는 패럴의 퇴장을 무시할 수 없다. 그의 발자국 소리가 사운드를 지배하고 있으므로 그를 찍어야 한다. 그는 이동이 불가능할 것 같았던 장소로 걸어감으로 가장 강렬한 반항을 한 것이다. 여기서 패럴의 꿈은 끝이 났다. 영화의 나머지 20분은 꿈의 주체가 없는 상태로 지속되는 꿈의 풍경이다. 목재가 없는 제재소, 죽어가는 패럴의 어머니, 작은 짐승들을 사냥하는 뜨루히요, 울타리에 기대어 담배를 피우는 청년. 밀도 있게 진행되는 이미지는 불안을 내포한다. 마을은 곧 사라질 것이다. 이것은 마을 자체가 그러한 상황에 처해있기 때문이기도 하지만 패럴이 그 마을을 떠났기 때문이기도 하다. 패럴은 잠에서 깨어나 선박 생활을 하면서 그 꿈을 잊어버릴 것이다.

희망은 미래를 겨냥한 감각이다. 현재의 불안을 끌어안고 미래를 기대하는 자세라고도 할 수 있다. 영화는 마지막 순간 패럴이 준 장식품 'Liverpool'을 비추며 끝이 난다. 여기에는 만날 수 없는 두 세계를 이어주는 감각이 느껴진다. 패럴의 꿈은 끝났지만 조그마한 장식품이 무너지는 세계를 떠받치고 있는 것 같다. 나는 여기서 희망을 감각했다고 믿고 있다.

알리체 로르바케르
Alice Rohrwacher

알리체 로르바케르, 고전 문학과 실험 연극을 거쳐 영화 바깥의
낯선 시선으로, 동굴 속 먼 과거와 봉건의 잔재가 남은 시기,
자본주의 이후의 세상을 동시에 보기 시작했다. 그녀의 주인공들은
하나로 설명될 수 있는 현실 세계와 시공간에 붙들려있지 않으며,
사회적 합의로서의 성장과 성숙에 의문을 제기한다.
최근작 〈키메라〉에 이르면 알리체 로르바케르는 필름 입자의
테두리 안에서 펠리니와 베르톨루치 이후의 이탈리아 영화를 다시
써 내려가고 몽타주와 고전 영화의 아우라를 환기시키는데 이른다.

〈천상의 육체들〉(2011)의 주인공 마르타는 열세 살이다. 스위스에서 엄
마와 언니와 함께 십 년 만에 이탈리아 남서부 소도시로 돌아왔다. 엄
마는 빵을 만드는 곳에서 격무에 시달리는 가장이 되었고 마르타는 좋
은 교구 공동체의 일원으로 살아가기 위해 견진성사를 준비해야 한다
견진성사는 일종의 종교적 성년식이다. 마르타와 아이들은 예수가 눈
먼 자를 눈 뜨게 한 이야기를 배우고 눈먼 자가 되어보는 시간을 갖는다
네온 십자가가 걸려있는 성당 안으로 마르타와 아이들이 눈가리개를 한
채 들어온다. 눈이 가려진 채 한 발 한 발 앞으로 나가고 성당의 제단과
의자를 더듬더듬 손으로 만져본다. 세상의 불확실함과 불안정성은 예수
의 기적으로 치유될 것이라고 마리오 신부는 말한다. 그는 더 큰 교구로
가고 싶어 하고 주교가 지지하는 후보에게 투표할 것을 강권한다. 마리
오 신부와 친숙한 관계라고 자처하는 산타는 견진성사 준비 과정을 지
도한다. 마르타는 '엘리 엘리 레마 사바흐타니'를 외운다. 산타에게 그 뜻
을 묻지만 산타는 알 필요가 없다고 한다. 마르타는 웃음의 죄를 지어 산
타에게 '상징적인 의미로' 뺨을 맞고 성당을 나간다. 사방에서 쓰레기가
날아오르는 길이 펼쳐지고 우리는 마르타가 그 길을 걸어가는 뒷모습을
보게 된다. 마르타는 긴 머리를 싹둑 자르고 자신이 발견했기 때문에 죽
었다고 생각한 새끼 고양이들을 찾아 다리 아래 강가로 내려간다.

젊음은 성숙과 사회화의 대상이다. 성인이 된다는 것은 "우리 세상의 모순을 내면화"(이하 인용은 프랑코 모레티)한다는 것이다. 즉 "모순을 해결하는 것이 아니라 오히려 그 모순과 더불어 사는 법을, 심지어 그 모순을 생존의 도구로 바꾸는 법을 배우는 것"이다. 하지만 마르타는 "주체성을 잃고 대신 세상을 발견하는" 방식을 선택하지 않았다. 마르타는 견진성사를 통과하는 대신, 첫 생리를 했고, 십자가조차 내놓아야 하는 황폐한 교구의 어느 신부에게서 '엘리 엘리 레마 사바흐타니'는 예수의 울부짖음이고 절규이고 분노라는 것을 듣게 되었고, 스스로 물에 들어가 죽은 고양이들의 사체를 찾는다. 쓰레기를 분류하던 소년들이 만들어 놓은 강가의 지붕 없는, 현세의 유적터처럼 보이는 곳에서, 마르타는 비로소 기적을 보게 된다. 마르타의 눈은 거기에서 떠지게 된다.

주인공이 일정한 수업 시대를 거쳐 내면의 불확실함과 자유 대신에 사회의 가치관을 받아들이고 기성 사회와 융합하면서, 더 이상 젊음이 아닌 성숙한 성인으로 인정받는다는 것, 그러한 과정이 전면적으로 부인되는 작품은 〈행복한 라짜로〉이다. 마르타가 견진성사를 받아들이지 않는 것을 넘어서 라짜로는 아예 영원한 젊음으로 남는다. 라짜로는 연대기적 삶의 플롯을 가지고 있지 않다. 개별적인 시간성의 구분이 없으며, 그에게는 인비올라타의 소작농들이 대도시 철로 변의 도시 빈민으로 변화된 것이 의미가 없다. 그에게 사기꾼이 된 안토니아는 여전히 다정한 안토니아일 뿐이고, 후작의 아들에서 초라한 중년으로 변한 탄크레디는 여전히 그를 감동시키는, 배다른 형제이다. "성숙이 객관적인 사회적 성취와 더불어 공동체에 대한 소속감"을 필요로 한다면, 라짜로는 그러한 성숙이 이 사회 유지를 위한 필연적 허구라는 것을 드러내고, 그 허구를 따른 자들의 절망과 비탄을 지켜보는 자의 자리에 서 있다. 〈천상의 육체들〉과 〈행복한 라짜로〉에서 마르타와 라짜로가 존재하지 않아도 교구 생활의 세속화와 격변의 20세기는 읽힌다. 그러나 황폐화된 교구에서 오로지 마르타의 어깨 너머 카메라를 통해 십자가에 이르며, 인비올라타 사람들은 라짜로의 시점을 통해서만 몰개성적 도시 빈민의 위상을 벗어날 수 있다. 이것이 알리체 로르바케르가 삶의 전개를 닫힌 "하나의 고리"로 통합하지 않기 위해 카메라와 시점을 운용한 방식이다.

〈원더스〉에서 독일인 이방인 아버지 볼프강은 딸인 젤소미나에게 유년의 약속이라며 낙타를 선물로 사다준다. 성장한 딸에게는 더 이상 필요로 하지 않지만 아버지 세대는 이미 끝난 세계의 약속을 지키려고 한다. TV 리얼리티쇼의 우승 대신에 자족적 삶의 이상을 추구한 볼프강은 그 대가로 농장을 내놓아야 한다. 〈키메라〉의 영국인 이방인 아르투는 수맥을 감각하는 재능을 타고났고 이성적이고 과학적인 체계와 어울리지 않는 그 재능은 그를 고고학자 대신에 도굴꾼의 길로 내몰았다. 이들은 이방인이며 길들여지지 않는 정신, 혹은 재능을 타고났다. 〈키메라〉에서 노래하는 음유시인은 정착과 결혼이나 지위 획득으로 종결과 완성의 느낌을 주는 삶 대신에 '날아가는 새'를 닮기를 권고한다. 엘렌 루바르 촬영감독과 계속 16밀리 필름으로 작업해 오던 알리체 로르바케르는 〈키메라〉에서 수퍼 16과 35밀리를 섞어서 펼쳐졌다가 좁혀지는 화면 안에서 땅속에 파묻힌 아르투가 새가 되어야만 도굴의 굴레에서 벗어날 수 있다고 말한다. 성장 서사는 개인을 희생시키고 사회 통합의 가치를 추구하면서 길들여지지 않는 젊음과 성숙의 타협점을 찾아나섰기 때문에 오랜 시간 동안 많은 이야기와 영화들 속에서 살아남았다. 하

지만 의미의 영역에서 산다는 것은(대단한 딸, 대단한 형제, 대단한 탐사꾼 등으로) 내 존재가 소외되는 것을 대가로 치른다고 하지 않았는가(지젝 외). 물론 의미의 세계라는 필연적 허구가 우리 삶을 지탱하는 유일한 빨간 실일 수도 있다. 그러한 종속 대신에 영원한 젊음과 자유의 상태를 우리가 선택할 수 있는지, 그것이 어떤 삶의 풍경을 만들어낼 것인지, 알리체 로르바케르의 질문들은 아직 완료되지 않았다.

[+]
알리체 로르바케르는 이탈리아 토스카나의 피에졸레에서 1981년에 태어났다. 독일인 아버지와 이탈리아인 어머니 사이에서 태어났고 배우 알바 로르바케르의 동생이다. 고전 문학과 극작을 공부했고 프로듀서 카를로 크레스토 디나와 함께 첫 영화 〈천상의 육체들〉(2011)을 만들었다. 이 영화로 칸 감독 주간에 초청되었다. 두 번째 영화 〈원더스〉(2014)는 칸영화제에서 그랑프리를 수상했고 세 번째 영화 〈행복한 라짜로〉(2018)는 간느 각본상을 받았다. 네 번째 장편 영화 〈키메라〉(2023)는 칸 경쟁 부문에 초청되었으며 〈어린 소녀들〉(2022)을 비롯한 다수의 단편 작업을 했다.

〈행복한 라짜로〉

글 MMZ 김대웅('nkocef')

대부분이 모순적임을 깨닫게 한다. 라짜로는 거울 같은 역할을 하는 셈이다. 제목과는 달리 라짜로는 행복해 보이지도 않고 지배층은 내리 지배를 일삼으며 시대가 바뀐다 해도 피지배층이 다시 피지배를 당하는 위치는 그다지 바뀌지 않는다. 위치는 바뀌지 않을지언정 현대로 시대가 바뀜에 따라 시선은 달라진다. 마지막 라짜로를 구타하는 시퀀스에서 무수히 많은 현대인 사이로 비치는 라짜로를 바라보는 시선은 현대 사람들이 라짜로를 어떠한 사람으로 인식하는지 주목한다. 이제 다시 라짜로가 세상을 어떻게 보고 있느냐에서 라짜로가 어떻게 해석될 것인가로 바뀐다.

어떻게 해석될 것인가. 현대 사람들은 마을 지배층을 박살 낸 정보화, 기술, 물질화를 거머쥐었다. 그런데도 무기를 부르는 이름, 돈을 버는 수완 변화의 간극, 라짜로를 향한 차가운 시선, 지나친 기술의 발전이 기적이 코앞에 있음에도 오해석하게 하며 혹은 기적임을 알아도 잡초나 뜯게 하는 무신경함이 라짜로를 되려 죽을 때까지 맞게 했다.

전체적인 흐름은 완벽할 정도로 논리적인데 사이사이 이뤄지는 관계들은 모순으로 발려져 있는 점이 흥미로웠다. 후반부로 갈수록 블랙코미디의 형태를 띠는 것이 재밌었다.

늑대는 라짜로의 가치를 알아주는 동류이다. 그러나 잡을 수 없는 환상이며 진실은 어떤 것인지 알 수 없다. 반대로 라짜로는 실체로서 존재하지만 가치를 알아주지 않으며 숭배되는 대상이 아니다.

극 중에서 핵심 집합인 늑대와 양, 노동자와 착취하는 쪽은 지배층과 피지배층으로 구분된다. 후작에게 꼼짝 못 하는 것도, 강을 헤엄치지 못하는 것도 보이지 않는 위협이 있을 것이라는 환상 때문이지만 수직적으로 학습된 무기력이 이들을 무능하게 만든다. 늑대는 사실 한 마리, 나머지 무리는 라짜로와 탄크레디가 만든 환상이고 공중에 뜬 빨간 불빛도 송전탑의 시설이었던 것처럼 사실 형태 없는 위협들은 현대로 넘어가면서 어떠한 형태로든 존재하게 되어 있어서 지배층의 부조리는 낱낱이 밝혀지게 된다. 그렇게 노예 생활을 없앤 것은 시대의 흐름이기에, 피지배층이 그동안 라짜로를 부려 먹은 무능력의 대가는 다시 풀이나 뜯어 팔거나 사기나 치는 처참한 자본 수완일 것이다. 다시 시대의 흐름에 따라 늑대도 과거에는 좀처럼 잡을 수 없는 환상의 존재이지만 불빛들과 도시화로 인해 빵빵거리는 차들 사이에서는 여느 평범한 동물이 되어버린다.

라짜로를 바라보는 듯한 카메라 연출이 특히 많다. 피지배층이 라짜로를 이용하는 시선을 보여줄 때가 많은데, 관객은 이 시선을 공유하게 된다. 그래서 라짜로가 별말 없이 순응하며 일하는 것을 응시하는 장면들을 관객에게 공유시켜 주는 의도에 대해 생각해 봐야 했다.

여기서 내가 보는 라짜로는 그다지 특별하지 않다. 너무나도 순종적이고 변함없는 바람에 진짜 선함이 될 수 있을지도 모른다는 생각까지 들게 하는 라짜로의 행동들은 라짜로에 집중하지 않고 그를 대하는 사람들의 행동, 리액션에 집중시킴과 동시에 라짜로를 제외한 등장인물

아리 에스터 Ari Aster

아리 에스터 Ari Aster
불안과 두려움의 시네아스트

글 장훈

스틸 제공 영화사 찬란, (주)싸이더스

아리 에스터 Ari Aster

2018 유전 Hereditary

2019 미드소마 Midsommar

2023 보 이즈 어프레이드 Beau Is Afraid

아리 에스터는 조던 필, 로버트 에거스와 함께 지난 10년 사이
공포 영화 씬에 등장한 가장 흥미진진한 작가 중 한 명이다.
자신의 개인적 경험과 내밀한 감정으로부터 영화를 구상한다고 알려진
아리 에스터는 데뷔작 〈유전〉에서는 가족과 겪은 가혹한 시련의 기억을
오컬트에 녹여내고, 〈미드소마〉에서는 실연의 고통을 포크 호러에
접목시켰다. 두 영화에서 보여주었듯 그의 장기는 장르의 규범과
규칙을 능수능란하게 자신만의 방식으로 뒤틀고 뒤집어내는 것이다.
내면 깊숙이 자리 잡은 죄책감과 불안을 블랙 코미디로 풀어낸

각시. 즉 목 없는 신체들이다. 〈유전〉에서 애니는 컬트에 빠져 미쳐 버린 어머니의 광기가 자신에게도 존재하지 않을까 두려워하며 끊임없이 그것을 거부하고 벗어나려 시도하지만 결국에는 굴복하고 자신의 목을 자른다. 〈미드소마〉에서 노인들은 생애 주기가 끝났음을 인정하고 그 운명에 자신들을 내맡겨 머리가 부서져 내린다. 〈보 이즈 어프레이드〉에서는 목이 잘린 채 사망한 보의 어머니 소식이 그를 공포로부터 이끌려 나와 여행에 나서도록 만든다.

모든 것은 짜여진 각본대로 움직이는 정교한 미니어처 인형극(〈유전〉)이고, 이미 오래전에 기술되어진 벽화(〈미드소마〉)이다. 우리는 그저 리모컨으로 TV 속에 비친 자기 자신의 인생을 앞뒤로 넘기며 예정된 운명을 확인할 뿐이다(〈보 이즈 어프레이드〉). 선택할 수도, 통제할 수도 없기에 더욱 무력해지는 운명 앞에서 인간이 느끼는 좌절감. 예정된 운명을 향한 항복 선언과 자진 투항이 주는 불안과 두려움은 상상이상으로 막강하다.

그러하기에 그 앞에서 아리 에스터의 주인공들은 모두가 신경증적 불안 증세에 시달리는 환자가 될 수밖에 없다. 어머니의 섬뜩한 광기가 유전처럼 대물림 되지 않을까 노이로제에 빠진 애니, 가족의 죽음에 대한 트라우마로 괴로워하면서도 애인에게 이해받지 못하고 되레 가스라이팅을 당하는 수동적이고 의존적인 대니, 태어나긴 했지만 정글 같은 세상에 적응하지 못하고 끝내는 어머니의 기대를 저버린 채 그저 태어나기 전 엄마 뱃속으로 다시 들어가고 싶어 하는, 자궁 회귀 본능을 보이는 보가 바로 그들이다. 그렇게 그들은 아리 에스터식 사이코드라마의 주인공으로 무대에 오른다.

사이코드라마에서는 의뢰인이자 환자가 가지고 있는 현실에서의 문제들이 무대 위로 던져지면 심리 상담사(감독)의 진행에 따라 환자(주인공)는 자신의 정신적 문제로 깊숙이 침잠하고 관객들은 주인공의 몰입을 위해 변화하는 상황에 맞춰 필요한 조연과 엑스트라 역할을 맡는다.

애니에게 접근하는 조앤을 비롯한 파이몬 숭배자들과 하지제를 치루는 호르가 마을 사람들, 집을 떠난 보가 스쳐 지나가는 수많은 인물들은 사이코드라마 무대 위 주인공의 정신의 여정을 함께 연출해 내는 사이코드라마 속 관객/조력자가 된다.

그 과정에서 우리는 모두 함께 아리 에스터가 뿜어내는 공포의 진정한 정체와 맞닥뜨리게 된다. 그것은 가족과 혈연, 혹은 인간관계 그 자체이다. 그 깨달음 앞에서 우리가 탈출할 길은 없다. 보처럼 다시 자궁의 깊은 심연으로 되돌아가는 퇴행 말고는.

그것이 우리가 아리 에스터의 영화를 보고 절망하게 되는 이유다.

"가족의 내력이 무엇인지 간에 자신이 선택할 수도 통제할 수도 없는 환경에서 태어난 것, 그것은 완전히 무력한 상태에 대한 공포다."
— 아리 에스터

[+]

1986년 뉴욕에서 태어났다. 어린 시절에는 작가가 되겠다는 꿈이 있었으나, 시나리오를 쓰면서 영화의 꿈을 꾸기 시작했고 동네 비디오 가게의 공포 영화 섹션을 섭렵했다. 산타페대학과 AFI 대학원 과정을 거치면서 여러 편의 단편들을 만들며 주목을 받기 시작했고 〈악마의 씨〉와 〈캐리〉의 계보를 잇는 오컬트 영화 〈유전〉(2018)으로 데뷔하였다. 2019년에는 포크 호러 장르를 선택한 두 번째 영화 〈미드소마〉를 완성하였고, 2023년에는 분리 불안 장애를 겪는 중년 남자가 어머니에게로 향하는 여정을 그린 〈보 이즈 어프레이드〉를 발표하였다.

LA POLITIQUE DES AUTEURS, ALTERNATIVE CINEASTES 2004–2024

〈보 이즈 어프레이드〉
편집증 기계가 된 남자의
'엄마 있는 하늘 아래'
— 삶의 내레이션 권한을
박탈당한 주인공(들)

글 MMZ 이성인

영화가 끝난 후 바로 든 의문점.
그래서 진짜 보는 어디에 있(었)는가?

머릿속을 찍는 영화들이 있다. 물론 실제 뇌를 찍는다는 말은 아니다. 기억, 상상, 공상, 꿈, 환상, 환각 등으로 분류되는 심상의 차원을 설계하고 이를 물리적 이미지로 전달한다는 의미다. 이 머릿속 이야기가 빛을 발하는 건 머리 바깥 현상과 분리될 때다. 영화 속 현실인 줄 알았던 숏들이 갑자기 얼굴을 바꿔 '짜잔 이거 다 꿈'임을 선언하는 식. 영화는 마침내 두 갈래로서의 뼈대를 드러내고 그 갈래들의 간극이 작품에 훅, 깊이를 불어넣는 것이다.

이런 플롯은 이제 장르 구분 없이 흔하게 만날 수 있지만, 이 분야의 대가로 데이비드 린치 감독을 빼놓을 수는 없겠다. 의식에 틈을 낸 후 비집고 내려가 무의식을 들쑤시고 다니는 건 그의 장기다. 〈로스트 하이웨이〉와 〈멀홀랜드 드라이브〉, 〈인랜드 엠파이어〉까지. 몽환적이고 감각적인 초현실은 스토리상 현실에 들러붙어 끝내 시공간에 균열을 내고, 영화는 다층의 구조를 띤 영상 예술이 된다. 오만 가지 해석을 허락한.

아리 에스터 감독의 세 번째 장편 영화 〈보 이즈 어프레이드〉(2023)도 언뜻 같은 계보처럼 보인다. 영화는 실재라고 생각하기 어려운 숏들로 꽉 차 있다. 이야기 줄기는 명료하다. 중년 남성 보(Beau)가 엄마인 모나의 사고사 소식을 듣고 장례를 치르러 간다는 게 전부다. 단, 여정의 성격이 괴이하다. 여정이란 '흐름'의 속성을 갖기 마련인데 보의 행보는 '피습'당하거나 '지연'되기 일쑤다.

보의 여정을 구성하는 네 개의 무대를 보자. 우선 '보의 아파트' 챕터는 편집증 기계가 생성한 듯 소란과 위협과 불안에 관한 이미지들이 불규칙하게 배치돼 있다. 다음 '그레이스 가족과의 만남'에서 보는 기이한 가족 체험 안에 갇혀 지체되고 오해받다가, 정신 나간 참전 용사 이웃의 추격을 받고 숲으로 도망친다.

'숲속 유랑극단 공연' 단계에서 우리는 보가 살아본 적 없는 다른 갈래의 일생을 연극과 애니메이션이 뒤섞인 판타지로 마주한다. 네 번째 장 '엄마의 장례식'에 이르러 보는 어릴 적 여자 친구 일레인과 재회해 갑자기 생애 첫 섹스를 치른 다음, 죽은 척했던 엄마에게 혼이 난다.

이상 보의 여정 요약본이다. '기승전' 구조는 붕괴됐고 이미지들은 폭주하거나 스스로 연결을 툭툭 끊어댄다. 글로 옮기기 벅찰 정도. 이건 카메라라는 물리적 기계로 담을 수 있는 실물이 아닌, 명백한 정신 영역의 기록이다. 영화에는 보가 실시간 관찰되는 자신을 거실 TV로 들여다보는 씬(scene)마저 나온다. 되감기와 빨리 감기로 통제되는 나. 그는 리모컨을 들고 있지만, 원래 주인은 아닐 것이다.

인과율이 온전치 않은 세계지만 영화를 관통하는 룰, 이 어지럼증의 근원 하나는 명백하다. 섹.스.불.가, 즉 엄마의 1급 명령. 엄마 말에 따르면 보에게는 사정과 동시에 죽는 유전병이 있다. 아빠처럼 '사정 엔딩'이 두려운 그에게 섹스는 일평생 금기였다. 비대해진 고환은 그간의 인내를 상징하는 기이한 훈장처럼 보인다.

성관계가 금지되니 나만의 가족을 꾸릴 방법도 의지도 없다. 확장하는 운동성 자체가 부재하므로 2차 집단 진입 같은 사회화, 삶의 넥스트 챕터도 불허된다. 불쌍한 보는 그렇게 섹스뿐만 아니라 인생의 내레이션 권한 자체를 박탈당했다. 스스로의 이야기를 전개할 수 없는 그는, 오로지 엄마가 건설한 세계 안에서 좌충우돌해 댄다.

따라서 1번 규칙인 사정 금지를 어긴 보는, 엄마한테 죄인이 된다. 이 상스러워진 아들은 다섯 번째 무대 '콜로세움을 닮은 바다 위 재판장'으로 불려 와 심판 받아 마땅하다. 보는 원죄들이 몸에 박힌 존재인 양 이런저런 추궁을 비현실적 세기로 당하는데, 유죄 판결은 확정적으로 보인다. (이 최종장은 확실히 카프카의 〈심판〉에 대한 아리 에스터식 오마주다)

이윽고 폭발형(刑), 타고 있는 배가 뒤집히자 보도 바다 밑으로 사라진다. 엄마의 피해망상적 수다와 함께 양수 밖으로 '통겨진' 그가 비로소 물 안으로 회수된 것이다. 물에서 물로. 사소한 변환들이 목격됐을뿐, 열역학 제1법칙은 잔잔하게 유효하다.

이제 글 첫머리에서 던진 질문에 답할 차례다. 그래서 환상 바깥의 보는 어디에 있(었)냐면, 없다. 정확히 말하자면 '알 수 없다'가 맞겠다. 〈보 이즈 어프레이드〉는 보의 눈을 거쳐 최종적으로 마음에 투영됐을 형상들을 살뜰히 모은 심상 집합체에 가깝다. 우리는 '엄마 있는 하늘 아래' 한데 들러붙은 기억과 환각, 오직 그 하나의 층위에서만 보를 만날 수 있는 것이다.

머릿속 이야기와 현실 영역의 분리로 플롯을 완성하는 영화들과 구별되는 지점. 〈멀홀랜드 드라이브〉는 그 분리로써 꿈과 현실의 어마어마한 간극을 창조했고, 이 분야의 최근 화제작 〈이제 그만 끝낼까 해〉는 그럼으로써 시간 공유자 부재의 쓸쓸함을 감지케 한 바 있다.

그 분할 구조 말고 오롯한 단일 우주를 택한 〈보 이즈 어프레이드〉에는 극적인 파장 대신 소소한 멸망이 있다. 분명 주인공은 나인데 내가 화자일 수는 없는 삶, 전지적 시점 안을 불우하게 헤매는 어떤 일인칭의 두려움과 (아마도 반복되는) 종말 말이다. 이를테면 가족, 지인, 절대자 중 위압적인 누군가가 설계한 정신 감옥에서 죽어가기. 실제로 '내가 속한 세계'를 있는 그대로의 구조로 인식하지 못하는 건 비극이 되기 쉽다. 뉴스 사회 섹션을 매일 같이 채우는 가스라이팅들을 보라.

아리 에스터는 한결같다. 그에게 가족은 생지옥의 원형(原型)이다. 첫 장편 〈유전〉에서도 단편 〈뮌하우젠〉에서도 가계도는 멸망으로 가는 사다리 게임 같았다. 보는 그 사다리에 올려진 실험용 쥐처럼 보인다. 인위적으로 비대해진 고환이 달린. 멀리서 보면, 아리 에스터의 말대로 이 영화는 코미디일 수 있겠다.

LA POLITIQUE
DES AUTEURS,
ALTERNATIVE
CINEASTES
2004-2024

12

신카이 마코토
新海誠

신카이 마코토, 그가 그녀에게 닿기를

글　나호원
—
스틸 제공　(주)미디어캐슬

일러두기

1. 이 글은 신카이 마코토의 애니메이션을 다루지만, 전적으로 그의 작품에 한정하지는 않는다. 신카이 마코토의 작품에 대한 언급은 전체의 절반에도 미치지 않을 수 있다.

2. 이 글은 두 개의 목소리로 구성된다. 하나는 신카이 마코토의 작품 이전에 해당하는 목소리로, 시제로 보면 과거형에 해당한다. 다른 하나는 신카이 마코토의 작품을 다루는 목소리로, 시제는 현재형이다. 완전하게 시제 구분을 따르지는 않지만, 이러한 두 목소리는 그의 작품에서 종종 찾을 수 있는 설정에서 가져왔다.

#2002-현재 #접속 #통신 #교통
휴대 전화를 켠다. 컴퓨터를 켠다. TV를 켠다. 라디오를 켠다. 전화기를 든다. 편지를 적는다. 한쪽에 그/소년이 있고, 다른 한쪽에 그녀/소녀가 있다. 그리워한다. 이미 마주쳤던 상대, 또는 마주쳤던 것만 같은 상대의 응답을 기다린다. 텔레커뮤니케이션은 응답할까? 저 너머의 소식이 들려올까?

우주선을 탄다. 비행기를 탄다. 기차를 탄다. 스쿠터를 탄다. 자전거를 탄다. 답이 오지 않는다면 직접 찾아가는 수밖에. 하지만 상대는 그 자리에서 기다리고 있을까? (텔레) 트랜스포테이션은 둘 사이의 거리를 좁힐 수 있을까?

그와 그녀는 정말 같은 시간대에 같은 세계에 살고 있는 것일까? 둘 사이의 분리는 단지 거리와 시간의 차이일까, 아니면 차원의 차이일까? 그런데 정말 마주치거나 했던 걸까?

#1995 #Animation
1995년, 애니메이션은 분주했다. 최초의 장편 CG 애니메이션 〈토이 스토리〉의 등장 이상으로, 태평양 건너 일본에서는 더 역동적으로 돌아갔다. 오시이 마모루는 〈공각기동대〉를 세상에 선보였다. 〈토이 스토리〉와는 다른 방식의 CG가 아니메 속에 등장하였다. 10주년을 맞이한 지브리 스튜디오에서는 1997년 개봉할 〈모노노케 히메〉의 준비가 한창이었다. 많은 소문이 돌았다. 지브리가 CG를 도입한다는 얘기부터 이전까지와는 달리 선혈이 낭자한 잔혹 장면이 삽입될 것이라는 얘기까지. 그 와중에 〈모노노케 히메〉가 미야자키 하야오의 은퇴작이 될 것이라는 충격적인 소식이 1995년 무렵에 전해졌다 (이후 번번이 이어질 n회차의 은퇴설 중 첫 번째에 해당한다). 포스트 하야오에 대한 전망도 스멀스멀 피어났다. 그리고 안노 히데아키가 이끄는 가이낙스에서 〈신세기 에반게리온〉 시리즈를 발표한다. 신카이 마코토가 등장하기 이전의 상황이지만, 그의 작품 세계를 이야기하기 위해서는 어쩌면 가장 중요한 과거의 한 해가 1995년이었을지도 모른다.

#1995 #Log In #Technology
현실 세계에서 컴퓨터가 새로운 모습으로 우리 앞에 나오기 시작한 해도 1995년이었다. 윈도우 95의 출시. 그래픽 기반의 유저 인터페이스(GUI, Graphic User Interface)를 표방한 운영 시스템은 90년대 초반부터 확산되기 시작했지만, 본격적인 대중화의 판로를 연 것은 윈도우 95였다. 텍스트 기반의 명령어 입력 대신 마우스를 사용한 아이콘 클릭만으로 컴퓨터는 작동하기 시작했다. 그리고 윈도우 95에는 인터넷 익스플로러라는 웹 브라우저가 함께 제공되었다. PC 통신에서 한 발짝 더 나아가 인터넷이라는 전 세계 규모의 네트워크가 알려졌지만, 월드 와이드 웹에 접속하는 일은 꽤나 난해한 도전이었다. 직전까지 다양한 웹 브라우저가 도입되었지만, 곧 인터넷 익스플로러가 평정하였다. 컴퓨터는 인간에게 익숙한 이미지로 탈바꿈하면서 이제까지와는 전혀 새로운 차원으로 개인과 세상을 연결하게 되었다.

#2002 #세계
"'세계'라는 말이 있다. 나는 중학교 때까지 '세계'란 핸드폰 전파가 닿는 장소를 말한다고 막연히 생각하고 있었다…. 여보세요? 거기, 아무도 없

어? 내가 어디까지 가면 돼? 나는 외로워…. 이제 집에 갈게."
〈별의 목소리〉의 시작과 함께 나오는 미카오의 독백이다. '핸드폰 전파가 닿는 장소'까지가 세계이다. 이 설정이 얼마나 대담한 시도인지 감독 자신조차 짐작할 수 있었을까? 전파가 닿지 않는 세계에서 고립되고 외로움을 느끼는 상황이 이후로 줄곧 유지, 반복, 변주된다는 것을 알았을까? 신카이 마코토의 작품들이 〈별의 목소리〉로부터 얼만큼 멀어지고, 얼만큼 도약하는지를 얘기하는 것이 나을까, 아니면 그의 작품들 속에 〈별의 목소리〉가 얼만큼 단단한 원형으로 남아있는지를 얘기하는 것이 나을까? 물론 그가 결코 성장하지 않았다는 평가가 아니다. 오히려 그의 출발점이 꽤나 비범하고도 강력했다는 의도로 하는 말이다.

#1995년의 유산 #사이버네틱스의 풍경 #컴퓨터가 보여주는 풍경
컴퓨터 세상 속 풍경은 과연 어떻게 생겼을까? 라디오와 TV를 처음 접했던 사람들처럼, 컴퓨터를 본격적으로 접한 사람들은 컴퓨터 속에 '작은 사람들'이 숨어 있다고 여겨야 했을까? 〈공각기동대〉의 초록색 비트맵 이미지는 컴퓨터 속 풍경을 새롭게 뜯어고쳤다. 그 이전까지 지배적인 스타일은 〈트론〉에 등장한 형광 파랑의 x, y, z 축이었다. 꽤나 차가웠지만 허황된 설정은 아니었다. 이후로 발전할 3차원 컴퓨터 그래픽의 기본 토대이니. 그럼에도 〈공각기동대〉의 접근은 꽤나 과감했다. 사이버네틱 세계의 근간은 x, y, z 축이라는 공간에 그치지 않고, 그 모든 것을 이루는 정보에 있으니 말이다. 정보는 문자와 숫자로 구성되고, 궁극적으로는 0과 1의 2진법으로 수렴된다. 〈매트릭스〉는 그 지점에서 〈공각기동대〉에 화답하였다.

〈공각기동대〉가 사이버네틱스를 정보의 단위로 환원하고 있을 때, 정작 컴퓨터 테크놀로지는 자신의 모습을 창밖에 펼쳐진 사실적인 풍경으로 드러냈다. 말 그대로 윈도우는 '창'이 되었다. 푸른 하늘에 떠 있는 흰 구름, 그 위에 얹힌 'Windows 95' 타이틀과 네모난 창 로고. 〈공각기동대〉와 〈매트릭스〉가 강조하는 형광 초록의 비트맵 정보는 윈도우의 그래픽 인터페이스 아래로 사라졌다. 이후로 윈도우의 업그레이드가 진행될수록 컴퓨터는 점점 더 멋진 풍경을 보여주었다. 푸른 잔디 언덕 위로 흰 구름이 떠 있는 청명한 하늘이 대표적인 이미지일 테다.

#2002-현재 #Another World
세상을 하나 더 만들어 보자. 우리가 살고 있는 이곳, 지구, 현실과 똑 닮은 세상을 바로 옆에 하나 더. 레이어 한 겹을 얹을 수도 있고, 다중 우주의 구조처럼 하나의 커튼을 스크린처럼 드리울 수도 있겠다. 다만 완전히 똑같은 하나를 〈Ctrl+C〉, 〈Ctrl+V〉하는 게 아니라, 98% 정도의 유사성으로…. 얼핏 보면 비슷하지만 자세히 보면 조금은 다른. 그래, 누군가에게는 불편함의 골짜기(언캐니 밸리)로 보일 수도 있겠다. 아니면 기시감을 불러일으키거나. 유사함의 소스는 이전의 애니메이션들에서 구해야 할 것이다. 그것이 미야자키 하야오이든 다른 누구의 앞선 작업이든 크게 상관은 없다. 때론 신카이 마코토 자신의 작품에 이미 등장했던 설정도 상관없다. 중요한 것은 닮고자 하는 세상의 이미지는 최대한 친숙해야 한다는 점이다. 그래야 새롭게 구성하는 세상이 친숙하면서도 아주 살짝 낯설어 보일 수 있으니까.

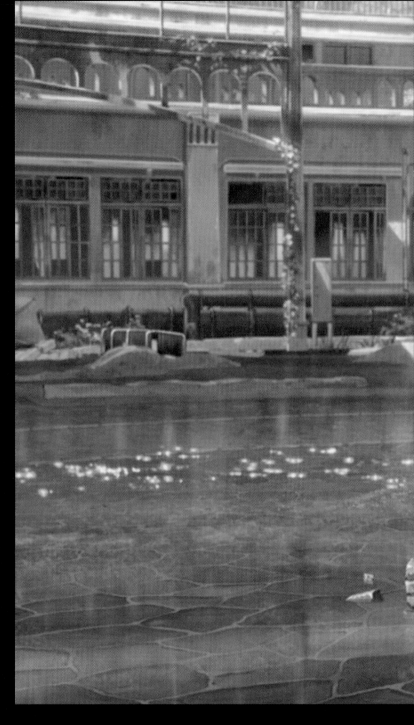

#1995 #세계 #가상 #네트워크

1995년의 세계는 현실 세계와 가상 세계로 구분되기 시작했다. 당시까지 (그리고 앞으로도 쭉) 기술적인 한계로 완벽한 복제는 불가능했지만, 적어도 전망은 가능한 수준이었다. 조만간 무엇이 실제/실재이고 무엇이 가상인지를 구분하기 어려울 시대가 도래할 것이라 내다봤다. 컴퓨터 그래픽에 기반한 게임이 우리의 현실을 집어삼킬 것이라고 1995년의 애니메이션이 보여주기 시작했고, 1998년~1999년의 영화들이 차고 넘치게 반복하였다. 영화는 게임을 빌려와 자신의 미래를 걱정한 듯 싶었다.

이는 단지 우리가 세상을 내다보는 창으로 모니터와 스크린 (이후로 VR 기어까지) 중에서 어떤 것을 선택하는가에 머물지 않는다. 한가지 이슈가 덧붙는다. 인터넷으로 연결된 세상이라는 것이 도대체 어떤 풍경일 것인가? 네트워크 해킹을 다룬 〈공각기동대〉는 현실 장소를 로케이션으로 섭외했다. 바로 홍콩. 촘촘하게 이어진 홍콩의 뒷골목, 그 위를 거미줄처럼 연결하는 전깃줄은 현실 세계이면서도 근미래의 네트워크 세상을 가장 적확하고 명확하게 우리에게 제시했다. 월드와이드웹은 결코 〈트론〉의 x, y, z축 기반이 아니라는 것이었다.

#10대 #소년 #소녀

대부분의 신카이 마코토 작품에서 소년은 10대이다. 초등학교 6학년부터 고등학생에 이르기까지. 모두 사춘기라고 뭉뚱그릴 수도 있겠지만, 이 연령대의 성장은 하루가 다르게 급속하게 일어난다. 이 때문에 종종 혼돈이 일기도 한다. 중학생의 감성일까? 고등학생의 감성일까? 때론 조숙하고, 때론 미숙해 보인다. 소년이 아직 어른이 아니라는 사실은 그들이 어른들의 공간 속에 들어갔을 때 비로소 드러난다. 번화가 속에서, 대중교통 속에서 두리번거리면서 어색해하고 불편해하면서 길을 잃지 않으려 한다.

그런데 소녀는? 한때는 신카이 마코토의 소녀들도 소년과 동년배 또래였다. 그러나 이후로 발표된 작품들 속에서 그녀들은 연상이 되거나, 정확한 나이를 가늠할 수 없는 상태가 된다. 그래서 이야기는 더이상 소년과 소녀가 비슷한 출발점에서 진행되는 것이 아니라, 소년의 입장에서 소녀를 찾아 나서는 구도가 되어 버린다.

#계보 #소년 시절 (#소녀)

일본 애니메이션에서 소년의 출발은 데츠카 오사무의 〈우주소년 아톰〉에서 찾을 수 있다. 갑작스런 사고로 아들을 잃은 로봇 과학자 덴마 박사는 로봇으로 아들을 대체하고자 했다. 로봇-소년은 아버지의 인정을 받지 못하면서, 동시에 자신의 정체성에 대한 존재론적 질문에서 결코 쉽게 빠져나오지 못한다. 일본 애니메이션에서 소년은 아톰의 연령대 (10대 초중반)로 고정되었고, 아버지와 아들 간의 불편한 관계를 반복하게 된다.

이후로 소년들은 로봇을 타고, 전투기를 타고, 우주선을 타야 했다. 아버지를 비롯한 어른들은 벙커, 통제실에서 전투를 지휘했다. 소년은 링 위에서 사투를 벌여야 했고, 아버지는 링 밖에서 샤우팅을 하며 지시를 하는 식이었다. 왜 자신들이 전투/전쟁에 뛰어들어야 하는지를 물을 수 없었다. 이미 그렇게 '정해진' 운명이었다. "왜 로봇을 타야 하는가?"

를 물었던 경우는 토미노 요시유키의 〈기동전사 건담〉에서 주인공 소년 아무로 레이가 최초가 아니었을까? 다만 그 질문은 그 다음 회까지 넘어가지는 않았다.

조종석에 타지 않을 것이라고, 끝까지 저항하고 도망치려 한 경우는 바로 〈신세기 에반게리온〉이었다. 신지는 소년이었고, 아버지와 늘 대립했으며, 어머니를 그리워했고, 무엇보다 줄곧 교복을 입고 있었으며, 조종석 대신 학교에 가고 싶어 했다. (만화가 우라사와 나오키가 〈우주소년 아톰〉을 리메이크하여 〈플루토〉를 발표하였을 때, 덴마 박사의 모습은 〈신세기 에반게리온〉의 신지 아버지와 무척이나 닮아 보였다. 그렇게 두 아버지는 한 지점에서 중첩된다.)

(일본) 애니메이션에서 소녀의 계보를 읊는 것은 쉽지 않다. 분화된 장르에 따라 다르니까. 다만 소년을 중심에 둔 작품들에서 소녀는 미지에 가깝다. 때론 모성의 상징이기도 하고, 때론 소년이 닿지 못하는 신비의 차원에 머물기도 한다. 또래로서 동등한 눈높이를 가진 주체로 등장

한 경우를 떠올리기 쉽지 않다. 소녀는 소년에게 의지하거나, 소년을 구원해야 했다. 미야자키 하야오의 작품에서 소녀가 중심이 되려면 신비해야 했다. 〈에반게리온〉에서는 종종 '레이와 아스카, 둘 중 누구?'라는 이상형 선택지로 대비되기도 했다.

#소년, 소녀의 부모?
신카이 마코토의 작품에서 부모의 존재를 강렬히 느낄 수가 있을까? 그렇다고 대놓고 부재를 얘기를 하던가? 대개는 아주 슬쩍 등장했다가, 홀연 희미해진다. 부모와 자녀가 대립각을 세우기 보다는, 어느 정도 배려하거나 방치하는 정도이다. 그럼에도 불구하고 소년과 소녀가 멀어지는 계기는 주로 부모의 사정으로 인한 이사, 이주에서 비롯된다. 전학을 가고, 다른 지역으로 진학하고, 먼 지방으로 이사를 가는 식이다. 어른으로서도 어쩔 수 없이 옮겨야 하는 상황이기에, 자식이 대놓고 항의하기 어려운 설정이다. 그래서 소년, 소녀는 부모에게 저항하거나 반항할 계기

가 없다. 그들에게 요구되는 것은 부모를 '이해'하는 성숙함이다. 신카이 마코토의 소년, 소녀는 자신들의 처지를 묵묵히 감내하며 받아들여야 할 뿐이다. 물론 쉬운 일은 아니다. 때문에 어른처럼 보이다가도 갑자기 무너지곤 한다.

#1995 #인공 자궁
1995년의 애니메이션 〈공각기동대〉와 〈신세기 에반게리온〉이 공통적으로 소환한 것은 〈우주소년 아톰〉을 탄생시켰던 실험실이었다. 아톰이 만들어지던 장치는 프랑켄슈타인에서 출발하면서도 인큐베이터를 닮아 있었다. 인큐베이터는 자궁을 흉내 내는 인공 장치였다. 〈공각기동대〉의 오프닝에서 쿠사나기 소령은 조금 더 복잡한 구조이지만 기본 설정은 아톰에서 크게 벗어나지 않았다. 〈신세기 에반게리온〉에서 레이는 복제된 신지의 엄마였다. 실험실은 아톰 대신 쿠사나기 소령과 레이라는 두 명의 여성을 만들어냈다. 이러한 프로젝트를 진행한 건 물론 남

성이 주류를 이루는 과학자 집단이었다. 남성 과학자에 의해서 사이보그 여성, 클론 여성이 만들어졌지만, 인공 자궁이라는 설정은 여성 캐릭터를 자궁, 출산, 모성성으로부터 조금은 분리시키는 계기가 되었다고도 볼 수 있다('매트릭스'에도 자궁이라는 뜻이 있다).

#자리 바꿈 #치환

〈신세기 에반게리온〉은 소년이 있어야 할 자리가 학교인지, 조종석인지에 대한 질문을 극한으로 몰아갔다. 〈별의 목소리〉는 그 질문을 절묘히 뒤집어서 새로운 위상 좌표를 제시한다. 소년은 교실에 앉아 있고, 소녀가 조종석에 앉는다. 결정을 내린 이는 소녀이고, 기다리는 이는 소년이다. 장르 질서가 물구나무를 선다. 하지만 소년과 소녀의 자리바꿈은 〈너의 이름은〉에서 다시 장르적 클리셰로 돌아온다. 〈별의 목소리〉가 놓인 공간대의 격리는 〈너의 이름은〉에서 시간대의 격리로 치환된다. 이 무렵 '평행 우주'라는 개념은 과학의 영역을 넘어서기 시작한다. 타임 슬립, 타임 워프, 타임 리프, 타임 루프 등의 설정은 좀 더 그럴싸한 과학적 배경을 가져온다.

#탈(脫)자궁 #탈(脫)오타쿠 #포털

〈신세기 에반게리온〉이 겨냥한 타격점은 그 이전까지 축적된 일본 애니메이션의 상징과 클리셰를 모두 모아서 그것들 간의 질서를 뒤흔드는 일이 아니었을까? 그래서 익숙한 코드 회로가 별안간 먹통이 되고, 예상했던 전개의 노선이 봉쇄되면서 모두가 어리둥절해지는 상황과 마주하도록 만드는 의도. 오타쿠 출신인 안노 히데아키가 오타쿠들의 성배를 깨트리려 했던 시도는 폐쇄된 공간 속에 은둔하는 이들을 세상 밖으로 나가도록 하는 기획이기도 했다. 오타쿠가 머물던 세계는 원초적으로 퇴행하려는 자궁이었을까? 하지만 그 시기에 사적인 공간은 인터넷을 통해 세계와 연결되던 때였다. 거리를 활보하는 이보다 컴퓨터 앞에 앉아 있는 이가 훨씬 더 넓은 세상과 얽힐 수 있는 아이러니, 그곳에서 오타쿠는 자신을 세상의 중심으로 설정할 수 있었다. 모니터는 포털이 되었다.

#평행 우주 #세상의 경계 #포털

휴대 전화의 등장은 기존의 스토리텔링 관습에 충격을 가했다. 아슬아슬한 시간 차이로 두 사람이 엇갈리게 되는 상황은 더 이상 일어나지 않는다. 전통적 이야기는 소멸한 것일까? 〈별의 목소리〉는 이 무렵에 등장했다. 통신 테크놀로지가 발전하더라도 엇갈림의 시차는 유지된다고 보여준다. 전파가 빛의 스펙트럼 속에 있는 이상, 우주를 무대로 삼는다면 지연과 어긋남은 유효하다. 핸드폰의 전파가 닿는 곳까지가 세상의 경계라는 설정이 중요한 까닭이다.

하지만 신카이 마코토가 대중적 성공을 구가하기 시작한 〈너의 이름은〉부터 〈날씨의 아이〉, 〈스즈메의 문단속〉은 IT 테크놀로지에서 벗어난다. 평행 우주라는 과학은 깔려있지만 테크놀로지는 사라진다. 그의 작품은 동시대를 보여주는 것 같지만, 테크놀로지 아이템들은 살짝 시대에 뒤처져 제시된다 (구형 컴퓨터, 낡은 TV, 한물간 핸드폰, 투박한 라디오 등 뿐만 아니라, TV 뉴스, 신문 기사, 텍스트 기반의 통신처럼 정보 데이터도 그렇다). 이 점에서는 아날로그의 노스텔지어를 추구하는 미야자키 하야오를 여전히 신카이 마코토가 따른다고 할 수 있다.

핸드폰 전파가 닿는 곳에 세상의 경계가 있다면, 경계의 지점에 또다른 세상이 놓인다. 경계는 종종 이전 작품과 이후 작품에서 반복적으로 등장한다. 때론 산꼭대기 분화구 호수처럼 외딴곳일 수도 있지만, 기차 건널목처럼 세상 한복판일 수도 있다. 포탈은 그러한 곳에서 별안간 열린다.

하나의 세상과 또 다른 세상의 중첩은 신카이 마코토가 그려내는 하늘에서도 어른댄다. 익숙한 하늘이지만 저 너머 은하계가 불쑥 가까운 곳에 다가와 있다. 2000년대 초반까지 애니메이션의 하늘은 미야자키 하야오의 스타일이 지배했다. 하지만 우리가 지금 애니메이션에서 떠올리는 전형적인 하늘은 신카이 마코토의 하늘이다. 푸르름은 더욱 깊어졌고, 흰 구름에는 양감이 더해졌으며, 태양 빛은 아련하게 흩뿌려진다. 〈날씨의 아이〉에서 소년 호다카가 소녀 히나의 손을 잡고 하늘로부터 지상으로 내려오는 모습은 〈천공의 성 라퓨타〉에서 소년 파즈와 소녀 시타의 모습을 떠오르게 한다. 그렇게 애니메이션이라는 유니버스는 하야오로부터 마코토에게로 전이/전환된다.

#목소리 #독백
전복된 질서 속에서 〈신세기 에반게리온〉이 과감하게 시도한 전략 중에 하나는 '독백'을 내세웠다는 점이다. 로봇 기체 에바에 흡수당한 상태에서 신지는 비로소 자기 자신과 대화를 한다. 자폭한 레이의 정체 또한 독백을 통해 흘러나온다. 아버지가 대화를 허용하지 않는 상황이라면 대답 또한 대화를 통해 얻을 수는 없다. 어쩌면 에반게리온은 철저히 대화가 봉쇄된 채, 독백만으로 우리에게 말을 거는 작품이었을지도 모른다. 사실 하야오의 작품에서 신비함을 지닌 소녀들도 거의 대화를 나누지 않으려 했다.

#목소리 #오버랩
신카이 마코토의 작품에서 이야기를 끌고가는 힘은 분명 독백 속에 놓여 있다. 서로 다른 세계에 속해 있든, 단지 물리적 거리로 떨어져 있든 간에, 우리는 소년의 독백을 듣고, 소녀의 독백도 듣는다. 소년은 소녀의 마음을 모르고, 소녀도 소년의 마음을 모르니, 이 둘의 속마음을 모두 알고 있는 건 우리 뿐이다. 우리가 그의 작품에 설레고 아련함을 갖게 되는 기제이다. 그리고 신카이 마코토는 어떤 식으로 마침표를 찍어야 하는지 알고 있다. 각자의 선율로 진행되어 오던 소년과 소녀의 목소리는 마지막 지점에서 동일한 대사로 포개진다.

"그 순간 우리는 때때 소녀에 뙌때"

KINO
vérité

송강호라는 한국영화사의 기록 2003-2023

私的인 史的인 20년

그리고

'송강호의 필모그래피가 곧 한국영화사'가 된 것은 이미 오래 전이다. 스스로의 선택과 감식안으로 천만 영화 4편의 단독 주인공이 되었고, 그 사이사이에 작가주의 영화들의 가장 믿을 만한 페르소나로서 눈부신 필모그래피를 채워왔다. 칸영화제 남우주연상 수상이라는 개인적 트로피는 오히려 가장 뒤에 내려진 왕관일 뿐이다. 문제작과 화제작들로 구성된 송강호의 20년. 작품의 이면, 작품과 작품 사이, 큰 성공작과 다른 길을 찾던 모색작, 기대작과 예상외의 실패, 모두의 상상을 뛰어넘는 기적 같은 성공 등 그의 선택 하나하나가 동시대적 관심사와 맞물려 있다. 개인의 선택과 영화의 욕망이 교차하는 흥미로운 연대기.

배우에 대한 글은 쉬운 것 같지만 어렵다. 어떤 순간만 보거나 표면만 보고 묘사할 수는 있지만 자칫하면 배우나 사람이 배제된 작품이나 캐릭터, 이미지만 그리게 된다. 『키노』가 계속 발행되고 있었더라면 당연한 지지와 성원을 보냈을 송강호 배우의 20년을 구상하면서, 무엇보다 놓치고 싶지 않았던 것은 영화와 캐릭터 사이에 혹은 먼저 아니면 나중에 그 모든 과정을 주체적으로 관장했을 사람이자 배우인 송강호의 목소리였다. 그는 너무도 겸손한 사람인지라 영화에 대한 설명을 감독만큼 하지 않는다. 연기의 방법론에 대해서도 세상이 규정한 이론을 알고 있더라도 그 분류법이나 명명을 거론하지 않는다. 그 대신 모든 것을 꿰뚫는 직관과 전체를 아우르는 통찰로 꼭 필요한 정곡을 찔러준다. 무더운 여름의 끝자락, 무려 다섯 시간을 넘긴 한국의 국민배우와의 인터뷰는 대체로 연기의 관점으로 좁힌 질문 때문에 각 작품의 세부론이 되었고, 가급적 배우의 창의성과 분석력의 비밀을 캐고 싶다는 욕심이 앞선 나머지 종종 길을 잃기도 했다. 그래도 언제나 출발한 자리로 돌아와 초심을 다지게 한 것은 송강호의 '그렇습니다' '아닙니다' '생각합니다' 같은 명료한 말투였다. 우리가 무조건 믿고 보는 배우였던 송강호, 이 인터뷰를 계기로 그를 더 많이 사랑하면 좋겠다.

완성(完成)

2003년 〈살인의 추억〉 봉준호 감독

김대중 대통령의 마지막 재임기이자 노무현 대통령의 임기 첫해로 정치사의 세대교체를 알렸다. 인터넷의 웹소설 열풍 같은 지각 변동의 징후 속에서 영화계는 사상 최고의 해라는 황금기를 만끽했다. 매달 한 편의 문제작이 쏟아질 정도로 창의력과 에너지가 대단했던 가운데 〈살인의 추억〉과 〈올드보이〉가 작품성과 대중성을 동시에 견인하고, 〈지구를 지켜라〉 〈장화, 홍련〉 〈바람난 가족〉 등이 신선한 바람을 일으켰다. 흥행 1위는 대망의 천만 관객을 돌파한 〈실미도〉(1108만). 2위는 〈살인의 추억〉(525만).

대한민국 영화 속 형사는 송강호가 〈살인의 추억〉에서 논두렁을 구르며 등장하기 이전과 이후로 나뉜다고 하지요. 그때의 롱테이크는 정말 굉장했는데 당신은 영화와 만난 초기부터(〈돼지가 우물에 빠진 날〉 〈초록물고기〉 〈넘버3〉) 롱테이크 안에 있었습니다. 표정과 몸짓은 물론 행위와 행동까지 고스란히 리얼리티의 자장 속에 있다는 뜻인데, 처음부터 체질적으로 잘 맞았나요?

저도 롱테이크 연기에 쾌감을 좀 느껴요. 찍는 과정은 힘듭니다. 중간에 엔지가 나거나 뭔가 잘못돼버리면 다시 찍어야 하고, 매번 다른 데서 문제가 생기니까 대비하기도 힘들죠. 하지만 결과물을 보면 영화에서 롱테이크가 주는 힘이라는 게 확실하게 느껴지잖아요. 그걸 보면 짜릿하고 연기적인 측면에서 좀 깊이 파고든 느낌이 들어요. 영화 초기부터 그 느낌을 알았던 것 같습니다. 〈살인의 추억〉 이전에 〈넘버 3〉의 롱테이크가

있었는데 시간으로 따지면 꽤 길어요. 제가 맡은 사투리 쓰는 조폭이 엄청 장광설을 펼치는 장면인데 사실 대사는 짧았어요. 송능한 감독께서 필요한 정보만 들어간 길지 않은 대사를 주셨는데 제가 길게 해버렸어요. 심지어는 하다가 더 하고 싶은데 너무 길까 봐 중간에 조절을 하면서 신경을 썼던 기억이 납니다. 그래서 원치 않은 롱테이크가 돼 버린 감도 있죠(웃음). 롱테이크 촬영을 앞두면 막 기대가 되고 설레기까지 합니다.

반면 〈살인의 추억〉은 압도적인 클로즈업의 영화이기도 합니다. 관객의 입장에서 송강호의 정면 클로즈업을 1:1로 맞닥뜨리면 뭔가 찔끔하면서 영화를 보던 안전한 자리를 위협받게 됩니다. 촬영장에선 오직 카메라만을 대상으로 연기했을 텐데 그 장악력을 어떻게 계산했나요?

먼저 시나리오를 보고 제가 맡은 인물과 상황에 대한 제 나름의 해석은 갖고 있지만 막상 촬영장에선 봉준호 감독이 좋은 길잡이가 되죠. 그 순간 감독이 정확하게 원하는 표정이 있을 거고, 그럼 그걸 기준으로 제가 할 수 있는 다양한 시도를 합니다. 얼굴 클로즈업에서도 눈동자를 어떻게 굴리느냐에 따라 감정이 달라지니까요. 카메라 밖에선 감독이 조용히 지켜보다가 원하는 쪽으로 감정의 길잡이 역할을 하고요.

그 클로즈업이 겨냥하기도 했던, 화성 연쇄살인 사건의 진범이 드디어 잡혔습니다(2019년, 범인 이춘재). 뉴스에서 그 얼굴을 본 심정은 어땠나요?

무덤덤했습니다. 저렇게 생겼을 거라고 좀 예상을 했었거든요. 흔히들 얘기하는 범죄자 상이 아니라 평범한 인상을 가진

사람. 변태적인 살인마는 그런 평범함 속에 감춰져 있을 거란 예상을 봉준호 감독도 했던 것 같아요. 결과적으로 영화 속 용의자였던 박해일 씨처럼 진범이 멋지고 예쁜 얼굴은 아니지만, 그 평범함이라는 범주 안에 들어가는 공통점이 있잖아요. 범죄형이라는 말도 많이 쓰고 범죄를 저지를 것 같은 인상을 구별해내기도 하는데, 실제는 벗어난 경우도 많은 거죠. 또 하나는 드디어 범인이 잡혀서 정말 다행이라고 생각했어요. 저희뿐 아니라 국민들 입장에서 이게 영구 미제 사건으로 남으면 우리 생이 마감될 때 얼마나 큰 한으로 남겠어요. 제 맘속에서도 응어리로 남아 있었는데 늦게라도 해결되어 통쾌하다고 할까요.

명대사 '밥은 먹고 다니냐'의 탄생 비화는 너무도 유명합니다. 촬영 당일 여러 번의 테이크 중 네 번째에 단 한 번 나온 대사라던데 그 순간 상대방(박해일)의 얼굴을 보고 즉흥적으로 한 말인가요, 아니면 봉준호 감독이 숙제를 내준 며칠 동안 숙성시켰던 말인가요? 순간적 포인트를 낚아채는 송강호식 연기의 비밀을 알고 싶어서요.

사실은 대본에 없는 대사였습니다. 촬영 3일 전에 봉준호 감독이 저에게 넌지시 "박두만 형사는 터널 씬에서 뭔가 한마디 할 것 같죠" 그러곤 가버렸어요. 그럼 3일 동안은 제가 너무너무 고민에 빠져서 고통스러운 거죠. 사실 기억의 디테일을 살리면 봉 감독은 그렇게 직접적인 지시도 절대로 안 해요. 그날따라 쉬는 날이었는데 사천의 어떤 피자집에 가자고 해서 내심 좀 불안했죠. 제가 성향을 아는데 봉 감독은 아무 일 없이 밥 먹자는 사람이 아니라서 분명 뭔가를 지시하거나 부탁하겠지 싶었어요. 아니나 다를까, 말을 살살 돌리는 거예요. 자기가 생각했을 때 시나리오의 내용 다음에 박두만이 뭔가 마지막 한마디를 할 것 같은데 이게 뭐지 그러면서 "제가 계산할게요" 하고 가버렸어요. 그래서 3일 동안 제가 얼마나 많은 고민을 했는지 몰라요. 촬영 날 테이크마다 다른 대사를 던질 정도였으니까요.

봉준호 감독과의 첫 작업이었지만 단번에 의기투합하셨다죠? 감독의 좋은 연기 연출은 어떤 방식으로 이루어지는지 궁금합니다.

봉준호 감독은 아주 아주 치밀합니다. 생각보다 더 치밀해요. '밥은 먹고 다니냐'란 대사를 뽑아낸 과정도 그렇지만 그 대사를 활용한 방식도 그래요. 제가 그때만 해도 편집실에 놀러가는 걸 좋아했습니다. 요즘은 잘 안 가는 편이라 〈기생충〉은 아예 가지 않았고, 〈거미집〉도 두 달의 편집 동안 인사차 한번 들러서 30분 정도 구경했어요. 근데 〈살인의 추억〉 때는 편집 과정도 구경하고 끝난 후엔 감독과 술 한잔하는 재미가 좋아서 출근하다시피 했었죠. 이를테면 두 달 편집을 했다면 제가 거의 59일째까지 갔어요. 그 마지막 하루는 편집 최종 락을 거는 날인 거죠. 그런데 봉 감독이 슬슬 은유적으로 말을 돌리면서 내일은 안 와주기를 바라는 거예요. 제가 좀 결정할 내용도 많고 하니까 안 오시면 좋겠습니다, 그렇게 직접

적인 말도 안 해요. 그때까진 사실 터널 씬 대사가 다른 평범한 내용이었어요. 됐다 가라, 이런 식이라서 저도 '밥은 먹고 다니냐'는 까맣게 잊고 있었죠. 근데 마지막 날 봉 감독이 그 대사를 탁 바꿔버린 거죠. 제작진이나 주변에서 맥락상 대사가 좀 뜬다는 식의 지적을 할까 봐 혼자서 결단을 내린 거예요. 결국 그 말은 〈살인의 추억〉를 대표하는 명대사가 됐는데 그런 비하인드가 있습니다.

횡단(橫斷)

2004년 〈효자동 이발사〉 임찬성 감독
2005년 〈남극일기〉 임필성 감독

노무현 대통령의 참여정부 시절. 현직 대통령 탄핵 소추라는 초유의 사태 발생, 이라크전 파병과 김선일 피살 사건으로 사회 전체가 몸살을 앓았다(2004년). 황우석 줄기세포 신드롬에 이어 사기극으로 판명되면서 집단적 패닉 상태(2005년). 〈대장금〉, 〈겨울연가〉 등 방송 드라마 중심의 한류 열풍이 시작되었으며 극장가는 연속으로 천만 영화 〈태극기 휘날리며〉(2004년, 1174만)와 〈왕의 남자〉(2005년, 1230만)를 맞이했다.

한국영화의 무수한 형사들이 〈살인의 추억〉의 박두만을 복제하고 오마주하는 동안, 그 기원이 되었던 남자는 오히려 그 원형을 탈피하고자 애를 씁니다. 시나리오가 가장 많이 쏟아졌을 시기인데 형사물은 거들떠보지도 않았다구요?

그때는 형사 아니면 조폭이라는 말이 나올 정도로 남자 이야기의 장르가 참 많았어요. 이유는 모르겠는데 그 직업이 뭔가 다루기 편하고 많은 얘기를 할 수 있다고 본 것 같아요. 〈살인의 추억〉 이후에 형사물이 쏟아져 들어왔는데 저는 의도적으로 피했습니다. 저는 한번 아니면 별로 미련도 없는 성격이에요. 제가 거절했던 작품들 중 엄청난 성공을 거둔 경우도 많이 있지만 전혀 후회가 안 돼요. 저는 작품과 배우의 궁합이라고 해야 하나, 그게 있는 것 같아요. 예를 들면 어떤 영화가 흥행에 성공할 줄은 알겠지만, 그때 당시의 제 심리 상태나 정서가 그 작품을 원하지 않으면 거절하게 됩니다. 그 반대의 지점이나 다른 지점을 가진 작품을 기다리고 있는 것, 그런 게 궁합이 아닐까 하는 생각이 듭니다.

〈효자동 이발사〉는 한국식 〈포레스트 검프〉처럼 근대사를 횡단하는 영화였지요? 체제의 모순에 휘말린 개인의 페이소스와 시대적 광풍이라는 병풍 구조의 영화인데 한 인물의 긴 시간을 연기할 때 가장 중요한 포인트는 무엇인가요?

〈효자동 이발사〉는 이야기 자체가 흥미로워서 선택했던 것 같아요. 시대 배경이나 정치적 사건에 대한 직접적인 묘사 없이 되게 우화적인 구조와 우화적인 인물이 만들어내는 느낌이 좋았거든요. 인물이 긴 시간을 표현할 때 리얼리티가 중요한 영화라면 꽤 복잡해지는데 이 영화는 시대별 특징만 부각시키는 블랙 코미디의 일종이라서 즐겁게 연기했던 것 같습니다.

극한의 공간, 비교적 짧은 시간. 하지만 〈남극일기〉 역시 개발 독재 시대에 대한 은유와 유사 아버지의 문제로 읽을 수 있는 영화입니다. 늘 시나리오 선택의 기준 중 하나는 '그 시기에 내 자신이 원하던 서사'라는 표현이 있던데 고생담이 훤히 보이는 이 프로젝트의 무엇에 꽂혔나요?

그 결과를 떠나서 만약 지금 〈남극일기〉 같은 시나리오가 오면 당장 거절할 겁니다. 고생이 뻔해서가 아니라 지금에 와서는 그런 얘기 자체가 흥미롭지 않거든요. 그때가 딱 20년 전인데 표면적으론 탐험을 얘기하면서 어떤 상징이나 다른 의도가 겹친 구조가 그때는 흥미로웠어요. 인간의 설명할 수 없는 고독과 고립에 대한 문학적 수사도 좀 멋지게 보였고요. 그런 걸 갈구했던 시기였고 또 힘든 로케이션도 의욕을 부추길 만큼 젊었죠. 지금은 늙었다는 뜻이 아니라 정서적으로 그런 설정 자체가 흥미롭진 않습니다.

평소에도 사람들을 관찰하나요? 등반대장처럼 처음 해 보는 캐릭터를 맡으면 어디서부터 시작하는지 궁금합니다.

제가 완전 신인일 때 장선우 감독의 〈나쁜 영화〉에 단역으로 나왔어요. 제작사 미라신코리아 사무실이 명동에 있었고 장선우 감독님께 인사드리고 촬영 준비를 하는데 감독님께서 행려 역할을 맡을 배우들을 다 서울역에 보내셨어요. 진짜 노숙자들과 같이 생활을 해야 한다고. 하지만 저만 안 갔습니다. 그럼 왜 안 갔느냐, 노숙자와 생활한다고 해서 노숙자가 되는 건 아니잖아요. 그들의 겉모습을 모사해서 100% 연기를 하는 건 아니지 않느냐. 저는 그때부터 그런 접근 방법과 노력은 글쎄요, 잘 모르겠고 믿지도 않습니다. 어떤 탐험대장을 연기한다고 해서 실제의 탐험대장을 만나서 기술과 마인드와 철학이 무엇이냐 묻는다는 건 별 도움도 되지 않을 거예요. 자기 불안을 달래는 효과는 있겠지만요.

거의 반메소드 방식이라고 봐야 하네요.

저는 어떤 인물이 되기 위해서 막 노력한다기보다는 그 인물을 저한테 끌고 오는 그 작업이 다인 것 같아요. 왜냐하면 저를 통하지 않으면 그 인물이 그냥 흉내만 내는 거잖아요. 그러다 보니까 어떤 직업이나 어떤 인물이 있다면 그걸 나를 통해서 나가는 거니까 그 인물이 나한테 흡수되도록 노력하는 것이 제일 첫 번째이고 제일 중요한 문제였던 것 같습니다. 늘 그런 식으로 연기를 했던 것 같아요.

그럼 시나리오를 받으면 분석하는 시간이 상당히 있겠네요. 생각을 많이 하셔야 그게 가능하지 않나요?

제가 아마 충무로에서 시나리오 받고 제일 빨리 대답을 해주는 배우일 겁니다. 저는 3시간이면 충분합니다. 본질만 딱 파악하고, 그냥 느낌으로 2시간 읽고 1시간 정도만 생각하는 거죠. 심지어 어느 때는 매니저가 너무 빨리 3시간 만에 답하면 너무 무성의하다고 여길 거라고 해서 그 말도 맞다, 3일 후에 대답을 드리겠다고 했어요(웃음). 제가 성격이 좀 급한 것도

있어요. 뭔가를 결정하면 그걸 빨리 얘기를 해주길 원하지 마음속에 담고 있거나 쥐고 있는 걸 견디지 못하는 것 같습니다.

그러고 나서 촬영 들어갈 때까지 그 인물을 내가 받아들여서 내 안에서 키우는 과정은 다른 사람들하고 다를 것 같은데요.

어떤 작품은 연습을 좀 하기도 하죠. 〈사도〉 같은 경우는 제가 2박 3일과 3박 4일 두 차례 혼자 들어가서 연습을 했어요. 캐스팅을 완료한 후 전체 리딩에 들어가는데, 저는 그보다 두세 달 전에 조용한 펜션에 들어가 대사나 걸음걸이 등을 연습해본 거죠. 〈관상〉을 했지만 여전히 사극은 낯설고 특히 왕을 맡은 건 처음이니까요. 하지만 그것보다 더 중요한 이유는 저 자신의 자신감을 다지기 위한 것이죠. 그런 예외가 있지만 대체로 영화를 준비할 때 연습하지는 않습니다. 가급적 생각조차 안 하려고 해요. 왜냐하면 괜히 그 인물을 생각해봤자 뭘 준비해야 할지도 모르겠고 생각만으로 그 인물이 되는 게 아니라서 처음 읽었을 때의 느낌을 되새기며 그냥 가만히 있는 거죠. 그러다 촬영이 임박해서 전체가 모이고 한번 리딩을 할 때쯤 서서히 시동을 거는 느낌으로…… 그렇게 촬영을 시작하면 절반의 분석과 절반의 현장성이라고 해야 하나, 그런 것들이 겹치는 것 같습니다.

그래서 테이크마다 다른 디테일이 붙는다고 하는군요. 저는 그게 어느 정도일까 궁금했거든요.

테이크를 거듭할수록 제 연기가 똑같지는 않아요. 조금씩이라도 바뀌거든요. 그래서 후배들이 어떻게 그렇게 다르게 하느냐고 묻기도 해요. 그래서 제가 답을 찾다 찾다 어떤 답을 냈냐면, 지금 이 순간도 지구가 돌고 있고 아까 가졌던 감정과 지금의 감정이 다른데 어떻게 똑같이 할 수가 있냐라고 했어요(웃음). 사실은 제가 연기를 하면서도 그걸 받아들이는 감독이나 스태프들의 반응을 감지하잖아요. 그건 현장의 어떤 공기와도 같아요. 이건 맞구나, 이건 아니구나, 다음엔 어떻게 해야 되겠구나라는 게 순간적으로 또 총체적으로 계산이 되는 거죠.

[상상(像想)]

2006년 〈괴물〉 봉준호 감독

북한이 핵무기 실험을 처음으로 실행한 해. 2005년까지만 하더라도 6자 회담 복귀 결정 등으로 완화될 거라던 남북 관계가 다시 악화되었다. 수백만의 신용 불량자를 양산한 카드 대란이 지속되는 가운데 세계 속 한류 열풍은 K-POP 영역으로 확산. 극장가는 더 단단해진 천만 영화와 인기 시리즈물을 출발시켰다. 봉준호의 정치사회적 괴수물 〈괴물〉(1301만)이 국내외적으로 압도적 지지를 받았고, 도박의 스펙터클 〈타짜〉(685만)가 스토리텔링의 힘을 과시했다.

한 발엔 희극, 다른 발엔 비극을 달고 지그재그로 걷는 소시민, 송강호의 독보적 리듬감은 〈괴물〉에서도 감탄을 넘어 경이로울 정도입니다. 누군

KINO

가 편집 포인트를 정확히 꿰뚫는 타이밍이라고 표현하던데 촬영장의 리허설 때 여러 각도로 계산하는 것인가요?

그건 봉준호 감독이 가지고 있는 타고난 리듬감이겠죠. 정말 탁월한 재능이며 그 안에 철학자로서의 생각도 잘 녹아 있다고 생각합니다. 하나의 이야기를 관객에게 어떻게 전달하고 싶은가를 가장 영화적이면서도 가장 오락적으로 표현하는 천부적인 감각을 갖고 있다고 평소에도 생각해 왔어요. 사실 그 리듬감을 표현하는 게 봉준호 월드의 핵심이긴 한데 촬영장에서 대화를 전혀 안 하는 것도 아니지만 또 그렇게 많은 대화를 하지도 않거든요. 그냥 어떤 동선이나 어떤 의도에 대해 대략적인 선만 이야기하고 촬영에 들어가 직접 몸으로 부딪치면서 결정하는 편입니다.

송강호와 봉준호의 합작품에서 유독 풍부해지는 인물의 양식화와 디테일은 〈살인의 추억〉의 박두만과 〈괴물〉의 박강두가 전혀 다른 토대에 있음에도 혈연관계를 느끼게 만듭니다(훗날에는 〈기생충〉의 기택도 포함). 그들의 아버지는 오직 한 사람 변희봉 씨일 것 같군요(웃음). 모두 박씨라는 공통점도 그렇지만, 절박함 속에서도 웃게 만드는 넉살의 배분율이 비슷한 것 같아요.

이제 박해일도 남동생 같지요? 사실 봉준호 감독 영화에서 제가 맡은 배역들은 이전 작과 이후 작의 구별은 별 의미가 없을 것 같습니다. 연기하면서도 굳이 전과 다르게라는 건 의식하지 않았어요. 저도 그게 궁금해서 한 달 전 사석에서 봉 감독에게 물어보기도 했습니다. 왜 이렇게 비슷한 느낌이 드는데? 어떤 이미지나 인물의 정체성을 연장선상에서 구성하게 되는 게 작가 영화이기도 하니까 봉준호 감독이 의도한 바일 겁니다. 하지만 매번 새로운 영화를 작업할 때는 〈괴물〉처럼 강두의 머리를 노랗게 물들이되 반은 염색이 벗겨진 상태, 축 늘어진 추리닝 바지 등의 설정을 하다 보면 그 인물의 말투와 행동 등 모든 것이 형성되면서 그 이전의 캐릭터들의 잔상이 없어지는 거죠. 하지만 둘 사이에서 연속성이나 차이를 느끼는 건 관객의 몫이기도 하죠.

그러면 다른 감독의 캐릭터가 봉준호 감독의 인물과 비슷하게 느껴질 땐 연기로 조절하거나 차단하시겠군요?

아무래도 심리적으로 차단이 되겠죠. 처음에 시나리오를 읽으면서 비슷한 느낌이 들 때가 있는데 그 이유로 거절하진 않아요. 작품 전체가 제 마음을 열고 들어온다면 그 캐릭터는 얼마든지 상이하게 연기할 수 있으니까요. 인물의 크고 작은 디테일을 결정할 때는 조금이나마 다르게 만들려고 노력을 하겠죠.

흔히 기능적 캐릭터는 내러티브의 창조성을 방해하는 것으로 여겨지는데 〈괴물〉은 오히려 그것을 속도전의 동력으로 삼는다고 할까요. 허술하고 모자란 아빠는 딸의 손을 놓칠 수밖에 없고, 베트남전에 다녀온 할아버지는 총을 쏠 수 있고, 운동권 출신 삼촌은 화염병을 던지지만 빗나가

고, 늘 과녁을 놓치던 양궁 선수 고모는 결정적 순간에 괴물을 맞추는 거죠. 어떤 면에선 캐릭터들에게 유니폼을 입히거나 기능적 행동만을 원하는 현대 영화의 한 유형(이를테면 웨스 앤더슨의 영화들)을 보는 것 같기도 한데, 연기파 배우들도 아크로바틱한 몸짓 연기에 매혹된다는 얘기도 있더군요.

저는 좀 다르긴 한데 웨스 앤더슨의 영화에 출연하는 배우들의 심리는 충분히 이해가 됩니다. 진지한 연기파 배우들이 왜 좋아하는지도 알겠고, 배우들이 누리는 그 재미가 그대로 느껴진다는 것도 그 영화를 보는 재미 중 하나잖아요. 그런데 저는 그런 쪽은 아니었던 것 같아요. 그냥 봉준호라는 감독이 좋아서 어떤 형태의 작품이든 함께 한다는 의미로 해왔는데요. 그래서 배우로서의 색다른 연기를 원하거나 그런 것이 선택의 이유가 되진 않았죠. 하지만 유독 이 작품들에서 제 몸짓이나 표정이 무언가에 매혹된 것처럼 보였다면 그 이유를 곰곰이 생각해 볼 필요는 있는 것 같습니다.

'한강의 기적'의 그 한강, 주한미군, 시위 현장의 화염병, 올림픽 금메달을 싹쓸이 하는 한국 여자 양궁…. 〈괴물〉뿐 아니라 봉준호 감독의 대부분의 영화는 한국을 바깥에서 (주로 뉴스를 통해) 보는 시선을 포함하고 있습니다. 가장 한국적인 얼굴로 가장 세계적인 얼굴이 되셨는데 그 경계선을 느낄 때도 있습니까?

그 경계선을 봉준호 감독은 절묘하게 잡아내는 것 같아요. 저는 틈새라고 표현하고 싶은데 우리가 생각하는 이 사회의 정상과 비정상 사이에도 틈새가 생겨요. 봉준호 감독의 영화에 자주 등장하는 합동 분향소 장면이 가장 대표적인 장면이라고 생각하는데, 가장 비극적인 상황이고 가장 감추고 싶은 치부인데 그것을 조금만 벌려도 새로운 면을 볼 수 있는 틈새가 있어요. 그 속에서 재기발랄한 요소들이 저절로 삐져나오는 거죠. 〈기생충〉도 그런 얘기이죠. 우리가 다 알고 있지만 굳이 말하고 싶지 않은 계급의 틈새에 많은 이야기를 넣어 확장시킬 수 있잖아요. 제 연기도 기본적으로는 그 틈새의 연기인 것 같아요. 제게 주어진 정상적 범주와 리얼리티가 있다면 거기서 그치는 게 아니라 비정상적인 것과 다른 것은 무엇인지 그 사이의 틈새를 찾아낸다고 할까요. 그래서 봉준호 감독과 제가 잘 맞는다면 그 틈새 공략이 좀 일치하지 않을까. 예를 들어 제가 센터 포워드면 봉준호 감독이 라이트 윙으로 뛴다든지, 아니면 제가 레프트 윙으로 뛸 때 봉준호 감독이 센터 포워드로 틈새 공략을 잘하는 거죠(웃음).

아, 축구 좋아하시나 봐요. 아들도 축구 선수였다고 들었는데요.

아들은 이제 축구를 그만뒀구요. 제가 축구를 특별히 좋아하지는 않는데 오히려 봉준호 감독이 축구를 좋아해요. 다른 스포츠를 즐기는 것 같지는 않은데 축구를 좋아하는 건 확실해요.

2007년 〈밀양〉 이창동 감독
2007년 〈우아한 세계〉 한재림 감독

한미자유무역협정 협상의 타결. 제2차 남북정상회담을 위한 노무현 대통령의 평양 방문. 미국발 서브프라임 모기지론 사태로 인한 경제 위기. 불황의 공포에 잠식된 극장가는 다소 예외적이며 대조적인 계산서를 받았다. 1위는 심형래 감독의 한국형 SF 괴수물 〈디 워〉(842만), 2위는 광주 항쟁을 다룬 첫 대중 영화 〈화려한 휴가〉(730만). 구원과 용서에 대한 깊은 질문을 던진 〈밀양〉은 한국영화 최초로 칸영화제 여우주연상을 수상.

누가 뭐라 해도 〈밀양〉은 송강호의 첫 멜로죠? (웃음)

저도 그렇게 생각했는데 세상은 그렇게 안 받아줘서 좀 섭섭했어요. 당당히 멜로 영화라고 생각합니다(웃음).

실질적인 데뷔작이 〈초록물고기〉(1997)이니 꼭 10년 만에 이창동 감독을 다시 만났네요. 장르 영화와는 전혀 다른 토대인데 무엇이 가장 다르던가요?

〈밀양〉은 전도연 씨가 워낙 훌륭한 연기를 하고 또 상도 받으셨지만 저도 칭찬을 많이 받은 작품 중에 하나죠. 그런데 사실은 이창동이라는 감독의 인간에 대한 탐구, 세상을 바라보는 탁월한 통찰이 너무 깊고 넓고 또 강하기 때문에 그냥 카메라만 펼쳐놓고 배우들은 가만히 있어도 뭔가 있는 것처럼 보여요. 〈밀양〉을 보면 배우가 아무런 연기를 안 해도 많은 걸 표현할 수 있다는 걸 많이 느낍니다. 좀 더 자세히 얘기하자면 종찬 역은 제가 연기를 잘해서가 아니라 감독이 인간에게 갖는 이해와 연민, 사랑의 결정체라서 제가 덕을 많이 본 거죠. 신애 역을 맡은 전도연 씨는 다르게 얘기할 수 있겠지만, 저는 오히려 이창동의 깊이 곁에 가만히 서 있어서 빛이 났던 경우라고 분석하고 싶습니다.

〈밀양〉은 송강호 씨 표현대로 '백 년에 한 편 나올까 말까 한 전도연을 위한 시나리오'였죠. 신애라는 인물은 사건과 여러 감정을 통해 다면적으로 구축됩니다. 하지만 그녀를 맴도는 종찬은 단면만 갖기 때문에 스스로의 힘으로 빛날 수밖에 없어요. 한눈에 매력을 간파하기 힘들었을 것 같은데 어떤 점이 마음에 닿았나요?

저는 시나리오를 읽자마자 종찬이가 보였습니다. 비중은 여주인공이 압도적으로 많고 또 여주인공의 이야기이죠. 그런데 진짜 비밀의 햇볕은 종찬이구나, 종찬을 통해서 시크릿 선샤인이 비친다. 시나리오가 워낙 좋으니까 주제 파악은 바로 됐는데 캐릭터의 형상은 아직 어렴풋했죠. 하지만 지방 자동차 정비소의 자수성가한 노총각이라는 구체성에 무테안경을 장착하니까, 그 무테는 저도 마음에 드는 게 종찬을 대표적으로 보여준 첫인상이거든요. 되게 세련되게 보이고 싶지만 실제론 세련되지 못한 사람이라는 건데, 저도 감독님도 경상도의 소도시에서 자랐기 때문에 지역 정서를 잘 아는 편이잖아

요. 그래서 저는 이창동 감독님이 종찬이라는 캐릭터를 설정하고 만들어 가면서 어떤 인물로 비춰지기를 바라는지, 비록 속물이고 평범하기 그지없는 노총각이지만 그 안에 긍정적인 지점을 얼마나 많이 가지고 있는지 시나리오 볼 때부터 느낌이 왔어요.

종찬은 사람들의 통념과 상투성 아래 살아가는 모습을 그대로 보여주잖아요. 그건 사실성의 문제이긴 하지만, 종찬을 그다지도 사랑스럽게 또 긍정할 수 있는 캐릭터로 만든 연기의 핵심은 무엇이었을까요?

〈밀양〉에선 제가 개인적으로 한 게 없어요. 아마 애드리브도 없었을 거예요. 처음에 신애가 밀양에 내려와서 무시당하지 않으려고 돈 있는 척 땅 보러 다닐 때 신애와 남동생이 사람들 흉보는 뒤에서 제가 저 멀리 있는 산을 보면서 개발이 어쩌고 저쩌고 하는 디테일 같은 건 제가 캐릭터를 해석해서 덧붙인 거죠. 그거는 뭐 다른 배우들도 다 그렇게 하고요. 〈밀양〉뿐 아니라 이창동 감독님의 다른 영화를 보아도 배우들의 깊이가 보여요. 어떤 배우든, 심지어는 일반인들조차. 그게 이창동의 힘인 것 같다고 평소에도 생각해요. 그래서 종찬을 위해 무슨 생각을 하고 어떤 연기를 했느냐고 하면, 저는 아무것도 하지 않았다고 말하겠습니다.

송강호의 특별함으로 김지운 감독은 '순간적인 공간 장악력'을 꼽았는데 그 경지를 〈밀양〉에서 자주 목도한 것 같아요. 센터는 여주인공인 전도연에게 양보하지만 그녀의 전후좌우에서 대단한 존재감을 보여주거든요.

그러면서 앞의 주인공을 방해하면 안 되는 게 제일 중요한 부분입니다. 뒤에 서서 저 포커스 아웃돼 있는 상태에서 뭘 하는데, 하는 거는 알겠는데 그걸로 앞에 있는 주인공의 어떤 연기나 감정을 방해하면 안 되는 그 지점이 가장 어려워요. 가끔은 전면에 있을 때보다 후면의 연기가 더 까다로워서 오케이가 나면 곧장 모니터로 달려가곤 했어요. 저는 모니터를 매번 보는 배우 중에 하나입니다. 그냥 감독이 오케이하면 끝이라는 대가의 배우들도 많지만 저는 꼭 제가 확인을 해야 돼요.

생계형 조폭을 그린 〈우아한 세계〉에는 〈넘버 3〉 이후로 오랫동안 그리워했던 송강호식 대사의 맛이 있어요. 별것 아닌 듯한 대사를 명대사로 만드는 재주는 평소의 화법과도 관련이 있겠지요?

일부러 대사의 어떤 방식 같은 걸 연구하고 연습하진 않아요. 그냥 그 인물에 맞게끔 하다 보니까 저절로 그렇게 되는데 주로 현장에서 어떤 리듬감 같은 것들이 생기는 것 같아요. 구어체의 생활 감각이나 생동감을 살리기 위해 이것저것 하다 보면 딱 붙는 순간이 생긴다고 할까요.

그 대사들만 생각하면 굉장히 유쾌하고 재미있는 분 같았는데 실제로는 조용하고 진지하시네요.

절 모르는 사람들은 다들 그렇게 생각해요. 전 원래 성격이 그렇게 재미있는 사람은 아니고 외향적이기보다는 많이 내성적

인 편입니다. 오래된 지인들 만나면 저도 웃기고 재미있는 얘기도 하지만, 저는 낯을 너무 많이 가리고 낯선 사람들하고 말을 거의 안 해요.

인터뷰 준비하면서 반전 몇 가지를 알게 됐어요. 고기도 별로 안 좋아하신다고 네티즌들이 놀라던데요. (웃음)

이제 조금 나이가 드니까 고기를 조금씩 먹게 되더라고요. 너무 안 먹으면 힘이 딸려서 기회가 되면 몇 점이라도 먹으려고 합니다. 〈변호인〉에서 주인공이 돼지국밥을 먹는 장면이 꽤 중요한데 제가 국물만 먹는다고.... (웃음)

유희(遊戲)

2008년 〈좋은 놈, 나쁜 놈, 이상한 놈〉 김지운 감독
신보수주의를 표방한 이명박 정부의 출범. 한미 FTA 개정 당시 광우병 논란이 있었던 미국산 소고기 수입 문제로 대규모 촛불집회가 발생했다. 할리우드 직배사들의 부가 시장(DVD/VHS) 철수로 손익 분기점을 넘은 영화는 개봉작 108편 중 15편에 불과했다. 〈좋은 놈, 나쁜 놈, 이상한 놈〉(668만)이 흥행 1위, 〈추격자〉(505만)가 2위를 차지해 천만 영화가 나오지 않은 해의 웰메이드 장르에 대한 호응을 보여주었다.

감독의 세계관에 따라 장르와 비장르의 연출 스타일은 뚜렷한 차이가 있습니다. 연기는 어떨까요? 장르적인 연기가 따로 있다고 생각하는지요?

자꾸 '틈새'라고 해서 죄송하지만 그걸 자꾸 찾는 것 같아요. 평소에도 누구나 알고 있지만 아무도 생각하지 않은 무엇, 그 틈새를 비집고 들어가려는 노력을 하는 것 같아요. 예를 들면 작년인가 재작년에 전주영화제에서 이창동 감독의 다큐멘터리를 보았는데 어린 시절에 처음 영화관에 간 일화가 있어요. 모든 어린이들이 영화를 기대하며 한 줄로 서 있었는데 무슨 이유인지 모르겠지만 자신은 한참 서 있다가 뛰쳐나와 다른 극장에 가서 어린이가 볼 수 없는 영화를 보았던 게 인생의 첫 영화였다는 거예요. 저는 그 대목, 줄 서있다가 뛰쳐나오는 게 너무너무 공감이 돼요. 감독님은 '무슨 이유인지는 모르겠으나'라고 표현했는데 저는 그 '무슨 이유인지 모르겠으나'를 너무 잘 알겠어요. 제 연기의 모토라고 하면, 무슨 이유인지 모르겠으나 우리가 알고 있는 연기를 안 하고 싶다는 거예요. 그래서 뭔가의 틈새를 파고드는 연기를 찾고 싶고 이창동 감독님이 대열에서 뛰쳐나온 것처럼 27년간 그런 노력을 해 오지 않았나 생각합니다.

〈조용한 가족〉(1998), 〈반칙왕〉(2000) 이후 8년 만에 김지운 감독과 작업한 〈좋은 놈, 나쁜 놈, 이상한 놈〉도 코미디에 기반한 순수 장르물입니다. 이때 '순수'에 방점이 찍힌 건, 한국영화가 온전한 장르적 무대와 쾌감에만 속할 수 없게 하는 기제들이 즐비하기 때문이지요. 1930년대 만주를 배경으로 신나는 활극을 찍는 것은 드문 경험이었을 텐데 영화 찍는 즐거움을 만끽하셨나요?

아마 웨스 앤더슨 영화를 선택하는 배우의 어떤 심정이 그때 저한테는 좀 있었던 것 같아요. 물론 김지운 감독은 늘 그런 작품을 하는 감독은 아니지만, 이번에는 경쾌하고 신나는 작품이구나, 품생품사의 캐릭터구나, 만화적인 세계구나 하면서 기꺼이 탑승하는 거죠. 사실 촬영은 쉽지도 않고 몸은 그 어느 때보다 힘들지만 영화적인 즐거움을 만끽하다 보면 우리가 즐기고 우리가 신나 하는 게 관객들에게 고스란히 전달되거든요.

영화광 감독의 장르물에는 인용되는 영화의 목록이 있기 마련인데 준비 기간에 챙겨보는 편입니까? 또 평소에 영화 보기를 즐기시나요?

어떤 경우는 챙겨보기도 하고요. 감독이 목록을 잘 주지도 않는데 주는 경우가 있으면 그때는 보죠. 〈반칙왕〉 때는 조니 뎁이 나오는 〈에드 우드〉 같은 느낌이라고 해서 봤고, 〈거미집〉 때는 70년대 한국영화들보다는 레오나르도 디카프리오가 나오는 할리우드 영화들의 느낌이라고 해서 챙겨보았죠. 극장엔 잘 가지 못하고 집에서 영화를 보는 편인데 저보다 아내가 영화를 더 좋아해요. 시나리오를 읽고 선택할 때도 객관적인 시선의 역할을 잘해줍니다. 〈변호인〉 같은 영화를 할 때는 용기도 주고. 〈거미집〉 같은 이상한 취향의 지점도 저와 비슷해서 일종의 도전이 필요할 때는 많은 힘을 받고 있습니다.

정우성, 이병헌처럼 기존 영화 속의 아이콘적 이미지를 직접적으로 끌어오는 배우들과 한 프레임 속에서 만날 때 어떤 방식으로 송강호의 이미지를 조절합니까? 그들의 과잉 또는 결핍에 대응하는 방식이랄까요.

그렇죠. 그런 요소가 무의식 속에 있는 것 같아요. 이미 확보된 두 배우의 이미지가 있으니까 그 속에서 영화의 풍성함이랄까 뭔가 차별되는 개성이랄까, 송강호라는 배우의 위치가 어떤 곳에 있을 때 가장 조화롭고 관객이 보기에 편할까 이런 생각도 좀 하죠. 그건 배우들끼리의 신경전이나 대결도 아니고, 나만 차이를 두거나 돋보이겠다는 그런 게 아니라 세 인물이 절묘하게 어울려야 하는 지점을 생각하는 거예요. 이런 영화일수록 잘 어울려야 모두가 살거든요. 물론 시나리오를 받을 때 "제가 제일 좋은 놈이죠?" 했더니 제작사 사무실에서 막 웃더라구요(웃음).

비상(飛上)

2009년 〈박쥐〉 박찬욱 감독
부동산 투기의 온상인 개발 현장에서 대치하던 철거민 5명이 사망한 용산 참사 사건 발생. 공권력의 과잉 진압과 함께 국가란 무엇인가란 질문이 이어졌다. 어두운 사회 분위기의 도피처로서 몸집을 키운 극장가는 재난 블록버스터 〈해운대〉(1145만)를 필두로 〈국가대표〉, 〈전우치〉를 성공시켰다. 순수오락물 일변도에서 지극히 불균질한 문제작 〈박쥐〉(흥행 9위)와 〈마더〉(6위)의 선전이 이채롭다. 박찬욱과 봉준호에 대한 관객의 신뢰도를 재입증했다.

만약 박찬욱 감독을 〈공동경비구역 JSA〉에서 먼저 만나지 않았더라면 지금의 국민배우 입장에서 과연 〈박쥐〉 같은 작품을 선택할 수 있었을까요?

돌이켜보면 〈복수는 나의 것〉을 제가 세 번이나 거절했어요. 그래서 어떤 중견 선배님이 캐스팅되었는데 제가 마음을 바꾼 거예요. 그 선배께는 박찬욱 감독님이 직접 편지를 쓰셨다고 해요. 왜 거절을 했냐 하면 너무 두려운 거죠. 영화적 세계가 생각지도 못한 범주로 벗어나니까 대중 배우로선 받아들이기 힘들었어요. 뭐 지금이야 너무 반갑고 소중한 기회겠지만, 그런데 희한한 게 그 거절의 이유가 승낙의 이유이기도 해요. 두려워서 거절을 했는데 그 두려움이 너무 좋아서 다시 마음을 바꾼 거죠. 사실 박 감독님은 〈JSA〉를 촬영할 때 이미 〈복수는 나의 것〉과 〈박쥐〉 얘기를 했어요. 나중에 이런 영화도 같이 하자고. 그때는 제가 대답을 할 수가 없었는데 그걸 거절의 의사로 받아들인 건 있었죠. 그 후에 순차적으로 두 작품을 다 하게 된 점이 예술적인 성취를 떠나서도 개인적으론 참 감사하고 다행한 일이라고 생각합니다.

'어느 방향에서 보든, 영화적 체험의 강렬한 극단'이라는 20자 평(이동진)이 딱 어울리는 영화였죠. 스릴러, 멜로, 범죄물, 호러에 종교와 형이상학까지 가로지르는 컬트 영화인데 문자로 보는 시나리오에서도 그런 '영화적 체험'이 감지되던가요?

시나리오를 읽을 때는 되게 두려웠는데 영화를 찍을 때는 이상한 자신감이 있었어요. 가톨릭 신부 하면 우리가 갖는 로만 칼라에 대한 로망이 있잖아요. 근데 반대 지점의 배우가 그 로만 칼라를 입고 연기를 하니까 로망이 깨지는 실망감과 거부감이 생기는데 그것 자체가 주는 통쾌함이 있는 거예요. 이미 〈복수는 나의 것〉을 통과한 까닭인지 〈박쥐〉의 기묘하고 파격적인 설정들은 미지의 작품, 미지의 캐릭터에 대한 호기심을 자극했고, 좀 들뜨고 신나서 연기한 것 같습니다. 뭐라 설명하기 힘든 이상한 자신감이 제대로 작동했다고 할까요.

그때 처음 보는 얼굴을 봤어요. 어떤 지성을 넘어선 피로가 있잖아요. 뭔가 터득을 한 다음에 오는 편안한 얼굴의 느낌. 그런 측면에서 굉장히 좋아하는 연기거든요. 섹시한 맛도 있고.

어쩌면 지성은 모사할 수 있는데 피로감이라는 건 그게 잘 안돼요. 저도 어떻게 규정을 할 수 있는 문제는 아닌데 아무래도 우리가 생각하는 가톨릭 신부의 모습과 금욕적인 생활을 담는 영화가 아니다 보니까, 뭔가 형이상학적인 요소들, 모호성 같은 개념들에서 받는 느낌들로 쭉 가지 않았나…. 하지만 섹시하고 뭐 그런 역할은 더 이상 못 할 것 같습니다(웃음).

영화 속 '행복한복집'은 일본식 적산가옥이면서 한복을 팔고, 마작(중국)을 하면서 보드카(러시아)를 마시는 탈국적인 공간입니다. 박찬욱의 세계는 언제나 영화 초반부터 명시적으로 지금 이곳(한국의 현실)을 떠난다는 선언을 분명하게 하죠. 그러면 배우의 연기도 함께 떠나게 될까요?

저는 뭐 잘 따라가는 편이었던 것 같습니다. 늘 장르와 비장르

의 차이를 크게 의식하진 않아요. 보편성이라는 게 분명히 존재하거든요. 어떤 연기를 하든 보편성이라는 기본을 바탕에 두지 않으면 대중 영화로서는 굉장히 위험하기 때문에 그 토대는 벗어나지 않는 선에서 다른 가능성도 열어놓는 쪽이죠. 예를 들면 〈박쥐〉의 상현도 뱀파이어 신부라 해도 기본적인 인간성을 갖고 있잖아요. 박찬욱 감독은 항상 인간의 딜레마라는 테마를 다루는데 그것을 자세히 보면 대립적인 요소들이 공존하는 거예요. 〈복수는 나의 것〉 마지막 장면에서 살인을 하면서 '나는 널 죽이는데 너 착한 줄 안다. 그래도 이해를 해라'라고 말하는 식으로요. 신부 상현도 구원을 바라는 성직자의 마음과 여성을 욕망하는 남성의 육체가 혼재되어 자아분열을 일으키니까 자신에 대한 파멸을 원하게 되죠. 뭉쳐놓으면 모호하고 복잡하지만 단계별로는 구체적이고 보편적이에요.

송강호의 최대 무기는 자연스러움과 유연함이 꼽힙니다. 왠지 즉흥 연기의 맛도 즐길 것 같고. 그런데 박찬욱 감독의 스타일은 치밀하게 설계하고 통제하고 장식하는 것으로 유명하죠. 두 세계가 부딪치면서 종종 흥미로운 텍스트가 완성되는데, 그때마다 온전히 감독의 스타일과 미장센으로 채워지는 영화 속에서 살아남은 저 배우는 어떤 고민을 했을까라는 궁금함이 있었어요.

저는 박찬욱 감독님 작품 자체가 유연하다고 생각합니다. 그래서 거부감이 없어요. 또 사람들은 제가 애드리브 되게 즐기고 좋아할 거라는 선입견을 갖고 있는데 사실 저는 애드리브를 그렇게 좋아하지 않아요. 저는 생각보다 훨씬 대본을 충실하게 따르는 편이고 대본을 되게 존중해요. 그런데 어쩔 수 없이 대본 외적인 어떤 공기가 필요하고, 그런 여유가 허용되는 작품을 만나면 얼마든지 할 용의가 있지만 원칙적으론 애드리브를 배제해요. 저는 대본에 쓰인 대사를 무척 존중합니다.

수확(收穫)

2010년 〈의형제〉 장훈 감독
북한의 잇단 공격으로 안보 불안이 높아진 가운데 천안함 침몰 사건이 발생. 근현대사를 통틀어 전무후무한 북한의 3대 세습이 현실화되었다. 손익분기점을 넘기는 다양한 장르 영화가 쏟아졌으며, 흥행 1위의 〈아저씨〉(628만)가 순수 액션 장르라면, 남북 관계 경색의 현실을 영화적 상상력으로 해소한 〈의형제〉(550만)가 흥행 2위를 차지했다. 송강호의 영화 감식안이 또 한 번 입증된 사례.

요즘의 시대 분위기 속에선 〈의형제〉 같은 영화를 보기가 힘듭니다. 액션 장르로서도 흥미롭지만 우리 내부의 주변인을 포용하는 문제의식도 있었거든요. 그 당시엔 신인 감독의 시나리오였는데 어떤 장점이 보였나요?

반복되는 얘기인데 시나리오의 완성도보다는 그 당시 제 안에 있는 정서가 그 시나리오를 좋아하고 받아들일 수 있는가의 측면이 중요한 것 같습니다. 예를 들면 지금 개봉은 안 했지만 신연식 감독의 〈1승〉이라는 영화가 있어요. 규모도 아주 작

vérité

고 독립 영화의 미덕을 가진 영화인데 한 3년 전에 촬영을 끝냈어요. 그때도 많은 시나리오가 있었지만 제 마음속 진동을 일으킨 영화가 아주 작은 이야기였던 거죠. 〈의형제〉도 남북 문제나 지금 말씀하신 주변인 문제보다 영화적 리듬감이 좋았어요. 그 인물이 가진 리듬도 생동감 있었고요. 사실 남북문제는 〈공동경비구역 JSA〉부터 숱하게 쏟아진 레파토리인데 그 중 〈의형제〉는 대중 영화로서 따뜻함과 리듬감을 갖고 있어 좋았습니다.

그 당시엔 남한 내 고정간첩이 영화의 소재로 종종 등장했지요. 냉전 시대의 유물 같은 간첩들이 강동원이나 김수현의 얼굴로 나왔는데, 그들과 관객들을 위화감 없이 만나게 하기 위해선 송강호식 유머와 유연한 제스처가 필수였고요. 혹자는 코미디 연기가 조금 더 진지함을 요구한다고 하던데 실제로 그런가요?

웃음의 가장 짙은 농도가 사람들의 가장 이율배반적인 모습에서 나온다는 측면에서 그렇긴 하죠. 우리가 흔히 얘기하는 진지함이라는 것도 고정 관념이나 이율배반을 포장하는 경우가 많으니까 그것을 살짝 벗겨냈을 때 삐져나오는 유머들이 오히려 펀치력이 크다고 여기면서 연기하고 있습니다.

대선배 송강호는 어떤 후배들에게 호감을 갖는 걸까요. 강동원, 엄태구, 임시완 등을 칭찬하는 말을 읽은 적 있어요(웃음). 단지 그들이 연기를 잘한다는 이유만은 아닐 것 같은데요.

배우이건 감독이건 어느 사회의 어떤 사람이든 인품을 보는 것 같아요. 상대가 후배이더라도 인품의 훌륭함에 감복되는 경우가 있는 것 같습니다. 기본적으론 연기 잘하는 후배들이 예쁘지만 연기를 떠나 사람으로 감동시키는 경우가 더 예쁩니다.

산보(散步)

2011년 〈푸른 소금〉 이현승 감독
2012년 〈하울링〉 유하 감독

2011년 북한은 김정일의 사망으로 김정은에게 권력이 이양되었고, 2012년 한국은 최초의 여성 대통령 박근혜가 탄생했다. 영화계는 무소불위의 배우도 흥행의 고배를 마신다는 걸 인정해야 했던 시기. 2년 연속 한국영화 박스오피스 10에서 송강호 출연작을 볼 수 없다는 점은 참 낯설었다. 영화관의 누적 관객 수 1억 명을 자축하는 분위기 속에서 2011년은 〈최종병기 활〉과 〈써니〉의 선전, 2012년은 쌍천만을 기록한 〈도둑들〉과 〈광해〉의 신드롬급 인기가 있었다.

조폭과 형사 역은 한국 남자 배우들의 굴레 같다고 했는데 공교롭게도 두 개의 역할로 시험대에 올랐네요. 〈푸른 소금〉의 은퇴한 조직 보스, 〈하울링〉의 만년 형사 상길의 어떤 측면에 매력을 느꼈나요?

한국영화의 역사를 살펴보면 주기적으로 찾아오는 침체기가 있어요. 모든 측면의 무력감이랄까. 산업적으로도 그렇지만 예술적인 시도도 시들해지면서 전체적으로 긴장감이나 흥미

가 떨어진 느낌? 저에겐 이때가 그런 시기였지 않나 싶어요. 들어오는 시나리오도 조폭과 형사를 반복하고 있고 장르도 판에 박혔을 때인데 저는 두 감독님을 선택했던 거죠. 주로 신인 감독들과 작업을 해왔기 때문에 영화계의 중견으로서 자기 세계를 가진 이현승, 유하 감독과의 작업은 어떨까에 대한 기대와 호기심이 있었어요. 지금의 관점으로 돌이켜 보면 좀 낡은 소재, 낡은 장르일 수도 있는데 그때는 두 감독님이 선택의 결정적인 이유였어요.

많은 영화에서 누군가의 아버지이긴 한데 대부분 아내 없이 혼자 애를 키웁니다. 그러면 부성애라는 더 이상 새롭기 힘든 감정을 훨씬 많이 감당해야 하는데 피로하진 않습니까?

아마 제가 잘생긴 배우였으면 절대 홀아비 역을 반복하진 않았겠죠. 그런 점에서 배우로서의 장점도 있는 것 같아요. 뭔가 페이소스랄까 이런 것들을 충분히 보여줄 수 있는 구조가 형성이 되잖아요. 물론 정상적인 가정에서도 충분히 보여줄 수는 있겠지만, 감독들이 저를 보면 뭔가가 상실돼 있고 뭔가 불균형한 상태로 있어야 극적인 해결책이 생기는 것 같아요. 어떻게 얘기를 해도 바꿀 수 없는 건, 제가 조금이라도 잘생겼더라면 이런 수모를 안 겪었을 거라는 점이죠(웃음).

이현승 감독과 유하 감독은 당시로서는 중견 감독에 속했죠. 주로 신인 감독의 데뷔작을 선택하거나 신인 때 만난 감독들과 지속적으로 작업하는 입장에서는, 이때의 실패가 기성 감독들과의 작업을 더 회피하게 만드는 요인이 되진 않았을까요?

그런 건 아니었고요. 좀 아쉽게 생각하죠. 영화계 선배이자 한국영화사에서 발자취를 따라가 보면 한때는 중요한 위치에 있었던 분들이잖아요. 좋은 결과를 냈으면 제가 그분들한테 좀 덜 미안하고 같이 한 배우들과 스태프들한테도 마찬가지죠. 그래서 마음이 좀 쓰렸던 기억이 납니다.

정복(征服)

2013년 〈설국열차〉 봉준호 감독
2013년 〈관상〉 한재림 감독
2013년 〈변호인〉 양우석 감독

박근혜 대통령 취임. 국정원의 대선 개입 의혹 등 굵직한 정치사회적 사건들 속에서 위로받기를 원하는 관객은 〈7번방의 선물〉(1281만)을 선택. 역대 최고의 호황을 누린 영화계는 처음으로 총관객 수 2억 명을 돌파했고 인구 1인당 관람 횟수는 세계 최고 수준인 4.25회를 기록했다. 봉준호, 박찬욱, 김지운 감독의 할리우드 진출작이 국내 관객을 만났고, 박스오피스 상위 10편 중 9편이 한국영화였을 만큼 양적으로나 질적으로나 성장했다는 평가를 받았다.

과연 '송강호의 해'였어요. 세 편의 출연작이 연이어 개봉되어 도합 3천만 명의 관객을 끌어모았습니다. 하정우, 김수현, 이정재의 팬덤 속에서 인정받은 진정한 티켓 파워였는데 어떤 느낌이었나요?

〈설국열차〉는 아시다시피 봉준호 감독의 힘이었고요. 〈관상〉과 〈변호인〉 같은 경우가 저의 어떤 역할이나 노력들이 좀 영향을 주었다고 볼 수 있겠죠. 개인적으론 6개월 사이에 3편이 연달아 개봉하는 바람에 당혹스럽기도 했어요. 처음 있는 일인 데다 〈변호인〉은 정말 그렇게 큰 성공을 거둘 줄 몰랐거든요. 좋은 영화로 의미 있는 영화로 만들겠다는 생각으로 하긴 했지만 저는 한 200만 명 정도를 목표로 하면 딱 좋겠다, 그 정도만 들어도 손해 보지 않고 영화의 의미를 충분히 전달해 줄 수 있는 숫자가 아닐까 생각했는데 의외의 폭발력을 가졌던 거죠. 〈관상〉은 어느 정도 될 줄 알았어요. 스타들이 많이 나오고 얘기 자체가 재미있는 사극이었기 때문이죠.

〈설국열차〉는 계급별 등급으로 나뉜 열차이기 때문에 전형성을 실어나른다고 보아도 무방합니다. 그 속에서 한국어를 구사하는 남궁민수의 등장은 한국 관객들에겐 꽤 상징적이었죠. 할리우드식 제작 시스템을 경험하셨는데 어떠셨나요?

좀 늦게 등장하지만 추레한 남궁민수가 한국말을 내뱉는 순간이 바로 이 영화의 정체성이었죠. 그때 이 영화가 또 이 기차가 얼마나 다국적 다인종 구성원들을 태우고 있는지를 깨닫게 해주니까요. 〈설국열차〉가 제작 시스템은 국제적인 방식으로 갔고 다양한 외국 배우들이 나오지만 한국영화는 맞죠. 제작의 주체가 한국이었으니까요. 그 점이 기라성 같은 해외 스타들이 즐비한 작업에서도 늘 책임감을 요구했던 것 같아요. 저야 믿기만 해도 되는 봉 감독과 스태프들이 있으니까 편안한데 언어가 다른 배우들과 소통할 수 없는 점이 많이 아쉬웠습니다. 그래도 하루하루가 배울 것투성이였다고 할 수 있어요. 체계적이고 치밀한 할리우드식 시스템을 따라가려면 배우들이 자기 관리를 얼마나 철저히 해야 하는지도 깨달았죠. 할리우드 배우들의 거의 완벽한 준비 과정도 지켜보면서요. 그래도 그들 방식과 우리 방식에 장단점이 있는 거지 어느 한쪽이 다 좋다고 할 수는 없어요.

실존 인물 노무현의 이야기를 하면서 캐릭터 명을 송우석으로 바꿨다는 측면이 영화 〈변호인〉의 자유이면서 또 한계라고 생각합니다. 실존 인물의 세부를 끌어들이는 과정도 그렇지 않았을까요.

왜 TV로 많이 봤잖아요. 노무현 대통령님의 그 유명한 청문회 장면. 아마 관객들의 뇌리엔 그 장면이 가장 많이 남아 있을 건데 저도 공판 장면 촬영할 때, 육성의 느낌과 어떤 감정과 열정들이 그때와 좀 비슷한가를 의식할 때가 있었어요. 그럴 땐 자연스럽게 스며들기를 바랐지만 일부러 흉내 내려는 노력은 하지 않았어요. 그랬다면 오히려 효과가 반감되었을 겁니다. 그만큼 실존 모델과 배우의 관계는 미묘한 것 같아요. 제가 보이지 않게 계산을 했을 수도 있지만 그 계산이 드러나 버리면 자연스러움이 깨지겠죠. 5차 공판까지 진행되는 촬영을 5일 연속으로 잡았길래 제가 10일 동안 찍자고 했어요. 왜냐하면 1차 공판을 끝내고 하루는 내가 2차 공판을 연습해야 되니까. 그런 식으로 진행하니 굳이 그렇게까지 할 필요가 있었나 할 정도로 좀 손쉽게 끝나서 스태프들이 굉장히 좋아했어요. 빨리 끝나고 하루 쉬고 빨리 끝나고 또 하루 쉬고 이러니까 굉장히 행복하게 촬영한 거죠.

작품마다 맡은 역할에 따라 본인 특유의 몸짓, 외모, 발성을 확 바꾸는 메소드 연기는 송강호의 것이 아니지요. 바로 그 점이 〈변호인〉의 캐릭터를 복합적으로 만드는 데 유효했다고 보는데요. 송우석, 송강호, 노무현이 붙었다 떨어졌다 하는 순간들.

세 사람이 동시에 그렇게 보였다면 제일 좋은 칭찬인 것 같습니다. 어느 한 사람만 보이는 게 아니라. 아까도 말씀드렸듯이 꼭 서울역에서 노숙자들과 같이 잠을 자고 술을 마시고 막 생활을 해야 노숙자 연기를 잘한다고 생각하지 않거든요. 그래서 처음부터 노무현 대통령님처럼 연기해야 한다라는 생각을 하지 않았어요. 고향이 같으니까 말투나 제스처들이 묘하게 싱크로율을 높인 부분이 있지만 그 점도 특별히 의식하진 않았죠. 대통령님도 사투리를 막 하시는 분이 아닌 데다 억양이나 말투에서 느껴지는 동질감이 있잖아요. 너무 비슷해도 그렇고 너무 달라도 그렇고 적당한 선에서 외줄타기하듯 연기한 것 같습니다.

그래도 〈변호인〉에서의 연기는 실존 인물과의 관계도 그렇고 관객과도 정면 승부할 수밖에 없는 클로즈업의 연기였죠?

〈변호인〉은 특히 그렇게 가야 된다고 저는 생각했어요. 법정 드라마라는 장르적 특징이 너무 뻔하고 또 흔하기 때문에 새로운 에너지나 돌파구는 관객과의 정면 승부 밖에 없다고. 그래서 빅 클로즈업이 어울리는 영화였어요. 어찌 보면 위험한 발상이기도 한데 감독의 연출 콘티보다 앞서서 저 스스로 결정을 한 겁니다. 그걸 감독님이 용인해 주신 거고 나중에 관객들도 저에게 승복을 해주신 셈이라 결과적으로 제 계산이 맞았다고 생각합니다. 사실 〈변호인〉만큼 제가 대놓고 정면 승부를 한 영화는 처음이었어요. 늘 무언가의 틈새를 치고 들어가는 연기를 하다가 카메라 가까이에서 모든 감정을 정면으로 전달하니까 영화적으론 큰 모험이었지만 연기적으론 짜릿한 희열이 느껴지기도 했죠.

정치적으론 좀 위험할 수 있는 것도 그 얼굴로 다 돌파했을 수 있겠군요.

그게 답이라고 생각했습니다. 그 부분 거기서 쭈뼛쭈뼛 한 걸음 물러서 버리면 공격도 당하고 관객도 설복을 못 시키고 다 잃게 되는 거예요. 저는 그렇게 생각했어요. 그럼에도 일부 세력의 공격으로 지금까지 고생하고 있어요. 앞으로도 아마 제가 배우를 그만둘 때까지도 그 고통은 계속 이어질 겁니다. 그건 각오를 한 거죠.

대결(對決)

2015년 〈사도〉 이준익 감독

7개월간 이어진 메르스(MERS, 중동호흡기증후군) 파동으로 혼란을 겪음. 세월호 참사 특별조사위원회의 제1차 청문회 개최. 한일 정부 간 위안부 협상의 졸속 타결에 국민적 반발이 있었다. 세계 공통의 호황기를 맞이한 2015년 극장가에는 천만 영화가 세 편이나 출현(〈베테랑〉〈암살〉〈국제시장〉)했다. 19금 영화 〈내부자들〉(646만)과 정통 사극 〈사도〉(625만)의 흥행도 이례적.

〈사도〉의 이준익 감독과는 첫 작업입니다. 궁중 사극은 처음인 데다 심지어 영조 역을 맡았어요. 시나리오를 선택하는 감식안이 이번에도 적중했는데 어떤 점에 끌렸는가요?

세자는 세자대로 왕은 왕대로 참 비극적인 실화잖아요. 배우로서 아들을 죽일 수밖에 없는 아버지의 그 심리가 너무 궁금하기도 하고요. 또 모두의 왕이라는 자리와 한 가정의 아비라는 자리의 중간에서 겪는 고뇌와 결단을 어떻게 드러낼까, 숙제이기도 한데 호기심도 컸습니다. 드라마로 많이 다뤄진 소재임에도 불구하고 상당히 영화적인 구조를 가진 시나리오였고, 무엇보다 이준익 감독에 대한 신뢰도 작용했죠. 왕을 처음 해본다는 것도 신선했지만 나이가 70대, 80대, 그리고 50대로 한정되었어요. 특히 80대 노인 분장은 3시간씩 걸렸고 지우는 데만 1시간, 도합 4시간을 투자하는 게 고통이었는데 그 과정이 이미 노화한 정치가로 들어서는 거였죠. 그에 맞는 깊이감 있는 쉰 목소리를 찾아낸 과정도 기억에 남습니다.

이준익 감독의 인터뷰를 보니, '어떻게 송강호의 연기를 논하겠느냐 그냥 지켜볼 뿐이지'라고 하시던데요(웃음)

농담하신 건데 그럴 만한 이유도 있었어요. 워낙 빨리 찍으시는 분이라서 제가 긴장을 했어요. 테이크를 몇 번 가지 않거든요. 본인은 이게 너무 좋은데 왜 더 가느냐는 주의죠. 그래서 제가 독대를 요청한 뒤 "매번 다르게 연기해 볼 테니 딱 세 번만 갑시다. 그럼 편집실에서 골라보는 재미가 있을 것"이라고 제안을 했어요. 흔쾌히 승낙을 해주셨는데 막상 촬영에 들어가선 열정적이고 명쾌하셔서 바로 오케이라는 거예요. 그래서 첫 테이크에 베스트가 나와야 된다라는 부담감 때문에 제가 아침에 일어나자마자 그날 찍을 장면을 막 연습하게 됐다니까요.

클린트 이스트우드 감독의 현장과 비슷한 상황이었네요. 메릴 스트립이나 숀 펜, 팀 로빈스 같은 유명 배우들과 작업할 때 테이크를 세 번 이상 안 가셨대요. 익숙해질 무렵엔 한 번 밖에 안 가니까 배우들이 초조해져서 혼자 연습하다가 함께 모여서 맞춰본 후에 현장에 나갔다는 일화가 유명하죠(웃음).

저도 그랬어요. 저는 세 번이 아니라 한 번 안에 들어가야 하니까 새벽에 일어나 연습을 안 할 수가 없는 거죠. 더 웃기는 건, 하필이면 제 앞방이 이준익 감독님 방이었는데 새벽에 송강호의 연습 소리가 들리니까 개봉 기자 회견에서 그걸 말씀

하신 거예요. 사실은 한 번밖에 안 찍으니까 연습할 수밖에 없었는데 졸지에 제가 엄청나게 준비하는 배우가 된 거죠. 일종의 해프닝이긴 하지만 어찌 됐건 이준익 감독님이 그렇게 연습하게 만들어주신 거잖아요(웃음).

영조 대왕을 언급하면서 실존 인물이라고 칭하는 걸 보고 좀 놀랐습니다. 대중문화 속에 재현된 이미지들로는 알고 있지만 실존 인물이라는 감각은 없으니까요. 그런데 배우 입장에서 실존 인물에 접근하는 방법은 훨씬 더 구체적일 거라는 생각은 듭니다. 어떤 점들을 참고하셨나요?

저는 목소리로 늙어가는 것과 지쳐가는 것을 표현하는 게 중요하다고 봤어요. 영조 대왕의 목소리가 어땠을까 그런 접근이 아니라 제가 인물 분석을 통해 이해한 아비의 아픔과 왕으로서의 고뇌를 표현하는 데 적당한 목소리를 찾았던 것이죠. 사실은 역사적 사료를 뒤적일 필요도 없을 만큼 굉장히 단순한 얘기잖아요. 아버지와 아들, 왕과 세자 딱 둘만이 공유하거나 대립하는 상황이니까 어떤 의미에서는 그리스 비극 같은 설정이기도 해요.

사도 세자를 맡은 유아인과의 호흡은 어땠나요? 왠지 두 사람의 스타일은 많이 다를 것 같은데요.

유아인 씨가 지금은 좀 안타까운 상황에 처해 있어 저도 마음이 안 좋은데요. 〈사도〉를 찍을 땐 서로 편하게 임했어요. 제가 현장에선 말이 많거나 토론을 즐기는 사람이 아니라서 후배가 와서 뭘 물어보면 어떡하지라는 고민이 있었는데, 그는 항상 말없이 저 멀리 앉아 있더라구요. 혼자 생각하고 혼자 준비하고 혼자 답을 찾아보는 그런 모습이 참 좋았어요. 그러다 촬영이 시작되면 서로 팽팽하게 대결하는 거죠. 물론 평소엔 둘 다 인사도 잘하고 살가운 사이였어요.

도취(陶醉)

2016년 〈밀정〉 김지운 감독

'박근혜-최순실 게이트'가 터지며 광화문 광장에 쏟아져 나온 민심은 대통령 탄핵소추안을 가결시켰다. 20대 국회의원 선거에서도 16년 만에 여소야대 형국이 펼쳐졌다. 2000년 이후 최악의 청년 실업률은 계급을 자조하는 '금수저', '흙수저'로 나뉘었다. 영화 속에 스며든 세월호 잔영은 재난 영화 〈부산행〉(흥행 1위 1156만), 〈터널〉(4위 712만) 등에서 정부의 무능으로 나타났다. 기대작 〈밀정〉과 〈곡성〉, 〈아가씨〉도 작품성과 대중성 양측에서 성공을 거뒀다.

김지운 감독과의 네 번째 작업입니다. 그의 장르적 세계관에 어떤 매혹을 느낍니까?

제가 연극 하던 시절에 김지운 감독님이 보셨는데 제 연기의 어느 지점이 '꺼림직했다'고 표현한 적 있습니다. 함께 영화를 할 때도 약간은 그런 면이 나오길 주문하신 적이 있구요. 뭔가 꺼림직하다는 건 다 설명되거나 해소가 안 되고 뭔가가 남는다는 건데, 김지운식 장르영화는 그와 비슷한 것 같아요.

장르 영화 캐릭터에게는 무드와 뉘앙스가 중요합니다. 사실 송강호가 그간 축적해 온 세계는 언뜻 평범하고 소시민적이어서 약간은 겉멋도 요구되는 이중 스파이의 입체성이 잘 맞을까 우려되기도 했어요. 그러나 이정출의 양가적 감정을 다양한 표정으로 조각해 내 찬사를 받았습니다. 〈밀정〉 연기의 포인트는 무엇이었나요?

　　이정출이라는 인물에겐 사실 실존 모델이 있어요. 거의 알려지진 않은 황옥이라는 사람인데 시대가 낳은 어떤 희생양일 수도 있어요. 실존은 했으나 자료는 많지 않고, 그래도 그 시대를 실제로 살았다는 감각이 주는 입체감이란 게 있거든요. 이중 스파이다 보니 다면적인 면도 많고요. 액션이나 음모가 주요한 플롯을 만들어가지만 그 속에서 이정출은 의심하고 분노하고 곤혹스러워하는 등의 감정 연기도 많아요. 그 점이 순수하게 연기하는 즐거움이랄까 그런 걸 많이 줬죠.

타고난 표현력만큼 분석력도 중요할 것 같아요. 상황과 인물에 대한 해석에서 감독과 배우가 다른 경우도 있지 않나요? 그럴 땐 토론이나 설득을 즐기는지요?

　　〈밀정〉보다는 〈거미집〉 초반에 한두 번 촬영할 때 감독님이 생각했던 캐릭터 김열의 어떤 리듬감이 아니었던 것 같아요. 처음에 저도 너무 어려워가지고 이 인물을 어떻게 만들어내야 하나 방향을 못 잡고 있을 때 감독님이 집중적으로 말씀을 해 주셔서 다행히 방향을 잡고 왔던 것 같습니다. 그럴 경우 토론이라기는 어렵지만 자동적으로 조율이 되는 것 같습니다. 서로 뉘앙스만 이해하면 방향을 잡을 수 있죠.

애도(哀悼)

2017년 〈택시운전사〉 장훈 감독
대한민국 헌정 사상 최초로 박근혜 대통령이 파면되고 조기 대선을 통해 문재인 정부가 출범했다. 사회 각계가 여전히 2016년 촛불집회의 영향 아래 있었고, 영화관은 2억 1900만 명의 관객을 모으는 호황기를 맞이했다. 5.18 민주화 운동이 배경인 〈택시운전사〉는 천만 관객을 돌파하며 화제를 독점했고, 대통령 문재인도 제작진과 함께 영화를 관람했다.

2017년은 시대와 영화의 공기가 완벽하게 일치한 해였어요. 사실 〈택시운전사〉의 기획, 촬영 당시만 해도 정치적 마케팅을 크게 염두에 두지 않았지만 개봉 시점에는 이미 사회 전반에 많은 변화가 일어난 뒤였다고 들었습니다. 그렇다면 시나리오를 보고 작품을 선택했던 타이밍에 놀랄 수밖에 없네요.

　　그건 영화의 운이 좋았던 거죠. 기획 단계 때 미리 시대의 변화를 예감하거나 준비를 할 순 있지만 어떻게 될지는 아무도 모르잖아요. 일단 〈택시운전사〉의 시나리오가 상당히 재미있었어요. 솔직한 마음으로는 〈변호인〉 때문에 하도 시달려서 안하고 싶은 마음도 있었지만 자꾸 마음에 남는 거예요. 광주 항쟁을 다루고 있지만 결국은 인간의 도리에 대한 얘기거든요. 광주 항쟁 자체도 군부가 인간의 도리를 다하지 못

했다라는 생각이 드는 거죠. 그런 지점이 저에게 좀 컸던 것 같습니다.

국민배우로서 광주 민주화 항쟁은 언젠가는 맞닥뜨릴 소재였으리라 생각됩니다. 〈택시운전사〉는 1박 2일만 다루는 영화였지요.

　　거대한 서사일수록 작은 에피소드에서 작은 에피소드로 가면서 축적되는 게 더 효과적이라고 보거든요. 이 영화는 택시라는 이동 수단이 있고 짧은 시간 동안 거대한 공간과 접속하는 구조라서 이야기의 속도감도 있었죠.

'감동과 눈물 그 이상을 기대했다. 특히 이 조합에서는.'이라는 20자 평이 기억납니다. 송강호라는 이름에 거는 기대가 점점 더 커지는데 그 부담감을 어떻게 이겨내지요? 천만 이상의 흥행 스코어가 보상해 주나요?

　　흥행이 보상할 수는 없어요. 천만 이상 관객들이 봐주시고 또 좋아해 주시는 건 너무 감사하지만 예술가로서의 어떤 성취는 다른 지점이 있는 것 같아요. 〈택시운전사〉도 그렇고 〈변호사〉도 마찬가지이지만 이런 영화들이 눈물과 감동이라는 대중 전략을 취하는 건 어쩔 수 없는 일이라고 생각하면서도 개인적으로도 아쉬운 지점이 남아 있어요. 그래서 그런 지적을 받으면 충분히 공감하기도 합니다.

언젠가부터 '좌파 코드'를 운운하면서 영화의 '좌우 논쟁'이 달아오르고 있어요. 한국 사회에서 종종 반복되는 이런 현상들은 영화인의 자기 검열이나 자괴감을 자극할까봐 우려되기도 합니다만.

　　그렇죠. 저에게도 정치적 소신 같은 게 없지는 않겠지만 작품을 고를 땐 정치적 판단으로 결정하진 않거든요. 배우들은 맡은 배역에 따라 양쪽을 오가면서 작업도 하잖아요. 또한 기본적으로 대중과의 소통을 우선적으로 염두에 두잖아요. 물론 〈변호인〉에 이어 〈택시운전사〉를 했기 때문에 완전히 낙인이 찍힌 것 같은데 저는 영화적 재미라는 순수한 관점으로 선택하는 거예요. 광주 항쟁을 다루는 방식이 흥미로웠고 실화와 픽션의 어울림이 좋았던 건데 무조건 정치적 해석으로만 연기를 평가하는 건 많이 아쉽죠. 10년 동안 무조건적 비판에 시달리면서 좀 익숙해졌지만 그래도 아픕니다. 공격하는 사람들의 악플이 생각보다 훨씬 세고 집요하거든요.

중독(中毒)

2018년 〈마약왕〉 우민호 감독
세 차례의 남북 정상 회담과 평창 동계 올림픽으로 세계적 관심을 받은 해. 여성들의 성폭력 고발 운동인 '미투 운동'이 점화되며 젠더 감수성의 중요도를 높였다. 혼란스러운 사회 분위기 속에서도 영화관에선 1871편의 작품을 개봉, 역대 3위에 해당하는 수치였다. 성수기 시장의 연이은 한국영화 참패에 위기 전조 현상이라는 우려가 나왔으나 웹툰 열풍을 가져온 〈신과 함께〉 시리즈는 두 편 모두 천만 관객을 달성.

〈마약왕〉은 이두삼의 일대기로 그의 흥망성쇠를 따라갑니다. 이른바 원톱 영화 그 자체이죠. 이런 경우는 캐릭터 구성에도 참여하게 되지요?

전혀 아닙니다. 작가가 따로 쓴 대본이 있었고 철저한 대중 영화라고 생각하고 선택한 것입니다. 흥행 결과는 안 좋았지만 촬영 단계에선 모든 장면을 신나게 재미있게 촬영했어요. 저는 모든 영화를 일단 시나리오를 읽은 후부터 스타트합니다. 기획 단계 때 참여하거나 그런 걸 좋아하지 않습니다.

다채로운 사건의 설정이 많은 경우라서 평소에 하고 싶었던 모든 연기를 시도해 볼 것 같은데 〈스카페이스〉의 알 파치노와 비교하여 예를 들어주세요.

〈스카페이스〉를 연상시키는 설정 때문에 그런 비교가 나온 것 같은데 그럴 만한 영화는 아니고요. 알 파치노의 명연기와도 비교하긴 어렵지요. 다만 이두삼이라는 실존 인물의 삶을 통해 한 시대의 어두운 공기를 다른 각도로 돌아보면 흥미로운 대중 영화가 만들어지겠다고 생각했죠. 그런데 정서적으로 관객들이 불편하게 받아들이신 것 같아요. 인물의 변화를 긴 시간 동안 다루다 보니 구멍이 숭숭 뚫려버린 대목도 있구요

'가족을 먹여살린다'는 70년대식 자기 논리를 가진 인물이 가족들과의 관계에서 파탄나는 것은 전형적인 송강호 스토리이지만, 그 남자가 조강지처(김소진)와 정부(배두나)와 맺는 치정극은 매우 드물게 보는 설정이라 흥미로웠습니다. 모처럼 즐거우셨나요?(웃음)

치정극, 삼각관계는 처음이죠. 같이 했던 그 배우들(김소진과 배두나)도 너무 좋았어요. 서로 재미있게 했어요. 또다시 여성 캐릭터들과 이렇게 얽히는 기회가 올 수 있을까 저도 궁금해요. 다른 남자 배우들, 김대명과 조정석 씨도 워낙 잘하는 친구들이라서 아주 신나서 했고 흥행에서도 큰 성공을 거둘 줄 알았어요. 대중 영화로서는 관객들이 좋아할 만한 요소들이 많았거든요.

절정(絶頂)

2019년 〈기생충〉 봉준호 감독
2019년 〈나랏말싸미〉 조철현 감독
트럼프, 김정은의 하노이 북미 회담 결렬로 북핵 위기 다시 고조. 영화계는 CJ엔터테인먼트의 전무후무한 독주로 4대 성수기 시장 모두 석권하며 5천만 관객을 불러 모았다. 〈극한직업〉(1626만), 〈기생충〉(1008만), 〈엑시트〉(941만), 〈백두산〉(825만) 등 비수기 포함 거의 모든 영화가 손익 분기점을 넘어섰다. OTT 플랫폼의 다양화로 무한 경쟁이 시작된 글로벌 시장에서 〈기생충〉이 이뤄낸 업적들은 한국영화사에 내려진 축복일 정도. 반면 기대작 〈나랏말싸미〉는 부정적인 소문의 SNS 확산이라는 숙제를 남기며 참패.

송강호와 봉준호는 이젠 말 그대로 세계 최고의 환상의 복식조입니다. 〈기생충〉이 이렇게 예술성과 대중성을 완벽하게 아우르는 성공을 거둘지, 어느 단계에서 예측되던가요?

〈기생충〉에 대한 이야기는 영화가 완성되기 한 5, 6년 전부터 들었어요. 봉준호 감독은 원래 그래요. 어떤 작품이 있으면 뚝딱 구상되고 뚝딱 쓰여지고 이런 게 아니라 몇 년간 오래 숙성이 되면서 풀어나가는 방식이에요. 〈기생충〉의 콘셉트는 처음 들었을 때부터 엄청 흥미진진했어요. 처음 묘사한 게 아직도 생생해요. 취객의 소변이 창틀로 넘어와서 벽을 타고 내려오는 이미지, 그 흔적이 벽지에 얼룩덜룩 남아 있는 반지하 집에 사는 가족들이 이제 부잣집으로 한 사람씩 들어갑니다.…. 처음부터 이런 정도로 얘기를 했어요. 2015년쯤인가? 그렇게 하나씩 하나씩 만들어 나간 작업이 〈기생충〉인데 제가 어느 단계에서 어떤 예측을 하겠어요? 그런데 칸영화제에서 첫 상영을 마친 후 아, 예사롭지 않은 반응이구나 뭔가 큰 게 터지겠구나 싶었습니다.

"한평생 배우로 살아오면서 가장 큰 환희와 감동을 느낀 순간"이 칸 황금종려상으로 호명됐을 때라고 얘기한 적이 있습니다. 혹시 그 감동이 아카데미 작품상 시상식장에선 두려움으로 바뀌진 않았나요?(웃음)

칸에서 황금종려상으로 호명될 때 정말 그랬습니다. 한국영화사에서 한 번도 이루지 못한 꿈이 드디어 이루어지는구나! 사실 시상식에 참가하라는 연락을 받았을 때는 긴가민가했거든요. 상을 하나씩 호명할 때 카메라가 먼저 수상자를 잡게 되니까 지금 오지 마라, 더 있다 와라 속으로 외치고 있었는데 2등 상을 줄 때까지 카메라가 우리 쪽으로 오지 않더라고요. 그때부터 막 진짜로 흥분했어요. 개인적으로 훗날 남우주연상 받을 때도 좋았지만, 그 흥분과 감격은 〈기생충〉이 황금종려상에 호명될 때가 제일 컸던 것 같아요. 그건 배우 송강호에게도 그렇지만 한국영화계에게도 가장 인상적인 순간이 아닐까라는 생각이 듭니다. 그렇게 칸이 설마설마했다면 아카데미는 약간 예상이 됐어요. 처음엔 〈1917〉이 유력했지만 점점 분위기가 우리 쪽으로 넘어오는 게 보였거든요. 제가 미국에서 6개월이나 진행되는 아카데미 레이스를 봉준호 감독과 함께했는데 이곳저곳에서 감지되는 분위기를 통해 작품상까지 받을 수 있겠다는 느낌이 강하게 들었어요.

〈기생충〉 이후인 2020년 뉴욕타임스가 선정한 21세기 가장 위대한 배우 25인에 한국의 배우 송강호(6위), 김민희(16위)가 포함되었습니다. 봉준호 감독은 송강호를 직접 소개하며 "그가 연기하는 인물들이 진정으로 특별해 보이는 이유는 평범한 일상적 연기를 독특하고 흉내 낼 수 없는 특유의 목소리로 전달하기 때문"이라고 했는데, 전적으로 동감입니다. 이제 '송강호의 그 얼굴에 그 목소리'는 분리할 수가 없어요. 개인적으로도 목소리에 만족하시나요?

어휴 모두 과찬이죠. 제 목소리가 요즘 나이가 들어서 그런지 좀 걸걸해졌는데 그 느낌이 나쁘지도 않고 또 좋지도 않아요. 예전에 좀 가늘었고 하이톤이었는데 요즘은 약간 걸걸한 느낌이죠. 배우들이 다 그렇죠. 나이가 들어가면서 목소리가 조금씩 변해요. 봉준호 감독이 대체 불가라고 했다는 제 목소리

는 음색보다는 목소리가 가진 어떤 질감을 얘기하신 것 같아요. 포장되고 다듬어지고 정교하게 가공된 목소리가 아니라 우리가 흔히 들을 수 있는 살아있는 사람의 생생한 목소리. 뭐 그런 뜻 아닐까요.

결과적으로는 〈나랏말싸미〉는 역사 왜곡이라는 SNS의 저항에 직면했지만 사실 창작자들은 팩트에 그치지 않는 상상적 허용의 확대를 바라잖아요. 실존 인물로서의 세종대왕 연기에는 그만큼 치밀한 해석과 신중한 표현이 따랐을 것 같은데요.

　　제작진의 의도와 다르게, 어떤 측면은 정반대로 해석되니까 걷잡을 수 없게 된 측면이 있어요. 한글의 우수성이 워낙 뛰어나니 한글 창제설엔 미스터리도 많잖아요. 이 영화도 그 중 하나의 상상을 통해 세종대왕의 탁월함을 드러내고자 했는데 모든 게 좌초된 거죠. 불운에 불행이 겹친 영화라서 많이 우울했어요. 〈살인의 추억〉에서 커플이었던 전미선 씨가 여기서도 세종대왕의 비로서 참 좋은 연기를 보여줬는데 그렇게 안타깝게 돌아가셨잖아요. 〈기생충〉에 이어 극과 극을 달린 해였죠.

균형(均衡)

2022년 〈브로커〉 고레에다 히로카즈 감독
2022년 〈비상선언〉 한재림 감독

윤석열 정부의 시작. 국제적으로는 러시아의 침공으로 촉발된 우크라이나 전쟁, 국내적으로는 수백 명의 인명피해가 난 이태원 참사로 고통을 겪었다. 코로나의 사회적 거리두기 조정안에 따라 극장 영업도 확대. 가장 큰 수혜자는 〈범죄도시2〉로 천만 관객을 돌파. 이제 영화는 OTT의 다른 화제성(〈오징어 게임〉과 〈더 글로리〉 같은 넷플릭스 드라마)과도 경쟁하는 시대로 접어들었다. 칸영화제에서 박찬욱 감독이 〈헤어질 결심〉으로 감독상을, 송강호가 〈브로커〉로 남우주연상을 수상.

평소에 고레에다 히로카즈 감독 영화를 좋아하셨나요?

　　좋아했죠. 많은 사람들이 〈걸어도 걸어도〉를 최고로 꼽는데 저는 〈아무도 모른다〉를 제일 좋아합니다. 그분의 영화를 다 본 것 같은데 취향상 잘 맞는다고 할까요. 〈브로커〉라는 영화도 인연이 오래됐어요. 몇 년 전 부산영화제에서 고레에다 감독님이 어떤 이야기를 들려주셨는데 그땐 제목이 '요람'이었어요. 그렇게 시간이 흐르다 고레에다 감독님이 한국에서 작품을 만든다고 하니까 그의 작품을 좋아하는 팬으로서 배역을 떠나서 흔쾌히 합류하게 되었죠.

대부분의 관객은 영화제에서 연기상을 수상했다고 하면 메소드 연기로 무장한 배우와 캐릭터의 혼연일치를 상상하곤 합니다. 그런데 〈브로커〉의 송강호(상현 역)는 가장 반메소드적인 방식의 존재감을 보여줍니다. 〈브로커〉의 세계 안에 섞이지 않는 그는 차라리 송강호 월드에 속해 있는 거죠. 그게 칸국제영화제 남우주연상을 거머쥘 수 있었던 이유 중 하나라고 생각합니다만.

정확한 이유를 알 수는 없지만 제가 상을 받기 직전 해에 칸의 심사위원을 한 적이 있습니다. 그때 심사를 하는 감독과 배우, 평론가들의 자아가 엄청 세고 자존심도 무척 강하더라구요. 누가 의견을 주장한다고 쉽게 합의를 할 사항은 아니었고 영화를 보는 눈도 엄청 까다롭다고 느꼈습니다. 그 심사단을 통과한 상이니 제 연기가 정통적이라기보다는 새로운 방식이었나 자평하고 있습니다.

물론 칸의 선택은 종종 한 박자 늦게 이루어지기 때문에 〈기생충〉 때 못 준 상을 〈브로커〉에서 준 것이기도 하구요(웃음).

　　특히 한국에선 그렇게 생각하는 경향도 있는 것 같아요. 송강호의 초기부터 강한 캐릭터들과 비중이 높은 원탑 영화들을 주로 봐왔기 때문에 〈브로커〉의 상현 역은 너무 밍밍하다는 거죠. 사실 감독의 세계가 일상적이고 조용하면 인물도 그럴 수밖에 없잖아요. 저도 칸에서 심사를 해본 입장에서 말하면, 어떤 외부적인 압력이나 내부적 회의를 통해 그 이전 연기를 배려하는 경우는 절대 없다고 생각해요(웃음)

영화 속 인물이라고 해서 오로지 캐릭터의 심급만 있는 건 아닙니다. 이미지(스타)가 있고 사람(배우)도 있으며 연출자가 그 심급을 얼마나 허용하는지에 따라서 달라진다고 봅니다. 〈브로커〉의 고레에다 히로카즈는 상현이라는 캐릭터를 프레임 속에 풀어놓을 때 송강호라는 사람과 이미지를 함께 풀어놓은 것이죠. 촬영장에서 느낀 고레에다 감독의 연기 컨트롤이나 연출의 특징을 말씀해 주세요.

　　저도 그렇게 생각합니다. 제가 일본 배우가 아니라 한국 배우이니까 좀 더 열어놓고 저를 놀게 하거나 지켜본 느낌입니다. 인물뿐 아니라 영화의 모든 요소를 굉장히 열어두신 편이라 일본에서도 이렇게 연출하시나 하는 의문도 들었습니다. 어쩌면 한국에서의 촬영은 시간도 공간도 인물도 스태프도 감독님 입장에선 낯선 대상이니까 조율하기보다는 저절로 어우러지기를 바란 것일까 생각합니다.

한국에서 고레에다 히로카즈의 연출 스타일과 가장 비슷한 감독을 찾는다면 누구일까요?

　　글쎄요. 비슷한 감독님이 안 계신 것 같아요. 약간 부분적으로 비슷한 호흡을 가진 분들은 좀 계시겠지만 고레에다 감독님은 좀 다른 위치에 있다고 할까. 참고로 고레에다 감독님이 제일 좋아하는 송강호 연기는 〈밀양〉의 종찬이었습니다. 본인으로부터 직접 들었거든요. 종찬의 어떤 지점을 〈브로커〉에 녹여내고 싶었던 게 아닐까 라는 생각이 살짝 들긴 했어요. 종찬도 어떻게 보면 약간 따로 놀잖아요. 신애의 월드에 절대 안 들어가잖아요. 들어간다 해도 한 발 담그고 이쪽 절반은 바깥에 있는 그런 모습들이 감독님께는 인상적이었던 것 같아요. 브로커인 상현도 그런 인물로 그려주기를 원하시지 않았나….

2023년 〈거미집〉 김지운 감독

전 세계가 코로나로부터 해방된 원년. 미중 패권주의와 우크라이나 전쟁, 심화된 경제 양극화라는 삼중고로 몸살을 앓는 중. 한국은 후쿠시마 오염수 방류로 인한 혼란에 본격적인 극장 위기론까지 대두. 표면적인 수치로는 코로나 19로 타격을 입은 극장이 회복기에 접어들었다고 해석할 수 있지만 산업적으로는 불안 요인이 산재. 우선 상반기 박스오피스 10위 중 한국영화가 세 편(〈범죄도시3〉, 〈밀수〉, 〈콘크리트 유토피아〉)뿐이라는 건 의미심장하다. 단순히 시장이 축소됐다는 걸로 변명할 수 없는 상황.

김지운 감독과의 다섯 번째 작업입니다. 그럼 1등의 페르소나인가요?

어느덧 5편을 함께 했는데 김지운 감독은 항상 변주를 하잖아요. 기존의 장르를 약간 비틀면서 자기만의 스타일을 접목한다는 점이 매력이고 장기인 거죠. 한편으로는 박찬욱, 봉준호, 이창동 감독처럼 자기의 세계를 깊이 파고드는 작업에 몰두하다가 김지운 감독 같은 변수를 만나면 새로운 여행을 떠나는 즐거움이 있어요. 김지운 감독만의 블랙 유머 코드의 어떤 느낌들을 저도 되게 존중하고 좋아하다 보니 한 25년간 쭉 이렇게 해 오지 않았나…. 이번 〈거미집〉에는 함께 했던 초기의 감성, 〈조용한 가족〉과 〈반칙왕〉이 지녔던 참신한 도발과 기괴한 상상력이 좀 있어요. 그때 이야기도 하면서 즐겁게 작업했습니다.

한국영화사의 편린들을 자유롭게 재조립하면서 극 중 감독 역을 송강호에게 맡긴다는 것. 이건 많은 책임을 국민배우에게 전가하는 것 아닐까요?(웃음)

캐릭터 김열 감독이 영화 속 영화는 책임질 수 있지만 그 밖의 문제를 어쩌겠어요. 하지만 한국영화판을 배경으로 한국 감독을 연기한다는 건 특별하긴 합니다. 그동안 지켜보고 관찰해온 감독들에 대한 느낌이나 생각을 다 정리해 볼 수도 있었고, 영화감독은 아무나 하는 게 아니라는 제 철칙을 다시 한번 확인했습니다.

그렇게 말한 이유가 있어요. 1970년 유신 치하의 하룻밤 촬영장은 서로 다른 욕망으로 들끓는 아수라장이라서 모든 인물들이 과장된 연기를 하는데 오직 감독(송강호)만 진지한데다 내부적 초점을 갖는 내레이션도 하잖아요.

영화를 시작한 초반에 김열 감독의 연기톤이랄까, 리듬을 잡는 데 어려움이 있긴 했어요. 조금만 과장해도 전체가 이상해지니까요. 그래서 톤을 낮게 잡은 다음에 내레이션을 옛날 문어체의 느낌으로 넣은 거죠. '죄악이다' 같은 말투도 사실 관객에겐 너무 낯설어서 혼란스러울 수 있으니까 연기는 최대한 자연스럽고 일상적인 느낌으로 간 겁니다.

블랙 유머의 또 다른 특징은 생각을 자꾸 영화 밖으로 밀어낸다는 것입니다. 영화 밖의 위기론이 팽배하다 보니 영화에 목숨을 거는 인물, 그의 꿈을 방해하거나 억압하는 인물들이 뒤엉키는 촬영장이 더욱 처절하게 느껴졌어요. 영화 위기론이란 말 어떻게 받아들이세요?

극장 개봉에 맞춘 무대 인사를 돌면서 큰 스크린과 극장이라는 공간이 주는 로망을 되살리고 싶다는, 재미없는 애기를 반복했는데 사실 진심이거든요. 저도 산업적 불황이라는 건 줄어드는 시나리오로 체감하고 있고, 어쩔 수 없이 드라마를 찍기도 했어요. 하지만 위기론이라는 건, 조금 힘든 시기를 보낼 때마다 주기적으로 나오는 말이잖아요. 앞으로는 천만 영화다, 1700만이나 1800만 이런 시대는 없을 것 같고, 다른 방식으로 영화의 가치를 높이는 돌파구를 찾아야 하는 시기가 아닌가. 관객들이 수준 낮은 영화에 화를 내고 높아진 티켓값에 상응하는 가치소비를 언급하지 않습니까.

명실공히 한국영화사의 정점에 선 배우로서, 자신의 선택이 곧 영화 역사가 되고 있다는 점을 실감하나요?

〈거미집〉도 일종의 책임감이 낳은 영화일 수도 있어요. 앞으로는 제가 선택한 영화가 몇 백만, 천만을 넘는다는 식으로 설명되는 일은 많지 않을 것 같습니다. 흥행을 무시한다는 게 아니라 그만큼 제 선택에 많은 책임감을 느낀다는 겁니다. 〈1승〉 같은 작은 영화를 보면 아시겠지만 송강호가 이런 영화도 찍었네, 보다 자유롭게 행보하는 시점으로 들어섰구나, 그렇게 새로운 한국영화를 바라는 관객들에게 한 발짝이라도 앞으로 나아가는 배우의 모습을 보여주고 싶습니다. 요즘의 제 마음이 그런 지점들을 찾고 있어요.

(마지막 질문) 지금 이 대배우에게, 모든 걸 다 이룬 듯한 송강호에게 영화란 무엇일까요?

난감한 질문엔 난감한 답변으로(웃음). 영화라는 매체, 배우라는 직업을 생각해 보면 늘 그리운 얼굴을 찾아가는 것 아닐까 싶습니다. 이렇게 저렇게 찾다 보면 결국 그 얼굴은 우리의 모습을 하고 있는 거죠. 영화 작업을 지속하면서 늘 우리가 다 알고는 있지만 그 속에서 발견하는 새로운 것들 혹은 이미 떠나가버린 것들 속에 남아 있는 우리 모습들이 반갑기도 하고 슬프기도 하면서 제 자신도 조금씩 성장하거든요. 그래서 영화는 영원한 우리의 얼굴을 찾아가는 과정이다,라고 말씀드리고 싶습니다. ▨

구성 및 인터뷰 이연호
사진 김설우

도씨에

우리에게는 많은 질문이 있습니다. 당신도 그렇지 않은가요. 영화를 보고 나면 질문이 떠오릅니다. 그게 왜 거기 있었나요,라는 단순한 질문에서부터 거기서 무엇을 하는 것입니까, 라는 난처한 질문까지, 그런 다음 차례로 질문은 수순을 밟아나가는 것처럼 앞으로 나아가면서 경우와 상황, 그리고 거기서 마주친 문제들, 문제의 해결, 해결의 과정, 과정의 방법으로 밀고 나아가기 시작합니다. 물론 항상 대답이 만족스러운 것은 아닙니다. 어쩌면 불만족이야말로 이 대화의 핵심일지도 모릅니다. 그러면 질문의 조건이라는 의문으로 되돌아오게 됩니다. 거기에 어떤 비밀이 있었던 것일까. 어쩌면 미처 눈치채지 못한 속내가 있었던 것은 아닐까. 바로 그것이 전체의 작동방식이었던 것은 아닐까. 어쩌면, 아마도 어쩌면, 그럴지도 몰라. 그때 질문은 영화를 향해 돌아옵니다. 그러므로 대답은 질문과 자리를 맞바꿀 것입니다.

이창동은 점점 더 깊이 들어갔습니다. 〈밀양〉과 〈시〉는 사건이 일어난 '이후' 그것을 감당해야하는 두 사람, 신애와 미자에게 질문을 시작합니다. 그러므로 그걸 따라가는 방법은 또 다른 질문입니다. 그런데 긴 침묵 뒤에 돌아온 이창동은 방향을 바꾸어서 이제까지 투명했던 질문을 불투명성 뒤로 가져다 놓았습니다. 그러면 어떻게 해야 할까요. 우리도 질문의 방법을 바꾸어야 할 것입니다. 그래서 우리는 질문한 다음 질문을 바꾸어 보았습니다.

정유미는 애니메이션에 섬광처럼 나타난 이름입니다. 영화에서 장, 단편을 구분하지 않는다면 〈먼지아이〉는 지난 20년간 우리가 선정한 한국영화 열 편 중의 하나입니다. 우리는 이 보석 같은 시네아스트가 대중들에게나 비평에서나 어디에서나 충분히 다루어지지 않은 것에 대해서 늘 불만스럽게 생각해왔습니다. 지난 20년 동안 『키노』가 침묵을 지키면서 가장 아쉬운 일 중의 하나는 이 시네아스트를 충분히 방어하지 못한 것입니다. 정유미는 더 많이 주목받아야 하고 더 자주 이야기 되어야 합니다.

연상호는 애니메이션 〈지옥〉으로 주목을 모은 다음 OTT 드라마 〈지옥〉에 이르렀습니다. 찬반양론이 있다는 것을 잘 알고 있습니다. 우리는 지지하는 쪽에 서겠습니다. 노동하듯이 창작하고, 그 과정에서 새로운 유니버스를 만들어나가고 있는 이 시네아스트는 종종 괴력에 가까운 순간을 우리에게 선사하였습니다. 실패를 두려워하지 않는 이 왕성한 목록을 처음부터 연상호를 지지한 김준양이 안내할 것입니다.

박찬욱은 복수 삼부작을 끝낸 다음 아마도 그 자신의 결산이라고 할 수 있는 〈박쥐〉를 마침내 완성하였습니다. 그래서 우리는 그 다음에 아직도 어떤 할 이야기가 남아 있을까, 궁금하게 생각했습니다. 〈아가씨〉에서 방향을 바꾸었습니다. 물론 여전히 정념의 바로크에 머물렀지만 타나토스로부터 에로스에로 옮겨갔습니다. 그러면서 내면의 충동을 외부의 양식으로 옮겨놓는 스타일이 전면적인 변화를 경험하게 되었습니다. 〈헤어질 결심〉은 〈박쥐〉와 반대의 자리에서 박찬욱 영화의 절정이라고 부를 수 있을 것입니다.

류승완은 〈부당거래〉 이전과 이후로 나눌 수 있을 것입니다. 그 '이후'의 영화들에서부터 시스템의 영화를 만들어나가면서 새로운 모델을 만들고 있습니다. 이 모델을 우리는 긍정합니다. 하지만 아직 이 모델이 정확하게 어떻게 작동하고 있는지를 잘 모르겠습니다. 때로는 정확하게 작동하고 있었고, 때로는 아직 모델이라고 부르기에 충분하지 않다는 인상을 받았습니다. (구태여 제목을 호명해야 할까요.) 그러므로 우리는 배움의 태도로 질문하기로 했습니다. 아마 동료들도 이 대답에서 배움을 구할 수 있을 것입니다.

원래는 나홍진을 만나서 질문할 계획이었습니다. 아쉽게도 새로운 영화 〈호프〉의 제작 일정 때문에 결국 마감 일정까지 우리는 약속을 잡지 못했습니다. 그래서 그 대신 세 편의 영화, 〈추격자〉, 〈황해〉, 〈곡성〉을 돌아보기로 하였습니다. 새로운 영화가 우리의 회고를 무효로 만들기를 기대하고 있습니다.

봉준호라는 이름을 들으면 모두 긴장을 느낀다고 말합니다. 멈추지 않고 계속해서 더 앞으로 나아가고 있는 이름, 그런데 그게 어디까지인지 짐작할 수 없는 그 창작의 활기 앞에서 다소 두려움을 느끼면서 맞은 편에 앉았습니다. 〈마더〉를 만든 다음 〈설국열차〉는 얼마나 멀리 있습니까. 마찬가지로 〈옥자〉를 만든 다음 돌아와서 〈기생충〉을 만들었습니다. 그걸 하나의 선으로 연결할 수 있을까요. 그러므로 불가능한 임무를 안고 질문을 시작했습니다. 봉준호는 우리의 질문에 서울에서 런던으로 자리를 옮겨가면서 기꺼이 대답의 시간을 베풀었습니다.

그리고 홍상수가 있습니다. 놀랍게도 디지털카메라를 들고 〈잘 알지도 못하면서〉를 찍은 2009년부터 단 한 해도 쉬지 않고 영화를 만들었습니다. 공식적인 기록에는 2019년이 비어있지만 다만 그건 개봉 일정이라는 문제 때문에 그런 것입니다. 그는 마치 영화를 만드는 일을 자신의 일과이지 의무처럼 여겼습니다. 그러면서 계속해서 새로운 순열 조합으로 또 다른 서사를 만들어나갔습니다. 정말 궁금했습니다. 하지만 홍상수는 우리의 질문에 우리 스스로 대답하기를 원했습니다.

그러므로 우리가 질문하고 새로운 영화를 기다리면서 우리가 대답했습니다. 아마 또 다른 날이 있을 것입니다. 우리가 최근에 본 홍상수의 영화는 〈우리의 하루〉입니다.

영화보다 깊은 병(病)

이창동 × 이연호

영화는 무엇인가. 영화는 무엇을 할 수 있는가? 더 이상 아무도 묻지 않는 근원적인 질문을 껴안고 점점 병(病)이 깊어지고 있다는 한 영화감독을 만났습니다. 위장된 대답에 휩싸여 죽어가는 우리 시대의 영화와 삶 속에서 기어이 질문을 되살리려 하는 그의 이름은 이창동입니다. 지난 20년간 만들어진 세 편의 영화, 보이지 않는 것과 보이는 것(〈밀양〉), 보는 것과 느끼는 것(〈시〉), 인지적 실재와 지각적인 실재(〈버닝〉)의 팽팽한 대결 속에서 여전히 불가능한 대답을 찾고 있는 그의 사유를 경청해 봅니다. 세상을 근심하고 영화를 말하는, 언어의 가장 깊은 곳에서 나오는 거의 구도자 같은 인터뷰.

점점 명료한 중심 서사를 해체하고자 하는 마당에 여전히 '이야기꾼'이라고 불리는 건 어떠십니까? 혹시 싫으신가요?

거의 제 운명이라고 봐야죠. 이야기꾼으로 태어났는지는 모르지만 저는 어렸을 때 이미 이야기꾼이 됐어요. 초등학교 때부터 친구들에게 계속 이야기를 들려줬어요. 예를 들어 선생님이 수업을 못 들어오는 날, 애들이 창동이 나와서 이야기해 봐라 그러면 교단에 서서 막 지어낸 이야기를 하는 거예요. 그럴 정도로 이미 이야기꾼으로 형성이 됐죠. 다만 어릴 때는 자의식 없이 재미난 이야기를 지어냈을 거 아니에요? 대체로 만화 같은 레퍼런스가 작용을 했겠죠. 그러다 어떤 이야기를 해야 하나라는 자의식이 든 건 20대 때부터였어요. 70년대에 대학 생활을 하면서 내가 하는 이야기와 현실의 관계에 대한 고민을 자연스럽게 하게 됐고, 그건 우리 세대 작가들이 공유하는 지점이겠죠. 시대적 자양분이 내면화되면서 이제 이야기꾼의 기질과 현실에 유용한 이야기를 해야 된다는 당위가 충돌하게 된 거죠. 사실 충돌하지 않고 행복하게 결합하면 좋은데 이건 충돌할 수밖에 없거든요.

이야기꾼은 무슨 이야기를 하든 자유로운 상상 속에서 해야 하는데, 현실의 효용성을 생각하면 사람들에게 즐거움을 주는 실질적인 효용성이 아니라 굉장히 어려운 효용성이잖아요. 현실을 변화시키거나 사람들의 영혼을 구원한다는 식으로 계속 의미를 찾다 보면 부딪힐 수밖에 없죠. 정작 작가가 된 뒤에는 그렇게 부딪혀 왔던 것 같아요. 불행히도 영화를 하면서도 달라지지 않았고요. 저는 그게 불행이라고 생각해요. 왜냐하면 영화를 위해서 영화를 만들어도 되거든요. 한국만이 아니라 전 세계적으로 대부분의 감독들은 영화를 위해서 영화를 만들어요. 흥행이든 자기만족을 위해서든. 근데 저는 딴생각을 하고 있는 거예요. 한 발 나아가야 할 때 늘 상 스스로를 돌아보는 거죠. 그러니까 저한테는 불행이죠. 이야기꾼은 틀림없는데 뭐랄까, 저주받은 이야기꾼이랄까. 이 저주는 시대의 저주예요. 어쩔 수가 없어요.

제가 마지막으로 인터뷰할 당시의 감독님은 문광부 장관이셨어요. 그때 영화로 다시 돌아오기까지 영화에 관한 근원적인 고민을 심화시킬 것이고 상당한 스타일 변화가 있을 거라고 예견되었는데요. 그 답으로서의 〈밀양〉은 여러모로 상당한 도약을 이루었다고 생각됩니다. 그 시기 어떤 고민을 가장 많이 하셨나요?

공직을 그만둘 무렵에 글을 써야겠다고 생각했어요. 영화 만들기 전에 소설을 쓰자. 왜 그런 생각이 들었나? 정치라는 것은 말을 하는 직업이에요. 특히 장관이라는 직책이 하는 일은 이렇게 하겠다고 약속하거나 실행하거나, 그게 다 말로 이루어지죠. 그러니까 매일같이 말을 하는 거예요. 내 말이 신문에 나기도 하고 공격받기도 하는데 그 말을 굉장히 정확하게 써야만 되거든요. 요즘은 안 그런 정치인들도 많지만요. 그런데 내가 하는 말이 과연 정직한가, 진실한가 그런 생각이 드는 거예요. 내가 거짓말을 한다는 뜻이 아니라, 정치적 말이라는 게 그 말의 의미가 너무도 정확하게 전달되고자 하지만, 사실은 그게 진실은 아니거든요. 언어에 대한 본질적인 생각이랄까, 원래 아는 이야기지만 새삼스러운 깨달음을 경험한 거죠. 정말로 진실한 말은 있는 그대로가 아니라 에둘러서 해야 하고, 그래서 메타포도 이야기도 필요하다고 생각했는데, 그것을 정확하고 직설적인 정치 언어를 사용하면서 좀 더 강하게 하게 된 거예요. 나가면 소설을 써야지, 지어낸 이야기를 해야지만 내가 좀 정화가 되겠다고 생각했죠.

실제로 2004년도에 공직을 마치고 몇 달간 소설을 썼어요. 근데 작가였을 때처럼 여전히 잘 안 써지는 거예요. 다시 영화로 돌아가야지 해서 〈밀양〉으로 넘어오게 된 건데 그 과정이 저한테는 좀 근원적인 것을 생각할 계기가 됐던 거죠. 이청준 원작의 『벌레 이야기』가 결합된 과정도 그래요. 오래전 80년대 후반에 『외국문학』이라는 계간지에서 그 단편을 읽고 광주 이야기 같다고 생각을 했어요. 영화를 하겠다는 생각조차 안 했을 때니까 그냥 독자로서 그 이야기가 제 속에 들어온 거죠. 사실 그 이야기 속엔 광주의 광자도 안 나오잖아요. 그런데 그걸 읽으면서 내가 그냥 자연스럽게 광주를 떠올렸잖아요. 용서를 둘러싼 이야기들이 실존적인 주제만이 아니라 우리 모두의 보편적인 정서이고 당대의 현실을 살아온 한국인이라면 자연스럽게 느껴지는 게 있었던 거죠. 굉장히 근원적인 이야기처럼 느껴졌어요. 아마 제 속에서 자연스럽게 자랐을 수도 있는데, 조금 전에 말한 공직의 경험에서 얻은 언어에 대한 고민도 결합되면서 그 이야기를 해야겠다고 생각했던 것 같아요.

〈밀양〉은 고통에 대해서 한국영화 사상 유례없이 깊숙이 다룹니다. 이때 다룬다는 표현은 두 가지로 작동합니다. 먼저 서사적으로는 여주인공이 고통의 심연으로 들어가 의미와 무의미 사이에서 치열하게 싸웁니다. 그와 동시에 형식적으로는 고통을 재현한다는 게 정당한가라는 질문을 경유하며 묻습니다. 타인의 고통을 이해한다는 게 가능한가? 왜 그 타이밍에 '고통의 문제'였나요?

PRIX D'INTE
MININE
CINEMA SERVICE PRÉSENTE EN ASSOCIATION AVEC CJ EN
ACCESSOIRISTE JANG SUK-HOON ET PARK JI-HOON SON STEVE R. SE
MONTAGE KIM HYUN DÉCORATEUR SIHN JEOM-HUI ECLAIR/
PRODUCTEURS ASSOCIÉS KIM JOO-SUNG NA HYO-SEUNG PROD

개인적으로는 저도 아이를 잃은 고통을 경험했기 때문에 아마 그 이야기에 무의식적으로 끌렸을 거예요. 그 이야기를 해야겠다고까지 생각하지는 않았지만 적어도 이제 그 고통, 그러니까 아이를 잃은 신애의 고통이 어떤 느낌인지 어떤 아픔인지 저도 이해할 수 있다는 점을 기본적으로 갖고 있었죠. 만약 제가 그런 경험을 갖지 못했다면 쉽게 그냥 피상적으로 그렸을 수도 있어요. 사실 작가로서의 자의식이라 그럴까, 저도 학습했다고 말할 수 있는데 젊은 시절부터 작가들에게는 그런 자격지심이 있어요. 내가 모르는 이야기를 쉽게 할 수 있는가? 70~80년대는 특히 작가들한테 그런 원칙이 컸죠. 그 당시의 현실적인 문제들, 이를테면 노동 문제 또는 광주에서의 문제 등을 경험 안 해 본 사람이 어떻게 하지? 그들을 내가 감히 대변할 수 있나? 그래서 사실 취재도 하고 실제로 가서 일도 해보지만 항상 그 벽이 있었거든요. 일종의 내부 검열이죠. 우리 세대에게는 아주 개인적인 고통의 문제도 함부로 상상할 수 없다는 자의식이 있는 거죠.

내가 아는 고통이긴 하지만 일단 영화에서는 신애의 고통이기 때문에 신애가 너무 힘들어할 때의 묘사, 그 고통을 지켜보는 카메라의 위치 또는 거리 등 〈밀양〉은 그런 하나하나가 찍는 사람의 배려를 통해서 고통의 크기가 더 강력해지는 영화였거든요.

고통이라는 게 사실 만만한 문제가 아니죠. 사회나 국가나 어떤 집단이든 어떤 측면이든, 사람이 살아가는 관계에 있어서 타인의 고통을 이해하는가 이해하지 못하는가는 거의 기본적인 문제예요. 인간 사회의 거의 모든 문제가 어쩌면 거기서 출발하는지도 몰라요. 굉장히 강력한 고통을 체험하고 나면 그 질문을 피할 수가 없거든요. 제가 그걸 직접 경험해보니, 아무도 도와줄 수가 없는데 사람들이 다가와 위로를 해요. 그럴 땐 당신은 내 고통을 모르잖아 이런 생각이 들어요. 그냥 위로해 주는 사람이 미운 거예요. 그냥 입에 발린 말로 하면 더 밉지만, 그냥 막 자기가 이해하듯이 해도 미워요. 이게 나와 타인의 관계인 거예요.

제가 그렇게 고통에 빠져 있을 때, 교사 생활을 하던 학교로 한 학부모가 오셨어요. 제가 담임을 맡은 아이의 형이 심장병 수술 중에 사망했는데 그 학부모였어요. 그 아이도 죽은 지 얼마 안 됐는데 일부러 오신 그분이 이렇게 말하는 거예요. "선생님 어쩌다 우리가 한배를 탔네요." 그 말이 뭐랄까, 좀 잔인하지만 위로가 됐어요. 그 배는 말하자면 저주받은 배예요. 저주 받은 사람들이 타는 배. 그러니까 타인의 고통에 공감하거나 타인의 고통이 본질적으로 내 것이 안 된다는 문제가 인간의 문제가 돼요. 타인의 고통을 어떻게 이해하는가는 그만큼 중요하고 본질적이죠. 어쨌든 그런 생각이 영화적 문법으로 〈밀양〉의 모든 것에 작용할 수밖에 없었어요. 단순하게 말하면 카메라의 위치, 고통을 겪는 사람을 관객들에게 보여주는데 어디에서 어떻게 보여주느냐가 항상 문제가 된 거죠. 영화에서 고통을 겪는 사람을 보여줄

때 그걸 고통이라는 생각 없이 보여주는 경우가 많잖아요. 대부분 자극적으로 폭력적으로 그리잖아요. 그 자극이나 폭력이 문제가 되지 고통이 문제 되진 않잖아요. 하지만 〈밀양〉은 고통을 보여줘야 하고 그것이 목적이라기보다는 의도였어요. 그래서 매 숏마다 고통을 겪는 사람을 어떻게 봐야 하는가가 문제였죠.

인물의 내면이나 심리는 비가시적인 차원이라서 보이는 것에 엄격한 리얼리스트들에게는 상당한 도전이 됩니다. 전적으로 신애의 내면에 의존하는 〈밀양〉의 서사는 전도연 씨에게도 어려운 과제였을 것 같아요.

사실 표현하는 걸 못 하게 하면서 느끼라고 하니까 전도연 씨가 많이 힘들어했죠. 그 느끼는 감정이 보통 감정도 아니잖아요. 또 본인도 힘들게 연기하는데 감독 얼굴은 항상 어두운 거예요. 예를 들면 〈박하사탕〉에 물고문 장면이 있었죠.? 남영동 보안사에서 고문받은 적 있는 친구를 데려다 놓고 고증을 받아 가며 오픈 세트 안에서 재현해 찍었거든요. 그런 장면을 찍을 땐 모든 배우나 스태프들의 분위기가 가라앉아요. 즐거운 마음으로 할 수는 없잖아요. 영화를 만드는 제 방식이 약간 그런 측면이 있는 것 같아요. 그때 그 친구가 촬영 내내 숨을 못 쉬겠다고 했거든요. 자기는 경험자이지만 어느 정도 심리적인 거리를 뒀는데 스태프들은 몰입해 있으니까요. 〈밀양〉은 앞부분을 제외하고는 계속 그랬던 것 같아요. 많이 힘들었어요.

〈밀양〉의 인물은 감독님 영화 중에서 유례없이 복잡해집니다. 주인공 신애는 이창동이 빚은 인물 군상 중 최고봉일 정도로 히스테릭하고 시니컬하고 분열적입니다. 인물이 이렇게 복잡해진 이유가 있을까요?

영화 여섯 편밖에 안 만들었지만 〈밀양〉의 신애가 가장 복합적인 인물인 셈이죠. 그게 여자인 까닭도 있다고 생각했어요. 앞의 영화 세 편은 남자가 중심이었죠. 이것도 편견이라고 말할 수도 있겠지만 난 사실 그렇게 믿거든요. 여자가 남자보다 훨씬 복잡하고 복합적이고 미묘하고 예민하다고. 그래서 여성 캐릭터로서의 스펙트럼이랄까, 그 성격이 가지는 스펙트럼을 한번 탐구해 보고 싶었어요. 깊이도 깊이지만 저한테는 개인적으로 그런 것도 있었어요. 또한 이야기꾼으로서 아주 단순하게 말하면 이게 가장 단순한 원형의 이야

기, 인간과 신이 싸우는 이야기라고 여겼죠. 그리스 신화처럼. 그런데 남자가 아니고 여자가 싸운 이야기이기 때문에 영웅이 신과 싸우는 것보다 훨씬 다른 방식으로 더 인간적인 방식으로 싸우게 될 거다 그렇게 생각을 했죠.

〈밀양〉의 단 하나의 지배적인 이미지가 신애의 뒷모습일 정도로 신애의 캐릭터는 불투명성도 상당히 내포하고 있습니다. 그 비율은 어느 정도로 상정하셨나요?

그 여자의 뒷모습이 저한테는 굉장히 의도적이었어요. 어쨌든 첫 장면부터 전화하는 뒷모습으로 시작하고 오프닝 끝나고 나면 신애가 전단 붙이러 가는 모습을 카메라가 약간 위에서 부감으로 따라가거든요. 어쨌든 이 여자가 갖고 있는 인물로서의 이미지, 말로 설명하는 이상의 것이 영화의 이미지라는 전제하에서 말한다면, 그 이미지가 어깨, 약간 목 주변과 쇄골의 느낌 등 여성 인물로서의 이미지가 함축하는 게 굉장히 클 거라고 생각했죠. 또 실제적으로 고통이 심한 인물의 얼굴을 계속 보여주기는 힘들어요.

〈밀양〉은 처음 볼 때는 전적으로 신애의 이야기 같지만, 거듭 볼수록 신애의 폭주에 균형을 맞추는 종찬의 이야기로 느껴집니다. 그것은 마치 신애라는 사건 혹은 드라마를 잉태한 현실이나 일상의 의인화처럼 보이기도 합니다. 물론 이런 캐릭터는 이창동 감독만의 시선과 리얼리티, 그리고 송강호 배우의 활력이 더해져 만들어진 예외적인 경우일지도 모릅니다.

송강호 씨는 굉장히 동물적이랄까, 신기할 정도로 정확한 직관을 갖고 있어요. 그는 〈초록물고기〉 때 조연을 했고 그 뒤에 다른 영화에서 조연을 거치긴 했지만 계속 주연만 했거든요. 그러니 〈밀양〉처럼 비중이 두 번째로 된 영화는 굉장히 오래간만에 하는 거예요. 캐스팅 제안을 받았을 때 싫어할 수도 있었죠. 다른 배우가 너무 세니까 본인은 가릴 수도 있고 배역도 뭐 하는 것도 없으니까. 그런데 시나리오를 읽은 송강호 씨가 농반진반으로 이건 종찬의 영화라고 했어요. 사실 밀양이라는 공간 또는 밀양 사람들, 그 모든 걸 합한 밀양의 의인화된 인물이 종찬이죠. 송강호 씨는 시나리오를 보고 그걸 정확하게 직관적으로 알고 있었고 굉장히 좋아했어요. 사실은 〈우아한 세계〉하고 촬영이 겹쳤어요. 절대 겹치기 출연을 안 하는 배우인데 본인도 하고 싶어 했고 나도 꼭 필요해서 3분의 1쯤은 겹쳤을 거예요.

교회 앞에서 주차 안내하던 종찬이 삐딱하게 세워놓은 차에 막 욕하는 장면이 있어요. 그러다가 차 주인이 나타나서 "너 여기서 뭐 하노" 하니까 종찬이 "주차 안내한다 아입니까" 그러면서 어쩌고저쩌고하다가 차 출발할 때 "언제 술 한 잔 사주실랍니까?" 하는 종찬이 손에 든 주차 안내봉을 빙글빙글 돌려요. 저는 그게 되게 절묘한 거라고 생각해요. 말하자면 그 인물로서 하는 별 거 아닌 행위야말로 정확하게 필요한 거라는 거죠. 놀라운 건 송강호 씨가 그걸 계산해서 한다는 거고, 그 계산은 머리로 하는 게 아니라 몸으로 하는 거고 배

우로서의 어떤 본능에 의한 것이죠. 〈밀양〉이 고통을 다룬 영화인 만큼 현장 분위기가 무거웠는데 종찬이라는 캐릭터, 송강호라는 존재가 있어서 나도 그나마 숨을 쉴 수 있었죠. 송강호 본인도 알아서 그런 치어리더의 역할을 현장에서 했고요. 전도연 씨가 너무 힘들어하니까 풀어주는 역할도 했죠.

〈밀양〉과 〈시〉는 인물과 상황의 관계가 대차대조표 같다는 생각도 듭니다. 〈밀양〉은 인물의 복잡성이 상황의 단순성과 충돌하는 영화이고, 거꾸로 〈시〉는 인물의 단순성이 상황의 복잡성에 반응하는 구도입니다. 전자는 인물의 내면 묘사가 중심핵이므로 신애의 감정들이 다채롭게 열리지만, 후자에서 미자의 내면은 치매 초기로 차단되면서 (늘 애매하게 웃는) 표면처럼 다루어집니다.

미자라는 캐릭터가 어떤 인물인가는 참 알기 어렵죠. 나이가 60대 중반인 사람이고요. 그만큼 인생을 경험한 어떤 부피가 있잖아요. 그러니까 쉽게 이런 사람이야라고 말하기가 어렵죠. 결국은 미자가 어떤 사람이냐는 미자가 하는 행동을 보고 받아들일 수밖에 없는데 그 행동 범주라는 게 한계가 있잖아요. 간병인의 삶을 사는 가난한 할머니. 그나마 시를 배우려고 하는 새로운 모험을 하는 할머니. 그러니까 미자의 내면은 결국은 마지막에 미자가 쓰는 시 한 편으로 우리가 짐작할 수밖에 없을 거라고 생각했어요. 그 기준 속에서 가급적 현실적이고 일상적인 모습으로 관객이 미자에 대해서 어떤 인물일까 생각하게 해야지 내가 뭘 드러내는 것은 피해야 한다는 원칙이 있었죠.

복잡한 인물을 통해 심오한 질문을 끌어들이는 영화와 단순한 인물을 통해 심오한 질문을 끌어들이는 영화는, 어느 쪽이 더 힘들까 혹은 어느 쪽이 더 효과가 있을까 그런 궁금증이 있습니다.

어느 쪽이 어떻다고 말할 수는 없지만 〈밀양〉이 훨씬 더 힘들었어요. 고통에 대한 영화이니까 배우가 먼저 고통을 받아야 되고 내가 고통받고 그다음에 관객에게 그 고통을 전달해야 되잖아요. 그 과정 전체가 굉장히 힘들었지만 〈시〉는 촬영하는 동안에 그렇게 고통스럽지는 않았어요. 물론 〈시〉의 내용도 고통스럽지만 직접적으로 그걸 표현하지는 않았으니까요. 또 이런 측면도 있어요. 〈초록물고기〉부터 저는 이야기꾼으로서 가능하면 쉽고 단순한 이야기를 하고 싶었어요. 왜 내 이야기는 늘 이렇게 복잡해지지 이런 생각을 했어요. 그래서 쉽고 단순한 이야기를 해야겠다고 생각하고 〈시〉를 그나마 단순한 이야기로 시도한 거예요. 그게 작용을 했을 겁니다. 비교적 단순한 인물과 단순한 서사를 따라가면서 시 낭송회나 시 창작 과정의 고백 같은 장면들, 영화 속의 상황이 아니라 관객한테 직접 시를 강의하고 직접 고백을 하면서 현실과 영화의 경계를 깨려는 시도를 했지만 전체적으로는 단순성이 중심이었죠. 저도 이야기가 단순하면서도 힘이 있는 이야기가 최고라고 생각합니다.

〈밀양〉 촬영 때 그 도시에서 실제로 발생했던 십 대들의 집단 성폭행 사건은 〈시〉의 잉태에 어떤 식으로 영향을 미쳤습니까?

밀양의 그 사건은 촬영 때 발생한 게 아니고 시나리오 작업 때였죠. 거의 초고가 나왔을 때 그 사건이 터져 굉장한 충격을 받았어요. 제목이 '밀양'이잖아요. 이청준 선생의 『벌레 이야기』에서 출발했지만 제가 선택한 공간이 밀양이잖아요. 여기서 이야기하려는 것이 우리가 사는 세상에 고통이 왔을 때잖아요. 그 세상이 밀양이라는 것이고 가공의 유괴 사건이 발생했다는 설정인데, 실제로 그 현실 공간에 유괴 못지않은 고통을 주고 추악하고 이 세상에 대한 질문을 던지는 사건이 일어났잖아요. 그때부터 저걸 놔두고 이걸 해야 되나, 사실 다른 영화감독 같으면 안 할 고민을 하게 된 거죠. 제가 80년대부터 들었던 병이 있기 때문에 자연스럽게 그런 고민을 할 수밖에 없었어요. 항상 창작을 현실과의 관계 속에서 생각하니까 정말 고민을 많이 했어요. 한번 이야기를 써보기도 했어요. 〈밀양〉 안에서 그 이야기로. 근데 안 되겠더라고요. 꾸려놓은 스태프들도 기다리고 있고요. 그래서 이건 다음으로 넘기자 해서 〈시〉로 접목됐고요. 〈밀양〉 촬영도 한 두 달 늦춰졌죠. 제가 겪었던 고민은 연출부나 제작부가 알아도 사실은 이해할 수 없을 거예요. 말은 뭐 그런가 보다 하지만 이해되는 건 아니죠. 영화가 현실과 어떤 관계를 갖는가, 제 고민을 어디서 얘기한다 해도 이해받기 어렵다는 걸 알아요.

그리고 보면 감독님 영화에서 남성 집단이 모인 장면은 늘 한국 사회의 축도 같으면서 모종의 불안감을 제공합니다. 〈시〉의 중학생 6인방과 학부모 아버지들, 〈버닝〉에서 여자를 끼고 모이는 벤의 친구들, 〈밀양〉에서도 음담패설을 공유하는 종찬의 카센터에 모인 무리들은 물론 납치범의 협박을 수행하는 신애를 지켜보는 택시 기사 4인까지도…. 혹시 그 느낌을 의식하면서 연출하는 건가요?

의식을 분명히 하지는 않았지만 무의식적으로는 작용을 했을 거예요. 왜냐하면 제가 그동안 하려던 프로젝트에 거의 3부작이라고 할 만한 이야기들이 있었는데 그게 다 대여섯 명 정도의 한국 남자 집단이 나오거든요. 그 친구들이 어릴 때, 십 대 초반, 청년들, 더 나이 든 중년의 모습으로 나와요. 저는 집단화된 한국 남자들의 변화랄까, 그들의 동료 의식과 묘하게 서로 어울리면서 주고받는 그것들이 한국 사회의 어떤 중요한 부분을 드러내고 있다는 생각을 늘 하고 있으니까요. 지금 말씀하신 그 장면들 속엔 그런 무의식이 분명 있었겠죠. 또한 〈시〉의 그 남자애들 6명도 숫자도 중요했고, 서울이 아닌 경기도의 어떤 소도시에 사는 학부모, 그 아이들의 아버지들도 복덕방에 모여 자장면도 먹으면서 새로운 우정을 쌓잖아요. 그게 한국의 남성들이 살아가는 삶의 방식인 거죠.

강물을 떠내려온 소녀의 시체 옆에 '시'라는 제목(감독의 필체)이 새겨집니다. 이는 여러 의미로 해석할 수 있지만, 소녀의 몸이 뒤집힌 상태라서 언젠가는 이 소녀의 얼굴을 보며 시가 완성될 것이라는 예감을 갖게 됩니다. 감독님의 오프닝은 늘 엔딩과 함께 이야기할 때 완전해집니다. 〈밀양〉에서 올려다본 하늘의 오프닝도 머리카락 날리는 땅바닥 엔딩에서 다시 한번 환기되고, 〈버닝〉의 오프닝에서 배달 짐을 짊어진 남자의 뒷모습은 살인을 저지른 후 피 묻은 옷을 벗은 채 떨고 있는 주인공의 앞모습으로 끝납니다. 서사와 형식의 여러 지점이 변해도 수미상관의 범주는 그대로인 것 같습니다.

제가 의도하는 범주는 아니에요. 다만 제 상상력의 어떤 관습이랄까 그런 건 있는 것 같아요.

2시간 영화라는 것도 이야기를 출발시키면 어느 선에서는 끝내거나 아니면 훨씬 더 확장되길 바라게 되지요. 우리 이렇게 해서 이 고통을 현실로 가져가길 원해, 그런 의도는 얼마든지 전달되는데, 항상 감독님이 출발시켰던 이야기들은 어떤 범주 선까지 도착해서 잘 마무리하는 느낌이 있어서 그걸 여쭤보는 겁니다. 이를테면 다르덴 형제는 그럴까 봐 그 전에 확 끝내버리거나 아니면 멋진 마무리를 피해서 그 직전에 멈춰버리거든요.

지금 무슨 말씀하는지 알겠어요. 그래서 어쩌면 제 영화가 문학적이라고 말할 수도 있겠어요. 어떤 의미화를 시킨다고 할까 그렇게 느껴지는 거죠. 그래서 제 사고의 관습일지도 모르겠다고 하는 거예요. 저 나름대로는 그렇게 해야 완성된다고 생각하니까. 저도 생각해 볼 문제네요. 수미상관이라는 것은 이야기가 열린 결말이냐 아니냐와는 상관없거든요. 어쨌든 형식적으로 수미상관이라는 거예요. 그렇게 하는 게 더 효과적이고 관객들이 어떤 의미를 받아들이는 데 더 유용할 수도 있겠다는 생각에서 한 건데, 그게 저의 관습적인 사고일 수도 있겠다는 생각이 드네요. 저는 이런 이야기 처음 들었거든요. 사실 이야기의 마무리라는 건 안 해도 되는 건데요. 그런데 이럴 수도 있어요. 저도 요즘 영화들 갑작스럽게 끝내버리는 방식은 아주 좋다고 생각해요. 항상 좋은 건 아니겠지만. 그러기엔 제가 앞에서 너무 많이 펼쳐놨는지도 모르겠어요. 약간 갑자기 끊기에는 너무 무책임해질 수도 있을 것 같아요. 그러니까 이게 저의 방식이라는 거예요. 나도 의식하지 못하는 어떤 방식.

시를 처음 쓰는 할머니가 그렇게 멋진 시를 써서 마무리할 거라는 생각을 못 했기 때문에 해본 질문이에요(웃음). 〈시〉의 분위기는 확 열려진 상태에서 끝나는 줄 알았거든요.

〈시〉는 이런 질문을 할 수는 있어요. 오프닝에서 물에 떠내려온 그 소녀가 마지막에 보이잖아요. 그 소녀를 굳이 보여줘야 하는가? 사실 그 얼굴을 보여주는 것은 편집 마지막 순간까지 고민했던 거예요. 보여주지 말자고 이야기한 사람들도 있었어요. 저도 보여주는 게 좀 더 직접적이고 설명적이라는 것도, 보여줌으로써 오히려 뭔가를 해친다는 것도 알고 있었죠. 그래도 나는 보여줘야 한다고 생각했어요. 설사 영화적으로 미학적으로 불필요한 효과를 가져온다고 해도 보여주고 싶었어요. 이건 영화적이거나 도덕적인 문제라기보다는 어떤 집착 같은 거죠. 그때 사람이 피해자 얼굴을 한 번은 봐야지 이런 생각이 든 거예요. 뒷모습 보고 끝내면 깔끔해질 수 있고, 얼굴은 상상하라고 할 수도 있지만 여기까지 따라왔는데 왜 얼굴을 안 보여줘? 제가 고집을 부릴 수밖에 없었어요. 관객들이 어떤 느낌을 받든 한번 봐라 이 얼굴을. 이런 소녀였고 이런 표정이었고 이런 얼굴이었다. 여기서는 영화 미학이고 뭐고 없다, 일단 보여줘야 한다. 기분 나빠지더라도 할 수 없다. 그러니까 구조의 문제는 아니죠. 수미상관은 맞고 시작과 끝을 강으로 처리하면서 형식적으로 맞춰놨죠. 처음에 강물이 올 때는 관객이 무심하게 봤다 하더라도 마지막 강물의 물결을 볼 때는 다른 생각을 갖고 보기를 바랐고, 그 감정이 변화한 만큼 뭔가 관객한테 전달된 것일 거라고 생각을 했으니까 수미상관은 확실하죠.

전체적으로 〈시〉의 숏들은 단순하면서도 명료한 방식으로 대상을 담고 있습니다. 시의 속성인 아름다움과 느낌을 이창동식 기준으로 필터링하기 위해선 상당한 감별이 필요했을 것 같은데요. 카메라가 그냥 담아도 아름다운 이미지는 많으니까요.

그 고민이 기본이지만 답이 없는 고민이기 때문에 복잡하게 답을 찾으려고 하면 촬영을 할 수가 없어요. 가장 단순한 방식을 택했죠. 가장 일상적인 것, 가장 꾸며지지 않고 연출되지 않은 있는 그대로의 일상을 담는 것. 그러면서 구도가 잡히거나 의도가 들어가면 배제하고 이런 방식이었죠. 하지만 사실 지금 이야기하는 이런 것들이 논리적으로는 뭔 말인지 알지만 몸으로 이해하기는 쉽지 않아요. 어떤 촬영감독이든 카메라 렌즈를 갖다 대고 그걸 구현해 낸다는 것은 쉽지 않

거든요. 그리고 나도 이건 아니다라고 말을 할 수는 있지만 이건 맞다라고 말하기는 어려워요. 이렇게 저렇게 해라 말하기는 어려워요. 왜냐하면 그건 해 봐야 아는 거고, 나도 알고 하는 게 아니기 때문이죠. 차라리 멋있게 꾸미고 구도가 있고 뭔가 자극적인 것은 주문할 수가 있어요. 근데 이게 맞냐 아니냐는 굉장히 미묘한 차이거든요. 다행히 〈시〉의 김현석 촬영감독이 한예종 출신이고 우연히도 제가 입학 면접을 봤던 사이라서 서로 편하게 작업했다고 생각해요. 저도 사실 모르는 답을 찾는 거잖아요. 이 친구가 카메라를 잡아놓고 이렇게 할까요 그러면 내가 좀 밀자 조금 당기자 이런 이야기를 해요. 사실 그 미묘한 차이라는 것은 누구도 모르는 거예요. 그냥 감이죠. 그동안 숏의 감각으로 〈시〉를 얘기해주신 분은 별로 없었어요.

미자의 노트를 클로즈업하는 숏의 활용을 극찬한 평자들이 많았어요. 때로는 시구가 쓰이고 때로는 협박 문자가 쓰이다가 갑자기 빗방울이 들이치는 노트에서 예리한 숏의 물질성을 보았다는 거죠. 내러티브 흐름을 툭 끊고 들어와 숏 자체를 감각적으로 체험하게 만드는 그 노트의 단독 숏들은 사실은 단순한 클로즈업이 아니죠. 미자의 손에 들려 있거나 어깨 너머로 보이는 디제시스 숏이 아니라 (촬영 중간에 혹은 나중에) 부감으로 따로 찍힌 숏으로서 그 프레임 자체가 영화 프레임과 일치하는, 창작자의 강력한 의지를 보여주는 숏이거든요.

그 장면은 후반 작업 때 찍었어요. 현장에선 그렇게 안 찍히니까 따로 찍었죠. 물방울 떨어지는 그 느낌은 쉽게 나오는 게 아니거든요. 여러 번 해야 나오는 거죠. 그 장면은 촬영이 다 끝나고 편집도 어느 정도 된 뒤에 충무로의 카메라 대여하는 사무실 2층에 올라가서 물을 뿌려가면서 찍었어요. 그러니까 굉장히 의도적인 거죠. 짐작하셨다시피 그 노트가 미자의 내면이면서 진정한 아름다움을 찾는 과정이고, 어떤 언어가 쓰여지는데 그 글씨 자체가 주는 느낌이며, 시구절이고 협박하는 문자이기도 하죠. 그런데 그걸 넘어서 시란 떨어지는 빗방울에 못 당한다는 걸 시각적으로 보여주고 싶었고요. 여기서 뭘 보여주냐 할 때 그게 중요하다고 생각한 거죠. 뭐 대단히 멋있어서가 아니라 물질성이라고 이름 붙일 수도 있겠지만 어쨌든 우리가 봐야 하는 것, 영화가 보여줄 수 있는 것이 그런 거라고 생각한 거죠. 그리고 제목이 〈시〉이기 때문에 시는 소리 내서 읽고 귀로 들을 수 있지만 우리가 통상 알고 있는 시는 글씨로 쓰는 시, 언어 그 자체로 쓴 사람의 필체가 드러나는 점, 또 한편으로는 무성 영화의 자막 같은 느낌도 주고 싶었죠.

할머니 미자의 치매라는 설정은 지극한 리얼리스트 감독의 핍진성이었겠죠? 손자의 범죄에 대한 대속으로서의 죽음은 자칫 과잉이 될 수도 있으니까요. 그리고 도덕적 곤경 면에서는 급진적 방식을 택한 봉준호의 〈마더〉와 비교하는 평도 있었어요. 저는 양육자라 해도 엄마와 할머니의 차이는 있다고 보지만요.

왜인지 설명하기는 어렵지만 엄마보다 할머니여야 된다고 생각했어요. 처음에 실제로 있었던 밀양 집단 성폭행 사건을 갖고 이야기를 구상할 때 몇 가지 틀을 고민했거든요. 흔히 그런 사건을 다루는 서사에서 생각할 수 있는 설정으로는 학교 선생, 형사, 기자의 시점일 수가 있고 엄마의 시점일 수도 있잖아요. 근데 계속 고민하다가 다 아닌 것 같았는데 갑자기 할머니가 떠오른 거죠. 시를 배우는 할머니! 그러니까 시라는 제목 또 시를 배우는 할머니, 치매로 단어를 잊어가는 할머니가 동시에 떠올랐어요. 그게 천재적으로 동시에 떠올랐다는 게 아니라 고민의 과정이 굉장히 길다 보니 갑자기 뚫리면서 직관적으로 그렇게 된 거죠. 할머니일 수밖에 없다는 건 가해자 엄마보다는 이 고리가 조금은 느슨해야 한다고 생각했기 때문이죠. 그다음에 단순한 이야기로서 시를 쓴다는 것이 일생일대의 모험이 되는 주인공의 이야기라고 한다면, 이제 그 모험은 굉장히 어려운 목표를 이루려는 어리석은 자의 이야기가 될 텐데, 그게 무모해지면 무모해질수록 그 모험이 강해지는 거잖아요. 그렇게 시를 쓴다는 게 하나의 모험이 되려면 이 여자에게 가장 어려운 게 단어를 잃어가는 상황이겠다, 이런 요소들이 그냥 직관적으로 떠올랐던 것 같아요. 그래서 할머니여야 하고 치매에 걸려야 하고, 내가 시를 쓰는 게 도덕적으로 윤리적으로 말이 되는가, 아름다움과 윤리가 어떤 관계에 있는가, 이게 다 한 덩어리인 거예요. 분리될 수가 없었던 거죠.

감독이 원컨 원치 않건 프레임 바깥으로 확장해 갈 수밖에 없는 운명적인 영화들도 있지요. 〈시〉에는 한국 사회의 심연을 뒤흔든 두 개의 실제 사건이 겹쳐져 있습니다. 하나는 소재의 일부로 차용된 밀양 청소년 집단성폭행 사건이고 다른 하나는 이 영화의 주제와 공명을 일으킨 노무현 대통령 사망입니다. 누군가의 고통에 가해자로서 연루된 자에 대한 영화인 〈시〉는 자신의 타이밍을 어떻게 받아들여야 할까요?

개인적으론 그렇게 해석되는 게 좋지 않았어요. 드러내놓고 말할 수는 없었지만요. 어쨌든 〈시〉는 도덕적인 질문을 하는 영화잖아요. 어떤 억울한 죽음에 대한 공감을 보여주는 거란 말이죠. 그러니까 사람들이 그 영화를 보고 공감을 하면서 떠올리는 억울한 죽음이 있겠지요. 성폭행에 희생당한 소녀일 수도 있고 다른 수많은 고통받는 문제들이 있을 수 있는

데, 그 당시 사람들을 보편적으로 사로잡고 있었던 것은 노무현 대통령의 죽음이었다는 거잖아요. 그건 당연한 현상이었어요. 물론 〈시〉가 그렇게 해석되는 건 반대하지만 심지어 저는 1~2년 뒤인가 봉화 음악제에서 그 시를 낭송하기도 했어요. 너무 직접적으로 연결되는 것이라서 싫었지만 사람들이 그렇게 느낀다는 데 뭐 어쩌겠어요. 그건 너무 자연스러운 것이고 영화와 관객과의 폭을 좁힐 수 있다고 생각한 거예요. 노무현 전 대통령의 죽음에 대한 감정적인 거리는 제가 다른 사람보다 훨씬 더 가깝죠. 그럼에도 불구하고 그걸 의도하지는 않았어요. 이야기를 쓸 때 그렇게 해석될 수도 있겠다고 생각했고, 시나리오 모니터링 과정에서 연출부들도 그 이야기를 했어요. 최대한 그렇게 해석되지 않도록 의도하고 조심했지만 막을 순 없었던 거예요. 그 일은 2009년에 일어났고 영화 개봉이 2010년 5월이었어요. 사망 1주기도 5월이었거든요.

영화 속에 등장하지 않지만 구조적으로 가장 중요한 역할을 하는 '생략의 시퀀스'가 감독님 영화에서 점점 더 강력한 힘을 발휘하고 있습니다. 〈밀양〉에선 유괴란 사건 자체의 구조는 아예 찍지 않았고, 〈시〉에선 중학생들의 집단 성폭행과 미자의 결단이 누락되었고, 〈버닝〉에선 해미의 실종 이후는 완전 삭제됩니다. 단지 서사의 공백이라고 부르기엔 의미가 너무 크고, 각각의 자리에서 영화의 구조를 결정짓는 역할을 하기도 하는데요. 이런 생략의 시퀀스는 무엇을 기준으로 결정되나요?

〈밀양〉은 아이를 잃은 엄마의 시점을 따라가기 때문에 그 엄마가 경험하는 사건의 전말과 그 경험의 디테일이 그런 식일 거라는 거죠. 그 전후의 사정은 어땠고, 그날 아침에는 애가 어떤 모습이었다는 식의 엄마의 시점, 엄마의 기억, 그렇게 엄마가 경험하는 엄마의 감정에만 충실하려고 했어요. 〈시〉는 좀 더 의도적이었어요. 결국 관객에게 일상에서 경험하는 도덕률을 질문하기 위해서는 내가 다 보여주고 다 들려주는 게 아니라 공백을 만들어야겠다고 생각한 거죠. 형식적으로는 중세 시대의 모럴 플레이 같은 거죠. 주로 교회에서 했던 일종의 교훈극인데 어떤 상황을 설정한 후 두 가지 선택지를 주는 거예요. 예를 들어 길 가다가 돈을 줍게 되었을 때 이렇게 해도 되고 저렇게 해도 되는 것처럼. 하지만 영화에선 선택지를 보여줄 수가 없죠. 두 개를 보여주기 힘들잖아요. 그래서 그 선택을 모럴 플레이처럼 관객에게 맡기는 건데 저는 그걸 블랭크로 만들고 싶었죠. 그 사이에 어떤 일이 있었을까? 미자가 손자를 경찰에 신고했을까 안 했을까, 미자가 자살을 했을까 어떻게 됐을까. 그 블랭크는 관객이 채울 수밖에 없잖아요. 반면 〈버닝〉은 미스터리 자체가 목표였어요. 미스터리는 당연히 빈 자리가 있을 수밖에 없죠. 그런데 보통의 미스터리는 그 빈 자리를 채워주잖아요. 결국 이렇게 됐고 범인은 누구이고 이런저런 동기로 범행이 일어났다고 설명해 주잖아요. 근데 〈버닝〉은 미스터리 자체가 주제이자 목표였고 관객에게 던지는 이

세상에 대한 질문이었기 때문에 채워지지 않는 빈자리를 만드는 게 중요했죠.

근데 그걸 다시 여쭤보는 이유는 감독님 영화에서는 대중 영화가 가장 사랑하는 핵심 사건의 절정부를 생략하고 있기 때문입니다. 사실 장르와 스펙터클이 가장 사랑하는 순간만 비워둔 거잖아요. 그게 더 중요한 선택 기준이 아닌가요?

그렇죠. 그게 바로 이 영화 속에서 무엇을 보여줄 것인가와 관계가 있는 거죠. 저는 그걸 보여주기 싫었던 거죠. 아마 논리적으로 결정하지는 않았겠지만 무의식적으로 그게 결정이 됐을 거예요. 또 이건 약간 다른 이야기일 수 있는데, 이야기꾼으로서 갖는 서사에 대한 제 생각과 관련이 있을 거예요. 어떻게 설명할 수 있을까. 체호프 이후 서사에 대한 관점이 달라졌을 수 있어요. 그러니까 일상이 지배하는 우리의 삶과도 관계가 있는데 큰 이야기는 위험하다, 큰 이야기일수록 작은 이야기를 통해서 보여줄 수밖에 없다는 거죠. 흔히 'bigger than life(삶보다 더 큰)'라고 그러잖아요. 그건 영화가 추구해야 되는 어떤 전략 중에 하나일 수도 있어요. 근데 사실 'bigger than life'가 진짜는 아니거든요. 삶은 어쩔 수 없이 죽음도 있고 사건도 있고 고통도 있지만 그걸 더 크게 더 세게 드러내는 게 진실에 더 가까워지는 건 아니잖아요. 오히려 그럴수록 더 작게 더 일상적으로 또는 아예 안 보여주는 것이 덜 허위일 수도 있다는 평소의 제 생각이 작용했을 수도 있어요.

〈버닝〉은 60대 이창동 감독이 바라본 젊은 세대에 대한 인식이라는, 좋건 싫건 이런 검증을 통과하게 되어 있는 프로젝트입니다. 왜냐하면 지금까지는 이렇게 선언적으로 젊은이들의 상황이라는 틀을 정해놓고 영화를 만드신 적이 없기 때문이죠. 직접 20대를 겪은 1970년대와는 상황이 극단적으로 변했는데 어떤 생각을 가장 많이 했나요?

정말 〈버닝〉이 공개되고 난 뒤에 그런 틀로 보더라고요. '늙은' 감독이 보는 '젊은' 아이들. 그런데 전 이 이야기를 생각하고 시나리오 쓰는 과정, 영화를 찍는 동안에도 거의 의식을 못 했어요. 그래서 그런 반응이 좀 많이 놀라웠어요. 이렇게까지 서로 배타적인가. 〈시〉 때도 나이 든 여자의 감정이나 생각을 어떻게 아느냐는 질문을 받았지만 좀 좋은 뜻이었던 것 같아요. 제 경우는 둘 다 특별한 것은 아니에요. 사실 작가들은 모든 인간이 똑같다고 생각하거든요. 물론 차이는 있겠지만 가능하면 그 인물에 들어가서 내가 그 인물이 되어서 생각하고 느끼는 것은 그냥 기본이기 때문에 굳이 세대, 성별 이런 차이를 두지는 않죠. 오히려 내가 노동자가 아닌데 노동자의 삶을 그린다, 이건 자격지심이 들어요. 내가 광주에서 당하지도 않았는데, 경상도 출신이고, 이런 건 책임감도 느끼죠. 하지만 성별과 세대는 의식의 대상이 아닌 거죠. 그런데 〈버닝〉은 얼마나 배타적인지, 당신이 청년을 어떻게 아느냐 이런 식이에요. 아, 이 문제가 요즘 청년 세대의 현실

과 그로 인한 집단적인 정서와 맞물려 있구나라는 걸 실감했죠. 근데 나 같은 경우는 우선 내 자식들이 청년이고, 또 학교 선생으로 청년들을 만났기 때문에 어떻게 이 친구들 얘기를 쓰지 하는 생각은 별로 안 했어요. 그냥 내 나름대로 취재하고 젊은 작가(오정미)와 충분히 얘기하면서 그 문제를 파악했기 때문에 그들의 배타성이 당황스러웠죠.

〈버닝〉은 서사와 양식 면에서 동시대적인 미스터리에 관한 영화이지요. 그런 점에서 현재성이라는 감각이 제일 중요할 수밖에 없는데 하루키의 단편이라는 출발점과 윌리엄 포크너, 위대한 개츠비, 부시맨과 그레이트 헝거 같은 개념들은 고전적인 아우라를 피할 수가 없습니다. 그래서 젊은이들이 볼 때는 클래식하다는 느낌을 받을 수 있는데 그런 우려는 없었나요?

그럴 수 있다고 생각했어요. 그런데 그게 청년 세대를 이해하느냐 못하느냐와 연결될 수 있다고는 생각 안 해봤죠. 오히려 적극적으로 그러고 싶었거든요. 종수가 느끼는 분노가 아버지의 분노를 물려받는 거잖아요. 물론 성격은 다르지만. 아버지는 그 세대가 느끼는 박탈감이나 상실감 때문에 분노를 느끼는 거죠. 중동 가서 고생해서 번 돈으로 부동산 사고 투기했으면 남들처럼 잘 살 수 있는데, 자기는 나름대로 낭만적인 꿈을 갖고 고향에 와서 뭘 해보려고 하다가 완전히 망가졌다는 그 세대가 지닌 분노가 있잖아요. 근데 종수는 아버지의 분노를 이해하지는 못하죠. 성격과 형편이 다른 분노를 갖고 있지만 그 두 개가 연결되어 있어요.

하루키가 포크너와 똑같은 제목('헛간을 태우다')으로 완전히 다른 소설을 썼던 것은 이 영화의 연결고리이기도 해요. 포크너의 소설은 요즘 작가 지망생들도 아마 안 읽었을 거예요. 누군지도 모를 거예요. 그보다 더 중요한 건 포크너는 자기 문학을 고통받는 영혼을 위한 것이라고 생각했다는 점이죠. 그런 문학의 자세와 태도를 갖고 쓴 사람인데 그게 하루키에 와서 굉장히 바뀌었어요. 물론 하루키도 완전히 현실을 배제한 것은 아니죠. 여전히 과거 일본군의 만행이 나오고 역사적인 문제들도 들어있는데 다만 다른 방식으로, 자유로운 상상으로 쓰는 거죠. 그러나 이게 연결되어 있다는 거죠. 오히려 관객들에게 지금 당신이 경험하는 모든 것이 따로 떨어져 있는 게 아니라 다 연결돼 있다고 말하는 거죠. 세상도 그렇고 미스터리도 하나로 연결되어 있다고 얘기하는 거죠. 종수의 분노가 아버지의 분노와 연결돼 있듯이. 포크너와 하루키가 연결돼 있듯이. 다 연결돼 있다는 것을 굳이 드러내는 게 제 의도였죠. 그런데 그런 것들이 다 옛날 사람이구나 옛날 방식으로 얘기하는구나 한다면 그건 어쩔 수 없어요. 그걸 무릅쓰고 얘기하는 거니까.

현대 영화가 물적 기호에 이끌리고 무의미를 지향하면서 이야기를 배제하는 것에 비해, 〈버닝〉은 고양이, 우물, 비닐하우스 같이 의미를 중첩시키는 메타포를 많이 동원합니다. 삶 자체의 모호성이나 미스터리와 연관되

는 요청이지만 메타포와 맥거핀을 해석하기에 따라서 이야기가 폭발할 지경이죠. 오늘날 우리 시대에 맞는 이야기는 어떻게 수용해야 할까요?

〈버닝〉에는 메타포라는 말도 직접 나오고 또 메타포로 해석될 만한 것들을 이야기하죠. 예를 들면 비닐하우스를 태운다 할 때 이게 다의적으로 해석할 수 있고 그 해석에 따라 서사가 달라질 수 있다고 하지만, 사실 저는 꼭 해석이 필요한 메타포라고 생각하지는 않아요. 실제의 비닐하우스를 태우는 건지 아니면 종수의 의심이나 망상대로 사람을 죽이는지는 둘 다 가능하거나 생각하기 나름이죠. 사실 우리가 현실이라 해도 거의 망상에 가까운 거잖아요. 설마 하면서 점점 빠져드는 거잖아요. 그러니까 이것이 하나의 이야기 줄기이자 플롯이긴 하고, 나머지 것들이 메타포처럼 느껴진다 해도, 꼭 해석이 필요한 것은 아니라는 거죠.

우리가 영화를 통해 어떤 세상을 받아들일 때 수많은 고정 관념과 반성적 사고를 갖고 보잖아요. 남의 이야기를 듣거나 남의 삶을 보는 것도 마찬가지죠. 그러면서도 실은 가장 중요한 것은 알지 못하잖아요. 어떤 게 있는지 없는지 사실은 잘 모르면서 살고 있죠. 수많은 영화와 수많은 서사를 접하지만 보여주는 것만 보지 그 안에 뭐가 있는지를 생각하지는 않잖아요. 그런 점에선 제가 그대로 관객들에게 되돌려준 거예요. 해미가 그런 말을 하죠. 있다고 생각하지 말고 없다는 걸 잊어야 한다, 그건 없는 것을 이야기하는 거잖아요. 그러니까 있는 것과 없는 것 사이에 일종의 말장난처럼

보이지만 사실은 어떤 의미에서는 본질적인 거죠. 영화가 무엇을 보여주는 문제도 마찬가지라고 생각해요. 그런 걸 관객한테 되돌려주고 싶었고 영화를 보면서 느끼게 해주고 싶었던 거지, 이것을 해석할 수 있나요 없나요? 라고 묻는 건 아니에요. 사실 해석 자체가 의미가 없다는 거죠. 우물이 있을까, 고양이가 뭘 의미할까에 매달리는 것은 그동안의 영화를 보던 관습인 거죠.

하지만 비평가들과 이미지 분석에 익숙한 세대들은 〈버닝〉의 서사 구조가 관객들과 일종의 게임을 하는, 모든 걸 퍼즐로 만들면서 마인드 게임을 제안하는 집요한 게임화를 동력으로 삼고 있다고 보기도 합니다.

물론 그렇게 볼 수도 있다고 생각해요. 거기까지만 보면. 근데 저는 관객과 게임하고 싶은 생각이 전혀 없었어요. 이 게임 전체를 다시 생각해 보자는 거였지, 이게 뭘까요? 이런 건 아니었다니까. 만일 게임으로 생각하면 그 게임은 답이 있다는 것이거든요.

요즘 영화들은 답을 안 주기도 하죠. 이를테면 미카엘 하네케의 〈히든〉은 서사의 퍼즐을 힘들게 맞추어도 남는 잉여가 있거든요. 감독님 영화도 그런 부분으로 받아들이는 사람들은 몇 개 답이 안 나오는 것들을 찾아내 이게 우리 시대의 미스터리라고 할 수 있죠.

답이 없다라는 뜻이 물론 우리 시대를 미스터리로 보는 것 중에 하나겠지만 저는 답을 찾는 것 자체를 다시 생각해보

자는 것이었어요. 그래서 어떤 퍼즐 게임처럼 읽는 평들은 무척 답답했어요. 기존의 영화를 보던 관습에서 어긋나면서 생기는 어떤 느낌을 얻는다면 저의 일차적인 의도가 관철되는 것이고, 영화를 보면서 느끼는 감각이 좀 낯설어지면 그것 자체로 이차적인 수행인 거죠. 그걸 떠나서 요즘 세상의 미스터리에 대한 생각이랄까, 그걸 넘어서 우리의 서사적 관습이 뭔지 또는 영화에 대한 관습이 뭔지까지 가면 다행이라고 생각했지만 그 모든 걸 다 전달할 생각은 없었죠.

늘 영화에서 가장 중요한 요소가 인물이라고 강조하셨거든요. 그 인물이 누구냐, 어떻게 보여지느냐가 영화의 성격과 형식, 태도를 결정한다고요. 구조가 두드러지는 〈버닝〉도 그랬나요?

〈버닝〉도 인물이 중요하죠. 종수 역의 유아인이 어딘가 인터뷰할 때 주인공과 그 작가인 나의 거리가 제일 멀게 느껴졌다고 하던데, 사실 난 정서적으로 종수와 굉장히 가깝거든요. 내가 만든 인물들 중 어쩌면 가장 가깝다고 말할 수도 있어요. 작가 지망생이어서 더 그럴 수도 있죠. 하지만 그 인물의 감정이나 인물의 배경을 세세하게 드러내진 않았고 그게 필요하다고 생각하지도 않았고 그 감각 자체로 전달해야 된다고 생각했어요. 벤이라는 인물은 그 존재가 수수께끼이고 세상 내의 수수께끼, 삶의 수수께끼와 연결돼 있잖아요. 그러니 벤이 알 수 없는 인물이라는 것 자체가 중요하고, 그 인물이 갖고 있는 어떤 비밀들, 예를 들면 연쇄 살인범 같은 끔찍한 존재일 수도 있고 오지랖 넓고 남에게 관심을 갖는 돈 많고 상냥한 강남의 청년 사이에 있는 밸런스를 만드는 게 굉장히 중요했죠. 사실 해미 같은 경우는 중간에 없어지잖아요. 여자들 실종되는 서사가 많지만 해미는 단순히 실종되는 게 아니라 실종되는 것 자체가 해미가 주장하는 바를 가장 드러내죠. 해미는 있다와 없다에 집착하니까요. 그래서 해미는 없는 게 있는 거고, 더 강하게 없다라는 걸 통해서 존재를 보여주는 게 해미의 실종이잖아요. 해미가 실종되는 게 한 여자를 서사에서 데리고 와 써먹다가 실종시키는 그런 구조가 아니라, 그 서사의 관습을 가져왔지만 오히려 실종을 통해서 자기를 드러내는 존재, 그러니까 해미가 없을수록 존재가 더 느껴지는 인물이기 때문에 〈버닝〉에서도 각각의 인물들이 어떤 캐릭터적인 조건을 갖고 있느냐가 저한테는 중요했죠. 사실 그게 이야기의 구조보다 훨씬 중요했어요.

동일 계급인 종수와 해미의 진지함은, 다 알고 있다는 듯한 벤의 미소와 노골적인 하품과 대응합니다. 심지어 두 번 반복되는 벤의 하품은 매우 중요한 계기를 만들면서 계급 코드 같은 느낌도 제공합니다.

계급적 코드로 사용하거나 의도하지는 않았어요. 그냥 벤의 하품은 도대체 '저 새끼가 어떤 인간이냐' 그걸 알지 못하게 하는 것이기도 하지만 기본적으로는 공허함이라고 생각했죠. 하품하는 거는 지루하다 이거잖아요.

한편 벤의 하품은 봉준호 감독의 〈기생충〉에서 냄새 때문에 코를 쥐는 박 사장을 떠오르게 했어요(웃음). 한국 사회의 양극화를 바라보면서 계급 차이를 정면으로 끌어들인 두 영화는 서양의 비평가들도 언급할 정도로 유사한 문제의식을 공유하고 있습니다. 하층 계급이 상층 계급을 칼로 찌르는 마지막 장면을 포함해서요. 사실 계급을 다룰 때 보편적으로 표상되는 도식을 피하기가 어려운데, 〈버닝〉의 하품이나 〈기생충〉의 냄새처럼 신체 반응을 통과하는 물리적 기호가 동시에 출현했다는 점이 저는 무척 흥미롭습니다만.

〈기생충〉은 그럴 수 있어요. 훨씬 덜 미스터리하니까. 하지만 벤의 하품은 확실히 무의미하게 느껴지도록 했고 여러 버전의 하품 장면을 찍었지만 가장 무의미하고 무료하고 아무 느낌이 없는 장면을 택한 거였어요. 어떤 의도가 전달되기를 바라지 않아서 지금 당혹스럽긴 한데 진지함에 대한 지루함의 표시가 하품이라고 생각했고, 그 어떤 것보다 종수가 볼 때 벤의 섬뜩함이 하품일 수 있다고는 생각했어요. 그러니까 연쇄 살인범 같은 느낌을 주는 섬뜩함이라는 게 여러 가지 것들이 있을 수 있잖아요. 눈빛일 수도, 싸늘한 웃음일 수도 있는데 지루해 하는 하품 앞에서는 누군가의 고통이나 힘겨운 삶의 노력이 부정당하기도 하죠. 그럴 경우는 계급적으로 보이겠지만 같은 계급 안에서도 하품하는 사람은 볼 수 있으니까 딱히 계급은 아니죠. 하지만 벤의 공허함으로 인한 하품, 벤의 가장 벤다운 점이 어쩌면 그 하품인지도 모른다는 점에선 그렇게 볼 수도 있겠어요.

벤을 연기한 스티븐 연과의 첫 만남을 얘기할 수도 있겠네요. 미국에서 활동하기 때문에 직접 대면을 못 하고 있다가 한국에서 만나게 되었어요. 시나리오는 못 봤지만 하루키의 단편을 읽고 왔어요. 내가 원작 속의 (나중에 벤이 되는) 20대 청년이 어떤 인물인 것 같냐고 물었더니 아직 한국말이 서툰 그가 'emptiness인 것 같다'고 해서 깜짝 놀랐죠. 그러면서 자기는 그걸 잘 안대요. 무명 배우 생활을 굉장히 오래 겪다가 갑자기 돈도 생기고 힘도 생기다 보니 이제 공허감이 생기더라는 거예요. 그 친구 표현으로 'Existential Crisis'(존재론적 위기)를 느꼈다는 거죠. 그러면서 벤도 물질적으로 풍요하고 뭐든지 다 할 수 있게 되니까 공허해졌을 거라고 해석한 거예요. 사실 배우와 만나서 캐릭터에 대해서 이야기할 때 이런 정도로 이야기하는 건 매우 드물거든요. 이해될 뿐만 아니라 자기가 잘 아는 거라고 하니까. 영화의 주제로 쏙 들어온 셈이었죠.

디지털카메라의 즉흥성과 우연성은 〈버닝〉에서 어느 정도 확보되었나요? 늘 놀라는 점이지만 감독님의 시나리오는 촬영을 시작하기도 전에 이미 완벽한 지문(배경 묘사)을 갖고 있습니다. 새벽녘과 황혼, 날아가는 새들도 이미 묘사되어 있어 카메라가 포착한 즉흥성과 우연성을 변별하기가 힘들거든요.

시나리오는 그 무렵 파주에 새떼가 날아다니니까 묘사한 정도인데 촬영 날 그렇게 많이 날아올라 깜짝 놀랐죠. 그건 완전 우연성이죠. 새떼가 없었으면 안 찍히는 거니까. 사실 그런 순간들, 그 재미로 영화를 찍거든요. 삶은 우연의 연속이고 예상치 못한 우연성이 영화 속에 들어올 때 그것이 완성되잖아요. 제가 사실 굉장히 느슨한 이야기 구조로 영화를 찍는 사람보다 훨씬 우연성에 대해서 고민을 많이 해요. 저는 이야기꾼으로서 시나리오 자체를 일단 완벽하게 써야 한다는 강박이 있거든요. 그리고 플롯도 강하고 인물도 강하잖아요. 그런데 촬영하면서는 계속 저항해요. 정해진 대로 관장하거나 완벽하게 조율하려고 하지 않고, 계속 의심하고 불안해 하는 편이죠. 그러니까 예정대로 흘러가는 것을 못 견디고 최대한 우연적인 것, 이례적인 것을 찾으려고 하는 거죠. 배우의 연기부터 빛, 바람도 마찬가지인데 〈버닝〉의 마지막 장면에 눈발이 날리기 시작한 것은 진짜 우연이었어요. 그 공간은 이미 정해놓은 장소에 문제가 생겨서 급하게 찾은 곳이었어요. 너무 황량하고 주변이 온통 황토색뿐이어서 속으로 눈발이라도 날리면 좋겠다 그랬거든요. 그런데 진짜 눈이 오기 시작한 거예요. 그건 정말 운이기도 하고, 예기치 않았던 우연이 카메라에 담기는 순간 영화 만드는 일의 초월성이랄까, 나의 능력 또는 나의 통제를 벗어난 어떤 걸 느끼게 되죠. 그게 영화인 것 같아요. 그런 게 없이 계산한 대로 써놓은 대로 간다면 그 영화는 나한테는 생명이 없는 영화예요.

종수가 벤이 말한 비닐하우스를 찾는 장면들은 관객이 품을 만한 서사적 서스펜스를 풍경과 분위기로 돌리면서 사건을 지연시키는 방식으로 찍었습니다. 추격인 듯 탐색인 듯 배회인 듯 여러 느낌을 주는 그 장면들을 보면서, 역시 시네마틱한 순간은 드라마와 사건 같은 서사의 활동이 멈추거나 지연될 때 강력해지지 않나 생각되기도 하는데요?

그게 서스펜스와 텐션이 있어야만 되는 장면인데 사실 표현할 게 없잖아요. 그냥 뛰어가면서 보는 것일 뿐이니까. 그 장면에선 미학적이어야 된다고 생각했어요. 묘하게 미학적인데 그 자체가 텐션을 주는 것, 그래서 시네마틱하다는 느낌을 받았을 수 있겠죠. 근데 그 장면은 사실 디지털카메라였기 때문에 가능했어요. 해뜨기 전 장면이잖아요. 저녁도 매직 아워라고 굉장히 짧은 시간에 찍어야 되지만 해 뜨기 전 시간은 더 짧거든요. 해가 뜨면 그냥 낮이 돼버리니까. 아침의 그 짧은 시간을 담아내기도 어렵지만 그 넓은 공간에 펼쳐진 어슴푸레한 박명을 필름으로 담기는 정말 어렵거든요. 감도가 높은 필름이라 할지라도. 성능이 좋아진 디지털 카메라는 그것이 가능했죠.

영화를 만들 때 최대한 인위성을 배제한다는 이창동의 원칙이 있었습니다. 허위를 버리고 진실만을 남겨두겠다는 강박도 강했구요. 그런데 목표는 같다고 하더라도 〈버닝〉은 그 반대편에서 접근해야 하는 영화입니다. 어느 쪽이 더 흥미롭습니까?

〈버닝〉이 재미는 있었어요. 그런데 쉽지는 않죠. 다시 이야기꾼으로 돌아가자면 어릴 때부터 이야기꾼으로 살아왔기 때

문에 이젠 이야기 자체를 스스로 질문하고 있는 거예요. 그리고 특히 영화의 서사에 대해서 질문하고 싶은 거죠. 또한 영화를 보는 관객의 관습적 수용에 대해서 뭔가 다른 경험을 하게 해주고 싶은 거예요. 그런 의미에서 재미있다는 거죠. 근데 뭐 꼭 이렇게 이 방향으로 나가야 되겠다고 생각하지는 않고 쉽게 나갈 수도 없어요. 그러니까 서사를 뒤집고 해체하고 고정관념을 깨는 방식으로, 그런 의도로만 받아들여지는 이야기를 하고 싶지는 않거든요. 어쨌든 서사 자체를 질문하는 이야기가 필요하지만 관객한테 그걸 찾는다는 건 쉽지는 않죠. 하지만 어쩌겠어요. 이왕 시작된 질문인데요.

장시간 매우 괴로운 질문들을 다 커버해 주신 점, 진심으로 감사드립니다.

인터뷰　이연호
사진　김설우
스틸 제공　파인하우스필름㈜, CJ ENM, CJ CGV

〈밀양〉:

햇빛과 햇볕 그 사이

신애는 부득부득 제 고통을 억지로 잊으려 하는 인물이다. 자신에게 큰 고통을 주었던 남편을 용서하고 그 상처의 몫을 짊어지는 인생을 택했다. 그리고 도착한 남편의 고향인 밀양. 신애는 밀양을 '비밀스러운 햇볕'이라 각주 한다. 실은 밀양에는 또 다른 비밀스러운 뜻이 있다. '빽빽한 햇볕'. 밀양의 햇볕은 빽빽하지만, 정체는 비밀스럽다. 신애의 조력자로 등장한 김종찬은 툭 내뱉는다. '우리가 뜻 보고 삽니까. 그냥 사는 거지.' 제아무리 신애가 대단한 의미를 붙이려 해봐도 밀양은 같은 하늘 아래, 일상적인 공간일 뿐이다.

밀양에서 이웃으로 지내게 된 사람들은 신애를 뒷담화하는 등 속물적인 인간이고 그녀를 쫓아다니는 종찬은 더없이 세속적이다. 그렇다 하여 신애가 별난 것도 아니다. 그녀는 자기 학력을 위조하고 상처를 감추려 거짓을 꾸미는 사람이다. 카메라는 이러한 사건들이 특별한 것처럼 포착하지 않는다. 엇비슷한 숏 사이즈, 앵글을 유지하며 그저 흘러가는 영화의 일면으로 인지하길 바란다. 〈밀양〉의 모든 촬영은 핸드헬드며, 몇 숏을 제외하면 클로즈업이 절제되어 있다. 리얼리즘을 강조하는 수단이면서도 보통의 일상적인 공간을 그리고자 한 바다. 평범한 시간이 흐르고 하나의 불행이 닥친다. 삶의 당위였던 아들이 살해된 것이다. 가해자는 썩

무난해 보였던 웅변 학원 원장이었다. 신애는 의미를 잃었고, 고통을 혼자 이겨내고자 했던 힘도 소멸했다. 그리고 때마침 마주한 것은 종교였다.

그녀에게 끈덕지게 포교하던 약사가 있었다. '햇볕 한 조각도 하나님의 뜻'이라며 보이는 것이 전부가 아니라 했다. 무의미를 견디지 못한 신애는 신의 뜻으로 상실을 메우고 자신이 고통으로부터 구원받았다며 애써 믿었다. 그리고 하나님의 말씀대로 원수를 용서하기 위해 면회에 방문하지만 신애가 마주한 것은 합당한 벌을 받기는커녕 하나님의 구원을 받은 자의 편안한 얼굴이었다. 가해자의 클로즈업을 구성점으로 두고, 신애는 하늘에 대결하는 쪽을 택한다. 끝없이 하늘을 모욕하고 계명을 이기며 자신의 세계를 망가뜨리지만 변한 것은 없다. 그제야 과거 남편의 폭력 등 묵혀온 아픔들이 스쳐 가고 눈물이 가물 지경에 이른다. 끔찍한 자해를 하고 삶이 절박해지는 순간에 도로로 나와 사람들에게 구조를 요청한다. 그렇게 신애는 구해진다.

햇볕이 빽빽하다는 밀양의 뜻대로, 영화는 내내 눈부시다. 하지만 빛만큼 주목해야 할 것은 그림자다. 〈밀양〉에는 신애의 뒷모습이 자주 출현한다. 신애의 뒷모습을 밟는 그림자는 누구일까. 신애가 직접 속물이라 지칭한 김종찬이다. 그는 신애의 뒤꽁무니를 바싹 쫓아다니며 조력자의 역할을 똑똑히 해준다. 신애는 그가 못마땅하면서 내심 원하기도 한다. 일련의 비련을 겪고 병원에서 퇴원한 신애를 맞이한 것도 김종찬이다. 비단 그녀를 위해주는 것은 종찬뿐만이 아니다. 극 초반 신애를 흉봤던 옷 가게 사장도 신애를 웃게 한다. 그토록 속물적인 사람들이 그녀를 지킨다.

퇴원 후 변화를 위해 머리를 자르려 했으나 하필 가해자의 딸이 일하는 곳에 오게 되어 고통을 반추해야 했다. 신애는 머리를 반만 자른 채 뿌리치고 집으로 간다. 그리고 늘 그랬듯 혼자 엉망이 된 자신의 몰골을 고친다. 종찬은 신애를 억척같이 쫓아와 도와줘도 되는지 물어본다. 신애가 허락하자, 종찬은 신애의 거울을 들어준다.

사실 햇빛과 햇볕은 자못 다른 말이다. 햇빛은 보이는 것이고, 햇볕은 느끼는 것이다. 보이는 것만 믿었던 그녀에게 무의미가 살살 스며드는 듯, 더 이상 빽빽한 햇빛을 쳐다보며 대화를 시도하지 않는다. 그저 볕이 내리는 비밀스러운 따스함을 느끼며 종찬의 도움과 함께 스스로 머리를 자른다. 잘린 머리칼은 흙에 흘러가고 먼지, 일상적인 물건, 그리고 햇빛과 함께 카메라에 담긴다. 신애가 그토록 원했고, 실제로 받았던 구원들은 아주 일상적이고 세속적인 사람들에게서 비롯된 것이다. 땅을 밟고 커야 한다는 어린이는 어른들과 다를 바 없다. 결국, 신애의 몸 일부분은 땅으로 떨어지고 햇빛은 그저 미세하게 비출 뿐이다. 사람은 사람으로부터 구원을 얻으면 된다.

글   MMZ 장지현

〈버닝〉:
삶의 미스터리를
해결하려는 절박한 몸부림

이창동의 〈버닝〉은 청춘물과 미스터리 스릴러가 느슨하게 결합된 형태의 영화라고 할 수 있다. 이 영화가 청춘물의 성격을 띠는 것은 이창동이 애초에 이 영화를 통해 현재 한국 청년들의 분노를 다뤄보고자 했기 때문이다. 청년들이 직장을 구하는 데 어려움을 겪고 어떤 무기력함에 빠져 있으며 그로 인해 내면적으로 어떤 분노를 갖고 있다. 그러나 그들은 사실 그 분노의 실체를 알지 못한다. 그들이 분노할 대상은 미스터리 속에 감춰져 있는 것이다. 극 중 종수는 "세상이 미스터리."라고 말하는데 바로 이 지점이 〈버닝〉이 청춘물인 동시에 미스터리 스릴러로서의 성격을 띠게 되는 이유다. 이 영화는 한두 장면만 빼고는 모두 종수의 시점으로 진행되는데 종수가 바라보는 세계가 미스터리로 가득 차 있기 때문에 이 영화도 자연스럽게 세계의 비밀을 감춘 채 진행되는 것이다. 종수의 시선으로 바라본 세상의 모호함은 관객에게도 그대로 전달되어 이 모호하지만 매혹적인 세계로 관객을 이끈다.

히치콕의 영화와 유사하게 〈버닝〉에서 관객은 철저하게 종수의 시점에서 모든 것들을 보게 된다. 종수의 시점을 따라가면서 세계를 파악하게 되고 해미와 벤이 어떤 특성을 갖고 있는 인물들인지에 대해서도 유추하게 된다. 그런데 흥미로운 것은 이 영화가 종수의 시점으로 관객이 보게 되는 것들을 바탕으로 관객이 서사를 이해하고 이 영화가 어떤 내용을 전달하기를 원하는지에 대해 추측할 수 있도록 유도하는 한편 종수의 시점으로 보는 것들만 갖고 세계를 이해하고 판단하는 것이 과연 옳은 것인가에 대한 질문도 동시에 던지고 있는 것 같다는 인상을 관객에게 전달한다는 점이다. 이것은 영화 보기에 대한 질문이 될 수 있다. 우리는 보통 영화 속에서 보이는 기호들을 해석해가면서 영화를 이해하는데 〈버닝〉을 보면서 관객은 관습적인 방식으로 영화를 독해해 나가고 있는 스스로를 보게 되는 순간이 있기 때문이다. 관습적인 독해를 바탕으로 스토리를 파악하고 있는 자신을 보게 되는 순간 과연 그렇게 독해하는 것만이 영화를 이해하는 방식이 맞는지에 대해 스스로 질문을 던지게 된다.

관습적인 영화 보기의 방식을 경계하고 있는 듯한 〈버닝〉의 태도는 이 영화가 스토리텔링 또는 영화에 관한 질문을 담은 메타적인 측면이 있는 작품이라는 것과 연결시켜서 생각해 볼 수 있다. 이 영화에서 종수는 소설가 지망생으로 나온다. 그는 다른 사람들이 그에게 어떤 소설을 쓰기를 원하는지에 대해 질문했을 때 어떤 소설을 써야 할지에 대해 결정하지 못하고 있는 상태라고 말한다. 그런 그는 영화의 말미에 마침내 컴퓨터 자판기를 치면서 소설을 쓰기 시작한다. 그가 소설을 쓰는 모습을 보여준 이후에 이창동은 종수가 벤을 황량한 들판에서 살해한 뒤 트럭을 몰고 가는 것으로 영화를 끝낸다. 종수가 소설을 쓰는 모습을 보여준 뒤에 그의 살인 장면이 등장하기 때문에 그의 살인이 실제로 일어난 것인지 아니면 소설 속 허구인 것인지에 대해 관객은 명확한 판단을 내리기가 힘들다. 종수가 소설가 지망생이라는 것을 염두에 두고 이 영화의 전체를 다시 떠올려보면 어쩌면 이 영화 전체가 종수의 소설 속 장면들일 가능성도 배제할 수 없다.

〈버닝〉의 마지막 장면에서 종수는 벤을 살해하고 피가 묻은 그의 옷을 모두 벗어서 벤이 타고 온 자동차와 함께 태워버린다. 벤이 종수에게 말했던 비닐하우스를 태우는 취미를 어떻게 보면 영화의 마지막 순간에 종수가 실천한 것이다. 벤이 실제로 비닐하우스를 태우는 모습은 영화 속에 나오지 않기 때문에 영화의 제목이기도 한 무언가를 태우는 행위가 영화 속에서 최초로 등장하는 것이 마지막 장면인데 벤이 불에 타 사라져 버림으로써 그때까지 영화 속에서 이어져오던 서사는 일단락된다. 그러니까 벤이 비닐하우스를 태운다고 말한 메타포는 영화의 엔딩에서 영화를 중단시켜 버리는 수단으로 발전되었다고 볼 수 있다. 그런데 완전히 나체가 되어서 트럭을 타고 '버닝'의 현장을 떠나고 있는 종수의 모습에서 우리는 새로운 서사가 출현할 가능성에 대해 상상해 볼 수 있게 된다. 종수가 입고 있던 옷이 그때까지 진행되어 왔던 영화의 서사와 관련되어 있었다면 종수가 새롭게 입게 될 옷은 그를 또 다른 서사의 세계로 인도하게 될 것이기 때문이다. 그래서 무언가를 태워 없애버리는 '버닝'은 새로운 것의 창조가 되어 버리는 역설이 성립된다. 비로소 우리의 눈앞에 새로운 서사가 펼쳐지기 시작하는 것이다.

글 MMZ 오신호

거기, 누구? — 내 안의 상자 속의 나

정유미 × 나호원

이런 애니메이터가 있다. 발표하는 작품마다 세계 유수의 애니메이션 영화제에서 찬사를 받으며, 많은 상을 받는 애니메이터. 그중에는 유서 깊은 자그레브국제애니메이션영화제의 그랑프리와 최우수 작품상을 동시에 석권한 경력도 있다(한국 출신으로는 최초의 수상자이다). 물론 대부분의 사람들에게 애니메이션 영화제는 그다지 알려져 있지 않으며, 수상 내역에도 별다른 감흥을 불러 일으키지 않을 수 있다. 그렇다면 다음 카드! 훌륭한 영화감독이 찬사를 보냈으며, 라이브 액션 중심의 국내외 영화제에서 주목과 호평을 받은 애니메이터. 대표적으로 박찬욱 감독이 '엄지척'하며 강력 추천하였고, 베를린국제영화제가 수차례 그의 작품을 초청하였으며, 로카르노와 유바리 같은 곳에서도 주목했다. 물론 대부분의 라이브 액션 중심 영화제들이 애니메이션을 중심에 두지는 않기도 하고, 가끔 뜬금없이 애니메이션에 대한 과도한 관심(이때는 마치 자신들이 미지의 신대륙을 이제서야 발견한 듯한 흥분을 보이기도 한다)을 보이기도 하지만 말이다. 그런 연유로 주요 영화제의 관심과 열기도 누군가에게는 시큰둥하게 드릴 수 있겠다. 그렇다면 또 다른 카드! 그림책 분야의 최고 영예 중 하나인 볼로냐 라가치 상을, 그것도 2년 연속 받은 애니메이터. 이마저도 별반 감흥이 없다면 물론 그다음 카드, 그리고 그 다음다음 카드도 있지만 이 정도에서 멈추기로 하자. 요지는 '정유미'라는 이름은 애니메이션에서 아주 중요하기 때문에 이 기회에 관심을 가져보도록 소개하고자 한다.

어떻게 애니메이션을 하게 되었나요?

고등학생 때 우연히 퀘이 형제를 알게 되었어요. 왜 좋은지 모르겠는데 엄청 좋았고 '뭔가 저런 작업을 하면 좋겠다' 이런 생각이 들었어요. "그러면 전공은 뭘 해야 되지?" 고민하면서 미술을 선택했어요. 그런데 전공을 디자인과 서양화 사이에서 정해야 했는데, 여러 재료를 다루고 다양한 경험을 할 수 있는 회화 쪽으로 택했죠. 서양화 전공하면서 퍼펫이나 오브제들에 관심 많았었는데, 졸업 전시 때는 오브제로 하는 작업도 했어요. 애니메이션은 아니지만 퍼펫으로 영상 작업을 한 거여서, 영화 아카데미 지원할 때 포트폴리오로 냈어요. 마지막까지 또 고민을 하기도 했어요. 해보니까 회화가 꽤 재밌더라고요. 그래도 애니메이션을 무척 하고 싶었고, 지금 하지 않으면 못 할 것 같은 거예요. 애니메이션이라는 것이 기술적으로 배워야 되는 게 있고, 쉽지 않은 일이니까 그래서 졸업과 동시에 영화 아카데미에 지원을 했어요. 충분한 준비가 없다 보니 영화 아카데미 선생님들도 뽑으실 때 약간 긴가민가하셨을 거예요.

애니메이션 전공생들은 '그림 실력 걱정'에 늘 사로잡혀 있는데, 회화 전공 입장에서는 그림 실력에 대한 기준이 의미 없다시피 하잖아요. 그런 고민을 할 시간을 덜고, 애니메이션에 접근을 할 수 있었을 것 같습니다. 그럼에도 자신의 스타일에 대해서 불만족스럽거나 욕심이 나는 지점은 없었나요?

많죠. 제가 기계치예요. 그리고 애니메이션은 작업량이 많기 때문에 체계적으로 해야 되는 부분이 있는데 저는 그런 거에서 엉망이에요. 그림 그리고 이야기 만들고 디렉팅하는 과정은 참 재밌는데, 애니메이팅하는 과정이 엄청 어려워요. 그래서 정말 애니메이팅을 잘하는 사람과 일을 하면 참 좋겠다는 바람이 늘 있죠.

말씀처럼, 애니메이션을 처음 만들 때 마주하게 되는 진입 장벽이 바로 '기계치'나 '컴맹' 같은 테크놀로지에 대한 두려움인데요. 사실 그 두려움을 다스리는 방법으로 애니메이션을 만드는 것 같아요. 애니메이션은 결국 모든 걸 가장 단순화시켜서 말 그대로 한 장씩 그려나가면 되는 거니까, 애니메이터에게는 그런 단순함과 우직함이 있어서 계속 작업을 해나갈 수 있는 것 같습니다. 한편으로는, 회화 전공자 입장에서는 '그림을 움직인다'는 부담감이 상당히 컸을 텐데요.

사실 움직임에 대해서는 처음에 부담이 별로 없었어요. 제일 처음 만든 애니메이션이 〈수학 시험〉이거든요. 계산된 타이밍 없이, 키 프레임에 해당하는 그림을 그린 다음에 그 사이에 계속 그림을 채워 넣는 식으로 작업을 했죠. 지금도 여전히 그런 식으로 작업을 하는 식이고요. 작업 전체를 쭉 짜놓고 체계적으로 접근하는 방식이 아니다 보니까, 점점 제작 일정을 맞추는 게 버겁다는 느낌이 들더군요. 예전에는 그저 우직하게 그냥 앉아서 마냥 작업을 했는데, 이제는 기존의 방식으로는 계속하기 쉽지 않겠더라구요. 그래서 어떻게 변화시켜 가야 하나 고민을 많이 하고 있어요.

작업 방식의 변화가 있기는 하지만, 자신만의 아트워크 스타일을 일관되게 유지하고 있는 것으로 보입니다. 그중에서 먼저 인물, 캐릭터 얘기부터 해볼까요? 딱 보면 감독 자신인가 싶을 정도로 자화상처럼 바라보게 됩니다.

워낙 닮게 그려서 사람들이 보면 저를 꼭 닮았다고 얘기를 많이 하시더라고요. 어떤 의도가 있다기보다는, 캐릭터를 잡을 때 제일 편한 얼굴을 그려요. 그 얼굴이 저를 닮은 거예요. 거울 보고 그 얼굴을 이렇게 따라 그리면 언제든지 자유롭게 표현할 수 있으니까요. 또 다른 이유는 제가 느끼고 생각한 얘기를 다루기 때문에 굳이 다른 사람 얼굴을 할 필요도 없다는 생각을 했던 것 같아요.

캐릭터의 표정이 거의 없다가 어느 순간 미묘하게 바뀝니다. 특히 무표정은 다양하게 해석을 할 수 있는 설정 같아요. 무감각하다거나, 진짜 무너졌다거나, 아니면 이 상황에서 어떤 감정을 가져야 할지 스스로 판단을 못 할 때라든가 등등.

표정이라는 게 무의식적인 선택인 것 같아요. 처한 상황에서 자연스러운 표정을 그리게 되죠. 그런데 말씀하신 것 중에 무슨 감정인지 몰라서 약간 무표정하는 거 있잖아요, 그것도 좀 이유가 있는 것 같긴 해요. 저는 인물이 외부의 사건에 반응하는 식의 이야기보다는, 제 마음에서 일어나는 그런 상황들을 관찰하는 데 더 관심이 있어요. 외부의 어떤 어떤 사건이면 저도 감정이 막 커졌다 작아졌다 이럴 수도 있겠지만, 혼자서 자기의 마음을 들여다보는 느낌이 더 중심이 되니까 어떤 표정이 막 생겼다 이러기는 어렵죠.

인물의 표정이 극도로 제한적인 거에 비해서, 배경과 소품에 대한 묘사는 아주 정밀합니다. 인물에 담지 못하는 것들을 배경이나 오브제에 더 투영을 하는 건가요?

오브제나 풍경의 디테일을 제가 무척 좋아하고 재밌어해요. 예를 들면 제가 부산에 와서 좋았던 거는 건물이나 옛날 게 많이 남아 있는데 그걸 보면서 너무 재밌어요. 그 정서가 과거의 어떤 느낌들을 자꾸 일으키니까 그걸 그리고 표현하고 싶다는 욕구가 커져요. 그것을 흑백으로 디테일하게 표현했을 때 초현실적인 분위기가 생기죠. 그게 〈나의 작은 인형 상자〉를 만들 때 제일 처음 중요하다고 생각했던 효과였죠. 뭔가 과거의 느낌이 들면서, 이게 정서, 초현실적인 분위기를 확실히 만들어주면 좋겠다. 그 후로 계속 연장선상에서 그 무드를 무조건 가져가고 싶었죠. 생각해 보자면 또 뭔가 있을 것 같긴 한데….

〈나의 작은 인형 상자〉, 〈먼지 아이〉, 〈연애 놀이〉를 흔히 '여성 성장 3부작'으로 묶기도 하는데 그러한 분류가 유효할까요?

사실은 그렇게 프레이밍이 돼서 그렇게 볼 수도 있겠다 생각하는데, 저는 자연스러운 작품 진행이었다고 봐요. 나중에 제가 나이 들어 할머니가 되면 나이가 있는 어떤 여자 이야기가 나올 거잖아요. 여자라고 굳이 제한할 필요도 있을까라는 생각도 들어요. 왜냐면 남자든 여자든 이야기 속에는 우리의 공통적인 부분도 있지 않을까요. 그래도 아무래도 여성스러운 부분, 여자들이 가지는 특수성도 있기는 할 테죠.

그래서 이 작품들은 성별 구분 없이 지극히 개인적인 내면 이야기처럼 보이기도 해서, 많은 관객들이 위로와 공감을 받기도 하는 것 같습니다. 모두가 다 자기 안에 '작은 아이'라든가 '작은 상자'를 갖고 있기 때문에 이게 서로 만나는 지점 같아요.

누군가가 공감했다는 얘기 들으면 제가 한 얘기가 뭔가 굉장히 개인적이지만 또 보편적인 얘기임에도 잘 전달이 된 것 같아서 다행이면서, 그게 제일 중요하다고 생각하기도 해요. 전달이 되어야 비로소 의미가 되잖아요. 제대로 전달이 안 된다면 그저 혼자 만들고 마는 작업에 그칠 수도 있고요.

〈나의 작은 인형 상자〉에서 주인공 인형이 밖으로 나오기까지 4명의 캐릭터를 만나면서 "같이 나갈래?"라고 할 때 네 가지 각기 다른 이유를 대는 지점이 흥미로웠어요. '안 나가', '아직은 아니야', '못 가', 그리고 '왜 굳이 나가려고 해'…. 이 대답들은 사람들 모두가 자기 안에 갖고 있는 네 가지 유형의 두려움으로 보여요. 네 가지 이유에 대해서 평소에도 고민을 하셨던 지점인가요?

일단 네 가지 이유를 처음부터 정한 건 아니었어요. 인형 상자에 방이 네 개 있는 것도 거의 무의식이었는데, 방마다 캐릭터가 하나씩 있는 걸로 설정했죠. 거기에 목소리를 집어넣으면 더 나올 것 같았고, 이를 통해 뚜렷하면서도 보편적인 이유들을 담았어요. 사실 작업 중에서 제일 이야기를 재밌게 짠 거는 인형 상자였어요. 구성 자체가 구조적이잖아요. 액자식으로 배치시켜서 이야기를 짠다는 게 재밌었어요. 당시 제작 상황에도 영향을 받았죠. 졸업 작업을 두 달 이내에 해야 돼서 확실한 이야기를 짜서 그냥 딱딱 끝내야 하는 상황이었죠.

〈먼지아이〉에서는 '움직임'이 눈에 들어오더군요. 먼지 아이를 제거를 하기 위해서 다양한 집안일을 하잖아요. 마치 로봇처럼 감정 같은 것은 안 들어가고 딱딱딱딱 기능적인 움직임만 보여주죠. 집안일 루틴이라는 게 그런 성격이 있잖아요. 그러다 냄비가 끓어 넘치면서 갑자기 로봇의 오작동 같은 움직임으로 바뀌죠. 놀라서 일어날 때 전등에 부딪히면서부터 움직임에 감정이 들어가고, 뭔가 현실을 바라보죠. 그게 먼지 아이를 이제 좀 받아들이는 계기인 것 같아요.

그렇죠. 그전까지는 일종의 억압이나 강박처럼 자기가 보기 싫은 걸 계속 없애겠다는 무의식적인 선택들을 따랐다면, 이

유미정

제 엔딩 부분에서는 뭔가 '이 방향이 아니구나'라는 반전되는 상황이 핵심이죠. 그러려면 이전까지는 반복적으로 연민 없이 냉정하게 그냥 없애겠다라는 모습이 표현되어야 했어요.

연출을 하다 보면 반전을 통해 연민을 갖고 받아들여야 되겠다라고 하는 순간에 드라마적으로 감정을 끌어올리고 싶은 유혹을 겪잖아요. 그런데 별다른 대사 없이 그냥 밥을 같이 나눠 먹는 선에서 딱 끝나고 정리를 하는 것을 보면서 확실한 방향성을 갖춘 것처럼 여겨졌습니다. 엔딩 장면에서 어느 정도로 감정선을 잡을지 고민을 많이 하셨나요?

사실 더 감정적이고 싶었는데, 그때 할 수 있는 게 솔직한 한계였던 것 같아요. 만약에 제가 그때 감정적인 부분을 더 수용할 수 있을 만큼 힘이 있는 상태였다면 이야기가 좀 더 다르게 더 표현이 됐을 수도 있었겠지만, 그냥 솔직한 제가 아닌 걸 못하겠는 거예요. 그 정도 선에서 수용할 수 있고 그것만 해도 엄청 다른 거라고 느꼈죠.

〈먼지 아이〉부터 김기영 프로듀서와 함께 하신 거죠. 감독과 프로듀서 관계 말고도 공동 편집자로 이름이 올라오는데, 두 분의 협업은 어떤 방식인가요?

〈나의 작은 인형 상자〉로 영화 아카데미에서 졸업 작품 만들 때, 영화과 동기였어요. 작업 마무리 단계에서 제가 힘이 다 빠져서 더 이상 고칠 엄두도 못 내고 있을 때, 같이 많이 고쳤어요. 덕분에 저를 객관화를 시키면서, 한 번씩 다 고친 과정들이 있었어요. 이렇게 제작 초중반에는 제가 쭉 그냥 풀듯이 작업을 하면서 중간중간 조언을 받다가, 마무리할 때

프로듀서로서 많이 도움을 받는 식이죠. 프리 프로덕션 단계에서도 작업을 지원받거나 혹은 기획할 때 같이 도움을 받고요. 그래서 〈연애 놀이〉 같은 경우도 제가 기획은 했지만 엄두를 못 냈는데 "좋다!"라고 많이 지지를 해줬어요. 중요한 작업 파트너이죠. 김기영 프로듀서가 지금 자기의 이야기를 쓰고 있는데, 이번에는 제가 스태프로서 참여를 해요. 그렇게 서로의 작업에서 채워줄 수 있는 사이예요.

〈연애 놀이〉에서는 놀이를 선별하고 모으는 것만큼이나 어떻게 순차적으로 배치를 할지, 거기에서 어떻게 스토리를 뽑아낼지를 고민을 하셨을 텐데요. 완성된 작품을 보면은 절묘하게 남녀 관계가 발전하는 과정이 여덟 가지 놀이와 맞물립니다. 그러다 보니 블랙 코미디처럼 보이기도 하고, 서로 엄청난 상처를 주는 관계 때문에 슬퍼 보이기도 합니다.

우선 도서관에 가서 전 세계 놀이 모음집을 찾아봤어요. 놀이라는 게 원형적인 성격이 있잖아요. 문화가 달라도 겹치는 놀이들도 있고, 제가 어릴 때 했던 기억 속의 놀이들도 있고요. 블랙 코미디처럼 시니컬한 부분이 분명히 있을 거예요. 연애라는 게 당사자들에게는 굉장히 드라마이지만, 옆에서 보면 그 진지함이 웃기기도 하잖아요. 그런 동시에 심리적으로 그 안으로 들어가면 큰 고통이 있기도 하고요. 엔딩에서는 그 점이 더 표출이 되기를 바랐고, 그래서 여자가 울고 난리를 부리는 처참한 장면이 나오기도 하죠. 다양한 정서가 느껴졌으면 했던 것 같긴 해요. 마지막에 쏟아져 나오는 눈물은 리얼하게 느껴졌으면 했고.

두 인물이 아직 성숙하지 않은 단계에서 시작하는 것처럼 보이기도 하는데요. 전반적으로 여자가 놀이를 주도하고, 남자는 그저 따라하다가 중간에 눈치 없이 과자를 먹어버리고요. 여자가 속상해서 우니까는 어색하게 달래주는 척하고는 결국 자기가 먼저 죽은 척을 하고…. 여자가 일방적으로 이 관계에서 모든 걸 다 짊어지고 가는 게 아닐까 싶은데, 원래 어느 정도의 균형을 생각한 건가요?

균형을 좀 잡아보려고는 했어요. 남자의 얘기였으면 조금 달랐을 건데, 여자의 이야기라고 생각하고 풀어나갔죠. 엔딩을 마무리 짓는 과정에서 제가 꽤 힘들었어요. 지금도 여전히 엔딩에 대한 혼란이 있긴 해요. 그런데 솔직히 그 엔딩은 그러했으면 좋겠다라는 마음이었던 것 같아요. 연애를 할 때 제 상태이기도 했어요. 거짓말은 할 수 없고, 제가 끌려가는 게 상대를 사랑해서라기보다는 그냥 혼자 못 견뎌는 성격 때문인가 봐요. 엔딩에서 이 커플이 깨어지는 감정이 맞을 수도 있지만 극복했으면 했어요. 여자가 자기의 두려움을 넘어서서 리드할 수 있는 그런 마음을 가질 수 있는 소망을 보여주고 싶었죠.

〈연애 놀이〉이후 〈존재의 집〉을 만들기까지 약 10년의 애니메이션 공백이 있었습니다.

작업을 못 하면 나는 뭐 하고 살 수 있는 사람일까, 그냥 그림을 그리는 게 당연하다고 생각을 했고 그냥 안 하고도 살 수 있지 않을까라는 궁금함이 있었어요. 불안한 마음도 당시 있었기 때문에 그렇게 한번 살아보면 어떨까라는 생각을 했는데, 막상 해보니까 별로였어요. 그 시기에 결혼도 했고 부산으로 사는 곳을 옮기기도 했고요. 어떻게 보면 평범한 삶을 사는 거, 그리고 막 집에서 집안일도 해보고요. 그러고 나니 그래도 나는 작업을 하는 게 행복한 사람이구나라고 생각을 했고, 궁금했던 점도 풀렸죠. 〈연애 놀이〉에서 다룬 '성장하는 시기'를 좌충우돌로 겪은 셈이죠. 고생은 했지만 단단해진 부분도 생겨서 불가피한 시간이었다고 생각해요. 그전까지는 나 자신을 돌아보지 못했는데

그렇게 10년의 공백기 후 〈존재의 집〉이 애니메이션으로 나왔습니다. 이전까지의 작품에서는 공간과 인물이 중심이었다면, 이제는 시간이 들어왔다는 생각이 들었습니다.

이전 작업들은 컷도 많고, 집중하면서 이야기를 만들어가야 해서 점점 무서웠어요. 다른 식의 표현이나 제작 방식이 아니면 다시 작업하기 어렵겠다는 생각이 들 정도로요. 그런데 〈존재의 집〉은 이전에 그래픽 소설 〈이사〉를 통해 엔딩까지 나와 있었죠. 덕분에 제작 과정에서 큰 변수가 없어서, 심적 부담이 없이 작업할 수 있었죠.

〈존재의 집〉은 모션 그래픽으로 작업을 하신 건가요? 그랬다면 엄청난 분량의 레이어가 없었을 텐데요. 실제로 그 떨어져 나가는 부분들이 다 하나씩 레이어로 분해가 되는 거죠.

네, 거의 다 모션 그래픽으로 했어요. 모션 그래픽을 담당한 친구가 너무 양이 많아져가지고 고생했어요. 처음에 저는 그냥 아이디어만 있는 상태에서 이렇게 이렇게 무너져 가면 된다라고 했죠. 결국 기술적으로 구현은 그 친구가 했어요. 도중에 문제가 생길 때마다 해결책도 찾아가면서요.

제목처럼 〈존재의 집〉은 묵직한 이야기이고, 정서적으로 상당히 깊이 들어가는 내용이기도 하지만, 하나씩 부서져 내리는 모습을 보면 일종의 카타르시스도 느끼게 됩니다.

집이 서서히 무너지면서 마지막에 사람 한 명 남는 것까지 진행하는 식이었지만, 결과를 확인하기 전까지는 어떤 예측도 잘 못 하겠더라고요. 막연한 느낌으로 작업하면서도, 이게 다 없어지고 무너지는 그 과정에 카타르시스를 너무 느끼고 싶었어요.

8분을 이끌어가는 타이밍이 리듬감을 갖도록 꼼꼼하게 설계되었을 것 같아요. 사운드 자체만으로도 음악적으로 들리더군요.

제가 전반적인 큰 느낌을 말하면 함께 작업해 준 친구가 그것을 구현하는 식으로 잘 표현했죠. 제가 무너지는 순서와 물건들을 정한 다음, 작업 파트너와 함께 디테일한 타이밍을 조절하는 식이었죠. 사운드 작업은 쉽지 않았어요. 〈연애 놀이〉까지 함께 작업했던 기사님이 작업을 더 이상 안 하셔가지고 새로운 분을 찾아야 했죠. 처음에는 영화 쪽의 리얼한 소리가 들어가서 너무 시끄럽게 나오더라고요. 그래서 다 빼고 조금 더 가벼운 소리로 섬세하게 자글자글하게 넣었더니 물건들이 더 잘 보이고 디테일들이 더 들어오는 것 같은 효과가 나왔죠.

바로 연달아서 〈파도〉를 발표했습니다.

이 프로젝트는 국립현대미술관의 학예사님이 제안을 주셨는데, 예전에 〈먼지아이〉 때 함께 전시를 한 분이에요. "대지의 시간"이라는 전시 기획이었는데, 애니메이션을 하는 사람으로서 약간의 스토리를 담아서 접근해야 했죠. 그동안 워낙 제 개인적인 얘기를 계속해 왔기 때문에 어떻게 접근해야 될지 고민이 많이 되었는데, 그때 기획이 코로나 이후 삶의 변화와 자연의 변화 이런 거에 대한 걸 표현하는 거였죠. 시간이라는 것과 자연이라는 소재를 가지고 내가 할 수 있는 이야기, 그때 이 이야기가 떠올랐어요.

〈존재의 집〉처럼 〈파도〉도 하나의 롱테이크로 이루어진 작품이다 보니, 액자에 걸어놨을 때 회화적이면서도 애니메이션의 시간성을 풀어내는 효과를 냅니다.

이런 식의 작업을 앞으로 계속 고수할 생각은 아니지만, 원래 원 테이크 형식을 좋아했어요. 무성 영화 같기도 하고 연극 같기도 하면서, 화면 안에 있는 요소들 안에서 이야기해 보는 작업을 해보고 싶었어요. 그런데 막상 영화 학교에 갔

더니 컷이 나오고 신이 나오는 영화 연출을 배우면서 편집으로 생기는 재미도 알게 되었죠. 그렇더라도 그림이 움직이는 원 씬, 원 테이크 작업이 아이디어 짜는 데도 재밌고, 작업을 핸들링하기에도 편한 부분이 있어요. 〈파도〉는 작업 시간이 많지 않았어요. 효율적인 방법을 찾아야 했는데, 반복적인 이미지를 적극 활용하는 형식을 떠올렸죠. 마침 작업실이 해운대 앞에 있었는데, 앞쪽 고층 건물 사이로 바다가 짧게, 작게 보였어요. 진짜 애니메이션 프레임처럼 생겼던 거 같아요. 그 속에서 사람들이 들락날락하는 게 작은 연극처럼 보였고요. 파도가 주는 상징도 있잖아요. 계속 반복된다는 자연의 표현이랄까요. 그러면서 삶의 핵심적인 문제도 반복되는 와중에 사람들은 결국은 끝이 나고 자연만 남는 모습. 허무한 느낌도 들지만 위로가 되기도 하는 것 같거든요. 어떤 고통이 있는 사람에게 고통이 끝난다는 위로. 아무튼 인생의 어떤 시기, 영원할 것 같은 어떤 행위를 반복하다가 결국은 끝난다는 장면을 보여주려고 했어요

〈파도〉는 슬픔이 전체를 지배를 하는 것도 아니고, 희망으로 다 덮으려는 얘기도 아니고, 각자의 이야기를 가지고 흩어져나가는 게 매력인 것 같습니다.

모래성이 무너지는 남자, 보물을 잃어버린 아이, 죽음으로 가는 어떤 여자 등의 모습을 부정적으로 볼 수도 있지만 저는 나쁘다고 생각하지 않는 장면들이었거든요. 성을 쌓는 사람도 그게 무너져야지 다시 자유롭게 새로운 길을 떠나고, 아이도 공을 떠나보내야지 뭔가 다른 나이에 성장하고요. 우리는 뭔가 무너지는 거 대해서 부정적으로 느끼지만 변화에 대한 어떤 장면도 그렇게 나쁘다고 생각하지 않게끔 표현하고자 했어요.

이제까지의 감독님 창작 여정이 독특하게 여겨지는 이유는 한국의 독립 애니메이션이 제작, 상영, 유통되는 일반적인 방식과는 조금 다르다는 점, 그 길들이 상당히 넓고 이제까지 가보지 않은 길들도 기꺼이 모색해 왔다는 점일 겁니다

사실 계획은 없다시피 작업해 왔어요. 처음에 라이브 액션 영화제에 많이 내게 된 거는 애니메이션 영화제에서보다 거기서 상영이 잘 돼서 그랬던 거고요. 앞으로도 기회가 주어졌을 때 내가 지금 하고 싶냐, 마음에 어떤 즐거움이 있느냐 그게 제일 중요한 것 같아요.

개인 혼자에 머물지 않고 작은 팀을 만들어 상황에 맞게 조직적으로 대응을 하는 모습도 좋은 본보기가 되는 것 같아요.

정말 혼자서 하기는 어려운 것 같아요. 이전에는 사람 만나고 커뮤니케이션 하는 게 어려워서 혼자서 하는 게 마음 편했어요. 내 안에서 다 해버려야지 이런 욕심들도 있었고요. 그런데 더 이상은 그렇게 작업하면 내가 오래 못 하겠다 싶어요. 협업을 하면 저만의 독특한 느낌이 조금 없어지기도 하겠지만, 같이 하면서 생기는 좋은 점도 있잖아요. 작업 외적으로 보면, 제 작품에서 보여줬듯이 서툰 인간관계와 두려움을 작업을 통해 극복하고 동시에 변화하고 싶은 도전을 해보고 싶어요. 사람들과의 협업을 통해 내적으로, 그리고 외적으로 모두….

인터뷰　나호원
스틸 제공　정유미 감독, 컬처플랫폼

정유미의 작품 세계

웰컴 투 정유미 월드

정유미가 애니메이션 속에 마련한 세상은 자신만의 스타일이 분명하다. 색깔이 없고, 표정이 없다. 흑백의 펜슬 드로잉으로 구현한 세계는 색이 없는 대신, 몹시 촘촘하고 정밀하다. 애니메이션에서 디테일이란 종종 독이 되기도 한다. 매 순간 움직여야 하는 상황에서는 특히나 위험하다. 정유미는 이러한 위험에 맞서 디테일의 정도를 적절히 분산시킨다. 공간, 특히 사물을 그릴 때 정밀함을 집중시킨다. 그래서 화면 속 오브제들은 그 자체만으로 분위기를 만들어낸다. 모던, 컨템포러리 스타일 대신 레트로, 앤티크 스타일을 살린 사물의 정밀화는 그것이 일상의 소품일지라도 마치 상징성이나 주술성을 획득한 것만 같아 보인다. 반면 인물을 그릴 때에는 단순함을 적절히 가미한다. 무표정은 디테일을 상쇄하는 적절한 설정이다. 하지만 얼굴에는 여전히 근육과 주름을 표현하는 선이 살아있다. 이를 통해 우리는 무표정한 얼굴에서 아주 살짝 변하는 감정의 변화를 놓치지 않고 포착할 수 있다. 때론 얼굴 부위를 이루는 선과 헤어 스타일을 통해 한층 그로테스크한 느낌을 증폭시키기도 한다. 하나의 화면이 정밀한 사물과 강렬한 인물로만 구성된다면 애니메이션은 과잉된 정보량으로 인해 결코 성공할 수 없다. 숨구멍을 터줄 필요가 있는데, 정유미는 이를 나머지 공간의 단순화와 생략을 통해 확보한다. 빽빽한 밀도 옆에 마련한 여백이 화면 전체의 균형을 이루어낸다. 인물은 이 비워진 공간 속에서 동선을 만들며 움직인다.

이러한 세계는 한편으로 우리가 주변에서 흔히 발견할 수 있는 일상의 장면처럼 친숙하면서도, 그곳에서 순식간에 전혀 다른 질서 속으로 옮겨갈 수 있는 무대 세트가 된다. 어떤 세계인지 감이 잘 오지 않는다면, 아주 쉬운 예를 떠올려 보자. 바로 '인형의 집'. 어릴 때 갖고 놀던 인형의 집은 현실 세계와 닮아 있으면서도, 상상력에 지배를 받는 세계였다. 그리고 이 세계, 이 무대는 바깥세상을 닮으려 할수록, 더욱 우리 자신의 내면 속으로 달음질치는 곳이기도 하다. 정유미는 바로 이 곳에서 이야기를 시작한다. 자기의 어린 시절 경험이기도 한 인형의 집 놀이. 그 속에 들어간 인물들은 정유미 자신과도 닮아 있다.

창작자가 상대적으로 많은 영향력을 행사할 수 있는 '독립 애니메이션'에서 내면세계는 곧잘 창작자의 지극히 사적이고도 주관적인 면모를 반영하는 것으로 받아들여진다. 그래서 너무나 쉽게 작품과 창작자를 동일시하는 경향이 있다. 때론 관객이, 그리고 때론 창작자 자신이 그런 동일시의 유혹에 빠진다. 때문에 이에 대한 반발로 창작자가 강력하게 자신과 작품의 연결 고리를 부정하는 경우도 심심찮게 볼 수 있다. 정유미는 이 지점에서 회피하지 않고, '이것은 자신의 내면이고, 캐릭터는 자신과 닮았다'고 밝힌다. 이유는 간단하다. 자신을 반영하는 것이 가장 자연스럽기 때문이다. 자기가 아닌 척하며 애써 부정한다고 무엇이 달라질까? 억지로 자신의 모습을 가리는 가면을 씌우거나, 인위적으로 자신과 분리된 설정으로 내면의 세계를 들여다 보는 이야기가 얼마나 피상적으로 헛돌고 진부해지는지 쉽게 경험할 수 있다. 그럼에도 불구하고 자기를 드러내고, 자기 안을 탐색하기 위해서는 늘 거대한 난관을 극복해야 한다. 바로 자기 연민. 지나친 연민은 작품을 감정의 늪에 익사 시킬 수 있으며, 반대로 철저한 감정의 삭제는 자기 부정이나 자기혐오로 빠질 수 있다. 솔직해질 것, 그리고 용기 있게 돌파할 것, 그런 다음 다시 솔직해질 것. 이러한 태도가 정유미의 작품들을 관통하고 있다. 내 안의 여러 모습을 마주하면서 마침내 세상 밖으로 나오는 〈나의 작은 인형 상자〉(2006)가 그러했고, 먼지 같은 존재를 치워 버리기 위해 단순한 일상의 루틴을 반복하다가 결국 그 작은 존재를 자기 옆에 받아들이기로 한 〈먼지아이〉(2009)가 그러했으며, 관계에 서툰 두 연인이 놀이의 과정을 통해 조금씩 서로에게 다가가는 〈연애놀이〉(2012)가 그러했다. 이 작품들이 흔히 성장 3부작으로 묶이는 까닭은 단지 작품이 보여주고 전달하려는 사건과 내러티브가 인물의 성장을 다루고 있기 때문만은 아니다. 창작자 스스로가 작품을 만드는 과정을 통해 조금씩 조금씩 자신을 이해하고, 성숙해지는 모습을 보여주고 있기 때문이다.

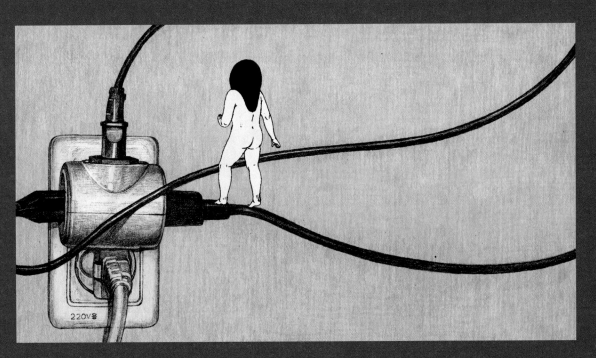

든 움직임—균열과 붕괴, 추락과 침몰—에 리듬감을 부여한다. 마치 시간이 바로 '존재가 머무는 집'이 라는 깨달음이 울리는 듯싶다. 달 라진 것은 이뿐만이 아니다. 정유 미가 애니메이션을 제작하는 방식 에서도 변화가 생겼다. 이전까지는 전통적인 2D 드로잉 기법이 지배 적이었다. 배경과 인물 간의 단순 한 레이어 분리로 각 장면을 만들 고, 이것들을 이야기 전개에 따라 씬 바이 씬으로 연결시키는 전형적 인 작업을 충실히 보여줬다. 그런 데 〈존재의 집〉은 파괴되는 모든 요 소가 각각의 레이어를 이룬다. 그 러니까 집은 수많은 레이어가 얹 혀져 있다. 레이어들은 정해진 동선과 타이밍에 따라 허물어 진다. 그리고 이 모든 레이어 (오브제이자 공간)들은 하나의 테이크 (타이밍이자 시간) 속에서 자기의 차례를 기다린다.

이러한 변화가 그저 일회성의 시도에 그치는 것이 아니 라는 사실은 바로 뒤이어 발표된 〈파도〉(2023)에서 확인할 수 있다. 밀려왔다 밀려가는 파도의 반복 속에서 다양한 인 물들이 저마다의 행동을 되풀이하면서 전체를 이끌어간다. 인물의 사연은 각자의 동선과 움직임을 담은 개별 레이어가 되고, 이러한 레이어들이 쌓여서 전체의 장면을 이룬다. 각 자의 움직임은 저마다의 사건이면서 제각각의 사연이고, 자 신들만의 고유한 존재의 시간이 된다. 반복과 차이 속에서 상실과 아픔이 드러나는 가운데, 종국에는 개별적이었던 사 람들 사이에 새로운 관계가 형성되고 있음을 보여준다. 〈먼 지 아이〉와 〈연애놀이〉에서 조심스럽고 서툴렀던 관계 맺기 가 〈파도〉에서는 조금 더 여유로운 호흡과 관조적 시선으로 다뤄진다.

정유미의 애니메이션에 끌리는 이유 중 하나는 창작자 의 지극히 사적인 속내가 사실은 관객 자신의 내면과 닮아 있다는 점이다. 남에게 쉽게 드러내지 못하는 나의 머릿속, 마음속 모습을 스크린에서 마주할 때, 우리는 두 가지 솔직 함과 마주한다. 하나는 그 이미지를 세상 밖으로 드러낸 창 작자의 솔직함, 또 다른 하나는 그제서야 비로소 인정하게 되는 관람자의 솔직함. 그것이 그저 치기 어린 자기 연민에 그치지 않고, 천천히 성장하고 성숙해 가면서 자연스러운 호흡법으로 발전할 때, 우린 비로소 조금 더 나은 사람이 되 어가고 있다고 느끼게 된다. 안도감을 느끼면서 말이다.

글 나호원

존재의 공간에 시간이 들어오다

〈연애놀이〉 이후 약 10년의 공백기가 있었다. 물론 이 공백 은 애니메이션 작업에서의 멈춤이다. 10년 동안 정유미는 애니메이션 바깥에서 주로 활동했다. 애니메이션을 그림책 으로 옮기고, 애니메이션에서 벗어난 그림을 그리기도 하고, 애니메이션의 형식이 가미된 그림 기반의 소설 작업을 하기 도 했다. 하지만 잠시 근황으로 알려졌던 단편 애니메이션 〈The Bathers〉의 진행 소식은 더 이상 들리지 않았다. 그의 애니메이션을 사랑하는 이들에게는 꽤나 긴 침묵이었으며, 혹여나 애니메이션을 떠난 것은 아닐까 하는 염려가 스멀스 멀 자라나기도 했다. 다행히, 그리고 반갑게 2022년 〈존재의 집〉을 발표했다. 반가움은 그저 애니메이션 창작으로의 복 귀에만 해당하는 것은 아니었다. 이전까지의 작품 세계, 세 밀함과 무표정 속에서의 성장 드라마라는 '정유미 월드'와는 달라진 모습이다. 그렇다고 이전의 세계를 완전히 부정하는 과격한 단절은 아니다. 〈존재의 집〉은 우리가 알던 정유미와 닮아 있기도 하고, 그만큼 달라져 있기도 했다. 여전히 색은 사라진 흑백의 정밀한 묘사를 유지한다. 제목이 말하듯, 공 간과 존재의 관계에 대한 관심도 여전하다. 마지막에 드러 나는 인물 또한 익숙한 전작들의 캐릭터를 환기시킨다. 게 다가 〈존재의 집〉은 애니메이션 공백기 사이에 발표한 그림 소설 〈이사〉를 애니메이션으로 구현했다. 그렇기 때문에 이 작품은 10년 전 〈연애놀이〉에 직접 맞닿아 있는 것처럼 보 일 수도 있다. 하지만 거기까지이다.

〈존재의 집〉에는 파괴의 과정이 중심에 놓여 있다. 〈나 의 작은 인형상자〉에서 힘겹게 박차고 세상 밖으로 나온 동 선을 뒤집어서, 이제는 집 밖에서 시작해서 집 안 가장 깊숙 한 곳에서 등 돌리고 움츠린 나의 모습을 찾아낸다. '존재'와 '집'은 이미 익숙하다. 새로운 것은 '시간'이다. 시간은 순차 적으로 집을 조금씩 부수어 나가는 주인공이다. 시간은 모

고스트 인 더 시네마 / 머신

연상호 × 김준양

영화는 처음부터 그리고 여전히 발명품이다. 애니메이션과 실사 영화라는 두 영역에서 활약해 온 연상호에게 영화가 발명품이라는 인식은 전혀 새삼스러운 것이 아니라 자연스러운 것이다. 이런 점에서 그의 방향성은 플라이셔 혹은 해리하우젠과 비교될 수 있으리라. 플라이셔도 해리하우젠도 낯선 이름인가? 그래도 상관없다. 지금 전 세계를 석권하고 있는 영화들의 대부분은 그들 두 사람의 영향하에 있기 때문이다. 물론 그 영화들은 판타지, SF, 호러로 분류되어 왔으며 여러분이 알고 있는 "유명" 영화제의 주요 부문에 후보로 오르는 일도 거의 없었다(여기서 마노비치를 인용할 여유는 없다). 이것은 영화라는 〈미디어〉를 어떻게 정의하는가에 달린 문제이며, 연상호 감독의 인터뷰는 그에 대한 어떤 답이 되어 줄 것이다.

2016년에 애니메이션 〈서울역〉과 실사 영화 〈부산행〉이 같은 해에 개봉됐어요. 〈부산행〉이 엄청 히트를 쳤죠. 그때 이후로 감독님께서 주로 실사 영화 실사 드라마 작업을 계속하시는 것 같아요. 물론 만화 작업도 하시는 것 같은데 본인에게 있어서 애니메이션, 실사, 만화는 각각 어떤 관계에 있을까요?

매체들마다 특별하게 뭔가에 의미를 두려고 하지는 않고 있어요. 옛날에는 스톱모션 애니메이션을 했었어요. 거의 20살 때 실사 영화를 한 편 했었고, 그 실사 영화를 찍기 위해서 VX700이라고 하는 비디오카메라를 처음 샀어요. 그 카메라의 콤마 찍기 기능으로 재미 삼아 이제 찍어보던 것이 스톱모션 애니메이션을 하게 되었죠. 당시에는 그걸로 의미를 좀 찾으려고 했었죠. 일본의 독립 애니메이션인 〈도성사〉라든가 〈가시 공주〉 같은 작품들을 보면서 저런 스톱모션 애니메이션을 하고 싶다 꿈꾸기도 했는데 기본적으로 스톱모션이라고 하는 게 굉장히 고난이도의 기술이 필요하고 제작비라든가 인내력 하여튼 여러 가지 공부해야 될 게 좀 많이 있었던 거죠. 근데 성격은 급하고 그런 것들이 구현이 잘 안 되다 보니까 컴퓨터가 어느 정도 발전을 하기 시작한 때 바로 2D 애니메이션으로 넘어갔던 것 같고 그 이후로는 그걸 꽤 오랫동안 하게 됐죠. 애니메이션과 실사 영화로도 구분할 수 있겠지만 사실은 저한테는 더 큰 구분은 인디 영화냐 아니면 상업 영화냐의 차이로도 생각을 할 수가 있을 것 같아요. 저예산 영화로서 할 수 있는 이야기가 있는 거고 상업 영화로 갔을 때 할 수 있는 얘기가 있는 거라고 생각을 하거든요. 아무래도 시장의 타겟층이 다르다 보니까 거기에 따라 조금씩 이야기의 방식이나 이런 게 차이가 생겼던 게 아닌가. 그래서 〈부산행〉 이후로는 쭉 상업 영화를 하게 된 거고 애니메이션을 못하게 됐다기보다는 인디 저예산 영화 형식을 못하게 된 거죠. 개인적으로는 그게 아쉬움이 있어서 시작했던 게 만화였어요. 〈염력〉이라는 영화를 만들 때쯤에 그렸던 만화가 『얼굴』이라고 〈돼지의 왕〉이나 〈사이비〉하고 굉장히 닮아 있는 그런 스토리의 만화였어요. 그 이후에 좀 본격적으로 좀 더 만화 작업을 해보자라는 생각을 하고 최규석 작가하고 『지옥』이나 『계시록』 같은 작업들을 하게 된 것 같아요.

저예산 규모의 인디 포맷 쪽에 여전히 애정이 있으신 것 같아요.

아무래도 상업 영화는 얽혀 있는 사람들이 많이 있잖아요. 그들의 의견을 완전히 무시하기가 쉽지가 않죠. 그 의견을 무시하지 않았기 때문에 제가 지금까지도 작업을 활발하게 할 수 있는 게 아닌가 하는 생각이 들어요. 혼자서 뭔가를 결정하고 판단할 때는 그만큼 두려움이 커지는데 여러 사람과 의견을 교환을 하면서 얘기하는 건 좀 더 의지할 데가 있다는 느낌도 있죠. 반대로 책임져야 하는 게 적다고 한다면, 물론 아주 소수의 인원이 해야 된다는 것 때문에 더 힘들기도 하지만, 조금 더 자유로운 방식의 창작 활동이어서 재미있죠. 그래서 『얼굴』을 하기도 했고 『지옥』은 최규석 작가와 둘

만의 소통으로 만들어진 작품이기 때문에 좀 더 개인적이고 집중력 있는 느낌은 있었어요. 결과적으로는 상업 시리즈 형태의 실사로 만들긴 했지만 애초에는 대중성이 고려가 된 작업은 아니었죠.

초기작인 단편 애니메이션 〈지옥. 1〉에서 로토스코프를 쓰셨죠. 그 발상은 어떻게 가지게 되었는지?

저예산의 한계였죠. 〈아키라〉라든가 〈인랑〉이라든가 이런 류의 애니메이션을 좋아했기 때문에 사실 만들고 싶었던 룩은 삽화체 애니메이션이었어요. 근데 아무래도 삽화체 애니메이팅이라고 하는 거는 상당히 시간이 오래 걸리고 많은 데생력이 필요하고 숙련된 작업자가 필요해요. 이런 것들이 다 돈이란 말이에요. 그러니까 저예산으로 어떻게 작업을 할까라는 고민 중에 마침 페인터 같은 디지털 프로그램들이 나왔어요. 거기에 로토스코프 딸 수 있는 기능이 있었어요. 그것으로 처음에 짤막한 컷들을 만들다가 아예 애니메이션을 만들어봐야겠다는 생각을 했는데 결과적으로는 우연이긴 하지만 그것이 전체적으로 영화의 룩을 기묘하고 독특하게 만드는 효과를 줬던 것 같아요. 저예산 애니메이션을 하다 보니까 예산은 조금 있는데 어떻게 하면 적은 사람이 숙련되지 않아도 어느 정도의 퀄리티를 낼 수 있을까가 항상 숙제였던 거 같아요. 그래서 처음에는 인물을 찍어서 하는 로토스코프에서, 3D 모델링을 하는 로토스코프, 그 다음에는 툰쉐이딩 방식이라든가 그런 식으로 조금 더 작업 공정이 간소화될 수 있는 방식의 기법들을 계속 찾아냈던 것 같아요.

본인의 영화 영상 제작에 사용하시는 테크놀로지를 이런 순서로 전개시켜 오신 걸 보면 영화사에서의 산업적 발전과도 맞아떨어지는 측면이 있어요. 일찍이 1920년대에 미국에서 로토스코프, 1930~50년대 하면 디즈니를 중심으로 한 2D 애니메이션, 그러다가 1980년대 가면 3D CG....

그래서 개인적으로는 재미있는 과정이었죠. 단편 애니메이션인 〈지옥: 두 개의 삶〉을 하고 좀 더 자율적인 환경 내에서 장편 애니메이션을 3편 정도 할 기회가 있었어요. 자기가 완전히 통제할 수 있는 영화를 3편 정도를 했다는 건 자기가 하는 방식의 맞고 틀림을 결과로 확인할 수 있는 기회가 세 번 정도 있었다는 거잖아요. 그런 과정 이후에 상업 영화 시스템에 들어갔다는 거는 아무래도 좀 더 여러 사람들과 소통을 할 때 좀 확신 있게 소통을 한다거나 아닌 부분을 인정한다든가 하는 점에서 좋은 경험이 됐지요.

영화 작업 현장에서 완벽한 통제라는 건 미덕인가요 아니면 이상인가요?

완벽한 통제는 사실은 있을 수는 없죠. 특히 상업 영화는 완벽한 통제하고는 너무나 거리가 먼 작업이죠. 예를 들어 거대한 총격씬이나 액션씬은 엄청나게 긴 장면들이고 준비가 많이 필요해서 특정 시간대에 찍는 것이 어렵죠. 요즘은 버

추얼 스튜디오에서의 촬영이라든가 CGI를 통해서 점점 더 통제가능한 환경에서 크리에이터가 원하는 최종 그림을 만들어 가고 있지만, 그것이 완벽한 통제냐고 한다면 사실은 거리가 멀죠. 옛날에는 제가 뭔가를 창조하면은 그것이 완벽하게 이루어지는 게 좋다고 생각을 했었어요. 근데 웹툰 『지옥』을 최규석 작가랑 작업을 해봤는데 최규석 작가랑 저랑은 생각하는 거나 작품을 바라보는 태도가 굉장히 비슷하거든요. 그런데도 최규석 작가가 그리는 만화 『지옥』을 봤을 때 되게 낯설게 느껴질 때가 있어요. 내가 생각했던 게 이런 건 아닌데라는 느낌을 받거든요. 근데 그런 게 오히려 재미가 있더라고요. 〈방법〉 같은 경우는 김용완 감독이 연출을 했는데 제가 쓴 대본과 드라마가 완벽하게 일치하느냐라고 한다면 그렇지 않아요. 〈방법〉에서의 진종현 캐릭터는 제가 쓴 캐릭터하고는 좀 많이 달랐어요. 그거는 성동일 배우의 해석이 들어가 있는 캐릭터였어요. 또 다른 예로 제가 연출을 한 〈지옥〉에서도 웹툰의 배영재 PD와 시리즈 〈지옥〉에서 박정민이 연기한 배영재 PD는 성격이 완전히 다르거든요. 웹툰에서는 약간 조용하고 말이 없고 참는 듯한 성격인데 시리즈에 나온 박정민이 연기하는 배영재 PD는 짜증을 되게 많이 내는 캐릭터죠. 배우가 그렇게 해석을 한 거였어요. 저는 그게 좋더라고요. 그래서 그냥 내버려뒀죠. 그러니까 제가 처음에 생각했던 것과는 좀 다른 결과물이 나오는 거예요. 지금은 그런 과정이 좀 더 재미가 있는 것 같아요. 내가 완벽하게 뭔가를 통제해서 만드는 것보다는 다른 연출자나 아니면 배우들이 직접 해석해가지고 만들어낸 것들을 보는 재미가 있더라고요. 저는 연출자이자 동시에 시청자이기도 하기 때문에 저도 제 영화를 보는 재미라는 게 있어야 되거든요. 근데 완전히 제가 생각한 대로 나온다는 거는 시청자로서 너무 재미없는 일이잖아요. 제가 생각했던 거하고 다른 뭔가가 찍힐 때 오히려 재미가 있는 거죠.

실사 같은 경우는 배우들이 직접 스스로 연기하시는 분들인데, 애니메이션 같은 경우는 그런 인간의 몸이라는 게 없잖아요. 살아있는 몸이라는 게 어떠세요? 실제 인간의 몸과 함께 상호 작용하면서 일을 하신다는 게 애니메이션 작업하실 때랑 크게 달랐던 부분은 없었는지.

사실 저는 영화감독과 애니메이션 감독의 큰 차이를 느끼지는 못해요. 저는 촬영 때 대부분 모니터 앞에만 있습니다. 현장이라고 하는 곳은 굉장히 많이 떨어져 있죠. 그러다 보니까 가끔은 현장에서 뭔가를 지켜볼 때도 있지만 대부분은 화면으로만 본다는 거죠.

연출 혹은 연기를 지시할 때 배우분이랑 어떻게 커뮤니케이션을 하시죠?

직접 얘기해야 될 때는 가서 얘기하는 경우도 있지만 대부분은 무전기로 합니다. 그래서 거리감이 굉장히 있어요. 현장의 느낌이 모니터를 통해서 완벽히 전달이 되지는 않죠. 근데 저는 오히려 모니터 앞에 있는 거를 더 선호를 하는 편

이에요. 왜냐면은 현장은 모니터로 보는 거랑 되게 달라요. 엄청난 열기와 바로 옆에서 보는 그 현장감이라고 하는 건 굉장히 세단 말이죠. 근데 제가 만들어야 하는 결과물은 영상을 통해서 전달이 돼야 하는 걸 만드는 거잖아요. 현장에 들어가 바로 옆에서 보면 저는 감화를 받을 수 있지만 대부분의 시청자는 모니터를 통해서 그걸 봐야 되는데 그 판단을 현장에서 하기는 굉장히 힘든 것 같아요. 오히려 저는 시청자 입장에서 이것을 판단을 해야 되는 거기 때문에 사실은 현장에서의 뭔가를 일부러 직접적으로 느끼지 않으려고 노력을 하는 편이에요. 오판의 여지가 많거든요. 현장에서 볼 때는 너무 감동적인데 사실 모니터를 놓고 보면 전혀 아닐 수도 있기 때문에 될 수 있으면 모니터를 통해 시청자의 관점으로 보려고 노력을 많이 해요. 화면에서 그것이 느껴져야지 진짜 결과물이 되는 거죠.

사실 그런 면이 애니메이션이랑 닮은 점도 있어요. 우리는 배우가 모든 것을 다 한다고 생각하지만 액션씬이라든가 배우가 하기 불가능한 씬 같은 경우에는 CGI의 도움을 받기도 하고 대역 배우가 연기를 하기도 하죠. 실제로 연기를 하는 배우와 대역 배우와 CGI와 여러 가지 요소가 하나의 캐릭터로 보여지게끔 일루션을 만드는 거죠. 배우도 연기를 하지만 카메라도 연기를 하고 조명도 연기를 하고 의상도 연기를 하고 헤어 분장도 연기를 하는 거잖아요. 앵글을 어떻게 잡느냐, 머리카락을 어떻게 내리느냐, 거기에 BGM이 어떻게 깔리냐, 편집을 어떻게 하느냐에 따라 배우의 감정이 달라 보이기 때문에 결과적으로는 애니메이션하고 닮은 점이 되게 많다고 보는 거죠. 하나의 캐릭터라고 하는 환영을 만들기 위해서 여러 요소들이 다 같이 움직이고 영향을 미치니까요.

〈사랑은 단백질〉부터는 3D 모델링으로 방향을 바꾸었습니다.

원래 원작이 최규석 작가의 단편 만화였는데 단편 만화의 캐릭터들 자체가 인간의 비례를 갖고 있지 않았어요. 월트 디즈니의 〈백설공주〉 경우만 보더라도 난장이들을 로토스코프로 하기 위해서 인형 탈을 쓴다든가 하는 작업 기록들이 남아 있잖아요. 실제 인체와 비례가 다른 캐릭터성이 있는 거를 로토스코프와 같은 움직임으로 만들어낸다고 할 때는 기본적으로 사람을 찍어서 거기에 데생을 변화시켜야 해요. 그러기 위해선 숙련공이 필요하고 거기에 맞는 예산이 필요한 거예요. 그래서 모델링을 통한 로토스코프라고 하는 쪽으로 가게 된 거죠. 〈사랑은 단백질〉은 캐릭터를 3D 모델링을 해서 그 모델링으로 애니메이팅을 잡은 다음에 그거를 로토스코핑한 작업이었죠. 그때만 하더라도 큰 아웃라인이나 이런 것들은 3D로 만들 수 있었지만 예를 들어 의상이라든가 이런 리액션들이 많이 필요한 것까지 3D에 반영하기에는 기술적으로 좀 한계가 있었던 상황이었어요. 그렇기 때문에 그것을 다시 로토스코핑 하는 작업이 필요했던 거

고요. 근데 그렇게 하면 작업량이 엄청나기 때문에 툰 렌더적인 방식을 찾았던 거죠. 더 예산을 더 줄이기 위해서. 그게 〈돼지의 왕〉까지 갔었고 그 뒤에 〈창〉이라는 작품 때문부터 툰 렌더를 좀 쓰기 시작했고 그 이후에 〈사이비〉라든가 〈서울역〉은 툰 렌더를 좀 더 많이 쓴 작품이죠.

〈부산행〉을 봤을 때 좀비들이 다 3D 컴퓨터 그래픽이겠구나 생각했는데 실제 배우가 연기한 거라고 말씀하셔서 깜짝 놀랐어요.

〈부산행〉 때만 하더라도 한국에 디테일한 좀비 디지털 캐릭터를 만들 수 있는 기술이 없었어요. 좀비들이 우르르 몰려오는 군중 시뮬레이션을 하면 울퉁불퉁한 땅에선 자동으로 막 넘어진다든가 자기들끼리 부딪힌다든가 이런 게 돼야 되잖아요. 근데 평지에서 우르르 몰려오는 거나 됐지 그게 안 됐어요. 〈부산행〉에서 디지털 캐릭터로 만들어진 거는 기차가 가는데 밑에 좀비들이 끌려가는 장면 있잖아요. 되게 넓은 부감샷. 그 정도에서 보여지는 디지털 캐릭터들만 가능했지 그거보다 더 큰 크기로 나오는 건 작업이 불가능했던 상태였어요. 〈반도〉 때 좀 더 디지털 캐릭터 활용이 높아졌죠.

관객들도 〈부산행〉이 실제 인간이 연기했다는 점에 더 평가가 더 높은 것 같더라고요. 되려 〈부산행〉보다 3년 전에 개봉했던 〈월드워Z〉의 좀비는 CG였는데 관객들 평가가 별로 안 좋아요.

근데 아이러니하게도 〈부산행〉에서 실제 사람이 좀비 연기를 하는 안무적 묘사의 원천이 됐던 거는 사실은 〈월드워Z〉였어요. 〈부산행〉에서 했던 거 〈월드워Z〉에서도 다 했어요. 돈이 없어서 저희가 CG를 못 했던 거지.

근데 그게 〈월드워Z〉에서는 인상이 별로 안 남고 〈부산행〉의 경우 더 눈에 띄고 강렬하달까 왜 그럴까요?

〈월드워Z〉 메이킹을 보면 좀비 움직임이 좋아요. 이 움직임을 그냥 그대로 보여주는 것만으로도 너무 신선한데 그 움직임과 함께 극적인 카메라를 쓰다 보니까 오히려 신선하다는 느낌이 안 들더라고요. 그래서 〈부산행〉 할 때는 너무 극적인 카메라워크를 쓰기보다는 조금 더 관조하는, 우리가 일상적으로 느낄 수 있는 그런 카메라를 쓰자는 얘기를 했었어요. KTX가 앞뒤가 똑같거든요. 이게 의자가 반반씩 돼 있기 때문에 어디가 앞이고 어디가 뒤인지를 알 수가 없어요. 여기에서 카메라워크가 역동적으로 들어가기 시작하면 관객이 어디가 어딘지 모르겠더라고요. 그래서 저희는 서울역에서 시작해서 대전역까지는 카메라를 다 한 방향으로만 찍었어요. 카메라의 오른쪽은 앞이고 왼쪽은 뒤. 이렇게 공간적으로 헷갈리지 않도록. 대전까지는 그런 식으로 찍고 대전 이후부터는 반대 방향으로 찍고 그렇게 구간을 정했어요. 마찬가지로 액션씬 같은 경우도 역동적인 카메라를 쓰지 않았어요. 공간이 무너져버릴 것 같더라고요.

〈월드워Z〉 영화를 보면 주인공이 가장 먼저 가는 곳이 주한 미군 캠프였어요. 거기서 바이러스가 시작됐는지 안 됐는지 결정적인 얘기는 안 나오지만 맨 먼저 한국에 가더라고요. 그래서 흥미롭다고 생각했는데 그것 때문에 〈부산행〉이 다시 보였어요. 〈부산행〉이 마치 〈월드워Z〉에 대한 응답 같은. 어느 정도 〈월드워Z〉를 의식하셨나요?

사실은 〈부산행〉은 〈월드워Z〉 덕분에 들어갈 수 있는 영화였어요. 〈월드워Z〉가 한국에서 한 500만 정도의 흥행을 했거든요. 그래서 한국에서 좀비 영화가 될 수도 있겠다는 메시지를 투자자들이 갖게 됐어요. 저는 〈월드워Z〉 도입부 항공모함 갈 때까지 너무 재밌었어요. 너무 재밌고 너무 박진감 넘치고. 그 속도감이라든가 이런 것들을 좀 따라 하고 싶었죠. 근데 〈월드워Z〉는 굉장한 블록버스터잖아요. 한국에서는 그렇게 할 수 없기 때문에 어떻게 하면 좁은 공간 안에서 이런 블록버스터를 만들 수 있는가를 고민하기 시작했던 거고 레퍼런스가 됐던 작품들은 꽤 있었어요. 예를 들면 샤말란의 〈사인〉은 외계인이 침략하는데 집 안만 보여 주거든요, 외계인은 거의 뉴스에서만 나오고 마지막에 한 번 등장해요. 그런 영화들을 보면서 전국적인 재난인데 어떻게 기차 안에서만 이거를 보여줄 것인가 그런 고민이 좀 있었고. 이전까지 한국에서의 재난 영화는 여러 면을 보여주는 게 일종의 공식이었죠. 재난을 당한 소시민을 비추는가 하면 다음에는 컨트롤 타워를 보여주기도 하고. 그런데 그것들을 완전히 배제시키고 기차 안 사람들의 이야기만 가지고 영화를 만들겠다 라는 게 목표였죠.

〈부산행〉의 결말이 해피엔드는 아니죠?

이게 아포칼립스물이잖아요 사실은 아포칼립스물에서 자주 선택하고 있는 주제 중에 하나가 세대론이라고 하는 게 있어요. 요컨대 〈부산행〉의 주인공 '석우'는 성장 중심 사회의 기성 세대란 말이에요. 성장 중심 세대의 종말이라고 하는 주제를 갖고 있기 때문에 석우가 죽는 거는 자연스러운 부분이라고 생각을 했어요. 코맥 매카시 원작의 〈더 로드〉를 보면 유사 부자 관계가 나오고 아버지가 죽으면서 아들이 다음 세대를 이어가는 것 같은 느낌들을 주는데 그런 데서 영향을 많이 받은 거죠. 아버지 세대가 죽고 새로운 세대가 새 시대를 맞이하는 결말은 아포칼립스에서 일종의 클래식이라고 생각하거든요.

〈반도〉의 경우는 약간 서부 영화에 가깝다고 생각을 했어요. 이미 포스트 아포칼립스이기 때문에 비정한 세상에 일종의 카우보이가 등장을 하는 그런 영화라고 생각을 했고, 시퀄이어서 하나의 세계관으로 만들지만 영화적 장르를 좀 달리하고 싶었던 게 있었던 것 같아요.

〈반도〉를 보면 참혹하게 세계로부터 고립돼서 한반도만 무법천지가 된 것 같아요. 리서치해 보니 관객들도 "왜 한반도만 지옥이냐"는 반응이 있더라구요. 대한민국만 고립된 상태에 있어서, 그 세계관이 궁금해요.

개인적으로는 뭔가 역전된 세상에 대한 체험 같은 거를 좀 하고 싶었던 것도 있었어요. 초반에 보면 정석이 난민이자 배타적인 혐오 대상으로 살아가요. 한국에서는 그런 경험을 할 기회가 많지는 않죠. 〈반도〉는 완전히 역전된 상태에서 시작을 하는 영화죠. 그 설정 자체가 굉장히 기분 나쁠 수 있겠다는 생각은 들었어요. 난민이 된다는 게, 내가 혐오 대상이 된다는 게 사실은 무척 불쾌한 경험일 수 있잖아요.

저는 영화에 나름의 운명이 있다고 생각을 하는데 〈반도〉라고 하는 영화를 만들 때는 전혀 고려하지 않았으나 코로나의 상황에서 개봉을 하게 됐죠. 거의 코로나 초기였기 때문에 격리가 된다든가 바이러스 보균자가 돼서 민폐가 되는 경험을 곳곳에서 하기 시작했다고 생각을 해요. 몇몇 사람들이 〈반도〉에서 한정석이 겪었던 입장이 돼 보는 일이 일어난 거죠. 내가 보균자, 감염이 돼서 내가 민폐를 끼치는 사람이 되면 어떡하지 하는 공포심 같은 걸 자극하던 사회였죠. 실제로 그런 공포심들을 다 갖고 살았고. 그런 게 〈반도〉의 개봉과 맞물려 있는 것도 저는 개인적으로는 〈반도〉라고 하는 영화의 운명이라고 생각을 했어요. 그런 환경 내에서 개봉을 해가지고 욕을 먹든 어쨌든 간에 그 영화가 담고 있는 주제 의식과 그 상황을 바라보는 것들이 재미있는 경험이었다고 생각합니다.

감독님 영화들을 둘러싸고서 '연니버스'라는 말이 있는데, 한국의 영화 문화에서 특이한 새로운 현상이라는 느낌이 들었어요. 일본 같은 경우에는 마츠모토 레이지의 〈야마토〉, 〈은하철도 999〉, 〈하록〉처럼 아주 애매하게 연결돼 있는 세계관을 제시하는 작가들이 있잖아요. 한국에도 이런 감독님이 나타났구나 했고 그렇게 해서 팬들도 있는 것 같은데 감독님이 영화 속에서 만들어낸 세계관이라는 게 있다면 무엇일까요?

〈반도〉를 할 때쯤이었나 웹툰 『지옥』을 구상할 때쯤이었나 정확한 시기가 기억이 안 나는데 요즘에 내가 뭘 재밌게 봤었지라는 생각들을 많이 했어요. 『지옥』 같은 경우는 『20세기 소년』 같은 느낌을 좀 내보자라는 게 명확하게 있었어요. 저와 최규석 작가가 대학 다닐 때 『20세기 소년』을 좋아했던 그 느낌을 우리가 지금의 독자한테 줄 수 있는 것인가에 대한 고민을 하면서 만들었던 것 같아요. 그 이후로도 제가 가지고 있는 만화책들을 다시 둘러봐요. 내가 옛날에 뭘 봤는지, 뭘 보고 즐거워했었지. 그것들을 이제 다시 복기를 하면서 작업을 하는 것도 의외로 재미가 있더라고요. 〈방법〉 같은 경우에는 『데스노트』처럼 뭔가 어떤 제한된 규칙을 가지고 게임을 하듯이 이야기가 구성된다든가 〈방법: 재차의〉 경우는 홍콩 영화 속 강시, 영환도사 이런 것들을 되게 좋아했기 때문에 그걸 복기하면서 만들어 보기도 하고. 점점 더 제가 어린 시절 순수하게 엔터테인먼트로 즐겼던 것들이 무엇인가, 그리고 왜 그것을 좋아했는가에 대한 생각을 하면서 작업을 많이 하려고 하고 있어요.

감독님이 캐릭터의 몸을 다루는 방식이 독특해요. 〈D의 과대망상을 치료하는 병원에서 막 치료를 끝낸 환자가 보는 창밖풍경〉(1997)에서는 주인공이 두개골을 절개하는 수술을 받고 자신의 손가락이 잘려 나가는 망상에 시달립니다. 〈디 데이〉(2000)에서는 인형으로 섹스씬을, 그리고 〈지옥. 1〉에서는 저승사자들이 홍 과장의 손에 못을 박고 온몸의 가죽을 벗겨 죽입니다. 〈지옥. 2〉에서는 여주인공이 다른 여자와 섹스 중인 남자친구를 가위로 난도질해 죽이고 〈사랑은 단백질〉에서는 치킨집 주인인 아버지 닭이 자신의 8살 아들 닭을 치킨으로 튀기고 치킨을 주문한 인간 중 안경남이 그 어린 닭의 치킨 다리를 쫙 찢어 먹는 장면 그리고 비슷한 장면들이 〈돼지의 왕〉과 〈사이비〉에 나오기도 하고요. 〈염력〉의 경우도 코미디긴 하지만 류승룡이 연기하는 주인공이 염력으로 재개발 용역 깡패 한 명의 몸을 염력으로 비틀고 공중에 매달아 올리고 마치 마리오네트 인형처럼 다룹니다. 〈방법〉에서도 방법을 당하는 인간의 몸이 비틀어지는 등 몸이 난도질을 당하거나 훼손당하거나 하는 묘사가 나와요. 그런 공통된 요소들이 캐릭터의 몸을 통해서 나타나고 있는 것을 자각하고 계신가요?

하고 있죠. 본격적으로 시도하지 못했지만 가장 요즘에 관심 있는 호러 장르 중에 하나가 바디 호러예요. 바디 호러라고 하는 거는 서브컬처 역사로 보면 유서가 깊어요. 존 카펜터의 〈괴물 The Thing〉이나 〈우로츠키 동자〉라든가 혹은 이토 준지. 특히 이토 준지 같은 경우는 바디 호러가 주는 공포감이 상당하죠. 특히 그림체라고 하는 거에서, 이토 준지 만화의 아주 대중적인 포인트이자 이토 준지를 공포스럽게 만드는 것 중에 하나가 남녀 캐릭터들을 굉장히 잘 그려요. 인물들이 순정 만화 그림체 같은 얼굴을 가지고 있거든요. 그들의 신체가 기괴하게 변한다는 게 독자로 하여금 엄청난 공포심을 갖게 한단 말이죠. 그런 것들이 바디 호러가 주는 매력이겠죠. 〈부산행〉이라고 하는 작품을 처음 기획을 했을 때 투자사에서의 몇몇 요청들이 있었어요. 예를 들자면 15세 관람가가 나오게 해라. 근데 그 당시에 좀비 영화를 접근하는 방식, 얼굴이나 이런 데 분장 같은 거, 살이 떨어져 나갔다든가 눈깔이 빠져 있다든가 이런 혐오스러운 등장을 통해서 공포심을 줘야 하는데 저는 그것을 할 수가 없었어요. 왜냐하면 15세 관람가로 만들어야 되니까.

분장에서의 기괴함으로 공포심을 줄 수 없다면 그다음은 무엇이냐라고 했을 때가 바디 호러였어요. 움직임을 기괴하게 만듦으로 해가지고 분장에서 줄 수 없는 호러의 느낌들을 주는 거죠. 그래서 그 당시에 브레이크 댄스라고 하는 몸을 꺾어서 하는 춤을 추는 안무가를 섭외해가지고 〈부산행〉 좀비들의 움직임을 만들었던 거고, 그 과정이 너무 재밌어서 안무가하고는 지금도 같이 일을 하고 있어요. 〈염력〉에서도 그 안무가가 초능력을 쓰는 것을 안무했고 〈반도〉, 제가 찍지 않은 〈방법〉과 〈방법: 재차의〉, 그리고 만화 작업도 좀 했었고. 바디 호러까지는 아니지만 바디 호러가 품고 있는 그런 내재적인 공포의 근원 같은 것들은 지금까지 제 영화에 다 들어가 있었죠. 만화 『기생수』도 보면 굉장히 유니크하잖아요. 엄청난 크리처가 등장한다기보다 사람의 얼

굴이 열린다라고 하는 게, 온몸이 괴물로 된다는 것보다 사람의 얼굴이 쪼개져서 열린다라고 하는 게 어떻게 보면 바디 호러가 주는 공포심의 근원이죠.

몸이 외부에 존재하는 무슨 거대한 무자비한 힘에 의해서 파괴되는 게 아니라 자기 몸이 자기 몸이 아니게 되는 상황.

그렇죠. 예를 들면 존 카펜더의 〈괴물〉 같은 경우도 사실은 기본적으로 인간의 몸에서 출발을 하거든요. 원래 우리가 인간으로 몸을 쓰던 용도와 다른 형식이 된다는 게 엄청난 공포심을 준다는 거죠. 지금까지 했던 작업이 본격적인 바디 호러 작품들은 아니지만 사실은 그런 요소들을 넣으려고 노력을 많이 했던 거죠. 본격적인 바디 호러도 해보고 싶다는 생각을 많이 해요.

인간이 자기 몸의 주인이 아니게 되는 순간. 가령 SF라고 한다면 바이러스 감염 아니면 〈신체 강탈자〉처럼 우주 생물이 자기 몸에 침투하거나 호러 같은 경우도 빙의, 〈엑소시스트〉라든가 〈방법〉 같은 경우가 아마도 그렇게 될 텐데, 감독님 최근 작품 〈정이〉에서도 그런 모티프가 있나요?

있죠. 〈정이〉에서는 복제품이라고 하는 게 나오는데 거기서 얘기하는 거는 완벽한 복제인 거죠. 뇌를 완벽하게 복제했다. 이걸 AI라고 오해하시는 분이 있는데 AI가 아니죠. 영화 대사에서도 보면 AI라는 대사는 나오지 않아요. 그냥 뇌 복제라고 나오지. 뇌 복제를 해서 연구해서 AI를 만들겠다는 거지 사실은 사람이 창조한 게 아니죠. 근데 그 복사품을 과연 인격체로 인정할 수 있는가. 여기서 서현이라고 하는 캐릭터는 뇌 복제 로봇 '정이'에게서 자기 존재를 지움으로 해서 하나의 독창적인 존재를 만드는 거죠. 자기 엄마의 복제로서가 아니라 마지막에 탈출하는 '정이'는 딸에 관한 기억이 지워진 인물이기 때문에 어떤 의미에서는 AI죠. AI이자 독자적인 생명체일 수 있는 거죠. 완전히 새로운 또 다른 원본일 수 있죠.

영화들이 나름대로 복제의 논리를 어느 정도 설명하려고 하잖아요. 가령 오시이 마모루의 〈이노센스〉 보면 고스트를 인간에게서 뽑아내 복제해서 기계에 이식한다라는 설명도 나오고..

〈정이〉 같은 경우는 기존에 있는 SF적 세계관 안의 이야기나 다름없었어요. 예를 들면 뇌 복제라고 하는 것도 오시이 마모루적 세계관의 연장이었죠. 그냥 거기에서의 아주 조금 다른 포인트. 그러니까 독창적인 생명체를 만드는 과정에서, 엄마와 딸과의 관계에서 딸의 관계를 딸이 지우면서 독창적인 생명체를 만든다 라는 거지. 사실은 이 세계관 자체가 독창적인 세계관은 아니죠. 저 개인적으로는 서브컬처의 일환이라고 생각을 했어요.

예를 들자면 사이버 펑크라는 장르를 보면, 사이버 펑크 장르는 어느 정도 세계관을 공유하기 마련이거든요. 서브컬처적으로 봤을 때 서로가 이건 내가 만든 세계관이야

이런 게 아니라 예를 들면 팬 메이드나 팬픽처럼, 사이버 펑크라는 장르에서 나올 수 있는 파생되는 스토리들은 사실은 어느 정도 세계관을 공유하는 게 서브컬처의 룰인 거죠.

일본에서는 그런 문화가, 이를테면 기존의 레퍼런스가 되는 작품들을 철저하게 섭렵하면서 그 안에 신작을 배치하고 수용하는 문화가 오타쿠 문화라고 불리긴 하는데....

〈정이〉의 세계관 자체를 SF적으로, 예를 들면은 필립 K. 딕이라든가 최근에 테드 창 같이 얼마나 독창적인 미래 세계를 그려내느냐의 문제라기보다는, 서브컬처로서의 사이버 펑크에서의 하나의 파생 상품 혹은 파생된 스토리라고 생각을 했어요. SF적인 세계관을 얼마나 독창적으로 만들어 내냐의 문제는 아니었던 것 같아요. 저는 일종의 서브컬처를 좋아하는 창작자로서 마니아로서 접근을 한 작품이라고 생각했어요.

그럼 〈정이〉에서 감독님께서 가장 추구하는 건 뭐였어요? 이건 꼭 해보고 싶었다고 할 수 있는 것?

엔딩 장면에서 '정이'라고 하는 로봇이 강수연 선배와 감정 교감을 하잖아요. 그런데 작업적으로 봤을 때는 디지털 캐릭터인 거죠. 그리고 이 로봇이 얼굴 표정 변화가 별로 없어요. 눈을 깜빡거린다든가 눈동자가 움직인다든가 그 정도인데, 〈누가 로저 래빗을 모함했나〉처럼 실사 인물과 가상의 인물 둘이 교감을 한단 말이죠. 그 감정씬이, 흔히 얘기하는 신파라고 불리는 그 씬이 디지털 캐릭터로 전달이 될 것인가, 연출이 될 것인가가 도전이었어요.

예를 들면 실사로 촬영을 할 때는 김현주 배우가 '정이'의 눈빛 연기도 하고 그러죠. 근데 어차피 김현주 배우가 하는 눈빛 연기는 사실은 우리가 다 지워야 할 것들이란 말이에요. 그걸 쓸 수가 없으니까 다 디지털 캐릭터니까. 쓰는 거는 몸 움직임뿐. 그러니까 이게 완전히 100% 디지털 캐릭터로 김현주 배우의 연기를 보여주는 게 가능한가라는 생각을 했던 거죠. 그건 이 영화의 주제하고도 굉장히 닮아 있어요. AI라고 하는, 어떻게 보면 복제된 거에서 뭔가를 제거해서 독자적인 생명체가 된 게 생명체인가라는 질문이 있는 거잖아요. 완벽하게 디지털로 애니메이팅된 캐릭터가 실제 배우가 한 감정을 관객에게 전달할 수 있는가. 사람들은 디지털 캐릭터, 애니메이팅된 가짜 이미지가 실제 인간이 연기하고 전달하는 걸 전달하지 못한다고 생각하죠. 그런데 만화를 보면, 굉장히 오래전부터 실사 인간만이 전달할 수 있다고 여겼던 것들을 아주 단순한 선으로 돼 있는 만화 이미지도 전달을 해왔던 거죠. 그것이 일종의 만화 캐릭터를 그리는 테크놀로지에 들어가 있는 거라는 거죠. 결과적으로 테크놀로지가 그것이 무엇이든 간에 인간의 무언가를 전달할 수 있다는 얘기가 되는 거거든요. 영화 내에서도 정이라는 디지털 캐릭터와 실사 인물의 진정성 문제에

관한 끊임없는 논쟁이 있잖아요. 사실은 이런 담론들과 〈정이〉 영화 안에서의 AI에 대한, 제품에 대한, 뇌 복제된 거에 대한 담론이 닮아 있다는 거죠. 그 엔딩 장면에서의 디지털 캐릭터가 우리가 이제 신파라고 부르는 감정의 전달을 맡게 되는 거죠. 사실 디지털 캐릭터와 실제 배우가 그것을 전달할 수 있는가라는 게 사실은 되게 중요한, 아까 얘기했던 영화 내에서의 뇌 복제 문제와 연결되는…. 그래서 저는 개인적으로는 〈정이〉라는 작품이 되게 재미가 있었어요. 왜냐하면 신파를 뭔가 연출하기 위해서 하지 않았지만 사람들은 신파라고 느끼잖아요.

감독님의 영화 안에서 이른바 신파라고 불리는 요소가 한국영화 시장에서는 별로 환영받지 않는 것 같아요.

신파에 대한 거부감은 상업성을 위해서 멜로적인 감수성을 무리하게 준다라는 것에 대한 비평 의식, 비판에서 생기는 것 같아요. 근데 저는 개인적으로는 〈정이〉에서의 감정씬, 멜로씬들은 굉장히 중요한 장면이었어요. 인간끼리 그거를 하는 게 아니라 디지털 캐릭터가 그것을 전달하느냐 못하느냐의 문제는 이 영화의 주제하고 너무 맞닿아 있는 거기 때문에, 말 그대로 내러티브적인 것과 형식적인 것에 답이 사실은 거기에 있는 거였죠. 그렇기 때문에 저는 개인적으로 그 작업이 좀 재미있었고 그 작업에 대해서 나오는 그 이후의 반응 같은 것도 굉장히 재미가 있었다는 생각이 들어요.

리들리 스콧의 〈프로메테우스〉, 〈에일리언 커버넌트〉를 보면 인조인간이 나오거든요. 그 영화에 나오는 대기업 회장의 젊은 시절을 복제한 인조인간이 인간을 대상으로 고도의 생명체 실험을 하죠. 〈정이〉에서도 회장의 복제 안드로이드 '김상훈 연구소장'(류경수 분)이 나오잖아요. 도중에 악역으로 바뀌기는 하지만 처음엔 지성적이라기보다는 약간 코믹릴리프 같은 역할을 하는 부분에 색다른 느낌을 받았어요. 어떤 의도가 있었을까요?

김상훈은 회장을 마치 아버지처럼 이상할 정도로 사랑하는데, 회장은 애를 제품 취급을 하잖아요. 그 관계가 중요하다고 생각을 했어요. 어떻게 보면 회장을 복제해가지고 만든 그 캐릭터가 마치 부모 사랑을 받지 못하는 아이처럼 느껴질 수 있겠다는 생각을 했어요. 서현이 나중에 깨닫는 거는 자기 엄마 정이가 자기 때문에 이렇게 됐다라는 거잖아요. 그렇게 부자 관계와 모녀 관계로 볼 수 있을 것 같다는 생각으로 시작을 했던 것 같아요. 김상훈은 아버지에게 사랑 못 받는 아들, 인정 못 받는 아들 같은 느낌이 있죠. 그리고 그 정반대에, 어머니에 대한 죄의식을 갖고 있는 딸이 있는 거고요. 그리고 그 딸이 선택하는 거는 어머니에게서 자기 기억을 지우는 거거든요. 그런 상황에서 사람들이 나중에 모노레일에서 만나가지고 자기가 로봇이고 너는 회장의 장난감이다, 이런 얘기를 하며 대립을 하는 거겠죠. 김상훈의 분노가 회장을 향하지 않고 그것을 깨닫게 해준 사람한테 향한다는 것도 사실은 어떻게 보면 너무 사랑하는 거죠, 회장을.

그런 주제가 사회 현실과 통하는 것 같아요. 말하자면 진실을 말해주는 사람에게 화를 내고 자신의 신념에 빠져서 살고 싶은 그런 인생 혹은 그런 그룹들…. 사실 아까 『20세기 소년』 말씀하셨는데 제가 지금 일본에 살면서 최근에 특정 신념이 문제가 됐어요. 그게 계기가 돼서 일본에서 아베 신조 수상의 암살 사건이 일어났고, 종교명에 대해서 직접 언급하고 싶지는 않은데 그런 사건들을 보면서 『20세기 소년』 스토리가 사실은 현실을 그리고 있었구나라고 하는 느낌이, 굉장히 무섭더라는 느낌이 들었어요.

꼭 종교가 아니더라도 일종의 사람들이 가지고 있는 신념이 다 있지 않습니까? 예를 들면 그것이 영화에 대한 신념일 수도 있고 혹은 애니메이션에 대한 신념일 수도 있고 그것이 정치적인 신념일 수도 있고. 사람들이 살아가는데 버티게 해주는 가장 큰 허상 중 하나가 신념이죠. 신념이 없이 사는 사람은 아마 없을 겁니다. 그런데 그 신념을 어디다 둬야 하는가는 굉장히 중요한 문제인 것 같아요. 무언가에 올인한다라고 하는 게 저는 요즘에는 좀 겁나는 것 같아요. 예를 들자면 우리가 영화를 하더라도 사실은 일종의 신화화하는 것들이 있지 않습니까? 연기를 위해서 모든 걸 버린 사람 뭐 이런 거를 굉장히 좋아하지 않습니까? 사실은 실제로 그런 사람 만나면 겁납니다. 무섭잖아요. 신념을 위해서 모든 걸 버리는 사람을 만나면 얼마나 겁나요, 사실은.

지금 우리가 살고 있는 사회가 신념을 부추기는 사회예요. 그게 민족주의적인 신념이든 정치적 신념이든 혹은 직업적인 신념이든 가족에 대한 신념이든 그런 맹목적 신념을 긍정화하는 표현들은 실제로 많이 있습니다. 〈사이비〉 때도 마찬가지였지만은 그 신념에 빠진 사람들이 사실은 나와 그렇게 다른 것인가라는 질문을 저는 계속 작업하면서 하고 있는 거죠.

종교가 전면적으로 나오는 〈사이비〉는 그런 면에서 이해하기 쉬운 영화예요. 오히려 쭉 수수께끼 같은 작품은 애니메이션 〈지옥. 1〉이에요. 어느 날 갑자기 지옥행이다라고 하는 게 도대체 무엇에 대한 은유일까라고 생각을 해봤는데 이런 거 있잖아요. 가령 해고 같은? 대체 왜 내게? 라고 하는 상황들. 〈지옥. 1〉과 〈지옥. 2〉를 결합시켜 〈지옥: 두 개의 삶〉이 만들어진 게 2000년대 초반인데 감독님께서는 그때 어떤 걸 의식하고 계셨나요?

실제로는 비슷한 거를 의식을 했었어요. 시리즈에서는 '고지'라는 표현으로 나옵니다마는 '고지'나 '시험'과 가장 비슷한 거는 뭐냐라고 했을 때에 불행이라고 생각을 했어요. 암 선고라든가 사고라든가 뭔가 그런 것들은 사실은 불행과 관련이 된 건데 사실은 불행이라고 하는 거는 그 이유를 알 수가 없거든요. 원인 없는 불행들이죠. 그리고 그런 것들은 갑작스럽게 아무 예고 없이 오게 되죠. 어렸을 때부터 그런 불안들은 늘 있었어요. 내가 불행해지면 어떡하지 갑자기 내가 뭐 우리 집에 불이 나서 그냥 홀딱 타버리면 어떡하지 이런 공포심 같은 것들을 원래 느끼고 있었죠. 그리고 그것을 어떻게 벗어나야지? 불행이 갑작스럽게 올 수 있다는 그런 불안감에서 어떻게 벗어나지라는 생각들을 꽤 오래전부터 가지고 있었고 그런 것들을 잘 표현한 작품들을 가끔 읽을 때가 있었어요. 제목은 정확하게 생각 안 나지만 예를 들면 무라카미 하루키의 단편 소설 중에서도 그런 것들이 있었어요. 아직 닥치지 않은 하지만 꼭 올 것 같은 그런 불행에 대한 불안감 같은 거를 다룬 소설이나 이런 것들을 보면서 굉장히 큰 감명을 받았었죠.

근데 구체적으로 그 불행이 전달되는 방식이 너는 3등급이다 도망치면 등급이 떨어진다 이런 말이 한국의 입시 경쟁 혹은 서열 사회 느낌을 주는데요.

〈지옥: 두 개의 삶〉이 단편이다 보니까 그런 불안감을 어떻게 명확하게 장치적으로 줄 것인가에 대해서 고민을 했었고 그러다 보니 그런 몇 등급이다 혹은 그것의 린치 방식도 시각적으로 나온다든가. 단편이기 때문에 〈지옥. 1〉에서의 엔딩, 그래서 나는 잡히면 안 되니까 계속 도망가야 돼. 이 불안감을 극대화시키기 위해서 그렇게 극단적 장치들이 쓰였죠. 물론 그때는 그냥 아무 생각 없이 이런 장치들이 필요해, 이게 더 불안할 것 같아라고 쓰였지만 긴 시간이 지나고 나서 돌이켜보니까 사실은 그게 바로 장르라고 하는 것인 거죠. 우리가 늘 아무 생각 안 하고 봐 왔던 서브컬처 장르물이라고 하는 것들이 사실은 어떠한 감정을 극단적으로 설정을 하기 위해서, 극단적이고 싸고 명확하고 의심의 여지없이 관객한테 전달하기 위해서 개발이 됐던 것들이 사실은 장르라고 하는 거죠. 그런 것들을 되새겨서 보는 것도 사실은 되게 재미있어요. 지금 영화를 한 지 이제 10년 넘었나, 아닌가 20년 됐나 시간이 좀 지나다 보니까 아무 생각 없이 했던 것들에 대한 이유 같은 것도 찾게 되고 그런 과정들이 좀 재미있어지는 것 같아요.

〈지옥. 1〉에서 주인공이 영원히 달아나고 있는데 가령 지금 말씀 듣고 갑자기 떠오른 생각은 그 주인공이 만약 자기를 둘러싸고 있는 그 관습의 규칙을 이해하는 순간 천사와 맞설 수 있는 자리에 설 것 같다라는 느낌이 드는 것 같아요. 그 당시에는 주인공은 그 장르의 규칙을 몰랐지만.

그런 것도 이번에 지옥 시리즈를 하면서 중요한 포인트 중에 하나였어요. 그러니까 만약에 어느 정도 장르 규칙을 알았다라고 생각을 했는데 그것이 또 아니었고 반증하는 뭔가 사건이 생긴다라고 한다면 우리는 그걸 또 어떻게 받아들일 것인가 그런 것도 개인적으로는 재미있는 요소이죠. 그리고 규칙이 계속 변할 수밖에 없는 환경 같은 거를 주어지는 것도 사실은 인간의 불확실성을 소재로 하는 거에서 좋은 장르성이라고 생각합니다.

영화사적으로 보면 그런 규칙 혹은 장르의 관습들, 다시 말해 컨벤션들을 다루는 방식들이 계속 바뀐다 라는 거는 굉장히 자연스러운 현상인데, 어떤 면에서는 현실 사회적인 측면에서 보면 굉장히 신자유주의적인, 모든 것들이 이제 안전한 건 없고 규칙이 매일 바뀔 것이며 규칙들을 어떻게 자신이 읽어내고 이해하고 그 규칙을 넘어서는 다음 삶, 내일을 찾아 갈 것인가라고 하는, 그러니까 〈지옥〉은 그런 면에서 굉장히 선두적이었던 작품이었던 것 같기도 하고 그런 맹아적인 측면이 있었던 것 같아요.

개인적으로는 〈지옥〉이라고 하는 작품을, 지금 이제 시즌 2를 찍고 있지마는, 또 이제 곧 웹툰이 나올 거고 하는데 최규석 작가와 지옥이라고 하는 소재를 놓고 지금 우리가 당면한 여러 주제들에 관련해서 얘기를 하는 게 굉장히 재미있는 작업이었던 것 같아요.

한국의 애니메이션의 가능성은 아직 남아있나요? 질문을 바꿔드리면 스튜디오 다다쇼의 현재 상태는 어떤가요?

저희 같은 경우는 사실은 애니메이션을 하려고 사실은 꽤 많은 일본의 스튜디오들 혹은 미국의 스튜디오들 안 가리고 얘기를 많이 하고 있어요. 어떤 작가 한 명을 키우기 위해서 예를 들면 연상호란 작가 한 명을 키우기 위해서 애니메이션을 하는 거는 의미가 지금은 저한테는 있지는 않게 돼 버린 거고 오히려 산업적으로 어떻게 하면 애니메이션이라고 하는 걸 완벽하게 이용할 수 있는가 그게 숙제인데 아직은 명확한 뭔가를 찾지 못했어요.

한국 애니메이션 관객이나 시장은 여전히 별로 크지 않지 않나요?

그렇지는 않은 것 같아요. 〈슬램덩크〉라든가 〈스즈메의 문단속〉이 한국에서 굉장히 잘 됐어요. 물론 〈슬램덩크〉는 워낙에 팬덤이 큰 작품이니, 그냥 일반적인 애니메이션이라고 보기는 힘들지만. 한국에서 이제 애니메이션이기 때문에 안 본다는 거는 사실은 아니고 근데 더 많은 기회가 있어야 되는데 사실은 그 기회가 점점 갖기 힘들어지고 있다라고 하는 게 가장 큰 문제겠죠.

어쨌든 감독님 개인적으로는 애니메이션을 하시든 안 하시든 간에 상관없이 저는 20여 년 전에 감독님이 본인의 이름만이 아닌 스튜디오 다다쇼라는 이름으로 작품을 발표하신 것도 굉장히 인상이 남아 있고 그 스튜디오 이름으로 계속 뭔가 작품이 왔다라는 것도 의미가 깊었다고 생각을 합니다.

마지막 작품이 이성강 감독님의 작품이었죠.

앞으로도 기대하고 있습니다. 인터뷰는 여기까지입니다.

네. 감사합니다.

인터뷰   김준양
스틸 제공   (주)넥스트엔터테인먼트월드

〈부산행〉:

연상호식 디스토피아는 특별하다

'왜'인지 묻지 않는다. 연상호 감독 작품들의 공통된 특징이다. 연상호식 디스토피아에서는 그러한 사태가 왜 발생했는지에 대해 어쩌면 '의도적'으로 회피하고, 사태가 발생한 상황 자체에서의 인물들의 행태에만 집중한다. 처음 〈부산행〉을 봤을 때, 좀비 바이러스의 원인에 대해서는 구체적으로 설명하는 장면이 없어 생경했던 느낌이 있다.

우리가 실제로 디스토피아적인 재난에 처하게 되었을 때를 생각해 보면 우리가 그 재난을 그저 바라보는 안전한 제3지대의 사람이라면 '왜' 발생했는지가 관심사가 될 것이다. 하지만 우리가 그 재난 속에 당장 처해진 사람이라면 사실 '왜'보다는 '어떻게' 살아남는지만 관심사가 될 것이다. 연상호 감독은 바로 이 지점을 공략하는 듯하다. 마치 제3지대에서 물러나 사건을 바라보는 관중이 아닌 당장 영화 속 디스토피아에 내몰려진 인물처럼 느껴지게 만든다. 영화 〈부산행〉 속 연출의 속도감은 이를 더욱 증폭시킨다.

누구나 한 번쯤은 꼭 이용해 봤을 KTX, 그리고 각자의 개인적이고 일상적인 사유들을 가진 탑승객들…. 시작부터 〈부산행〉은 친근하게 우리를 그 열차에 탑승시킨다. 그리고 평범했던 그 일상을 밀폐된 공간 속 재난 상황으로 만들어 버린다. 그 이후에는 우리가 일상에서 마주할 수 있던 정말 다양한 성격의 인물들이 그 재난 속에서 어떻게 행동하는지에 초점을 맞춘다.

적당히 이기적이고 평범한 석우, 선한 느낌을 가지고 있는 상화 부부, 만개하는 청춘을 누리고 있는 야구부, 악의 표본처럼 느껴지는 용석…. 그 외에도 악에 동조하는 시민들, 민폐처럼 느껴지지만 희생의 아이콘이 된 노숙자까지…. 정말 다양한 인물들이 등장한다. 〈부산행〉이 더 실감나게 느껴지는 것은 아마 정말 일상에서 우리가 쉽게 만날 수 있는 인물들이 등장하기 때문일 것이다.

그중에서도 석우가 스토리의 중심에 있는 이유는 아마 가장 '보통'의 사람이기 때문일 것 같다. 화가 날 정도로 이기적이고 교활한 행위를 하는 용석을 보면서 누군가는 '우리도 저런 상황에 놓이면 어떻게 될지 몰라'라고 할 수도 있겠지만, 연상호 감독이 본 '보통'의 대다수 인간의 표본은 용석이 아닌 석우였다. 자신의 가족을 최우선으로 여기고 꽤 이기적이지만, 양심이 있고 그리고 선한 사람을 만나 선하게 동화될 가능성이 있는 인간. 그야말로 '보통'의 인간. 그래서 석우가 중심에 있는 것이 더 영화 속에 빠져들게 만들었다. 〈부산행〉이 천만 관객이 넘는 영화가 될 수 있었던 것 자체가 얼마나 이 영화가 '보통'의 인간들을 끌어당겼는지 방증하는 부분이기도 하다.

〈부산행〉은 여름이 절정인 시기에 개봉한 블록버스터 영화이다. 때문에 인물들 간에 일어나는 여러 사건들이 꽤 친숙하게 느껴진다. 이 친숙함은 앞서 말한 인물들이 우리 일상에서 있어서 영화 속에 보다 쉽게 빠져들 수 있는 친숙함과 비슷하면서도 다르다. 전자의 친숙함은 보다 긍정적이

었다면, 후자의 친숙함은 보는 이에 따라 부정적으로 평가되기도 한다. 소위 말하는 '신파'이기 때문이다. 노숙자의 희생 장면, 상화의 희생 장면, 석우의 희생 장면까지 다 다른 콘텐츠에서 많이 겪은 듯한 느낌을 주는 것은 사실이다. 하지만 천만 관객을 달성했다는 점만 봐도 '신파'적 요소가 있기 때문에 부정적일 이유는 전혀 없다. 오히려 그러한 장면들이 〈부산행〉의 재미를 더했다고 보는 게 맞을 듯하다.

블록버스터식 재미 속에서 연상호 감독은 자신만의 방식으로 메시지를 전달한다. 특정한 메시지를 강하게 전달하기보다는 상황에 놓인 다양한 사람들의 행태를 자연스럽게 보여주면서, 관객들이 그 속에서 각자의 감정을 느끼게 하는 방식으로 말이다. 그래서 영화를 보고 나면, '상화처럼 살아야지' 혹은 '용석처럼 살지 말아야지'라는 생각이 들기보다는 '나라면 어떻게 행동했을까'라는 감정이 들게 만든다. 그래서 〈부산행〉은 특별한 영화이다. 관객에게 메시지를 주입하지 않고, 생각할 수 있게 만들어주기 때문이다.

〈부산행〉은 친숙한 배경과 설정으로 우리를 KTX에 탑승시키고, KTX만큼의 속도로 재난 속의 다양한 상황들을 흥미진진하게 진행하고, 최대한 다양한 인물들을 통해 공감과 몰입감을 높여주는 즐거운 롤러코스터 같은 영화라고 이야기하고 싶다.

글　MMZ 조진욱('하린')

속이거나 죽지 않고 살 수 있겠니

박찬욱 × 주성철

박찬욱 감독을 만났다. 현재 그는 한국과 미국을 오가며 〈HBO〉 시리즈 〈동조자〉의 마무리 작업 중이다. 그런 가운데 제작은 물론 공동각본으로도 참여한 넷플릭스 영화 〈전,란〉도 올해 공개된다. 과거 『키노』의 편집위원이기도 했던 그는 여러 영화에 대한 장문의 비평을 기고하기도 하면서, 단지 감독과 매체의 관계 이상으로 『키노』와 남다른 인연을 갖고 있다. 물론 두 번째 장편 영화 〈삼인조〉(1997)를 시작으로 〈공동경비구역 JSA〉(2000), 〈복수는 나의 것〉(2002)은 촬영 현장도 취재하고 그와의 인터뷰도 담았다. 〈올드보이〉(2003) 개봉을 보지 못한 채 『키노』가 긴 휴식에 들어간 것이 가장 안타까운 일이다. 어쩌면 『키노』와 깊은 관계에 있는 여러 감독들 중, 『키노』가 나오지 않던 지난 20년 동안 국내외를 오가며 가장 활발하게 활동한 한국 감독이 아닐까 싶다. 거기에는 동생 박찬경 감독과 '파킹찬스'라는 이름으로 연출한 단편 〈파란만장〉(2011), 〈청출어람〉(2012), 〈고진감래〉(2013)도 있고, 할리우드에서 작업한 〈스토커〉(2012), 그리고 TV 시리즈 〈리틀 드러머 걸〉(2018)도 있다. 단지 작품 수가 많다는 걸 넘어 『키노』가 없던 지난 20년의 시간을 그 누구보다 다채롭게 들려줄 것 같았다. 바로 그 회상으로부터 대화는 시작된다.

과거 『키노』에 영화평을 기고한 필자이자 편집위원이셨는데요, 『키노 씨네필』이란 책이 나온다는 얘기를 들으셨을 때 어떠셨나요?

처음부터 편집위원은 아니었고, 가끔 글을 쓰는 잡지였고 좋아하는 잡지였죠. 그래서 2000년쯤이었나, 부탁을 받고 흔쾌히 편집위원을 하기로 했어요. 그래도 나름 그때 잡지에 도움을 주려고 이런저런 일을 했던 기억이 나네요. (웃음) 얘기하신 것처럼 영화평을 가끔 쓰기도 했는데, 지금 듣고 보니 『키노』가 그때 딱 99호로 마무리됐었죠. 그런데 지금 『키노 씨네필』이라는 책이 만들어진다고 하니까, 마치 이게 원래 있었던 각본대로 이제야 진행되어 가는 건가, 라는 생각이 들어서 99라는 숫자가 굉장히 여운이 남는 공교로운 숫자였네요. 사실 영화 잡지를 즐겨봤던 사람으로서 이제 하나둘 다 사라진 상황에서 나온다는 게 신기하고 기특한 일 같아요.

개인적으로 저는 『키노』에 입사한 뒤, 맨 처음 방문했던 영화 촬영 현장이 〈공동경비구역 JSA〉(2000)였습니다. 이후 쭉 박찬욱 감독님의 영화를 담당했었는데, 〈복수는 나의 것〉(2002) 다음 작품인 〈올드보이〉가 개봉(2003년 11월 21일)하기 전에 『키노』가 문을 닫아서 〈올드보이〉로는 크랭크인 전 인터뷰가 마지막이었죠. 『키노』 입장에서는 〈올드보이〉를 보고 난 뒤 인터뷰를 하지 못했고, 이후 칸국제영화제에서 심사위원대상을 받으면서 한국영화의 위상이 달라져가던 그 대목을 지켜보기만 했던 아쉬움이 남습니다.

그런 아쉬움은 저도 있죠. 내 생각이나 의도가 그대로 담길 수 있게끔 〈공동경비구역 JSA〉 때는 개봉하고 난 뒤 서면 답변으로 보냈던 기억도 있고요. 〈올드보이〉도 『키노』와의 대화를 기대했는데 많이 아쉬웠죠. 돌이켜보니 짐 자무시의 〈데드맨〉(1995)에 대해 길게 쓴 적 있는데, 좋아하는 영화다 보니 애정을 듬뿍 담아서 썼던 기억이 있어요. 평론가라는 포지션으로 있을 때는 좋아하는 영화만 골라 썼으니까 다 기분 좋게 쓴 글이긴 한데, 〈데드맨〉은 특히 더 심혈을 기울여 쓴 글이었던 것 같아요. 몇 년 전에 칸에서 짐 자무시 감독과 밥을 먹은 적 있는데, 내가 20년 전 당신의 〈데드맨〉에 대해 글을 쓴 적 있다고 했죠. 그런 비평 말고도 '공동키노구역'이라는 제목으로 짧은 에세이 같은 것도 쓴 적 있는데, 생각해 보니 제가 편집위원으로서 『키노』를 위해 뭔가 많은 일을 했었군요.(웃음)

〈복수는 나의 것〉을 시작으로 〈올드보이〉와 〈친절한 금자씨〉로 이어지는 이른바 '복수 3부작' 얘기가 듣고 싶습니다. 『키노』가 다루지 못했던 〈올드보이〉로 시작되는 '복수 3부작' 이후에도 〈아가씨〉와 〈헤어질 결심〉에 이르기까지, 박찬욱 감독님의 필모그래피를 보는 것만으로도 20년이라는 시간이 정말 길구나, 라는 생각이 듭니다. 〈올드보이〉를 시작할 때의 박찬욱과 지금의 박찬욱은 완전히 다른 연출자라는 생각마저 들거든요. '복수 3부작'은 여전히 『키노』와 인터뷰하던 시절의 박찬욱이기 때문에 그걸 끝내셨을 때의 소회를 돌아보면 어떠신지요.

복수 3부작 중에서는 〈친절한 금자씨〉가 가장 중요한, 어떤 전환점 같은 작품이었던 것 같아요. 일단 지금까지 계속 함께해오고 있는 정서경 작가와의 협업이 시작된 작품이고요, 그전까지 남성 주인공들이 주로 내 영화의 화면을 장악하는 영화들을 해오다가 강한 여성 캐릭터를 중심으로 서사를 끌고 간 첫 번째 영화죠. 정서경 작가를 만나서 내가 변화했는지, 아니면 내가 변화를 모색하던 중 타이밍 좋게 정서경 작가를 만났는지, 분리할 수 없는 것이긴 하나 당시의 내가 외부의 무언가를 필요로 했던 건 맞는 것 같아요. 창작자가 스스로 무언가를 깨우쳐서 자발적으로 변화한다는 게 굉장히 힘든 일이죠. 그리고 영화를 만드는 방법에 있어서도 〈복수는 나의 것〉이 굉장히 드라이하게 미니멀한 영화이고, 그것에 대한 반작용으로 〈올드보이〉가 그처럼 강하고 과잉된 스타일의 영화로 만들어질 수밖에 없었는데, 세 번째 영화인 〈친절한 금자씨〉는 시작부터 달랐어요. '이제 이런 류의 영화를 만들어봐야겠다' 하는 그런 계획 자체가 없었기에 보다 자유롭게 만들었어요. 내가 만든 다른 영화들과의 가장 큰 차이점이라고도 할 수 있죠. 바꿔 말하면, 계획이 아예 없었다기보다 이것도 해보고 저것도 해보자는 계획이 있었다고도 할 수 있겠네요. 카메라 움직임을 절제해야겠다고 마음먹은 것이 〈복수는 나의 것〉의 스타일이라면, 인물에게 갑자기 카메라를 들이대는 굉장히 극단적인 클로즈업을 해봐야겠다는 것이 〈올드보이〉의 스타일이었다면, 이번에는 이것도 되고 저것도 된다는 생각으로 접근한 영화가 〈친절한 금자씨〉였던 거죠. 그래서 나중에 다시 봐도 〈친절한 금자씨〉는 뭔가 한마디로 규정하기 어려운 자유로운 스타일의 영화로 느껴지더라고요. '복수 3부작'의 의미를 찾는다면, 뭔가 당시의 내가 추구하던 테마를 3부작으로 마무리했다는 것보다 이후 저의 영화 만드는 방법론이 그렇게 정리된 느낌이 더 들었죠. 말하자면 '복수 3부작'을 끝내면서 필름스쿨을 졸업한 것 같은 기분이었달까요.

그 필름스쿨 졸업 이후 감독님 인터뷰 등을 찾아보면, 개인적으로는 유독 '예술가'라는 단어가 자주 등장한다고 느꼈습니다. 〈올드보이〉의 촬영 현장과 이후 〈올드보이〉의 촬영지들을 돌아다니면서 얘기를 들려주는 다큐멘터리 〈올드 데이즈〉에도 '예술가' 혹은 '작가'라는 단어가 자주 등장하더라고요. 더 이야기를 진전시키자면, 〈올드보이〉를 시작으로 박찬욱 감독의 40대가 열린 셈이기도 한데, 그즈음부터 뭔가 자신의 예술관이 바뀌는 경험까지도 하셨는지 궁금합니다.

그건 아니에요, 그렇지 않아요. 나의 말버릇이 어떻게 바뀌었는지는 모르겠지만(웃음), 그걸 예술관 혹은 또 무슨 어떤 '관'이라고 표현해야 할지는 모르겠지만 그냥 똑같아요. 여전히 그때나 지금이나 영화는 예술이라고 생각해요. 평소에도 예술 영화와 상업 영화를 구분하는 관점에 동의하지도 않고요. 굉장히 오락적이고 말초적인 어떤 영화가 있다고 해도, 전 그런 영화도 다 예술이라고 생각해요.

KINO

말씀드렸다시피 이제 그 20년이라는 시간 동안 워낙 많은 다양한 활동을 해오셨기 때문에 오히려 저는 이번 인터뷰를 하면서 조금 기대하게 되는 게, 그때 『키노』가 인터뷰를 했다면 어떤 질문을 했을까 이런 생각들을 하게 돼요. 그걸 마치 또 지금 현재적인 질문처럼 하면 또 너무 좀 생뚱맞을 수도 있고, 어쨌건 감독이 20년의 지난 시간을 조금 자유롭게 그리고 그때 하지 못했던 이야기들을 좀 자유롭게 할 수 있는 자리가 되면 좋겠다는 생각을 해보게 됐거든요. 그런 점에서 개인적으로는 가장 궁금하고 여쭤보고 싶은 작품이 〈싸이보그지만 괜찮아〉이기도 합니다. 감독님이 쭉 이어져오고 있는 '복수 삼부작'과 그리고 최근 작품들의 어떤 경향 안에서 조금 덜 얘기된 작품이라는 생각이 들어서.

그렇죠, 그래서 〈싸이보그지만 괜찮아〉를 봤는데 좋았다고 얘기까지 해주면 '이 사람은 진정한 팬이 맞구나' 하고 개인적인 기준이 되죠.(웃음) 내가 특별히 잘 만든 영화라고 생각하는데 왜 몰라줄까, 그런 생각을 하는 건 아니지만 당시 흥행도 안 됐고, 기존 작품들의 스타일과도 상당히 달랐고, 팬들 중에서도 심하게 반발하는 사람들도 많았죠. 뭐 이따위 영화가 있냐는 식으로 얘기하는 사람들도 많았기 때문에 그런 것 같아요. 근데 또 재밌는 게 그 당시 2006년에 〈싸이보그지만 괜찮아〉보다 몇 달 먼저 개봉한 이재용 감독의 〈다세포소녀〉(2006), 그렇게 두 편을 연달아서 정정훈 촬영감독이 찍었어요. 개봉은 먼저 했지만 촬영 자체는 〈다세포소녀〉가 나중이었죠. 왜냐하면 〈다세포소녀〉를 찍은 걸 보고 김옥빈 배우를 데려와서 〈박쥐〉(2009)를 찍었으니까요. 그런데 나는 〈다세포소녀〉처럼 그런 엉뚱하고 부조리한 유머가 있는 영화들도 좋아해요. 아무튼 그때 저는 당시 미성년자인 딸아이에게 보여줄 수 있는 영화를 하나쯤 만들어야겠다는 생각으로 시작한 게 〈싸이보그지만 괜찮아〉였죠. 물론 정서경 작가가 있었기에 시도해 볼 수 있었죠. 정서경 작가와 일해 보니까 그 사람의 동화적인 세계가 매력적이더라고요. 그 특유의 천진한 면이 나에게는 전혀 없는 세계인데 그게 참 호감이 가더라고요. 그래서 어떻게 보면 내가 막 그런 걸 좀 해보자고 졸라서 끌어들였던 것 같아요.(웃음) 돌이켜보면 하다못해 그전에 〈친절한 금자씨〉는 유괴 실화 사건이라는 출발점이라도 있었는데, 〈싸이보그지만 괜찮아〉는 원작도 없이 완벽한 백지상태에서, 어렴풋하게라도 내 머릿속에 구상한 것 하나도 없이 시작했던 작품이죠.

그럼 어떻게 이야기를 짜 맞춰 나갔나요. 정서경 작가와의 공동 집필 혹은 협업이라는 측면에서 굉장히 흥미로운 이야기입니다.

시작은 정신 병원이었고요. 폐쇄 병동에서 조현병 환자들이 자기들끼리만 있을 때 어떤 일이 있을까, 의사조차도 이해하지 못하는 그들의 정신세계 속에 들어가서 그들 자신의 논리, 그것이 우리가 보기에는 허무맹랑한 거지만, 어쨌건 그들 나름의 논리가 있고 세계관이라는 게 있잖아요. 그래서 그들의 세계관 속에 들어가서 그걸 다 인정한 채로 같이 놀면 어떨까, 하는 그런 기획으로 시작했죠. 애초에 큰

예산이 들어가는 기획도 아니었고, 마이클 만 감독이 〈콜래트럴〉(2004)이나 〈마이애미 바이스〉(2006) 등에 사용했던 소니 사의 HD 바이퍼 카메라를 국내 최초로 쓰면서, 이제 막 새로이 등장한 HD 디지털카메라가 앞으로 어떻게 사용될지 테스트해 보고 싶다는 생각도 있었죠. 그렇게 당시 CJ엔터테인먼트가 구상한 여러 디지털 프로젝트 중에 한 편이어서 상업적인 큰 기대보다는 얼마간 실험적인 프로젝트로 시작할 수 있었죠. 그렇다고 흥행에 신경을 쓰지 않은 것은 아니지만(웃음), 흥행이 잘 되지 않았다고 해서 그렇게 실망하진 않았고 자유롭게 잘 만들었다는 느낌이에요. 기획 의도가 좀 새로운 것이었기 때문에 시도 자체가 가치 있는 일이라고 생각했죠. 내용적으로는 임수정 배우가 연기한, 자신이 싸이보그라고 굳게 믿고 있는 '영군'은 나와 정서경 작가가 여태껏 만든 인물들 중에서 가장 애정이 큰 캐릭터 중 하나예요. 형광등이나 자판기에 말을 거는 임수정의 연기는 지금도 떠올리기만 해도 미소가 머금어진달까요. 너무나 귀여운데, 그렇다고 마냥 귀엽다고만 하기에는 심한 병을 앓고 있는 사람이고, 자신이 싸이보그라고 생각하기에 밥을 안 먹는 캐릭터라, 사실 애처로운 처지에 있는 사람이죠.

〈싸이보그지만 괜찮아〉는 감독님의 다른 작품들과 비교할 때, 장르 자체도 다르고 캐릭터도 상당히 다릅니다. 싸이보그는 밥을 먹으면 안 된다는 생각 때문에 점점 야위어만 가는 영군(임수정)을 위해 일순(정지훈)은 자신의 능력을 총동원하죠. '수면비행법'이라는 걸 훔쳐서 영군이 자유롭게 이동할 수 있도록 해주고, '요들송' 실력을 훔쳐서 우울해하는 영군에게 노래도 불러줍니다. 심지어 영군의 '동정심'을 훔쳐 슬픔마저 대신 느끼려고 하죠. 혹시 뒤늦게 이 영화와 조우하게 될 새로운 관객에게 건네고 싶은 얘기가 있으실까요.

공감과 연민이라는 감정을 탐색해 보려고 만든 영화였어요. 앞서 얘기한 영군도 그렇지만, 남의 특징을 훔칠 수 있다고 생각하는 일순도 그렇고, 아무튼 작품 속 '신세계 정신병원' 사람들은 우리가 사실 아주 이해하기 힘든 정신세계를 가지고 있잖아요. 조현병 환자의 정신세계를 우리가 속속들이 다 이해한다는 건 불가능하죠. 근데 만약에 그렇게 할 수 있다면 어떨까, 하고 가정해 본 거죠. 가령 유치원에서 어른들이나 교사들이 없을 때나 부모들이 안 보고 있을 때, 혹은 〈토이 스토리〉에서 인간들이 안 볼 때 장난감들은 자기네들끼리 뭘 하고 있을지 상상해 본 것처럼 만든 영화죠.

지난 20년을 돌이켜볼 때, 또 기억할 만한 일은 바로 2002년 '모호필름'이라는 제작사를 차린 것입니다. 제작자로서 이경미 감독의 〈미쓰 홍당무〉와 봉준호 감독의 〈설국열차〉를 제작했고, 오승욱 감독의 〈무뢰한〉을 기획하기도 하셨죠. 공교롭게도 그 또한 20년이 지났는데요, 그 소회가 어떠신가요?

사실 고민이 많았어요. 경영의 문제에서 내가 능력도 없고

경험도 없기 때문에 과연 이런 일을 할 수 있을까, 그리고 한국에서 과연 이게 필요하긴 한가, 라는 생각까지 했죠. 구체적인 고민이 시작된 건 〈올드보이〉까지 만든 다음이었어요. 어떤 프로덕션과 내가 고용 계약을 맺어서 내가 고용된 감독으로서 일을 해도 특별히 뭐 나에게 간섭을 하거나 그러지는 않는 상황이었기 때문에, 반드시 내가 내 영화의 제작자가 되어야 내 마음대로 영화를 찍는 것도 아니어서 좀 전에 말씀드린 그런 고민을 했던 거죠. 또 사실 내가 힘이 없어서 제작자에 의해 끌려다니는 상태였다고 해도 달라질 건 없는데, 왜냐하면 내가 제작자가 되어도 투자자들의 의견이라는 것도 무시할 수 없기 때문에, 이러든 저러든 어차피 내 마음대로 못하는 것이 상업 영화의 현실이죠. 그래서 연출자로서 창작의 자유를 얻기 위해서 프로덕션을 차리고 제작자가 되어야 할 필요가 있었는가, 라고 묻는다면 별로 그렇지는 않았죠. 물론 투자자와 제작자 두 군데에서 오는 노트보다는 그냥 한 군데에서만 노트가 온다는 게 편하긴 하죠. 그런데 가장 유치하면서도 기본적인 출발점은 완성한 영화의 예고편과 포스터를 내 마음대로 할 수 있다는 거였어요. 그것이 영화 한 편의 패키지 안에 들어 있는 여러 가지 것들 중 아주 중요한 요소라고 생각하는데요. 가령 영화를 만들 때 감독들이 크레딧에 어떤 폰트를 쓸지, 그런 것도 고민하잖아요. 혹은 영화의 제목이 시작할 때 바로 나올지, 아니면 적당히 시간이 흐른 뒤에 나올지, 한참 뒤에 나올지도 고민하구요. 영화 본편만큼이나 그런 것도 중요하다고 생각했거든요. 그런데 그게 내 뜻대로 안 될 때 굉장히 답답했죠. 그래서 그런 부분들까지 내 뜻대로 하고 싶다는 소박한 마음으로 시작했다고도 볼 수 있어요. 그리고 그 다음에 이경미, 봉준호 감독의 작품을 제작했는데 제작자 일을 한다는 건, 참 나도 감독으로서 하기 쉬운 일은 아니었어요. 뭔가 성의는 보여줘야 되고 문제가 생기면 해결해 줘야 되는 그런 어려움이 있었죠. 게다가 흥행에 대한 책임감도 감독과 투자자 사이에서 더 크게 느껴야 해서 쉬운 일은 아닌데, 다행히 잘 만들어졌기 때문에 그건 다행이었지만 뭔가 할 때마다 쉽게 결정할 문제가 아니더라고요. 지금은 넷플릭스 영화 〈전, 란〉이라는 작품을 하고 있는데, 제가 시나리오도 함께 썼어요. 지금은 아예 외부에서 대표를 모셔와서 경영을 맡겼구요. 그러면서 제 부담을 많이 덜었죠.

말씀을 듣고 보니, 그마저도 프랑수아 트뤼포가 '홍보의 천재'라고도 불렀던 히치콕 감독의 영향이라고 할 수 있을까요?(웃음)

글쎄요, 히치콕 감독이 생전에 어디까지 관여하셨는지는 모르겠지만, 그래서 그랬던 건 아니고 뭔가 저도 성향이 비슷한가 보죠.(웃음) 내가 〈헤어질 결심〉에 대해 가장 자부심을 갖는 것 중 하나가 바로 한국판 티저 포스터에요. 물론 해외판과의 차이점은 영어와 한국어 제목 표기밖에 없긴 한데요, 어쨌든 수백 번의 메일이 오가면서 의견을 주고받

고 수정을 제시하면서 지금의 그 원형 디자인이 만들어졌죠. 그렇게 해서 만들어진 결과가 제 사무실에 걸려 있는데, 언제 봐도 전혀 손댈 데가 없는, 뭐 하나 빼거나 더할 게 없는, 지금까지의 포스터들 중에서 가장 만족도가 높은 디자인이에요. 감독이자 제작자로서 그런 걸 해나가는 과정도 영화 각본을 쓰거나 후반 작업을 할 때의 즐거움 못지않죠.

앞서 〈싸이보그지만 괜찮아〉를 다시 얘기해 주신 것처럼, 〈박쥐〉(2009)에 대한 얘기도 듣고 싶습니다. 〈싸이보그지만 괜찮아〉처럼 이른바 '복수 3부작'을 끝낸 뒤의 작품인 데다, 필모그래피 전체로 놓고 보면 창작자 자신의 사적인 요소들이 깊이 투영되어 있는, 상당히 독립적인 느낌으로 자리한 작품입니다. 박찬욱이라는 창작자에 대해 얘기할 때, 시간이 지날수록 더 많이 언급될 영화가 아닌가 싶습니다.

맞아요, 그렇게 생각해요. 이게 영화의 우열을 가리는 문제는 아니고, 남들이 평가하는 내 영화와 별개로 내 성향이나 관심사가 잘 녹아들었다는 면에서 지금도 가장 나다운 영화는 〈박쥐〉라고 생각해요. 나의 천주교 백그라운드, 그러니까 고등학생 때까지 성당을 열심히 다녔고 부모님은 아직도 신자이신데요, 그런 성장 배경의 영향도 들어가 있는 작품이죠. 그리고 에밀 졸라의 소설도 좋아했거든요. 하여간 나의 천주교 백그라운드를 좋아한다고 말할 수는 없지만, 내게 영향을 준 그 모든 개인적인 요소들이 가득 차 있는 영화죠. 게다가 만드는 과정에서 내 작품들 중 첫 번째라고 할 수는 없지만, 창조적인 에너지가 고조돼 있을 때였죠. 뭐랄까, 정말 힘든 줄 모르고 일했고 또 송강호 배우와의 협업이 3번째에 이르면서 서로 잘 알고 존중하는 마음으로 한 작품이라, 그런 점도 좋게 기억에 남아있죠. 김옥빈 배우의 연기도, 당시 신인은 아니었지만 사람들을 놀라게 만드는 그런 연기를 할 수 있게끔 나와 송강호는 물론이고 안수현 PD와 협력해서 만들어냈다는 뿌듯함도 있죠.

저는 〈박쥐〉부터 〈아가씨〉(2016)를 지나 〈헤어질 결심〉(2022)까지 '하녀 3부작'이라고 이름을 붙여봤습니다. 〈박쥐〉의 태주(김옥빈), 〈아가씨〉의

숙희(김태리), 〈헤어질 결심〉의 서래(탕웨이) 모두 고아이자 누군가의 집에 하녀로, 혹은 하녀처럼 들어가 일한다는 공통점이 있는데요. 바로 감독님이 좋아하시는 〈하녀〉(1960)의 김기영 감독의 영향이 드러나는 설정이 아닐까 싶습니다. 세 편 모두 〈하녀〉의 변주라는 생각을 해본 거죠. 김기영 감독님의 〈화녀82〉(1982)가 감독님을 영화계로 이끈 영화라는 것도 널리 알려진 얘기인데, 김기영 감독님에 대한 얘기가 듣고 싶습니다.

　　세 편 모두 기획 단계부터 그런 의도가 있지는 않았지만, 뭔가 그냥 내 피에 흐르고 있다고 생각해요.(웃음) 학창 시절에 봤던 김기영 감독님의 〈화녀82〉는 '영화 쪽 일을 진심으로 해보고 싶다'는 생각을 갖게끔 했던 결정적인 영화였고요. 히치콕 감독의 〈현기증〉이 그냥 영화 예술 전체 일반으로, 정신적으로 나를 이끈 영화였다면 〈화녀82〉는 그냥 내 몸을 잡아당겨서 데리고 간 영화죠. 1980년대 초의 한국을 살아가는 젊은이에게 〈현기증〉은 그냥 너무 다른 별세계 얘기잖아요. 저런 대단한 예술 작품이 존재하는데 저기서 내가 헌신하고 싶다고 생각은 할 수 없고 너무 먼 일같이 느껴졌거든요. 미국과 한국의 거리감도 있고 시대적인 차이도 있죠. 그런데 〈화녀82〉는 지금 현재 나와 같은 공기를 숨쉬고 있는 한국의 살아있는 현역 감독이 만든 영화니까 보다 생생하게 느껴지고, 어떤 가능성의 세계로 들어온 것 같았어요. 〈현기증〉을 보고 막연하게 동경하던 세계에 〈화녀82〉가 생생하게 내가 들어갈 수 있는 감각처럼 느껴졌어요. 그때부터 계속 생각하게 된 거죠. 그래서 영화계에 있는 사람들을 만나면 항상 김기영 감독에 대해서 물어보면서 영화에 대한 꿈을 키웠다고 할 수 있어요. 그러니까 그것이 제 핏속에 흐르고 있다는 게 놀라운 일이 아니고, 이후 그의 다른 영화들을 보면서 점점 더 좋아졌어요. 특히 실내에서 벌어지는 이야기가 매력적이었죠. 그래서 실내에서 어떻게 카메라를 움직이고 어디에 카메라를 놓는지 주의 깊게 봤고, 인물들의 관계라고 하는 영화 속 작은 우주 안에서 계급이 어떻게 나뉘는지, 억압의 다이너미즘(dynamism)이 무엇인지 그런 것에서 영향을 많이 받았죠.

1919년생인 김기영 감독님이 마흔 살에 만드신 작품이 〈하녀〉(1960)더라고요. 1963년생인 박찬욱 감독님이 마흔 살에 만드신 작품이 〈올드보이〉(2003)고요. 나이 계산을 좀 더 해보니까 만약 박 감독님이 할리우드에서 작업한 TV시리즈 〈동조자〉가 공개되고, 그 시점으로부터 2년 정도 뒤에 장편 영화를 내놓으신다고 하면, 딱 그때 나이가 김기영 감독님이 〈화녀82〉를 만드셨던 나이랑 똑같아지더라고요.

　　재미있네요.(웃음) 〈화녀82〉에 김해숙 선배가 나와요. 〈박쥐〉를 시작으로 〈아가씨〉까지 계속 작품을 하고 있고 아주 친하게 지내는 존경하는 선배인데, 나중에 그 사실을 알고 정말 놀랐던 적 있죠.

지난 20년 동안 준비하셨다가 이제 보류하거나 그만둔 작품들도 몇 편 더 있는데, 그중에서 제때 작업하지 못해 가장 아쉬운 작품을 하나 꼽으

신다면 아무래도 도널드 웨스트레이크 원작의 〈액스〉일까요? 코스타 가브라스 감독이 이 원작을 〈액스, 취업에 관한 위험한 안내서〉(2005)로 먼저 영화화하기도 했는데, 지난 2019년 코스타 가브라스 감독이 부산국제영화제에 초청됐을 때 '오픈 토크' 행사를 함께 하기도 하셨습니다. 당시도 이 작품을 영화화하는 게 필생의 프로젝트라고 말씀하셨죠.

　　아직 살아있는 기회예요. 언젠가는 할 수 있지 않을까, 기대하고 있죠. 근데 항상 어려움을 겪는 게 적절한 예산의 확보죠. 내가 생각하기에 천만 원이 필요한 영화를 5백만 원으로 찍을 수는 없거든요. 캐스팅 등 아무리 다른 조건이 갖춰졌다고 해도요. 그래서 적절한 예산이 확보되고 반드시 극장 상영이 가능한 조건으로 만들 수 있을 때까지 계속 기다리고 있는 중이죠.

〈액스〉에 대해 질문드리는 이유 중 하나는, 이 프로젝트 얘기가 계속 나오던 시점이 〈박쥐〉 이후인 2010년 전후였어요. 지난 20년 동안 박찬욱이라는 창작자의 가장 큰 변화라고 한다면, 〈아가씨〉를 시작으로 TV시리즈 〈리틀 드러머 걸〉을 지나 〈헤어질 결심〉, 그리고 현재 작업 중인 TV시리즈 〈동조자〉에 이르기까지 '주인공이 비밀을 감추고 다른 사람인 척 연기하면서 상대를 속인다'는 설정의 지속적인 변주에 있어요. 그러면서 줄곧 '나를 신뢰하는 사람을 속인다는 것이 얼마나 큰 죄악인가'라는 '믿음'의 테마를 끊임없이 다루고 있다고 생각합니다. 〈액스〉 역시 그런 영화죠. 구조 조정으로 졸지에 직장을 잃은 주인공이 재취업을 위해 최후의 수단을 떠올리게 되는데, 바로 자신의 회사가 존재하는 것처럼 허위로 구인 광고를 낸 후, 경쟁자들을 제거한다는 내용입니다. 만약 〈액스〉가 그 시점에 제때 영화화됐다면 '자신의 정체를 감추고 다른 사람이 되어 연기하는 주인공'이 〈아가씨〉 이전에, 감독님 영화에서 처음 등장하지 않았을까 싶은 거죠.

　　그러게요, 내가 그런 걸 왜 그렇게 좋아하는지 모르겠어요.(웃음) 얘기하신 것처럼 그런 주제를 발전시켜 가던 초창기에 〈액스〉가 만들어질 수도 있었겠네요. 계속 애착을 갖고 여전히 포기하지 않은 프로젝트인 이유도 그 때문인 것 같고요. 내가 왜 그처럼 '연기하는' 인물에 끌릴까 생각해 보면, 원래 배우가 아닌 사람들이 어떤 상황에 놓여서 어쩔 수 없이 연기할 수밖에 없는 모습에서, 그 사람의 진짜 인간성을 깊이 들여다보고 탐구할 수 있는 기회가 되는 것 같아요. 사람이 본모습을 감춘다는 게 어떤 의미이고, 그처럼 본모습을 감춘 상태에서 나오는 계획되지 않은 행동들은 어떻게 나오는 걸까, 궁금하죠.

그리고 과거 『키노』 때 인터뷰하면서 선명한 기억으로 남아 있는 어떤 몇 개의 단어나 대사 같은 것도 떠올려보면, 나는 언제나 죄의식과 속죄에 관한 영화를 꾸준히 만들려고 한다라는 거랑 그리고 어느 시점까지는 내가 지금까지 썼던 대사 중에서 가장 좋아하는 대사를 꼽으라면 〈복수는 나의 것〉에서 딸이 환상 장면에 나타나서 "내가 수영 배울 걸 그랬나 봐"라고 하는 그 얘기를 쭉 하셨거든요. 지금 이 시점이라면 어떤 느낌이신지?

죄의식이라는 문제는 계속 중요하게 다루고 싶은 테마죠. 사람이라는 게 아무리 완벽한 사람이라도 순수하게 무죄 상태로 평생 살 수 없다고 봐요. 불가피하게 이런저런 크고 작은 잘못을 저지를 수밖에 없는데, 그것을 명료하게 의식 하느냐 아니면 그냥 설렁설렁 모른 척하고 넘어가느냐, 바로 그 지점에서 그 사람의 인격이 드러나는 거죠. 그런 명료 하고 예리한 자기 인식을 죄의식이라고 부를 수 있다면, 그 거에 파고들어서 그게 그 사람을 개선시킬 수도 있고 그 사 람을 망가뜨릴 수도 있는 거죠. 그런 가능성들이 다 있는 상 태에서 어떻게 행동하느냐를 들여다보고 싶고요. 항상 경 계하려고 하는 것은 남 탓하는 것이죠, 무엇이 잘못되었을 때 남 탓을 하는 그런 태도의 정반대에 있는, 사실 자기 잘 못은 전혀 없는데도 오히려 반대로 자기가 뭔가 좀 부족해 서 그랬나 보다, 라는 식의 그것이 실제로 맞든 틀리든 간에 남 탓하는 태도의 정반대에 있죠. 그래서 당시에는 죄의식 이라는 문제에 있어 제게 굉장히 중요한 대사였습니다.

〈헤어질 결심〉은 영화 제작 과정의 전반적인 공정에 있어서, 몽타주에 관 한 한 확실히 탁월한 면모를 보여줍니다. 영화에서 사건이 벌어진 138층 이라는 높이의 숫자와 138분이라는 상영시간을 딱 맞춘 것도, 어떻게 보 면 갈수록 세계 영화에서 희미해져 가는 편집의 정교함을 보여주려는 의 도가 아니었을까, 하는 생각이 들기도 하고요.

138이라는 숫자의 일치는 딱히 그런 의도는 없고, 어쩌다 보니 그렇게 된 우연이예요.(웃음) 몽타주에 대해 얘기하자 면, 〈헤어질 결심〉은 코로나 팬데믹 때문에 뜻하지 않게 긴 후반 작업 시간을 갖긴 했어요. 그게 영화에 분명한 영향을 미쳤다고 봐요. 그리고 이전 작품들에 비해 찍은 분량이 워 낙 많아서 러닝타임을 대폭 줄여야 하는 문제도 있었어요. 그 두 가지가 합쳐져서 좋은 결과를 만든 것 같아요. 그전에 도 항상 정말 최적의 타이밍을 프레임 단위로 검토해서 한 두 프레임을 늘리느냐 빼야 되느냐, 하는 문제를 가지고 고 민해가면서 편집을 해왔지만 〈헤어질 결심〉은 특히 더 그랬 죠. 다행히 그럴 만한 시간이 주어지기도 했고요. 또 김상범 감독님 편집실도 다른 영화들을 굉장히 많이 작업해서 굉 장히 바쁜 곳인데, 마찬가지로 다소 여유가 있는 편이었죠. 그래서 여러 가지 이유로 면밀한 검토를 할 수 있었죠. (김) 상범 형하고는 오랜 세월 여러 작품을 해왔고 서로의 의도 나 생각을 너무 잘 알기 때문에, 딱히 장면을 두고 편집에 관한 논쟁을 하는 일이 불필요할 정도의 관계죠. 그런데 편 집이 저에게 가장 중요한 과정은 아니고요. 공평하게 다 똑 같이 중요하죠. 후반 DI(디지털 색보정) 작업도 마찬가지 고요. 특히 어느 시점부터는 DI 작업에 많은 시간을 쓰고 있죠. 촬영감독이 없을 때 내가 직접 한 작품들도 있었고요. 가령 〈아가씨〉는 정정훈 촬영감독이 〈그것〉(2017) 촬영 때 문에 미국에 갔고, 〈리틀 드러머 걸〉도 김우형 촬영감독이 한국으로 돌아가야 하는 상황이 있어서 내가 했죠. 어쩌면

제가 DI에 시간을 가장 많이 쓰는 감독 중 하나가 아닐까 싶어요. 더불어 음악에 이르기까지 영화 작업에 있어 모든 과정이 똑같이 중요하죠. 그런데 왜 〈헤어질 결심〉에 대해 그런 말씀을 하시는지 알 것 같아요. 〈헤어질 결심〉은 내가 봐도 편집이 좀 더 눈에 들어오는 영화예요. 내 다른 영화들 에 비해 편집이 과격하거나 되게 독창적이어서라기 보다는 오랫동안 갈고 다듬은 흔적이 보인다고나 할까요. 어딘가 모르게 구체적으로 어느 씬이라고 말할 수는 없지만 확실 히 전체적으로 그런 인상을 주지 않나 싶어요.

가령 〈헤어질 결심〉과 함께 칸영화제 경쟁 부문에 오른 〈토리와 로키타〉 (2022)의 다르덴 형제 스타일과 비교해 볼 수 있을 텐데요. 물론 다르덴 형제도 사전에 철저하게 리허설을 하는 것으로 유명하지만, 어쨌건 스타 일 상으로는 카메라가 사건에 개입하지 않고 지켜보면서 마치 인물들의 움직임을 그대로 쫓아가는 것처럼 보입니다. 현재 수많은 한국 독립 영 화가 그러한 것처럼, 어느 시점부터 카메라 운용 방식의 대세가 된 것처 럼 여겨지기도 했죠. 반면 〈헤어질 결심〉은 창작자가 정교하게 축조한 세 계 안에서 편집의 황홀경을 강렬하게 느꼈던 것 같습니다.

저희가 스토리보드를 꼼꼼하게 다 짜잖아요. TV 시리즈를 할 때는 그러기 힘든데 영화를 만들 때는 정말 앉아서 대화 하는 장면까지, 거의 최종 편집이 다 끝난 상태에 가깝게 스 토리보드를 만들죠. 그래서 긴 대화 씬이 있으면, 어떤 문장 이 누구 얼굴에서 들릴지 카메라는 그때 어떤 사이즈일지 그런 것이 다 계획돼 있어요. 그만큼 제가 정확하게 편집되 어 있는 영화를 좋아한다는 뜻이죠. 예나 지금이나 그런 영 화를 만들려고 하고 있고요. 사실 내게 그런 방식이 자리 잡 은 데는 〈공동경비구역 JSA〉 작업 때였죠. 시작 자체는 제작 사인 명필름에서 나를 감시하려고 시킨 거긴 하죠.(웃음) 과 연 내가 잘 해낼 수 있을지 못 믿겠으니까, 앞으로 어떻게 찍 을지 미리 좀 보여달라는 목적도 있었을 것 같아요. 그래서 그걸 보고 이 큰 제작비를 맡겨도 될지 어떨지 판단하려는 거였겠죠. 할리우드에서도 다 이렇게 한다고 하니까 그런가 보다 했죠. 그런데 어쨌건 그렇게 해보니까 그 방식이 좋더 라고요. 그래서 나중에 다른 작품을 할 때도 계속하게 됐고, 어지간한 한국영화들이 다 그렇게 유행처럼 하게 됐죠.

〈친절한 금자씨〉 이후 할리우드에서 만든 〈스토커〉, 칸영화제 경쟁 부문 에 초청된 〈아가씨〉, 그리고 플로렌스 퓨를 주인공으로 내세운 TV 시리 즈 〈리틀 드러머 걸〉에 이르기까지, 여성 주인공들이 중심인 영화를 만들 어 온 최근의 작업에 대해, 한 인터뷰에서 "〈올드보이〉에서 미도 캐릭터 를 유일하게 끝내 진실에서 소외된 채로 퇴장하는 인물로 그렸던 게 마 음에 걸려 〈친절한 금자씨〉를 기획하게 됐고, 이후 여성 캐릭터에 관심이 많아졌다. 당시 미도도 근친상간의 비밀을 알게 되는 결말도 준비했지 만, 그렇게 되면 그때부터 영화가 완전히 새로 시작해야 할 것 같았다. 그 래서 지금의 결말로 만들어졌는데 꺼림칙한 마음은 좀처럼 가시지 않았 다"고 밝힌 바 있습니다. 그러한 관심은 소수자에 대한 관심과 다양성이

라는 화두로도 확장됐는데요, 2017년 백상예술대상에서 〈아가씨〉로 영화부문 대상을 수상할 때 다음과 같이 남긴 수상소감이 화제가 되기도 했죠. "〈아가씨〉로 상을 받는 자리니만큼 이런 얘기 한마디쯤은 할 수 있으리라 생각합니다. 성별, 성 정체성, 성적 지향, 그런 걸 가지고 차별받는 사람이 없는 그런 사회를 만들 수 있는, 후보에게 투표를 할 때 여러 가지 기준 중에 그런 것도 한 번쯤 고려해 보시기를 바랍니다. 감사합니다." 당시 대선 후보 물망에 오르던 인물 중 당신이 평소 지지하는 것으로 알려진, 차별금지법을 공약으로 내건 한 후보를 지칭한다는 것은 알 만한 사람들은 다 알 수 있는 내용이었습니다. 한국영화계의 메인스트림에서 활동하는 한국 남성 감독의 변화라는 측면에서, 무척 의미 있는 발언들이라 생각됩니다. 어쩌면 박찬욱의 지난 20년을 가장 잘 요약할 수 있는 핵심이 거기 있지 않을까 싶기도 합니다. 하지만 돌이켜 보면, 그 이전 〈공동경비구역 JSA〉에서 이영애 배우가 맡은 소피라는 캐릭터가 원작에는 남성이었는데, 영화에서는 여성으로 바꾸셨습니다. 어쩌면 여성 캐릭터에 대한 관심은 정서경 작가를 만나기 이전부터 잉태됐던 것은 아닌가 싶기도 합니다.

〈공동경비구역 JSA〉의 소피 캐릭터를 여자로 바꿨을 때는 여성, 더군다나 혼혈 여성이 한국, 더군다나 군대에 와서 그들이 밝히고 싶어 하지 않는 비밀을 막 파고들 때, 그 조선 남자들이 얼마나 경계하고 이 여자를 함부로 대할까, 보여주고 싶었던 거죠. 그처럼 함부로 대하는 건 두려움 때문이잖아요. 저 똑똑한 여성이 오면서 뭘 또 들쑤셔서 진실이 밝혀지면 어떡하지? 하는 두려움. 바로 그 두려움에서 오는 반작용, 그런데 그 반감도 두려움의 한 형태라는 점에서 그런 모습을 보여주면, 이 영화에 하나의 레이어가 더 생기겠구나 하고 생각했죠. 개인적으로는 그런 부분에 완전히 무관심한 감독은 아니었다고 말씀드리고 싶어요.(웃음)

국가인권위원회에서 만든 첫 번째 인권 영화 〈여섯 개의 시선〉(2003) 중 감독님이 연출하신 〈믿거나 말거나, 찬드라의 경우〉도 빼놓을 수 없는 작품입니다. 이주노동자 네팔 여성 찬드라는 한국어를 더듬고, 경찰에 의해 행려로 취급받으며 정신 병원에 수감되어, 무려 6년을 삽니다. 충격적인 이 이야기는 실화였죠. 언어와 소통의 문제에서부터 사업주가 이주노동자의 삶을 지배하는 구조까지, 흥미롭게도 한국어가 서툰 찬드라는 〈헤어질 결심〉의 송서래(탕웨이)와 굉장히 닮아있는 캐릭터이기도 합니다.

맞아요, 제게 굉장히 중요한 작품이라 할 수 있죠. 저도 두 사람이 닮았다는 생각이 듭니다. 요즘 블라디미르 나보코프의 『프닌』이라는 소설을 읽고 있는데, 한글로 번역된 작품이지만 주인공 프닌이 영어가 서툰 사람으로 나와요. 프닌은 러시아 상류층 출신으로 볼셰비키 혁명을 피해 유럽을 거쳐 미국으로 망명한 지식인인데, 미국의 한 대학에서 비정규직 교수로 근무하는 구세계 지식인이고, 미국 교수들 사이에서 살아남으려고 고군분투하는 망명자 신분이죠. 러시아 사람이다 보니 이상한 영어를 구사하고, 현학적인 표현도 마찬가지로 이상한 영어로 구사하죠. 그런 게 역주로 친절하게 많이 달려 있긴 한데, 그걸 보면서 〈헤어질 결심〉 생각이 났어요. 사실 〈헤어질 결심〉도 언어적인 부분 묘사에 있어서 좀 더 그런 식으로 가고 싶긴 했죠. 서래가 한국어를 틀리게 하는 건 아니지만, 우리가 일상적으로 쓰는 단어는 아니어서 되게 이상하게 들리는 상황을 좀 더 만들고 싶긴 했어요. 물론 영화에 그런 부분이 꽤 있긴 하지만, 자주 그러면 너무 좀 우스꽝스럽게 보이지 않을까 싶어 적당히 한 거죠.

언어의 문제를 문학성과 연결 짓자면, 과거 『키노』에서 감독님과 인터뷰를 진행할 때 '한국영화의 가장 큰 문제점' 중 하나로 '문학성의 결여'를 언급하셨던 기억이 납니다.

영화에서 문학적 요소라는 것이 대사에만 한정되는 것은 아니죠. 플롯에도 있고 캐릭터 구축에도 있고, 다 문학적인 요소들이라고 할 수 있을 텐데, 아무래도 범위를 좁혀서 말하자면 대사가 가장 크긴 하죠. 그런데 제가 얘기했던 그 문학성이라고 하는 것이 어떤 멋진 문장이나 아름다운 수사를 말하는 게 아니라, 굉장히 단순하고 소박한 한마디여도 아주 정확하게 구사되어야 한다는 거였어요. 더도 아니고 덜도 아니고 그 캐릭터에 부합하게끔 정확하게 필요한 만큼만 쓰이지 못하는 대사들에 대한 결핍이었어요. 그 캐릭터는 교수일 수도 있고 사기꾼일 수도 있는데, 그런 그들의 삶과 일상에 걸맞은 언어를 구사해야 하는 거잖아요. 그런 정확성의 측면에서 해도 그만 안 해도 그만인 대사는 불필요한 거죠. 그처럼 영화 속 인물들이 꼭 필요한 말만 한다고 했을 때, 아주 대사가 적은 영화를 상상할 수 있겠지만 꼭 그런 것도 아니죠. 영화에서 아주 장광설을 늘어놓을 수도 있죠. 그런데 몇 백 개의 단어로 이루어진 장광설이라도 인물이 처한 상황과 캐릭터에 필요한 단어로만 이루어져 있다면 상관없는 거죠. 한국영화가 그랬으면 좋겠다는 의도로 그런 얘기를 드렸던 것 같아요. 어떤 사람은 내 영화의 대사가 많다고도 하고, 누군가는 적다고도 하죠. 혹은 특정 대사에 대해 그런 대사는 필요 없지 않아요? 라고 말하는 사람도 있는데 그건 사람마다 생각이 다를 수 있죠. 물론 나도 해도 그만 안 해도 그만이다, 라고 생각되는 대사를 굳이 할 때도 있는데 그건 주로 유머를 의도했을 때 자주 그러는 것 같아요. 그게 성공했건 하지 못했건 창작자에게는 그것도 중요하죠. 그래서 제가 얘기하는 문학성이라는 것은 대사의 정확도와 유머, 그 두 가지라고 할 수 있어요.

『키노』는 영화의 '베스트' 명단을 뽑는 걸 즐겼습니다. 감독님도 그 베스트를 꼽으셨던 기억이 나는데요. 그때와 지금은 당연히 그 명단이 다를 것 같은데, 어떠신가요? 가령 〈친절한 금자씨〉에 나오는 빵집 이름이 '나루세 빵집'이어서, 그전에 딱히 언급하지 않으셨던 나루세 미키오 감독님을 좋아하시나 보다, 생각한 적 있습니다.

『키노』가 만들어지던 시기에는 몰랐다가, 그 뒤에 알게 되어 좋아하게 된 감독은 나루세 미키오죠. 그런 식으로 새로운 리스트로 완전히 교체됐다기보다 이후 계속 새롭게 발견하게 되는 영화들이 있죠. 최근에 발견해서 저의 베스트 목록에 새로이 들어간 작품은, 로버트 와이즈 감독이 1950년대에 만든 필름 누아르 작품 〈오즈 어게인스트 투모로우〉(Odds Against Tomorrow, 1959)에요.

끝으로 현재 후반 작업 중이신 〈동조자〉에 대해 여쭤보면, 아까도 말씀드렸다시피 최근 감독님 영화에서 중요하게 등장하는 설정인 '위장'과 '속임'을 거의 끝까지 밀어붙이는 작품이라 생각됩니다. 이전의 〈아가씨〉나 〈헤어질 결심〉은 어쨌건 생면부지의 사람과 어떤 계기로 엮이게 되면서 위장을 하게 되는 건데요, 〈동조자〉는 원래 알던 지인을 속이게 되는 상황이죠. 그게 가장 다른 점이라 생각됩니다.

맞아요, 〈동조자〉는 두 얼굴로 살아가는 사람이 주인공이죠. 미국으로 건너가 이민자이자 이중간첩으로 살아가게 되는데요. 겉으로 보기엔 베트남 대위이지만, 알고 보면 CIA 비밀요원이고, 마지막 꺼풀을 벗기면 베트콩 고정간첩인 주인공은 같은 이민자 출신인 베트남인들을 감시하고 정보를 전달하는 역할을 맡습니다. 그런데 얘기하신 그 부분이 다르죠. 〈동조자〉에서는 자신의 베스트 프렌드를 속여야 하는 상황이죠. 베스트 프렌드는 빨갱이라면 치를 떠는, 그런 남베트남에서도 특수부대의 거의 빨갱이 킬러인데 그 친구 옆에서 자기가 빨갱이라는 사실을 감춰야 하는 그런 상황이 〈동조자〉 시리즈에서 굉장히 중요한 한 축이죠. 그 밖에도 그는 두더지로서 다른 더 많은 사람들을 속여야 하죠. 그런 식으로 영원히 국외자로 살아가는 그 존재 자체가 주제라고 해도 과언이 아닙니다.

〈동조자〉 촬영 현장에서의 경험은 또 어떤가요. 이전에 작업한 시리즈 〈리틀 드러머 걸〉은 에피소드 전체를 책임지는 단독 연출자였다면, 〈동조자〉는 쇼러너로 참여하시며 다른 연출자가 에피소드를 맡는 경우도 생겼습니다.

이번에 〈동조자〉를 만들 때 아주 흥미로운 경험을 했는데, TV 시리즈는 시간이 부족해서 스토리보드를 다 만들 수는 없지만, 그래도 어쨌건 스토리보드는 안 그린 상태에서라도 최소한 숏 플랜을 내가 촬영감독과 함께 만들어 가거든요. 그 플랜대로 찍는데, 에피소드 하나를 페르난도 메이렐레스 감독한테 연출을 맡겼어요. 그 에피소드는 좀 독립적인 성격을 갖고 있어요. 스토리 중에 주인공이 영화 촬영 현장에 투입되거든요. 베트남어 컨설턴트 역으로 스태프가 되어 그 이야기 안에 들어가서 자신의 역할을 맡아 영화를 찍는 현장이란 말이에요. 말하자면 베트남전에 관한 영화인 〈지옥의 묵시록〉(1979)과 같은 그런 전쟁 장면 찍는 현장을 다루는 게 한 에피소드인데, 스토리가 좀 독립적이어서 나하고는 정말 가장 반대되는 스타일이라고 할 수 있는 페르난도 감독한테 맡겼는데, 진짜 그 스타일의 차이가 너무 극명하게 드러나서 재밌었어요. 그러니까 카메라 두

세 대로 항상 동시에 찍고, 테이크마다 카메라 위치가 바뀌고 렌즈가 바뀌어요. 그분의 현장에서는 스태프들이 그냥 무조건 자동이에요.(웃음) 한 테이크 딱 찍었다 하면 카메라맨들이 알아서 다 위치를 바꿔요. 그러니까 그렇게 짧은 기간 동안 1시간짜리를 찍는 건데 전체 촬영은 13회차 정도 되죠. 그런데도 쏟아져 나오는 촬영 분량이 어마어마하게 많은데, 나중에 편집을 할 때 '저 장면에서 쟤 클로즈업 없어?' 그러면 항상 있어요. 핸드헬드 촬영도 많고 그냥 막 휘둘러 대는 것 같고, 얼핏 보면 조명이 좋아 보이지도 않고 구도도 완벽하게 느껴지지 않아요. 그런데 워낙 다양한 위치에서 찍고 배우들 위주로 생생한 연기를 따로따로 다 쪼개서 찍지 않고 한꺼번에 찍어버리니까 주고받는 에너지가 잘 살아나요. 오히려 그런 촬영방식에서 오는 생생한 활력이 있더라고요. 그래서 페르난도가 이미 편집한 걸 두고 내가 쇼러너, 즉 총괄감독으로서 다시 편집하는데 나는 박찬욱이지만 페르난도 스타일로 편집을 할 것인가 어떻게 할 것인가, 하면서 페르난도의 에디터와 마주 앉아 고민하는 게 재밌어요. 내가 쓴 이야기를 다른 감독이 다른 스타일로 연출하는 걸 보는 것도 참 신기한 경험이더라고요.

〈동조자〉를 끝내고 감독 박찬욱은 또 어떻게 달라져 있을까요?

감독으로서 내가 변하는 것은 그게 그렇게 느껴지는 건 없어요. 작품마다 다른 접근 방법을 택하는 거고 〈리틀 드러머 걸〉이나 〈동조자〉처럼 시리즈를 만들게 됐다는 점이 가장 큰 변화라고 할 수 있죠. 사실 그건 생각보다 큰 차이예요. 시리즈를 만들면서 우선 긴 이야기와 많은 등장인물을 끌어안을 수 있다는 장점이 있고, 스토리보드를 일일이 못 그린다는 조건 때문에 생기는 스타일상의 변화도 있죠. 사실 전 두 대의 카메라를 잘 쓰지 않는 편인데 시리즈에서는 애용하고 있죠. 아무래도 두 대를 쓰게 되면 구도나 조명에 있어 의식적인 변화가 생길 수밖에 없어요. 이번에 〈동조자〉는 내가 각본을 쓰고 쇼러너를 맡아서 최종 후반 작업에다 감수까지 하고 있지만, 다른 감독에게 맡긴 에피소드가 많기 때문에 〈리틀 드러머 걸〉때와는 또 다르게 좀 특별하고 신기한 경험을 한 것 같아요. 그래서 어쩌면 내가 느끼지 못하는 변화가 있을 수도 있겠네요.(웃음)

인터뷰   주성철
사진   김설우
스틸 제공   CJ ENM, 모호필름

〈박쥐〉

나는 박찬욱과 같은 천주교 냉담자이기에 이 영화에는 묘한 친근감이 있다. 오프닝 시퀀스를 두 번 지나는 듯한 기시감이다. 감독은 각본집 속 작가의 말에서 〈박쥐〉의 가톨릭 교회나 〈파란만장(2011)〉의 한국 무속 신앙이나 지극히 고도의 상징 체계, 종합 예술인 점이 비슷하다고 언급하는데, 나도 똑같은 인상을 받았었다. 작년쯤 엄마의 성화에 이끌려 나이 앞자리 수가 달라지고 오랜만에 찾아간 부활 미사에서, 명절의 제사에서나 느끼던 장황하고도 일사불란한 순서와 체계의 세계에 맞닥뜨리며 생각한 것이다. 도대체 이렇게까지 해야 하는 이유가 뭘까? 앞서 언급한 작가의 말의 같은 단락을, 박찬욱은 종교 의식과 영화의 공통점을 결부하며 마무리한다. 둘 다 같은 종합 예술이지 않냐고 한다. 하지만 난 확신한다. 종교 의식과 닮은 건 보통의 영화가 아니라 박찬욱과 정서경의 영화다. 영화와 종교 의식의 차이는 무엇보다도 설득하려는 의지가 아닐까. 보통 영화의 상영시간은 관객을 납득시키고 매혹시키고 디제시스 속에 빠트리기 위한 노력 그 자체이다. 반면 종교 의식은 이미 종교에 완전히 몰입한 사람들을 위한 것이다. 미사를 드리는 신자들은 나 같은 사람이 끼지 않는 한 한결같은 경건한 표정을 하고 있다.

박찬욱과 정서경은 전자보다는 후자에 가까울 만큼, 시작도 전부터 관객들을 무턱대고 믿고 있는 상태로 영화를 만든다. 하지만 종교 의식에서는 볼 수 없는 정교하지 못함으로써, 가끔은 공들여 짜였다고 믿어지지도 않는 제멋대로인 플롯 구조로써, 관객에게 보답한다. 종교가 상식의 틈을 조금 비집고 대신 의식을 선사하듯 둘의 영화는 암묵적인 룰을 모르는 (척 하는) 사람의 투명함을 선사한다. 우리는 태주가 달릴 때처럼, 어디까지 어느 방향으로 달릴지 알 수 없는 채 이 영화를 관람한다. 예상할 수 없기에 매 장면들은 맨발에 닿는 것처럼 선명해진다. 〈박쥐〉는 특히나 초기작인 만큼 너무나 노골적으로 뜨겁고 또 축축해서 더욱 기억에 박힌다. 무거운 물 같은 세상에서 뛰어다니고 날아다니게 된 두 짐승. 비의 단계 같은 이름을 가진 수장된 남편. 댐의 관리자를 포함한 질척이는 남자들. 섬나라에서 데려온 여자. 분에 차서 체액을 흘리는 시어머니. 늪처럼 질긴 죄책감 속에서 두 불씨는 가파르게 익사한다. 잡을 수 없는 빛이 되었다 믿었건만 혹은 믿어보려고 했건만 사실은 훨씬 더 가연성의 존재가 되었을 뿐. 너무 밝은 빛을 마주하면 어쩔 수 없이 망막에 남는 검은 잔상을, 부작용을, 태주는 받아들였고 상현은 받아들일 수 없었다.

무자비한 태주가 그럼에도 불구하고 안타깝게 여겨지는 것은 역시 박찬욱과 정서경의 자질일 것이다. 둘이 영화를 하는 방식이 곧, 등장인물이 앞서 나온 얘기를 언뜻언뜻 다시 짚어줄 때조차 복선 회수가 아닌 그 인물에게서 우러나온 다정(혹은 비정)으로 느껴지는 비결이라고 나는 장담한다. 심지어 나는 태주에게 조금 많이 이입해서, 마지막에는 상현에게 분노하기도 했다. 지옥에서 만나자는 상현의 말이 그동안 상현이 본능에 태만해 왔던 구실처럼 느껴져서. 반면 태주의 마지막 말은, '죽으면 끝. 그동안 즐거웠어요, 신부님.' 태주가 짐승이라면 솔직하고 최선을 다하는 짐승이고, 너무 오래 창살에 갇혀 있었다. 동물원의 동물처럼 야밤의 달리기라는 정형 행동을 긴 시간 되풀이하다가, 풀려나오는 순간 폭발하듯 곧바로 살육하게 되었다. 다른 이들이 몽유병이라고 하는 상태일 때에만 깨어있는 것 같다던 태주는 죽어서야, 짧게, 살게 되었다. 상상해 본 적이 있는가? 끝나고서야 흐르는 인생을. 어떤 펌프질이라도 기다려만 왔던 고이고 상한 마음을. 얼마 전 탈출해 별 아래서 잠시 쉬다 다시 잡혀 사살되었다는 사자의 뉴스를 볼 때처럼 측은해지는 심정을 어찌할 수가 없다. 성체와 성혈처럼 박찬욱 영화에 있어 창백한 검은 머리 미녀와 그의 비극이 필수적이라는 것은 이해하지만, 모르겠다. 지옥에서 만나는 것도 아니고 죽으면 끝인 것도 아니고 다른 세상의 어딘가에서. 둘이 그냥 짐이 가벼운 남자와 달리기가 빠른 여자로. 다시 만나거나, 만나지 않거나, 죽이지 않고 헤어졌으면 좋겠다. 부디 그랬으면 한다.

글 MMZ 라지영('키리에')

〈헤어질 결심〉:
결심과 방심의 지연

"난 다 알고도 사랑했어. 너도 그럴 수 있을까?" 박찬욱 감독의 영화 〈올드보이〉에서 이우진이 복수의 끝자락에 오대수에게 남긴 말이다. 오대수의 '말'로 인해 누나이자 연인을 잃게 된 이우진은 오대수에게 딸과 사랑에 빠지게 만드는 복수를 감행한다. 모든 진실을 알게 된 오대수에게 이우진은 묻는다. 자신은 근친상간임을 알고도 누나를 사랑했지만, 오대수 너도 그럴 수 있느냐고. 이 질문은 10년을 훌쩍 넘은 2022년 해준에게 닿는다. 사랑하는 이가 살인을 저질렀다. '그는 알고도 사랑할 수 있을까?'

박찬욱 영화에서 사랑은 영화를 이끄는 동력이다. 그의 영화에 등장하는 문제적 인물들은 사회적, 성적 경계 등의 도덕적 질서를 뛰어넘어 사랑하며, 서로의 결핍을 넘어서 사랑하기를 감행한다. 이때 사랑은 저항의 수단이 되기도, 결여를 채우는 도구가 되기도 한다.

전작들과 달리, 〈헤어질 결심〉(2022)은 영원한 이별을 택한다. 영화는 사랑의 시작과 헤어짐의 순간을 반복하며, 사랑-이별-재회-영원한 이별의 구조를 갖는다. 서래에게 사랑은 파도처럼 밀려오는 것이라면, 해준에게 사랑은 물에 잉크가 번지듯 찾아오며, 힘겹게 산을 오르듯 극복해 나가는 것이다. 이는 산과 바다의 거리만큼의 거리이기에, 그 차이가 반복되면서 영화는 비극적으로 상승한다.

해준은 더할 나위 없이 완벽한 남자다. 경찰이라는 안정적인 직업, 젊은 나이에 경감에 오를 정도로 능력 있으며, 아내와 자녀와 함께 살 수 있는 집도 소유하고 있다. 그는 일터에서도 가정에서도 많은 역할을 성실히 수행한다. 동시에 그는 불면증에 시달리며, 결벽증과 강박증적인 면모를 보이는데, 이는 그가 어딘가 경직되어 있다고 느끼게 한다. 영화는 틈 없이 완벽해 보이는 그의 꼿꼿한 마음이 풀어지는 순간을 포착한다.

그가 마음을 풀어 놓아버리는(放心) 첫 번째 순간은 영안실에서 서래와 만났을 때이다. 그때부터 풀어진 마음은 다시 닫힐 기미가 보이지 않는다. 서래가 증거를 인멸하고, 자신을 속이고 있음에도 눈치채지 못한다. 놓아버린 마음의 틈으로 서래는 파도처럼 해준에게 스며든다. 파도에 휩쓸려 방심하는 순간 그에게 사랑이 스민 것이다. 서래가 기도수를 살해했음을 알게 되는 순간 해준은 자신이 방심했음을 깨닫고 헤어질 결심을 한다. 모든 걸 알게 된 순간 해준은 헤어질 결심을 한다.

반면 서래는 방심하지 않는다. 그녀에게는 결심만 있다. 사랑도 결심하며 헤어짐도 결심한다. 엄마와 헤어질 결심, 기도수와 헤어질 결심, 해준과 헤어질 결심. 서래의 입을 빌려 '헤어질 결심'이 직접적으로 발화되는 것은 서래가 늘 결심하는 인물이기 때문이다. 그녀에게는 결심만 있으며, 그녀의 결심은 대부분 이루어졌다.

해준은 사랑 때문에 자신을 잃지 않고자 경계하지만, 서래는 사랑을 위해 자신을 내던지기를 두려워하지 않는다. 서래의 사랑은 본능, 욕망, 충동과 서로 섞이면서 그것들로부터 추진력을 얻는 사랑이 아니라 그런 힘들을 극복하여 도달, 실천할 수 있는 사랑이다. '당신과 나의 거리가 멀면 사랑의 양이 많고 거리가 가까우면 사랑의 양이 적을 것'이라는 한용운의 시 「사랑의 측량」의 화자처럼 익숙하고 유사해져 쉽게 사라질 사랑이 아닌, 숭고한 사랑. 해준의 사랑은 방심하는 순간 시작되었지만, 서래의 사랑은 결심으로 시작되었다. 마음을 놓는 사랑과 마음을 묶는 사랑. 그 간극은 바다와 산의 사이만큼 먼 것이어서 제때 당도하지 못하고 지연된다. 해준은 자신의 방심을 깨닫는 순간 헤어질 결심을 하지만, 서래는 사랑하는 이가 염려하던 마음을 놓고(放心) 편해지기를 바라기에 헤어질 결심을 한다.

결말에 이르러 수면 위로 떠오르는 것은 사랑을 대하는 서래의 에토스(ethos)다. 전적으로 사랑하고자 하는 태도. 과거 자신이 행한 모든 비도덕적 선택과 윤리적 선택들에 책임을 지고자 하는 윤리적 태도. 서래는 마지막으로 사랑을 희생하는 사랑, 숭고한 사랑의 극단을 실천하고자 결심한다. 들이치는 파도에 잠식되는 서래와 함께 그녀의 에토스도 바다 깊은 곳에 함께 침잠한다. 서래의 헤어질 결심은 완료되었다. 그러나 해준의 방심은 결심이 되지 못한 채, 아직도 에토스의 바다에서 정처 없이 헤매고 있다.

글 MMZ 정가은

액션, 마음을 움직이는 힘

류승완 × 이종은, 곽신애

영화가 움직이는 이미지라면 액션만큼 그 본질에 가까이 다가가는 영화도 없을 것이다. 액션 영화를 사랑하는 시네필에서 대표적인 한국 액션 감독으로 자리매김한 류승완 감독은 시종일관 액션이라는 장르를 종횡무진하며 그 본질을 향해 달려왔다. 세기말 한국 액션 영화의 새로운 시작을 알린 〈죽거나 나쁘거나〉 이후 지난 20년간의 이야기를 최신작 〈밀수〉를 통해 들어본다.

20년 만의 『키노』인터뷰입니다. 소감이 어떠하신지요.

『키노』가 99호로 폐간되었을 때 진짜 너무 안타까웠어요. 영화를 잘 만드는 감독들이 많은 이 시대에 제가 이 리스트에 들어갔다는 것이 영광입니다. 저는 두 발 갔다 한 발 후퇴하고 두 발 갔다 또 한 발 후퇴하는 식의 감독인데.

그게 감독님의 강점인 것 같습니다.

이틀 전에 시체스영화제에서 돌아왔어요. 〈밀수〉개봉 후 로카르노, 토론토 이후 세 번째 해외 영화제인데 8000석 규모의 야외 상영을 한 로카르노나 관객 중심 영화제인 토론토에 비해 좀 객관적으로 볼 수 있는 시간이었어요. 요즘 가뜩이나 극장이 어려운 상황이라 근본적인 질문들을 많이 하는 시기이기도 했고. 시체스는 워낙 취향이 강한 장르 영화제라 관객들의 반응이 제 예상과 어긋나는 부분이 좀 있었어요. 문화가 달라서 유머 코드도 다르고. 어떻게 보면 미래의 젊은 세대 관객들 반응과 일치하지 않을까 생각도 했고요. 제가 실수한 부분이 자꾸 보여서 좀 괴롭기는 했는데 정신 승리를 경계하는 편이에요. 실수한 부분을 빨리 실수했다고 인정해야 뭐가 되는 것 같아요. 저는 대중 영화를 만드는 사람이라 관객들의 정서적 반응에 대해서는 마음을 열어두려 해요.

〈밀수〉개봉 때 "이번 영화는 과거 제 영화와 전혀 다를 것이다"라고 하셨는데, 많이들 〈짝패〉나 〈피도 눈물도 없이〉와 연관 지어 말합니다. 의외라고 생각하실지 모르지만 저는 〈다찌마와 리: 악인이여 지옥행 급행열차를 타라〉를 떠올렸어요. 영화의 도입부를 보고 혹시 이거 해양 웨스턴 아닌가 생각했거든요.

그럴 수도 있겠네요, 음악도 그렇고. 뒤에 웨스턴 음악을 쓰니까요.

거북섬이 모뉴멘트 밸리 같기도 하고. 그래서 이 영화는 대륙 활극의 무대를 바다로 옮겨놓으려나 잠시 생각했습니다.

역시 『키노』인터뷰야. (웃음) 하지만 거북섬은 사실 별생각 없었어요. 일단 이전 영화와 다를 것 같다는 건 말 그대로에요. 모든 영화는 이전 영화와 다르잖아요. 한 프레임도 같은 게 없어요. 저는 갈수록 영화에 어떤 의미를 담으려는 것이 무의미하게 느껴져요. 의미는 시대나 상황에 따라 가변적이고 주관적일 수밖에 없죠. 우리가 기억하는 최고의 영화 중에 다시 봤을 때 다르게 느껴지는 영화들이 의외로 많아요. 그래서 오히려 영화를 만드는 사람의 태도가 더 중요하다는 생각을 해요. 여기서 태도란 한 개인이 자연인으로서 살아가는 삶의 태도를 말하는 건데, 그 가치관과 세계관이 결국 영화에 자연스럽게 묻어날 수밖에 없어요. 그동안 삶의 환경이 바뀌면서 제 자신도 변했으니까요. 아마 이전에 제가 만들었던 각본으로 지금 다시 만든다면 분명 다른 영화가 나올 거예요. 그런데 역설적으로 제가 이전에 만든 영

화들과 크게 다르지 않을 수도 있어요. 제 영화를 데뷔작부터 봐주신 분들이라면 이 영화 안에 제 여러 취향이 섞여 있는 걸 당연히 발견할 수 있겠죠. 이를테면, 박정민이 연기한 장도리 캐릭터의 배신 코드 같은 것. 어쩌면 〈죽거나 혹은 나쁘거나〉에서 같은 환경에서 성장한 인물들이 다른 선택을 해서 다른 길을 가는 것과도 크게 다르지 않을 테고, 편집 스타일이나 시각적 양식으로 보자면 〈짝패〉나 〈피도 눈물도 없이〉도 같이 말해볼 수 있을 테고, 70년대 과거 음악을 소환하고 복고풍의 패션 같은 걸 보면 〈다찌마와 리〉가 소환될 수도 있겠고. 또 후반부 음악 양식 때문에 웨스턴이 떠오를 수도 있겠죠. 로우 앵글로 해녀들이 서 있고 산탄총을 들고 있는 이미지는 서부극의 느낌을 살리고 싶었던 건 있었어요. 하지만 이번 영화는 일부러 어떤 특정 장르를 쫓아서 만들지는 않았어요. 장르의 틀 안에서 장르적이지 않은 선택을 하는 경우가 많았고, 그러다 보니 대중 장르 영화 치고는 이야기 진행상 본 게임에 들어갈 때까지의 시간이 좀 길긴 하죠.

70년대 대륙 활극을 인용했던 〈다찌마와 리〉와는 다른 방식으로 〈밀수〉에서도 과거의 한국영화들을 차용한다는 느낌이 들었거든요. 대륙 활극의 무대를 바다로 옮기고 춘자라는 인물을 통해서 마치 70년대 호스티스 멜로드라마의 서사를 다른 방향으로 발전시켜 장르를 재구성하고 싶었던 것 아닌가 싶은.

춘자의 과거가 70년대 한국영화에 전형적으로 등장하는 여성 서사를 가져온 면이 있죠. 그런데 〈밀수〉는 오히려 그 당시 아시아 영화의 요소가 더 많은 것 같아요. 좀 표피적인 이야기이긴 하지만 권 상사의 패션은 명백하게 이소룡 패션이에요. 선글라스도 그대로 가져왔어요. 장도리의 끈으로 묶는 티셔츠도 이소룡이 즐겨 입던 건데 제가 의상팀에 보여주면서 그 옷을 입혀달라고 했죠. 붉은색 조명을 과하게 쓰는 것이나 진숙이 교도소에 갔을 때 시간의 흐름을 보여준 건 60년대 일본 영화의 표현 방식에 좀 영향을 받은 것 같아요. 과거 한국영화라면 이두용 감독님의 〈최후의 증인〉 같은 7, 80년대 영화에서 남자들은 술 먹고 노름하고 여자들이 일을 하는 풍경이 많이 나오거든요. 한겨울에 형사가 시골 마을에 수사를 하러 가면 할아버지들은 안방에 있고, 그 추위 속에서 여자들이 빨래를 하고 있어요. 해녀라는 특정 직업, 물속은 사실 굉장히 위험한 일터고 거기서 목숨 걸고 일하는 건데 노동에 대해 인정도 제대로 못 받는 그런 분위기를 표현하고 싶었던 것도 있어요. 장르 재구성까지는 생각하지 않았어요.

〈죽거나 혹은 나쁘거나〉 이후 〈살인나비를 쫓는 화녀의 모험〉을 만들 예정이라고 하셨던 것 같은데 완성된 영화는 인터넷판 〈다찌마와LEE〉였습니다. 〈살인나비를 쫓는 화녀의 모험〉은 어떤 내용이었나요. 혹시 춘자의 서사와도 관련지을 수 있을까요?

그냥 제목만 바뀐 거예요. 원래는 〈살인나비를 쫓는 화녀의 청춘〉으로 하려 했는데 너무 길어서 〈다찌마와LEE〉로 바꾼 거고, 〈살인나비를 쫓는 여자〉와 〈화녀〉와 〈맨발의 청춘〉을 뒤섞어서 그 당시를 상징하는 영화들을 패러디한다는 느낌이었는데.

그렇다면 멜로드라마의 패러디일 것 같은데요.

나중에 보니까 액션 영화라서(웃음) 〈다찌마와LEE〉로 바꿨어요. 그때 〈다찌마와LEE〉를 만든 것도 〈죽거나 혹은 나쁘거나〉 데뷔 후 관심이 집중되어 인터뷰 요청이 끊임없이 들어오는데 마침 장진 감독이 옴니버스를 기획한다고 하더라고요. 영화 촬영 중이면 인터뷰를 거절할 수 있겠다 싶어 시작했죠. 30분짜리를 만들었는데 그렇게 호응이 좋을 줄은 몰랐어요. 그때는 어린 나이였으니까 그냥 생각 없이 한 건데 저의 한 카테고리를 만들어버렸어요. 즐거운 경험이긴 했지만 만든 의도에 비해 결과가 너무 커진 거죠. 사실 저는 요즘 영화 만들 때 기술적인 것만 신경 써요. 이를테면 감정에 접근할 때도 복잡하게 생각하기 보다는 극장 상영 시 어떻게 관객의 반응을 이끌어낼까를 중심에 둬요. 현장 모니터 앞에도 '메소드 연기 금지' 이런 걸 붙여놓고 우리는 외면 연기 중심의 현장이라고 하죠. 이번에 박정민 배우한테도 우린 너의 내면을 모르고 찍히는 건 외면뿐이라고 했어요.

그런 변화가 확연히 느껴진 시점이 있으셨나요.

아까 의도를 빼려 한다는 것과도 연결될 텐데, 영화는 결국 진짜 같은 순간을 만들려는 건데 어떻게 보면 야바위 같은 행위잖아요. 좋게 말하면 마술이고. 우리는 모두 근사한 거짓말을 하고 있는거죠. 거짓말이 잘 통할 때는 자기 자신까지 속이는 순간이 나오기도 하고. 어차피 가짜로 만들어 놓고 이걸 자꾸 진짜로 받아들여달라는 건데 거기에 진심을 이야기하는 게 무슨 의미가 있나 하는 생각이 자꾸 드는 거예요. 아마도 〈부당거래〉 다음부터인 것 같아요. 물론 진심이 유효하긴 한데 강요할 수는 없죠. 보는 사람 입장에서는 아니라고 느낄 수 있으니까. 400명의 관객이 영화를 보는 순간에는 401편의 영화가 존재한다고 생각하거든요. 영화를 찍을 때 현장에서 느꼈던 것이 나중에 편집본 볼 때 사라지는 경우도 많아요. 영화는 숏과 숏을 이어 붙이고 그 사이의 빈틈들이 관객들로 하여금 예상할 수 없었던 감정의 화학 반응을 일으키고 거기에 사운드를 입히면서 실재하는 것처럼 느끼게 만드는 것이죠. 결국 기술적인 문제 같거든요. 요즘은 현장에서 헤맬 때는 솔직히 잘 모르겠다고 말해요. 예전에는 준비해 온 것과 현장 상황이 다르게 돌아가는 상황이 두려웠는데 요즘은 이런 식으로 문제를 풀죠. 극장 안의 관객들이 모두 숨을 죽이고 여기 다이아몬드에 포커스를 맞추고 있어야 해, 지금 우리가 다이아몬드에 집중이 잘 안되는 게 숏이 부족한 거야, 등장인물들이 여기에 관심

을 안 가져줘서 그런 거야, 아니면 앞부분에 궁금증을 안 만들어놔서 그런 거야, 그렇게 의논을 해요. 제가 다루려는 이야기나 인물들에 대해 처음 설정한 목표 방향에 집중을 하면서요. 개봉 이후 비평적인 반응이나 박스오피스 같은 건 둘째 치고 순수하게 내가 지금 다루려는 이 재미가 잘 맞아떨어지고 있는가. 그런 것이 기술의 영역이라고 생각해요.

〈밀수〉의 춘자는 자신의 과거를 숨기고 일상도 늘 연기해야 하는 인물이잖아요. 사실 처음에는 좀 과잉 아닌가 했는데 춘자가 가발을 벗는 장면에서 김혜수 배우의 연기가 바로 납득이 되었어요. 대신 진숙이 묻히고 영화의 균형이 춘자에게 기울면서 마치 춘자가 돌아오는 이야기처럼 읽혔는데 의도하신 건가요.

아까 좀 객관적으로 보인다는 부분 중 하나가 그거였어요. 춘자의 연기 디렉션에 실수가 있었다는 생각이 좀 들어요. 김혜수, 염정아란 배우를 캐스팅할 때 연기력도 연기력이지만 그들의 스타 이미지와 대중의 신뢰도가 중요했어요. 그들이 만들어놓은 아우라와 아이콘으로서의 존재를 같이 끌어온 거죠. 제가 워낙 좋아하는 배우들이기도 하고. 지금 생각해 보니 제가 김혜수 배우에게는 현장에서 톤 조절 같은 것도 디렉션을 준 게 없어요. 촬영 들어가기 전에 대본에 대해 대화를 충분히 나눴거든요. 몇 개 장면은 배우들과 함께 쓴 것도 있고요. 좋은 인물들은 진폭이 클수록 좋다는 생각을 하는데, 영화의 구조상 춘자가 가발 벗는 장면과 후반에 군천에서 발생한 사건의 전모에 대해 단둘이 대화하는 장면이 있잖아요. 그 두 부분의 코어가 워낙 잘 잡혀 있어서 나머지 부분은 그래도 괜찮을 것 같았어요. 이 여자가 다른 사람들의 시선에 노출되었을 때 뭔가를 보여주는 삶과 그 시선으로부터 벗어나 실제 자신의 내면을 보여주는 지점의 진폭이 컸으면 좋겠다고 생각했는데 제가 그 고점을 좀 높이 잡았던 것 같아요. 또 하나는 이 역시 기술적인 판단의 실수인데, 바닷가라서 물소리 때문에 기본 데시벨보다 크게, 던지듯이 말해야 들리거든요. 실제로 바닷가 사람들이 목청이 크잖아요. 현장에서 스태프들도 고래고래 소리를 질러야 했으니까. 특히 춘자는 배 위에서 리드해서 말하는 경우가 많아 데시벨 자체가 높은 장면들이 많아요. 하지만 그와 관련 없는 상황에서의 톤은 제가 좀 더 치밀하게 계산했어야 관객들이 더 편안하게 접근할 수 있었다는 생각은 들어요. 다 끝나고 보니 내가 너무 현장을 즐겼나 생각했어요. 예전 제 현장은 항상 하드하고 칼날 위에 서 있는 것 같았거든요. 다들 클린트 이스트우드 얼굴이야. (웃음) 영화계에서는 현장 분위기가 좋다고 항상 결과가 좋은 건 아니라고들 하잖아요. 근본적으로 현장에서 연출을 한다는 건 뭘까라는 또 하나의 질문이 남은 현장이긴 해요. 모든 사람의 취향에 맞는 영화를 만드는 건 불가능하지만 이 영화는 세대나 성별에 따라 간극이 큰 것 같아요. 나의 설계의 문제인가 진행 과정에서 놓친 게 있나, 내가 여전히 스타들과의 소통을 어려워하는가.

감독님은 줄곧 각 작품에서 질문을 남기시는 것 같습니다.

근본적으로 제가 최고라는 생각이 든 적이 없거든요. 진짜 잘 만들었다는 생각도 든 적 없고. 흥행도 〈부당거래〉가 300만이 좀 안 되게 들었어요. 그때는 흥행 기준이 300만이었는데, 〈베를린〉 때부터 흥행이 좀 되는 영화를 만든 거지 항상 손익 분기점에서 왔다 갔다 했고 타율로 보자면 반타작이 안 돼요. 비평적으로도 엄청나게 환대받은 것도 아니고 아주 버림받은 것도 아니고 항상 줄타기를 한 건데 내 영화는 왜 항상 이 정도에서 멈추는가 고민할 수밖에 없죠. 제가 만약 초기에 평단에서 만장일치의 찬사를 받고 대중한테도 만장일치의 호응을 받은 영화를 만들었다면 오히려 생명이 짧았을 것 같아요. 비평적으로 두드려 맞기도 해보고, 〈피도 눈물도 없이〉나 〈다찌마와 리〉 같은 영화는 흥행도 완전히 추락했죠. 〈다찌마와리〉 극장판을 만들었을 때는 다 접고 가락시장 들어가려고 했어요. 직원들 퇴직금은 마련하려고 한국관광공사에서 제안한 중국 관광 CF 네편 찍고, 리쌍 뮤직 비디오 찍다가 외부 기획인 〈부당거래〉를 하게 된 거죠. 〈부당거래〉가 잘 안되었으면 저는 아마 끝났을 거예요. 그런 일련의 과정을 거치다 보니 복기를 하게 되었어요. 게다가 주변의 친한 감독들이 영화를 너무 잘 만드니까. 〈기생충〉이나 〈헤어질 결심〉 같은 영화를 보면 내가 이만큼 왔나 하는데 저들은 저만치 가 있네, 난 언제까지 뒤통수만 봐야 하나. 그래서 나는 마라톤에서 메인 그룹이 아니라 페이스메이커다, 그래야 마음이 편하다, 나는 완주만 하면 된다, 그렇게 생각하기로 했죠. 좀 다른 이야기인데, 예전 우리 세대 씨네필들은 내가 좋아하는 영화, 경애하는 영화를 물 밖에서 끌어왔잖아요, 하지만 지금은 약간 집 나간 아버지가 돌아온 격이야. 그런데 건강해져 왔어, 주정뱅이가 된 게 아니라. 자식들이 아버지의 그늘 아래 있는 것 같아요. 저는 지금 젊은 감독들이 좀 안쓰러워요. 예전에는 깃발 꽂기가 좋았죠. 저만 해도, 제작자인 강혜정 대표가 당신은 액션 영화를 하는 감독이라고 초반부터 설쳐서 그나마 살아남은 거 아니냐고 해요. 그때만 해도 주류 장르가 액션이 아니라 로맨틱 코미디였잖아요. 만약 제가 지금 〈죽거나 혹은 나쁘거나〉를 디지털로 만들어 공개했다, 그럼 완전히 묻혔을 거 같아요. 그런 생각을 하면 냉정해지죠. 〈파수꾼〉을 봤을 때 충격이 잊히지 않아요. 〈추격자〉도 그렇고. 저는 장르 영화를 만드는 감독이다 보니 스스로 냉혹한 태도를 가지지 못하면 순식간에 도태되고 사라질 수 있을 거라는 걸 너무 잘 알아요. 선배들의 행보를 통해 나르시시즘에 빠지는 순간 바로 추락하는 걸 많이 봐서. 〈군함도〉 이후 예상하지 못했던 풍랑을 맞고 다음 영화를 만드는 데까지 4년이 걸렸어요. 힘들었지만 지금의 저를 만드는 데 그 시간도 도움이 된 듯해요. 결국 성공과 실패가 반복되면서 오는 결과라고 생각하죠.

〈밀수〉의 경우는 클로즈업에서 인물들의 시선이 매우 눈에 띄었습니다. 가장 압권은 장도리의 윙크 장면이었던 것 같고, 인물들의 시선을 통해 인물들의 감정뿐 아니라 누가 누구를 속이는지 정보가 교환되는 장면도 많았으니까요. 대화를 편집으로 나누지 않고 포커스 아웃을 통해 장면을 이어나가는 경우가 많아 흥미로웠습니다.

스토리보드 작업할 때 그런 시각화 계획을 시작하는데, 현장에 가서 세팅을 하고 그 안에서 배우들이 연기를 하면 달라지는 것들이 생겨요. 그때 제가 항상 고민하는 것은 카메라의 위치가 여기가 최선인가죠. 요즘은 현장 효율성을 위해 두 대의 카메라로 촬영하는 경우가 많아요. 시선 말씀하셨는데, 두 사람이 대화를 나눌 때 보여줄 수 있는 방식은 굉장히 많잖아요. 홍상수 감독님처럼 사이드에 뻗쳐놓고 죽 이어서 줌으로 패닝 하는 방식도 있고, 오버 숄더 샷으로 나눌 수도 있고, 두 대의 카메라로 45도 각도에서 서로 카메라가 안 보이게 각각 단독으로 찍기도 하고. 그런데 내밀한 대화를 나눌 때 시선이 상대방과 관객 모두에게 가깝게 느껴지는 위치는 어디일까. 그러면 어깨에 바짝 붙여 180도 라인에 맞게 찍어야 하기 때문에 카메라 두 대를 동시에 못 쓰는 경우가 많아요. 때로는 현장에서 주어진 시간이 별로 없다든가 할 때는 적당한 선에서 각도를 배치해서 찍어야 하는 경우도 있죠. 그럴 때 판단을 해야 해요. 영화 전체에서 이 장면이 갖게 되는 무게감이 어느 정도인가. 관객이 대화의 내용만 편히 이해되면 되는 순간인지, 대화의 내용보다 인물의 상태가 더 중요한 순간인지에 따라 카메라 셋업을 하고 편집 기조를 잡아요. 〈파벨만스〉를 보면서 느꼈던 건데, 스필버그의 영화는 대화하는 순간에 말과 말 사이에 틈이 없어요. 긴 숏들도 말들이 계속 붙죠. 한국 배우들은 즉흥 연기에도 능하고 감정 묘사의 진폭이 커서 좋은데, 단점은 말을 하면서 감정 변화나 감정에 깊이를 주고 싶을 때 호흡을 이용하거든요. 그러다 보면 말이 느려지니까 그 속도를 조절해서 감정의 상태를 응축시켜 관객들이 좀 더 편히 들을 수 있게 하려 하죠.

감독님 영화의 속도가 빠르게 느껴지는 건 대화 장면에서도 대사가 흐르는 동안 그 내용을 설명하는 화면이 전개되기 때문이기도 한 것 같습니다. 초기부터 많이 쓰신 기법이긴 한데 〈부당거래〉를 거쳐 〈베를린〉 때는 안정적인 느낌이 들었어요.

대화를 하는 과정에 다른 이미지들이 들어오는 건 샘 페킨파 영화의 영향이 커요. 이두용 감독님의 〈최후의 증인〉에서도 그런 기법을 많이 쓰셨죠. 처음에는 제 취향을 드러내는 것이었지만 편수가 쌓이니까 어느 정도는 자연스럽게 표현할 수 있게 된 것 같아요. 거친 편집이어도 자연스럽고 그 자체의 멋이 있는 그런 걸 하고 싶죠. 스타일로 보이는 건 얕은수 같고. 이게 자연스러운가라는 질문을 계속 던지거든요. 액션 장면에서도 변화가 생긴 게, 예전에는 모든 것이 뜨겁게 넘쳐났어요. 동작이 격렬한데 카메라도 움직

이고 편집도 엄청나게 빠르고. 제가 만든 영화를 보면 감독과 스턴트맨, 무술감독, 배우만 합을 알고 관객들은 동작을 인지하지 못하는 순간이 꽤 있는 거예요. 요즘은 누가 누구를 공격하고 어떻게 방어하는지에 대해 스타일보다는 원칙적으로 명확하게 타점을 보여주려고 해요. 그런데 한편으로는 우리가 멋진 스타일이라고 열광했던 것들이 촬영하고 나서 실수를 커버하기 위해 선택한 것 아닌가 하는 생각도 들어요. 이를테면 스텝프린팅이 어떻게 시작되었을까, 많은 홍콩 영화들이 액션 동작을 빠르게 보이기 위해 계속 저속으로 찍다가 너무 저속으로 움직이니까 이걸 원상 복구 하기 위해 옵티컬 하는 과정에서 그 효과를 발견했을 것 같아요. 제가 현장에서 그런 식으로 선택해서 나오는 것들이 있거든요. 어떻게 보면 주어진 환경을 돌파하기 위한 감독의 선택이 순수한 스타일이 되는 것 아닐까. 임권택 감독님이 인터뷰에서 많이 하시는 말씀이 "도리가 없다"거든요. 이게 아니면 안 된다. 나는 영화를 만들면서 몇 번이나 그런 선택을 할까. 형식적인 문제에 대해서는 지금보다 시간이 더 지나야 이야기할 수 있을 것 같아요.

〈밀수〉는 음악 이야기를 안 할 수 없을 것 같습니다. 많은 음악이 쓰였고 감독님께서 직접 다 선곡하셨다고 들었는데요. '앵두'를 비롯해 '무인도', '머무는 곳 그 어딜지 몰라도', '내 마음의 주단을 깔고' 같은 경우는 음악이 마치 내레이터 같았는데, 여기에 또 시대적인 배경을 드러내기 위한 곡들도 끊임없이 나오다 보니 그 효과가 다소 줄어든 면도 있는 듯합니다.

스코세이지 영화에서 제일 부러웠던 것이 음악이었어요. 저는 저예산 독립 영화로 출발한 사람이라 돈을 함부로 쓰면 안 된다는 강박이 있어서 그간 쓰고 싶었던 곡을 못 쓴 경우가 많아요. 이번에는 제가 좋아하는 70년대 곡들을 원 없이 써보자고 생각했어요. 영화 배경에 맞춰 실제로 74년에서 76년 사이에 발표되었던 곡을 '새마을 노래' 포함 열한 곡 정도 썼어요. 제가 제일 좋아하는 곳은 민어회 먹으러 가는 장면에 쓴 신중현의 '님아' 기타 연주곡이에요. '앵두'는 제가 제일 좋아하는 최헌 노래는 아니지만 "믿어도 되나요 당신의 마음을"이라는 가사 때문에 선곡했고, 이은하, 나미의 곡은 당시의 디스코 분위기 때문에 썼고. 음악이 넘쳐나고 들썩들썩한 영화이길 바랐어요. 과한 건 의도였는데, 이렇게 많은 곡을 쓴 건 처음이라 음악의 길이를 통제하지 못한 것 같아요. 젊은 관객들에게는 70년대 곡들이 생소해서 오히려 새롭게 들릴 수 있겠다고 생각했는데 그렇다면 오히려 감질나게 써서 찾아 듣게 만드는 방식이 더 좋았을 것 같긴 해요.

요즘 극장 환경이나 관객들에 대해서는 어떤 생각을 가지고 계신가요.

대중 장르 영화에 한정한다면 영화 역사상 겪어보지 못한 변화의 시기에 놓인 것 같긴 해요. 극장 관람료나 OTT 등 여러 이야기가 나오는데 그건 오히려 본질적인 문제는 아

닌 것 같고, 요즘 제가 관심 있게 보는 현상은 전 세계적으로 이십 대 스타가 사라졌다는 거예요. 할리우드만 해도 이십 대 스타라면 톰 홀랜드와 티모시 샬라메 정도인데, 티모시 샬라메는 대형 장르 영화의 원톱으로 예전 스타들만큼 파워가 없죠. 옆에 날개들이 세팅되어야 하니까. 톰 홀랜드도 스파이더맨일 때와 아닌 때의 차이가 너무 크고. 한국은 말할 것도 없고 유럽도 마찬가지죠. 영화 역사상 이십 대 스타가 이렇게 없는 적이 없어요. 영화가 영상 매체의 가장 선봉에 서 있는 셈인데 생태계에서 꿀벌이 사라지는 거랑 좀 비슷한 것 같아요. 종교의 쇠퇴처럼 사람들이 더 이상 우상숭배를 하지 않는 시대로 돌입한 것 같아요. 스크린 스타를 본다는 건 일종의 우상숭배잖아요. 요새 스타들은 인스타그램에서 좋아요 눌러주고 그런 걸 하는데, 저 멀리 하늘에 떨어져 있는 게 아니라 약간 손에 잡힐 듯 존재하는 것 같아요. 어쩌면 지금의 젊은 관객들은 살아 있는 생명체로서의 스타에게 열광하는 시기를 지나서 일정 정도 소유할 수 있는 스타를 원하는 것 아닌가, 그런 생각이 들죠. 올해의 흥행작들을 보면 〈스즈메의 문단속〉, 〈슬램덩크〉, 〈엘리멘탈〉과 같이 애니메이션이 많은데, 애니메이션 캐릭터들은 소유할 수가 있잖아요. 이번 여름에 〈밀수〉 개봉하고 나서 많은 생각들이 들었어요. 극장 관람은 실제로 제가 OK를 내리는 기준은 극장 상영을 전제로 하니까 극장에서 봐주십사 말씀 드리는 거예요. 그런데 만약 애플 글래스가 나오면 시야가 완전히 다 열릴 테고 거기에 헤드셋을 끼면 음향 관리가 안 되는 극장보다 오히려 더 좋은 환경에서 영화를 체험할 수도 있겠다 싶어요. 다만 〈범죄도시 3〉 같은 영화가 극장에서 여전히 파괴력을 가질 수 있는 건 웃음 때문이겠죠. 웃음은 같이 웃었을 때 그 폭발력이 크잖아요. 공포 영화도 마찬가지이고. 점점 아이맥스나 돌비, 4DX 같은 특별관들만 남고 작은 사이즈 극장은 다 없어질 것 같아요. 시네마테크 기능을 하는 극장은 좀 다르겠지만, 주류 영화를 상영하는 극장은 단순히 영화를 상영하는 곳이 아니라 무대인사와 GV 등 이벤트 공간이 될 것 같아요. 극장이 OTT의 마케팅 플랫폼이 될 수도 있겠다는 생각도 들고요.

혹시 〈베를린 2〉는 생각 없으신가요. 예전에 정치 드라마에 관심이 있으시다고 하셨는데요.

■ 그게 〈부당거래〉죠.

북한판 〈부당거래〉는 어떤가요.

■ 이젠 말 많은 거 싫고, 논란에 휩싸이는 것도 징그러워 죽겠어요. 〈베를린 2〉는 나올 일이 없습니다.

〈베를린〉 이후 스스로를 낯선 공간에 자꾸 던지시는 것 같아요.

■ 제가 요즘은 아무래도 거리에 있는 기간이 줄어서요. 특별히 의도를 가지고 간 건 아닌데 과거나 다른 배경으로 가면

표현의 영역이 훨씬 자유로워지는 면은 있죠. 배경은 책을 읽건 기사를 접하건 제 경험이 어떤 것에 걸리는 순간 거기 혹 빠져드는 것 같아요. 외부 세계를 다루면 좋은 건 관성에서 벗어나 새로운 긴장감이 생기는 것. 〈밀수〉만 해도 물속을 찍는 건 우주를 가는 것과 마찬가지더라고요. 제리 브룩하이머를 만날 기회가 있어 바다 촬영 노하우를 물었더니 웬만하면 찍지 말라고 했는데 그 이유를 알겠더군요. 사실 호텔 액션 장면 같은 건 이제 왼손으로도 찍을 수 있어요.(웃음) 준비를 많이 하긴 하는데 이제 방법이 좀 보이는 것 같아요. 여전히 제일 어려운 건 대화를 통해 뭔가를 전달해야 할 때죠. 너무 관습적이어도 안 되고 너무 새로워도 안 되니까. 환경이 바뀌면 모두 익숙하지 않은 환경이니 공통의 목표를 보고 바짝 긴장할 수밖에 없는 것 같아요. 이번에 촬영한 〈베테랑 2〉는 배경이 현재예요. 1편과는 톤 앤 매너가 많이 달라요. 더 무겁고 어두워요. 액션의 강도도 세지고. 주인공의 개인사도 더 드러나죠. 요즘은 내가 다루려는 주인공이 매력적인가를 많이 생각하는 것 같아요. 〈베를린〉 때 중요한 미션이 주인공에게 딜레마가 있는가, 이 이야기에 아이러니가 존재하는가, 유머가 있는가, 였다면. 그리고 구원과 희생과 복수가 내가 만드는 액션의 세계 속에서 충족이 되는가. 그 질문은 여전히 유효하게 작용하고 있어요. 액션 영화는 결국, 구원과 희생과 복수인 것 같아요.

사실 〈베테랑〉에서 서도철이 왜 굳이 그렇게까지 수사를 하려고 했는가 의문이 남긴 했습니다. 정의감만으로는 설명이 안 되는 것 같고. 혹시 조태오를 처음 만났을 때의 직감과 호기심 때문인가 하는 생각도 했어요.

■ 실은 그런 인물들을 다룰 때 제가 갖는 난처함이 좀 있어요. 그들이 왜 그러는지 솔직히 설명을 못 하거든요. 예전에 주성철 기자님이 『씨네21』에서 제 인물들을 일 중독자라고 해석한 적이 있었어요. 저도 인식을 못 하고 있었는데, 맞다, 그럴 수 있겠구나 싶었어요. 산악인들에게 산을 왜 오르냐고 물으면 산이 거기 있으니까라고 대답하는 것처럼. 삶에서 다른 즐거움이나 해방구를 못 찾은 사람들이 자기가 그 자리에 존재하기 때문에 해야 하는 일들을 그냥 하는 거죠. 물론 관객들은 영화를 볼 때 인물의 행위에 대한 원인이 있고 결과가 이루어지기를 바라지만 사실 우리가 살다 보면 생뚱맞은 경우들이 있잖아요. 요새는 그런 데 더 관심이 생겨요. 설명이 안 되어지는 것을 굳이 설명하기 위해 발생하는 아이러니들이 재미있거든요. 제가 최근 『잿더미의 유산 Legacy of Ashes』이라는 CIA 역사서를 읽었는데 CIA는 2000년대 중반까지 성공한 작전이 열 손가락 안에 꼽혀요. 창립 이래 실패의 역사 그 자체죠. 서문에 아예 북한은 우리가 모르는 세계라고 밝히더라고요. 재미있는 에피소드가 많은데 〈스파이 브릿지〉에서 정찰기가 추락하는 사건이 나오잖아요. 실제로 그 정찰기가 군사 시설이 아니라 모스크바 인민들을 촬영했다면 이미 소련이 전쟁을 일으킬 수 없는 상황

이라는 걸 알았을 거래요. 스탈린이 전쟁을 진짜 무서워했대요. 그런데 소련을 모르니까 그 두려움 때문에 CIA가 쓸데없는 짓들을 한 거죠. 저는 그런 걸 보면 너무 웃겨요. 극도로 진지해지는 순간은 되게 웃기고, 아주 웃기는 순간은 뭔가 짠해 보이고 제가 좀 그런 거 같아요. 목표를 잡았으면 한 방향으로 진중하게 가야 하는데. 앞으로는 최대한 단순하게 만들고 싶다는 생각을 해요. 러닝 타임도 줄이고 등장인물도 줄이고. 하던 습관이 있어서 어떻게 될지는 모르지만 요즘은 좀 단순명료해지자는 생각을 많이 해요.

〈베테랑 2〉는 이전에 비해 단순 명료해졌는지요.

잘 모르겠어요. 〈베테랑 2〉는 일단 시리즈물이 갖는 장점과 한계가 있잖아요. 장점이라면 전편에서 인물이 소개된 상태라 본 이야기를 바로 시작할 수 있는 거고, 단점은 전작에 대한 기대가 있을 테니 그 기대를 충족시키면서 새로운 것을 가미해야 한다는 건데 그 균형을 잘 맞춰야죠. 〈베테랑〉이 큰 성공을 거둔 영화라서 오히려 생각이 많아지긴 했어요. 그래서 톤 앤 매너를 확 바꾸는 것이 흥미로울 것 같았죠. 복잡한 장치를 넣기보다는, 서스펜스에 집중하는 장면에서는 온전히 서스펜스에 집중하고, 액션 장면에서는 그 어떤 장면보다 과격하게, 코믹한 장면에서는 아주 우스꽝스럽게 하려 했는데, 아직 공개 전이라 그 조화를 관객이 어떻게 받아들일지 모르겠어요. 그러고 보니 이런 생각은 〈군함도〉 이후부터 한 것 같아요. 〈모가디슈〉를 만들 때 서스펜스에 집중하자, 그런 말을 제일 많이 했던 게 기억나고. 〈밀수〉도 나름 단순하게 만들고 싶었던 영화였는데 70년대에 대한 제 기억의 층위가 많아서 결과적으로 단순한 영화가 되지는 않은 것 같아요. 그런 면에서 저는 올해 영화 중에 〈잠〉이 참 좋았어요.

감독님께 액션 영화란 무엇인지요.

우선 제가 처음으로 영화를 사랑하게 만들었던 출발점이고, 결국 역동적으로 움직이는 영화를 말하죠. 그것이 시각적인 움직임이건 감정적인 움직임이건. 제가 최근 몇 년 동안 본 콘텐츠 중 가장 흥미로웠던 건 애플티비의 〈콜스 Calls〉예요. 일종의 라디오극인데 시각 요소는 소리의 파동을 그래픽으로 처리한 게 다예요. 〈베테랑 2〉 현장에서 점심 시간에 아이패드로 보는데 너무 재미있는 거예요. 밤에 숙소에서는 핸드폰으로 보고 집에 와서는 큰 모니터로 봤어요. 흔히 화면이 클수록 몰입감이 클 거라고 생각하잖아요. 그런데 이건 휴대폰으로 볼 때가 제일 무서운 거야. 이어폰 끼고 손에 들고 보면 소리로만 들으니까 화면 바깥에서 뭔가 튀어나올 것 같고. 애플은 자신들의 기기로 완벽하게 즐길 만한 콘텐츠를 발견해 낸 거예요. 〈콜스〉를 보니 예전에 오손 웰즈의 〈화성침공〉이 왜 화제가 되었는지 알겠더라고요. 좋은 액션 영화는 액션이 꼭 시각적으로 보이지 않아도

사람의 마음을 움직이는 것 같아요. 그런데 액션 영화를 만드는 데 있어 고민되는 건 하나 있어요. 최근 뇌 과학자 인터뷰를 보니 폭력적인 영화를 볼 때 실제로 뇌가 상처를 입는다는 거예요. 교훈적인 영화를 만들겠다는 건 아니지만 사회에 해악은 끼치지 말아야 하는데 어떻게 하지.

제작을 하시면서 변하신 점은 있나요.

그런 건 별로 없는 것 같아요. 저는 주로 대본 나왔을 때 모니터링해주거나 기술적인 이야기를 해주는 정도니까. 콘티에 시간 너무 뺏기지 말고 그럴 시간에 로케이션 헌팅 한 번 더 나가라. 아무리 찍어야 할 숏이 많아도 아침에 모이면 전체 리허설은 반드시 해라. 마스터 숏은 꼭 찍어야 한다. 액션 장면을 찍을 때는 타격 지점이 명확히 보여야 한다. 이런 잔소리들. 그리고 좋은 감독이면서 좋은 사람이 될 수는 없다, 인기 관리 하지 마라. (웃음) 어제 전체 회의에서는 감독들에게 스스로 세 가지 근본적인 질문을 던지자는 말을 했어요. 새로운가, 재미있는가, 진짜 같은가. 세 가지 중 하나라도 충족이 안 되면 브레이크를 걸어야 한다.

지난 20년 동안 자신이 만든 영화들을 돌이켜보면 어떤 생각이 드시나요.

성공과 실패의 반복. 제 자신도 많이 바뀐 것 같아요. 요즘 과학책을 읽는데 사람이 2년에 한 번씩 바뀐다면서요. 간은 6개월에 한 번씩 바뀌고. 실제로 2년 전의 나와 지금의 나가 다른 존재라는 거예요. 영화도 그럴 수 있는 것 같거든요. 스스로 냉정히 생각해 볼 때 저는 아직까지 시간을 뚫고 살아남을 만큼 강력한 영화를 만들지 못한 것 같아요. 이를테면 〈올드 보이〉는 20년 전이나 지금이나 그 파괴력이 여전하거든요. 〈죽거나 혹은 나쁘거나〉 보다 1년 먼저 만들어졌던 〈친구〉는 같은 십 대 갱스터를 다룬 영화지만 아직도 파괴력이 있어요. 〈죽거나 혹은 나쁘거나〉는 제 이십 대가 고스란히 들어가 있고 제 인생을 바꿔준 고마운 영화이긴 한데 지금 보면 너무 어설픈 것이 많아요. 대신 그런 생각은 들어요. 지금 〈죽거나 혹은 나쁘거나〉를 다시 만든다면 더 잘 만들 수는 있을 것 같은데 그보다 좋은 영화를 만들 수는 없다고. 어쨌든 지금 제게 남은 숙제는 시간을 뚫고 살아남는 영화를 만들고 싶다는 거예요.

인터뷰   이종은, 곽신애
사진   김설우
스틸 제공   주식회사 쇼박스,
(주)넥스트엔터테인먼트월드, CJ ENM, (주)외유내강

DOSSIER 5   267

〈베테랑〉:

류승완 감독이 만든 장르의 조화들,

마냥 가볍지 않음에도 통쾌한 재미를 만들어 내다

'디테일하게 그린 정(正)과 부정(不正)'

〈베테랑〉은 곳곳에 웃음을 유발할 수 있는 씬들이 있음에도, 작품 속 인물 간 얽히며 사건들의 전개는 상당히 무겁다. 불의를 못 참는 '의리파' 광역수사대 형사 서도철(황정민)은 우연히 초대받은 술자리에서 젊은 재벌 3세 조태오(유아인)를 마주치게 된다. 여기서 생각보다 빠르게 두 주인공이 긴장감을 조성하면서 영화는 보는 이들로 하여금 빠르게 몰입할 수 있게 해준다. 조태오는 자신에게 굽히는 사람만 보며 살아온 '금수저'이기에 주변 사람에게 어린아이도 하지 않을 법한 행동을 하며 서도철을 시험해 보고, 산전수전 다 겪은 '베테랑' 서도철은 흔들리지 않고 한마디만 해줄 뿐이다. "죄는 짓고 살지 맙시다." 두 사람의 이 만남을 시작으로 사회의 부조리한 모습은 꼬리에 꼬리를 물고 등장한다.

조태오가 임원으로 있는 신진물산의 하청 업체에서 일하던 화물차 기사(정웅인)은 업체 측에 임금을 떼이고 일방적 해고를 당하여 부당함을 업체 소장(정만식)에게 항의하지만 씨알도 먹히지 않는다. 그래서 신진물산 본사 앞에서 1인 시위를 하게 되고 조태오가 이를 목격하여 사무실로 오게 한다. 조태오는 화물차 기사의 사정을 듣고 직접 임금 문제를 해결하기 위해 떼인 금액이 얼만지 묻는다. 떼인 금액은 '고작' 420만 원이었고 이래저래 뒤틀려 있는 조태오에게는 별것도 아닌 사람과 일 때문에 자신의 시간만 낭비하고 있는 꼴인 것이다. 조태오는 업체 소장으로 하여금 화물차 기사와 결투를 빙자한 구타를 시키고, 만신창이가 된 기사에게 2500만 원 가량을 주며 그를 조롱한다. 말도 안 되는 것 같은 장면이지만 실제 벌어졌던 어떤 사건을 '오마주' 한 듯한 씬이다.

화물차 기사의 아들을 통해 소식을 접한 서도철은 해결을 위해 나서지만, 신진물산의 관할서에서는 왠지 수사에 미온적인 반응이다. 서도철이 아는 기자를 통해 세상에 이 일을 알려보려 해도 언론사까지 힘을 쓸 수 있는 기업의 힘이 더 강하기에 그것마저 실패로 돌아간다.

그럴수록 서도철은 집요하게 파고들고, 조태오와 최대웅 상무(유해진)로 대변되는 기득권은 물러나지 않고 버틴다. 오히려 신진물산은 뇌물도 쓰고, 살인 사주도 하는 등 기상천외한 방법으로 서도철을 잘라내 보고자 한다. 자신의 치기 어린 잘못을 인정하지 않고 떳떳하게 벌인 조태오의 행동은 결국 그의 발목을 잡기 시작하고 화물차 기사 폭행과 두 번의 살인 교사 혐의로 위기에 놓인다. 이 위기를 극복하는 방법도 참 착잡하다. 조태오의 아버지 조 회장(송영창)은 조태오보다 더 앞서 행동에 나섰던 최대웅을 옥살이시키면서 이 위기를 넘긴다.

'통쾌하게 완성한 권선징악'

영화의 전반부가 상식이 통하지 않는 세상을 비판하듯 어두운 면면을 그려냈다면 후반부에서는 이런 몰상식함을 시원하게 깨부순다. 출국 일정이 잡혀 있던 조태오의 송별회 소식을 접한 서도철은 송별회 현장을 급습하여 자신이 의심하던 마약 투약 혐의까지 적용하여 체포할 계획을 세운다. 수사대가 파티 현장을 급습할 때, 조태오는 자신의 아이를 임신했다는 다혜(유인영)를 폭행한다. 더 나아가 살인까지 고민하던 중 수사대가 왔음을 알고 조태오는 현장을 급하게 빠져나간다. 카 체이스 씬에 이어 조태오와 서도철의 액션 씬까지, 두 사람의 쫓고 쫓김은 전반부의 서사와 같이 끈질기다. 그렇지만 서도철은 조태오보다 더 끈질겼고 결국 그에게 수갑을 채우게 된다.

영화의 전반에 계속되는 서도철을 비롯한 형사들의 패배는 상당히 디테일하다. 그리고 미디어를 통해 접했던, 실재했던 '갑질'들이 무의식적으로 오버랩 되어 답답함을 자아낸다. 그리고 '짧고 굵게' 마무리하는 그들의 승리는 매우 시원하다. 영화의 앞부분이 시원함을 만끽하게 하기 위한 빌드업인 것 마냥.

류승완 감독의 '필모그래피'는 다채롭다. 류승완 감독의 작품을 보면 액션의 비중이 큰 작품도 있고, 스토리 면에서 정말 탁월한 작품도 있다. 다른 작품에서는 인간의 어두운 면을 집요하게 파고든다. 그래서 누군가에게 그의 작품을 '블라인드 테스트' 해본다면 각각의 작품으로부터 '류승완'을 공통으로 뽑아낼 사람이 생각보다 많지 않을 수도 있을 듯하다.

나에게 〈베테랑〉은 특정 이미지로 국한되지 않는 감독 류승완의 작품 중 가장 '고른' 작품이다. 이 영화를 가장 '고르다'고 한 것은 그의 다채로움을 가득 담고 있기 때문이다. 코미디도, 액션도, 드라마도 어느 하나 넘치거나 부족해 보이지도 않고, 맛볼 수 있는 장르의 수가 가장 많은 작품이랄까.

글　MMZ 김승현('을지로왕가위팬')

그러니까 모두, 죽어버리면 좋을 텐데[1]

나홍진 × 김용언

†

"모든 으스스한 것의 징후들에 가려진, 핵심에 존재하는 가장 주요한 수수께끼는 어떤 힘이 작용하는지에 대한 문제이다. 부재의 오류일 경우, 문제는 그런 힘의 존재와 관련된다. 여기, 의도를 지닌 주체가 있기는 한 것인가? 아직 자신을 드러내지 않은 존재가 우리를 지켜보고 있나? 존재의 오류일 경우에는, 문제는 활동 중인 주체의 특정한 본성에 관련된다."

— 마크 피셔, 『기이한 것과 으스스한 것』(안현주 옮김, 구픽 펴냄), p.100.

1

나홍진의 영화들을 관통하는 감각을 꼽는다면 공포다. 스릴러 〈추격자〉로 데뷔하여 좀 더 하드보일드한 성격을 가미한 〈황해〉로 그 뒤를 이었는데, 사실 그의 본령은 호러물에 가깝다. 스릴러의 목표는 주인공이 지금 빠져든 함정의 본질이 무엇인지 파악하고 이 상황을 일으킨 원인을 알아내어 주인공에게는 불리할 수밖에 없는 특정 조건 하에 그 난제를 해결하는 것이다. 주인공은 그 상황에서 제시된 시간/영화 러닝타임 내의 시간과 동시에 싸움을 벌여야 하고, 그것이 초조한 서스펜스를 불러일으킨다. 〈추격자〉 같은 경우는 두 가지의 시간 제한을 걸었다. 영장이 나오지 않은 상황에서 용의자를 붙잡아둘 수 있는 최대한의 시간이라는 제한, 그리고 용의자 지영민이 자신의 소굴로 돌아가기 전까지 거기 갇혀 있던 희생자 미진이 탈출에 성공할 수 있는가라는 시간제한. 여기까지 보면 정석적인 스릴러의 법칙을 잘 따라가는 영화다.

그런데 스릴러와 호러의 차이라면, 호러물의 주인공은 자신에게 닥친 죽음의 재앙이 어떤 식으로 벌어진 건지, 그 함정 내의 인과관계가 무엇인지 알 수 없다는 점이다. 원인을 파악하고 해결 방식을 모색하여 꼬여 있는 매듭을 풀어내는 데 성공하는 것이 스릴러의 엔딩이라면, 호러물에서는 상대방의 정체를 파악한다 한들 상대방을 완전히 없애거나 처벌하는 건 불가능하다. 인간 외의 존재를, 인간 세계의 최소한의 규칙에서 벗어나 있는 자를 어떻게 논리적으로 처벌할 수 있단 말인가.

〈추격자〉의 지영민은 싸이코

[1] 안노 히데아키의 〈엔드 오브 에반게리온〉의 대사를 인용했다.

패스의 전형을 만든 캐릭터다. 그에게는 무차별적인 살인을 저지르는 마땅한 이유(라는 게 있다면)가 없다. 성불구라는 점 때문에 여성에 대한 적개심이 크다는 추측이 잠시 등장하지만, 그 스스로는 인정하지 않았다. 그가 호출했던 성매매 여성들뿐 아니라 망원동 일대에서 마주친 부녀자들(성매매 여성들은 사라졌다는 사실 자체가 집계되지 않았기에 경찰의 목록에 포함되지도 않았다)이 살해된 것은 그야말로 '자연재해' 같은 상황이다. 그들은 우연히 지영민과 마주쳤다는, 더럽게 운이 안 좋은 상황에 빠졌고 결과적으로 죽음을 피하지 못했다. 지영민은 미진에게 "왜 네가 살아야 하는지 이유를 말해봐"라고 제안하지만, 미진이 어떤 답을 내놓는다고 해서 그것에 귀를 기울일 생각이 없다. 미진이 "일곱 살 난 딸이 있어요, 제발 살려주세요"라고 간청하지만 그는 답을 듣고도 여전히 망치를 휘두른다. 마치 정당한 이유를 제시하면 그에 상응하는 결과가 따라올 것처럼 운을 띄웠지만, 그 조건은 지켜지지 않았고 결과는 바뀌지 않았다. 내가 왜 살아야 하는지에 대해 미진이 어떤 답을 내놓든 미진은 죽을 수밖에 없다. 공포는 이 '대답 없음'에서 시작된다.

이후 〈황해〉, 〈곡성〉 그리고 나홍진이 원안과 제작을 맡은 〈랑종〉에 이르기까지, 인물들은 모두 내가 왜 이 지경에 빠졌는가, 나에게 왜 이런 일이 닥쳤는가에 대한 답을 알기를 원하며 간절히 부르짖지만 그에 대해 아무런 답이 주어지지 않은 채 파멸의 결과를 맞는다. 호러물의 중요한 요소. 인물들이 끔찍한 상황에 처하는 데에는 별다른 이유가 없다. 〈랑종〉에서 "속죄의 제물이 필요"하다면서 '운명'이라고 간단하게 봉합하며 질문하는 이의 말문을 막아버리는 것처럼, 혹은 〈황해〉에서 택시 운전수 구남이 마작판에서 난동을 한번 부렸다가 면정학의 눈에 포착됐던 것처럼, 그것은 우연과 확률의 게임으로 수렴된다.

혹은 〈곡성〉에서 왜 내 딸이 이런 고통을 받아야 하느냐고 울부짖는 아버지에게 "니 딸의 애비가 남을 의심하고 죽이려고 하고 결국엔 죽여버렸어"라는 미친 여자의 답이 돌아오는 건 굉장히 이상하다. 애당초 아버지 종구가 마을에 들어온 일본인을 죽이겠다며 날뛴 것은 어린 딸이 기이한 증상에 시달리는 이유를 찾다가, 일본인이 등장하고 나서부터라는 소문을 들어서였다. 그런데 막상 일본인을 제거한(정확하게는 결국 실패했지만) 다음 듣는 말이, 너의 행위 때문에 딸이 고통받는 것이라는 답이다. 이유와 결과가 서로의 결과와 이유가 되는 영원한 순환에 갇힌 셈이다. 이건 올바른 답이 아니다.

인물들은 질문을 계속하지만 그들이 원하는 답, 그들이 납득할 수 있는 답은 영원히 돌아오지 않는 세계가 공포물의 시공간이다. 종구와 미친 여자의 대화는 계속 이어진다. 미친 여자는 지금 네가 집으로 돌아가면 식구들 모두 절단날 것이므로 조금만 기다려라, 내가 덫을 쳐두었고 악령이 그 덫에 걸려들면 닭이 세 번 울 것이라고 하는데, 그 대화를 하는 도중 닭은 두 번 운다. 그 사이 종구의 집에서는 이미 어린 딸 효진이 엄마와 외할머니를 살해했다. 닭이 두 번 울 동안 '절단'의 행위는 벌써 이뤄진 것이다. 종구가 닭이 세 번 울 때까지 기다렸다면 그 살인을 멈출 수 있었는가? 적어도 영화에서 보이는 바에 따르면 그렇지 않다. 하지만 영화는 종구가 닭이 세 번 울 때까지 기다리지 않았기(그가 집 앞 대문에 걸린 금줄을 지나칠

때 거기 묶여 있던 열매가 순식간에 시드는 컷이 삽입된 것도, 종구가 '금기'를 어겼다는 설명에 부합한다) 때문에 근친학살이 이뤄졌다고 은근히 암시한다.

미친 여자의 말을 들었다면 참사를 막을 수 있었을 것이라는 추측만이 존재할 뿐, 답은 주어지지 않는다. 인물의 어떤 선택은 결과로만 보인다. 그가 함정을 피할 수 있었을지도 모른다는 암시만 내비친 채, 인물을 영원한 의혹의 덫에 걸린 채 내버려둔다. 그러므로 "뭣이 중헌지도 모르면서" 함부로 날뛰었다는 비난은 얼마나 부당한가. 종구는 딸이 아픈 원인을 일본 남자에게서 찾고 그를 없애려 했지만 결과적으로 실패했다. 일본 남자는 악마이기 때문에 제거될 수 없는 존재다(미친 여자는 자신이 덫을 쳤다고 했지만 이미 앞서서 일본 남자가 산에서 추락하고 만신창이가 되어 가장 약해졌을 때에도 그를 제거하는 데 실패하지 않았던가). 미친 여자는 종구가 남을 의심한 게 잘못이었다고 나무라지만, 그 말 직전에는 또 "그 왜놈이 니가 들어오길 기다리고 있어. 니 식구들 씨를 말려 불라고"라고 경고했다. 전후 관계와 인과 관계에 모두 모순이 존재한다. 그 '왜놈'은 '식구들 씨를 말리는' 귀신이지만, 그럼에도 불구하고 종구가 그를 귀신이자 살인범이라고 의심했기 때문에 종구의 딸에게 귀신이 들어온 것이라는 설명은 아무래도 기이하다. 종구를 둘러싼 모든 것들이 그를 '현혹'하고, 영화의 매 장면과 대사들이 관객 역시 '현혹'하며 방향 감각을 혼란시킨다. 그건 올바른 미스디렉션(misdirection)이 아닌, 자신이 직전에 했던 말을 계속해서 부인하면서 종구의, 그리고 관객의 기억과 믿음에 모든 책임을 돌리는 현혹의 행위다. 종구는 미친 여자에게 물었다. "너 뭐여. 사람이여 귀신이여." "그걸 왜 물어?" "그걸 알아야 니 말을 믿을 거 아니냐?" "그냥 믿어." 질문만 허공을 떠돌고 답은 돌아오지 않는 공허한 세계에서 주인공들은 영문 모를 참혹한 죽음을 향해 운반될 뿐이다.

2

공포물로서의 두 번째 요소를 꼽는다면 오염이다. 나홍진의 영화들에는 피를 비롯한 온갖 체액과 외부의 쓰레기들이 넘쳐난다. 그의 주인공들이 가는 길은 언제나 피바다다. 그들은 복수의 상대, 혹은 자신이 가는 길에 방해가 되는 상대를 제거하는 데에는 살인 외 다른 방법이 없는 것처럼 칼과 도끼와 뼈다귀를 휘두른다. 〈추격자〉의 지영민은 지금까지의 살인 방법에 대해 "목도 졸라보고 칼로도 해봤는데 되게 힘들어서" 정을 대고 망치를 휘둘렀다고 진술했는데, 영화에서 살인 현장을 직접적으로 보여주는 건 미진을 살해할 때다. 지영민이 미진의 머리를 겨냥하여 망치로 몇 번이나 내려치는 게 슬로모션으로 이어진다. 미진의 피는 지영민의 얼굴에 사정없이 튄다. 지영민은 여자와 섹스하는 대신 여자의 피를 뒤집어쓰는 것으로 만족을 얻는다. 말로서 혹은 제스처나 태도 등으로 모욕하는 것보다 그에게 더 큰 만족을 주는 것은 상대방을 제압하고 있다는 것, 상대방을 겁에 질리게 하는 것, 종국에는 상대방의 육체를 산산조각 내며 파괴하는 데 있다. 그는 여자들을 죽인 다음 아킬레스건 쪽을 끊어 피를 다 뺀다. 그래야 무겁지 않다. 가벼워진 육체를 토막낸 다

음 마당에 파묻는 것이 지영민의 취미였다. 그는 희생자들의 육체를 살아 있는, 움직이는, 무게와 부피와 에너지를 갖고 있는 무언가로 남겨두지 않고 체액을 제거하고 운반하기 쉽게 토막 내는 재료로 바라본다. 지영민은 교회 증축 현장에서 일하던 인부였고 조형적 감각을 발휘하여 교회 앞 예수상을 만들었다. 그가 자청해서 예수상을 만들었던 것은 예수의 손발에 찍힌 못 자국을 만들 수 있다는 점 때문이 아니었을까.

〈황해〉에서는 연변에서 건너온 조선족 악당들을 통해 원 없이 피를 흘뿌린다. 실상 〈곡성〉이나 〈랑종〉처럼 처음부터 초자연적인 존재를 내세운 공포 영화나, 칼을 휘두르는 조폭물이 아닌 바에야 서울 한복판에서 피를 그렇게 많이 흘뿌릴 설정은 거의 없는데, 여기서는 국적이 한국인이 아닌, 말은 대충 통하지만 황해 건너편 대륙에서 건너온, 한국인보다 훨씬 가난하고 폭력적이고 야만(이라고 설정된)인 타자들이 머릿수를 채우면서 훨씬 강도 높은 폭력의 행사가 가능했다. 커다란 덩치에 모피를 휘휘 두르고 빗질이라는 걸 해본 적 없는 것 같은 덥수룩한 머리카락, 주변 시선을 전혀 신경 쓰지 않고 커다란 제스처와 목청으로 상대방의 기를 누르는 것으로부터 시작하는 면정학으로 대표되는 그 타자는, (영화의 시선에 따르면) 연변에서나 어울릴 것 같은 짐승 같은 이미지를 2010년대 한국에서도 태연히 재현하면서 공포를 자아낸다. 그는 칼이나 망치 등의 도구를 찾지 못하자 소뼈를 휘둘러 상대방을 때려눕힌다. 그리고 현장에서 죽은 부하에 대해 "토막 내서 대가리는 따로 버리고 나머진 개 줘라"라고 지시한다. 청부 살인의 목표물이었던 서울 강남구 논현동의 김승현에 대해서는 죽인 다음 엄지를 잘라 오라고 했다. 이 살인 현장에 끼어든 김승현의 수행 비서와 돌격대 역할을 한 또 다른 조선족들이 김승현을 칼로 난자할 때 계단에서 피가 장맛비처럼 흘러내린다. 말 그대로 피바다의 현장, 구남은 면정학의 지시대로 김승현의 엄지를 절단함으로써 피에 피를 더한다. 그리고 김승현의 손가락을 잘랐을 뿐인데 김승현의 목을 자른 살인범으로 몰린다.

〈곡성〉의 경우는 어떨까. 일본 남자는 죽은 산짐승에 얼굴을 파묻고 생살을 뜯어 먹는다. 근처를 맴돌던 까마귀도 죽은 개의 시체 위에 사뿐히 내려앉아 포식을 즐긴다. 죽은 염소는 굳이 내장까지 밖으로 끄집어내진 채 종구의 집 대문에 매달렸다. 신체의 (노출되면 안 되는) 내부가 밖으로 드러나면서 안팎의 경계를 흐트러뜨리는 방식으로 충격을 가하는 건 공포를 자아내기에 편리하다. 하지만 살육과 해부를 통한 충격 효과를 주는 이 단편적인 에피소드보다 더 중요하게 다뤄지는 것은 신약성서의 누가복음 24장 37~39절이절이다. "내 손과 내 발을 보아라. 바로 나다. 나를 만져보아라. 너희가 보다시피, 나는 살과 뼈가 있다." 종구는 일본 남자가 귀신이라는 소문을 듣고 "어찌 산 사람이 귀신이라는 것인지 이해가 잘…"이라 더듬거리고, 일광은 "그놈 산 사람 아니여, 죽은 지 한참 됐어. 숨 쉬고 말하고 움직인다고 혀서 다 살아있는 것이 아니여"라고 맞받아친다. 일본 남자 또한 자신의 정체를 캐묻는 천주교 부제에게 손을 내밀며 "어찌하여 마음에 의심이 일어나느냐. 내 손과 내 발을 보아라"라고 시치미를 뗀다. 사실상 일본 남자는 귀신/악마가 맞다는 결론이 예정된 영화에서, 그는 자신에게 피와 뼈와 살이 있으니 내가 인간임

을 의심하지 말라고 주장한다. 〈추격자〉의 지영민이나 〈황해〉의 면정학이 너에게는 피와 뼈와 손발이 있지만 그것은 한낱 재료와 조각에 불과하다며 신체의 존엄성을 철저하게 부정하는 것과 달리, 여기서는 내 몸의 물리적인 감각을 내세우며 이것이 내가 인간이라는 증거라고 주장한다. 물론 거짓말이다. 내부 장기가 밖으로 쏟아지는 것보다, 악령이 멀쩡하게 눈앞에 존재하고 손으로 만져볼 수 있는 신체의 형태로 땅에 발을 딛고 서 있다는 것이 더욱더 신체와 비신체의 경계를 무너뜨리는 경악을 불러온다.

특히 〈곡성〉에서 피는 (〈추격자〉와 〈황해〉와 달리) 실질적인 체액이라고 할 수 없다. 폭우가 쏟아지는 상황에도 일본 남자를 포함하여 '죽었다가 살아난' 존재들의 피부색은 원래대로 돌아오지 않는다. 피는 빗물에 씻겨 내려가지 않고 불에 탄 것으로 보이는 시커먼 피부 조직 또한 세척되지 않는다. 시각적으로 시커멓고 시뻘건 존재가 필요하기 때문에, 그 체액은 인간의 몸의 구멍에서 다 튀어나오지만, 영화적 필요에 의해 신체에 그대로 달라붙어 있다. 현실성은 없더라도 더럽고 오염된 인간을 형상화하기 위해 폭우에도 씻겨 내려가지 않는 체액을 뒤집어쓰고 있어야 한다. 공포는 핍진성이 아니라 '그럴 것이라 짐작되는 가정'에 기반한다.

3

나홍진의 영화에서 분노는 과도하게 폭발한다. 으스스한 존재와 맞닥뜨렸을 때의 공포는 분노와 결합하며 그것을 파괴하려는 저항 행위와 결부된다(피바다의 잦은 사용도 여기서 비롯된다). 그리고 그 분노는 많은 경우 여성의 신체를 향한다. 나홍진의 영화에서 여성들은 비천한 함정 같은 존재로 제시된다. 먼저 〈추격자〉의 '마포 부녀자 연쇄 살인 사건' 중 우리가 볼 수 있는 피해자는 모두 성매매 여성들이다(성매매에 종사하지 않는 피해자들의 정보는 제시되지 않는다). 지영민이 미처 죽이지 못했던 성매매 여성은 지영민의 발기부전을 경멸하면서도 약속한 돈을 받지 못할까 봐 싫은 티를 내지 않고 잘 대해줬더니 같이 살자고 졸라댔다며 질색한다. 그 여자로부터 무시당하자 지영민은 끔찍한 사진을 보내며 협박했고 이후에는 그 협박을 다른 성매매 여성들에게 실행했다. 지영민은 자신이 원하는 대로 섹스할 수 없는 여성들을 향한 분노를, 그 여성들의 극도의 공포와 경악으로 해소하며 혼자만의 복수를 벌인다. 싱글맘 미진은 포주 엄중호의 재촉 때문에 일곱 살 딸 은지를 홀로 남겨두고 나와 성매매를 하러 발걸음을 옮긴다. 나중에 은지와 대화하던 엄중호는 아빠 본 적 없냐, 아빠 어딨냐는 질문을 하다가, 미진이 딸에게 거짓말을 했음을 알고 아이에게 들리게끔 투덜거린다. 미진에게는 남편 없이 딸을 낳고 그 딸에게 아빠에 대해 솔직하게 말하지 않은 죄가 추가된다. 그리하여 미진은 어린 딸이 기다리는 곳으로 돌아가지 못하고, (좀 더 믿음직한) 유사 아버지를 맡은 엄중호가 아이를 돌보게 된다. 만일 극 중에서 미진이 살아남았다면, 아이가 있는 여성은 (아이가 없는 여성과 달리) 모성의 힘으로 살아남았다는 보수적인 결론으로 다다를 수도 있지만, 심지어 그런 관용마저 베풀어지지 않은 상태에서 더 끔찍한 죽음을 맞는 건 엄마 자격이 없는 성매매 여성

에게 가해지는 혹독한 처벌이 아닐까.

〈황해〉는 처음부터 끝까지 '내 여자'에 대한 의심으로 점철된 살육전이다. 면정학은 한국으로 돈 벌러 갔다가 연락이 끊긴 아내 때문에 속 태우는 구남을 약올리듯 넌지시 말한다. "안까이(아내) 죽이고 싶겠다. 무조건 바람이지." 그리고 곧장 덧붙인다. "구남아, 니 한국 가서 사람 하나 죽이고 와라." 바람 난 아내를 죽이고 싶은 그 마음으로 한국에 가라는 속삭임. 문제의 청부 살인에 얽힌 또 다른 두 남자의 욕망 역시 '바람난 여자'에서 비롯되었다. 김태원은 "그 새끼가 내 여자를 건드렸어"라는 이유로 김승현을, 저축은행을 다니는 김정환은 김승현의 아내와 불륜을 저지르고 있기 때문에 남편 김승현을 죽이려고 한다. 내 여자가 내 것으로 남아 있지 않다는 낭패감은 이 남자들을 끊임없는 악몽으로 몰고 간다. 구남은 지속적으로 아내의 섹스 장면을 떠올린다. 처음에는 아내과 구남의 섹스처럼, 행복했던 예전 기억처럼 여겨지지만, 금방 이 장면에서 남자의 얼굴이 보이지 않는다는 걸 깨닫게 된다. 구남은 상상 속에서 아내의 불륜을 확신하며 달력 속 반라의 금발 여자라든가 버스 옆자리에서 어린 딸을 보살피는 여자를 흘끔거린다. 자신과 어린 딸만 남겨둔 채 한국으로 떠나 소식이 끊긴, 아내와 엄마 자격이 없는 여자에 대한 분노는 그녀의 죽음(영화의 말미에선 구남이 속았다는 게 밝혀진다) 소식을 듣고서야 누그러진다. 지영민을 연기했던 하정우가 여기서도 구남을 맡았다. 간절히 여자를 원하지만 자신의 곁에 머무르지 않는 여자를 향한 분노는 당연하다는 듯 지영민/구남의 손에 칼을 쥐어준다. 〈황해〉에서 가장 정력과 힘이 넘쳐 보이는 존재가 면정학이라는 건 그래서 의미심장하다. 최첨단의 도시 서울과는 전혀 관계없어 보이는 야만스러운 존재가 다른 남자들을 압도할 수 있는 건, 면정학이 오쟁이지지 않았다는 사실 때문이다. 그는 주변의 어떤 남녀도 굴복시킬 수 있는 지배자다.

〈곡성〉에서 딱 한 번 등장하는 섹스 씬은 종구와 아내의 그것인데, 이는 전날 종구가 낯선 여자의 나신을 본 이후에 행해진다. 경찰서에서 야근 중이던 종구는 폭우 때문에 정전이 일어난 상황에서, 번개가 치는 순간 어떤 여자가 옷을 벗은 채 경찰서 문 앞에 서 있는 걸 보고 비명을 질렀다. 여자는 금방 사라졌다. 다음 날 아침 종구는 악몽에 시달리며 몸을 뒤틀고 비명을 지른다. "하지 마, 쌍년아!" 겨우 눈을 뜨고 내키지 않는 아침밥 한수술을 뜨는데 마당에서 쭈그리고 앉아 빨래하던 아내가 종구를 응시하며 은밀한 신호를 보낸다. 이후 출동한 화재 현장에서 종구는 경찰서 문 앞에 서 있던 여자와 다시 마주치고, 재를 시커멓게 뒤집어쓴 채 아귀같이 소리 지르며 날뛰는 여자 때문에 겁에 질린다. 동료 경찰은 예전에 일본인이 그 여자를 희롱한 적이 있다면서 그때 "더럽고 음탕한 암캐 같은 년"이라고 불렸다는 소문을 전한다. 종구는 어린 딸 효진이 다른 마을 사람들과 비슷하게 이상한 증상을 보이자 근심에 싸인 와중, 일본인의 집에서 효진의 실내화 한 짝을 발견한 뒤 격분하여 딸을 다그친다. "너 일본 사람 아냐? 만난 적 있지? 어디서 만났고 뭧을 했는가?" 그날 밤 그는 잠든 딸의 방에 몰래 들어가 책가방을 뒤지고 딸의 다리를 살핀다. 마을 사람들 중 이상해진 사람들은 죄다 피부에 징그러운 발진이 생겼다. 효진의 다리에도 비슷한 증상이 보인다. 조바심이

난 그는 딸의 팬티 부근까지 치마를 걷는다. 악령이 들린 딸은 그 순간 눈을 치켜뜨고 "오밤중에 딸내미 치마 걷어 올리고 뭐하냐고, 이 씨발놈아!"라고 쏘아붙이더니 싹 다 죽여버린다고 소리 지른다. 종구는 일본인과 일본인으로부터 시작된 이상한 기운에 감염된 이들을 두려워하면서도 이끌린다. 사악하고 불길하고 음탕한 것의 유혹은 부부간의 '정상적인' 섹스 앞뒤로 달라붙으며 종구의 마음을 흐려 놓는다. 귀가 얇고 마음도 약한 종구는 유혹에 넘어가기 쉽다. 그는 쉽게 의심하고 쉽게 흔들리며 쉽게 분출한다. 폭우에 젖은 여자의 나신, 피부가 벌겋게 달아오르고 표독스러운 눈초리를 한 어린 딸의 하반신은 그의 눈과 귀를 흐린다. 아내와의 섹스만으로는 해소되지 않는, 가장 효과적인 덫이자 미끼였다.

〈랑종〉에서 아름다운 밍에게 깃든 수많은 악령들은 그로 하여금 온갖 악행을 저지르게 하는데 그중에서도 음탕한 행위에 가장 집중한다. 처음에 이모이자 랑종(무당)인 님은 친동생인 밍을 사랑했다는 점 때문에 자살한 오빠의 사념이 저지르는 짓이라고 여겼다. 악령이 들어오기 이전부터 금단의 근친상간까지 불러일으킨 밍의 아름다움은 그 자체로 죄다. 하지만 악령에 쐰 이후 밍의 육체는 점점 더러워진다. 과한 생리혈을 비롯한 온갖 분비물이 흘러나오고, 상처와 멍은 피부 위에 낯선 무늬를 남긴다. 그리고 아무 남자나 유혹하여 섹스를 벌이며 스스로를 학대하고, 결국에는 외삼촌마저 성적으로 조롱한다.

착하고 예쁜 딸(심지어 크리스마스 퍼레이드에서 그는 하얀 드레스를 입고 천사 역을 맡았다)이 욕설을 퍼붓고 술을 들이켜고 집안을 쓰레기와 동물 사체로 더럽히는 나쁜 딸로 바뀐다. 엔딩의 대대적인 살육전에 이르기까지, 악령이 들린 밍은 엄마의 속을 썩이고 직장 동료를 난처하게 만드는, 스스로를 가끔 아기 취급하는 행태를 보이는 제멋대로의 젊은 여자 정도로 보인다. "짐승들의 혼까지, 개, 지네, 거미, 풀과 나무의 혼령"에 이르기까지 셀 수 없이 많은 악귀들이 밍에게 깃든 것치고는 상당히 소박한 수준이다. 철없는 성적 일탈은 오로지 밍을 처벌하고 퇴마하기 위한 구실로 작용한다. 할아버지 시절부터 저지른 죄악의 업보가 쌓여서 그 후손인 밍이 어쩌다 제물이 되었다는 설명은, 밍의 육체를 집요하게 더듬고 화장실 문틈 사이로 훔쳐보고 집안 곳곳에 감춰둔 카메라로 집요하게 감시하는 시선의 변명으로만 작동한다. '자발적으로' 성적으로 개방된 망나니가 된 젊은 여성은 '타락'의 손쉬운 징표로 제시되기 때문에, 이 여성이 점점 추해지고 쇠약해지고 포악해지는 퇴화의 과정은 아무렇지 않게 비틀린 시각적 쾌락으로 대상화된다.

4

나홍진의 영화들에서 또 하나 두드러진 특징은 폐허의 감각이다. 그의 영화 속 대부분의 거리에는 이상하게 사람이 없다. 〈추격자〉에서 가장 무서운 순간은 지영민이 학살을 저지를 때보다, 미진이 가까스로 지영민의 집을 탈출해 망원동 골목을 질주하는 장면이다. 백주대로에 피투성이가 된 슬립 차림의 여자가 맨발로 질주하는데 이 거리에는 단 한 명의 사람도 지나가지 않는다. 빽빽하기 이를 데 없는 망

원동 주택가가 아무도 살지 않는 곳인 것처럼 텅 비었다. 마포구 망원동을 배경으로 하는 〈추격자〉속 공간, 이곳의 서울은 유령의 도시이거나 혹은 인간들이 모두 사라진 도시다. 이 영화가 그토록 공들여 만들어낸, 연쇄 살인범이 불러일으킨 공포의 핍진성에 비한다면 배경의 리얼리티는 별로 중요하지 않게 다뤄지는 것 같다. 오로지 살인을 위해 마련된, 불필요한 요소들이 모조리 치워진 텅 빈 거리는 낯설다. 엄중호와 오롯이 지영민의 열쇠 뭉치를 손에 넣어 밤낮을 가리지 않고 망원동 일대의 반지하방을 일일이 들여다보며 맞는 열쇠 구멍을 찾으러 다닐 때도, 그 누구도 문을 열고 내다보거나 그들의 주위를 맴돌지 않는다. 지영민이 아주 편안하게 살인을 저지를 수 있었던 것처럼, 이 추격자들 또한 누구의 방해도 받지 않고 염탐과 무단 침입을 이어갈 수 있었다. 시체가 발견되고 나서야 비로소 어디선가 솟아난 것처럼 군중이 웅성거리며 모여든다.

심지어 지영민에 대한 신고가 들어갔을 때 망원동 일대의 순찰차 속 경찰은 대낮부터 입을 헤 벌리고 늘어지게 자느라 다급한 무전을 듣지 못한다. 영화 초반부 수산물 시장을 찾은 서울 시장이 똥물 테러를 당하고 입원하는 바람에 날벼락을 맞게 생긴 경찰이 그것 때문에 무리하게 지영민을 체포하려는 작전을 세우고, 검사는 경찰의 그런 다급한 상황에 무관심한 채 지영민을 풀어주라고 지시하는 등 사람들을 실질적으로 야만적 위협으로부터 지켜내야 하는 의무를 지고 있는 검경 모두가 무능하고 게으르게 그려진다. 망원동 거리에 물리적인 이웃이 한 명도 보이지 않는 것처럼, 검찰과 경찰은 코를 골고 자거나 아무 소리도 듣지 못한 채, 조각조각 흩어진 (시체들뿐 아니라) 단서들을 맞춰내고 하나로 합치지 못한다. 결국 미진의 죽음도 막지 못한다.

혹은 〈곡성〉의 종구처럼 "간땡이가 쥐좆만한 데다 성격이 가시내 같은" 경찰은 그 어떤 사건의 징조도 제대로 해석하지 못하거나 담대하게 맞서지 못한 채 가장 핵심적인 희생 제물이 되고 만다. 종구는 일본인을 죽이러 찾아갔던 산골에서 죽었다 살아난 또 다른 희생자 박춘배와 격투를 벌인다. 돌아오는 길에는 일본인이 차 위로 낙하하는 사고까지 겪으면서 여기저기 상처를 입은 채 비를 쫄딱 맞는다. 그 참혹한 몰골로 딸이 입원한 병원에 들어오는데도 행인이든 의료진이든 아무도 그를 말리거나 두려워하지 않고 그의 상태에 대해 무관심을 유지한다. 어떤 의미에서는 〈추격자〉의 미진이나 〈곡성〉의 종구는 이미 유령이 된 것이나 다름없는 상태처럼 느껴진다. 철저한 무관심, 타인의 배제는 〈황해〉의 지명수배자 구남이 부상을 입은 채 수십 킬로미터를 걸어 울산으로 향하는 몇 날 며칠 동안 아무의 눈에도 띄지 않는다는 것에서도 중요한 설정으로 제시된다.

〈곡성〉과 〈랑종〉은 도시에서 멀리 떨어진, 산과 강으로 둘러싸여 일종의 밀실이 된 작은 시골 마을을 배경으로 상정한다. 이 마을 사람들은 이웃들이 미쳐가고 불을 지르거나 자살하거나 남을 죽이는데, 물리적이고 실질적인 위협이 시시각각 그렇게 바로 옆에서 벌어지고 있는데도, 이곳에서 도망칠 생각이 없다. 오히려 그 순간을 미루는 것처럼 보인다. 앞서 말했던 것처럼 필사적인 질문을 해도 답이 돌아오지 않는 곳에서, 제대로 된 문답을 주고받는 것조차 회피한다. 〈랑종〉에서 악령에 빙의된 밍 때문에 애가 타는 엄마는 무당인

동생 님에게 발을 동동 구르며 딸을 구해달라고 애걸하지만, 님은 기도를 올리러 간다거나 혼자 생각을 한다거나 하는 핑계로 확실한 답을 주지 않은 채 밍의 상태가 계속 악화되는 걸 관망하는 쪽에 가깝다. 친척과 이웃 모두 밍의 상태가 심각하다는 걸 알고 있고, 심지어 밍이 칼을 휘두르거나 갓난아이인 사촌 동생을 유괴하는 행동까지 저질렀음에도 불구하고 그들은 아무도 집을 떠날 엄두를 내지 못한다. 〈랑종〉의 사람들과 〈곡성〉의 사람들 모두 굿/퇴마의식을 거치고 나면 모든 문제가 해결될 것처럼, 그저 그날이 오기만을 기다린다. 퇴마 의식이 실패한다면 어떤 참혹한 결과가 닥칠 것인가에 대한 대비책 같은 건 없다. 그들은 그저 임박한 죽음과 파멸, 정확하게는 절멸을 '운명'으로 받아들이는 것처럼 마을을 떠나지 못하고, 무당이/바얀 신이 뭔가 해줄 거라는 믿음을 고수하며 종말을 기다린다. 〈랑종〉의 첫머리에는 "우리는 초자연적인 모든 것들을 모두 귀신이라고 믿는다. 죽은 사람의 영혼뿐 아니라 모든 것들에 귀신이 있다고 믿는다. 집안에, 숲, 산, 나무, 논밭에 전부 귀신이 있다고 믿는다"라는 대사가 나온다. 영화 말미에 이르면 이 말은 마을 사람들의 순박한 믿음을 온건하게 전하는 게 아니라, 우리는 귀신들에 둘러싸여 있으므로 결코 여기서 벗어날 수 없고 그들이 우리를 덮치는 순간을 무력하게 기다릴 수밖에 없다는 체념과도 같은 종말로 이끄는 경고였음을 깨닫게 된다.

5

나홍진의 영화 속 세계, 그가 바라보는 한국 사회의 풍경은 그렇게 참혹하고 비천하다. 정욕과 질투와 분노에 휩싸인 채 복수/퇴마의 유일한 방법이 살인밖에 존재하지 않는 것처럼 움직이는 인물들이 때로 등장하는, 가장 끔찍한 악몽 밖으로 나갈 생각을 하지 않는 인물들의 황량한 종말극이자, 불필요한 인간은 뒷배경에서조차 삭제해버릴 수 있는 냉혹한 창조주의 캔버스. 한국영화는 (조선족이라는) 타자와 (유약한) 한국 남자들 간의, 나쁜 놈과 더 나쁜 놈 간의, 악령과 인간 사이의 싸움에 오랫동안 몰두했다가, 2020년대에 들어서 싸움의 무게 중심을 좀비와의 전쟁으로 옮겨간 바 있는데, 종말극에 대한 한국영화계의 끝없는 애정과 판타지를 나홍진의 영화가 일찌감치 선취했다는 예시가 아닐까 싶다.

"그놈은 낚시를 하는 거여. 뭐가 딸려 나올지는 지도 몰랐것지. 그놈은 그냥 미끼를 던져분 것이고 자네 딸내미는 그걸 콱 물어버린 것이여." 〈곡성〉의 이 대사는 한참 뒤에 "이 버러지 같은 놈이 미끼를 삼켜버렸구만"으로 진화한다. 해답 편이 존재하지 않는(정확하게는 해답 편이 나올 수 없는) 수수께끼를 낸 다음 상대방이 걸려들고, 그것을 뱉어내느냐 삼켜버리느냐는 전적으로 상대방의 책임으로 돌려진다. 공포 영화의 수상쩍은 외딴집이나 캄캄한 지하실 입구에서 "아무도 없어요?"라고 허공에 대고 물으며 한 발 내딛는 자는 죽음의 함정에 빠지기 마련이다. 물론 희생자는 대부분 여자들이거나, 아니면 그 함정으로 이끄는 미끼 역할 대부분이 여자들이다. 그리고 시작되는 살육, 의문과 의혹을 깔끔하게 삭제하며 텅 비워버리는 방식으로서의 절멸. 그게 공포물의 법칙이고, 나홍진의 법칙이기도 하다.

감독신의 세 번째 장편 영화 〈곡성 哭聲〉(2016)은 개봉 당시 적지 않은 화제를 불러 모았다. 시종일관 눈을 떼기 어려울 정도로 극에 몰입하게 만드는 영화의 흡인력은 찬사의 대상이 되었다. 그에 비해 의도했다고밖에 볼 수 없는 서사의 빈틈과 그것을 관객에게 채우라고 하는 듯한 제스처는 비판의 대상이 되었다. 어느 쪽이 되었든 이 영화는 미끼를 던져서 관객을 낚는 데 성공했다. 그리고 그것이야말로 이 영화가 관객에게 던지는 유일한 메시지일 것이다. "절대 현혹되지 마라." 영화의 공식 포스터에 있는 이 유일한 카피는 영화의 주인공 종구(곽도원)에게 던지는 메시지이면서, 또한 관객과 피할 수 없는 퍼즐 게임을 하겠다는 감독의 야 심만만한 도전장이었다. 그런데 이 퍼즐 게임은 불공평하다. 어떤 식으로 맞추든 이것은 풀리지 않는 퍼즐이기 때문이다. 수많은 관객들이 인터넷과 SNS상에서 영화의 숨겨진 의미를 놓고 갑론을박했고, 경천동지할 해석으로 넘쳐났지만 그것은 감독이 애초부터 의도한 미끼에 관객이 제대로 걸려들었음을 의미한 것이었다.

모호함으로 유혹하기

때때로 영화는 어떤 모호함을 그 안에 품고 그것이 주는 의미의 풍부함으로 관객을 유혹한다. 소위 예술 영화나 실험적인 대중 영화들이 그렇다. 신과 구원 같은 형이상학적 주제의 심오함, 현대 사회의 부조리와 소통의 부재 등은 유럽에 그 기원을 두는 예술 영화의 오랜 주제이다. 한편, 〈펄프 픽션 Pulp Fiction〉(1994), 〈메멘토 Memento〉(2000), 〈팅 커 테일러 솔저 스파이 Tinker Tailor Soldier Spy〉(2011) 처럼 한 번 봐서는 서사의 전후 관계를 파악하기가 쉽지 않은 영화들은 관객의 인지 작용에 과부하를 안겨주면서 모호함을 창출한다. 이것은 인간과 사회의 복잡다단한 의미를 통해 심원한 사유로 가닿게 하는 예술 영화와는 다른 차원인데, 복잡한 서사의 작용이 우리의 지각·인지 작용을 흩어 놓는 것이다. 그러나 이런 영화는 서사를 뒤엉켜 놓을지언 정 이리저리 짜 맞추다 보면 결국 퍼즐은 완성된다. 이 장면을 떼어내어 저 장면에 갖다 붙이면 원인과 결과라는 인과 관계가 성립하는 것이다. 〈곡성〉은 그런 영화인가?

결론부터 말하면 그렇지 않다. 영화에서 서사의 (의도

된) 빈틈이 노출되기 시작하는 것은 정확히 중간 시점에 무당인 일광(황정민)이 등장하면서부터이다. 그전까지 우리는 이 영화를 미스터리 내지는 공포 영화의 장르 틀 안에서 바라볼 수 있다. 한 마을에서 살인 사건들이 잇따라 일어나고 그 이유는 알 수 없다. 살해당한 사람들이나 생존한 사람들의 몸에 난 의문의 두드러기, 살아남은 사람들이 보이는 짐승처럼 난폭한 행동들이 평범한 살인 사건이 아님을 말해줄 뿐이다. 시신을 부검한 결과 야생 독버섯에 의한 것이라고 밝혀지기도 하고, 이를 뒷받침하듯 신문이나 TV 뉴스에서도 독버섯이 일으킨 가공할 사고라고 보도한다. 그러나 이것이 사실이 아님은 당연하다. 종구의 후배 성복의 말처럼 독버섯이 그런 난폭한 행동을 야기할 리는 없기 때문이다.

영화 전체에서 가장 미심쩍은 인물은 외지인(쿠니무라 준)이다. 그는 영화의 무대가 되는 마을 곡성에서 벌어지는 기괴한 사건들의 원인으로 지목된다. 그에게 강간당했다고 여겨지는(암시는 되지만 직접적인 장면으로 제시되지는 않는다) 여자는 실성해서 방화와 살해를 일삼고 급기야 자신도 목매달아 죽는다. 종구의 어린 딸 효진(김환희)은 언제부터인가 게걸스럽게 폭식을 하거나 종구에게 쌍욕을 하며 대드는 등 귀신 들린 모습을 보이는데, 외지인의 집에서 효진의 신발이 발견된다. 즉, 어떤 방식으로든 외지인과 접촉한 사람은 저주를 받은 것처럼 난폭하게 돌변하거나 방화, 살해 같은 끔찍한 일을 저지른다. 여기에 종구가 들었다는 이야기나 그의 악몽이 외지인의 괴물스러움을 강화한다. 마을에서 산짐승, 잉어 등으로 약을 만들어 파는 덕기는 산에서 고라니를 파먹는 외지인을 목격하고 혼비백산한다. 이는 종구의 꿈에서도 나타난다. 외지인을 이 사건들의 주범으로 인식하게 하는 결정적 증거는 그가 자신의 집에 신당을 차려 놓고, 살해된 사람들의 죽기 직전 사진들을 온 벽에 붙여놓았다는 것이다. 〈곡성〉이 〈살인의 추억〉(2003)같은 수사 스릴러가 아닌 것은 이런 증거를 보고도 수사를 하지 않는다는 것인데, 심지어 종구와 이를 처음 발견한 성복은 경찰이다. 대신 종구는 외지인에게 사흘 안에 마을을 떠나라고 윽박지를 뿐이다. 여기에 마을의 실성한 젊은 여자 무명(천우희)이 가세한다. 그러나 무명은 외지인이 서사에서 차지하는 압도적인 비중에 비한다면 극히 미미하다. 무명은 실인이 어떻게 벌어졌는지를 마치 목격한 사람처럼 종구에게 말해주거나 "그 왜놈이 귀신"이라고 종구에게 근거 없는 소리를 해댈 뿐이다. 오히려 외지인이 귀신이라는 것을 확증해주는 이는 일광이다.

미끼를 삼켜버린 버럭지

일광과 외지인의 주술 대결은 이 영화를 이야기할 때 가장 논란이 되었던 부분이다. 일광은 외지인이 자신이 상대해본 귀신 중 갑 중의 갑이라고 말하며 사태의 심각성을 피력한다. 이것은 그냥 굿이 아니라 살(煞)을 날리는 굿이라는 것이다. 과연 이 굿 장면은 영화에서 가장 스펙터클한 장면이다. 칼춤을 추고, 흰 닭의 목을 베며, 칼에 피를 뿜고, 나무에 정을 박는다. 이에 대항하듯 외지인도 자신의 신당에서 제의를 한다. 북을 천천히 치고, (일광의 흰 닭과 대조를 이루는) 검은 닭의 목을 벤다. 이 장면들은 교차 편집으로 이루어지는데 일광의 제의, 외지인의 제의, 죽을 듯이 괴로워하는 효진의 모습 등이 번갈아 가며 제시된다. 이 장면이 논란이 되었던 것은 영화의 결말에서 일광과 외지인이 한패일 수도 있다는 것이 밝혀지기 때문이다. 일광이 처음 등장할 때 일본에서처럼 왼쪽 차선으로 차를 몬 것이나 그가 외지인이 입는 훈도시를 입고 있었던 것, 그리고 결정적으로는 마지막 장면에서 종구의 죽은 가족을 사진 찍거나 죽은 사람들의 사진을 갖고 있었다는 것이다. 이는 외지인이 한 행동을 그대로 반복하는 것이다.

그렇다면 우리는 일광과 외지인이 주술 대결을 하는 이 장면을 어떻게 해석해야 할까? 가장 손쉬운 해결책은 일광의 살 날리기와 외지인의 방어가 아니라 둘이 합심해서 효진에게 고통을 주고 있었다는 것이다. 그러나 이것은 난센스다. 분명히 일광의 살 날리기에 외지인은 거의 죽을 지경에 이르게 된다. 여기에 더해 너무 고통스러워하는 효진을 참다못한 종구가 굿판을 중단시키자 죽을 뻔했던 외지인은 겨우겨우 살아난다. 이 장면 이후 외지인은 고라니를 파먹는 괴물스러운 악마에서 매우 애처로운 노인이 된다. 종구가 마을 친구들을 데리고 그의 집에 쳐들어가 린치를 가하려 하자 그는 무력하게 도망갈 뿐이다. 이는 후반부에서 성복의 조카이자 가톨릭 부제인 양이삼이 그를 찾아갔을 때, 그가 전지전능한 진짜 악마였다는 사실과 상반된다. 이미 그는 좀비로 변한 박춘배가 사라진 것을 통제하지 못할 만큼 악마로서의 위력이 상실되어 있다. 종구 일행에 쫓겨 절벽에 위태롭게 매달려 있다가 떨어진 후 소리가 날까 봐 비명도 못 지르던 그는 급기야 아픔을 참으며 울기까지 한다.

백번 양보해서 이 장면까지 우리는 외지인이 정말로 악마였다는 것을 아직 보지 못했기에 그에게 면죄부를 부여할 수도 있다. 그러나 여기서부터 서사는 정말로 감독이 의도한 바대로(!) 쉽게 어그러지기 시작한다. 이는 문제의 살 날리는 장면보다 더 중요하다. 둘이 한패였음을, 즉 서로

에 대한 공격과 방어가 아니었음을 주장하려면 다음의 장면들이 설명되어야 한다.

절벽에 매달려 있던 외지인을 지켜보는 한 사람이 있는데 그는 무명이다. 무명을 발견한 외지인이 좇아가자 무명은 도망간다. 그리고 장면이 전환되어 장대비 속에서 트럭을 몰고 돌아가는 종구 일행이 보인다. 그런데 트럭이 사람을 친다. 외지인이다. 이때 일광이 쌀을 던지며 점괘를 보는 장면으로 전환된다. 그는 뭔가를 깨달은 표정이다. 이어서 외지인을 끌고 가 절벽으로 굴리는 종구 일행의 장면이 붙는다. 카메라는 먼 언덕에서 지켜보는 무명을 비춰줌으로써 죽은 사람이 외지인임을 한 번 더 확인시킨다. 무명이 외지인에게 쫓겼던 만큼, 그가 죽은 곳 가까이에 무명이 있을 가능성이 많기 때문이다. 그런데 이어지는 장면에서 일광은 수수께끼 같은 말을 읊조린다. "이 버럭지 같은 놈이 미끼를 삼켜버렸구만." 이 말이 의미하는 바는 무엇일까? 버럭지는 누구일까? 아마도 일광이 허술하고 기가 약한 종구를 경멸적으로 또 만만한 상대로 봐왔다는 것을 상기하면 버럭지는 종구일 것이다. 또한 늘 미끼를 던진다고 가정한 사람이 외지인이라는 점에서 더 그렇다. 숏들의 전후 논리상 이 대사는 일광이 외지인의 죽음을 무당 특유의 신통력을 통해 알게 된 것으로 해석할 수 있다. 외지인이 차에 치어 죽은 후에 바로 이어지는 숏은 점괘를 보고 뭔가를 깨달은 일광이고 대사 역시 그런 느낌을 주기 때문이다. 그러나 이는 어불성설이다. 미끼를 삼키는 것은 버럭지인 종구가 외지인의 덫에 걸려든다는 것인데 외지인은 방금 죽지 않았는가? 또한 이후의 장면에서 외지인은 악마로 살아있었고(?!) 또 일광이 그와 한패였다는 것과도 어긋난다. 자신과 한패인 외지인의 죽음을 직감하고 한가하게 저런 소리를 한단 말인가? 그렇다면 그 버럭지는 외지인을 지칭하는 말일까? 우리가 아직 둘이 한패였다는 것을 모르는 시점에서는 이렇게 생각하는 것도 가능하다. 외지인이 자기 꾀에 넘어가 자기가 던진 미끼에 걸려 죽었다는 정도로 말이다. 하지만 이 역시 외지인이 이후에 진짜 살아있는 악마로 밝혀진다는 것과, 역시 일광과 한패였다는 논리에 어긋난다.

그렇다면 이 깨달음의 장면은 일광이 외지인의 죽음을 본 것이 아니라 뒤에 나오게 될, 귀신은 곧 무명이었다는 것을 암시해 주는 것이었을까? 그도 그럴 것이 일광이 무명을 본 후 자신이 살을 잘못 날렸다고, 다시 점괘를 보니 귀신은 외지인이 아니라 무명이었음을 종구에게 말하는 장면이 나오기 때문이다. 쌀을 던지며 점괘를 보는 예의 장면에서 그의 표정은 뭔가 잘못되었다는 깨달음에 가까워 보인다. 그래야만 그가 무명을 보고 그 엄청난 기에 눌려 피를 토하면서 벌벌 떠는 장면이 설명된다. 하지만 그사이에 있는 '미끼를 삼킨 버럭지'는 붕 떠 버린다. 버럭지를 종구로 보든, 외지인으로 보든 어느 쪽도 속 시원히 규명되지 않는다.

간교한, 그러나 영민한

사실 죽자고 달려들면 〈곡성〉은 채워지지 않은 틈새로 가득 차 있다. 똑같이 외지인과 접촉한 것으로 가정되는데, 앞선 피해자들과 효진은 다른 모습으로 제시된다. 몸에 두드러기가 나는 것은 같지만 피해자들은 좀비의 모습에 가깝다. 그들은 눈을 희번덕거리고 몸을 심하게 꺾으며 다른 사람들에게 달려들어 물어뜯기까지 한다. 〈곡성〉 직후 개봉한 〈부산행〉(2016)이 한국 대중 영화에서 좀비를 주류로 부상시킨 것을 감안해 볼 때, 〈곡성〉의 좀비는 완전한 좀비로 보기는 어렵다. 왜냐하면 좀비들이 다른 이를 물어서 좀비로 만드는 것은 좀비 영화의 관습에 해당하는데 이 영화가 그러한지는 단정 짓기 어렵다. 먼저 이들이 어떻게 좀비가 되었는지 그 기원을 알지 못한다. 고라니를 파먹고 타인에게 입을 벌려 공격하는 외지인의 형상에 의거해 볼 때 외지인에 물렸을 가능성이 가장 크지만 직접적으로 재현되진 않는다. 또한 종구 일행 중 한 친구와 양이삼이 좀비처럼 달려드는 박춘배에게 물린 이후에도 그들은 좀비로 변하지 않는다. 더 이상한 것은 효진의 모습이다. 효진의 형상이나 행동은 좀비와는 거리가 멀다. 그보다는 오컬트(occult) 영화에서 귀신 들린 아이에 가장 가까울 것이다. 〈엑소시스트 The Exorcist〉(1973), 〈오멘 The Omen〉(1976) 등의 영화에서 아이들은 공포와 악의 근원으로 묘사된다. 악마는 아이들의 몸속에서 기생하며 이들의 영혼을 조종한다. 오컬트는 서양의 기독교가 갖고 있는 명징한 선과 악의 세계관에 기초하고 있으며, 유일신(여호와)을 부정하는 적그리스도(=사탄=악마)를 다룬다. 〈곡성〉 바로 전해에 개봉한 〈검은 사제들〉(2015)은 '한국판 엑소시스트'로 불리며 한국 대중영화에서 오컬트가 부상하는 하나의 계기가 되었다. 이후 나온 〈사바하〉(2019), 〈사자〉(2019), 〈클로젯〉(2020) 등이 뒤를 이은 영화들이다. 좀비들은 좀비화되지 않은 이들을 물어뜯으며 좀비로 감염시키지만 오컬트의 아이들은 철저하게 악마의 조종을 받는다. 외지인이 죽(은 것처럼 재현되)자 효진은 거짓말처럼 몸이 다 낫고, 외지인이 죽지 않았고 정말 악마였다는 것이 제시되자 효진은 다시 이상해지며 급기야 어머니를 비롯한 가족을 죽인다. 효진이 누군가를 물어뜯는 장면은 없고, 옆집 할머니에게 상해를 입힐 때도 가위를 사용한다. 가톨릭 부제인 양이삼의 존재나 그와 종구가 가톨릭 사제에게 도움을 청할 때 오컬트 영화의 엑소시즘이 시작되는 건가 하는 기대감을 갖게 만드는 측면이 있지만, 정작 삼촌인 성복이 위해를 당한 후 양이삼이 외지인을 찾아갔을 때 악마가 된 외지인을 보고 그는 겁에 질려 아무것도 하지 못한다.

이처럼 〈곡성〉은 장르의 관습을 편의적으로 활용하며 관객들을 현혹한다. 물론, 그것을 탓할 일은 아니다. 장르란 그 자체로 혼합과 변이를 통해 혁신을 이루기 때문이다. 문제는 그것이 영화 문법이 허용하는 범위 내에서 이루어져야 한다는 것이다. 〈곡성〉은 그 범위를 넘어선다. 장르의 관

습 정도가 아니라 영화 서사라는 차원에서 그러하다. 일광이 무명을 처음 본 장면으로 되돌아가 보자. 그는 피를 쏟은 후, 자신의 신당에서 촛불을 켜며 진심으로 놀란 듯이 주문을 외우고, 차를 몰고 가다가 차창으로 비처럼 쏟아지는 새똥에 놀라 차를 세우고 허우적댄다. 그러면서 종구에게 전화를 걸어 자신이 살을 잘못 날렸다는 예의 그 장면이 이어진다. 이 장면은 진심으로 자신의 실수를 자각한 것처럼 제시된다(앞서 거론한 점괘와 '깨달음의 표정'이 이를 예비하는 것이라면 더더욱). 즉, 적어도 이 장면을 보고 그가 종구를 속이고 있다고 생각할 여지는 전혀 없다. 다시 말해서 이 장면은 정말로 자신의 실수를 깨달은 일광이 이를 종구에게 알리는 것 이외의 다른 해석의 가능성을 봉쇄한다. 무명을 보고 피를 토하는 것이야말로 이런 깨달음의 생물학적 반응일 것이기 때문이다. 그러나 만약 일광과 외지인이 이미 한패였다면 도대체 무슨 실수를 했단 말인가?

일광의 피를 토하게 할 만큼 가공할 만한 무명의 기운은 정작 영화 전체 서사에서는 빈약한 비중으로 다루어질 뿐이다. 영화는 마치 외지인·일광을 한패로 두고 그 대립각으로 무명을 상정하고 있지만 무명은 사건을 설명할 어떤 실마리도 움켜쥐고 있지 않다. 온 마을 전체에 퍼진 해괴한 기운이 외지인에서 비롯한다는 암시와 복선은 차고 넘치지만 무명에게는 그런 악의 기운을 나누어 주지 않는다. 그래서 종구가 특별히 우둔하고 어리석다는 성격상의 결함을 제외한다면 그가 무명에게 적대감을 갖고 그녀의 말을 믿지 말아야 할 이유가 없다. 그래서 영화는 '닭이 세 번 울기 전' 같은 예수와 베드로의 일화(감독 스스로도 '짜친다'고 인정했던)나 효진이 잠깐 머리에 끼워 봤던 빨간 머리핀이 무명 근처 바닥에 떨어져 있는 것 정도로 종구의 의심을 설명하려 든다. 정작 빨간 머리핀은 새끼줄에 매달린 괴이한 식물처럼 영화에서 어떤 서사적 동기도 상징성도 부여받은 적이 없는데도 말이다.

바로 그러한 점들이야말로 〈곡성〉이 관객들을 꾀고 미끼로 낚으면서 현혹하는 지점들이다. 영화의 문법을 일부러 거스르면서도 눙치면서 관객을 떠보기. 서사적 동기나 상징성을 부여하지 않으면서 어떤 심오한 의미가 있지 않을까 궁금증을 유발하기. 〈곡성〉과 감독 나홍진의 천재성은 바로 그 지점에서 발휘된다. 700만에 가까운 흥행 성적은 그런 천재성이 성공적이었음을 말해준다. "절대 현혹되지 마라." 이 영화에 열광하든 부정하든 영화를 본 후 우리는 이미 현혹되었음을 느낀다. 그것이 기존 문법을 뛰어넘는 혁신으로 수용되든, 자신의 언어를 배반하는 자기기만으로 받아들여지든 말이다. 그런 점에서 〈곡성〉은 한국영화 사상 가장 간교하면서도 영민한 영화로 남을 것이다.

글　정영권

스틸 제공　(주)영화사비단길

어느 세계 시민과의 만남

봉준호 × 이영재

봉준호의 영화는 아마도 지난 20년간 한국영화가 어떻게 세계적인 보편성을 획득해 갔는가에 관한 가장 최선의 답변일 것이다. 이것은 단지 〈기생충〉이 칸과 아카데미에서 거둔 성공에 관한 치하의 언사가 아니다. 그의 영화에는 항상 지극히 로컬한 정황과 의제가 글로벌한 문제와 맞닿아 있었다. 한강의 괴물과 마주한 〈괴물〉은 국가와 시큐리티에 관한 보편적 질문을 던지고 있었으며, 〈마더〉의 지극히 한국적인 엄마와 아들의 형상은 모자의 저 오래된 심연과 맞물려 있었다. 그의 첫 번째 SF 영화인(SF란 그 자체로 얼마나 지구적 장르인가) 〈설국열차〉와 〈옥자〉는 전 지구적 자본주의 시스템과 그 속의 유기체들의 삶에 대한 명료한 질문이었다. 그리고 〈기생충〉을 통해 우리는 불현듯 한국이 이 전 지구적 체제의 익스트림한 한 형상임을 깨달았다. 현재 봉준호는 〈미키 17〉을 끝내고, 심해 애니메이션을 작업 중이다. 그는 『키노』의 폐간을 안타까워했던 90년대의 씨네필이기도 했다. 우리는 오랫동안 중단되었던 그와의 대화를 시작하였다.

아시는 것처럼 『키노』가 20년 전에 없어졌습니다.

　　　　〈살인의 추억〉 개봉해서 극장에 걸려 있을 때였는데, 그때 마지막으로 『키노』에 실린 게 손태웅 감독과의 대담이었어요.

오늘은 〈살인의 추억〉 다음 작품인 〈괴물〉부터 여쭤보려고 합니다. 미군의 독극물 방류로부터 시작하는 〈괴물〉은 지역 정치적 의제를 노골적으로 드러내면서 동시에 글로벌한 보편성과 맞닿아 있습니다. 괴수 영화라는 장르적 공통성뿐만 아니라 이 괴물과 맞서 싸우는 자들, 강두 가족과 미군에서 노숙자까지 아우르는 일련의 형상들을 통해 보편적 개인이라는 것을 상정해 내고 있는 것 같습니다.

　　　　시작부터 미국에 대한 화두가 있죠. 용산에서 미 군무원이 오염 물질을 방류한 맥팔랜드 사건이 있었어요. 날짜도 실제 사건의 날짜를 쓰면서 노골적으로 여기에서부터 시작하죠. 또, 'No Virus'는 미국이 이라크전 할 때, 대량 살상 무기(WMD) 핑계를 댔잖아요. 결국 대량 살상 무기는 없죠. 에이전트 옐로우는 베트남전 고엽제이고요. 그런 식으로 덕지덕지 미국이 있어요. 미국은 아메리칸드림이기도 하고, 우방 동맹이기도 하고 또 우리뿐만 아니라 다른 여러 나라에게 큰 스트레스이기도 하잖아요. 게다가 장르 영화에서 미국은 항상 풍자의 대상이에요. 미국 감독들도 미국 테크노크라트들이나 군산 복합체에 대해서 풍자하는데, 우리라고 못할 게 뭐 있나 싶은 거죠. 게다가 우리에게는 복잡미묘한 긴 역사가 있잖아요. 그런데 정작 〈괴물〉의 주인공들은 해외 뉴스조차도 잘 안 볼 것 같은 매점 가족들이에요. 이런 사람들이 소용돌이에 휘말려 들어가는 게 내 입장에서는 드라마틱한 거죠. 〈괴물〉이 괴수 장르를 박살 내기도 하지만 또 전통을 따르기도 하는데, 1940~50년대 미국 SF에서도 괴수나 외계인은 항상 직설적인 정치 풍자를 많이 담았잖아요. 외계인이 소비에트다, 이런 식으로. 싸구려 B급 SF 스타일 정치 풍자를 담기에 맥팔랜드 사건은 아주 적절했죠. 하수구로 독극물을 내보냈는데 그 하수구 끝이 닿는 한강에서 뭔가가 쓱 나오는 게 유치하면서도 재미있고, 정치적 의미가 있잖아요. 처음 실제 사건을 보고 이건 장르의 출발점이다 싶었어요. 초등학교 때 극장에서 〈엘리게이터〉라는 괴수 영화를 되게 재밌게 봤는데, 하수구에 약물을 버려서 식인 악어가 출몰해요. 실제 사건이 그런 B급 장르적인 출발과 너무 비슷한 거예요. 영화 초반의 주한 미군 의사의 대사는 실제로 맥팔랜드가 말한 그대로입니다. 병에 먼지가 쌓여있다는 이유로…. 되게 이상하죠?

괴물이 등장하는 일련의 과정을 생각하면 원폭 피해자였던 고질라처럼 한강 괴물 역시 피해자이죠.

　　　　괴물을 디자인한 장희철 씨와 이야기하면서, 질풍노도 시기의 신경질 난 청소년, 통제 안 되는 청소년을 생각했어요. 몸은 병들었고 그래서 더 화가 나는 아이 같은. 아프면 더 짜증이 나잖아요. 자기 몸의 밸런스를 잘 통제하지 못해서 굴러떨어지고 자꾸 신경질이 나고 하는 거죠. 낙동강 페놀 유출 사태 때 등굽은 물고기가 나왔었는데, 등이 휜 디자인은 거기에서 비롯되었어요.

괴물이 처음 한강 변에 나타났을 때, 강두와 미군인 도날드 하사가 함께 괴물에 맞서 싸웁니다. 이 냉전의 프런티어 국가인 한국에서 오랫동안 적이 어떻게 상정되는가는 어떤 공동체를 상정하는가의 문제였다는 점을 염두에 두자면, 감독님 영화에서 그 경계는 이전의 한국영화와 전혀 다르다는 생각이 듭니다. 도날드 하사의 설정은 무엇을 염두에 두신 걸까요?

　　　　할리우드 영화에 나오는 상투적 패턴을 패러디해 보고 싶었어요. 할리우드 영화의 악당은 어떤 때는 중동이기도 하고, 때로는 북한이기도 하고, 남미의 마약 조직이기도 하잖아요. 〈트루 라이즈〉에서 보면 악당 두목은 중동인인데, 그게 좀 미안하니까 주인공 팀에 중동계 인종을 하나 집어넣어요. 미국이 독극물도 방류하고, 에이전트 옐로우도 뿌리지만 사람을 구하려고 용감하게 싸우는 미군 병사를 등장시켜서 약간 역전된 버전을 보여주고 싶었어요. 이런 거 했을 때 그쪽에서 보기엔 어떤 느낌이에요 하고 물어보고 싶었다고 할까요.

코로나 이후에 〈괴물〉을 다시 보면서 새삼 눈에 띄는 장면이 있었습니다. 퇴근길 횡단보도에서 한 행인이 기침을 하고 침을 뱉습니다. 발밑의 물웅덩이에서 물이 튀고, 주변 사람들이 다급하게 거리를 띄웁니다. 물론 여기서는 가짜 바이러스이지만요. 뒤늦은 현실감이 몰려드는 장면이었습니다.

　　　　시나리오 쓸 때 사스가 창궐했어요. 2003년에 장국영이 비극적인 선택을 했는데, 그때 홍콩 거리에 추모객들이 모두 마스크를 쓰고 있는 사진을 봤어요. 국내에서도 1호 환자가 나오냐 마냐가 한창 문제였는데, 종합 병원 뒤에 무슨 해병 전우회 사무실 같은 철제 컨테이너를 놓고 거기에 사스 의심 환자라는 이유로 무려 열흘씩 넘게 갇혀 있었던 사람도 있었어요. 번듯한 실험실인 것 같은데 박강두가 문 열고 나오는 순간 되게 조악한 철제 컨테이너라는 걸 알게 되는 것

과 똑같아요. 스필버그 영화 최고작 중 하나가 〈죠스〉라고 생각하는데 거기에도 공동체 이야기가 나와요. 관광 수익으로 먹고 사는 공동체의 욕망 때문에 자꾸 바닷속으로 사람들을 밀어 넣죠. 그래서 사건은 더 나쁘게 흘러가고. 그것과 비슷해요. 〈괴물〉의 주인공들은 도움받기는커녕 격리되고, 추적당해야 하는 바이러스 의심 환자로 설정되면서 이야기에 레이어가 더해져요. 사스도 그런 점에서 이라크전의 대량살상 무기처럼 잘 맞아떨어졌어요.

코로나 이후에 〈괴물〉 전편을 다시 본 적은 없는데, 프랑스에서 재개봉할 때 마지막 20분 정도를 본 적이 있어요. 이 영화는 항상 어떤 이유로 많이 소환되는 것 같아요. 세월호 때도 그랬어요. 〈괴물〉과 세월호를 일대일로 대응시켜 놓은 어떤 블로그를 봤는데 되게 슬프고 섬찟했어요. 합동 분향소를 볼 때, 정말로 들고 싶지 않은 기시감이 들어. 영화 찍을 당시에 대구 지하철 관련 유족회 화환을 가져다 놓았어요. 한강에서 괴물이 나온다는 게 얼마나 만화 같고 황당해요? 그런데 우리는 더 황당한 실제 사건들을 겪었음을 보여주고 싶었어요. 대낮에 지하철에서 어이없이 몇백 명이 죽고, 교각이 무너져서 여고생들이 죽고, 삼풍백화점 때는 지인도 세상을 떠났어요. 그런 재앙들을 이미 겪은 상태에서, 그 재앙의 데자뷰를 가지고 〈괴물〉을 만들었는데 세월호 때 더 크고 더 비극적으로 반복된 거죠.

　2023년에는 '이태원' 사건을 겪었죠. 감독님이 국가 기능을 말할 때 그건 말 그대로 우리의 안전을 보호해주는 것일 터인데요, 이 국가는 한 번도 그런 적이 없는 것 같습니다. 〈살인의 추억〉에서도 등화관제로 국가가 어둠을 만듦으로써 살인을 방조합니다.

　〈살인의 추억〉은 1980년대를 생각한 건데 BTS 시대에도 다시 그런 일이 반복된다는 게 당황스러운 거죠. 인간은 같은 실수를 반복한다고 하지만, 슬프게도 국가나 공동체도 그런 측면이 있는 것 같아요. 그런 재앙이 이미 구조적으로 내재되어 있다는 느낌이랄까. 세월호 사건을 보면 애초에 들어오지 말았어야 할 배가 들어온 것부터 시작해서, 사건을 피할 수 있는 수많은 기회가 있었는데도, 그걸 다 외면하고 결국에 재앙에 도달하잖아요.

감독님은 어떤 의미에서 영화라는 특별한 장치 자체에 매혹당해 있다는 느낌을 종종 받습니다만, 그중 하나가 말 그대로 없는 것을 보이게 만드는 영화의 고유한 역량이 아닐까 싶습니다. 이를테면 제가 〈괴물〉에서 가장 좋아하는 장면은 가족들이 매점에서 식사를 하는데, 괴물에게 붙잡혀 간 현서가 불현듯 사이로 들어오고 현서에게 가족들이 먹을 것을 건네주는 장면입니다.

　배급사에서 그 장면 빼라고 했어요. 사실 난 그 장면 하나 때문에 영화 찍은 건데. 나 역시 제일 좋아하는 장면이기도 하고, 그 장면의 〈괴물〉의 핵심이라고 생각했어요. 그런데 배급사에서 관객들이 헷갈려한다고 빼야 된다고 했다는 거예요. 다행히 제작사가 중간에서 배급사의 요청을 전달도 안 하고 커트해 줬어요. 개봉 후에 후일담처럼 이야기를 전해들은 거죠.

〈괴물〉 다음 작업으로 레오 까락스, 미셸 공드리와 함께 옴니버스 영화 〈도쿄!〉에 참여하십니다. 〈Shaking Tokyo〉를 봤을 때 한 장면에서 깜짝 놀랐습니다. 가가와 테루유키가 10년 만에 집 밖으로 나왔는데 거리가 텅 비었다는 것을 깨닫고 어떤 집 앞을 지날 때, 불투명한 유리문 저편에서 인영이 서 있다가 스르륵 사라집니다. 이 섬뜩한 장면과 함께 무인의 도쿄 거리는 구로사와 기요시의 〈회로〉를 연상시킵니다.

　그 그림자는 아마 조명부 스태프였을 거예요. 뭔가 구로사와 기요시 감독님 비슷한 걸 찍어보고 싶은 마음에 옴니버스 영화에서 부담 없이 흉내내보고 싶었죠.(웃음) 근데 그 느낌을 잡아내는 게 쉽지 않더라구요.

〈Shaking Tokyo〉의 마지막에 지진이 일어나고 아오이 유를 비롯한 집 안에 틀어박혀 있던 사람들이 바깥으로 나옵니다. 그들은 다시 들어가지만, 가가와 테루유키가 아오이 유의 LOVE 버튼을 누르자 이 공간 전체가 제목 그대로 흔들립니다. 위의 질문을 드린 이유는 이 영화가 도쿄라는 공간에 대한 감독님의 논평처럼 보였기 때문입니다. 그 공간은 타인과의 마주침에 대한 두려움으로 가득 차 있어 보이고, 이 불투명한 타자야말로 구로사와 기요시의 호러 영화의 핵심이죠. 지진으로 이 공간에 내재한 공포를 흔들어버리고자 하는 것 같습니다.

　일본 사람들이 타인에게 피해 주는 걸 병적으로 싫어하잖아요. 지금 생각해 보면 일본인 입장에서는 화날 것 같긴 해요. 지진이라는 게 정말 무섭고 끔찍한 건데, 그렇게 인간과 인간의 창백한 벽을 허무는 영화적 장치로 썼다는 게 좀 용납이 안 되는 부분이 있을 것 같아요. 도쿄 관련 뉴스가 나오면 항상 시부야 거리에 사람들이 빽빽하게 교차로를 지나는 모습이 아이코닉하게 나오잖아요. 거기를 한번 텅 비워서 찍어보고 싶었는데, 도쿄는 촬영 허가가 아예 안 나와요. 경찰청이나 도쿄도의 행정협조도 안되고, 영화 촬영에 적대적인 도시라서 대부분 도쿄를 배경으로 하는 영화들은 영상위원회가 있는 요코하마나 가와사키에서 찍어요. 〈Shaking Tokyo〉에서 언덕에 좀비처럼 사람들이 나오는 장면은 요코하마에서 찍었어요. 그런데 텅 빈 시부야 장면은 놓치고 싶지 않았죠. 일본 스태프들이 월요일 새벽에 찍어야 된다고 하더라구요. 잽싸게 찍고 빠지고 일부 차나 사람이 찍힌 걸 컴퓨터 그래픽으로 지웠어요. 레오 까락스도 그렇게 최소인원으로 게릴라 식으로 찍었다고 하더라구요. 일본 스태프들이 그런 걸 많이 해봐서 그런지 그걸 또 참 잘해요(웃음).

다음 영화는 〈마더〉입니다. 당시 어떤 인터뷰에서도 〈마더〉는 약자들의 연대가 아닌 서로를 향한 할큄이라는 점에서 〈괴물〉의 반대라고 말씀하신 게 기억에 남는데, 마지막 도준 대신 살인 혐의자가 된 종팔이가 클로즈업의 정면 숏으로 잡힐 때 먹먹함이 오래 남아있었습니다.

　그 장면에서 김혜자 선생님이 우는데, 울면서도 진실은 말하지 않죠. 그러면서 "너 엄마 없니?"라고 묻는 게 얼마나 잔인한지. 〈괴물〉이 말한 것처럼 약자들끼리 연대하는 영화였다면 〈마더〉는 서로 치명적인 상처를 주는 이야기예요. 여고생 문아정과 바보 원빈 사이의 대화, 그걸 과연 대화라고 할 수 있을지 모르겠지만, 그 짧은 몇 마디로 서로의 아킬레스건을 한번씩 찌르죠. 그래서 가장 불쌍한 두 인물이 그런 식의 비극적 상황을 맞닥뜨리게 돼요. 〈괴물〉에서는 변희봉 선생님에게도 강두에게도 아내가 없어요. 모든 세대에 걸쳐 엄마 캐릭터를 증발시킨 건데, 그래야 가족들이 더 엉망진창이 되고 더 어리석어지니까요. 그에 반해 〈마더〉는 2시간 내내 엄마만 나오는 영화가 된 거죠. 두 영화는 정반대 지점에 있어요.

〈마더〉는 '엄마의 사랑'의 배타성이 낳은 비극에 관한 이야기입니다. 그러고 보면 감독님 영화에 여러 사랑의 형태, 이를테면 〈괴물〉의 가족애나 〈옥자〉에서 옥자와 미자의 사랑과 같은 여러 형태는 있지만 흔히 말하는 로맨스, 남녀 간의 사랑은 그려진 적이 없습니다. 그건 〈마더〉의 비극을 염두에 두자면, 로맨스를 꺼려한다기보다는 배타적 사랑의 형태에 대한 저어가 아닐까요?

예전에 정성일 선생님이 제 영화에서 사랑이 다뤄진 적이 없다고 지적한 적이 있는데, 이번에는 있어요. 〈미키 17〉에는 로맨스가 충만해요.(웃음) 〈마더〉에서 김혜자와 원빈 캐릭터의 관계가 약간 이성 관계처럼 보일 때가 있죠. 암시적인 차원이지만 진구와 더불어 축축하고 음습한 이상한 삼각관계의 느낌도 있고. 시놉시스에서는 보이지 않는데, 영화를 보면 그런 느낌을 받아요.

〈마더〉의 초반에 죽은 아정의 시신은 그로테스크한 형태로 전시되어 있습니다. 영화 속에서 그 의미는 처벌로서의 전시인가(진태의 의견), 절박한 구조의 신호인가(도준의 의견) 갈려져 제시됩니다만, 어느 쪽이든 머리카락을 수직으로 내려뜨리고 있는 저 형태는 그 자체로 의미를 넘어서는 어떤 과도함이 있습니다. 이 장면을 이렇게 구상하신 이유는 뭘까요?

처음에 되게 그로테스크한 이미지로 보여지죠. 대사에 나오는 나쁜 표현을 들자면 빨래 널 듯이 아이가 걸려 있는데, 머리카락이 호러 영화 컨벤션처럼 보이기도 하고. 관객 입장에서는 이 아이에 대해서 아무것도 모르죠. 그래서 기괴한 이미지로 처음 보여지다가 영화의 후반부로 가면 엄마의 추적을 통해서 아이의 사연을 하나씩 알게 되는 거잖아요. 그게 핵심적인 의도였어요. 그러니까 처음에는 호러 장르적 이미지로 보여지만 실제 이 아이에 대해서 알게 되었을 때 우리가 가질 수 있는 측은지심. 그로테스크한 이미지로 출발했는데 거기에 담겨 있는 인물의 실제 스토리를 뒤로 갈수록 알게 되는 전개 방식이 저에게는 중요했어요.

다른 인터뷰에서 〈마더〉의 "김혜자의 눈을 찍은 이후라서 맘 편하게 〈설국열차〉로 넘어갈 수 있었다"는 감독님의 말이 인상적이었습니다. 저는 이 언급을 〈마더〉를 거침으로써 그 이전의 로컬한 것으로부터의 이탈이 가능해진 것으로 이해했습니다만, 실제로 〈마더〉는 그전의 감독님 영화들의 공간과 달라졌다는 느낌을 받습니다. 이전 영화들에서 구체적인

시공간이 감지된다면 이 영화의 시공간은 어느 시대, 어느 장소인지 모호합니다.

〈마더〉는 그야말로 엄마와 아들의 이야기거든요. 이를테면 80년대, 경기도 외곽의 어디 이런 것이 아니죠. 〈마더〉의 시공간이 애매한 건 의도적이었어요. 도시 같기도 하고 시골 같기도 하고, 2000년대 같기도 하고 1980년대 같기도 하고. 미술팀과 이야기하며 시공간적으로 모호하게 흩트려 버리자고 했죠.

〈마더〉의 시공간의 모호함 이후에 〈설국열차〉의 배경은 기차 안입니다. 기차에서만 영화를 찍는다는 건 가혹한 조건을 만들어놓고 영화를 찍는 것과 마찬가지잖아요. 그럼에도 감독님에게 이 제약, 기차라는 공간이 그토록 매혹적이었던 이유는 뭘까요?

홍경표 촬영감독이 프라하에 도착해서 처음 한 말이 우리 지금 복도 영화 찍는 거냐고 하더라구요.(웃음). 제약을 두면 오히려 영화적으로 흥분되는 게 있어요. 제약 안에서도 어떻게든 풀어봐야 하니까 더 재밌어져요. 오히려 제약이 없으면 막막해요. 기차가 되게 영화적이잖아요. 끊임없이 움직인다는 점에서도 그렇고, 칸 하나하나가 영화적인 씬이나 시퀀스처럼 작동한다는 것도 그렇고. 그래서 기차영화를 좋아하죠.(웃음)

〈설국열차〉는 감독님 영화 중에서 가장 추상도가 높은 영화입니다.

관념적인 대사를 막 읊어요.(웃음)

마지막에 송강호의 대사, "나는 문을 열고 싶어. 워낙 오래 갇혀 살아서 저걸 벽처럼 생각하게 됐는데, 사실은 문이란 말이지. 저 문을 열고 밖으로 나가잔 말이지…"는 주제를 명료하게 드러내는 말입니다.

되게 관념적인 대사지만 〈설국열차〉에서는 그렇게 해도 되지 않나 싶었어요. 봉준호 대사 답지 않다고 허문영 선생에게 타박 들었지(웃음).

〈설국열차〉에서는 그렇게 해도 되지 않나 싶었다는 말씀에 동의합니다. 이 영화는 전지구적 자본주의라는 말 자체가 보여주고 있는 상황, 즉 자본주의 바깥을 상상할 수 없는 현재의 상황에 대한 은유로 읽힙니다. 한국을 예로 들자면 1980년대의 정치적 실험이 1990년대 미학화되었을 때 저항이 체제 안으로 환원되어 온 과정과 패러렐 하다고 생각했습니다. 〈설국열차〉의 마지막에 밝혀지는 것은 혁명 자체가 체제 유지의 동력이 되어버린다는 사실입니다, 모든 저항이 체제 내로 회수되어 버릴 때, 우리에게 닥친 진짜 문제는 바깥에 대한 상상 자체가 불가능해진다는 데 있는 것 같습니다. 〈설국열차〉의 마지막은 여기에 대한 응답일까요?

프레임 자체를 깨버리는 거죠.

바깥으로 나가는 건 아이들입니다. 기차에서 태어난 이 아이들은 바깥을 한 번도 상상해 볼 수도 없었던 아이들이라는 점이 중요한 것 같습니다.

그렇죠. 기차 세대죠. 트레인 본 베이비라고 영화에서 말해

요. 마지막 장면은 오스트리아 스키장에서 찍느라고 고생했어요. 실제 눈을 찍고 싶어서 세트가 아니라 거기까지 갔는데 눈이 녹기 전에 찍어야 하니까 라스트신을 첫날에 찍었어요. 고아성 배우가 얼마나 당황했을까. 〈설국열차〉는 이 마지막 장면을 향해 나아가는 영화예요. 문을 여는 순간 운동 방향이 90도 바뀌어버리는 거잖아요. 수십 개의 칸이 있는 기차 앞으로 나가면서 수백 미터를 왔다면, 90도를 틀었을 때 불과 1.5미터 옆에 밖이 있어요. 그런데도 나갈 생각을 안 한 거죠. 그 전에 7명이 나갔다가 프로즌 세븐으로 명명되어 체제 유지용의 교육용 교재로 쓰였으니까. 남궁민수의 마지막 대사는, SF 장르를 핑계 삼아 이런 관념적인 대사를 한번 넣어도 되지 않을까 싶었어요. 그리고 이 대사와 영화적인 운동 방향이 맞물려 있어서, 내 나름의 영화적 정당성은 갖고 있었던 거죠. 계속 앞으로 가봤자 기차 안인 것 아니냐, 옆으로 뚫고 나가야 하지 않느냐. 그 대사는 노골적으로 정치적인 테제 같은 거였죠. 우리가 혁명이라고 믿는 것들이 진짜 혁명일 수 있을까. 애드 해리스가 이런 소요 사태가 있어야 사람들의 기분도 환기가 되고 그 과정에서 숫자도 조절되어서 겸사겸사 좋다는 식으로 말하잖아요. 남궁민수는 약쟁이로 위장하고 있지만 사실은 이런 전복적인 생각을 하고 있다는 점에서 진짜 주인공이죠. 크리스 에반스는 헛짓하는 헛주인공이고.

〈옥자〉에 대해서 질문드리겠습니다. 왜 유전자 조작 슈퍼 돼지였나요?

임순례 감독은 〈소와 함께 여행하는 법〉을 찍기도 하셨지만, 나는 돼지가 가지고 있는 정서가 좋았어요. 돼지는 가장 많이 먹는 동물인데 또 애완동물로도 키워요. 사랑스러운 동물의 느낌과 잔인하게 말하면 군침 도는 먹을 것이라는 갭. 그 갭에 관한 이야기예요. 왜 슈퍼 돼지인가…. 실제 돼지에 관해서 다루려면은 〈잡식 동물의 딜레마〉라는 되게 괜찮은 다큐가 있어요. 그런데 지금의 자본주의 시스템의 톱니바퀴 속에 들어가 있는 돼지라는 존재와 소울메이트로서의 돼지라는 갭을 더 극대화시키기 위해서 이 영화가 좀 SF적인 느낌을 갖기를 원했어요. 이 갭을 확 키우기 위해 유전자 조작 슈퍼 돼지의 스토리를 얹고 싶었던 거죠. 〈옥자〉는 산골에서 자본주의의 심장부인 월스트리트까지 가는 여정을 그린 거대한 로드 무비예요. 미자에게는 소울메이트를 구출하러 가는 과정이고 미란도 회사 측에서는 그 자체가 모두 자본주의의 꽃이라는 마케팅의 여정이기도 한.

슈퍼 돼지에 관한 질문을 드린 이유는 〈옥자〉를 보면서 두 편의 영화를 떠올렸기 때문입니다. 하나는 조지 밀러의 〈아기 돼지 베이브〉이고 또 하나는 미야자키 하야오의 〈이웃집 토토로〉였습니다. 먼저 〈아기 돼지 베이브〉의 핑크 빛깔 돼지와 옥자의 형상은 전혀 다릅니다. 옥자는 하마 같은 피부의 질감이 살아있습니다. 〈이웃집 토토로〉의 메이와 토토로처럼 미자도 옥자의 배 위에서 서로 호흡을 맞추며 낮잠을 잡니다. 그런데 〈이

웃집 토토로〉가 인간과 자연이라는 문제 설정 속에 있다면 유전자 조작된 슈퍼 돼지 옥자로 옮겨졌을 때, 인간, 자연, 실험, 자본가가 얽힌 복잡한 난제로 이동해가는 것 같습니다. 베이브와 토토로, 옥자의 형상의 차이는 어디서 비롯되는 걸까요?

그래서 토토로가 연상되는 순간은 영화의 초반 산골 장면에서만 나올 수밖에 없어요. 〈이웃집 토토로〉는 탈 시대적이고 자본주의나 체제와 같은 영역에서 완전히 벗어나 있는 영화잖아요. 토토로가 도살장에 끌려가거나 실험실에서 고문을 당할 일은 없으니까. 한편으로는 말한 것처럼 베이브와 같은 실제 돼지의 느낌보다는 그걸 넘어선 SF적인 레이어가 필요했어요. 옥자는 GMO 제품의 측면, 유전자의 조작 또는 결합으로 만들어진 존재로서 몇 개의 종들이 섞인 느낌을 주고 싶었어요. 〈괴물〉 때 디자인한 장희철 씨와 상의를 했는데 돼지, 하마, 매너티 등 마음이 측은해지는 그런 동물들의 이미지를 모아갔어요. 매너티는 실제로도 유순한 걸로 유명한데 되게 순하고 억울해 보이고 마음의 상처를 잘 받을 것처럼 생겼어요. 남한테 공격당해도 대들지 못하는 아이 같은 느낌이 있죠. 그렇게 만들어진 이 생물체는 또 리얼리티를 가져야 하죠. 실제 뼈와 살과 피가 있고 호흡을 하고 똥도 막 싸요. 털이 북실북실하고 봉제 인형처럼 생긴 토토로는 판타지의 영역 안에 있잖아요. 심지어 고양이 버스까지 나올 수 있는 환경이니까. 그런데 비정한 자본주의 시스템까지 전진해 가는 옥자는 귀엽고 유순한 캐릭터지만 그만큼 사실성도 있어야 하죠.

〈옥자〉의 후반부에는 직접적으로 홀로코스트를 연상시키는 장면이 도입됩니다.

콜로라도의 도살장을 방문했을 때 본 풍경 그대로예요. 비육장이라고 불리는 장소가 있는데 수천 마리가 살이 찌워지면서 대기하고 있다가, 적정 정도의 살이 찌워지면 줄 서서 도살장으로 들어가요. 그 비육장이 정말 광활해요. 시속 40~50km의 속도로 10분 넘게 차를 타고 지나가는데 끝이 안 나요. 섹션별로 나눠어 있는데 착착 단계별로 살이 찌워지면서 최종 날짜가 오면 도살장으로 들어가는 거죠. 그 풍경을 옮겨온 건데, 거기에 약간 뉘앙스를 둬서 강조한 부분이 전기가 흐르는 철조망이었어요. 철조망에 조명을 달아서, 포로수용소나 아우슈비츠가 연상되도록 만들었죠.

엄마 돼지와 아빠 돼지가 철조망 사이로 새끼 돼지를 탈출시키고 철조망 안쪽에서 계속 따라가잖아요. 이 영화에서 가장 감정적인 수위가 높아질 수밖에 없는 장면이기도 한데요.

그건 〈옥자〉에서 제일 중요한 장면이었어요. 한편으로 VFX 애니메이션에 전부 의존해야 하니까 원하는 만큼 정교한 컨트롤이 가능했던 장면이기도 한데, 그만큼 걱정이 되기도 했어요. 전기가 흐르는 철조망에 아빠 돼지가 머리를 넣어서 전기 충격을 참아가며 벌리고 엄마는 애를 툭 차서 내보내

고, 애는 또르르 굴러서 다시 엄마와 아빠에게 가려고 하고, 그때 아빠가 자기들한테 못 오게 코를 빼서 철조망을 막아요. 옥자가 눈치를 채고 그 애를 확 자기 입 안에 넣어서 군인들을 속이지. 어떻게 보면 영화 전체가 다 그 장면을 향해서 가는 건데, 어떤 섬세한 감정의 결들을 거기에 다 모으고 싶었어요. 음악을 한 정재일 씨도 그 장면에 노력을 많이 했어요. 부다페스트의 어린이 합창단 녹음을 해서, 아이들 목소리의 코러스를 집어넣었죠. 시스템을 파괴하지는 못했지만 그나마 현재 할 수 있는 건 그 아이 하나를 거기서 빼내서 시골 산속까지 데리고 오는 거죠.

한 아이를 구했습니다.

그러니까 엄청 큰 우주를 구한 것 같은 의미도 있으면서, 냉소적으로 보면 또 너무 초라한 결과이기도 하죠.

옥자라는 가상의 캐릭터를 주인공으로 삼은 작업은 어땠나요?

감독 입장에서는 그게 사실 큰 짐이거든요. 이를테면 주인공이 다니엘 데이 루이스라면, 2시간 내내 그 사람을 쫓아가면 돼요. 이미 천군만마를 얻은 거니까. 그런 레벨의 배우들은 아무리 시나리오를 내가 썼어도 내가 생각한 것 이상의 섬세한 디테일과 호흡을 가져다줘요. 번뜩이는 아이디어를 제시해 주기도 하고. 그러니 감독 입장에서는 얼마나 좋아요. 반대로 옥자 같은 경우는 뭘 제시해 주기는커녕, 내가 0.5cm만 삐끗해도 완전히 망하는 거예요. 그래서 CG 캐릭터를 쓰는 건 사실 불안한 일이죠. 한순간이라도 이 캐릭터가 진짜라는 믿음이 깨지는 순간, 관객의 몰입도 그냥 증발돼버리는 거니까. 그래서 VFX 슈퍼바이저로 에릭 얀 드 보어를 찾아갔어요. 〈라이프 오브 파이〉에서 호랑이 만들었던 사람이 이 사람인데, 동물 생체 리얼리즘의 광인이에요, 정육점에 가면 크게 잘려진 돼지의 앞면을 30분 이상 보고 있는 사람.(웃음) 〈라이프 오브 파이〉의 이안 감독이 아마 나랑 비슷한 처지였을 거에요. 게다가 그쪽은 배라는 한정된 공간에서 벌어지는 일이잖아요. 물에 젖은 호랑이를 이렇게 무릎에 앉혀놓고 쓰다듬으면서 울기도 하고, '리차드 파커' 이름도 부르기도 하는데, 실은 CG 물체를 어루만지고 있는 거죠. 그런데 그게 진짜처럼 보여요. 그렇게 이미 검증된 사람과 일해야 내 불안감을 그나마 줄일 수 있을 것 같았어요. 에릭 얀 드 보어에게 우리 쪽 디자인을 보여주자 이야기가 수월하게 잘 됐어요. 카툰적 캐릭터라면 실망스러웠을 텐데, 디자인이 사실적이라는 게 마음에 들었던 거죠. 옥자는 뼈, 근육, 지방층, 피부 피하층까지 다 만들었어요. 내부는 화면에 안 보이지만, 그렇게 만들어야지 움직일 때의 출렁임이나 모든 게 사실적으로 보여져요. 속이 빈 풍선을 만들어놓고 CG로 덧입힌 게 아니죠. 나로서는 〈옥자〉보다는 상대적으로 덜 복잡한 크리처지만 어쨌든 〈괴물〉을 해본 경험이 있고, 그 사이에 〈라이프 오브 파이〉와 같은 결

과물을 볼 수 있었고, 그래서 불안에도 불구하고 시도할 수 있었어요.

〈옥자〉는 어디서부터 시작된 이야기인가요?

이수교차로를 운전하면서 지나가는데 고가도로 밑에 되게 큰 돼지가 서 있는 모습이 우연히 떠올랐어요. 처음 머릿속에 떠올랐을 때는 영화 속 옥자보다 한 3~4배 더 큰 사이즈였어요. 덩치는 엄청 큰데 내성적이고 순둥이 같은 애가 그다지 센 비도 아닌데 비를 피해서 이수 교차로 고가도로 아래 시무룩하게 있는 모습. 기이한 풍경이면서도 저 애는 덩치만 크지 왜 이렇게 불쌍해 보이나. 그게 출발점이었죠. 거대한 돼지가 밀림이나 평야에 있으면 좀 덜 불쌍해 보일 텐데 고가도로 밑에서 저러고 있다니. 서울에 무작정 상경했구나, 그런데 저 애가 왜 저렇게 클까, 왜 저렇게 불쌍한 표정일까. 이 두 질문을 두고 이야기를 발전시켜 나갔어요. 덩치가 크다는 건 장사치들 입장에서 고기가 많다는 거고 그건 많은 이익을 얻을 수 있다는 이야기일 텐데 거기서 유전자 조작 축산 기업 미란도를 생각해 내고, 한편으로 불쌍한 표정에서 누구랑 헤어진 걸까, 아 원래 같이 있어야 할 아이가 없구나. 그래서 미란도와 미자라는 두 갈래 이야기가 나오게 된 거죠.

〈옥자〉에서 ALF 멤버들은 실험실의 끔찍함을 목도해야 합니다. 감독님 영화에는 항상 목격의 모티브가 있는 것 같습니다. 〈플란다스의 개〉도 목격에서 시작된다면 〈살인의 추억〉에는 목격자 백광호가 있죠. 〈괴물〉에서도 초반에 한강에서 자살하는 남자가 있잖아요. 그는 이미 무엇인가를 보고 아는 자이죠. 〈마더〉에서 엄마는 목격자인 남자를 죽입니다. 이 모자라거나 살해되는 목격자들은 목격했으나 증언하지는 못합니다. 목격과 달성되지 못하는 증언은 감독님 영화의 어떤 명제를 보여주는 것 같습니다. 그건 '보아야 한다'라는 명제가 아닐까요?

시나리오 쓸 때 그런 걸 의식한 건 아닌데 결과적으로 유추해 보면 그런 면이 있는 것 같아요. 〈옥자〉의 그 장면에서 ALF 멤버인 레드가 너무 끔찍해서 실험실 화면을 끄면 안 되냐고 하죠. 그러자 다른 멤버들이 고통스럽지만 이건 꼭 봐야 한다고 말해요. 강제 교미는 축산계에서 실제로 벌어지는 일이에요. 왜냐하면 프로덕트 생산물의 개념으로 보니까. 그 일을 진행시키는 노동자 역시 트라우마를 갖기도 해요. 그 씬은 넷플릭스에서 유일하게 빼줬으면 좋겠다고 이야기했던 장면이기도 해요. 적나라하게 전시하고 싶지는 않았지만, 최소한 실제 축산업에서 벌어지는 이 일에 대한 몇 개의 숏은 있어야 한다는 사명감이 있었어요.

〈옥자〉는 넷플릭스에서 작업하셨습니다. OTT는 관람의 방식을 완전히 바꿔놓고 있습니다만, 창작자의 입장에서 기존의 영화관의 관람형식으로부터 OTT 관람형식이 일반적인 것이 되었을 때 그 차이가 느껴지십니까?

2014년 말에 투자자들을 처음 만났는데 그때는 스트리밍이라는 개념에 대해서 잘 몰랐어요. 넷플릭스도 생소했고. 원래 비디오 대여 사업에서 시작했다는 것과 돈이 아주 많다는 정도 알았죠. 지금 우리들이 이야기하고 있는 극장의 시대가 어떻게 되는가, 스트리밍은 무엇인가와 같은 이야기들은 〈옥자〉가 개봉할 즈음부터 논의되었어요. 2017년에 〈옥자〉가 칸 경쟁에 가게 되면서 프랑스 극장협회의 반발이 이슈가 됐는데, 그때 이런 논의들이 시작된 걸로 알고 있어요. 처음 〈옥자〉를 시작할 때는 뭐가 뭔지 잘 몰랐죠. 사실 짚어보면 간단해요. 〈괴물〉에서 괴물은 공격할 때만 가끔 나오는데, 그게 115숏이었어요. 〈옥자〉에서는 옥자가 나오는 숏이 350에서 400숏 정도예요. 게다가 〈괴물〉보다 훨씬 더 섬세해야 하고 고퀄리티여야 하죠. 이게 의미하는 건 영화의 예산이 엄청나게 커진다는 거예요. 〈괴물〉의 '괴물'은 저예산으로 만들었는데도, 한 숏당 평균 가격이 3,000에서 3,500만 원쯤이었어요. 〈괴물〉 제작비가 110억이었는데, 그중 CG 비용만 40에서 50억 사이가 되는 거죠. 〈옥자〉 예산은 영화가 성립되는 수준의 퀄리티로 만들려면 500억이 넘어갔어요. 당시 한국이나 아시아권의 투자배급자들이 감당할 수 있는 예산은 맥시멈 200에서 300억 정도였어요. 500억이면 무조건 북미 배급사로 가야 한다는 뜻이죠. 그래서 어쩔 수 없이 할리우드 스튜디오들을 찾아다녔어요. 디즈니만 빼고 전부 돌아다녔는데, 반응들이 다 똑같아요. 시나리오는 흥미진진하고 어린 소녀와 동물의 아름다운 관계도 참 좋다, 그런데 정말 도살장도 보여줄 거야? 이거 어린이 관객용 영화 아니야? 나는 도살장을 보여주기 위해 이 영화를 하려는 건데, 기존 스튜디오들은 도저히 이건 받아들일 수 없다는 거였어요. 모든 할리우드 스튜디오에서 거절당했는데, 그때 에이전트가 요즘 떠오르는 디지털 스튜디오를 만나보는 게 어떻겠냐고 제안해 왔어요. 넷플릭스를 만났는데, 일단 돈이 아주 많았어요. 그리고 좀 진지한 감독과 영화적인 영화를 찍고 싶어 했어요. 그 당시에 넷플릭스가 공격적으로 콘텐츠 사업을 벌이기 시작한 때였는데, 영화계의 한 플레이어로서 인정받고 싶은 욕구가 강했던 거죠. 다음날 바로 같이하자는 연락을 받았어요. 원하는 예산도 다 줄 테고, R18 영화여도 전혀 상관없다, 피바다를 만들어도 좋다, 도살장 '환영'이다, 우리는 그런 걸 더 좋아한다, 그게 우리와 디즈니의 다른 점이다, 이러는 거예요.(웃음) 넷플릭스는 독특한 게 자막에 욕을 번역할 때도 최대한 순화시키지 않고 세게 하기를 원해요. 성인들이 보는 플랫폼이라는 거죠. 유일한 불만이 극장에 관한 건데, 우리는 스트리밍 업체다, 양해해달라. 다만 대규모는 아니더라도 일부 부분적 극장 개봉에는 협조할 수 있다고 했어요. 영화제는 오히려 넷플릭스가 더 가고 싶어 했어요. 영화제 프로모션도 열심히 하겠다는 거예요. 그러니까 선택의 여지가 없었죠.

넷플릭스와의 작업 과정은 어떠셨나요?

넷플릭스는 그렇게 일하면서 조금씩 알게 됐는데, 나중에 골치 아픈 존재들이 될 수도 있겠구나 싶었어요. 처음에는 만드느라고 정신없었는데, 개봉이 다가오면서 극장 문제가 떠오르기 시작했죠. 한국에서는 규모는 작지만 100여 개 관 정도 개봉하게 해줬는데, 내가 마음이 놓이지 않는 거예요. 대한극장이나 서울극장 메인관에서 봐주시는 관객들을 봐야 마음이 놓이는데, 스트리밍은 밤에 누워서 핸드폰으로 볼 수 있는 거 아닌가. 참 심란해졌어요. 그래서 만들 때는 별 트러블이 없었는데 개봉이 다가오면서 극장 하나라도 더 잡아달라고 다투게 되었죠. 극장 수익이 발생하면 당신들 이익이고, 과도한 P&A 비용을 쏟아부어 달라는 것도 아니고, 좀 큰 화면에서 본다고 문제 될 것 없지 않는가라고. 그런데 넷플릭스는 우리의 정체성이 있다는 입장이고, 그것 때문에 좀 갈등이 있었어요. 그러다가 칸영화제에서 이슈가 되면서 영화와 스트리밍 논쟁이 다이너마이트 터지듯이 점화가 되었죠. 〈옥자〉 개봉 당시에는 작품에 대한 이야기를 나눌 기회가 거의 없었어요. 모두들 넷플릭스 이야기만 했죠.

넷플릭스로 대표되는 스트리밍 서비스가 가져온 관람자의 경험 문제에서 변화는 사람들로 하여금 시간의 지속을 더 이상 못 참게 만드는 게 아닐까 생각합니다. 한편으로 빈지 와칭(binge watching)이 있다면, 또 한편으로는 영화 한 편을 한 번에 끝까지 보지 못합니다. 〈아이리시맨〉을 넷플릭스에서 한 번에 보았습니다만, 제가 이 당연한 사실에 뿌듯해했거든요. 이 '뿌듯함'이야말로 시청자로서 제가 이 상황 속에 놓여있다는 것을 새삼 확인시켜주었습니다. 어쩌면 209분이라는 상영시간이야말로 〈아이리시맨〉의 핵심일지도 모르겠구나, 마틴 스코세이지가 넷플릭스 안에서 넷플릭스에 저항하고 있었구나, 그런 생각이 들었습니다.

오스카 행사 기간에 미국 감독조합에서 대담을 한 적이 있어요. 그때 스코세이지 옹이 자신의 주치의이자 오랜 친구의 이야기를 하셨는데, 그 친구가 〈아이리시맨〉을 하루에 15분씩 일주일째 보고 있는 중이라는 거예요. 그러면서 알 파치노는 언제 죽냐고 묻더래요. 웃으면서 이야기하셨지만, 한숨을 쉬시더라고요. 그게 넷플릭스의 현실인 거죠. 물론, 스코세이지도 그런 영화를 찍을 수 있게 해준 넷플릭스에 대한 고마움이 있어요. 세 시간 반짜리 영화에 젊은 로버트 드니로와 젊은 알 파치노를 CG로 만들어내야 하니 예산이 어마어마하지 않겠어요. 〈아이리시맨〉도 〈옥자〉와 비슷한 케이스였어요. 그 영화도 모든 할리우드 스튜디오에서 거절당했는데, 넷플릭스로부터 〈옥자〉 때 들었던 것과 똑같은 제안을 받은 거죠. 스코세이지도 유명한 극장주의자잖아요. 하지만 감독 입장에서는 이 프로젝트와 연관된 수많은 사람들을 외면할 수가 없어요. 그런데 절친마저 15분씩 끊어보고 있다고 하니—저 역시 개봉이 다가오니까 별생각이 다 들었어요. 시청자가 집에서 TV로 보다가 화장실 가느라 옥자가 계곡에서 떨어지는 장면을 건너뛰면 어떡하지 등등—

상상하기도 싫은 생각들이 밀려오는 거예요.

저는 〈아이리시맨〉을 신촌 메가박스에서 봤어요. 그래서 한 번에 볼 수 있었지, 만약 집에서 봤다면 어땠을까 싶어요. 시청자의 입장이란 게 너무 자유롭잖아요. 스트리밍의 문제는 거기에 있는 것 같아요. 스트리밍이나 다른 새로운 기술들이 우리의 영화 관람을 풍부하게 해주기도 하지만, 만드는 사람 입장에서는 여전히 극장이 최고라는 다소 올드한 대답을 할 수밖에 없어요. 극장에서 제일 중요한 건 포즈 버튼을 누를 수 없다는 점이에요. 상영시간이라는 약속을 두고, 정해진 장소와 시간에 모여 정해진 시작부터 끝까지 한 번에 본다는 것. 감독은 영화 전체의 리듬을 조율하기 위해서 엄청난 노력을 하잖아요. 시나리오부터 촬영, 편집, 후반 작업에 이르기까지 2~3년에 걸친 그 긴 과정이 실은 전체 리듬을 조율하는 데 바쳐져 있는데 중간에 절단낸다는 건 끔찍한 일이에요. 그걸 보존시켜 줄 수 있는 것은 극장밖에 없죠.

〈옥자〉를 넷플릭스에서 작업하신 경험이 〈기생충〉에 영향을 미친 게 있을까요? 〈기생충〉은 스토리의 전개 방식부터 이미지가 증폭되어 가는 과정 모두 반드시 한 번에 봐야 하는 영화, 고전적 의미에서 '시네마'라는 생각이 듭니다.

〈기생충〉은 제가 가장 편안한 시스템으로 다시 돌아와 찍은 영화예요. 익숙한 동네와 환경, 홍경표 촬영감독과 송강호 사이에서. 칸영화제 가기 전에 어떤 프랑스 영화 기자와 인터뷰를 하는데 "봉, 이번에 마음 편하지 않나? 하비 와인스타인도 없고 넷플릭스도 없잖아" 하더라구요.(웃음) 〈옥자〉 때는 넷플릭스 때문에 난리가 났고, 〈설국열차〉 때는 북미 배급에서 하비의 '가위손'으로 힘들었는데, 〈기생충〉은 제작사도 〈마더〉를 같이 한 바른손이었고, CG 크리처에 대한 부담도 없고, 규모가 너무 커서 겁이 난다거나 영어 대사를 하는 영화도 아니니까. 시네마의 엑기스 자체에만 집중을 하는 게 〈마더〉였다면 그 영화를 함께 했던 제작사 사람들과 다시 모여 〈기생충〉을 한 거고, 그러니까 시작부터 좋았죠. 그리고 후반 작업할 때 정말 좋았어요. 시간적인 여유도 있었구요. 칸에 제출하는 프린트를 급하게 미완성으로 보내야 할 때가 있어요. 〈마더〉 때 그랬죠. 2월에 촬영하고, 3월 말 칸 출품으로 후반 작업이 끝나지 않은 상태에서 제출해야 했는데, 〈기생충〉은 스케줄도 여유롭게 잘 맞아 돌아가고, 칸에 보낼 때는 편집, 녹음, 음악 모두 99.9% 극장에서 상영하는 것과 다를 바 없는 상태로 보낼 수 있었어요. 기술 시사를 하면 보통 마음이 안 좋을 때가 많아요. 그런데 드물게 기분이 좋았어요. 이 정도면 그냥 개봉해도 되겠다 싶은 정도? 마음이 너무 편해서 스스로 좀 의아할 정도였어요.

보통은 보강하고 싶은 지점이 보일 것 같습니다.

그렇죠. 복잡한 마음이 들어요. 그런데 〈기생충〉은 부잣집이

한 60%, 반지하 동네가 30% 정도인데 둘 다 세트였단 말이죠. 그러니까 우리가 완전히 컨트롤할 수 있었던 거예요. 거기에 로케이션이 10%인데, 찍는 분량 대비 일정이 여유롭게 짜여있어서 공들여 찍을 수 있었어요. 그렇게 모든 게 좀 맞아떨어졌어요.

〈기생충〉은 스포일러가 노출되는 것을 굉장히 꺼렸습니다. 내러티브 전개에서는 문광이 초인종을 누르는 순간부터입니다만, 중반부 이후가 드러나는 것에 대한 이 우려는 단지 마케팅 차원의 문제가 아닌 것 같습니다. 어떤 이유가 있었을까요?

홍보 단계에서 관객들이 어느 정도까지 알고 있는지까지가 스토리텔링의 일부라고 생각해요. 네 명의 식구가 모두 침투하기까지 약 50분에서 55분 정도가 걸려요. 이 과정이 나름 설득력이 있어야 하고 디테일들이 필요하고, 저택의 구조와 모든 인물들의 특성까지 다 펼쳐져야 하기 때문에 아무리 압축한다고 해도 그 정도의 시간이 걸리죠. 그다음, 지하에 누군가 숨어있다는 건 절대 알려져서는 안 되죠. 처음에는 4인 가족의 침투조차도 알리지 않았으면 좋겠다고 했는데, 마케팅 팀이 괴로워했죠. 애초에 생각한 건 박소담이 침투하는 데까지만 알리는 거였어요. 〈괴물〉 때도 비슷한 일이 있었는데, 현서가 괴물에게 잡혀 죽은 게 아니라 하수구로 끌려갔다는 사실을 절대 관객들에게 노출하지 말아 달라고 부탁했거든요. 그래서 처음 나온 포스터 카피가 "눈앞에서 딸이 죽었다"였는데, 그럼 거짓말이 되니까 "눈앞에서 딸을 잃었다"로 바꿨어요.(웃음) 괴물이 실은 유괴범이라는 플롯이 드러나는 거에 굉장히 민감했죠. 왜냐하면 이걸 아느냐 모르느냐에 따라 관객들이 스토리의 러닝타임을 체감하는 게 달라지기 때문에 그래요.

아느냐 모르느냐에 따라 관객들이 러닝타임을 체감하는 게 달라진다는 언급을 염두에 두자면, 지하실을 숨기는 건 관객과의 서스펜스의 문제였던 거군요.

서스펜스와 서프라이즈를 어떻게 배치하느냐가 히치콕이 평생 고민해 온 거잖아요. 히치코키안으로 불려지는 건 언제나 저에게 명예로운 평가예요. 〈싸이코〉에서 자넷 리라는 빅스타가 영화 시작한 지 3분의 1 지점에서 죽게 되잖아요. 이 강력한 서프라이즈 뒤에 나머지 3분의 2는 전혀 예기치 못한 방향으로 내러티브 물줄기가 꺾였다가 주인공 어머니와 관련된 마지막의 강력한 반전이 있는 거죠. 〈싸이코〉 개봉 당시 히치콕이 홍보팀에게 먼저 보신 분들은 자넷 리가 죽는다는 이야기를 절대로 하지 말아 달라는 당부를 꼭 해달라고 했대요. 비슷한 케이스였던 것 같아요. 우리도 캠페인을 엄청나게 열심히 했어요.

〈기생충〉은 매우 모호한 말입니다만 '시네마틱'이라는 표현이 더없이 적절하게 어울리는 영화라고 생각했습니다. 특히 가족이 박 사장 집에서

빠져나와 집에서 물난리를 맞고 탈출하는 장면은, 이 시퀀스가 버즈 아이 뷰의 뗏목에서 끝날 때 정말 압도적이라는 느낌을 받습니다. 그건 단지 규모나 크기의 문제가 아니라 운동성의 가중 때문인데요, 인물들이 계속해서 움직이고, 물은 끊임없이 흘러내리면서 화면의 운동성이 계속 배가되어 간다는 느낌입니다. 그러고 보면 〈옥자〉와 〈설국열차〉를 제외하고 감독님 영화에 항상 비라는 요소가 있습니다. 비는 화면 안에 하나의 운동을 계속해서 마련해 나가는 것이기도 하고 화면에 분산이라는 독특한 효과를 만들어내기도 한다는 점에서 그 자체로 매우 시네마틱한 대상이기도 합니다.

〈7인의 사무라이〉나 제임스 그레이의 〈위 오운 더 나잇〉에도 놀라운 카체이스신이 있는데, 순수 시네필적인 욕심으로는 영화 역사상 최고의 비 씬을 찍고 싶다는 순진무구한 욕심도 물론 있어요. 다만, 〈기생충〉에서는 주제적으로 더 직결되어 있었던 것 같아요. 더 이상 신분 상승이 불가능할 것 같다는 계급적인 절망감이 도처에 깔려 있잖아요. 그나마 좀 상대적으로 순진했던 자본주의 시대에는 계급 간 이동 같은 것을 꿈꿔볼 수 있을 만한 곳이 있었는데, 이제 그마저도 없어지고. 양극화에 관한 이야기잖아요. 그게 이 영화가 갖고 있는 처절한 정서이자 주제라면, 위에서 아래로 높은 곳에서 낮은 곳으로, 그래서 절대 역류란 불가능한 그 움직임은 이것과 직결되어 있어요. 마치 중력처럼 거스를 수 없는 거죠. 부잣집은 물이 얼마나 잘 빠져요? 인디언 텐트에도 비 한 방울 안 새는데, 거기서 흘러내려간 물이 아래로 내려가면 기택의 반지하집과 동네는 온통 물에 잠기게 되는 거죠. 부잣집을 탈출한 가족들의 여정도 결국 하강을 계속하는 그 물의 여정과 같아요. 그 장면은 일종의 집으로 가는 처절한 로드 무비에요. 결국 도착했는데 그 물이 모여든 곳이 자신들의 보금자리인 거죠. 불과 몇 시간 전에 부잣집 욕조에서 목욕한 기정은 자기 자리로 돌아와서 검은 물이 넘치는 변기에 앉아 있어야 해요. 홍경표 촬영감독과 서울 시내를 이 잡듯이 로케이션 했어요. 정교한 경로를 만들어내기 위해 에너지를 엄청 쏟았죠. 영화에서는 하나로 이어지는 경로로 보이지만 로케이션 구성이 복잡했어요. 창신동, 후암동, 아현동…. 우리가 원하는 그림이 나오는 곳은 제한되어 있으니까.

저도 비슷한 경험을 한 적이 있습니다만, 아마도 이 영화를 본 많은 사람들이 이런 경험을 했거나 들었을 겁니다. 그래서 그런 경험의 자장을 나눠가지고 있는 한국의 많은 사람들이 이 장면을 공통의 리얼한 감각으로 받아들였을 것 같습니다. 감독님이 신분 상승의 불가능함이라는 표현을 쓰셨는데, 정확히 현재 우리는 발전적인 시간축을 당연한 것으로 여기며 살다가 더 이상 그렇지 않다는 것을 깨달은 상태인 것 같습니다. 넘어선다는 것이 더 이상 자연화될 수 없는 넘어설 수 없는 격차 앞의 감각이죠. 한편 이 지극히 한국적인 상황은 또한 한국만의 이야기가 아니기도 합니다. 이 영화가 불러일으킨 전 세계적 공감은 아마도 여기에 있는 것 같습니다.

좀 과하게 이야기하면 한국이 이 상황의 대표성을 띠는 것 같다는 생각조차 들 때가 있어요. 자본주의의 전 지구적 구조 속에서 로컬과 글로벌의 구분도 무의미해지지 않았나…. 대도시에 사는 사람들의 삶은 무척 동일해요. 〈기생충〉은 땅보다 낮은 곳에 있던 청년이 부잣집 계단을 올라갔지만 결국은 다시 그 자리로 돌아오는 이야기예요. 첫 장면에서 카메라가 지상에서 지하로 내려가서 최우식의 모습에서 시작하잖아요. 그 장면에서 최우식이 와이파이 신호를 찾고 있는데, 거기서 전 세계 관객들의 마음이 열린 것 같아요. 한국이건 대만이건 불가리아건 남녀노소 누구나 와이파이 신호를 찾잖아요.

〈기생충〉에서 박 사장을 죽인 기택의 소식을 전하는 뉴스 화면은 CCTV가 즐비한 골목 어디에서도 그의 흔적을 발견할 수 없었다고 전합니다. 저희는 그가 지하로 숨어들었기 때문이라는 것을 곧 알게 됩니다만, 그럼으로써 기택은 움직이는 육체를 가지고 있음에도 인지되지 않는 어떤 것이 되었다는 것을 알려줍니다.

유령이 된 거죠.

근세 역시 부잣집 꼬마에게 목격됩니다만, 귀신으로 인지됩니다.

계단 밑에서부터 유령이 올라올 때, 엄연히 살아있는 사람인데 유령 취급을 받아요. 결국 〈기생충〉은 송강호가 지하의, 유령의 자리로 가는 이야기예요. 그래서 영화를 보기 전인 관객들한테 반드시 감추고 싶었던 부분이었던 거죠. 문광도 경찰 입장에서는 실종일 텐데, 부잣집 정원 속에 잠들어서 아무도 모르는 또 하나의 슬픈 유령이 된 거고.

있지만 보이지 않는 존재야말로 감독님이 생각하는 현재 우리가 처해있는 인간의 조건이 아닐까 생각했습니다. 이를테면 마트에서 빨리 계산되기를 기다리는 우리는 그 계산하는 손의 주인이 누구인가는 보지 않습니다.

잔인하게 말하면 있어도 무시하겠다는 거죠. 우리 가까운 곳에, 심지어 집 안에 있는데도 의식적으로 무의식적으로 존재를 무시해요. 부잣집 아들이 경기를 일으켰을 때처럼 우리에게 어떤 피해가 왔을 때만 그 존재는 인지되는 거죠. 더 슬픈 건, 그 유령이 사장을 저주하는 게 아니라 존경과 감사를 표하잖아요? 심지어 잔디밭에 쓰러져서도 "리스펙트!" 그게 제일 슬픈 지점인 것 같아요. 저항할 기력조차 없어진, 혁명은 도서관의 책장 속에서나 있는 단어인 느낌.

뉴스의 '보도 화면'은 지금까지와는 전혀 다른 질감입니다.

손석희 씨가 앵커 할 때 JTBC 뉴스룸에 '탐사플러스'라는 코너가 있었어요. 그 코너에서 주로 재해 현장 같은 걸 다뤘는데, 유난히 과하게 카메라를 패닝하면서 다이나믹하고 비장한 느낌을 줘요. 골목 장면은 그 코너를 벤치마킹했어요. 촬영 퍼스트에게 레퍼런스로 JTBC 코너를 보여주고, 카메라도 손에 쥐어지는 박스형 4K 카메라를 썼어요.

렌즈는 광각렌즈를 썼는데, CCTV처럼 굉장히 와이드한 렌즈죠.

이 무기질적인 화면은 그래서 CCTV의 화면과 유사한 느낌도 줍니다. CCTV의 화면은 인칭이 없는 시점, 비인칭 시점이라고 할만한 화면입니다.

그래서 CCTV 화면을 보면 차갑고 기분이 안 좋아요. 저렇게 찍히고 싶지 않은데 찍힌다는 느낌. 그래서 관음증을 자극하는 부분이 있어요. 타인을 그런 식으로 엿보면서 왠지 자신은 안전한 위치에 있는 것 같고 또 타인의 치부를 목격할 수 있을 것만 같거든요.

지난 20년 동안 이런 화면들은 굉장히 많이 증가해 갔습니다. 그래서 저희에게 익숙한 이미지가 되었습니다만, 그 장면은 바로 우리의 이 익숙한 감각을 영화 속에 반영하고 있다는 느낌을 받았습니다.

2004년에 〈인플루엔자〉라는 30분짜리 단편 영화에서 전체를 CCTV 시점으로 찍어본 적이 있어요.

실은 〈인플루엔자〉에 대해서 여쭤보고 싶었습니다.(웃음) 저는 새삼 〈인플루엔자〉가 관객인 우리들의 시각 체계의 변화를 매우 빨리 포착하고 있었구나 생각했습니다.

〈인플루엔자〉는 전주영화제 제안을 받고 덜컥 하겠다고 했는데, 막상 찍으려고 하니까 너무 필름을 쓰고 싶은 거예요. 전주영화제 측에 필름으로 찍고 디지털 파일로 전환해도 되냐고 물어봤더니 영화제 담당자들이 엄청 황당해 하더라구요. "감독님, 이거 디지털 삼인삼색인데요. 죄송합니다."(웃음) 그때만 해도 디지털이 흉측한 게 필름하고 격차가 많았어요. 지금은 정말 많이 아름다워졌죠. 〈기생충〉도 알렉사 65로 찍었으니까. 어쨌든 어쩔 수 없이 디지털을 해야 하는데, 저는 디지털로 찍어야만 하는 근거를 갖고 싶었어요. 그래서 생각한 게 CCTV였던 거죠. 윤제문의 하루 일상의 궤적이 찍힌 CCTV 푸티지들을 긁어모은다라는 아이디어. CCTV 화면으로만 이루어져 있으니까 디지털 질감은 조악할수록 좋아, 그렇게 생각하니까 마음이 편해지더라구요.

장르를 끌어들이면서, 그 안에서의 변주로 이루어진다는 게 감독님이 본인의 영화를 설명하는 방식입니다. 장르는 변주를 위한 일종의 바탕인 걸까요, 이야기의 구조로서 이미 수월한 전달 방식이 내재되어 있는 어떤 것일까요?

예전에도 지금도 변함이 없는 게 장르 클리셰의 품 안에 포근하게 안기고 싶은 그런 마음도 들다가 또 장르의 틀이 너무 갑갑해서 때려 부수고 싶은 생각도 들고 그렇게 왔다 갔다 해요. 그러다가 어느 순간 그 자체를 아예 의식하지 않게 되는 게 영화를 만드는 과정에서 항상 일어나는 일이에요. 마라톤으로 치면, 마라톤 경기를 나가서 뛸 때 정해진 포맷이 있는데 또 뛰는 도중에는 몸과 마음이 다 멍해지면서 아예 경기 자체를 의식 안하는 그런 상황과 같다고 할까요.

감독님은 공인된 씨네필입니다. 1980~90년대 한국에서의 경험을 가지고 있는 씨네필이시죠. 1950년대부터 시작된 씨네필이라는 용어의 기원을 염두에 둔다면, 한국에 씨네필은 서구와 비교하자면 시차를 두고 늦게 도착했습니다. 1990년대 『키노』가 이를 대표했으니까요. 그런데 생각해보면 영화에 관한 이 경험에서 또 절대적인 양을 차지하는 매체는 비디오와 TV였습니다. 한국에 파리, 런던, 뉴욕, 도쿄 같은 시네마테크가 있었던 것도 아니니까요. 그 속에서 한국의 씨네필들은 새로운 영화든, 오래된 영화사의 고전이든 시간과 공간이 혼재된 채로 무역사적으로 탐식해 나갔던 것 같습니다. 그래서 종종 한국의 이 씨네필리아들은 사실 비디오필리아라고 불러야 하지 않을까 생각합니다만, 이 경험들이 감독님에게 어떤 영향을 미친 게 있을까요?

우리는 훼손된 영화를 보았죠. EBS에서 해주던 〈세계의 명화〉에서 펠리니와 트뤼포의 영화를 처음 봤어요. 할리우드 고전들은 〈주말의 명화〉에서 많이 봤고. 그 영화들을 보는 건 기본적으로 화면의 좌우가 잘려 나가 있으니까 훼손된 경험이었던 거죠. 당시 출시된 비디오도 레터박스 처리를 안 한 게 다수였어요. 게다가 검열을 또 엄청 많이 했잖아요. 어렸을 때 TV에서 〈뜨거운 오후 Dog day afternoon〉를 봤는데, 알 파치노와 존 카제일이 은행을 털어요. 그런데 이들이 왜 은행을 터는지 동기가 안 나와요. 사실 Sonny(알 파치노 분)은 동성 연인의 성전환 수술비를 벌기 위해 은행 강도를 하는 건데, 그들의 관계를 암시하거나 설명하는 것들은 전부 잘려 나간 거죠. 〈졸업〉에서 더스틴 호프만이 딸과 엄마 양쪽을 사귀는데, KBS에서 이 영화를 방영할 때 엄마를 이모로 더빙했어요. 이모 조카 사이면 괜찮다고 생각한 건지(웃음). 〈와일드 번치〉도 KBS 명화극장으로 봤는데, 폭력적인 숏들은 교묘하게 커트가 돼요. 초등학교 때 〈싸이코〉를 보면서 TV는 영화를 훼손한다는 걸 처음 알았어요. 아버지나 형이 이야기한 걸 들었는지 잘 기억나지는 않지만, 어쨌든 그 영화 이후 TV가 영화를 훼손시킨다는 피해 의식 같은 것이 항상 있었죠.

똑같은 영화를 한국 공중파에서 해줄 때와 AFKN에서 해줄 때 달라요. 그래서 더빙된 걸로 한 번 본 영화는 AFKN에서 방영할 때 찾아보죠. 영어는 안 들려도 어차피 줄거리는 알고 있으니까. 그러면서 자연스럽게 알게 되기도 했어요. 한번은 MBC에서 샘 페킨파 영화를 연속으로 틀어준 적이 있어요. 너무 보고 싶은 영화들이었는데, 이미 의심을 하고 보는 거죠. 이 컷과 이 컷 사이는 분명 어색했어, 뭔가 도려냈을 거야, 라고. 그러면서 빠진 컷이 무엇일까 머릿속에 콘티를 그리듯 구상해 보는 거예요. DVD 시대에는 최소한 화면비를 좌우를 잘라내지는 않았잖아요. 항상 레터박스가 쳐져있으면 안심이 되는 거죠.(웃음) 심지어 영화가 TV와 같은 16:9 사이즈라도 일단 볼 때는 의심을 하고 보는 거예요. 혹시 2.35대 1 영화인데 16대 9로 좌우를 잘라 틀고 있는 거 아냐?(웃음) 요즘 관객들은 레터박스가 보여야 오히려 안심이 되는 이런 의심 증세는 전혀 없을 거예요. 그리고 보면 이 훼손에 대한 스트레스와 불안감으로 잘렸을 것 같은 컷을 상상해 보는 건 도움이 된 것 같아요.

의도치 않은 검열의 생산성이 작동해버렸네요. TV가 어린 관객을 그저 보는 입장이 아니라 만드는 입장에서 생각하도록 만들었으니까요.

기본적으로 작은 분노 같은 게 있는 거죠. 고등학교 때 핑크 플로이드의 '다크 사이드 오브 더 문' LP를 사러 레코드샵을 갔단 말이에요. 이 앨범이 본래 A면, B면 각각 5곡씩 수록되어 있는 건데, 집에 와서 보니까 B면에 3곡밖에 들어있지 않은 거에요. 두 곡이 검열로 잘려나간 거예요. 학교에 갔더니 친구가 자기는 미국에 있는 삼촌한테 부탁해서 '원판'을 구입했다고 빌려주는데 어찌나 거만하던지.(웃음) 스크래치 나면 죽인다고 해서 애지중지 다루며 테이프에 녹음을 떴어요. 그런데 검열하는 자들은 잘라내는 과정에서 다 들었을 거 아냐, 그러면서 왜 우리는 못 듣게 하나. 여기에 대한 짜증, 분노, 스트레스가 항상 있으니까 공중파에서 영화를 볼 때마다 생각해요. 누군가 어떤 컷을, 씬을 잘라낸 걸 거야. 한번은 일본 위성 방송에서 〈고령가 소년 살인사건〉을 방영한 적이 있어요. 공테이프 2개를 준비해 놓고 녹화를 뜨는데 화질이 그렇게 좋을 수가 없어요. 레터박스 정확하게 찍혀서 화면 보존 되어있는데, 그게 정말 부러웠어요.

'씨네필 봉준호'가 사랑하는 한국영화감독은 김기영입니다. 예전 인터뷰에서 이런 말을 하셨어요. "김기영 감독님을 한국영화다, 한국영화는 김기영이다라고 생각해보지 못했습니다. 이마무라 쇼헤이나 신도 가네토나 (아르튀르) 립스타인이나 같은 분들 중 한 분이라고 생각했습니다. 이를테면 일본 영화는 오즈다, 라는 식의 접근으로 김기영 감독님을 선택한 적은 없다고 생각해요." 이 말에 매우 공감했던 기억이 있습니다. 어쩌면 이 공감의 바탕에 있는 것은 1980년대 후반에서 90년대 중반을 지나온 씨네필의 경험, 한국영화의 전통과 전혀 무관한 무시간적이고 무공간적으로 세계 영화에 탐닉했던 그 공통성 때문이 아닐까 싶기도 합니다.

1990년대 초 세계 영화를 보고 싶은 열망이 정말 강했어요. 지금처럼 인터넷이나 DVD, 블루레이가 없던 시절이어서 어떻게든 찾아보고 싶은 마음이 간절했죠. 유럽과 미국과 아시아의 거장을 찾는 그 과정 속에 자연스럽게 김기영도 있었어요. 한국영화에 애초부터 고립적으로 접근한 적은 없었던 것 같아요. 김기영 감독님의 영화를 보고 유럽이나 미국의 거장들보다 오히려 더 독창적인 우리 감독님이 1960년대에 있었다니 싶었어요. 김기영 감독님이나 이만희 감독 영화는 경계가 없어요. 타란티노와 이 영화들에 대해 오래 이야기를 했는데, 이만희 감독에 대한 관심이 정말 커요. 영상자료원에서 나온 영어 자막이 있는 DVD를 보내주기도 했어요. 이만희 감독님 영화에는 독특한 장르 색채가 있잖아요. 타란티노는 이름도 아주 정확히 발음해요.(웃음) 스코세이지 감독님도 한국영화 역사에 대해 웬만큼 알고 계시고, 홍상수 감독님이나 박찬욱 감독님처럼 서구에 많이 알려진

알려진 감독들 외에도 많이 알고 계시더라구요. 씨네필끼리는 자연스럽게 그렇게 되지 않나 싶어요.

현재 〈미키 17〉 작업이 거의 끝나신 걸로 알고 있습니다. 할리우드 스튜디오와는 첫 작업인데, 워너에서의 작업은 어떠셨나요?

스튜디오에서 특별히 까다롭게 굴거나 간섭하지 않아서 비교적 편하게 작업했어요. 그쪽은 전통적으로 쌓여있는 시스템이 있어요. 세트 하나를 확정지을 때도 무슨 대기업 결재란에 사인하듯이 감독, 미술감독, 프로듀서까지 서류가 한 바퀴 돌아요. 성가시다기 보다는 갖춰진 포맷이 작동하는 건데, 그런 행정적인 시스템이 제 크리에이티브나 미학에 영향을 주는 건 아니에요. 그리고 〈미키 17〉은 런던에서 찍었는데, 배우나 스태프 모두 미국, 영국, 프랑스 섞여 있는 환경이기도 했고 스튜디오에서 별 간섭이 없었어요. 원래 저런 영화 찍는 사람인 줄 알고 계약한 거니까, 그냥 내버려두는 게 낫지 않나 생각한 것 같아요. 기본적으로 감독 편집권으로 계약을 해서, 그쪽에서 이런저런 의견을 낼 수는 있지만 그걸 제가 꼭 따를 필요는 없죠. 〈설국열차〉 때 와인스타인 컴퍼니 때문에 고생한 경험이 있어서 최종 편집권은 무조건 감독이 갖는다가 기본이에요.

지금 애니메이션 작업도 하시는 걸로 알고 있습니다. 감독님의 만화 콘티가 워낙 유명합니다만, 그걸 애니메이션으로 옮겨올 때 매력은 무엇인가요? 실사와 다른 통제 가능성일까요?

너무 신나죠. 빌딩도 막 옮길 수 있고(웃음). 애니메이션도 녹음실에서 배우들의 임프로바이즈가 개입되어 있어요. 배우들이 메인 녹음을 먼저 하고, 대사 편집을 한 다음에 입 모양에 맞춰서 숏을 만드니까. 녹음할 때 배우들이 짓는 표정이나 동작도 애니메이터들에게 영감을 주는 소스로 다 찍어둬요. 애니메이션 작업에서도 배우들이 주는 활기는 여전하죠.

인터뷰 이영재
사진 김설우
스틸 제공 CJ ENM

〈마더〉

영화 〈마더〉는 관객을 불가침 영역에서 발생한 미필적 고의에 관한 재판에 배심원으로 초청한다. 모성애를 극단으로 밀어붙였을 때 벌어지는 일들을 본 관객은 곤란해진다. 그리고 그 끝에서 비로소 어머니라는 신화를 해체한다. 무조건적 헌신의 관계로 상징되며 가장 밀접한 어머니와 아들 사이를 떼어내는 작업을 하는 것이다. 영화를 본 후 누구의 잘못이며 무엇이 문제인가에 관한 혼란을 겪게 한다. 그래서 이 영화의 프레임은 모성애로 국한할 수 없다. 엄마라는 존재에 관한 탐구를 위해 국민 엄마 '김혜자'를 데려와서 엄마가 된 사람에 대한 실체를 파헤치고 있다.

먼저, 도드라진 연출

옥상의 시체의 이미지는 다분히 역설적이다. 죽음을 양지인 곳으로, 위로 끌어 올려놨다. 그 공간은 죽음의 반대 개념이다. 보통 죽은 이를 숨기기 위해 깊은 땅 아래에 심연 속에 묻어두는데 마을 사람 누구나 볼 수 있는 곳에 널어뒀다. 후에 도진이 밝히는 이유가 있기도 하지만, 마치 이 사건을 통해 드러낼 수 있는 모든 것을 한번 열거해 보자는 식으로 사건이 시작된다.

그리고 그 아정의 시체에서 다리 사이로 아정의 얼굴을 보던 형사의 시선이 도준을 보는 혜자의 시선으로 연결된다. 피해자와 그 피해자를 바라보는 시선. 나중에 이르러서 모두가 피해자로 느껴지는 이 이야기 속 시선이 된다.

마지막으로 살인 사건이 벌어진 그 장소를 보여주는 방식도 독특하다. 돌을 던지던 골목은 보이지 않는다. 도준과 아정의 공간은 철저히 구별된다. 골목 속의 아정과 골목 밖의 도준은 서로에게 돌을 집어 던진다. 아정은 세상으로부터 피해자이지만 어쨌든 자기 자신 또한 범법자이다. 도준은 엄마로부터 피해자이고 세상의 기준에서 범법자이다. 잔인한 방법으로 살의를 가진 상황은 전혀 없다. 강렬하게 내리꽂히는 돌이 아니라 붕 떠서 날아오는 것만 같은 돌덩이가 오갔고 의도치 않은 살인이 발생했다. 도준에게 날아온 돌은 컴컴한 곳에서 날아와서 누가 던진 지 불분명하고, 도준이 그저 맞대응으로 컴컴한 어둠 속에 던져버린 돌은 기둥 프레임을 거쳐 가며 어둠 속의 아정의 머리에 꽂혔다. 그저 어둡고 좁은 그 골목 속에 있었기에 벌어진 아이러니일 뿐이다.

살인사건

성매매는 가난 때문에 발생했다. 죽고서야 나타난 아정의 가족과 친척들이 평소 그녀를 돕지 않았기 때문이다.

성매매의 범죄자이자 사건의 목격자인 고물상 할아버지가 미리 가서 도준과 아정을 중재했다면 죽지 않았을 수 있다. 방관이 죽음을 일으켰다. 자신이 성매매했다는 사실을 은폐하고 싶기 때문이다. 도준 또한 엄마가 갚으라고 교육했기 때문에 돌을 던졌다. 사실 돌을 던진 게 죽이려는 의도가 있던 게 아니라 그저 맞대응했을 뿐이다. 옥상에 널어둔

건 오히려 누가 도와주라고 해둔 것이다. 즉, 나쁜 의도가 아니고 나름 도우려 했다, 도준의 입장에선.

결국, 영화에선 살인 사건을 통해서 수면 아래 잠겼던 모든 범죄가 드러났다. 살인 사건은 실제로 과실 치사의 사고였던 것이고, 그 사건으로 인해 사회의 병폐와 개인의 업보가 드러났다. 살인 사건이라는 소재가 주는 호기심과 사건의 진실을 찾아가는 수사라는 흥미진진한 전개를 취하면서 본격적으로 말하고자 하는 다른 이야기를 엮어내는 과정이 진행된다. 그 사건의 중심에 엄마가 있고, 아들에 대한 모성이 모티브였다면 자신의 원죄가 모멘텀이 된다. 지은 죄에 대한 업보가 쌓이는 형태는, 도준이 말한 것처럼 죄가 돌고 돌아오는 것이었다. 극을 끌고 가던 살인 사건의 진실보다 그 진실 이후의 인물들에 대한 모습으로 시선이 자연스레 이어지는 까닭에 마지막에 이르러서 그 돌고 도는 죄라는 폭탄 돌리기가 도달하는 곳이 섬뜩하다.

엄마와 섹스, 그리고 아들 혹은 남자

여성의 몸에 남성이 들어오며 생겨난 남성이 여성의 몸 밖으로 나가는 것이 아들이다. 그리고 그 아들은 그 여성을 엄마라 부른다. 자식을 가진 여성은 더는 이성적 대상으로 여겨지지 않고, 엄마라는 거룩한 갑옷이 씌워진다. 엄마에게 자식은 자신의 몸 일부였다. 자신의 배에서 나온 그 자식은 자기 자신과 다름없다. 그런 자식 중에서도 이성의 관계인 아들은 조금 더 특별하다. 육체적 관계를 할 수 있는 남성이지만 결코 관계를 해서는 안 된다. 그러나 그 누구보다 사랑하는 남성이다. 아들에게도 엄마는 어릴 적부터 항상 품에 안기어 젖가슴을 만지며 세상 가장 사랑했던 여성이지만 이성으로 여기지 않는 존재이다. 가장 사랑하는 여자와 남자의 사이이지만 결코 이성적인 관계가 되지 않는 관계이다.

엄마 혜자와 아들 도준은 그 모습을 교묘하게 담고 있다. 엄마와 함께 잔다는 도준의 표현은 중의적으로 관객에게 섹스를 상상하게 한다. 몇 번이고 등장하는 엄마와 잔다는 그 말은 자꾸만 모호하게 흘러갈 뿐 정확하게 기다 아니다를 말하지 않는다. 놀이공원에서 심문하던 중 엄마와 떡치는 거 아니냐는 말에도 혜자는 적극적으로 부정하지 않는다. 물론 긍정한 적은 없지만, 도준과 혜자의 입에서 한 번도 부정하지 않으면서, 초반부 엄마의 가슴을 만지는 도준의 모습을 본 관객은 불편한 상상이 들 수밖에 없다. 관객은 결국 감독의 의도대로 그들을 바라보게 되고 불편하고 불안한 심정으로 지켜보게 된다. 우리에게 섹스가 그렇다. 쉽게 공개할 수 없고, 원한다고 맘껏 할 수가 없다. 어떤 금기된 영역에 놓여있고 진정한 사랑을 기반으로 해야만 한다는 암묵적 전제도 두고 있다. 그런 성질은 엄마와 닮아있다. 엄마라는 존재는 사랑을 기반으로 하고 감히 함부로 말하면 안 되는 대상이다. 엄마는 섹스하고 자식을 낳았는데, 엄마와 섹스 그 둘은 우리에게 불가침 성역에 놓인다. 기묘한 그 대상

의 본질적 유사성을 은연중에 느낄 수 있다.

그래서 영화는 엄마에 관하여 집요하게 파고들기 위해 섹스를 수반한다. 우리가 이 영화에서는 엄마라는 불가침 성역을 헤집고 다녀야 하니, 유사한 심리적 거부감을 느끼게 하는 섹스라는 요소를 동원하여 호기심과 관찰심을 자극한다. 사건의 중심에는 섹스가 있다. 섹스하고 싶지 않지만 해야 했던 아정과 섹스하고 싶지만 할 수 없는 도준이 피해자와 가해자로 등장한다. 아정을 내몬 것은 엄마의 역할을 다 하지 않은 불우한 가정환경에 있었고, 그녀의 삶이 더욱 피폐해지는 이유는 섹스에 미쳐 원조 교제를 행하는 남자들에게 있었다.

영화 속에서 사랑이 기반 되는 섹스는 오직 진태와 미나가 한다. 그리고 그 장면만이 영화 속에 유일하게 등장한다. 섹스를 자극적으로 이용할 생각이었다면 아정의 원조교제 상황을 직접 다뤘을지도 모른다. 하지만 영화는 관객에게 오직 수긍할 수 있는 섹스의 순간만 보여준다. 섹스 자체를 나쁘게 묘사하지 않는 것이다. 그런데 그 장면은 엄마의 시선에서 훔쳐보게 한다. 지극히 현실적일 것만 같은 남녀의 그 관계 모습은 섹스에 관한 거리감을 좁히는 역할을 한다. 그래서 엄마 혜자에게, 또 관객에게 섹스를 편하고 가까운 거리로 가져온다. 그래서 이후의 아정의 이야기는 더 큰 거부감과 죄의식을 불러온다. 따라서 효과적인 방법으로 섹스 그 자체에 대한 거부감은 없애고 어떤 섹스가 문제인지를 명확히 구별시켜 준다.

같은 구조로 엄마라는 존재에 대한 논의를 끌어낸다. 당연히 우리에게 엄마는 사랑하는 존재이지만, 잠시 그 사실로부터 떨어져 객관적으로 판별해 볼 수 있게 한다. 모성애가 지나친 것은 가까이에서는 감정적으로 동화될 수 있기에 한차례 멀리 떨어져 보고 조금 더 침착하게 살펴보게 만든다. 이는 영화를 통해 우리에게 엄마라는 존재의 정체성을 고민하게 해준다.

엄마와 도준과 진태의 관계는 오묘하다. 엄마와 한방에서 자는 도준에 대해서 오이디푸스적인 해석이 지배적이다. 오이디푸스 콤플렉스는 아들이 엄마에 대해 성적 애착을 갖고 자신의 아버지는 질투하며 거부하는 모습을 말한다. 하지만 이 영화에서는 오히려 반대로 나타난다. 엄마가 아들인 도준을 끔찍이 사랑하고 진태에 대해서 굉장히 배척한다. 얼핏 그저 아들을 챙기는 엄마의 모습으로 볼 수도 있지만 조금 더 구조적인 형태가 있다. 진태에 대해서 근본이 나쁜 놈이라 욕을 하지만, 실제로 진태는 유능하다. 근본이 없는 만큼 어떤 방식으로든 자신이 살아남는 방법을 찾아다니고 상황에 따라 자신의 이익을 위한 선택을 한다. 자신의 억울한 누명도 스스로 벗어내고 오히려 그 상대에게 진실에 다가갈 길을 열어준다. 형사들보다 합리적인 의심으로 사건에 접근하고, 맨하탄 술집 아주머니의 관심도 받고 있다. 어쩌면 도준이 갖지 못한 것들을 모두 가졌다, 단 하나 엄마의

존재만 빼고. 그러니 엄마의 입장에서도 진태는 더욱 얄밉다. 하지만 엄마와 진태 사이의 미묘한 기류가 있고, 결국 엄마에게 진태는 배척해야 하지만 무조건 싫기만 한 게 아닌 애증의 대상이다. 사실 도준도 엄마에겐 애증의 대상이었다. 끔찍이 아끼는 아들인 줄 알았는데 사실은 같이 죽자고 농약을 먹였던 대상이었다. 함께하기 힘들어서 죽으려다 결국 죽고 못 사는 관계가 된 자식이다. 도준과 진태는 그런 면에서 엄마에게 애정과 증오가 뒤섞인 대상이다. 자신이 죽이려 했다는 걸 알면 안 되는 아들과, 자신이 몰래 침입해 훔친 골프채로 신고했다는 사실을 알게 된 아들의 친구. 숨기고 픈 죄를 지은 대상이고, 결국 함께 가야만 했던 대상이다. 그래서 진태도 엄마가 결국 순응하고 도움을 요청하는 대상이 된다. 결국, 아버지에게 순응한다는 오이디우스의 긍정적 결론과 맞닿는다. 엄마는 사랑하는 아들 때문에 비교 대상인 아들의 친구를 증오했지만 결국에는 화해하게 된다. 이는 엄마가 자아를 찾아간다는, 정체성에 관한 이야기로 볼 수 있는 하나의 측면이다.

엄마라는 신화

더 이상 생리대를 하지 않는 엄마가 마지막에 이르러 살인을 저지르고 바닥에는 선혈이 낭자한다. 원래 여성에게 다리 아래로 흘러내리는 피는 어른이 됨을 상징한다. 그리고 엄마가 될 준비가 되었음을 알려준다. 그러나 엄마가 되고 환경에 이르러서는 더는 여성이 아니라고 한다. 엄마는 여성이 아니다. 섹스를 해서 엄마가 되고 나면 섹스로부터 가장 먼 존재가 된다. 그런 엄마라는 존재가 자신의 존재 이유와 다름 아닌 아들 때문에 저지른 끔찍한 일들 속에서 그녀는 다시금 자신의 아래에서 흘러내리는 피를 보게 되었다. 마치 새로운 시작을 알리는 것만 같은 그 적신호는 잊으며 묻어둔 모든 과거로부터, 망각으로 회피해온 모든 책임으로부터 다시 시작하라는 것만 같다. 다시 제대로 엄마가 되라고 말하는 것 같다.

아들에게 저지른 잘못을 아들이 모르게 침을 놓고 한약을 먹이며 잊게 했을지도 모른다. 그러나 엄마는 그 일들을 모조리 기억하고 있다. 기억하지 못한 아들과 기억하며 매일을 사죄하는 엄마의 그 관계는 건강하지 못했다. 모성애라는 아름다운 포장 내면에는 지나친 책임감과 억압된 본능들이 내재되어 있다. 그 포장지가 견디지 못하고 터져 나온 후의 엄마는 비로소 아들로부터 거리를 찾는다. 출소하는 아들을 만나러 가지 않음으로 기울지 않는 제자리를 찾는다.

다 타버린 고물상에서 찾아온 침통을 건네는 아들에게서 엄마는 다시 과거의 그 순간을 마주한다. 자신의 잘못을 알고 있는 아들을 마주하는 그 순간이 왔다. 그 옛날에는 아들의 기억을 지우며 자신이 버티는 방법을 택했지만, 이제는 자신의 허벅지에 침을 놓으며 자신이 잊고자 한다. 아들이 잘 살아가길 바라며 자신이 모든 책임을 짊어졌던 과거

의 선택을 이번에는 바꾼다. 자신이 자유로워지기 위해 그 선택을 되돌린다. 엄마는 그렇게 막중한 책임과 무조건적 헌신의 대명사와 같은 엄마라는 신화를 벗어낸다. 과연 그 엄마는 이제 한 명의 여성으로 돌아갈 수 있을까.

이 영화의 정점은 역시 엔딩 장면 고속버스 씬이다. 앞서서 홀로 바람을 맞으며 춤을 추고 눈을 막고 입을 막고 손을 감추며 자신을 틀어막고 억압하던 엄마의 모습이 이제는 변주된다. 자신의 허벅지에 침을 놓고 엄마들 틈으로 들어가 신나게 춤을 춘다. 그 시간은 개와 늑대의 시간이다. 무엇이 무엇인지 구별하기 힘든 시간. 해가 저물며 빛이 번져 나간다. 흐려지고 겹쳐지고 합쳐지며 마더는 마더들 속으로 융합된다. 우리의 그 마더를 모든 마더들 속으로 하나 되게 만든다. 영화 속 이야기가 엄마라는 신화를 해체하는 경험은 관객에게로 돌아온다. 영화 속 엄마 혜자의 이야기가 아니라, 그 이야기가 전이된 모든 엄마들의 이야기가 된다. 우리에게 엄마란 어떠한가. 우리는 어떤 엄마를 가졌고, 혹은 자신이 어떤 엄마이며, 또한 어떤 엄마가 되기를 바랄까. 엄마라는 신화를 벗어던지는 엄마를 바랄 수 있을까.

글   MMZ 백정훈 ('100mopo')

봉준호의 〈기생충〉이 의도한,
그리고 의도하지 않은 어떤 성취에 관하여

개인적으로는 〈기생충〉이 봉준호의 최고작이라고 보고 영화를 매우 좋게 봤으며 무척 재미있는 영화라고는 생각하지만 그와 동시에 절대 다시 보고 싶지 않은 영화라고도 생각했다. 이 영화의 유려함이나 플롯이 가진 재미로 인해 다소 가려져 있지만, 사실 이 영화는 무척 냉정한 영화고, 어떠한 희망도, 아니 희망으로 가는 일말의 가능성조차도 없이 잔인하게 끝을 맺는 영화이기 때문이다. 물론 봉준호의 영화는 대체로 차가웠다. 그래도 그간의 영화들은 〈마더〉를 제외하고는 얼마간 '타협'을 한 흔적들이 보인다. 그 타협은 관객들에 대한 배려라기보다는 감독 본인의 선택으로 인한 것에 가까워 보인다. 다시 말해 봉준호의 이전 작품들에서는 영화 속 인물들을 끝까지는 밀어붙이지 않는다는 느낌이 들었던 것이다. 그런데, 〈기생충〉은 그렇지 않다. 이 변화는 무엇을 의미하는 것일까? 여기에서 시작해서, 봉준호가 〈기생충〉을 통해 명백히 의도한 성취와 의도하지 않은 성취 두 가지에 대해 논해보려고 한다.

〈기생충〉의 한 가지 성취는 분명히 의도된 선택에 의한 것이다. 어떠한 승리의 가능성도 없는 기택 가족의 처절한 패배라는 것 말이다. 말하자면, 봉준호는 이 영화의 결말을, 생일 파티에서의 파국을 구상하고 이 영화를 만든 것처럼 보인다. 기택이 왜 박 사장을 죽였는지, 결말이 너무 비약이라는 의견도 일리가 있다. 그러나 다소 거칠게 말하자면, 그 장면이 없으면 이 영화는 존재할 의의가 없다. 〈기생충〉은 처음부터 그 파국을 위해 최선을 다해 달려온 것이기 때문이다. 바로 기택이 처음이자 마지막으로 완벽히 선을 넘는, 그 문제적 장면을 위해서.

〈기생충〉에서 관객들이 가장 마음 편히 웃으면서 관람하는 부분은 어디인가? 그야 단연, 발랄한 케이퍼 무비 혹은 흡사 '만화 영화'(의도된 표현이다)를 떠올리게 하는, 기택네 가족의 작전이 벌어지는 부분이 아닐까? 치밀하디 치밀한 '봉테일'의 영화답지 않게 운에 기대고 가장 얼렁뚱땅 넘어가는 듯한 부분도 바로 이 부분이다. 복숭아를 들고 가는 기정의 모습은 '뽀샤시'하며 무척이나 과장되어 있다. 밀도 높고, 관객들을 몰아붙이는 이 영화에서 유일하게 숨 쉴 구멍이 있다면 바로 이 부분인 것이다. 영화 초반부의 기택 가족에게는 분명 희망이 있었다(혹은 있는 것처럼 '보인다'). 전반부에 펼쳐지는 이 모습으로 인해 관객들은 영화 후반부의 기택 가족의 추락을 더욱 극명하게 대비하여 느끼게 된다.

〈기생충〉에는 세 가족이 나오지만 대다수 관객이 온전히 이입하고 심지어 응원마저 보내게 되는 것은 아무래도 기택 가족일 것이다. 단순히 그들의 형편이 상대적으로 공감의 여지가 있기 때문만은 아니다. 그렇다면 왜? 당연하지만, 그들이 주인공이기 때문이다. 다른 가족들과 달리 그들의 시작과 끝을 관객들은 모두 알 수 있다. 그들에게는 동기와 사연이 있고, 그 무엇보다도… '냄새'가 난다. 쏟아지는 비를 뚫고 끝없이 끝없이 계단을 내려가는 기택과 가족들의 모습을 볼 때 관객들은 어쩔 수 없이 애처로움을 느낀다. 기택의 황망한 표정은 그 자체로 드라마다.

기택이 처음이자 마지막으로 완벽히 선을 넘는 순간 그는 영원히 추락한다. 자그마한 볕이 들던 기택의 집이었건만 이제 그 지상으로 통하는 작은 빛도 영원히 닫힌다.

이 영화에서 감독 봉준호는 우리 사회가 변이(내지는 변질)되었다고 믿는다. 〈마더〉처럼 음습하고 〈옥자〉처럼 따뜻한 가운데에서도 날카로웠을지언정, 〈괴물〉에서 시스템이 무너졌지만 결국 가정은 다시 복구될 수 있다고 보았던, 〈설국열차〉에서 최후의 희망을 희미하게 보았던 봉준호의 영화는 이제 완벽한 어둠을 향하고 있다. 개인의 힘으로 아무리 발버둥을 친들 상황은 바뀔 수 없다. 아니, 오히려 더 나빠질 뿐이다. 헛된 꿈을 꾸는 자의 종말은 참혹하다. 성공의 귀퉁이에 기생하는 것조차 힘들며 심지어 〈기생충〉에서 보여주듯이 그 기생조차 범죄의 방법으로써만 가능하다. 즉 누군가의 자리를 빼앗는 기형적인 방법으로만 성취할 수 있을 뿐이며 그 성취마저도 찰나일 뿐 결코 계속될 수 없다. 이런 점에서 냄새라는 설정은 기분 나쁠 정도로 영리한 선택이다. 냄새는 설령 그 본인이 알더라도 도저히 극복할 수 없는 문제다. 지독한 냄새가 밴 채로 만원 전철에 탔을 때 당사자는 본인이 그 원인이라는 것을 알아도, 알지 못해도 손을 쓸 방법이 없다. 더구나 만약에 그 냄새가 미묘한 것이라면, 본인은 인식하지 못한 채 알게 모르게 배어 버린 것이라면. 내게도 나는, 그 '지하철 타는 사람 냄새'처럼.

박 사장 부부는 뻔하디뻔한 '악인'들이 아니다. 눈에 보이게 악의에 찬 행동하는 사람은 차라리 쉽다. 증오해버리면 되고, 무시하면 된다. 하지만 박 사장 부부는 그렇지 않다. 외적인 교양과 품위를 갖춘, 동경할 수밖에 없는 사람들이지만 동시에 기택 가족의 결핍을 내내 '하자'로 보이게 만드는 사람들이다. '냄새'가 난다며 기택 가족을 내내 조심스럽게 만드는 사람들이다. 기택 가족, 특히 기택이 서서히 품게 되는 마음을 연교는 순수해서 잘 모르고, 박 사장은 알고 싶어 하지 않는다. 어느 쪽이든 결과는 '무지'로 드러나며 그것이 기어코 선을 넘게 만든 것이라고 봉준호는 지적하고 싶었던 것이 아닐까.

밝은 햇살 속에 다 같이 웃고 있을지라도 처지에 따라 결코 같을 수 없는 것, 그리고 아무리 감추고 도망치려고 해도 피할 수 없는 냄새로 나뉘어버리는 것, 바로 계급이라는 것을.

다른 한 가지는 분명히 의도된 것이 아닐 것이다. 기정이 아닌 기우가 살아남는다는 것, 그리하여 기존의 아버지에게서 아들로 전해져왔던 질서가 가까스로 유지되지만 - 결국, 철저히 패배한다는 것 말이다. 기정은 기택 가족 중에 유일하게 기존에 있던 다른 누군가를 대체한 것이 아닌, 오직 자신의 능력으로 자리를 잡은 인물로 나온다. 그리고 그녀의 능력에 대해 연교는 거의 맹목적인 믿음을 갖고 있으며 다송도 기정을 무척 따른다. 기우 역시 기정에게 '너는 원래 여기 사는 애' 같다고 말한다. 그런데도 그렇게 출중한 기정은 살아남지 못한다. 사실 그간의 봉준호의 영화들을 결코 여성혐

오적이라거나 여성 서사가 없는 영화였다고 비난할 수는 없다. 〈기생충〉은 더 말할 것도 없다. 이 영화의 여러 인상적인 인물들은 여성들이었으며 그들은 모두 인상적이고 매력적이다. 그런데도 기생충은, 아주 단순화하자면 기택과 기우에서 시작해서, 기택과 기우로 맺는 영화인 것이다.

사실 그동안의 봉준호의 영화들은 아주 약간씩 전형에서 벗어난 점이 있긴 했지만 배우 송강호로 표현되는 남성 중심의 이야기였다(물론 미자와 옥자의 이야기인 〈옥자〉란 예외도 있었다, 하지만 〈옥자〉는 봉준호 필모그래피에서 유독 이질적으로 보이는 작품이다). 봉준호 자신도 이를 딱히 부인하지 않는 것으로 보인다(여타의 감독들과 봉준호가 다른 점이 바로 이 부분이다, 여러 인터뷰를 통해 느껴지듯 봉준호는 영민하며, 본인이 잘하는 것에 집중하되 자신이 잘 안 하고 있는 것이 무엇인지 너무 잘 알고 있다, 그리고 무리하게 변명하지 않는 것처럼 보인다). 기택과 기우의 계획이 철저히 실패하는 것으로 마치는 〈기생충〉의 결말을, 아버지에서 아들로 이어지는 '부계', '가부장' 신화가 패배하는 이야기로 보아도 될까? 이것은 봉준호가 의도한 것은 아닐 것이다. 하지만 나는 이 점이 흥미롭게 느껴졌으며, (의도하지 않은) 큰 성취라고 본다. 붕괴된 서민 신화, 여기서 더 나아가서, 기존의 질서가 더 이상 제 기능을 하지 못하는 사회, 그리하여 무력한 아들의 슬픈 꿈(본인조차 믿을 수 없는 백일몽 같은)을 말하는 것으로 맺는, 이 영화의 철저한 패배에서 역설적으로 새로운 가능성을 본다.

이유야 어떻든, 그리고 당신이 봉준호의 〈기생충〉을 온 마음으로 좋아했든 아니든 간에 〈기생충〉은 놀라운 영화이며, 상영관을 나오는 이들의 마음속을 무척 복잡하게 만드는 영화다. 극장을 나서면서 온전한 느낌표가 아니라 물음표를 찍게 만드는 영화라는 점에서, 관객 자신의 경험에 따라 아주 얕은 층위의 공감부터 깊은 탄식까지 다양한 반응을 보이게 만드는 영화라는 점에서, 〈기생충〉은 실로 놀랍다. 〈기생충〉은 그동안의 봉준호 영화를 집대성하는 영화이면서, 다른 한편으로는 위의 두 가지 성취를 통해 기존의 자신에 안주하지 아니하고 새로운 가능성을 연다는 측면에서 그를 진정한 우리 시대의 거장으로 바라보게 한다.

글 MMZ 장희정

선물로서의 영화, 몇 번이나 그 앞에서

홍상수 × 정성일

홍상수가 이상한 것은, 참 이상한 것은, 언제 말하느냐에 따라 그의 영화에 대해서 완전히 다른 소리를 하게 된다는 것이다. 그래서 마치 그 이전에 미처 이 사람의 영화를 본 적이 없다는 듯이 다른 태도를 보이게 된다. 그건 이제까지 홍상수의 영화를 잘못 보았다는 자책과는 완전히 다른 것이다. 나는 그걸 최근에 깨달았다. 몇 가지 순간들을 되짚어보겠다. 어쩌면 이 순간들도 다음번엔 다른 목록을 열거하게 될지 모르겠다. 〈생활의 발견〉(2002년)을 보고 나면 이전 영화들에 관해 다시 말하고 싶어진다. 〈잘 알지도 못하면서〉(2009년)를 보고 나면 이전 영화들로부터 선을 긋고 싶어진다. 〈옥희의 영화〉(2010년)를 보고 나면 이전 영화들에 차례로 보충 설명을 하고 싶어진다. 〈지금은 맞고 그때는 틀리다〉(2016년)를 보고 나면 이전 영화들에서 내가 내내 무언가를 놓쳤다는 기분에 빠진다. 〈강변호텔〉(2019년)을 보고 나면 맨 처음으로 다시 거슬러 올라가고 싶어진다. 물론 홍상수라는 이름에 신경 쓰지 않고 마치 모르는 사람이 만든 것처럼 여기면서, 그렇게 따로 떼어놓고 한 편씩 흥미를 느껴볼 수도 있다. 그래서 매번 다른 소리를 하게 되는 것일지도 모른다. 연이어 만들어졌는데도 〈극장전〉(2005년)과 이듬해에 만들어진 〈해변의 여인〉을 구태여 연결할 필요를 느끼지 못할 것이다. 같은 해에 만들어진 (2017년) 〈그 후〉와 〈밤의 해변에서 혼자〉를 구태여 서로 이어놓아야 할 이유가 있을까. 그건 한참 떨어진 2021년에도 마찬가지이다. 〈당신 얼굴 앞에서〉와 〈인트로덕션〉은 오히려 따로 떼어놓기 위해서 만들어진 것처럼 보이기조차 한다. 당신이 이들 사이의 차이의 거리를 떠올리는 데도

움을 주기 위해 연도를 써놓았다. 내가 최근에 본 홍상수의 영화는 〈우리의 하루〉이다.

이때 내가 가져보는 낯선 기분은 상반된 두 개인데, 하나는 홍상수라는 이름이 이 영화들을 매번 다시 묶는 매듭, 그것도 견고한 매듭이라는 것이면서 동시에 그 자신이 묶어놓은, 어쩌면 자신을 묶어놓은, 하여튼 매듭을 스스로 풀기 위해서 애를 쓰고 있지만 잘 풀리지 않아서 그 위에 다시 한번 더 매듭을 묶는 방식으로 순종하고 있다는 것이다. 그러면 무슨 일이 벌어지는가. 홍상수의 영화를 보는 쪽에서 매듭을 풀어내는 방법을 찾아야 한다는 것이다. 그런데 왜 잘 풀리지 않는가. 이 매듭은 묶는 동안을 생활에 제한하고 있으며, 그래서 다른 이들이, 이를테면 〈버닝〉이나 〈헤어질 결심〉, 그리고 〈기생충〉을 떠올려보면 되는데, 그들이 대부분 사건 속에서 활동을 담아내려고 애쓰는 동안 여기서는 생활 속에서 사건이 일어나고, 그 안에 드리워진 어둠 속으로 물러나서 그림자 안에서 묶어놓은 방법을 생활의 일상이 보호하고 있기 때문이다. 더 간단하게 말하겠다. 저기서는 누군가는 사건에서 다른 누군가는 활동이 상징적인 매개를 경유하는데 여기서는 상상의 구조, 혹은 반대로 구조의 상상으로 바로 매듭을 매개한다는 것이다. 그래서 무엇과 대면하게 되는가. 중간 항을 매개하는 일반자가 사라지자 매듭과 만나는 순간이 불안으로 다가오게 된다. 왜냐하면 동시에 여기와 저기 사이에 놓여있어야 할 거리를 잃어버렸기 때문이다. 좀 더 덧붙여야 할 것 같다. 영화에서 사건을 중심에 가져다 놓을 때 사건의 특수성에도 불구하고 영화 안에서 일반성을 획득하는데, 반대로 홍상수는 생활의 일반성 안에

서 이상한 사건을 마주하면서, 아마 누군가는 사건이라기보다는 사건에 가깝다고 할지도 모르겠는데, 왜 그러냐면 인과 관계라기보다는 우연에 의해서 일어나기 때문인데, 오히려 그러기 때문에, 우연하게도 새로운 것이 침입하는 것을 예상할 수 없었기 때문에 사건인데, 그래서 특수한 일이 되어버린다. 이때 이 과정에서 사건의 참조는 영화가 아니라 영화를 보고 있는 쪽이라는 전도가 벌어진다. 왜냐하면 영화에서 멈추어야 할 사건이 참조 대상을 찾아서 영화 바깥을 어슬렁거리기 시작하기 때문이다. 홍상수 영화를 본 다음 왠지 기시감이 들거나, 종종 흔하게 하는 이야기, 마치 내 이야기 같아요, 라고 말해버리거나, 종종 불평하듯이 늘어놓는 푸념인, 일상에서 마주치는 일을 보기 위해 뭐 하러 영화관까지 가야 하나요, 라는 말을 듣게 된다. 그러자 어떻게 보는 쪽이 자신을 방어하기 시작하는가. 홍상수의 영화를 대할 때 폭력적인 태도로 취하기 시작한다. 그 장면은 이런 의미가 있어요, 저 구도는 이런 상징을 보여주고 있죠, 이 인물은 이런 심리적인 상태를 나타내고 있어요. 하지만 홍상수는 영화에서 사건 안에서 살아가야 하는 생활을 바라는 것이 아니라 생활 안에서 벌어진 사건을 찍기 때문에, 그래서 결국은 이런 설명이 거의 아무것도 증명하지 못하거나 애써서 상징이라고 말한 의미에 대해서 무효가 되는 것을 때로 아득하게 가끔은 허무하게, 하여튼 모호한 상태를 유지한 채, 다시 바라보게 된다. 그러면 어떻게 되는가. 우리는 영화를 본다기보다는 영화의 효과를 보게 된다.

여기서 착각이 일어난다. 홍상수의 영화를 본 다음에 친근하게 여기는데 사실 이보다 낯선 경험은 없다. 두 가지 이유 때문이다. 그런 일은 누구나 겪는다. 그런데 당신은 그런 일을 겪은 적이 없다. 이 두 개의 문장 사이의 간극을 생각해 주기 바란다. 이 둘 사이에 어떤 방해가 있다. 종종 이 둘을 하나로 종합하려고 애를 쓰는데 홍상수는 이 둘 사이의 틈을 유지 시키기 위해 할 수 있는 모든 방법을 강구 한다. 나는 내내 모든 방법을 보았다. 아마도 여기가 시작이었을 것이다. 〈강원도의 힘〉(1998년)을 본 다음 〈오! 수정〉(200년)을 보고 〈생활의 발견〉을 보았다. 이 셋 사이의 방법의 차이를 떠올려 주기 바란다. 그리고 이제 모든 방법을 다 소진했다고 믿을 때 새로운 방법을 보여주었다. 다시, 그리고 다시. 〈지금은 맞고 그때는 틀리다〉(2016년). 그리고 〈그 후〉, 〈도망친 여자〉(2020년), 그런 다음 〈우리의 하루〉. 이 틈은 단순하게 분리가 아니다. 반대로 당연히 거기 있다고 믿은 순환이 중단되는 것이다. 이 믿음이 부정당할 때 이미 잘 알고 있는 데로 프로이트가 친숙한 낯섦(unheimlich)이라고 부르는 것이 나타난다. 정의를 내리는 것이 우리의 목표가 아니다. 원래의 자리. 그래서 홍상수 영화를 마주할 때마다 극복할 수 없는 지평에 머물면서 다시 한번 두 가지 차이 앞에 서게 된다. 하나는 무언가 예기치 않은 것이 출현할 것이라는 참으로 막연한 기대이며, 다른 하나는 같은 순간에 거기에 무언가 억압당하고 있다는 두려움이다.

그러면 홍상수의 경이로운 우연은 어디서 마주치는가. 먼저 장소. 서울인가, 부천인가, 〈여자는 남자의 미래다〉(2004년). 한 영화 안에서의 이동 사이의 거리가 만들어낸 다른 우연. 반대로 한 장소, 북촌 안에서의 우연의 차이. 〈북촌방향〉, 〈우리 선희〉, 〈누구의 딸도 아닌 해원〉, 〈자유의 언덕〉(2014년), 〈풀잎들〉, 〈도망친 여자〉. 물론

이 목록에는 전체인 경우도 있고 일부인 경우도 있다. 홍대를 가운데 놓고 연남동 길거리와 합정동 골목의 차이. 〈당신 자신과 당신의 것〉과 〈그 후〉. 두 번의 바다, 하지만 강원도의 바다와 제주도의 바다. 〈인트로덕션〉과 〈물 안에서〉. 물론 홍상수는 벌써 몇 번이고 바다에 왔다. 때로는 바다 안까지 들어갔고 때로는 해변 앞까지 와서 발도 담그지 않고 돌아갔다. 왜 여기서 벌어진 일은 저기서 벌어지지 않는가, 혹은 벌어질 수 없는가. 이미지와 우연이 매듭을 만들어내면서 서로의 차이 사이에서 벌어진 간극은 확연하게 눈에 들어온다. 이때 매듭은 장소에 머무는 것이 아니라 시간에 머물고 있다는 것이 요점이다. 언제나 매듭이 성립되는 것은 사후적 사건이다. 사건은 어디서 벌어지는가. 나는 의도적으로 구체적인 장소, 당장 당신이 촬영 장소를 찾아가 볼 수도 있게 지명을 열거했다. 홍상수는 어떤 때는 상상의 구조, 다른 때는 구조의 상상이었던 것을 정말로 실재하는 것의 자리로 옮겨놓는다. 거기서 일어나는 효과는 무엇인가. 그렇게 함으로써 시간은 외양을 얻게 된다.

두 번째는 계절이다. 여름인가, 겨울인가. 비가 내리는가, 눈이 내리는가. 그 계절에만 만날 수 있는 사건. 그때 기후는 사소한 운명과 상관없이 자기의 질서에 충실하게 활동할 것이다. 가끔은 세상일에 긍정(하는 척)할 것이며, 때로는 당신의 불행에 부정(하는 척)할 것이겠지만, 대부분은 무심하게 일정한 거리를 유지하면서 다가왔다가 멀어질 것이다. 그때마다 이상해진다. 무엇이 이상한가. 우리가 보고 있는 장면 앞에서 설명하기 까다로운 과잉 상태가 벌어졌는데 그게 무언지 설명하려 들 때마다 해석의 덫에 걸렸다는 낭패를 경험하곤 한다. 여름에 비가 내린다. 〈당신 얼굴 앞에서〉. 겨울에 눈이 내린다. 〈그 후〉, 혹은 〈지금은 맞고 그때는 틀리다〉. 그게 뭐 이상한가, 라고 말하려다가 우리가 보고 있는 장면은 무언가 전체 중의 일부에 지나지 않으며 단지 나머지가 있다, 가 아니라 반대로 설명은 일부에 지나지 않으며 놓친 전체가 있는 것은 아닐까, 라는 의심에 사로잡히게 된다. 그래서 여름에 비가 내리고 겨울에 눈이 내리는 당연한 현상이 장면의 해석에 얼룩처럼 부정의 부정이 된다. 그 어느 영화보다도 〈북촌방향〉. 여기서는 세 번이나 계절의 변덕이 개입한다. 한 번은 술집 '소설'에서 바깥을 바라보았더니 눈이 내리는 장면. 다음 한 번은 술자리를 마무리하고 귀가하기 위해 택시를 잡으러 나왔더니 새벽 길거리에 눈이 쌓여있는 장면. 그리고 마지막 한 번은 주인공 성준이 이제 북촌에서 일정을 마치고 고향으로 돌아가기 위해 길을 나섰는데 문득 눈이 내리기 시작할 때, 그렇게 세 번 내린다. 겨울에 눈은 아무 때나 내린다. 홍상수는 아무 때를 그때로 만든다. 그렇게 함으로써 눈이 내리는 우연을 돌이킬 수 없는 사건인 양 마주치게 만든다. 그때 영화의 효과는 갑자기 상처받기 쉬운 것처럼 보인다. 그래서 만일 그때 눈이 안 내렸다면 영화가 성립되지 않았을지도 몰라, 라는 두려움에 사로잡혀서 우연을 매듭으로 인정하게 된다. 그러면 이게 왜 그토록 마술처럼 여겨지는 것일까. 누구나 잘 알고 있는 것처럼 바보가 아니라면 겨울에 눈이 내리는 것은 단지 무의미한 일상에서 마주치는 자연의 혼돈에 불과하다는 것을 잘 알고 있다. 일상의 생활에서 눈에 속는 사람은 없다. 그런데 이야기 안에서 한참 동안 이야기를 나누던 성준과 선배 영호, 영호의 후배 여교

수, 그리고 술집에 손님보다 늦게 온 술집 '소설'의 여주인 사이에서 내리는 눈은 거기에 의미를 부과하고, 그래서 의미와 이야기 사이에 어떤 질서가 있을 뿐만 아니라 심지어 그들은 미처 알지 못하는 목적이 있는 것처럼 보인다. 여기서 방점은 그런 것처럼, 에서 벌어진 틈새가 좁혀지지 않는다는 것이다. 사태가 약간 우스꽝스러워졌다는 걸 안다. 그걸 이어 붙이기 위해서 마술이 필요하다는 것이다. 누가? 영화를 보는 쪽. 하지만 여기서 다시 모호해지는 것은 무엇인가. 결과로서만 출현하는 영화를 보는 쪽이란 의미의 차원에서는 자리가 없고 단지 효과의 차원에서만 가정해 볼 수 있는 것에 지나지 않는 것은 아닐까. 나는 이미 막연한 기대와 함께 무언가 억압당하고 있다는 두려움이라는 말을 했다. 그러므로 이제 곤경에 관해서 말할 수 있게 되었다. 홍상수가 만든 영화, 차라리 누군가에게는 함정이라고까지 불러보고 싶어질 텐데, 이때 힘겨워지는 것은 다른 자리에서는 성립하던 종합이 여기서는 항상 불가능하다는 것이다.

이제 세 번째 층위가 하는 역할을 말해야 할 차례이다. 여기서는 방점이 옮겨간다. 홍상수를 그렇게 이야기하면서도 이상할 정도로 〈잘 알지도 못하면서〉가 차지하는 어떤 단절을 그저 무심코 지나친다. 어쩌면 처음에는 홍상수 자신이 이 단절을 의식하지 않으려고 애썼기 때문일지 모른다. 하지만 이 단절은 홍상수에게 다른 조건, 새로운 기회를 제공하였다. 물론 그냥 주어진 것은 당연히 아니다. 여기에는 결사적인 도약이라고 불러야 할 점핑이 있다. 〈잘 알지도 못하면서〉는 홍상수의 첫 번째 디지털 영화이다. 홍상수는 〈밤과 낮〉(2008년)을 필름으로 만들고 나서, 그 과정에서 우여곡절을 겪었고, 다음 영화에서 자기에게 주어진 돈의 환경 안에서 디지털을 선택했다기보다는 강요당했다는 불편한 기분을 안고 결정을 했다. 물론 그때 디지털은 이미지 재현에서 여러 가지 약점이 있었다. (그리고 여전히 약점이 있다) 하지만 영화와 다음 영화 사이에서 다음 영화를 선택했다. 영화와 다음 영화. 이 두 개의 말 사이의 심연을 들여다보길 바란다. 누군가에게는 물어볼 필요도 없는 이 질문이 홍상수에게는 결사적인 도약이었다.

홍상수의 망설임. 이때 디지털은 필름이 가지고 있는 영화의 독특한 이미지에 무언가를 결핍하고 있다고 받아들였다. 하지만 이행의 과정은 훨씬 근본적인 것이 되었다. 단번에 이루어진 것은 아니지만 홍상수가 영화를 만드는 과정의 질서를 차례로 허물어트리고 거기서 결핍을 거의 직접적으로 도착적인 상태로 옮겨놓았다. 어떤 도착적인 상태? 홍상수는 처음에는 영화 안에서 디지털의 물성이 가져오는 한계를 억압으로 받아들였는데, 차례로 그 억압을 부정해 나가면서, 여기서 부정(Verleugnung)은 문자 그대로 받아들일 필요가 있는데, 바로 그렇게 그 자신의 영화 안에 머물던 필름 영화의 제작 과정을 단계별로 지워나가기 시작했다. 돈의 환경이라는 맥락에서 〈옥희의 영화〉는 실험 영화이다. 정확하게 같은 의미로 〈풀잎들〉은 실험 영화이다. 간단한 설명. 홍상수는 여전히 롱 테이크로 인물 사이의 대화를 찍지만, 그러나 배우의 퍼포먼스에 대해 최종적인 허락을 내리는 장면, 현장에서 오케이 컷이라고 부르는 킵(keep)의 기준을 바꾸었다. 이 상태에서 기괴한 것은 언제 나타나는가. 이 과정에서 디지털을 강요당했기 때문에 그럴 수밖에 없었던 필름의 희생

을 분명하게 의식하는 것처럼 보일 때가 있다. 장면 안에서 실패는 소중한 것이 되었고, 실수는 일회성의 우연에 자리를 내주었으며, 거기서 부족한 것은 완전한 것보다 과잉한 것으로 여겨진다. 같은 말의 다른 표현. 디지털 앞에서 홍상수는 아니요, 이지만 네, 라고 하는 것처럼 보인다. 이 계산은 어떻게 진행되는가. 홍상수는 자신이 돈의 환경 안에서 희생을 치렀다는 불만에 대한 보상을 찾는다. 보상은 어디에 있는가. 이제 세 가지를 하나로 합칠 차례이다. 장소와 계절. 홍상수는 결핍에 대해서 질문을 계속하는 대신 보상을 찾는다.

나는 두 편의 단편 영화를 제외하고 〈우리의 하루〉까지 서른 편에 이르는 홍상수의 영화를 (의도적으로 〈돼지가 우물에 빠진 날〉을 제외하고 거의, 그렇다, 빠진 영화가 있다, 이를테면 〈극장전〉(2005년), 하지만 거의) 모두 건드렸다. 거기서 누군가는 여러 형식으로부터 자유로워지는 홍상수를 차례대로 보았다고 말하고 싶을 것이다. 나도 동의한다. 하지만 그건 무언가를 상실해 가는 과정이기도 했다. 정말 이상한 영화 〈그 후〉는 계속해서 무언가 실패한다. 점점 기진맥진해지면서 후반부로 가면 갈수록 점점 더 많은 것을 양보한다. 나는 도대체 어디까지 양보하려고 이러는 것일까, 라면서 불안하게 지켜보았다. 그런데 거의 자포자기하듯이 택시에 타서 눈이 내리는 바깥 풍경을 보면서 전혀 예기치 않게 아름이는 기도한다. "하느님, 기도드립니다. 모든 것은 하느님의 뜻, 모든 것이 영원히 하느님의 품 안에 있다. 그러니 하느님의 뜻대로 되옵소서, 하느님 마음대로 되옵소서" 이 장면은 기독교 공동체 안에서 하느님을 향한 순종과 아무 상관이 없다. 허약함을 고백하는 말. 자기를 남에게 맡기겠다는 말. 당신 뜻대로 되옵소서. 당신 마음대로 되옵소서. 당신 뜻이면 나는 아무래도 상관없습니다. 내가 어떻게 되더라도 그 결과는 당신의 뜻, 당신의 품. 언젠가부터, 그런데 그건 디지털에 자신의 영화를 맡긴 이후부터인데, 종종 홍상수의 영화는 실패했기 때문에 훌륭하고, 그걸 인정하고 받아들이는 용기가 종종 감동적이다. 그때 영화는 그 장소에서 계절이 자기에게 주는 그 어떤 것을 어떤 저항도 하지 않고 받아들인다. 미지수로 여겨지는 우연. 그때 이 모든 것은 외부에 놓여있는 이해 불가능한 배경으로부터 이름을 붙일 수 없는 내재적인 것으로 옮겨온다. 과잉 하는 것은 행위인가. 세상인가. 그 둘 사이의 긴장. 그런데 갑자기 거기서 불가능한 것의 심연이 중단된다. 그런데 그것이야말로 세상의 이미지를 진정으로 받아들이는 것이 아니면 달리 무엇이라고 불러야 하는가. 홍상수는 세상을 자기에게 주는 선물로 받아들인다. 순환은 거기서 멈추지 않는다. 그런 다음 그 선물을 우리에게 다시 돌려주려고 애쓴다. 홍상수의 영화를 볼 때 언젠가부터 걸작을 보았다는 느낌은 전혀 들지 않았다. 하지만 선물을 받았다는 기분을 가져보게 되었다. 우연으로서의 영화, 실패로서의 영화, 선물로서의 영화.

〈밤의 해변에서 혼자〉:
영희라는 이름에 점 하나를 찍으면

천상의 두 요정이 대화를 나눈다.

지영: 누구 오기로 했다며.

영희: 나는 안 기다려. 자기가 오고 싶으면 오는 거지 뭐. 내가 어딨는지 아니까.

영희는 사실 그를 기다리고 있다. 그가 몹시 보고 싶다. 복잡한 사랑에 빠진 영희, 그리고 사랑에 빠지고 싶지만 욕망이 없다는 지영의 대화 뒤로 회색빛 겨울 천상의 세계가 넓다. 공원을 걷고 있는 두 요정에게 검은 옷을 입은 야누스가 다가온다. 시간과 공간의 문지기. 그는 영희에게 묻는다.

검은 옷 남자: 여보세요! 지금 몇 신지 아세요? 몇 신지 모르세요?

영희: (고개를 젓는다)

지영: 아까 절하면서 뭐 한 거야?

영희: 다리를 건너기 전에 정말로 내가 원하는 게 뭔지 다짐해 보고 싶었어. 그냥 기도한 거야. 흔들리지 않고, 무슨 일이 일어나도 나답게 살고 싶어. (...) 그 사람 진짜 보고 싶네. 나처럼 내 생각할까?

영감(inspiration)의 요정들은 한없이 사랑을 기다린다. 언제라도 밤의 해변에서 혼자 쓸쓸히 서성이며 기다린다. 얼어붙은 해변 위로 발걸음을 옮기는 영희. 이때 검은 옷의 야누스가 나타나 그녀를 들춰업고 어딘가로 떠난다. 마치 〈홀리모터스〉에서 광인이 미녀를 등에 업고 미와 추, 가짜와 진짜, 꿈과 현실, 어둠의 경계 속으로 사라져 버리듯이. 영화의 1부는 이렇게 끝이 난다.

2부의 시작. 어둠이 밝아지면서 영희의 모습이 드러난다. 1부에서 사라진 영희가 강릉의 어느 극장 객석에 앉아 있다. 카페 주인 명수는 테이블에 앉아 원두를 고르고, 영희는 화단에 나와 꽃양배추를 어루만진다. 언젠가는 과육이 살아있는 붉은 열매의 광택을 매만졌을 명수의 손. 이제 그의 손끝은 불에 볶일 메마른 커피 씨앗들을 추린다. 영희의 손길은 그 가엾음을 위안한다. 영희의 살아있는 꽃양배추는 '영화'의 순간이 된다.

준희: 너는 아직도 사랑을 찾고 있는 거니?

영희: (...) 가치 없는 것들은 생각하기도 싫고요 (...) 그냥 곱게 사그라들면 좋겠어요.

명수: 나도 그런 생각한 적 있어. 그래도 사는 게 낫지 않냐? (...) 사람은 생각으로 사는 거 아니야. 살고 싶으니까 사는 거지.

영희: (...) 선배도 사랑하지 못하니까 사는 거에 집착하는 거죠. 진짜 사랑을 못하니까 그거라도 얻으려고. 사랑을 못 하잖아요. 사랑할 자격이 없으니까, 사랑받을 자격이 없으니까. 근데 사랑 사랑 노래는 해.

도희: 왜 그렇게 자격을 따져요? 아무것도 없는 사람은 사랑하면 안 돼요?

영희: 이해하지도 못하면서 그 입 좀 조용히 하세요. 다 자격 없어요! 다 비겁하고 다 가짜에 만족하고 다 추한 짓 하면서 그게 좋다고 그러고 살고 있어요. 다 사랑받을 자격 없어요!

화가 난 영희는 술에 취해 소리를 지른다. 요정의 높은 음성은 곱고 슬프다.

야누스가 호텔 유리창을 닦는다. 열심히 스크린을 닦는다. 그 뒤로 푸른 바다는 실크처럼 너울거린다. 주머니에 손을 넣고서 야누스는 바다를 관망한다. 바다는 찍지 않은 필름 같다. 거대한 태초의 어둠을 삼키고 있는 바다. 아직 아무것도 보이지 않는다. 〈안개 속 풍경〉에서 꼬마 알렉산더의 손에 쥐어진 셀로판 필름 조각처럼 아직은 아무것도 보이지 않는다. 문지기 야누스는 영희를 깊고 푸른 꿈속으로 데려간다.

상원: 그래 괴물 되지 말아야지, 벗어나야지, 후회하는 거에서 벗어나야지. 매일같이 후회해, 지긋지긋하게 후회해 (...) 그렇게 아픈데 계속 후회되는 걸, 누가 좋아서 하냐 (...) 자꾸 하다 보면은 달콤해서, 그래서 돌아가고 싶지가 않아. 계속 후회하면서 그대로 죽어버리고 싶어.

상원과 영희의 관계는 인간 오디세우스와 요정 칼립소의 사랑을 닮았다. 인간은 영원한 예술의 땅에서 불멸할 수 있는 존재가 아니다. 그럼에도 창작의 달콤함 속에서 속세를 아쉬워하고 창작의 고통 속에서 속세로 돌아온다. 떠나야 한다는 걸 안다. 깨어야 한다는 걸 알면서 꿈에 붙잡히고 만다. 상원은 안톤 체홉의 소설 일부를 영희에게 읽어준다.

상원: 이번 영화의 시작이야 이게. '(...) 사랑을 할 때 그리고 그 사랑에 대해 생각을 할 때는 일상적인 의미에서의 행복이나 불행, 일상적인 의미에서의 선한 행동인가 악한 행동인가라는 분별보다는 더 고상한 것, 더 중요한 것에서 출발해야 하며 아니라면 차라리 아무런 생각도 하지 말아야 한다는 것을 그때 알게 됐습니다.'

영희는 책을 받아 가슴에 고이 품었다가 자리에서 일어난다.

꿈에서 깨어난 영희의 모습이 멀어진다. 영희라는 이름에 점 하나를 찍으면 영화가 된다. 영화가 여기 있다. 영화가 어딘가로 또 떠난다. 사랑이라는 점 하나로 서로 다른 세계가 관통하는 세계. 그곳이 우리가 살고 있는 이곳이 아닐까. 사랑의 문을 통과해 영화의 안과 밖을 넘나드는 이곳. 오늘 밤은 영화 속에 잠겨 푸른 필름의 바다가 되는 꿈을 꾸며 잠든다.

글 MMZ 이선주

〈밤의 해변에서 혼자〉:
기다리는 것은 보이지 않고 가짜는 여전히 옆에서

'책에 적혀 있는 구절은 거짓을 고하지 않기에'

살기 좋은 도시 1위. 여유롭게 커피를 마시며 풍경을 바라보는 사람들로 가득 찬 거리. 푸른 초원과 그림 같은 바다가 있는 외국. 그런 도시에서는 무슨 일이든 성공할 거란 착각도 자연스럽다. 뭐든지 원하는 대로 해낼 것 같은 도시에서 영희는 이 착각을 다짐한다. 보이지 않는 사랑을 기다리지 않고, 모든 것에 솔직하게 임하리라 자부하면서. 영화 〈밤의 해변에서 혼자〉는 홀로 줄곧 결심하는 영희의 내면 속 파동을 비춘다.

1   공간

영화 〈밤의 해변에서 혼자〉에 등장한 두 도시는 같은 성질을 갖고 있다. 첫 번째 외국의 도시는 살기 좋은 도시 1위였으며, 두 번째 강릉은 가장 예쁜 도시 1위였다. 대부분이 선망하는 두 도시는 공교롭게도 주인공 '영희'(김민희)가 배우란 직업에서 떠나 머물렀던 공간이기도 하다. 살기 좋고 가장 예쁜 도시에서 영희는, 정말 그렇게 보인다. 모든 것을 초연하게 잊고 잘 사는 듯하고, 신비로운 분위기가 더해져 미모가 돋보인다는 칭찬이 끊이지 않는다. 그러나 영희가 유일하게 숨을 쉬는 곳은 살기 좋고 예쁜 도시가 아니다.

넘실대는 파도와 일정한 소리. 무엇이든 씻겨 내려갈 수 있다는 불안감은 동시에 어떠한 비밀도 지켜진다는 안정감이다. 호수 공원과 바다는 영희의 안정이다. 영희는 그곳에서 한 사람을 추억한다. 곧 자신도 이곳에 도착한다는 이메일을 보내온 남자가 진실을 말한 건지, 그 사람에게 가정이 있다는 것은 어떤 의미일지 생각한다. 모든 것을 건 사랑은 못 한다는 영희의 눈은 그리움으로 가득하지만 살아 있다. 그 남자에게 받은 유일한 단서는 손으로 만질 수 없는 곳에 있다. 언제든 지워지는 모래사장 위에 그 남자의 얼굴을 그리는 영희는 어쩌면 정답을 속으로 정했을지도 모른다. 남자도 여기에 곧 도착할 거라고.

한겨울에도 푸른 빛을 잃지 않은 공간에서 영희는 거듭 무언가를 다짐한다. 호수 공원으로 넘어가기 전, 다리 앞에서 절을 올린 영희는 말한다. 원하는 게 무엇인지 알고 싶어서, 그냥 나답게 살고 흔들리지 않고 싶어서 절을 올렸다고. 영희는 계속해서 입 밖으로 각오를 내뱉고 실패한다. 바보 같은 사랑을 하지 않을 거란 다짐은 낯선 도시에서의 오랜 기다림으로 그릇된다. 흔들리기도 하며, 다른 장소로 이어져 있으면서도 철저히 단절된 곳. 영희는 오지 않는 누군가를 기다리면서 이상과 현실 사이를 잇는 애매한 다리에서 변함없이 흔들린다.

2   가짜

공간의 괴리에서 나아가 영희는 습관이 되어버린 말에서도 상반된 모습을 보인다. 모든 것에 초연해 보이는 영희는 버릇처럼 말한다. 솔직해야 한다고. 일을 다시 해보자고 제안한 '준희'(송선미)는 책을 만날 땐 건성으로 만나면 안 되며

깊이 만나야 내면에 남는다고 거든다. 그러자 영희는 대답한다. 맞아요, 가짜로 하는 것들은 모두 없어져야 돼요. 솔직해야 한다는 말 앞에서 누구보다 거칠게 사랑의 자격을 운운하기까지 한다. 사랑하지 못하니까 사는 것에 집착하는 거라고. 진짜 사랑을 못 하니까 그거라도 얻으려고 발악한다고. 전부 가짜에 만족하고, 추한 짓을 하고 살아서 사랑받을 자격이 없다고 쏟아붓는 영희는 모순되게도 척을 한다. 가짜로 잘 살아가는 척, 사랑에 통달한 척.

그런 영희에게 나타난 의문의 남자는 그야말로 가짜같은, 비현실적인 존재다. 현실과 동떨어져 걷는 듯한 그림자. 강릉 호텔 방에 도착한 영희를 반기는 건 푸른 바다가 보이는 테라스의 통창을 닦는 남자다. 처음 외국에 있을 때부터 계속 마주쳤던 남자는 그대로 온통 검정색의 옷을 입고 있다. 정말 그림자처럼 스며든 남자가 열심히 유리창을 닦아도 시선을 주는 이는 없다. 그곳에 존재하지 않는 환영처럼. 혹은 아직도 영희의 곁에 오지 않은 그처럼. 기다리지 않는다 말하는 영희의 그리움이 사념처럼 뭉쳐진 듯한 환영은 사라지지 않는다.

영희는 다시 바다로 간다. 모래사장 위에 그린 남자의 얼굴 옆으로 누워 눈을 감는다. 그런 자신을 우연히 발견한 조감독을 통해 영희는 그토록 바라던 '상원'(문성근)과 만나는 데에 성공한다. 여전히 영화를 만들며 살고 있는 상원은 그의 팀원들과 술자리에 겸상한 영희에게 책을 선물한다. 그때 우리는 정말 불행했습니다. 심장이 타버리는 걸 알고 나서야 우리의 사랑을 방해한 것들이 얼마나 사소한 것인지. 인상적인 분별보다 더 고상한 것, 더 중요한 것에서 출발해야 하며 차라리 아무 생각도 말아야 할 것을 그때 알게 됐습니다. 책 속의 구절은 상원의 단전에서부터 혀를 지나 언어로 실현된다. 영희의 꿈속에서 상원이 서책을 통해 마음을 누설한 이유는 책만큼은 가짜가 아니기 때문이다. 영희는 상원과 나눴던 감정들은 가짜가 아니라고, 그의 진심에서 우러나오는 고백이라 믿고 싶다. 책에 적혀 있는 구절은 거짓을 고하지 않기에.

3   그럼에도 불구하고

눈을 떴을 때 영희의 곁에는 상원의 책이 없다. 다가와 걱정의 말을 건네는 남자 또한 조감독이 아니다. 여전히 바다는 넘실거리고, 모래사장에는 곧 지워질 그 사람의 얼굴만이 남아 있다. 영희는 다시 바다를 따라 걷는다. 살기 좋은 도시에서 살아있지 못하는 영희 그리고 가짜는 없어져야 한다는 말과 대비되는 허상들. 그럼에도 불구하고, 바다가 보이는 곳에는 영희가 있을 것이다. 그림자 같은 흐릿한 남자를 잊고, 어디서든 잘 살 수 있을 거라는 착각 혹은 다짐과 함께.

글   MMZ 이현지
스틸 제공   (주)영화제작전원사

영화는 어디로 가는가:

네 가지 자리, 네 가지 질문

지난 세기의 질문이 영화란 무엇인가, 였다면 우리 세기의 질문은 영화는 어디로 가는가,일 것입니다. 이 질문을 어디서 하느냐에 따라 서로 전혀 다른 대답을 하게 될 것입니다. 당연한 일입니다. 토픽을 어떻게 절단할 것인가, 라는 문제. 우리는 하나의 문제를 네 가지 다른 방향에서 질문해보기로 하였습니다. 어떤 문제? 영화라는 문제. 구체적으로 한국 영화라는 문제. 바깥에서는 문제라기보다는 개념으로 다룰 것입니다. 하지만 우리는 그런데, 라고 반문하면서 시작해볼 것입니다. 유명한 조언. 뛰어내리지 않으면 이해할 수 없는 것들이 있다고 했습니다. 같은 논법을 사용하겠습니다. 안으로 들어오지 않으면 설명할 수 없는 것들이 있습니다. 영화는 단지 주어진 개념이 아닙니다. 이 장소는 노동과 임금 협상, 그리고 자본이 유통되는 곳입니다. 『키노』는 그걸 잊은 적이 없습니다. 그러므로 먼저 곽신애가 안에서 질문할 것입니다. 먼저 소개해야 할 것 같습니다. 곽신애는 『키노』 기자로 시작한 다음 영화 현장에서 제작 일을 했으며, 우여곡절을 거쳐 〈기생충〉을 제작하고 봉준호와 함께 칸 영화제와 아카데미 시상식에서 마지막에 무대에 올랐습니다. 하지만 한가한 자화자찬을 늘어놓기 위해 질문을 시작하지 않을 것입니다.

두 번째 질문은 바깥에서 바라보았습니다. 지금 이상한 상황과 마주하고 있습니다. 누구나 한국영화가 산업으로 위험한 지표와 직면하고 있다는 것을 잘 알고 있을 것입니다. 하지만 바깥에서는 한류(Hallyu, 韓流)라는 말 뒤에서 모두 한국 영화의 상황을 부러운 시선으로 말하고 있습니다. 이 말은 과장이 아닙니다. 부산영화제에서 마주치는 외국 감독들, 기자들, 영화제 프로그래머들, 모두가 그렇게 말합니다. 우리는 여기서 진실은 어디에 있는 것일까요, 라고 물어보는 대신 이 모순의 긴장을 어떻게 설명해야 할까요, 라고 바꾸어 놓았습니다. 우리는 오랜 친구였던 『카이에 뒤 시네마』에게 의견을 청해보았습니다. 카이에의 편집장 마르코스 우잘은 (언제나처럼 카이에 답게) 편견을 갖고 파리에서 바라보는 한국 영화에 대한 의견을 숨김없이 들려주었습니다. 다소 불편한 의견과 오해처럼 여겨지는 입장도 있습니다. 하지만 이 대답들은 우리에게 착시라고 해야 할까요, 현상 뒤편에서 모순의 구조가 만들어내는 긴장에서 발견되는 불연속선을 정식화시키면서 다시 질문해볼 수 있을 것입니다.

세 번째 질문은 자리를 서울독립영화제 사무실의 테이블로 옮겨갔습니다. 여기서 방점은 독립영화입니다. 언제나 독립영화는 우리에게 첨예한 모순이 모습을 드러내는 장소였습니다. 왜 여기가 그렇게 중요한가. 여기서 질문을 하는 것은 영화에 관한 기만적이고 신비로운 개념의 외투를 탈피하고, 산업의 휘황찬란 숫자가 신기루에 지나지 않으며, 거기서 비로소 각성할 수 있었기 때문입니다. 아주 복합적인 의미로 이 테이블 위에서 던져진 질문들은 '합리적인' 비판으로 다시 읽어야 합니다. 이것이 우리가 공허한 비평의 담론을 끌어들이는 대신 이 테이블 앞에 마주 앉아 대화를 나눈 까닭입니다.

그러면 영화는 어디로 가고 있는가. 네 번째 대답에 대해서 '포스트' 시네마의 현재진행형 대답, 아니 메아리라고 할까요, 아무래도 그건 좋습니다. 그 자리에서 언젠가는 마주하게 될 것으로 생각하기는 했지만, 이렇게도 빨리 가깝게 다가올 것이라고 미처 예상하지 못했던 AI에 대해서 질문해보았습니다. 어쩌면 미디어의 미래학에 해당하는 이 질문이 위험하다는 것을 잘 알고 있습니다. 이 질문을 용기 있게 떠안아준 사람은 『키노』 첫 번째 평론가 공모에서 만난 김지훈입니다. 김지훈은 비평에서 이론으로 방향을 바꾼 다음 지금 교실에서 그의 학생들과 만나고 있습니다. 아마 이 질문은 영화는 어디로 가는가,에 관한 열린 윈도우가 될 것입니다.

이 네 가지 질문에 대한 대답을 하기 위해서 『키노』는 다시 돌아오기 위해 최선을 다할 것입니다. 이 안내의 글의 마지막 메시지는 (그러므로 계속…) 입니다. 금방 돌아오겠습니다.

1993-2023 아주 사적인 영화 30년 이야기

그리고
계속 사랑할 결심

글 곽신애
—

『키노 씨네필』 기획 회의에서 제게 맡겨진 원고는 '한국영화의 현재에 대한 논설'이었습니다만 고민할수록 지금 한국영화가 겪고 있는 위기와 그 원인에서 자유로울 수 없는 내부자로서 마음만 무거워질 뿐 글을 쓸 수 없었습니다. 결국 개인적인 에세이 형식으로라도 쓰라는 조정을 받았습니다. 세월이 더 많이 지나서 제가 은퇴 또는 죽음으로 영화와 헤어지게 되었을 때 지금 이 글에 담은 생각과 마음이 부끄럽지 않길, 그렇게 살아갈 수 있길 바랍니다.

2003

이 글을 쓰기 시작하려는 지금, 2003년에 발간되었던 『KINO』 No.99를 펼쳐보지 않을 수 없네요. 그 『키노』는 마지막 호였고, 무려 75페이지에 달하는 특집 [001-099 KINO'S MEMORY]가 실렸습니다. 거기엔 제가 쓴 『키노』와의 작별 인사 『키노』에서 가장 많은 것을 얻어간 사람'이라는 글도 포함되어 있습니다. 다시 읽습니다. 눈이 머무는 대목이 있습니다. "...계속 영화와 함께 살게 될 것 같습니다. 이렇게 내 인생에 밀착된 '영화'를 느낄 때면 『키노』가 내 인생을 바꾸어 놓았다는 생각이 듭니다", "나의 『키노』는 이미 내 몸속에 피처럼 흐르고 있으며, 적어도 내가 영화로 살아가는 동안은 작별할 이유가 없"고, "영화와 진심으로 마주하도록 항상 날 독려해 주는 존재로 함께 갈 것"이라고 했네요.

다행입니다. 무려 20년 전에 쓴 글에서의 생각과 다짐을 20년이 지나 마주했는데 후회가 없다니, 고군분투의 20년이었지만 방향만은 잃지 않았던 것 같습니다. 당시 영화 제작사의 기획실에서 홍보마케팅 일을 하고 있었는데 현재도 영화를 하고 있습니다. 기획 프로듀서, 제작 총괄을 거쳐 가장 최근의 크레딧은 '제작'입니다.

『키노』 시절 해외 영화제 취재 갔을 때 외국인들이 명함에 쓰인 제 영문 이름을 발음하기 어려워하기에 원음에 가깝게 발음하도록 CINE로 바꿨지요. 그 덕에 종종 "영화가 운명이시네요!"라는 말을 듣습니다. 『키노』 창간 준비를 시작한 1993년부터 30년 동안 영화인으로 살고 있으니 '영화는 내 운명'인 건 확실한 것 같습니다.

1993

더 거슬러 1993년으로 가봅니다. 그해 겨울, 저는 정성일 '예비' 편집장님의 권유로 생전 처음 혼자 외국행 비행기를 탔습니다. 런던에서 두 달, 그리고 파리, 베를린에서 한 달, 약 3개월 동안 고전 영화와 작가주의 영화 위주로 200여 편의 영화를 보았습니다. 곧 함께 할 다른 『키노』 멤버들과의 영화 진도 맞추기를 했던 셈입니다. 그러한 단기 속성 코스를 거친 후 1년여 동안 세계영화사 100년을 훑는 창간 준비 작업을 거쳤습니다. 영화 탄생 100년 되던 해인 1995년에 창간호를 냈습니다. 1997년 5월 『키노』를 떠나기까지 영화를 보고, 영화에 대해 묻고, 영화에 대해 생각하고, 영화에 대해 쓰면서 더는 불가능할 정도로 영화와 초밀착하여 지냈습니다. 그렇게 영화와 제 인생이 딱 붙어버리게 된 거죠.

시간이 지나며 알고 보니, 그 시절 저만 그랬던 게 아니었어요. 기현상이었다 싶을 정도로 영화에 대한 관심과 열정이 끓어올랐던 1990년대였습니다. 한국영화사 관점의 글들에서도 1980년 민주화 운동이 절정을 지나면서 세상을 바꾸고 싶었던 청년들의 열정이 문화 영역으로 퍼져나간 시기, 영화에 비전을 둔 청년들이 대거 영화계로 모여들면서 새로운 한국영화가 잉태된 시기로 설명합니다.

90년대 후반, 『키노』를 포함한 『씨네21』, 『프리미어』 등 영화 전문 정기 간행물들이 다수 창간되었고, 동숭아트센터, 코아아트홀 등 예술 영화 전용관이 성업하고, 비할리우드 영화들이 의미 있는 숫자의 관객들을 모으고, 관객들은 전문가 수준으로 영화를 읽고 리뷰하는 문화가 피어났습니다.

2000년대에 들어서면서 멀티플렉스가 속속 들어서고 국민 1인당 영화관람편수, 총관객수, 한국영화 제작편수 등 모든 숫자가 상승하였습니다. 〈쉬리〉, 〈공동경비구역 JSA〉, 〈친구〉 등 메가 히트작들이 연이어 나왔고 2003년 〈실미도〉를 시작으로 〈태극기 휘날리며〉, 〈왕의 남자〉, 〈괴물〉이 1천만 관객을 동원하고 〈취화선〉, 〈오아시스〉, 〈올드보이〉 등이 칸과 베니스에서 수상하는 등 해외영화제를 통해 소개되어 주목받는 작품과 감독들의 숫자도 늘어갔습니다.

2019-2020

한국영화는 중간중간 부침을 겪긴 했어도 꾸준한 상승을 이어갔습니다. 한국영화 탄생 100주년이었던 2019년에는 연간 관객 수가 역대 최고 수치인 2억 2668만명까지 오릅니다. 〈기생충〉이 칸에서 황금종려상을 수상하고 아카데미에서 비영어영화 최초로 작품상을 비롯 4개 부문 상을 받고 전 세계 박스오피스 상단에 오르는 사건도 펼쳐졌습니다.

영화 탄생 100주년인 1995년에 『키노』 NO.1호를 만들었던 우리 멤버들은 할리우드 영화의 막강한 상업적 위력과 유럽 영화의 예술성이 참 부러웠더랬습니다. 그에 비하면 아직은 어린 새싹 같기만했던 한국영화가 부디 잘 자라주길, 그랬으면 좋겠다는 간절한 바람을 공유했던 기억이 납니다. 막연히 꿈꿨던 바로 그런 날에 드디어 도착한 건가? 마침 한국영화 100주년이라니, 참으로 시의적절하고도 상징적이지 아니한가 싶기도 했습니다. 작품성과 대중성을 갖춘 매력적인 영화들, 그 영화를 만드는 배우와 스태프의 월드 클래스급 실력, 성장한 영화 산업, 수준 높고 든든한 자국 관객들! 게다가 해외에서의 언어 장벽이 예전만큼 높은 벽이 아니라는 점까지 확인되었으니 '이제부터 한국영화의 또 다른 성장이 시작될 수도 있겠다' 싶어 설레었습니다.

그러나 설렘은 아주 잠깐의 것이 되고 말았습니다. 2020년, 코로나 팬데믹과 함께 벼락같은 침체가 찾아왔습니다. 영화 관객 수는 단숨에 직전 연도의 30%대로 수직 낙하했습니다. 극장 매출액은 전년 대비 73.3% 감소, 2010년대 내내 4회 이상이었던 인구 1인당 극장관람횟수도 1.15회로 급감했습니다. 설렘은 위기감으로 돌변했습니다.

2022-2023

팬데믹 종식이 선언된 2022년. 극장가도 살아날 것이라는 기대가 생기긴 했습니다. 그해 봄, 모처럼 정상적으로 개최된 칸영화제에 한국영화가 다수 초청되었고, 〈범죄도시2〉가 오랜만에 1천만 관객을 돌파하며 이어지는 여름 시즌에 대한 기대를 높였습니다. 하지만 결국 그해 관객 수는 2019년 대비 49.8%, 매출액은 60.6% 회복에 그쳤습니다. 2023년에도 크게 달라지지 않고 있습니다. 30년 동안 몇 번의 위기를 겪었지만, 이번이 가장 막막하게 느껴집니다. 영화계 지인들을 만나면 언제 어떻게 회복될지, 그런 날이 다시 오기는 할지, 우리 영화의 앞날에 대한 걱정과 우려를 주고받게 됩니다. 하지만, 우리 모두는 압니다. 이럴 때일수록 정신 똑바로 차려야 한다는 것을.

침체에 대한 견해들

두루 언급되고 있는 요인들을 요약해 봅니다. 관객들은 '극장 요금이 갑자기 너무 비싸졌다'고 화난 목소리를 내고 있습니다. 게다가 팬데믹 동안 제작 차질과 영화 산업의 자금 경색으로 최근 감각에 맞는 영화들이 만들어지지 못하고 몇 년 전에 만들었으나 개봉하지 못했던 영화들이 주로 상영되면서 '비싼 돈 쓰고 오가는 시간까지 쓰면서 극장에 가서 보고 싶은 영화가 드물다'고 여깁니다. 환경 변화의 영향도 상당합니다. 유력하게 언급되는 요인은 팬데믹 시기에 유튜브, OTT 등에서 무료나 구독으로 값싸게 즐길 수 있는 대체 영상 콘텐츠가 폭발적으로 많아졌고, 몇 년간 그 소비 패턴이 자리 잡으면서 팬데믹이 끝난 이후에도 어지간해서는 극장을 찾지 않게 되었다는 견해입니다. 배속과 스킵으로 스피디하게 영상을 소비하는 습관을 갖게 된 이들이 두 시간 동안 어두운 공간에서 정속으로 플레이되는 영화를 견디기 힘들어한다고도 하구요. 1인 가구 증가, 음성 통화보다 문자 선호, 대면 접촉 비선호, 취향의 세분화 등 대중의 성향 변화도 극장 관람에는 불리한 방향으로 전개되고 있다고 합니다.

영화 산업 내부에서는 팬데믹 시기에 무너진 홀드백 문제를 심각하게 꼽습니다. 예전에는 극장, IPTV 등 인별 건별 결제를 하는 플랫폼에서 일정 시간 동안 상영된 다음에 구독이나 무료 관람 플랫폼으로 넘어갔었는데, 팬데믹 동안 OTT 등의 무료/구독 플랫폼으로 빠르게 직행하면서 홀드백 기간이 단축되었죠. 그러니 관객 입장에서는 관심이 가는 새 영화가 개봉되어도 극장을 찾기보다는 '곧 무료로 볼 수 있으니 기다리자'는 태도를 취하게 되었다는 분석입니다. 영화가 계속 만들어질 수 있는 선순환 구조가 지켜지기 위해서는 홀드백 질서가 재수립되어야 할 것입니다.

팬데믹을 거치며 상영, 투자, 배급, 제작 등 영화 관련 기업 대부분의 수익성이 악화되었습니다. 바로 직전에 도래했던 새로운 성장의 기회와 가능성을 겨냥하여 글로벌로 나아가고자 북미 제작사를 인수한다거나 규모와 경쟁력을 강화하고자 M&A를 전개하는 등의 전략과 자금 집행을 했던 대기업들은 막상 반대로 침체 상황이 펼쳐지자 단숨에 유턴하기 어려워 더 큰 타격을 입은 것 같습니다. 제작 쪽에서는 팬데믹으로 극장이 멈추면서 신규 제작 투자가 사실상 중단되자 글로벌 OTT들의 국내 진출에 발맞춰 영화 아이템들을 드라마로 전환하는 움직임이 활발했었습니다. 현재, 드라마 공급은 과포화 상태에 이르렀다고 하고 반대로 2025년 하반기부터 극장에 공급할 개봉 영화가 부족하다고 합니다. 엇박자가 나버린 상황입니다.

영화진흥사업의 재원이 되는 영화발전기금은 극장 관람료에서 마련됩니다. 극장 관객이 줄어들어 기금이 고갈되는 바람에 사업들이 중단되거나 축소되어 독립 영화가 큰 어려움을 겪고 있습니다. 독립 영화가 공급하는 새로움과 다양성이라는 공기는 영화 생태계에 매우 중요합니다. 영화제들도 내홍과 공공의 지원 삭감으로 곤란을 겪고 있구요. 이런 때일수록 공공의 역할이 중요한데, 이 부분에 대해선 각 분야에서 애쓰고 계신 분들이 있고 저는 소상히 알지는 못합니다만, 협의와 결정에 있어 영화 생태계 보존과 선순환이 최우선으로 고려되길 바라봅니다. 생태계는 어느 한 부분이 무너지면 전체를 위태롭게 하고, 한번 망가지면 복원이 너무 어려우니까요.

솟아날 구멍은 어디 있을까?

걱정을 너무 길게 늘어놓았네요. 사실 우리들 업계 내부자들이 풀어가야 할 숙제인데 말입니다. 그래도 지난 3년의 침체 기간에도 관객과 평단의 호응을 받으며 반짝반짝한 성과를 낸 작품들이 있었습니다. 어둠 속에서 솟아날 구멍을 찾는 우리들에게 방향등일 수 있습니다. 〈범죄도시〉 2, 3, 〈공조 2〉, 〈한산〉 등 전작으로 검증된 시리즈들은 선택의 실패를 피하고 싶은 관객들에게 비교적 안심할 수 있는 선택으로 느껴진 것 같습니다. 〈모가디슈〉, 〈밀수〉가 연속으로 이뤄낸 안정적 스코어도 눈길을 끕니다. 〈헤어질 결심〉은 마니아층을 형성하고 유행어를 낳은 오랜만의 작품입니다. 굿즈의 인기까지 뜨거웠죠. 비교적 신인급 감독들이 내놓은 2022년의 〈육사오〉, 〈올빼미〉, 2023년의 〈콘크리트 유토피아〉, 〈잠〉도 주목할 만합니다. 이미 2010년대 후반부터 한국영화에 대한 관객들의 불만으로 제기되어왔던 '뻔하고 이미 본 것 같은 영화'라는 범주를 벗어난 신선한 작품들에 관객들이 좋은 반응을 보여주었습니다. 영화가 좋으면 관객은 있다는 문장이 여전히 유효하다는 증명이겠죠. 예전에 비해 그 면적이 현저히 좁아진 것 같긴 하지만, 지금 당장 발 딛고 설 유일하게 믿을 만한 지표면입니다. 그 땅에 발바닥을 딱 붙이고 서야겠습니다.

위기가 주는 선물이 있다면 반성과 개선의 계기일 것입니다. 영화의 침체 또는 위기라는 표현은 그와 대비되는 시기, 즉 호황기가 있었다는 뜻이구요. 인생에서도 그러하듯 아마도 위기의 원인은 좋은 시절에 만들어졌을 겁니다. 호황이었던 2010년대 후반에 안이함 또는 오버페이스가 있었을 가능성이 크겠죠. 투자배급사 구성원들로부터 듣게 되는 "큰 감독에 톱스타 멀티캐스팅 조합이면 기획과 시나리오가 아쉬워도 서로 하겠다고 경쟁이 붙었다. 다른 회사에 뺏기면 그 자체로 문제가 되니까. 그런데 그런 작품들은 대부분 예산도 높아서 잠재적 위험도 그만큼 컸다"는 이야기는 활황기 문제의 단면을 드러냅니다.

다들 공감하면서도 해결책을 만들지 못했던 스크린 독과점 이슈와 작품 규모 및 성과의 양극화, 높아진 제작비 문제도 큰 부담입니다. 지혜와 아이디어를 모아 풀어내야 할 과제들입니다.

닷컴버블 시기에도 자본이 넘쳐나면서 평소라면 제작에 들어가지 못했을 무르익지 않은 프로젝트들이 다수 제작에 들어갔고 그 작품들이 개봉되자 수익률이 급락했고 2008년 금융 위기를 맞아 자본이 빠져나가면서 상당한 침체를 겪었더랬습니다. 그때 프로젝트들의 재점검, 제작비 절감 등 다각도의 노력을 통해 2010년대에 회복할 수 있었음도 되짚어볼 만하겠습니다.

30년 전을 떠올려봅니다. 사전 검열, 도제 시스템, 방화라는 폄하된 인식, 열악한 산업 인프라 등 지금과 비할 바 없는 악조건들이 있었습니다. 그 모두를 딛고 성장한 한국영화입니다. 빠른 시간 내에 2019년의 고점까지 회복되기는 어려울 수 있겠습니다만, 저력을 발휘해 회복 흐름을 만들어내리라 믿습니다. 저는 그 가능성을 업계 구성원들에게서 봅니다. 생뚱맞게 들리시겠지만, 핵심은 그들이 품은 '사랑'입니다.

영화를 사랑하는 사람들

많은 영화인들을 만나고 그들과 함께 일하고 있습니다. 어느 분야나 그렇듯 이곳의 사람들도 참으로 각양각색입니다. 왜 저러나 싶은 이상한 사람, 이해할 수 없는 특이한 사람, 경탄할 만큼 탁월한 사람, 존경스러울 정도로 성실한 사람이 있죠. 욕심스럽고 이기적인 이가 있는가 하면 넓고 깊은 시야를 가진 선량한 현인도 있습니다. 취향도 지향도 참으로 다양합니다. 그런데 신기하게도 그들 대부분을 아우르는 하나의 공통점이 있는데, 영화를 매우 사랑한다는 사실입니다. 어떻게 아냐구요? 모를 수가 없어요. 일 관련 이슈를 놓고 팽팽하게 긴장되었다가도, 방금까지 탐욕을 불태우다가도, 최근에 본 좋은 영화나 좋아하는 영화 이야기로 넘어가면 아이처럼 맑고 반짝이는 눈빛으로 돌변하거든요. 영화 일이 정답 없고 예측 불가하고 불규칙하고 기복이 심한데 노동 시간과 양은 한없이 많은 일이라서 그런 것 같아요. 그러니까, 자기 자신이 좋아하지 않고서는 버텨내기 어려울 정도로 난해하고 힘든 직업인 거죠. 사랑 없이는 지속하기 어려운 일, 그래도 사랑하니까 떠나지 않고 남은 사람들이 모여 있는 세상인 겁니다. 이는 외국의 영화인들도 마찬가지인 것 같더라구요.

저도 육아와 일을 병행하던 시기에는 뭐 이렇게 밑도 끝도 없이 나를 갈아 넣어야 하는 직업이 다 있나, 나는 어쩌다 이 일을 직업으로 삼게 되었나 괴로워하기도 했습니다. 하지만, 그래도 도망치지 못하고 여기에 있어요. 도망은 커녕 '현역 영화인'을 목표이자 꿈으로 갖고 살아온 지 오래입니다. 뭐가 그렇게 좋냐구요? 서로 연결되어 함께 만들어가는 과정에서 느끼는 기쁨과 몰입감, 종종 마주하는 아름답고 감동적인 순간들 때문이 아닐까 싶어요. 그리고 성과적인 면에서도 (그 당시에는 뭔가 억울하고 서운해서 상처받기도 하지만 그러더라도 결국엔 수긍하게 되는) 소수 권력자가 아닌 다수 대중들로부터 평가받는 어떤 공정함을 느낍니다. 또한, 좋은 영화를 잘 만들고 싶어질수록 내가 더 좋은 인간이 되어야 한다는 셀프 독려를 하게 되는 점도 계속할 수 있는 동력으로 작용하는 것 같습니다.

다시 새롭게 사랑할 결심

아시다시피 영화는 사람과 인생, 감정과 이야기를 담습니다. 진심과 진정성을 다해 더 잘 공감할 수 있고 더 실감나게 전하고자 애썼을 때 세상과 공명합니다. 만드는 이들과 보는 이들, 같은 시대를 사는 이들이 함께 나누는 기억이 됩니다. 기억으로 이뤄지는 인생의 한 부분이 됩니다. 타인과 소통하고 연결되고 공감하길 바라는 마음에 이름을 붙이자면 우정이고 사랑일 것입니다. 그 마음자리에서 걸러내야 할 것은 이기적 사리사욕, 뽐내고 싶은 욕망, 폭언과 폭력, 거짓 등일 테구요, 더해야 할 것은 기쁨과 즐거움, 아름다움, 진실된 것, 성찰과 통찰 등일 것입니다.

요즘 저도 모르게 한숨을 쉬거나 어깨를 늘어뜨리고 있는 저를 발견하는 때가 자주 있었더랬습니다. 인생도 오르락내리락 등락을 반복하지만 꼭대기에서는 감사함과 겸손함으로 두루 살피고 조심해야 하며 바닥에서는 좌절과 원망 대신 스스로를 가다듬고 준비해야 한다는 만고의 진리를 새기며 추슬러야 할 때인 것 같습니다. 인생을 잘 살아내고 싶은 마음만큼 좋은 영화를 잘 만들고 싶은 마음과 그 중심의 사랑을 잘 지켜야겠다는 결심을 다시금 해봅니다. 아마도 같은 마음인 동료들이 많을 거라 생각합니다. 연결되어 함께 하는 영화 일에서 그들이 품은 영화에 대한 사랑이 제게 힘이 되어줄 것입니다. 저도 그럴 수 있길 바랍니다.

CAHIERS
마르코스 우잘,
DU CINEMA
『까이에 뒤 시네마』 편집장 인터뷰

프랑스 누벨바그 영화의 산실이자 영화비평지들의 정신적 스승이라 할 『까이에 뒤 시네마(Cahiers du Cinéma, 이하 줄여서 까이에)』는 지난 2020년 엄청난 진통을 겪고 있었다. 영화관이 폐쇄되고, 영화제들이 취소되고, 영화 촬영이 중단되는 전 지구적인 팬데믹의 소용돌이 속에서 폐간 위기에 처했던 것.

『까이에』의 위기가 처음은 아니었다. 1951년 4월 파리 샹젤리제의 작은 사무실에서 탄생한 이래 70년이라는 세월 동안 『까이에』는 온갖 고비를 넘었다. 까다로운 편집 노선을 고집한 탓에 적자를 견디지 못하고 파산 선고를 받은 적은 부지기수. 그러나 매번 신기하게도 새로운 투자자가 나타났고 이 잡지는 죽지 않고 회생했다. 제3세계 영화에 지면을 많이 할애한다며 불만을 표출하다 사무실을 폐쇄하고 직원들과 아무런 상의 없이 잡지를 매각해 버린 사장도 있었지만, 편집권을 둘러싼 갈등은 늘 편집팀의 승리로 마무리됐다. 편집부가 정치적 급진주의에 매몰되었을 때는 독자들이 다시 영화로 돌아가라며 냉엄하게 심판했다.

21세기 들어서도 『까이에』는 짐을 몇 차례 쌌다. 프랑스의 최대 미디어 기업인 『르 몽드 Le Monde』에 합병되었다가 영국의 출판 그룹에 매각되는 등 소유주가 계속 바뀌는 가운데 다시 시장에 매물로 나왔다. 1년 동안 마땅한 임자가 나서지 않다가 구원 투수로 등판한 이들이 20명의 주주로 구성된 이름하여 '까이에의 친구들(Les Amis des Cahiers)'. 통신사 프리(Free)의 창립자인 자비에 니엘(Xavier Niel)과 BFM TV의 알랭 웨일(Alain Weill) 같은 파워맨들이 대거 포진해 든든해 보였지만, 문제는 새 주주들 중 영화 제작자가 8명 포함되어 있다는 것이었다. 이들이 제작한 영화에 관한 기사를 『까이에』에 싣게 된다면 대가성이 의심될 수 있다며, 편집진은 성명서를 내기에 이르렀고, 마침내 잔류를 결정한 단 3명을 제외하고 15명의 편집진이 집단 사직하는 초유의 사태가 터졌다. 그 가운데 마르코스 우잘(Marcos Uzal)이 신임 편집장으로 합류했다. 그를 3구의 『까이에』 사무실에서 만났다.

드디어 당신과 인터뷰를 하네요. 만나뵙기가 이렇게 힘들 줄은 몰랐습니다. 죄송합니다. 당신의 편지를 받고 생각은 늘 하고 있었습니다. 편지를 전해준 저희 팀 인턴이 계속 상기시켜 줬거든요. (웃음) 하지만 너무 바빴습니다. 데이비드 린치 특별호를 만들기 위해 로스앤젤레스에 다녀왔고, 한 달 반 전에는 지금의 건물로 이사를 했어요.

『까이에 뒤 시네마』 편집장을 맡은 지 3년 되셨지요?
2020년 5월부터였으니 이제 3년이 좀 넘었군요. 5월호는 나오지 않았고, 제가 처음 발간한 것이 그해 6월호였습니다. 시점이 정말 안 좋았어요. 팬데믹으로 세상은 어지럽고, 사회적 거리두기 때문에 통행은 제한되고, 영화관은 문을 닫고. 하필 『까이에』 편집장으로서 독자들에게 내놓는 첫 번째 호를 이런 특이한 상황에서 제작하게 되다니.......(웃음)

당신과 영화와의 인연은 언제 시작됐나요?
사춘기 때부터 저는 엄청난 영화광이었습니다. 아마 14살부터였을 거예요. 슈퍼8밀리로 단편 영화를 찍기도 했어요. 나중에 영화계에서 일하고 싶다는 생각을 늘 하고는 했죠. 그리고 『까이에』의 열혈 독자였습니다. 저는 지방에서 어린 시절을 보냈는데 바칼로레아 시험을 통과하고 대학에 입학하게 되면서 파리에 왔습니다. 『까이에』에 실린 글을 통해 존경하고 있던 비평가들의 강의를 직접 들을 수 있게 된 거죠.

제가 본격적으로 영화에 관한 글을 쓰기 시작한 것은 석사논문 지도 교수님 덕분입니다. 어느 날 『트라픽 Trafic』지에 기사를 한 편 보내 보면 어떻겠냐고 제안하셨는데, 그렇게 쓴 글이 바로 잡지에 실렸어요. 1999년이었을 거예요. 그 일을 계기로 저는 『트라픽』에 정기적으로 기고하는 필자가 됐습니다. 이어서 『트라픽』의 편집위원으로, 그리고 한동안 제가 편집장을 맡기도 했던 『버티고 Vertigo』에 기사를 썼습니다. 이후 2017년부터는 『리베라시옹 Libération』에 기고하기 시작했습니다. 『리베라시옹』은 일간지라서 영화 비평과는 조금 다른 성격을 띤 원고를 쓰기도 했지만, 프랑스에서 『트라픽』이나 『리베라시옹』에 영화에 관한 글을 쓴다는 것은 이미 기본적으로 『까이에』 정신(Esprit)의

마르코스 우잘 편집장이 놓였던 암담한 재난 상황과 제작 환경은 2020년 6월 766호 표지 선정에 유쾌하게 반영되어 있다. 나체로 거리를 질주하는 남녀의 모습. 그런데 이게 뭔가. 선정적이라기보다는 당황스럽고 우스꽝스럽기까지 하다. 이 이미지는 아르노 라뤼(Arnaud Larrieu)와 장 마리 라뤼(Jean Marie Larrieu) 형제가 연출한 2009년 코미디 재난 영화 〈세상의 종말 Les Derniers Jours du Monde〉의 스틸 사진이란다. 벌거벗은 두 육체는 우측에 치우쳐 있어 어딘가 불안하면서도 역동적으로 보인다. 두 사람의 표정은 희망도 절망도 아닌 듯하다. 그 사진 위로 "Quand est-ce qu'on sort?"라는 글귀가 달랑 혼자 박혀 있다. 번역하면, 우리 언제 벗어나지?

영향 안에 있다는 뜻입니다. 실제로 이 매체들은 서로 겹치는 필자들이 꽤 있죠. 그 점이 제가 자연스레 『까이에』로 넘어오는 데 중요하게 작용했다는 생각이 듭니다.

그 외에 저는 시네마테크 프랑세즈의 교육 부서에서도 일했습니다. 제가 담당한 것은 주로 어린이와 청소년을 위한 워크숍이었습니다. 2010년부터 10년 동안은 오르세 미술관에서 영화 프로그래머를 맡았죠.

『까이에』 1호(1951년 4월)

『까이에』 편집장이 되고 나서 어떤 변화가 있었는지요?
우선 직업적 측면에서 본다면, 일간지에 글을 쓰다가 월간지로 넘어오면서 아주 다른 상황에 놓이게 되었다는 게 가장 큰 변화였습니다. 막상 뚜껑을 열어보니 리듬이 굉장히 달랐어요. 매월 10일부터 20일까지가 제일 바쁜 때입니다. 발간 예정일로부터 열흘 전에는 인쇄소에 넘겨야 하죠.

게다가 아주 특이하게도 극장이 문을 닫은 시기에 영화 비평을 써야 한다는 현실이 우리 앞에 놓여 있었어요. 비평이야말로 『까이에』의 핵심인 만큼 거기에 초점을 두는 것은 너무나 당연한 일이었습니다. 그 밖에도 다양한 부분에 대한 글을 써야 했어요. 예를 들면 출시된 DVD와 신간 영화 서적 등을 소개하고, 영화 관련 뉴스도 다뤄야 하죠. 개봉작과 영화제 소식 등 거론할 것들이 많았습니다. 물론 이 부분은 『리베라시옹』 일을 하면서 이미 경험하기는 했습니다만.

당신이 맨 처음 봤던 한국영화는 무엇이었나요?
좋은 질문입니다. 흠, 임권택 감독의 『취화선』이었던가? (한동안 생각) 사실 비슷한 시기에 여러 편의 한국영화들을 한꺼번에 봐서 그런지 어떤 작품을 맨 처음 봤는지 기억이 잘 안 납니다. 하지만 처음으로 제게 깊은 인상을 남긴 한국영화는 확실히 기억합니다. 홍상수 감독의 두 번째 장편 영화인 흑백 영화 『오! 수정』입니다.

2020년 이후 『까이에 뒤 시네마』

마르코스 우잘 편집장 시대의 변화를 실감하고 싶다면 『까이에』의 공식 웹사이트를 들어가보라. 종이 잡지 『까이에』가 보존해 온 특유의 고전적 이미지를 전혀 해치지 않으면서도 현대적인 온라인 버전의 『까이에』를 볼 수 있다. 무엇보다 트뤼포와 고다르 시절에 태어나지 않은 게 못내 아쉬운 젊은 세대 씨네필들이나 값비싼 배송비를 차마 감당하기 힘든 해외의 진지한 영화학도들이 아낌없이 박수를 보낼 아카이브는 감동적이다. 70년간 무려 805호까지 발행한 『까이에』의 과월호들을 내 책상에 앉아 몇 번의 클릭으로 들춰볼 수 있다. 까칠하게만 느껴졌던 『까이에』가 놀랍도록 친절해졌다!

정기적인 시네 클럽(Ciné-Club)도 활발히 재가동하고 있다. 함께 읽고 얘기해보고 싶은 영화 서적, 『까이에』 최신 특별판과 관련된 영화 등의 상영회와 토론이 결합된 이벤트다. 『까이에』의

한국영화 하면 어떤 이미지가 떠오르나요? 가령 60년대의 프랑스 영화나 90년대의 홍콩 영화처럼 각 시네아스트의 개별성과 영화의 다양성에도 불구하고 함께 놓고 봤을 때 어떤 공통된 인상을 주는 특정 시기의 특정 지역의 영화들이 있지 않습니까?
질문에 대한 답변을 하기에 앞서 저는 우선 홍상수 감독에 관해 얘기하고 싶습니다. 그의 영화는 프랑스인들이 좋아할 만한 매력적인 요소를 아주 많이 갖고 있습니다. 가령 지극히 은밀하고 사적인 'journal intime(일기라고 번역할 수 있겠는데, 프랑스에서는 하나의 문학 장르로 여겨질 만하다)' 스타일이라는 점, 어찌 보면 사소하고 하찮은 일상의 단편을 담는다는 점, 물량 공세나 첨단 장비에 의존하는 게 아니라 소박한 촬영 도구로 영화를 제작한다는 점, 그리고 필모그래피에 동일한 배우들이 자주 등장한다는 점 등이 그렇습니다.

그리고 한국영화 하면 자연스럽게 봉준호라는 이름이 떠오릅니다. 저는 특히 〈괴물〉을 아주 인상 깊게 봤는데요. 봉준호 감독의 영화에는 이런 범죄 영화랄까 판타지 영화랄까 하는 장르 영화 안에서 희한하게도 새로운 것들을 발견하게 되고 날카로운 유머와 아이러니가 깔려 있습니다. 〈기생충〉의 칸 황금종려상 수상 이전에도, 봉준호 감독은 이미 〈살인의 추억〉과 〈괴물〉 같은 작품들을 통해 프랑스에서 좋은 평판을 얻고 있었습니다.

박찬욱 감독도 프랑스에서 유명하죠.
물론입니다. 박찬욱 역시 프랑스가 사랑하는 감독입니다. 하지만 저 개인적으로는 그다지 흥미를 못 느낍니다. 그는 너무 영악하거든요(웃음). 〈헤어질 결심〉도 좋고, 〈올드보이〉는 대단히 훌륭하지만, 저는 봉준호의 영화에 한층 더 심오한 어떤 것이 있다고 생각합니다. 〈마더〉 같은 영화를 보면 알 수 있죠.

그러고 보니 『까이에』는 변함없이 홍상수의 영화를 지지해 왔습니다. 프랑스 씨네필 중 그의 영화라면 무조건 지지하는, 소수이지만 마치 열정만큼은 아이돌 팬덤 못지않은 열혈 집단이 있는 듯합니다. 지난 2월 시네마테크에서 기획한 홍상수 회고전 첫날 갔었는데, 평일 늦은 시간이었음에도 불구하고 좌석이 모자라 계단에 앉고 서서 보는 진풍경을 목도했습니다. 그에 대한 한국 관객들의 태도는 싸늘한데, 마냥 신기했어요.
아이돌 팬덤 정도는 아니지만(웃음), 프랑스에 '홍상수 현상'이 있는 것은 사실입니다. 이번 『까이에』 12월호를 보시면 아시겠지만, 편집위원 선정 2023년 최고의 영화 10편에도 많은 편집위원이 홍상수의 영화를 꼽았습니다. 그것도 서로 다른 영화 두 편(〈소설가의 영화〉와 〈우리의 하루〉)이 둘

편집위원들이 돌아가며 진행하는데, 12월의 시네 클럽은 무려 8회나 개최되었고, 그중 두번은 파리 바깥이었다. 또 하나의 변화라면 신설된 앙드레 바쟁상(償)이다. 『까이에』의 공동 창립자 이름을 딴 이 상은 매년 국적과 상관 없이 그해 프랑스에서 개봉한 첫 장편 영화의 감독에게 수여된다. 매년 말 편집진, 감독과 배우 등 영화인, 독자로 구성된 심사위원단이 선정하는 이 상은 패션기업 샤넬의 후원으로 수상자에게 2만 유로의 상금을 수여한다. 제1회 수상자인 〈Hit the Road〉의 파나 파나히(Panah Panahi) 감독에 이어 올해 제2회 수상자로는 〈L'Arbre aux Papillons d'Or〉의 팜 티엔 안(Pham Thiên Ân) 감독이 선정됐다. 『까이에』는 멈추지 않고 나아간다.

어가 있죠.(웃음) 제 리스트에도 매번 상위인 것은 아니지만 선정하다 보면 그의 영화가 꼭 들어갑니다.
홍상수의 영화에는 연출가의 온전한 자유(liberté totale)가 보입니다. 그런가 하면 형식적인 측면에서 그의 영화는 나날이 단순해지고 있습니다. 마치 시간이 갈수록 일부러 더 아마추어처럼 찍겠다는 듯이 말이죠. 이러한 단순성은 정말 매혹적입니다. 게다가 어떤 영화도 이전 영화를 답습하지 않습니다. 항상 실험적이에요. 그의 영화를 좋아하는 사람들이 재미를 느끼는 점 중 또 하나는 끊임없이 꾸준히 영화를 찍어준다는 것입니다. 그의 영화는 프랑스에서 전부 개봉됩니다. 세 편이 한 해에 개봉되기도 하죠.(웃음) 그러니 홍상수 영화와 친숙해질 수밖에 없습니다. 그러고 나면 그의 다음 영화가 궁금해지는 겁니다.

우리는 그의 영화를 통해 한국인들의 일상을 들여다봅니다. 시네마 베리떼(Cinéma Vérité)랄까요. 다큐멘터리적이죠. 외국인들은 에릭 로메르 감독의 영화에서 아주 프랑스적인 공간과 아주 프랑스적인 악센트를 포함한 아주 프렌치(French)스러운 양상을 기대할 수 있겠지만 막상 로메르의 영화는 그저 평범한 일상을 보여줍니다. 마찬가지로 외국인이 한국영화를 볼 때 과장된 한국적 공간, 과장된 한국의 모습을 기대할 수 있겠지만, 홍상수의 영화에는 절대 이런 소위 관광적이고 토속적인 이미지가 없습니다. 한국 전체를 대표하는 게 아니라, 거기에는 어떤 특정 부류의 사람들의 생생한 일상적인 삶이 보이죠. 다른 한국영화들에서는 찾아볼 수 없는 양상입니다. 물론 우리가 외국 영화를 볼 때 그것이 관광적인지 아니면 일상적인지를 판단하는 데는 오류가 있을 수 있겠지요.

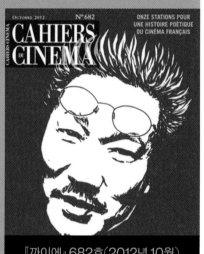

『까이에』 682호(2012년 10월)

그에 비해 『까이에』는 이창동 감독의 영화에는 일정한 거리를 유지하고 있다는 인상을 받았습니다. 〈버닝〉에 대해서는 제법 호의적이었지만 〈밀양〉과 〈시〉에는 그다지 관심을 보이지 않았어요. 이창동 감독의 영화에 대한 당신의 생각이 궁금합니다.
저도 〈버닝〉과 〈시〉를 봤습니다. 나쁘지 않았다고 생각합니다. 그보다 솔직히 말하면 저는 그의 영화를 잘 모릅니다. 그가 마지막으로 찍은 영화가 〈버닝〉이었던가요? 이후 상당한 시간이 지나지 않았습니까? 만약에 홍상수처럼 그가 1년에 2편 정도의 영화를 만든다면 관심이 더 생길 것 같습니다.(웃음)

2006년 〈괴물〉부터 2008년 〈추격자〉, 2010년 〈황해〉, 2014년 〈표적〉, 2015년 〈오피스〉, 2016년 〈부산행〉, 2017년 〈불한당: 나쁜 놈들의 세상〉과 〈악녀〉, 2018년 〈공작〉, 2019년 〈악인전〉, 그리고 2023년 〈탈출: PROJECT SILENCE〉에 이르기까지 작품성과 흥행성을 겸비한 헐리우드 신작들이 주를 이루던 칸영화제의 미드나잇 스크리닝(Midnight Screening) 섹션에 한국의 상업 영화들이 꾸준히 초대되고 있습니다. 이런 경향은 프랑스에서 한국영화의 저변이 갈수록 확대되고 있다는 뜻으로

CAHIERS DU CINEMA

RENCONTRE
Après *Drive My Car*,
les nouvelles splendeurs de
RYUSUKE HAMAGUCHI

LES ADOS PRODIGIEUX DE
JONAS TRUEBA

ENQUÊTE
NOUVEAU CINÉMA AFRICAIN

LA RÈGLE DU JEU
REVOIR RENOIR

『까이에』 786호(2022년 4월)

해석해도 될까요? 한국의 상업 영화들에 대해서는 어떻게 생각하시나요?

한국의 예술 영화와 상업 영화, 다시 말해 한국의 작가주의 영화와 장르 영화가 현재 프랑스에서 공존하는 것은 사실입니다. 예전에 프랑스에서 아시아 영화라고 하면 대개 일본 영화와 홍콩 영화를 가리키는 것이었습니다. 그런데 지금은 아시아 영화 하면 누구나 한국영화를 가장 먼저 떠올립니다. 한국영화는 프랑스 관객에게 익숙하지 않은 방식으로 장르를 다루고 있습니다. 게다가 그 안에는 독특한 유머가 도사리고 있죠. 말하자면 한국영화는 우리가 익히 알고 있던 장르 영화의 틀 안에서 계속 뭔가를 새로이 발명하고 있습니다. 당신들이 언급한 〈부산행〉에 이런 요소가 그다지 많이 보이지는 않지만, 좀비들과 함께 기차를 타고 가는 여행이라는 설정만 해도 새롭죠.

요즘 젊은 세대가 특히 호러 같은 장르에 열광하다 보니 그런 장르 영화들이 가령 홍상수의 영화보다는 대중적이므로 보다 많은 프랑스 관객들이 영화관을 찾을 수는 있겠죠. 하지만 그럼에도 불구하고 그 영화들이 반드시 씨네필의 입맛에 맞는 유형은 아니라고 생각합니다.

〈오징어 게임〉이 전세계적으로 기록적인 성공을 거뒀는데 프랑스도 예외가 아니었습니다. 특히 한국영화에 전혀 관심이 없던 일반 성인들과 할리우드 영화에만 몰려가는 청소년들까지 〈오징어 게임〉을 시청하고 한국 콘텐츠에 눈길을 주게 만든 것 같습니다. 온라인 플랫폼에 대한 당신의 입장은 무엇입니까? 공교롭게도 2017년 넷플릭스 오리지널로 제작된 봉준호 감독의 〈옥자〉가 칸영화제에 선보이면서 당시 뜨거운 논쟁을 불러왔죠. 프랑스는 넷플릭스를 가장 뒤늦게 받아들인 나라 중 하나이기도 한데요.

우선 『까이에』는 'Hors Salle(극장 밖이라는 뜻)'이라는 코너를 통해 스트리밍 서비스 플랫폼에 올려지는 콘텐츠를 꾸준히 소개하고 있습니다. 그러나 우리의 주된 관심은 단연 극장에서 영화를 관람하는 문화에 있습니다. 극장의 중요성을 절대 잊어버리지 않죠. 당시 〈옥자〉를 둘러싼 논쟁의 핵심은 어디까지를 영화를 볼 것인가 하는 영화의 정의였어요. 영화란 '극장에서 상영되는 것'으로 명확히 정리하면서 논쟁은 간단히 일단락됐죠. 프랑스도 다른 나라와 마찬가지로 팬데믹 시기에 극장들이 많은 어려움을 겪었기에 영화관의 미래에 대한 걱정이라든가 프랑스 영화 산업에 위기가 오지 않을까 하는 불안이 없었던 것은 아니지만, 실제로 영화 제작은 계속되었습니다.

프랑스의 경우 플랫폼에서 제작되는 영화와 극장에서 개봉하는 영화가 교차하는 부분은 별로 크지 않습니다. 미국에서는 영화관이 엄청나게 위협받고 있지만, 프랑스에서는 팬데믹 이후 극장의 입지가 약화되었을 뿐 아직 그 단계까지 가지는 않았습니다. 여전히 많은 관객이 극장에 애정을 갖고 있죠. 작가주의 영화를 포함한 극장 개봉작과 플랫폼 기업의 지원으로 제작되고 스트리밍 서비스로 보여지는 콘텐츠는 프랑스에서 그 결이 완전히 다릅니다.

프랑스에서 가장 많은 관객을 동원한 한국영화는?

크고 작은 영화제나 예술 영화관의 특별 이벤트가 아니라 프랑스의 일반 극장가에서 한국영화는 얼마만큼 경쟁력이 있을까? 결론부터 얘기하자면, 스트리밍 시장을 통해 프랑스에서 한국영화가 차지하는 인기에 비하면 아직까지 프랑스 극장에서 개봉되는 한국영화 숫자는 연간 서너 편을 넘지 않는다.

칸 마켓을 통해 프랑스 배급사들이 갈수록 많은 한국영화 판권을 사들임에도 불구하고, 정작 극장 개봉을 꺼리는 이유는 수치가 말해준다. 칸영화제에서 심사위원 대상을 수상한 〈올드보이〉는 프랑스에서 2004년 개봉해 143,350명의 누적 관객 수를 기록했다. 2006년 한국에서 천만 이상의 관객을 열광시킨 〈괴물〉은 159,439명의 프랑스 관객을 극장에 불러들이는 데 그쳤다.

하지만 이후 같은 감독들의 〈아가씨〉가 301,115명, 〈설국열차〉가 678,049명의 관객을 극장으로 불러들였고, 여름 성수기에 감독이나 배우의 지명도가 하나도 없는 〈부산행〉이 브래드 피트가 출연한 〈월드워Z〉와 감히 극장에서 맞붙어 275,938명의 관객을 동원했다. 분명 느리지만 극장에서 한국영화의 성적은 뚜렷한 상승세다.

봉준호 감독의 〈기생충〉은 차원이 좀 다르다. 2019년 무려 1,884,582명의 프랑스 관객이 '파라지트'를 보러 영화관을 찾았다. 칸 특수라고? 그렇게만 단정지을 수 없는 것이, 〈기생충〉은 지난 15년 동안의 칸 황금종려상 수상작 중 프랑스에서 최고 극장 수익을 올린 작품으로 기록됐다. 역대 황금종려상 수상작 중에서도 두 번째로 높은 수익을 올린 영화로서, 2004년 237만 명의 관객을 불러 모은 마이클 무어 감독의 다큐멘터리 〈화씨 9/11〉에 뒤이은 최고 기록이다.

참고로, 2023년 프랑스에서는 4편의 한국영화가 개봉했고, 그중 가장 많은 프랑스인이 본 영화는 〈다음 소희〉(98,911명)였다. 〈거미집〉(23,820명), 〈소설가의 영화〉(17,144명), 〈우리의 하루〉(10,546명)가 그 뒤를 따른다.

같은 맥락에서 한국영화계에서는 코로나 이후 위기론이 팽배합니다. 기대를 걸었던 여름 대작 영화들이 거의 전멸하다시피 하는 상황까지 벌어지면서, 한국영화 산업 전체가 무너지는 게 아니냐는 두려움에 사로잡혀 있는데요. 무엇보다 위기는 제가 생각하기에 많은 현역 영화감독들이 막대한 제작비와 연출의 자유를 허용하는 넷플릭스 등의 플랫폼으로 몰려가고 있다는 것이 아닐까 합니다. 그런데 해외에서는 한국영화에 대한 관심이 그 어느 때보다 크니 참으로 아이러니입니다.

프랑스에서도 제작자와 감독들이 국내 영화 제작이 감소하지 않을까 우려했던 시기가 있었습니다. 그러나 우리의 입장은 한국과는 좀 다릅니다. 프랑스 극장에서 개봉하는 영화들의 입장료 수익 일부는 **CNC**(Le Centre national du cinéma et de l'image animée)로 들어갑니다. 그리고 CNC는 다시 이 자금을 작가주의 영화를 포함한 극장 영화의 제작과 배급을 지원하는 데 전액 사용합니다. 극장에서 개봉하는 영화가 중요한 것이 바로 그 때문입니다. 이러한 선순환이 가능하게 만드니까요. 영화 제작과 관련한 위기론은 프랑스에서는 현재 없는 것으로 생각됩니다.

『까이에』에 대한 공적 지원은 있는지요?
출판에 대한 약간의 지원이 있지만 아주 미미합니다.

그럼에도 불구하고 파리 변두리 주택가의 키오스크에도 『까이에』가 어김없이 꽂혀 있는 걸 보면 놀라울 따름입니다. 파리만 그런 줄 알았는데, 프로방스의 작은 마을의 서점에서도 『까이에』를 봤습니다.
우리는 많이 찍어내고, 안 팔려서 많이 처분하기도 합니다. (웃음) 판매가 되지 않은 분량은 전량 파기해야 하지만 우리는 산술적으로만 생각하지 않습니다. 잘 안 팔릴 것을 알더라도 최대한 많은 사람들이 볼 수 있도록 프랑스 곳곳에 『까이에』를 비치하려고 하죠. 가장 많이 팔리는 곳은 당연히 파리지만, 시골 구석구석에도 『까이에』가 꽂혀서 젊은 씨네필들이 만족할 수 있도록 최선의 노력을 다하고 있습니다. 그리고 우리에게는 정기 구독자들이 있습니다. 대단히 중요한 사람들이죠.

콘텐츠와 수익성 사이의 밸런스에 대해 편집장으로서 혹시 압박감을 느끼지는 않나요? 사실 『키노』가 폐간에 이르게 된 원인에는 인터넷 보급 등 미

영진위가 영화 전문지에 지원금을 준다면?

프랑스의 영화 및 시청각 산업 보호와 지원을 담당하는 기관인 CNC에서는 2019년부터 영화 잡지 지원금(Aide aux Revues de Cinéma) 부문을 신설해 매년 두 차례 위원회의 심사 결과에 따라 영화 전문지들을 지원하고 있다. 『까이에』를 비롯해 『포지티프 Positif』 등 유수의 독립 영화 잡지들이 지원금을 받았다. 액수는 잡지마다 5,000유로에서 15,000유로까지 다양하다.

디어 환경의 급속한 변화로 사람들이 더 이상 영화 비평을 읽지 않으려 하고 종이 매체가 전반적으로 위기를 맞은 이유도 있지만, 결국 편집권의 완벽한 자유와 안정적인 수익 구조의 충돌이 핵심이었습니다. 프랑스에서 가장 구독자가 많을 일간지 『르 몽드 Le Monde』조차 일요일에 발행되는 『M 매거진』에 갈수록 LVMH 그룹의 직간접 광고가 많아지고 있죠. **『까이에』에도 샤넬 광고가 실린 적이 있습니다. (웃음) 우리는 상업적 이익에 대한 스트레스는 전혀 없습니다. 그보다는 독자의 확산과 내용 자체에 집중합니다. 영화 학교나 영화제 등 광고 페이지 부분이 있긴 하지만, 우리가 쓰는 글의 내용과는 전혀 상관이 없죠. 우리는 특히 개봉을 앞둔 영화들의 배급사와는 철저히 거리를 둡니다. 청탁을 받고 특별히 기사를 써준다든가 하는 일은 철저히 배제합니다. 이것이 지금까지 이어온 『까이에』의 정신입니다.**

인터뷰　조미현
통역　강창일

Longue vie à Kino !

Toutes mes amitiés à son équipe et à ses lecteurs. Les Cahiers du cinéma sont avec vous / pour au moins 100 autres numéros encore !

Marcos Uzal

『키노』의 만수무강을 기원합니다!
편집팀과 독자들에게 진심 어린 우정을 보내요.
『까이에 뒤 시네마』는 당신들과 함께하겠습니다.
적어도 100호를 더 내는 동안요!
— 마르코스 우잘 드림

한국영화의 미래가 있는 곳

참석자 김동현 집행위원장 (2006년부터 서울독립영화제 근무, 2017년부터 집행위원장)

김영우 프로그래머 (2015년부터 서울독립영화제 집행위원)

신아가 감독 (2015년부터 서울독립영화제 집행위원)

사회 김미영 감독 (2020년부터 서울독립영화제 집행위원)

서울독립영화제가 2023년 49주년을 맞았다. 1975년 한국청소년영화제로 시작하여 금관상영화제, 한국독립단편영화제 등을 거쳐서 관변단체적 성격을 벗은 2002년에 서울독립영화제로 명칭이 바뀌었다. 이 긴 시기를 거치는 동안 한국영화계에 어떤 창작자들이 등장했으며 이곳의 영화가 어떤 방식으로 전개되어 왔고 어떤 싸움과 협력과 어려움의 시기가 있었는지 그리고 현재의 한국영화의 위상을 낳은 동력들이 무엇인지를 함께 이야기하는 자리가 마련되었다. 한 해 장편과 단편 포함 1500편 가까운 작품들이 응모되고 그중 130편의 작품들이 상영되는 서울독립영화제에 한국영화의 미래가 있음을 확인하는 자리였다고 생각된다.

  + 이 대담은 49회 서울독립영화제가 열리기 직전인 11월 5일에 진행되었습니다.

서울독립영화제 지난 20년의 타임라인

김미영 감독 (이하 김미영) 이번에 서울독립영화제(이하 서독제)의 해외섹션을 『키노 씨네필』과 공동기획하면서 '씨네필'이라는 키워드와 만나게 되었어요. 그 씨네필의 지난 역사와 서독제가 만나는 지점부터 이야기를 들어보겠습니다. 현재 집행위원장이신 김동현 위원장님이 서독제에 참여하시게 된 당시부터 말씀해주시면 어떨까요?

김동현 집행위원장 (이하 김동현) 90년대 중후반에 전국적으로 영화에 관한 붐이 일면서 씨네필로 자처하는 개인들뿐 아니라 동아리나 서클 중심으로 씨네필 모임들이 많이 생겼어요. 대표적으로는 문화학교 서울이나 92년에 생긴 씨앙씨에와 같은 모임이 있어요. 그러니까 필름으로 영화를 제작하는 형태가 아니라 비디오로 영화를 상영하고 연구하는 것을 중심으로 한 씨네필 그룹들이 서울에 생겼고 무슨 약속을 한 건 아닌데 거의 전국적으로 모든 도시에 그런 씨네필 그룹들이 생겼어요. 다들 비슷한 문제의식을 갖고 있거나 영화를 보는 관점이나 방향이 서로 비슷했습니다. 가장 주요하게는 『씨네21』이 생겼고, 『키노』도 활발하게 잡지를 만들고 있었던 시기이고 영화와 관련된 문화 담론들이 많이 쏟아져 나왔던 시기였어요. 무엇보다 그런 경향에 각각의 개별 주체들뿐 아니라 관객 집단이 호응을 했던 시기였어요. 지금의 씨네필과는 달리, 영화 문화에 대한 정확한 방향성을 가지고 있는 씨네필 그룹들이 존재했던 시기였습니다.

그때 저는 강릉을 중심으로 활동하고 있었는데 마치 문화학교 서울의 지역 지부 같은 느낌으로 긴밀하게 서로 교류하고 활동을 했었습니다. 서울단편영화제나 인디포럼 순회 상영회라든가 중요한 다큐멘터리의 공동체 상영 등이 전국적으로 이루어졌고 상호간의 네트워크가 강화되던 시기였죠. 1999년에 정동진 독립영화제가 시작되면서 프로그램도 같이 기획하고 영화제를 진행하는 노하우도 함께 나누는 방식으로 더 긴밀해졌고요. 정동진영화제는 지역에서 '독립'이라는 말을 쓴 첫 번째 영화제였습니다. 2002년에 서울아트시네마가 생기고 2003년에 미디액트가 생기고 독립 영화 전용관의 확대와 더불어 독립 영화 진영을 확장하고자 하는 고민이 있었습니다. 그러던 참에 2006년에 조영각 당시 서독제 집행위원장님의 제안을 받고 서울독립영화제 프로그램팀의 스태프로 결합했습니다.

김영우 프로그래머 (이하 김영우) 저는 90년대 초반에 미국으로 나가서 2007년에 한국에 들어왔습니다. 그 사이에는 한국 독립 영화를 접할 수 있는 방법은 거의 없었습니다. 미국에 있으면서 영화 관련된 공부를 하고 있었는데 뉴욕, 뉴저지를 왔다갔다하면서 영화제들에서 어느 순간 갑자기 한국영화들이 들어오고 있네, 하는 느낌을 받았던 것 같습니다. 90년대 후반쯤에 뉴욕인권영화제에서 장선우 감독의 〈꽃잎〉을 틀었을 때가 생각납니다. 지금 느끼는 감각하고는 좀 다른 식의 어떤 한국영화들을 봤던 것 같습니다. 그러다가 한국에 들어와서 잠시 반짝하고 사라졌던 충무로 국제영화제 1회와 2회에서 김홍준 원장님과 함께 일했는데 프로그램팀 코디네이터를 하면서 섹션 몇 개를 맡았었습니다.

독립 영화와 관련된 첫 기억이 2008년의 충무로국제영화제에서 본 윤성호 감독의 〈은하해방전선〉이었어요. 한국 독립 영화로 이런 작품도 있구나 하면서 미국 독립 영화와는 또 다르다는 생각을 했는데, 그때 당시 에너지들이 굉장히 좋았습니다. 영화를 제작하는 사람들뿐 아니라 활동가들도 젊은 사람들이 많았다는 느낌이 기억납니다. 중앙극장 2층의 인디스페이스에 대한 기억도 있고요. 그러다가 2010년에 서울환경영화제 프로그래머가 되면서 한국 독립 영화 쪽 사람들이 중요한 사람들이구나, 더 많은 걸 알아야 되겠다는 인식을 하고 서울독립영화제에 처음 찾아갔습니다. 그때가 CGV 상암이었을 거예요.

김동현 그때가 지원이 다 끊긴 상태에서 서독제를 어렵게 개최하고 있었던 때였어요.

김영우 개막작이 윤성호 감독의 〈도약 선생〉이었어요. 그때 힘들다는 이야기를 많이 했지만 그때만 해도 사람들이 굉장히 젊었고 뭔가 뜨거운 분위기가 있었어요. 민용근 감독님의 〈혜화, 동〉 상영 파티에 갔던 기억도 나요. 어려운 분위기 속에서도 사람들의 에너지가 좋아서 독립 영화 쪽 행사에 계속 참여하고 어울리려고 노력을 많이 했던 것 같아요. 부산영화제에서 아시아 영화 프로그램을 하게 되면서 서독제에 더 애정을 가지고 참여하게 되었고 집행위원이 되었죠. 그때가 2015년쯤이네요. 벌써 10년 가까이 함께 한 거네요.

서독제 프로그래머라는 타이틀은 작년부터 처음 쓰기 시작한 건데 다른 영화제에 비해서 프로그래머 역할이 아주 큰 편은 아니에요. 서독제의 작품 선정은 해마다 다른 예심위원들이 주로 하고 위원장님하고 사무국 중심으로 돌아가거든요. 집행위원회 하기 전에 2013년쯤에 서독제 단편 예심을 하면서 서독제와 결합했죠. 서독제 집행위원들이 다양한 영역의 사람들로 구성되는데 저는 아무래도 프로그래머 기반이라 그쪽 관련해서 역할을 했었던 것 같아요. 원래

서독제가 해외 프로그램이나 해외 교류를 열심히 하고 싶어 했었고 특히 초창기인 2010년 전에도 좋은 프로그램들이 많았었어요. 그러다가 제가 들어오면서 해외 프로그램을 더 열심히 해보자 하면서 신작 중심으로 색깔을 가진 작품으로 방향성을 맞췄어요. 서독제에서 해외 프로그램을 맡아서 한 지가 지금 한 7, 8년 정도 된 것 같아요. 작품 선정할 때 서독제가 인력이 부족하니까 위원장님이랑 같이 맞춰서 프로그램을 짰습니다.

신아가 감독(이하 신아가) 저는 영화를 하고 싶었는데 전공이 달라서 어떻게 해야 되나 고민을 했었어요. 그러다가 학교 총학생회에서 영상 만들 사람이 필요하다는 이야기를 듣고 총학생회에 들어갔었어요. 당시는 서울영상집단, 노동자뉴스제작단, 한독협(한국독립영화협회)이 생기기 전이었어요. 그때가 학내 운동권 활동의 마지막 시기였어요. 집회를 나갔는데 몇 미터짜리 아시바(비계) 위로 올라갔었어요. 부감 숏을 찍기 위해서였죠. 그때는 영상 찍는 거랑 집회가 함께 가던 시기였죠. 학교에서 집회 계속 나가고 동영상 찍으면서 다른 학교에서 온 분들, 다큐멘터리 작업하는 분들을 알게 되었어요.

김동현 97년, 98년 그때 총파업 투쟁 속보를 찍던 시기죠. 독립 영화인들이 공동으로 촬영단 구성했거든요.

신아가 그거예요. 학생회에서 나가니까 나도 어 하다가 따라가게 되었던 거죠. 그때 낭희섭 선생님이 계셨던 한국독립영화협의회, 인디포럼 왔다갔다 하면서 조영각 전 서독제 집행위원장님도 만났고 전 『키노』 기자였던 정지연 씨도 만났고 그러면서 영화를 시작했던 것 같아요. 또 독립영화협의회 옆에 애니메이션을 하는 '마루'라는 단체가 있었어요. 한양대 연극영화과 출신들이 만든 그 사무실에서 임유철이라고 다큐 하시는 분을 알게 되었죠.

김동현   다큐멘터리 〈비상〉을 찍은 분이죠.

신아가   제가 조소를 전공했으니까 임유철 씨가 '너 애니메이션 해라' 그러셔서 애니메이션을 하게 됐죠. 스톱모션 애니메이션이었어요. 그래도 저는 호시탐탐 극영화 하고 싶은데 이런 생각을 하고 있었고, 옆에 '젊은 영화' 모임이 있었어요. 김규철, 김성숙 등 많이 만났어요. 극영화하고 싶어 하는 마음에 인디포럼도 가고 문화학교 서울도 가고 그러다가 영화 아카데미에 들어갔던 거죠. 그 후에 연출부를 하다가 〈밍크 코트〉를 만들어서 서독제에 온 거죠.

김미영   〈밍크 코트〉로 2011년에 서독제에서 대상을 받으셨죠.

김동현   2011년이 우리 영화제 상금 제일 적을 때였어요. 미안하죠.

신아가   2015년에 이제 조영각 위원장님이 집행위원 한번 해보라 해서 집행위원회에 참석하게 되었어요. 내가 가서 뭘 해야 되지 하고 왔는데 처음에는 진짜 무슨 말인지 하나도 못 알아듣겠더라고요. 왜냐면 나는 그냥 계속 영화 만드는 것만 알고 있었잖아요. 여기는 영화제 일이라든가 여러 사업 이야기, 협력하는 많은 분들 이름이 나오는데 잘 모르겠더라고요. 다들 정책이나 해외영화제, 학계 등의 영역이 있었는데 전 딱히 전문 영역이 없었다고 생각했어요. 조영각 위원장님 이후 김동현 위원장님 체제가 되었을 때 그때 조금 입을 떼기 시작했던 것 같아요.

김동현   아마 그 원인이 90년대 중반이나 2000년대 초반까지만 해도 감독들이 영화제와 독립영화협회 활동을 함께 하고 정책 관련 서류도 같이 만들면서 영화를 만드는 분위기였는데 어느 순간부터 감독님들은 영화에만 집중을 하게

되어서 그랬던 것 같아요. 단편 만들면 그다음 단편이나 장편을 만든다는 쪽으로 방향이 세워지면서 독립 영화계 내부에서 역할이 분화되어 가는 시기였던 거죠. 창작자 입장에서 왔을 때는 독립 영화 정책이나 영화제 운영이 생각하지 못한 영역이었겠죠. 하다못해 작품을 배급할 때도 처음 해보는 경험이니까 혼란을 겪곤 했죠. 그때 비로소 구조적으로 영화를 만드는 사람, 영화 정책을 하는 사람, 영화제를 하는 사람들의 역할이 분담되었던 거죠.

김영우   그것은 중요한 포인트인데 옛날에는 운동 차원에서 영화를 만드는 것과 상영하는 게 분리되지 않았지만 아마 2000년대로 넘어오면서 확연히 갈라진 것 같습니다. 또 이 현상은 영화제 프로그래머들에게도 해당되는데요. 옛날에는 그냥 영화를 만드는 사람들이나 학교에서 연구하는 사람, 전문적으로 비평하던 사람들이 영화제 프로그래머 역할도 같이 했는데, 어느 시점부터는 영화제에서도 따로 프로그래머 관련 공부를 하거나 경력을 쌓은 사람들이 전문 프로그래머들로 등장하기 시작했던 거죠. 이런 경향은 앞으로도 더 심화될 것이라고 생각합니다. 각자의 전문 영역들이 나눠지는 지점들이 분기점 역할들을 했던 거죠.

김미영   독립 영화라는 진영의 개념이 바뀌면서 독립 영화에 참여하는 사람도 바뀌었다는 뜻일까요? 혹은 서독제가 집행위에서 해왔던 일도 그런 식으로 동시에 분화됐다는 뜻인가요?

김동현   상황은 그런 식의 분화가 진행되었는데 서울독립영화제 집행위원회는 창작자도 있고 프로그래머도 있고 기획자들도 있는 집단이잖아요. 전문적인 스태프들이 사무국에 있지만, 서독제는 그런 여러 집단들이 이 영화제를 같이 이해하면서 만들어 나간다는 문화적인 뿌리들을 계속 이어나가려고 했기 때문에 창작자나 프로듀서들도 함께 집행위를 꾸려갈 수 있도록 했던 거죠. 영화제

도 아무리 전문화, 분화되었다고 하지만 영화제를 프로그래머들과 사무국만 진행하게 되면 창작자들이 바라고 있는 영화제의 상이라든가 문제라든가 이런 것들을 들을 수가 없잖아요.

신아가 예를 들어서 저희가 상영작을 선정하는 예심을 하잖아요. 예심위원들을 서로 다른 직책과 역할을 가진 분들로 다양하게 구성을 하는데, 예심에 참여했을 때 느낀 점은 서로 판단 기준이 너무 다르다는 거였어요. 평론하는 분들과 만드는 사람들의 시선이 너무 다르다는 거요.

김영우 판단 기준이 너무 다르죠.

신아가 참 다른 그런 시선들이 모여서 지금 서독제를 만들고 있어요.

김영우 다른 국제영화제든 작은 영화제든 집행위원회는 다 있어요. 집행위원장이 있으면 집행위원이 있기 마련이니까요. 우리가 만날 때 약간 농담처럼 이야기하지만 그 어떤 영화제도 이렇게 서독제처럼 집행위원회를 자주 하는 경우는 없어요. 서독제는 집행위원들이 어찌 되었든 개입을 해서 심사든 사업이든 자기 나름대로 역할들을 맡아서 하잖아요. 다른 영화제들의 경우 집행위원회가 현실적인 이유나 재정적인 문제 등 여러 요인들로 요식적인 경우가 많아요. 집행위원들한테 이렇게 적극적으로 의견을 받아들이고 여러 역할을 하게 하는 것은 그래도 규모 있는 영화제 중에서는 서울독립영화제밖에 없지 않을까 하는 생각이 듭니다.

김미영 앞서 말씀하신 그런 시기들을 지나 2000년대 이후로 서독제가 그간 상영해 온 영화들을 통해 서독제가 주목해 온 독립 영화들의 경향성을 살펴볼 수 있을 것 같습니다. 서독제가 어떤 작품들을 선정해 오고 상영해 왔는지 궁금합니다.

김동현 서울독립영화제는 99년 이전까지는 시상만 하는 영화제였어요, 마치 아카데미 영화제처럼요. 99년에 비로소 시상 외에도 영화를 상영하면서 축제의 꼴을 갖추었습니다. 아마 그 시기부터의 작품들을 살펴봐야 할 것 같습니다. 물론 99년 이전에도 상징적인 독립 영화 작품들이 있었어요. 80년대 영화 운동의 정점에 있던 〈파업전야〉가 있었고 이 작품을 만들었던 젊은 독립 영화인들이 90년대에 충무로 자본으로 투입이 되었잖아요. 충무로 쪽으로 가지 않고 남아 있는 사람들은 단편 영화를 통해서 자기 작품을 만들어내는 것으로 방향을 정리한 것 같습니다. 그래서 93년 서울 단편영화제, 인디포럼 등이 생겼어요. 〈변방에서 중심으로〉라고 하는 다큐멘터리에서, 기억이 정확하지는 않지만, 어떤 분이 80년대 〈오! 꿈의 나라〉, 〈파업전야〉, 〈닫힌 교문을 열며〉 등이 엄청난 성과를 가져왔지만 그 과정에서 많은 무리수가 있었고 상처도 있었다고 하셨어요. 사실상 그 단체들을 중심으로 했던 장편 극영화 만들기가 거의 해체되었거든요. 많은 사람들이 충무로에 들어갔기 때문이기도 하고요. 개인이 영화를 만들기 시작한 시기가 바로 그 이후인 90년대부터입니다. 거기에 적합하게 영화제들이 생겼고요. 상업 영화와 완전히 형식이 다른 단편 영화들이 영화제라는 플랫폼을 통해서 보여지게 되었던 거죠. 단편 영화들이 계속 많이 만들어지면서 기성 영화와 다른 다양성이라든가 다각적인 영화적인 시도들이 있었습니다. 다큐멘터리 진영에서는 장편이 계속 만들어지면서 사회적 발언 등이 이어지고 있었고요.

그러면서 1999년에 서울독립영화제에서 대상을 받은 작품이 류승완 감독님의 〈현대인〉이라는 작품이에요. 시상도 하고 상영도 했던 첫번 째 해였죠. 영화인들이 모여서 진행했던 행사에서 단편 대상을 받았고, 그다음 해에 옴니버스로 〈죽거나 혹은 나쁘거나〉가 만들어져서 다음 해인가에 극장 개봉을 했어요. 그러니까 서울독립영화제가 처음 시작했던 시기는 류승완 감독을 대표로 하는 기존의 운동권 영화와는 다른 결을 가지고 있는 영화들, 장르적인 영화들까지 포함하는 작품들이 선보여지는 시대였던 거죠. 그 영화가 대대적인 성공을 하면서 영화를 만드는 사람들한테 어떤 비전 같은 것들을 보여준 게 있고요.

그리고 이제 2000년으로 넘어오면서 디지털 시대가 도래했잖아요. 디지털 장편 극 영화로는 임상수 감독의 〈눈물〉과 같은 상징적인 작품들이 있지만 이제 2천년 이후부터 디지털 장편 영화들이 나오기 시작했고 대표적인 작품으로 남기웅 감독의 〈대학로에서 매춘하다가 토막 살해 당한 여고생 아직 대학로에 있다〉가 나왔고, 2003년에 〈마이 제너레이션〉이 나왔어요. 서울독립영화제가 2000년에서부터 2010년까지 가장 중요하게 내걸었던 사업 방향은 독립 장편 영화 활성화였어요. 독립 장편 영화들을 우리가 어떻게 잘 만들어낼 수 있는가 그리고 어떻게 그 영화들이 지속적으로 만들어지고 배급될 수 있는가에 대해 많은 고민을 했었던 것 같아요. 그런 상황에서 다양한 영화들이 나왔었죠. 〈마이 제너레이션〉에서 시작해서 〈뽀삐〉라는 영화도 만들었고 CJ CGV의 CJIP 프로모션이라고 해서 독립 장편 영화들을 지원하는 프로그램들도 저희가 2001년부터 런칭해서 한 7년 정도 진행을 했거든요. 단편 영화만 계속 만들어서는 우리가 새로운 단편 영화들을 계속 만날 수는 있겠지만, 영화를 만드는 사람이 지속적으로 다음 영화를 만들면서 모색하고 더 많은 관객을 만나기 위해서는 장편 영화의 활성화가 필요했던 것 같습니다.

김영우 디지털로 넘어오면서 창작자들의 수요가 많아지는 과정에서 서독제가 성장을 같이했을 수도 있다고 봅니다. 영화를 만들려고 하는 사람들의 진입 장벽이 낮아져 있는 상태에서 그 많이 만들어지는 작품들을 수용해야 하는 게 서독제의 역할이었던 것 같아요.

김동현 단편 영화는 충분하지만 단편 영화 다음 단계가 있어야 되는 거잖아요. 단편 영화만으로는 상업 영화와 대등하다고 할 수는 없었죠. 그런 단계에서 창작자들이 어떻게 나아갈 수 있게 할 것인가를 생각해야 했고, 독립 영화 진영도 확대까지는 아니지만 당연히 계속 나아가야 된다고 생각했거든요. 단편 영화만 계속 만들면서 우리가 독립 영화를 한다라고 할 수는 없는 것 같았고, 충무로로 갈 수 있는 것도 아니었죠. 다큐멘터리 같은 비타협적인 영화만 만들면서 우리가 독립 영화를 한다고 얘기하는 시대도 아니었어요, 그 시대는.

다양한 가치의 흡수, 다양한 영화들의 출발점

김미영 당시 독립 영화 진영에서 상업 영화와 다른 가치로 염두에 두고 있던 것은 어떤 것이었을까요?

김동현 제가 생각하기에는 8, 90년대에도 항상 영화적 가치냐 사회적 가치냐라는 논쟁이 늘 있었어요. 영화적 가치를 더 중심으로 생각했던 사람들이 80년대를 지나고 90년대에 충무로로 들어갔다고 생각을 하거든요. 사회적 가치를 중시했었던 사람들은 다큐멘터리로 빠졌는데, 예를 들어 서울영화집단의 경우도 서울영상집단과 갈렸는데 서울영화집단이 더 영화적인 사람들이었다면, 홍기선 감독이 남아있었던 영상 집단의 경우는 지금 당장 카메라를 들고 노동조합과 노동자들이 싸우고 있는 현장으로 가야 한다는 사람들이었거든요. 2000년대에도 그런 논쟁이 계속되었지만 장편 영화를 제작지원해야겠다는 결의에는 영화적 가치나 미래에 대한 더 많은 모색이 있었던 것 같아요. 지금은 지역 문화와 결합하는 것들도 사회적 가치로 넓혀서 보는 것처럼 기준들이 자연스럽게 변화하는 것을 흡수하고 반영하면서 정립해 가지 않았나 싶어요. 따지고 보면 저는 좀 더 영화적인 가치를 향한 방향성이었다고 생각을 합니다.

김미영   2002년 이후로는 특히나 어떤 정치, 사회적 가치뿐 아니라, 상업 영화가 확보하지 못하는 영화 영역을 서독제에서 지탱하고 있었구나 하는 생각이 듭니다.

신아가   창작자 입장에서는 단편 영화를 찍고 난 이후에는 당연히 장편 영화 생각을 해야 되는데 상업 영화에서 소비되고 요구하는 이야기들은 우리가 하고자 하는 이야기들과 갭이 있는 것 같고 그럴 경우에 장편 영화를 만들고 싶은데 어떻게 이것을 만들 수 있을까를 고민하게 되잖아요. 지원 제도와 같은 것들을 탐색을 해서 영화를 만들게 되면 선보이는 장으로 영화제를 찾아가게 되는 거죠. 서울독립영화제가 딱 존재하고 있었으니까요. 아까 류승완 감독님 얘기가 나왔었는데 저 개인한테는 충격적이었어요. 저렇게 영화를 만들어서 개봉할 수가 있구나, 장편 영화가 저렇게 만들어질 수 있구나, 그런 생각을 했죠.

김영우   서울독립영화제가 2000년대 넘어와서 어떤 작품들을 선정하고 지지하면서 이렇게 자리를 잡았냐 이게 질문인 거잖아요. 앞서 이야기가 나온 것처럼 영화를 운동처럼 작업을 하셨던 분들이 분화되면서 충무로로 넘어가고 또 새로운 영화들이 등장을 하고 그러면서 또 그다음 세대들이 많이 등장한 거죠. 새로 등장한 사람들이 단편이든 독립 장편이든 다큐멘터리든 다양한 영화들을 만들기 시작했고 절대적으로 편수도 많이 늘어났어요. 영화를 만들고 싶어 하는 사람들도 그만큼 늘어나게 된 거죠. 이것이 2010년까지 이어진 흐름이죠. 저도 2010년부터는 본격적으로 영화들을 다 보긴 했던 것 같아요. 지난 십몇 년을 돌아보면 다양한 배경의 창작자들이 많이 등장을 하게 되었었던 것 같고, 이전에 비해서는 세대와 세대가 트랜지션이 되는 것을 지켜볼 수 있는 플랫폼으로 서독제가 중요하게 작동했었다는 생각이 듭니다. 서울독립영화제는 자국 영화를 트는 영화제인데 이렇게 많은 편수의 영화를 트는 독립영화제가 그렇게 흔하지 않거든요. 전 세계적으로 봐도 그렇죠. 서울독립영화제에는 대안영화제라고 볼 수는 없겠지만, 만약에 다른 나라였으면 일종의 어떤 상업 영화에 반하는 하나의 어떤 대안영화제 형태로 존재를 했을 텐데 보통 대안영화제로 작동하는 영화제들 중에서 이렇게 큰 규모로 상영을 많이 하는 영화제들이 별로 없어요. 그래도 굉장히 많은 작품들을 소개하고 이렇게 크게 판을 벌렸던 것은 사실은 굉장히 한국적인 상황에서 가능한 게 아니었을까 라는 생각을 하죠. 가까운 일본만 봐도 상영 편수가 이것의 반도 안 되거든요. 자국의 영화를 중심으로 해서 상영하는 독립영화제 형태 중에 이렇게 많은 편수의 영화를 상영하는 독립영화제들이 거의 없어요.

김동현   다른 영화제들은 자국의 영화뿐만 아니라 타국의 다른 좋은 영화들을 더 많이 상영한다는 얘기인가요?

김영우   아니요. 그러니까 피아영화제만 해도 특별 프로그램을 하긴 하지만 일본 영화를 100편 넘게 틀지는 않거든요. 필리핀의 시네말라야영화제도 자국 영화를 대상으로 제작 지원까지 하지만 상영작은 40편 정도예요.

김동현   그만큼 상영할 영화가 없어서 그런 건가요?

김영우   여러 가지 요인들이 있겠지만 영화제를 하는 게 기본적으로 돈도 많이 들고 인력도 필요하고 지자체가 되었든 단체가 되었든 영화제를 끌고 가는 세력들이 있어야 되는데 아시아로 좁혀 봤을 때 이 정도 규모로 크게 독립영화제를 유지하는 곳이 별로 없어요. 진짜 없죠. 중국이나 일본을 우리와 많이 비교를 하는 편인데, 우리가 따라가기도 했고 우리가 앞서가는 지점도 있고요. 중국 같은 경우도 중국 차이나독립영화제는 이제 없어졌지만 편수가 이만큼은 아니었고요, 일본의 피아영화제도 제작 지원도 했고 이 영화제를 통해 이상일, 이시이 유야를 비롯한 많은 감독들이 등장했지만 상영 편수는 반도 안 되거든요. 단순히 작품 수를 떠나서 이렇게까지 적극적이고 의미 있는 플랫폼을 가질 수 있었다는 게 한국적인 상황에서 창작자들의 열정이나 참여도가 뒷배경이 되지 않았을까 하는 생각이 들죠. 서독제만 있었던 게 아니라, 인디포럼, 인디다큐페스티벌도 있었고 어떤 범주의 독립 영화를 대상으로 영화제를 한다는 것 자체가 한국적인 상황이지 않았을까 생각이 들었던 거예요. 이런 것들에 대한 그 배경이 아까 위원장님 이야기하셨던, 각 층의 분화와 새로운 등장 등도 있겠지만, 이게 굉장히 독특한 한국적인 상황은 확실한 것 같아요. 이렇게까지 하는 데가 별로 없거든요.

김미영   충무로로 분화되는 경향이 지금도 있나요?

김영우   여전히 바라보고는 있지 않을까요? 여전히 바라보겠죠. 기회만 있으면.

김동현   당연히. 왜냐하면 이제는 굉장히 성공적으로 상업 영화에 안착한 감독들의 사례가 너무 많아요. 대표적으로 2000년대 모델은 류승완 그리고 이어서 나홍진 감독, 또 윤종빈 감독이 나왔어요. 좀 전에 신 감독도 얘기했지만 2천년대 초반에 류승완 감독 같은 케이스는 정말 충격적이었어요. 이게 가능해? 왜냐하면 우리가 영화제를 처음 시작할 때 우리가 기성 영화의 대안이고 여기서 정말 한국 영화를 이끌어갈 만한 사람들이 나올 거라고 썼지만 약간 그게 가능할까라는 느낌이었는데 그것을 이제 굉장히 독립 영화적인 방식으로 실현을 한 거잖아요. 그런 충격이 있었는데 이제 그다음 연도가 정확히 기억이 안 나지만 대표적으로 조성희 감독 같은 경우가 있고요. 한준희 감독, 허정 감독, 장재현 감독, 정병길 감독 등이 있어요. 정병길이나 조성희 감독 같은 경우에는 독립 장편 한 편을 만들고 넘어간 케이스지만 한준희나 허정 그리고 장재현 감독 같은 경우에는 첫 장편 자체를 상업으로 만든 거거든요. 그러니까 단편 영화에서 충분히 입증이 되었기 때문에 충무로에서 혹은 상업 영화 진영에서 잘 만드는 감독을 바로 픽업해 간단 말이에요. 예를 들면 이충현 감독의 〈몸값〉을 만든 케이스도 그러하죠. 그 작품이 이충현 감독의 첫 번째 영화였어요. 이미 독립 영화를 만드는 사람이 굉장히 퀄리티 있는 상업 영화를 만들 수 있다라는 것이 증명이 된 거죠. 재미있는 것은 뭐냐면, 과거에는 그런 성공한 케이스들이 있는 반면 상업으로 가는 것 외에 독립에 남아서 계속 영화를 만드는 것에서 비전을 찾기 어려웠어요. 그런데 지금은 굳이 상업을 가지 않아도 독립 영화 진영

안에서 예술 영화를 만드는 것이 가능하다라는 모델이 많이 나왔어요. 감독들을 상업 영화에서 픽업하는 케이스가 미국처럼 예술적인 독립 영화를 만들고 거기서 마이너 브랜드를 만드는 나라가 아니잖아요.

그렇기 때문에 상업으로 가려면 무조건 저렇게 대중적이고 장르적인 영화를 만들어야 되나 이런 고민을 할 수 있을 텐데 예를 들면 박석영 감독, 신수원 감독, 김희정 감독 등이 독자적인 방식으로 영화를 만들고 있어요. 또 박정범 감독, 박홍민 감독, 이광국 감독은 두 번째 영화를 만들 때 그렇게 상업적인 영화를 만들지 않았어요. 예술적인 영화들을 계속 만들어내고 있는 거거든요. 그렇다면 그런 차기작들이, 두 번째 작품이건, 세 번째 작품이건 그 작품을 볼 관객이 있고 그것을 만들 수 있는 제작 현장이 가능하고 또한 배급될 수 있는 환경이 어느 정도는 마련됐기 때문에 그런 선택을 하는 것이 아닌가 하는 생각이 듭니다. 독립 영화감독들이 장편으로 데뷔한 이후에 다음 작업을 모색할 지점이 부족하기는 하지만 그래도 넓어진 것은 넓어지지 않았나 생각을 합니다.

독립 영화의 성장과 함께 한
노정이 기록되고 있는 플랫폼

김미영　서독제가 어떤 플랫폼이 돼야 된다고 생각하세요?

김영우　지금 말씀하셨던 이 맥락에서 굳이 상업 영화, 충무로 영화 이런 거 말고 제가 생각할 때는 독립 영화 형태로 제작된 영화들이 기본적으로 관객들을 만날 수 있고 자기 영역이나 영토를 가질 수 있는 가능성을 보여준 것들이 2000년 초반과 특히 2007년 이후로 등장한 〈똥파리〉나 〈무산일기〉 같은 영화라고 생각합니다. 영화제를 통해서 주목을 받았던 감독들과 영화들이 화제를

모으고 관객들의 반응을 얻으면서 하나의 롤 모델처럼 만들어졌고, 그 다음 등장하는 감독들이 그와 비슷한 단계를 밟았던 거죠. 〈똥파리〉는 지금도 일본에서 상영을 하거든요. 저는 이 시기(2007~2010)에 위원장님이 언급했던 감독들도 다 나오고 있었고 새로운 형태의 영역을 가지고 있는 영화들이 등장했다고 생각합니다. 그 흐름 이후, 2014~5년에 주목받는 다큐멘터리들이 나왔고 코로나 직전에 독립 영화들이 주목을 받았던 시기가 또 잠시 있었잖아요. 〈우리들〉, 〈메기〉, 〈벌새〉, 〈찬실이는 복도 많지〉, 〈남매의 여름밤〉까지 이어졌죠. 이 과정에서 서독제가 중요한 플랫폼으로서 작동해 왔던 것이라고 볼 수 있습니다. 사실 국제영화제의 역할들하고 서독제가 했던 역할들하고 상충되는 지점도 있고 서로 보완되는 지점도 있고 그랬던 것 같습니다.

김미영　상충되는 지점이라면요?

김영우　상충되는 것들은 사실 국제영화제들이 원하는 굉장히 정형화된 형태의 독립 영화들이 있었던 것 같아요. 분명히 지금도 여전히 있을 것 같고 안전한 선택들을 많이 해야 되는 국제영화제라서 그런 것들이 있습니다. 반면 서독제나 인디포럼, 인디다큐페스티벌 등의 영화제들이 독립 영화의 정체성이나 색깔을 가지고 있는 영화들을 채워나가고 보완해 나가는 역할을 하려고 했었던 것 같다는 생각이 듭니다. 국제영화제들이 한 10년 지나면서 이렇게 다 흡수하는 형태가 되다 보니 아무래도 독립영화제들이 힘을 받기가 힘든 상황은 있었어요.

김미영　국제영화제들이 그 주목할 만한 중요한 작품들을 다 흡수해 버려서 여기 독립영화제 쪽에서는 계속 새로운 작품들을 발굴하고자 했다는 말씀이신 거죠?

김영우　국제영화제가 흡수를 많이 하다보니 그런 영화제에서 먼저 공개되고 지원받은 작품들이 나중에 서독제로 오는 형태가 되어버리긴 했어요. 그럼에도 불구하고 서독제는 국제영화제들에서 놓치는 영화들이거나 주목을 못 받은 작품인데 다시 한번 의미를 살려볼 수 있는 작품들을 선정하려고 해왔죠. 이런 상충적이고 보완적인 역할을 하려고 해왔던 것 같아요.

김미영　그러면 부산영화제, 전주영화제에서 상영한 한국영화들과 서독제에서 상영하는 한국영화들 사이에는 어떤 차이가 있을까요?

김동현　그거는 여기 이 책에 수록된 조영각 선배님이 쓰신 글 한 번 읽어보면 도움이 될 것 같아요. (『21세기의 독립영화―서울독립영화제 40주년 기념』 중 '2000년대 독립 장편 영화의 발전과 성과', 조영각, pp. 16-28, 2014, 한국독립영화협회 발간. 이 글에서 부산국제영화제와 관련된 부분은 다음과 같다. 물론 전체를 읽어본다면 더 상세한 맥락과 상황, 성취와 문제점들을 알 수 있을 것이다. '이제 독립 영화는 한국영화의 중요한 한 축으로 인정받으면서 산업과 비평의 영역에서 간과할 수 없는 존재로 부각되기 시작했다. 한국영화의 대표작을 선정하는 지면에서 독립 영화 작품들이 없어서는 안 될 소중한 이름으로 각인되고 있었다. 이후 부산국제영화제는 지속적으로 만들어지는 독립 장편 영화들을 수용하기 위해 '한국영화의 오늘' 섹션에 '비전' 부문을 신설하고, 한국 독립 영화들을 세계에 알리는 데 한몫을 해 왔다. 현재 비전 부문은 세계 영화계가 주목하는 섹션이 되었다. 2005년까지 부산국제영화제에는 한국의 독립 장편 영화만을 위한 섹션이 없었다.')

　　　　작품의 차이가 아니라 과거에는 서울독립영화제가 주된 무대였죠. 이 영화들을 보여줄 수 있는 곳도, 그 영화들을 찾고 주목해 주는 사람들도 우리 자신들밖에 없었어요. 거의 유일한 플랫폼으로 서로가 존재를 인정하는 실존적인 어떤 장이었다고 하면, 이제 2002년 이후가 되면서 독립 영화가 확장되고 사회적으로 인정을 받고 위상이 올라갔던 거죠. 독립 장편 영화들이 많아지고 이제 국제영화제에서 일종의 섹션을 만들어가지고 독립 장편 영화들을 소개하기 시작했거든요. 근데 처음부터 소개하지 않았어요. 이미 고군분투의 노력을 거쳐서 독립 영화라고 하는 것이 볼 만한 것이고 좋은 창작자들이 많다라는 것이 입증되고 난 다음에 세팅을 하는 형태였던 거죠. 국제영화제로 진출하면서 독립 영화 창작자들도 다른 것들을 본 거죠. 우리 안의 플랫폼에서는 국내 영화인들 간의 강력한 네트워킹 그리고 독립 영화 정신, 이런 것들로 서로를 북돋는 분위기라고 하면 국제영화제라는 무대로 넘어가서는 해외 심사위원들이 작품들을 보면서 우리 영화들을 해외하고 네트워킹하는 부분에서 국제영화제라고 하는 플랫폼이 훨씬 더 유리하다라는 것들을 확인하게 되는 거죠. 영화제에 참가하는 관계자들도 서독제에는 독립 영화를 하는 가장 에센셜한 사람들이 오는 곳이라고 하면 국제영화제는 상업 영화를 하는 사람이거나 제작자나 투자자들도 훨씬 더 많이 와서 보고 있기 때문에 더 넓은 곳으로 가는 것을 더 생각했었던 것 같아요. 그리고 이 작품들을 다른 작품들과 견주는 부분에서는 저희는 밀리는 것이 없다, 이런 생각을 했던 것 같아요.

김영우　잠시만 하나 보태면 한국 영화의 해외 진출이 그렇게 오래되지 않았잖아요. 가끔씩 돌출했던 옛날 영화들 말고는 임권택 감독 작품도 그렇게 옛날이 아니거든요. 부산영화제 전 혹은 토니 레인즈가 한국에 온 1980년대부터 한국영화가 해외 진출하게 되었고 그때 임권택 감독, 2000년대의 봉준호 감독을

필두로 해외 영화제를 나가기 시작했죠. 그때 한국영화에 대한 관심이 많이 생겨났죠. 봉준호 감독이 감독 주간에 간 작품이 〈괴물〉이에요. 진짜 최근이에요. 그래서 영화제 프로그래머들이 봉준호 말고 또 젊은 감독이 없나 찾기 시작하다 보니 한국 독립 영화가 눈에 들어오기 시작한 거죠. 독립 영화가 해외 진출을 하기 시작한 2007-8년 시기와 맞물리는 일이죠. 〈똥파리〉나 〈무산일기〉가 어디 가서 전설적인 상을 받고 영화제 200개를 돌았다, 이런 게 기사가 되고 화제가 되다보니 많은 독립 영화 장편들도 부산이나 전주 이런 데를 가는 게 해외 진출에 도움이 되는구나 이런 생각을 하게 된 것도 얼마 안 된 일인 거죠. 그러다 보니까 아무래도 그쪽으로 쏠림 현상까지 생기게 되지 않았을까 싶습니다.

김동현　제가 지금 상영했던 작품들을 한번 보니까 〈똥파리〉 나오기 전까지는 저희가 부산국제영화제에서 틀지 않은 작품들 중 중요한 독립 영화들을 많이 틀었어요. 부산국제영화제는 소위 말해서 좀 더 볼 만한 작품들 중심으로 골랐던 것 같아요. 김경묵 감독의 〈줄탁동시〉도 부산영화제에서는 상영하지 않았지만 저희 영화제에서는 상영을 했어요.

김영우　〈줄탁동시〉는 베니스 영화제에 진출했었죠.

김동현　예를 들면 〈고갈〉 같은 작품은 부산에서도 틀고 우리 영화제에서도 틀었는데 부산에서는 평가가 안 좋았어요. 그런데 우리 영화제에 와서는 그런 작품들이 제대로 평가를 받는 거죠. 꼭 부산에서 틀지 않아도 훨씬 더 논쟁적인 작품들이 많이 나왔던 것 같아요. 그런데 2010년을 기준으로 이전과 이후가 상당히 다르거든요. 2010년이라는 게 이유가 있긴 하는데, 맥락만 따져본다면, 〈워낭소리〉가 성공하고 〈똥파리〉, 〈낮술〉 이런 작품들이 나오고 〈혜화, 동〉, 〈파수꾼〉 등이 붐이 일었는데, 우연히 그 시기부터 블랙리스트가 시작됐기 때문에 공적 지원은 굉장히 위축됐지만 산업적인 독립 영화는 커졌던 시기였던 거죠. CGV에서 배급 지원도 했고 대기업 자본들이 우호적으로 독립 영화와 결합하던 시기였고, 해외 영화제 진출도 많이 하던 시기였던 거죠. 독립 영화 전용관이 많아졌고 유통의 형태가 만들어지면서 전문 배급사들이 어떤 방향성들을 갖고 있다 보니 거기에 걸맞는 작품들이 많이 만들어졌었던 것 같아요.

　　　　반면 논쟁적인 작품은 덜 만들어졌습니다. 서울독립영화제는 그러한 작품의 보루가 될 수 있는 영화제였지만요. 어떤 일정한 꼴을 갖춘 작품들이 증가하니 국제영화제들에서 우선권을 갖게 되었습니다. 다양한 부분에서 어떤 한계점이 드러나기 시작했던 것 같아요.

독립 영화의 다양한 가치를 지향하는 준거 집단, 커뮤니티

신아가　저는 지금 얘기를 듣다가 생각해보니 서독제도 그렇고 독립 영화라는 것도 맥락이 변해왔던 것 같아요. 그래서 독립 영화가 뭐냐고 물으면 하나로 정의하기 어렵게 복잡한 것들이 얽혀져 있고 또 넓어졌잖아요. 저는 시기적으로 90년대 후반부터 지금까지 독립 영화에 딱딱 점을 찍어주는 작품들이 나왔던 것 같고 그에 따라 변화하는 시기들이 나눠지는 것 같아요. 그리고 그 작품들이 어떻게 나왔지라고 들여다보면 이런 것들과 맞물려서 독립 영화라는 개념들이 이렇게 변화되어 왔구나라는 식으로 정리가 될 수 있을 것 같다라는 생각이 들었어요. 그래서 먼저 〈현대인〉 이후 류승완 감독님이 독립 영화를 만들어서 상업

영화로 간 케이스가 있고 이후 〈똥파리〉부터 시작해서 작품들이 쏟아지기 전까지 그 중간 단계에는 어떤 작품이 있었나를 계속 생각했어요.

아까 문득 든 생각이 독립 영화라고 부를 수 있는 이 영화들을 있게 한 토양의 한 축은 영화 학교인 것 같고 또 CJ나 대기업 자본과 맞물려서 진행되는 신진작가를 발굴하기 위한 프로젝트가 하나 있는 것 같고 나머지는 영화진흥위원회나 지역 영상위원회 같은 관에서 지원받는 것이 한 축인 것 같아요. 저는 개인적으로는 이 독립 영화라고 하는 개념이 예전에는 약간 정치 사회적인 개념이었다라고 하면 지금은 심플하게는 자본으로부터의 독립이고 소재적 주제적으로 다양성을 지향하는 가치로의 변화라고 이렇게 생각을 한단 말이에요.

김미영　그러면 서독제도 어떤 정치적이고 공동체적 가치 중심이었다가 지금은 어떤 개인의 창작 욕구, 영화적 다양성을 중심으로 점점 변해온 거라고 봐야겠네요.

김동현　서울독립영화제는 인디포럼과는 출발이 다르고 1999년 시작되면서 처음부터 정치적인 가치를 목표로 하진 않았습니다. 당대에 만들어지고 있는 영화들을 잘 흡수해서 보여주고 그때그때 필요한 독립 영화의 방향성이나 담론들을 제시하는 장이 되고자 했던 것 같아요.

김미영　이게 돈이 되는 것도 아니고 무슨 사업도 아닌데 단지 새롭고 다양한 영화들을 소개하는 장으로 남겠다고 생각한 것이 사실은 너무 신기합니다.

신아가　저는 한편으로는 정치 사회적인 어떤 맥락도 반드시 서독제가 가져가려는 노력이 항상 있었다라는 생각이 들고 그것이 서독제의 중요한 정신? 서독제가 반드시 가지고 있어야만 하는 그 무엇이라고 생각했어요. 그러니까 저는 그것을 외면할 수는 없다고 생각해요

김동현　맞습니다.

신아가　서독제가 연말에 개최가 되는 것도 굉장히 중요한 것 같아요. 그래서 지난 1년 동안에 나온 모든 단편 영화, 독립 영화들을 아울러서 품으려는 영화제로 모양새를 띠고 있다고 생각해요.

김미영　어쨌든 궁금하긴 해요. 서독제라는 것이 안에서는 어떻게 지금 이것을 계속 유지하고 있는지, 물론 여기 현재 참여하는 분들만의 영화제는 아니긴 한데 이 전체적인 진영에서 이 영화제가 너무나 중요한 플랫폼이긴 한데, 지금 말씀하신 걸로만 봐서는 원래 존재하지 않아도 되는데 존재하는 것 같고 혜택은 창작자들 중심으로 돌아가는 것 같고 그렇습니다.

김영우　한 15년 정도 서독제에 왔다 갔다 한 느낌으로 말하자면요. 이렇게 국제영화제가 잘 돼 있고 영화제들이 많고 상영을 부산이나 전주 등 더 큰 영화제에서 먼저 하고 싶어 하고 그럼에도 불구하고 서독제가 20년 정도까지 이어온 상황에서 지금 서독제 존재의 근거는 무엇이며 목표가 무엇이냐 이거에 대한 이야기인 거잖아요. 그리고 서독제만의 색깔은 무엇이냐는 것인데, 크게 보면 서독제에서 창작자들과 같이 있을 때 느끼는 게 있어요. 그들이 내 영화가 부산이나 전주나 큰 무대에서 틀어서 다른 기회가 열리면 좋긴 한데, 서독제에서 내 영화를 트는 것은 다른 의미로 다가왔고 아마 한국 독립 영화가 그동

안 해왔었던 어떤 준거 집단, 어떤 커뮤니티, 공동체의 일원이 된다는 것이 분명히 작동하고 남아있다라는 생각이 드는 거죠. 대부분의 감독들은 서독제에서 튼다는 게 내가 어떤 공동체 일원으로 인정받는 느낌이 옛날보다 약해졌겠지만 남아있다고 생각하거든요. 계속 개별적으로 작업하는 사람들한테는 그 준거 집단이 굉장히 중요하지 않았을까 해서, 우리도 그 역할을 하려고 노력을 많이 하는 거죠.

김동현　그런 게 있는 것 같기는 해요. 저는 창작자가 아니기는 하지만 국제영화제에서 상영되는 것보다 더 어렵고 더 기쁘다라고 얘기하는 창작자들이 많긴 하거든요. 저희가 부산, 전주 모든 국제영화제 포함해서 1년 동안 영화제에서 틀었든 안 틀었든 상관없이 영화들을 평가하다 보니 다른 평가들을 받는다라는 생각을 하는 것 같아요. 진정 여기가 결산이다, 진검승부의 장에서 살아남을 것인가, 그런 것들도 고민하는 것 같기도 하고. 그리고 독립 영화에 대한 준거 집단으로서의 공동체에 대한 경험이 있는 사람이라면 더 그럴 수도 있기는 하지만, 서울독립영화제에서 상영되지 않았을 때 나를 정말 이해하는 친구로부터 인정받지 못한 것 같다는 이야기를 했었던 어떤 감독님의 말씀도 생각나네요. 이게 연말의 행사니까 또 축제잖아요. 다른 영화제들은 시기가 많이 겹치는데 저희 서울독립영화제만 유일하게 그 시기에 같이하는 영화제들이 없거든요. 그러다 보니까 이제 한 해를 마무리하면서 함께하는 떠들썩한 축제의 장에서 배제됐을 때 오는 심리적인 속상함 같은 것들이 있었던 것 같습니다.

**종적으로 횡적으로 혹은 그 너머로
새로운 가능성을 보여주는 영화를 발굴하기**

김미영　어떤 정체성과 프로그램을 가지고 최근 10년 사이에 서독제라는 영화제의 위상과 방향을 꾸려왔는지, 구체적인 작품들을 이야기하면서 말씀해주시면 좋겠습니다.

김동현　여러 영화제들 중 하나의 영화제이기는 하지만 그럼에도 불구하고 영화제의 가장 중요한 목적은 새로운 영화를 찾는다라는 부분에 있다고 생각했기 때문에 많이 노력을 했었던 것 같아요. 예를 들면 지금은 상업으로 넘어가기는 했지만 곡사의 영화들, 그들의 단편까지 다 포함해서 〈뇌절개술〉, 〈방독피〉, 그리고 〈고갈〉, 〈자가당착: 시대 정신과 현실 참여〉와 같은 아주 래디컬한 작품들은 서울독립영화제라는 장 안에서 그 영화가 가지고 있었던 본연의 어떤 가치들을 훨씬 더 잘 평가받았었던 것 같고요. 오멸 감독님의 〈뽕돌〉과 같은 작품도 서울독립영화제에서 발굴해서 〈지슬〉이나 이후의 작품들까지 만들 수 있는 분기점이 되었던 것 같고요. 그러니까 저희가 작품을 고를 때는 웰메이드 기준이 아니라 그 영화가 가지고 있는 가능성인 거죠. 여기서 가능성이란 여러 가지 의미에서 폭이 넓은 가능성이에요. 영화적인 가능성도 그렇고 경우에 따라서는 서울 중심으로 창작 인프라가 몰입되어 있는 상황에서 창작자들을 더 넓히기 위해서는 또 어떤 노력을 해야지 되는지도 고민을 많이 했었거든요. 그래서 지역에서 고군분투하면서 만들어졌던 작품들도 또 그런 가치에서 넓게 보려고 노력했었죠. 또, 지금은 돌아가셨지만 이강현 감독의 〈파산의 기술〉이나 〈보라〉까지 다 서울독립영화제 프리미어로 시작을 하면서 다큐멘터리 진영에서도 어떤 변화가 있었거든요. 기존의 프로파간다 중심의 영화에서 조금 더 개인적인 영화로 변화하기도 했고요. 그리고 연성화되어 있었던 것들에 영화적인 질문을 던지는 그런

급진적인 영화들을 고르려는 노력들을 많이 했던 것 같아요. 급진성을 가지고 있는 영화들이 요즘에는 많이 부족하거든요. 이런 영화들이 부족해진 것은 우리 환경의 문제라는 생각이 들어요. 가끔 심사를 할 때 심사위원들 중에 많이들 이런 이야기를 하세요. 정말 영화가 없다고요. 그러면 저는 그럴 때마다 항상 중요하게 이야기하는 게, 있는 영화를 두고 왜 없다고 얘기를 하냐, 지금 만들어지고 있는 영화들을 더 크리에이티브하고 세심한 시선으로 봐야 된다, 감독들이 비슷비슷한 작품을 만든다는 것은 우리가 비슷비슷한 영화를 만들 수 있는 환경에 있고, 쟁점과 담론이 없기 때문에 그런 영화들에 그런 상황이 반영되는 것들이 있다, 와 같은 이야기를 합니다. 그래서 언제든지 새로운 방향을 제시하는 작품들을 끊임없이 찾으려고 노력을 했었어요. 다큐멘터리도 급진적인 사회적인 목소리를 내는 그런 작품들을 많이 주목했었던 것 같고요. 정재훈 감독의 〈호수길〉과 같은 작품들도 있었죠.

지금은 저도 생각이 좀 복잡해지기는 하는데 신아가 감독님이 언급했듯이 아카데미나 학교에서 영화를 만들든가 아니면 영진위에서 공적 지원을 통해서 만들든가 하게 되는데요. 공적 지원이 상대적으로 다른 나라에 비해서 우리나라가 풍부하긴 해요. 하지만 그 공적 지원을 받고자 어떤 프레임 안에서 자꾸 영화를 만들려고 하다 보니 비슷비슷한 영화들이 만들어지는 것이 상당히 많았던 것 같아요. 최근 한 10년 동안은 단국대학교를 중심으로 해서 그 학교에서 만든 작품들이나 거기를 나와서 이후에 만든 작품들을 보면, 자본과 관계없이 어쨌든 영화를 만들어내는 것을 입증해내는 감독들이 많아졌거든요. 이런 경우 영화가 가지고 있는 각각의 환경 안에서 그렇게 영화를 만들었었다라는 걸 지켜보고 주목하려고 하지요. 김대환 감독의 〈초행〉이나 장우진 감독의 〈겨울밤에〉, 김덕중 감독의 〈에듀케이션〉, 〈컨버세이션〉 등 많은 작품들이 있어요.

김영우 위원장님이 이야기하셨던 거랑 비슷한 이야기일 수밖에 없는데 일단 제 버전으로 정리를 좀 해보면 서독제의 작품 선정은 각 작품들에게, 어디 국제 영화제에서 주목을 받았든 안 받았든 상관없이 한국 독립 영화사에서 제대로 된 합당한 위치를 잡아주는 포지셔닝 역할을 분명히 한 것 같다라는 생각입니다. 그래서 부산이나 전주에서 상을 받았다고 해서 무조건 여기서도 인정받는 건 아니고, 인정받는 경우도 많겠지만, 주목을 못 받고 떨어졌다고 하더라도 그 영화가 가야 될 마땅한 위치에다가 이렇게 지도를 그려주는 역할을 했다고 생각해요. 게다가 우리는 그해에 나왔던 여러 가지 다양한 독립 영화들, 다큐멘터리, 실험 영화, 애니메이션까지 다 틀잖아요.

김동현 근데 제가 지금 리스트를 한번 이렇게 봤더니 솔직하게 얘기하면 지난 10년 안에 우리가 엄청나게 새로운 영화를 발굴해 내거나 그러지는 못했어요. 하지만 여전히 재능 있고 가능성이 있는 단편 영화 감독들의 리스트는 다 여기 있거든요. 지금 좋은 장편을 만들어서 주목받고 있는 사람들은 대부분 다 단편 영화라고 하는 플랫폼 내에서 발굴이 되었는데 그런 단편들을 부산이나 국제영화제 등에서 먼저 주목하지 않았던 거죠. 제가 아까 언급했던 감독들이야 서울독립영화제에서 소개되면서 잘 평가받은 사람들이지만 다른 영화제에서 먼저 작품을 틀었더라도 서울독립영화제에서 상영함으로써 감독들과 당신의 영화는 독립 영화의 어떤 자산과 자장 안에 있다는 그런 교감들을 저는 나누었다고 생각을 하거든요. 어떤 영화는 국제영화제에서만 틀고 그냥 개봉하는 것도 있지만 서울독립영화제에서 꼭 작품을 틀고 싶어 한다라는 것은 지금 우리가 가지고 있는 어떤 독립 영화의 스피릿 같은 것들을 서로 공유하고 있다는 생각이 들거든요. 나는 독립 영

화를 만들었고 독립 영화라는 자장 안에 내가 있다, 라는 그런 공유의 정신적인 시간들이 중요하다고 생각해요. 거기에 정체성도 부여하고 싶었던 것 같고 그리고 그분들이 자부심을 갖도록 하는 것에 집중하지 않았나 그런 생각이 좀 들거든요.

김미영 이제는 감독님들이 이런 독립 영화의 스피릿, 그 말 표현이 너무 아름답지만 그냥 본인 영화의 어떤 영화적 가치를 인정받았다고 생각하는 경우도 있을 것 같아요.

김영우 그러니까 저는 계속 그 맥락이에요. 창작자가 느끼는 것을 어떻게 봐야할지 모르겠어요. 저는 상영작보다는 오히려 이제 요 근래에 등장했던 감독들이 좀 중요할 것 같아요. 2013년 이후로 보자면, 다큐멘터리 쪽의 정윤석, 박경근이 있고 극영화로는 단국대 이용승, 장우진, 김대환, 〈콩나물〉의 윤가은 감독이 있고.

김동현 김보라, 윤단비, 이우정, 임오정 감독, 이 모든 사람들은 다 이제 서울독립영화제를 거치면서 주목받았죠. 대상을 받은 이동우 감독도 있고.

김동현 이정홍 감독도 단편 〈해운대 소녀〉로 우리 영화제에서 대상을 받고 그리고 지금 우리가 주목하고 있는 〈괴인〉을 만들어냈고.

김영우 그리고 김경묵 감독도 꼭 들어가야죠. 최연소잖아요.

김동현 또 우리 서울독립영화제가 직접 제작했었던 영화들이 있어요. 2009년에 〈원나잇 스탠드〉부터 시작을 해서 그다음에 〈서울 연애〉, 〈오늘 영화〉로 이어지는데, 그 시대에 단편 영화에서 가장 주목할 만한 가능성을 갖고 있는 사람들이 감독으로 참여한 거거든요. 민용근, 이유림, 최시형, 정재훈, 이우정, 이정홍, 조현철, 정혁기 등등의 감독들이 참여했고, 구교환, 이옥섭, 임오정, 정가영 등도 프로젝트를 같이 했어요. 이 사람들은 장편 데뷔작을 만들면서 굉장히 주목을 받은 사람들이거든요. 감독 리스트 중에 2010년 이전을 생각한다면 신연식 감독도 들어가야 될 것 같고요. 임정환 감독도 들어가야 할 것 같아요. 박홍민 감독이 초반에 혼자 만들었던 영화들도 들어가야 되고요.

신아가 지금 나오는 모든 이름들은 몇 명을 제외하고 다 영화 학교에서 배출해낸 인재들이라고 생각이 들어요. 서독제에서 품는 영화들 중 한편에 그런 인재들의 축이 있다면 다른 한편에는 야인들이 있다고 생각하거든요. 사실은 그런 분들이 진짜 중요하다고 생각해요. 학교와 같은 제도 안에서 만드는 것은 울타리 안에서 만드는 것이기 때문에 상대적으로는 보살핌을 받으면서 만든 영화들이라고 생각해요. 물론 개개인별로는 다 전투를 했겠지만 그래서 그 야인들이 누가 있을까는 생각이.

김영우 일단 이동우 감독.

김동현 서보형 감독 같은 사람들.

김영우 2002년 서울독립영화제 개막작이 존 카사베츠의 〈그림자들〉이었던 게 생각나네요.

신아가 　이광국 감독도 야인이죠. 영화과는 나왔지만 영화를 만드는 건 다 본인이 스스로 일궈서 이룬 거니까요. 그러니까 제작 방식을 얘기하는 거죠. 아까 언급된 분들 중 아닌 분들도 물론 있지만, 어쨌든 단대는 단대 안에서 만든 거고, 영상원은 졸업 작품이고 아카데미는 장편 과정이고 다 그렇단 말이에요. 김초희 감독도 서독제 발굴이잖아요.

김동현 　단편 〈겨울의 피아니스트〉부터 그렇죠.

김영우 　다큐멘터리 쪽은 김태일 감독님. 인디다큐페스티벌 등이 있었지만 서독제가 꾸준히 주목을 했죠.

신아가 　영상원에 다큐 과정이 생겼잖아요. 미술 베이스로 작업하던 다큐 작가들이 들어가서. 근데 나는 영상원에 그 과가 생기면서 다큐멘터리 결이 달라졌다라고 생각해요. 90년대 후반에 한국 다큐멘터리의 굵직한 역사 안에 계셨던 분들이 그 학교에 들어가서 만들어낸 영화들이 소재 위주로 대중을 아우를 수 있는 작품이었다고 봐요. 그런 측면에서 나는 〈김군〉이 굉장히 중요한 영화라고 생각해요. 강상우 감독 단편도 상영을 하지 않았었나요?

김동현 　단편 때부터 우리가 계속 상영을 했고 〈김군〉도 부산에서 상영을 하기는 했지만 제대로 평가받은 건 서독제죠.

신아가 　저는 항상 자본이 중요하다는 생각을 가지고 있어요. 영화 한 편 만드는 것은 자본이랑 떨어질 수 없는 일이죠. 특히 요즘은 영화 환경 자체가 변했기 때문에 진짜 야인으로 영화를 만드는 분들이 정말 대단한 것 같습니다.

김영우 　야인이라기보다는 교육기관이나 이런 데가 아닌 데서 작업을 하는 사람들이 있어요. 이란희 감독님도 있고. 다큐 쪽 감독님들이 많죠. 서동일 감독님이 있고요.

김동현 　다큐멘터리라고 하면 그전에는 인디다큐페스티벌, DMZ국제다큐멘터리페스티벌 등이 있지만 서울독립영화제가 다큐멘터리를 선정하는 방식이 조금 달라요. 인디다큐페스티벌은 더 정통 다큐로 액티비즘 기반 작품 중심으로 다큐멘터리가 가지고 있는 진정성에 무게를 싣는다면, 서울독립영화제는 훨씬 더 다양한 시도를 하는 작품들을 품는 경향이 있죠. 그래서 다큐멘터리 집단 밖에 있는 야인들이 서독제에서 많이 상영이 됐고 그 대표적인 케이스가 이동우 감독 같은 케이스죠.

김영우 　이동우 감독은 전혀 계보가 없는 사람이에요.

김동현 　계보가 없는 사람들은 서울독립영화제를 통해 비로소 가시화되는 경우가 상당히 많이 있었죠. 예를 들면 부산영화제의 나름대로 웰메이드 다큐라는 계보, 다큐멘터리 영화제들이 가지고 있는 나름대로의 어떤 정통 다큐멘터리의 계보에서 걸러지는 작품들이, 서울독립영화제의 필터에서 검증이 되면 다들 안 도하고 이런 영화 틀어도 되는구나, 이런 느낌을 줬던 것 같아요. 대표적으로 오멸 감독 같은 경우가 있지요.

신아가 　김현정 감독도. 미장센에서 시작하긴 했지만.

김동현 　김현정 감독도 저희가 발견을 했다고 해도 무방하죠. 미장센에서 안 튼 영화도 우리는 다 틀었습니다. 이란희 감독의 〈휴가〉도 부산에서 틀었지만 부산에서 주목을 못 받았잖아요. 근데 서울독립영화제에서 대상을 받으면서 비로소 다른 인장을 받게 되었죠. 이 경우는 프리미어이냐, 아니냐를 넘어서 이 작품이 중요한 작품이라고 선언다고 하는 차원이죠. 요즘에 저는 심사에 참여하지 않지만 심사위원들한테 더 크리에이티브한 시선을 요구해요. 용감한 선택을 요구하는 것인데, 이 영화들을 선택을 하면서 책임을 저달라는 거죠. 지금 진영 안에서 비어 있는 부분들을 발견해 낼 수 있다라고 하면, 또 그것도 그 영화의 가치뿐만 아니라 독립 영화 안에서 우리가 놓쳤던 것들을 채우는 역할을 할 수 있다는 생각이 들고요. 그런데 이제 그러기가 점점 어려워지고 있는 것 같아요.

김미영　어떤 면에서 그럴까요?

김동현　그런 영화들이 지금은 점점 줄어들고 있어서죠. 다시 본론적으로 얘기를 하면 환경 자체가 그런 영화들을 만드는 환경이 아니라, 환경으로 안정화되어 있기 때문에 그런 것 같아요. 또 영화제에서 보여주는 영화들이 하나의 레퍼런스가 되는데 그런 것들을 보면서 감독들이 새로운 도전에 주춤하게 되는 거죠. 박세영 감독 같은 경우도 〈다섯 번째 흉추〉와 같은 작품들을 틀었고 올해도 또 새로운 작품들을 틀지만 그렇게 중요한 작품들이 다른 작품들에 미치는 영향이 굉장히 크다는 생각이 들어요.

신아가　예전에 서독제의 관객으로서 왔던 때는 관객 입장에서는 서독제는 왜 이렇게 재밌는 영화들을 많이 안 틀어주지 하는 생각을 했던 적이 있었어요. 그러니까 나는 서독제가 그 중심을 계속 잡아가려고 노력을 한다는 생각을 하거든요. 한편으로는 1년을 마무리하는 어떤 리스트이기도 하지만 한편으로는 새로운 영화를 발굴하려고 하는 것이고 또 한편으로는 관객들이 보고 싶어 하는 영화들도 틀어야 한다라는 생각도 하고 있는 것 같고요.

김미영　관객을 위해서 틀었던 영화들이 어떤 게 있을까요? 새로운 영화들과 겹칠까요?

신아가　새로운 영화는 아니고 유명 영화제에 갔다거나 해서 회자되었던 영화들 있잖아요. 〈세이프〉 같은 영화들요. 부산에 가면 볼 수는 있겠지만 부산까지 다 갈 수 있는 것은 아니었고요. 이제 서독제에서는 틀어주겠지라고 기대를 하게 되고, 나중에 보면 리스트들에 있었던 것 같아요. 서독제가 일 년 동안 굉장히 보고 싶었는데 손꼽아 기다렸던 영화들을 볼 수 있는 자리였어요. 지금 인디포럼이 없어졌죠? 제가 심사에 참여할 때 서독제에서 원하고 발굴하고 싶어하는 새로운 영화라는 게 어떤 걸까 질문해 보고 나름대로 설정을 해봐요. 예를 들면 제 기준에서 완성도는 떨어지지만 너무 날것이고 거친데 서독제에서 이런 영화도 한번 틀어줬으면 좋겠다라고 하는 목록을 챙긴단 말이에요. 근데 그 목록을 제시하려고 할 때마다 느끼는 게 진입 허들이 너무 높다는 거죠. 서독제가 경쟁률이 엄청나게 세기 때문에 결국에는 완성도를 감안하지 않을 수가 없는 거죠. 이제는 서독제에서 상영작 리스트를 뽑는다고 할 때, 거론하는 모든 이름들은 기본적으로는 다 그들만의 완성도가 장착이 된 영화들인 것 같아요. 개인적으로는 이런 점에서 조금 안타까운 게 있습니다.

김영우　굉장히 중요한 지점이에요. 더 난이도가 있거나 투박한 영화들이 들어올 수가 없는 거죠. 인디다큐페스티벌 없어지고 인디포럼 없어지고 미장센단편영화제 없어지면서 서울에서 서독제가 독립 영화와 관련해서 더 중요한 행사

가 되면서 그만큼 책임과 역할과 부담감이 커진다라고 생각을 해요. 다른 영화제들과 역할 분담을 할 수 있었을 텐데요. 이런 영화제들이 다 없어져 버리면 사라지는 영화들도 있는 거죠. 서독제도 물리적인 한계가 있고 허들은 더 높아지고 있죠. 사람들은 영화제가 너무 많다고 비판하지만, 그것은 지자체 예산을 받는 영화제들 이야기고, 독립 영화 쪽에서는 이렇게 일 년에 수많은 영화들이 쏟아져나오는데 이런 독립 영화를 소개하는 영화제들은 충분한가 오히려 질문하고 싶어요. 독립 장편만 해도 일 년에 150~170편이 만들어지고 단편 영화도 거의 1200편 이상이 만들어지고 있어요.

**서독제의 관객들은 누구인가,
창작자들에게 서독제는 어떤 곳인가**

김미영　국제영화제 관객과 서독제 관객의 관계는 어떻게 보세요? 관객들이 예술 영화와 독립 영화를 분리해서 본다는 이야기도 있었고요.

김영우　이게 확실히 관객이랑 관련이 있는 점이죠. 영화제 프로그램이라는 것이, 그건 어느 영화제도 마찬가지인데 영화를 순위를 매겨서 1등부터 10등까지 트는 게 아니잖아요. 다양한 고려를 해서 트는데 다 동의하지 않더라도 틀 수 있는 영화를 틀어야 되는 거죠. 서독제 관객이 언제부터 만 명이 넘었어요?

김동현　관객은 항상 많았어요.

김영우　이렇게 1만 명이 넘는 것이.

김동현　우리가 지금은 5개 관에서 상영하고 최대로 많이 했을 때는 부분적으로 7개 관까지 했는데, 2개 관이면 2개 관에 맞게 많이 오고 3개 관이면 3개 관에 맞게 많이 왔어요. 점유율이 항상 높았죠. 그래서 지금도 저는 더 관수를 늘리면 더 관객이 찾아올 거라고 생각해요.

김영우　이제 2만 명 정도 넘겨볼 수 있을 것 같습니다. 관객 2만 명만 돼도 굉장히 큰 영화제라고들 하는데, 그렇다면 서독제 관객들은 어떤 관객일까요? 국제영화제에서 예술 영화, 유럽 영화나 수입 영화들을 보는 관객층과 서독제 관객층이 겹칠까요? 아니면 한국 독립 영화를 보는 관객들이 따로 층이 있는 걸까요? 우리 다르게 상정하고 있지 않나요. 서울 관객들이 더 젊잖아요. 독립 영화 관객들이 얼마만큼 있나 이게 늘 궁금했어요.

김미영　그 안에서 순환되는 것도 있어서 감독, 배우, 영화 관련된 글 쓰시는 분들이나 조직하시는 분들이 많은 관객의 일부를 이루고 있지 않을까요. 관객 중에 어쨌든 감독이 나오고 영화제 일에 종사하는 사람이 나오기도 하니까요.

김동현　옛날에는 독립영화제에 영화를 보러 오는 사람들이 과거에 씨네필이면서 새로운 다큐, 새로운 경향의 독립 영화를 찾아 보러 왔다면, 지금은 씨네필 중 예술 영화를 보는 관객과 독립 영화를 보는 관객이 서로 확실히 나뉘어졌다라는 생각이 들어요. 그런 면에서 우리가 씨네필 관객을 흡수하는 것에는 실패한 거 아닌가 그런 생각이 듭니다. 사실 씨네필 집단이 워낙에 축소되었어요. 서울아트시네마를 가는 그룹은 대기업 예술영화전용관의 상영작도 지지하는 것

같아요. 서울독립영화제의 관객층은 조금 다르죠. 그럼에도 독립 영화를 찾고 발견하는 데 있어서는 진지한 태도를 가지고 있다고 생각해요.

김미영 사실 겹치는 게 아닐까요? 그 예술 영화들과 서독제가 생각하는, 날 것의 새로운 형식, 새로운 내용의 영화들과 겹치는 부분이 있잖아요. 서독제가 예술 영화의 일부도 사실은 이미 가지고 있는 거고요.

김영우 그렇죠. 다 답은 없는데 제 생각에는 서독제가 서울에서 열리는 영화제이니, 인구가 절대적으로 많으니 이런 영화들을 찾아보는 사람들도 더 많은 것이고, 즉 잠재적인 관객의 수가 훨씬 많지 않았을까 하는 생각을 해봅니다. 주류 상업 영화들 외의 다른 대안적인 형태의 영화들에 대해 더 열려 있는 관객들이 확실히 오는 것 같기는 해요. 씨네필이든 뭐라고 부르든 상관없이 최근 몇 년 사이에 제일 큰 특징은 영화를 보고 움직이는 사람 외에, 독립 영화도 아무래도 인지도 있는 배우가 출연하는 영화 쪽으로 사람들이 더 쏠리는 경향이 있다는 거죠.

김동현 사실 그런 부분에서 지금 서울독립영화제가 앞으로 어떻게 중심을 잡고 가야 할지를 생각할 필요가 있다고 봅니다. 이게 어려운 부분인데 과거에는 과거의 독립 영화에 대해서 갖고 있는 표상이 있는데 지금은 결국 관객들의 지지를 받아야 하는 거잖아요. 영화제는 영화와 관객을 만나게 하는 것이 중요한 역할이라는 생각이 들어요. 아무리 좋은 영화라고 하더라도 소수의 관객만 관람한다면, 그 영화를 만드는 사람한테도 힘이 되지가 않아요. 그래서 또 관객으로부터 계속적인 매력과 흥미를 끌기가 어려운데, 지금은 트위터 같은 데 독

립 영화라는 키워드를 쳐보면, 관객들이 생각하는 독립 영화는 우리가 생각하는 것보다 훨씬 가볍고 친근해요. 우리가 생각하고 상상하는 것 그 이상이에요. 그러니까 예를 들면 많이 나오는 것 중에 모델 사진 하나 놓고 '우리 오빠 독립 영화 출연했으면 좋겠다'는 것이 있어요. 이것은 엄청난 찬사예요. 이들한테 이것은 지금 한국 영화 자장 안에서 상업적이지 않고 예술적이면서도 뭔가 좀 다른, 하지만 상당히 기발한 상상을 하고 있는 것으로 독립 영화의 표상을 긍정적으로 생각하지 않나 싶어요.

신아가 그렇게 될 수밖에 없는 게 일반 대중한테 독립 영화라고 알려지는 영화들이 딱 그런 영화들이니까요.

김동현 독립 영화 출신으로 알려진 스타 배우들 때문에 그런 느낌을 더 갖게 된 것도 있죠. 구교환 배우라든가요.

김미영 아까 하신 말씀 중에 외국 예술 영화 보는 사람들과 독립 영화를 보는 사람을 그렇게 구분해버리기에는, 독립 영화 감독들 중에 스스로 예술 영화 정체성을 가졌다고 생각하는 사람들도 있을 것 같아요.

김동현 감독들은 당연하죠. 서울독립영화제 오는 사람들은 다른 영화를 보려고 하는 의지를 갖고 있는 사람들인 것 같은데 그 다른 영화라는 것도 그때그때 바뀌는 것이잖아요. 그러니까 우리가 어떤 영화를 보여주느냐에 따라서 이들의 의지에 부합하기도 하고 아니기도 하죠. 그들은 아주 다른 영화를 보고 싶어

서 왔는데 어떨 때는 그냥 웰메이드한 영화를 트는 것이고 어떤 경우에는 굉장히 사회적인 다큐멘터리 일색으로 트는 것이고 어떤 경우는 좀 더 실험적인 영화들을 트는 것이고 그렇지 않을까 싶어요.

김미영　지금 창작자들에게 서독제는 어떤 공간이고자 했나 이런 이야기도 마저 해볼까요?

김영우　창작자 입장에서는 상업 영화나 OTT로 바로 직행하는 영화가 아니면 영화를 만들고 나면 영화제 프리미어 하는 게 중요하잖아요. 영화제 프리미어하고 나면 배급사 만나고 개봉까지 가는 연속성이 생기는데 그런 입장에 있어서 서독제의 위치나 역할 이런 것들을 창작자들이 보는 지점은 어떨지 생각해보게 되요.

신아가　어떤 영화를 만들었는지에 따라서 그것도 다를 것 같아요. 이를테면 포트폴리오로서의 어떤 영화를 만들고 부산이나 전주를 다녀온 입장에서 서독제에 초청을 받는다라는 것이 갖고 있는 의미가 있겠지요. 사실은 영화를 다시 한 번 상영할 수 있는 기회를 얻었다라는 것이 너무 중요하죠. 이제 서울에서 상영을 하게 되는 거죠. 그러면 이 영화에 참여를 하고 도움을 주셨던 분들에게 영화를 보여드릴 수 있는 기회라는 의미가 있는 점에서도 중요하고요. 여타의 다른 영화제들에 초청이 되지 못했거나 아주 적은 예산으로 아주 예술 지향적으로 만드는 분들이 있는데 그런 영화들을 틀 수 있는 영화제가 거의 없잖아요. 그게 굉장히 큰 문제이기도 합니다. 부산에서 일부 작품을 틀 수 있기는 하지만 거기서 상

영 기회를 얻지 못한 영화들이 상영 기회를 얻을 수 있는 영화제는 거의 서독제가 유일한 것 같아요. 초청을 받는다라는 것에는 그래도 누군가 내 영화를 인정해줬다는 의미가 크죠. 영화를 만드는 사람으로서 누군가에게 인정을 받았다라는 것도 중요한 동력이기 때문에 굉장히 중요한 것 같고요. 이래저래 상영 기회를 얻지 못한다라는 것은 약간 그 영화가 사형 선고를 받는 그런 게 있으니까 이게 안 되는구나 그런 생각을 하게 되죠. 영화는 어디 가서 보여주지 않는 이상은 그냥….

김미영　서독제 안에 들어왔을 때 여기에서 이루어지는 프로그램들 있잖아요. 상당히 특이한 사전 감독 모임 같은.

신아가　서독제는 진짜 너무 이상한 영화제 같아요. 사전 감독 모임 이런 걸 한다고? 어느 영화제가 이런 것을 하지? 너무 좋은 것 같아요.

김영우　다른 영화제는 물리적으로 불가능해요.

김동현　지금 서독제하던 그룹들이 주체가 된 독립영화제에서는 다 했죠. 인디포럼부터 했고. 지역영화제는 못 하고. 여기는 또 서울이니까 하게 되었죠. 조영각 전 집행위원장이 시작했습니다.

신아가　저는 사전 감독 모임에서 이제는 십년지기가 된 친구들을 만났어요. 서독제는 감독들을 세심하게 신경 써주는 영화제인 것 같아요. 초청받아서 온 감독 입장에서는 정말 감사한 일들이 많아요.

김영우　맞아요. 서독제는 영화 상영 외에 다른 것들도 열심히 하는 거 같아요.

신아가　창작자들이 서로 만날 수 있게 하는 매일매일의 프로그램들이 있잖아요.

김영우　엄청 중요한 거죠. 근데 엄청 힘든 일이기도 해요.

신아가　너무 힘들죠.

김동현　그렇게 본다면 영화제를 한다라는 것에 대한 본질을 저희가 아직 잊어버리지 않은 것 같네요.

김미영　영화제를 한다는 것의 본질에 대해 말씀해 주세요.

김동현　좋은 영화와 좋은 작가를 발굴하고 그 창작자를 응원하고 창작자가 다음 작품을 잘 만들 수 있게 어떤 판을 조성하는 것들, 그리고 작품과 관객을 서로 잘 연결해야 한다는 것들, 이런 것이 영화제의 본질적인 것이라고 생각합니다. 간혹가다가 다른 영화제들은 앞뒤가 바뀌었거나 혹은 그 본질이 많이 사라져버린 것 같습니다. 여기서 상영하는 감독 그리고 여기에 작품을 보러 오는 관객, 정확히 그 부분을 가장 중요하게 생각을 한다는 거죠. 저는 그것을 선배한테 배운 것이에요. 저도 사실 실무자였을 때는 일하는 나도 중요한 거 아니야, 라는 얘기를 많이 하기도 했어요. 제가 집행위원장이 되면서부터 그 정신을 그대로 이어받게 되는 거예요. 서독제는 창작자가 중요하다. 작품이 중요하다. 관객이 중요하다. 그래서 저희 스태프들도 그 부분들을 다 인지하고 있어요. 아주 젊은 스태프들인데도 그 방향성을 꾸준히 갖고 일하기 때문에 감독들은 더 세심하다고 느끼는 것 같아요.

신아가　다른 영화제를 갔을 때보다 여기 왔을 때 정말 저와 비슷한 고민을 하는 사람들을 가장 많이 폭넓게 만날 수 있어요.

김영우　아까 이야기했던 느슨한 형태의 공동체, 준거 집단, 커뮤니티를 만들어내고 그 역할들을 잘 해왔어요. 이게 앞으로도 계속 가능할지에 대해서는 전반적인 변화 과정이나 흐름에 따라 다르겠죠. 어쨌든 지난 한 20년 동안 조영각 전 집행위원장이나 김동현 집행위원장을 거쳐오면서 잘 해왔는데 잘 지키는 게 중요하고 그런 노력의 일환이 사전 감독 모임일 수 있어요. 감독들 다 모아놓고 행사를 하는 데가 어디 있어요? 백 명이 넘는 감독들을요. 거기서 서로 안면을 트고 너 혼자가 아니야, 이런 느낌을 받게 되고. 이게 사실 서독제의 느낌이죠. 우리는 너희 편이야.

서독제의 작품 선정 방식:
다양한 의견과 시선을 가진 예심위원들의 집단토론

김미영　이제 선정 기준에 대해서 한 번만 더 말씀해 주세요.

김영우　저는 아까 이야기했던 것 같아요. 저는 선정 기준이 딱히 없고 여기는 집단 의사 결정을 하는 형태를 계속 유지하고 있잖아요. 그 장단점이 확실하게 있어요. 보통 영화제들은 예심을 둔다고 하더라도 프로그래머들의 픽이기 때문에 프로그래머 개인의 취향이나 개인의 색깔이 잘 드러날 수 있겠지만 서독제는 예심위원들이 선정하는 형태를 유지하고 있어서 서독제가 기본적으로 지향하고 있는 다양한 생각들과 취향들, 기준들이 섞이는 거죠. 그 한 명보다는 네 명, 네 명보다는 여섯 명이 더 타협할 가능성도 있지만 여러 명의 집단 토론을 통해 결정하는 것이 더 서독제의 정체성에 맞는다고 생각해요. 또 그 선정이 아무런 공통 전제나 상호 이해하고 있는 지점 없이 그냥 여러 사람이 모여서 하는 건 아니고 기본적으로 서독제가 지향하고 있는 점들에 대해서 사전에 충분히 이야기도 하고 예심 과정에 위원장님이 들어오니까요. 만약 개인적으로 선정 기준을 물어보면 서독제는 어찌 됐든 연말에 결산하는 느낌이 있는 영화제이다 보니 그 해에 당연히 주목을 받았던 영화나 아니면 좀 더 주목을 받을 수 있었는데 못 받았다거나 내지는 더 다양한 장르에 속하는 영화인데 우리가 놓쳤다거나 절대 놓치면 안 되는 영화들, 그런 영화들에게 합당한 위치들을 잡아주는 게 중요하다고 생각해요. 개인의 취향이 맞다 안 맞다를 떠나서 전체적인 조화와 균형이 맞는, 한번 정리가 될 수 있는 상영작 리스트를 만드는 게 서독제 선정에서 제일 중요한 기준인 것 같아요.

김미영　근데 주목을 덜 받은 영화가 주목을 받아야만 했을 때, 그 주목을 덜 받은 영화를 튼다고 하셨는데 그 주목의 기준이 뭔가요?

김영우　다른 영화제 선정 여부에 상관없이 지금 한 몇 년 사이에 한국 독립 영화의 어떤 흐름이나 경향들이 있는데 그 속에서 비슷비슷한 작품들을 만들어온다는 이야기가 있잖아요. 그 속에서 약간 벗어나 있거나 조금이라도 더 과감한 도전을 했거나 더 신선한 도전들을 하는 작품들을 서독제는 상영해 볼 수 있다고 생각을 하는 편이죠. 제가 국제영화제 일을 하고 있으면 머뭇거릴 것 같은 것도 서독제라면 이 작품은 한번 해볼 수 있을 것 같은데라는 신뢰가 있는 영화제라고 생각해요. 열 편 중에 한두 편이라도 그런 식의 작품으로 채우고 싶어 했던 것 같아요. 아무도 선정을 안 했지만 우리는 이 영화를 좀 지지하고 의논해 보자 이런 작품은 꼭 있었던 것 같아요. 매해 거의 있었던 것 같아요. 색다른 영화들, 도전적인 영화를 꼭 한 번씩은 넣으려고 해요.

김동현　심사위원들은 예심 들어가면 무슨 평론가가 돼버리죠. 왜냐하면 심사위원들은 자기 이름을 걸고 나가는 거니까 단점이 현격한 작품들을 트는 것에 대해서 부정적이에요. 저는 어느 순간부터 일이 너무 많았기 때문에 심사위원을 하지는 않아요. 예심위에 심사 권한을 줬는데 그 영화를 보지도 않은 사람이 거기 가서 이 영화 틀어라 말할 수는 없죠. 제가 하고자 하는 말은 작품 선정에 훨씬 더 용기를 내도 된다는 거죠.

　서울독립영화제의 심사위원을 구성할 때 새롭고 다양한 작품들을 고를 수 있게 안배하는 부분도 있지만 한편으로는 맥락을 읽을 수 있는 사람들이 모여 있어야 한다고 생각해요. 왜냐하면 우리는 프로그래머가 없으니까 매년마다 기준이 달라지고 심사위원들이 기준을 확확 바꿔버리면 실제 5년 전에 영화들의 흐름이 어땠는지, 그리고 앞으로는 어떻게 나가야 되는지에 대한 지향점을 볼 수가 없게 돼요. 그래서 기존의 독립 영화들을 많이 보았고 나름대로 어떤 흐름들을 알고 있는 분들을 심사위원으로 시키는데 그분들이 더 용기를 가졌으면 좋겠어요. 근데 이제는 그 용기에 더해서 자꾸 마음의 문을 열라고 이야기를 하거든요. 그래야만 훨씬 더 크리에이티브한 시선을 가질 수 있는 거죠. 그 영화가 가

지고 있는 것의 열 가지 중에, 칠이나 팔이 별로면 안 틀 가능성이 높겠죠. 평균적으로 한 50% 정도는 확보를 해야 튼다라고 했었을 때 그것에 좀 모자라더라도 나머지 몇 가지의 면이 다른 데서는 정말로 볼 수 없었던 영화라면, 그동안 보여주지 않았던 것들, 이상한 호기심 이런 것들을 보여준다면 그 영화를 틀고 여기서 옹호해야 된다는 생각이 들어요. 그 심사위원들 수준 안에서 표준적인 작품들을 트는 것이 아니냐 그런 생각이 들게 돼요. 저는 더 이상하고 더 모험적인 영화들을 틀었으면 좋겠다는 생각입니다.

김영우 늘 하는 이야기인데 사실 요즘 그런 영화들이 없어요. 정말 흥미로운 게 뭐냐 하면 보통 영화를 만들면 보통 부산 출품부터 시작하잖아요. 부산이 안 되면 서독제에 올 수도 있지만, 서독제는 프리미어가 아니어도 받아주니까, 보통은 프리미어만 받는 전주에 내고 기다리죠. 부산에서 되면 그해에 서독제에 넣는 거고, 부산에서 떨어지면 전주를 가죠. 그리고 전주, 부천, 여성영화제 등등 이렇게 장편 출품을 하는데요. 100여 편이 동시에 움직이기 때문에 부산, 전주, 부천 등 한 서너 번 심사위원들을 거치면서 선정이 안 된 영화들 중에서 뭔가 새롭지만 의미 있는 작품들을 찾을 확률이 갈수록 떨어지고 있는 거죠. 그해에 편집하다가 부산을 놓쳤거나 아니면 다른 데 출품을 못 해서 서독제에 먼저 한번 넣었는데 우리랑 너무 잘 맞아가지고 서독제에 처음으로 소개되고 그러면 서독제 입장에서는 너무너무 운이 좋은 해가 되는 거죠. 옛날에는 이런 작품들이 더 많았던 것 같은데 요즘은 아무래도 확률적으로 떨어지는 것 같고. 근데 이제 위원장이 맨날 심사위원들한테 더 과감하게 선정하라고 이야기를 하죠. 하지만 출품 자체가 이미 루틴이 돼 버린 상황이라서.

김동현 심사위원들이 기성의 시각으로 보는 지점이 있어요. 좋은 영화를 찾는 기준의 예를 들면, 제가 전에 심사에 참여했을 때 〈경치 좋은 날〉이라는 영화가 있었어요. 객관적으로 봤을 때 만듦새가 아쉬웠어요. 그렇지만 전혀 다른 영화들이 보여주지 않았었던 이미지들이나 형식이 분명히 있었거든요. 다들 그 영화를 절대로 틀면 안 된다라고 얘기를 하는 거예요. 제가 엄청 우겨가지고 그 영화를 새로운 선택 부분에 넣었어요. 그 감독님이 작년에 〈종〉이라는 작품으로 다시 왔잖아요. 남다른 평론가가 그제서야 보는 눈이 있었다고 제게 말했어요. 그런 부분에서의 과감함 같은 것을 얘기하는 거죠. 그때 그 영화를 밀었던 이유 중 하나는 원형적으로 옛날 유럽 예술 영화 같은 굉장한 롱테이크 같은 형식을 과감하게 사용한 점이었어요. 우리 독립 영화들은 컷이 너무 짧고 롱테이크를 보여주는 영화들이 별로 없었어요. 지금 독립 영화하는 사람들이 잘 안 하는 시도를 한다는 것에 우선 주목하게 되었고 수몰 지역을 다루면서 비전문 배우들을 데리고 찍은 영화인데 저는 수몰 지역이 그런 식으로 이미지화된 걸 처음 봤어요. 모든 다큐멘터리에서는 수몰 지역에서 사람들이 싸우는 것들을 보여줬는데 그 영화에서는 수몰 지역의 극화된 미장센에서 사라진 것과 지금 현존하는 것, 죽음과 삶 이런 부분들을 연계시키는 신화적인 가능성이 있는 이미지를 보여줬어요. 그냥 만듦새가 평균적으로 떨어진다라고 해서 배척된 부분들이 있었던 것 같거든요.

우리 심사 구조가 예심위에 전권을 주는 구조의 장점이 있지만 프로그래머가 책임을 지고 가는 구조가 아니기 때문에 오는 단점도 분명하게 있는 것 같아요. 그래서 저는 심사위원들이 더 용기를 가졌으면 좋겠다고 생각합니다.

신아가 저는 몇 년 전에 어떻게 해도 통과가 안 되는 작품들을 위해 따로 그런 섹션이 하나 있으면 좋겠다는 생각을 했어요. 뭔가 거칠고 완성도는 떨어지지만.

김영우　베를린 포럼 같은 거 하나 만들면.

김동현　그것도 한번 생각을 했는데 만약에 심사위원들이 나의 원픽이라고 해서 본인 이름 걸고 그 영화를 옹호할 수 있으면 그렇게 할 수 있는 거죠. 근데 하려면 더 풀이 넓어져야 하는데 지금 우리가 그런 걸 할 만한 여력이 안 되죠. 지금 서독제의 상영 환경은 그러한 새로운 작품뿐만 아니라, 그해에 만들어진 영화들 중 중요한 작품이나 화제작들을 상영해서 관객을 영화제에 참여하게 하는 것도 중요하게 생각하거든요. 관객을 유입시켜야 그 관객이 다른 작품들도 넘나들면서 볼 수 있게 되는 것이고요. 독립 영화에 끊임없이 관심을 갖게 하는 어떤 작품들의 풀들을 가지고 가야 하기 때문에 저런 모험적인 시도들을 할 만한 여력이 없죠.

김영우　50주년을 맞이해서 서독제 감독 주간 합시다. 인디포럼이 했던 역할들을 조금 가져와서 감독님들 몇 명 모여서 이름 걸고 해서 한 10~15편 정도 하면 재밌긴 하겠어요.

김미영　신아가 감독님 마저 이야기해 주세요. 이런 날것의 영화들을 상영할 섹션이 있으면 좋겠다라고 하셨는데 실제로 상영되는 영화들의 선정 기준에서 이런 작품들은 약간 배제된다는 생각이 드네요.

신아가　결국에는 심사위원이 여러 명이잖아요. 6명인가 그렇다 보니, 저도 제가 뽑고 싶은 작품들을 밀었다가 거두게 돼요. 내가 봐도 이거는 내 시선이.... 그러니까 이름을 걸고 해야 돼죠. 근데 각자의 이름을 걸 수가 없잖아요. 예심위원 전체의 합의로 선정 리스트가 나오니까요. 심사를 한번 해보면 영화들이 딱 보여요. 이 작품은 가도 결국 탈락하겠다, 얘는 끝까지 밀어볼 만하겠다. 결국 이제 영화들이 그렇게 다 길이 보이니까 안타깝죠. 그래도 저는 서독제가 계속 이런 고민을 하면서 내놓는 리스트들이 지금도 보면 몹시 최선을 다하고 있다라고 생각합니다.

김동현　비슷비슷한 영화들을 트는 것처럼 보이지만 심사 여부와 관계없이 제가 서울독립영화제 집행위원장으로서 추구하는 게 있다면 영역을 확장하는, 그전에는 없었던 영화들, 그것을 내러티브에서 보여주든 형식에서 보여주든, 아니면 지역에서 만들어지는 영화를 발굴하든지, 무엇이든지 간에 기존의 것들을 계속 관성대로 보려고는 하지 않는 영화들을 선정해야 한다고 생각입니다.

서독제 50주년을 앞두고:
다시 돌아온 어려운 시절, 창작자와 관객을 믿고 함께 갑니다

김미영　내년에 서독제가 50주년을 맞이하게 되었는데 문체부의 감사가 닥치고 예산이 삭감되는 어려운 상황에 있습니다. 서독제가 어떻게 될 것인지, 어떻게 되었으면 좋겠는지, 서독제의 미래에 대해 이야기해주시겠어요?

김동현　지금 너무 어려워서.

신아가　미래를 우리가 어떻게 가늠할 수 있을지. 지금 영진위가 없어지는 순간 모든 게 다 없어지는 구조로 되어 있잖아요. 서독제도 그렇고 모든 독립 영화들이 처한 상황도 그렇고, 우리가 과연 50주년에 뭘 하자라고 즐겁게 상상할 수 없는 현실이죠. 이런 현상은 이미 오래전부터 되풀이되고 있는데 정작 창작자들은 그래서 어떻게 할 수 있을지에 대해 고민만 하고 있는 건 아닌지 하는 생각이 들어요. 제가 영화를 시작했을 때와 또 지금은 정권에 대한 시선이나 영화인 자체의 위상, 또는 저항하는 힘을 낳는 동력, 영화 환경 등이 많이 변했습니다.

김미영　이렇게 제작 지원이나 배급 지원 예산이 삭감되면 내년에는 창작자들이 싸워야 될 것 같은데요.

신아가　스스로의 몫을 챙길 수 있는 힘을 길러야죠. 창작자들이 직접 본인의 권리를 찾아 나서야 할 거라고 생각됩니다.

김미영　아무도 지금 실감을 못 하고 있다. 올해까지는. 근데 내년 되면 그게 현실화될 것이다. 그렇게 얘기들 했잖아요

김동현　그러면서 그 이야기는, 내년부터 실감하면서 그게 1년, 2년, 3년 누적되면 결국 우리가 서로 적대시하면서 싸우게 될 수밖에 없게 될 것이다로 이어졌던 거죠. 이번 영화제 때 진짜 무엇을 해야할 것인지.

김영우　약간 비관적이긴 한데 정책 방향이 있으면 우리가 싸우든 상관없이 어쨌든 정책은 시행이 되겠죠. 예를 들어서 그 정책이 영화제를 흔들든 영진위를 흔들든 어차피 창작자들은 자기들 작업을 어떻게든 하게 되거든요. 예산이 없으면 타격이 크고 많이 흔들리기는 하겠지만. 우리보다 더 심한 중국이나 이런 데서도 검열을 통해서 막으려고 해도 창작 자체를 막을 수는 없어요. 영화제는 창작자들을 기반으로 하고 있기 때문에 몇 년은 힘들겠지만 어쨌든 창작을 막을 수는 없을 것이고 어떻게 하든 간에 창작자들은 자기 작업들을 해 나가잖아요. 대한민국이 통제나 정책 방향으로 막을 수 있는 나라는 아니죠. 많이 민주화가 돼 버린 나라이고 유튜브를 막고 할 수 있는 나라가 아니잖아요. 어쨌든 창작은 계속 이어질 것 같다는 거죠.

서독제가 제도로서 존재하는 영화제니까 타격은 더 받고 힘들고 상처가 크겠지만, 어찌 됐든 우리는 계속 이어나갈 것 같다라는 생각이 들고. 중국이나 일본을 보다 보면 한국이 비슷하게 따라가고 있는 지점들이 확실하게 있거든요. 갈수록 멍청해지는 상업 영화와 갈수록 파편화되고 더 극단으로 가는 독립 영화의 양극화가 진행이 될 것 같아요. 그나마 한국이 건강했던 건 이 중간에 있는 영화들이 힘이 세기 때문인데 이게 갈수록 없어질까에 대한 걱정들이 지금 많아지는 거잖아요. 이럴 때 서독제와 같은 영화제의 역할이 더 중요하죠. 그래서 오히려 서독제가 더 극단으로 가는 작은 영화나 다양한 영화들을 많이 끌어안으려는 노력과 동시에 이 중간에 있는 영화들도 끌어안아서 서독제가 영역을 확장하는 전환이 필요하지 않을까, 그런 이야기를 우리가 가끔씩 했었잖아요. 완전 상업 영화는 아닌데 꼭 중간에 있는 적당한 규모의 영화들 있잖아요. 상업 영화도 아니고 독립 영화도 아닌 애매한 영화들이 1년에 보면 몇 개씩 꼭 나오는데요.

김미영　〈윤희에게〉나 〈다음소희〉 같은 작품을 말씀하시는 건가요?

김영우　그런 영화들도 애매한 위치에 있는데. 그건 극영화 쪽이고 제 말은 미술이나 디지털 쪽 영역을 넓게 잡아가야 될 시기가 오지 않았나 싶은 거죠. 50주

년 정도 되었으니 서독제가 품이 넓은 그런 영화제로 갔으면 좋겠다 싶은 욕심이 있고요. 정책, 예산 관련해서는 예를 들어 중국 상업 영화를 보면 웃긴 영화들이 상당히 많잖아요. 근데 중국 영화의 미래가 거기 있다고 이야기하는 사람은 아무도 없거든요. 어차피 한국 상업 영화에 한국 영화의 미래가 있다고 이야기하는 사람은 아무도 없을 거예요. 한국 영화의 미래는 어차피 여기에 있는 거거든요. 여기에 어떤 방식이든 간에 지원들을 계속 이어가야 하는 거죠. 다른 나라의 예를 들 필요도 없이 한국은 그걸 통해서 성장을 해왔던 나라니까 더 꼭 필요하다고 생각을 하죠.

김동현 저는 서울독립영화제의 위치 자체가 독립 영화에 있어서는 마지막 보루이면서도 상업 영화에 대항하는 최전선이라는 생각이 들거든요. 여기서 최전선이기 때문에 우리가 성취한 부분에 대해서 지키려고 노력을 해야 되는 것 같아요. 예를 들면 아까 언급했던 〈윤희에게〉나 〈다음소희〉 같은 경우는 우리가 일구어낸 성과가 분명하지만 정작 서울독립영화제에서는 소개하지 못하였어요. 현재 영화제의 위치를 직시할 필요가 있습니다. 넓은 영역에 독립 영화를 모두 수용하면서도 경계의 끝은 존재합니다. 어떻게 하느냐에 따라 영역이 더 넓어지기도 축소되기도 합니다. 그런 점에서 저는 한쪽 방향만 고수하기보다 입체적으로 확장되기를 바랍니다. 마이너는 마이너대로 주류 영화 혹은 상업 영화와 경계가 있는 영화는 웰메이드한 영화의 경계를 넓히며 나아가면 좋겠습니다.

내년이 서독제 50주년인데 관변 성격을 가졌던 기관에서 하던 게 25년이고 독립 영화인들이 개입을 해서 만들고 이끌어온 게 25년이더라고요. 그전 25년 동안에도 정말 중요한 감독들 많이 나왔죠. 아카이브전을 하다 보면 김홍준, 강제규, 김의석 등 이런 사람들이 다 이 영화제 출신인 거죠. 정말 많은 감독들을 발굴해냈던 것 같아요. 그 25년 기간 동안은 또 독립 영화가 정부랑 싸우다가 탄압받다가 또 협력하면서 지원을 받기도 하는 굴곡이 계속 이어졌어요. 그런 굴곡의 파동들이 지금 50주년을 맞이해서 다시 첨예하게 다가온다는 것 자체가 정말 아이러니해요. 두 번째 25년은 협력의 시작이었거든요. 좋은 상황으로 가다가 파국을 맞았다가 다시 회복했던 주기 안에서 이제 힘들게 50주년을 준비해야 된다는 게 안타깝기는 합니다. 이 역사를 잘 정리하기 위해서는 책도 만들어야 되고 기념 영화도 만들어야 될 것 같고 또 독립 영화의 어떤 흐름에 대해서 창작자들하고 같이 이야기하는 자리도 더 많이 만들어야 될 것 같은데 그런 것들을 아주 풍부한 상황에서 못한다는 것은 분명히 아쉽고 우리 스태프들이 열심히 더 힘들게 일해야된다는 것이 안타깝기는 하지만 이것이 지금 우리가 직면한 상황의 어떤 신호인 것 같아요. 독립 영화를 어떻게 해야 하는 것인가라는 질문을 다시 하게 되고 강한 충격을 받게 된다고 생각해요. 아무리 어려워도 우리가 잡초처럼 끊기지 않고 생명력을 발휘하면서 살아남으면서 독립 영화의 존재를 세상에 알렸던 시기를 다시 떠올리게 되겠죠. 한동안 굉장히 독립 영화가 연성화되어 있는 상황이 이어졌고 우리도 편안한 환경에서 일을 하면서 잊었던 긴장들과 같은 것들을 다시 한번 50주년에 다지게 될 것 같아요. 과거에는 선배 세대들이 운동으로서의 영화, 그리고 정부나 그 어떤 무엇에 대항하는 영화라는 어떤 이미지들을 가졌다라고 하면, 이제는 이 문제를 풀기 위해서 지금 영화를 만드는 젊은 감독들이 이것에 대해 인식해야 하거든요. 우리 영화제가 축소되고 독립 영화가 축소된다고 하면 그로 인한 가장 큰 피해는 지금 창작자들하고 관객에게 돌아가는 거예요. 그런 탄압 같은 걸 받아본 적이 없기 때문에 한 번도 내 문제라고 생각하지 않았던 것이 이제는 아주 젊은 감독들

의 문제가 되어버리는 것이라서 이들과 함께 다른 방식의 싸움을 해나가야 된다라는 생각이 들고 이게 제가 할 수 있는 역할이라고 생각해요.

김영우 울지 마시고. 개막식 가서 사람들 앞에서 울으라고요.

김동현 역할이라고 한다면 저는 그런 걸 해본 사람이니까.

김영우 아직 시작도 안 했어요. 이제 시작이에요.

김동현 우리는 그나마 다른 영화제들보다 예산이 덜 깎였어요. 근데 그것뿐만 아니라 또 다른 문제로 지금 탄압을 받고 있잖아요. 그런 것까지 또 겪고 있다 보니까 더 긍정적으로 생각해야 될 것 같은데. 내가 그럴 때는 또 정신을 또 차리죠. 내가 딱 한 번 울었거든요. 코로나 때 갑자기 우리 영화제 직전에 확진자가 확 늘어났을 때. 그때 한 번 울고 웬만해서는 안 울기는 하는데.

김영우 나 옆에 가서 조영각 전 위원장이랑 앉아서 삭발하고 있을게요.

김동현 근데 아까 저도 이거 엄청나게 막막했거든요. 이 상황을 어떻게 넘어가야 되나. 그렇게 생각을 했는데, 지금 관객과 지금 창작자를 믿고 그들과 한 팀이 되어 가면 될 것 같아요. 이 사람들이 그런 싸움 못 한다고 생각할 필요도 없고. 그리고 예전처럼 삭발 이런 거 말고 더 포지티브한 방식으로 가야 할 것 같아요. 왜냐면 저는 사실 진짜 그런 생각을 갖고 있거든요. 창작자를 정말 사랑하고 많이 생각하고 관객에 대해서도 진짜 애정을 많이 갖고 있거든요. 이런 생각을 하는 것을 그 사람들도 다 안다라고 생각하거든요. 그 마음을 갖고 영화제를 하는 것과 그렇지 않은 것은 다르다는 생각이 들거든요. 다른 스태프들이나 집행위원들도 다 마찬가지로 그런 생각들을 항상 갖고 있다고 생각해요. 사소한 문제에서도 항상 감독을 이해하고 창작자를 이해하고 관객을 생각해야 한다는 것들을. 진정성 있게 우리가 영화제를 준비하면 역시 그 마음이 가 닿지 않을까 그런 생각이 듭니다.

2003-2023 독립영화 MUST-SEE 10

서울독립영화제 선정

연도순, 무순

송환 | 2003 | 김동원

마이 제너레이션 | 2004 | 노동석

192-399: 더불어사는 집 이야기 |
2006 | 이현정

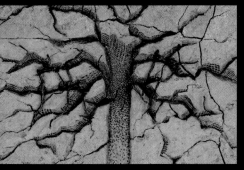

소이연 | 2007 | 김진만

고갈 | 2009 | 김곡

무산일기 | 2011 | 박정범

지슬 | 2013 | 오멸

우리들 | 2016 | 윤가은

노후 대책 없다 | 2017 | 이동우

괴인 | 2023 | 이정홍

스틸 제공

(주)시네마 달,

후무후무 스톱모션 스튜디오,

(주)영화사 진진,

'수리마술적(mathemagical) 미디어' 생성형 AI
를 미디어로 사유하기

글 김지훈

생성형 AI는 미디어인가 "포스트-시네마 시대의 AI: 영화의 미래"라는 주제의 글을 의뢰받았을 때 나는 여러 가지 의미에서 이에 대한 답을 최대한, 적어도 이 글의 말미로 미뤄야겠다고 생각했다. 사실 이 질문을낳았을 법할 만한 잘 알려진 사례를 어느 정도 충분히 열거할 수 있다. 최근 몇 년간 할리우드의 시각효과 스튜디오는 정교한 CGI 제작을 위해서는 필수적이었던 기술자들의 노동력과 시간을 절감하기 위해 수작업을 AI 시스템으로 대체하기 위해 노력해 왔다. 동영상 생성 AI 모델의 선두 주자로 각광받아 온 런웨이(Runway)사는 생성형 AI의 기능을 이미지의 색감과 부피감 등을 제어할 수 있는 필터로 활용하는 서비스(Gen-1)와 텍스트-to-비디오 및 이미지-to-비디오 기능을 제공하는 서비스(Gen-2) 등을 선보여 왔다. 유튜브와 엑스(X: 구 트위터)를 검색하다 보면 Gen-2는 물론 미드저니(Midjourney), 스테이블 디퓨전(Stable Diffusion), 달리2(Dall-e 2) 등의 텍스트-to-이미지 모델을 활용하여 제작된 사진사실적 또는 초현실주의적 이미지를 포함한 애니메이션 비디오를 심심찮게 접할 수 있다. 물론 가장 잘 알려진 최근의 사례는 챗GPT, 바드(Bard) 등의 거대언어모델(Large Lan-guage Model: LLM) 기반 문답형 텍스트 생성 모델의 확산, 그리고 프로덕션 및 포스트 프로덕션 영역에서의 AI의 확산에 대항한 미국 작가조합(WGA) 및 배우조합(AFTRA)의 파업 사례일 것이다.

그런데 이와 같은 사례가 영화를 이루는 복합적이고도 긴밀히 연결된 구성요소의 일부 혹은 전체를 바꿀 수 있다는 전망, 그래서 영화의 존재론적 양태와 경계 자체를 재편할 수도 있다는 사변적 전망 이전에 영화미디어학자로서 긴요하다고 절감하는 작업이 있다. 이와 같은 사례를 이끌어 온 변화가 2020년대 초에 갑자기 등장한 것이 아니기 때문이다. 즉 위에 열거한 사례를 촉발한 동인이 생성형 AI(generative AI)라 불리는, 특정한 구성과 기능을 가진 일군의 AI 모델이라면, 이와 같은 모델이 영화를 비롯한 기존의 미디어가 존재하고 작동하는 방식에 미치는 영향에 대한 질문은 바로 이 모델이 갖는 역사와 현재적 위상에서 출발해야 한다. 이와 같은 질문을 고려할 이유는 두 가지다. 첫째는 포스트-시네마 또는 포스트-사진이라는 용어에 함축된 다층적인 의미다. 이 용어는 일차적으로는 모두 디지털 기술이 전통적인 사진과 영화를 규정해 온 사진화학적인(photochemical) 재료와 기법, 미디어 객체(시간적 단편 또는 지속의 기록), 그 객체의 존재론(카메라 앞에 존재했던 세계의 기록), 그 객체의 경험 양식(사진의 경우에는 프레임 속에 인화된 이미지의 단편, 영화의 경우에는 영사 장치를 동반한 집단적인 관람) 모두를 근본적으로 동요시킨다는 점을 가리킨다(물론 디지털 기술이 포스트-사진 또는 포스트-시네마 국면의 유일한 조건이 아니라는 점을 덧붙일 필요가 있다). 그런데 이와 같은 인식이 본격화된 시기는 디지털 기술이 데스크톱 기반의 소프트웨어와 대형 스크린 기반의 스펙터클한 CGI에 이르기까지 확산된 1990년대다. 따라서 포스트-사진 또는 포스트-시네마의 관점에서 생성형 AI를 사유하기 위해서는 이것이 낳는 효과가 과연 기존의 포스트-사진적이거나 포스트-시네마적인 국면과 근본적으로 다른가 또는 그와 같은 국면을 발전적으로 심화하는가를 질문해야 한다. 나는 이 글의 결론에서 비록 생성형 AI에 근거한 이미지 제작이 기존의 CGI와 다름에도 불구하고, 적어도 현재의 시점에서 영화의 새로운 단계를 암시할 만한 변화를 낳는다고 단언할 수는 없음을 주장한다. 이와 같은 주장은 시네마가 지금까지 유지하고 갱신해 온 가변성에도 불구하고 새로운 기술적 요소에 의해서 전면적으로 내적 구성과 외적 경계가 달라지는 것이 아님을 뜻한다.

생성형 AI 모델의 역사와 현재를 고려할 두 번째 이유는 더욱 중요하다. 생성형 AI를 미디어로 고려하고 이것이 기존의 미디어와 어떻게 연속적이고 단절하는가를 사유하기 위해서는 이를 가능하게 한 이전의 기계학습 모델을 고려해야 하고, 이전의 디지털 이미지 제작 시스템과 어떤 관계를 맺는가라는 질문에도 답해야 한다. 첫 번째 과제는 생성형 AI의 기원을 이루는 기술적 발전인 컴퓨터 비전(computer vision), 데이터집합(dataset), 기계학습의 기능이 갖는 인식론적, 기능적 함의를 드러내고, 이를 넘어 생성형 AI 이미지가 이와 같은 기술적 발전과 유사한 동시에 구별되는 방식으로 존재하는가를 밝힌다. 이 과정은 두 번째 과제로 자연스럽게 이행하는데, 결론부터 말하자면 생성형 AI 이미지는 우리가 폭넓게 디지털 사진 또는 디지털 영화라는 관점에서 이해해 온 이미지와는 지각의 차원에서는 유사할지 몰라도 존재론적 차원에서 매우 다르다.

생성형 AI의 기원: 컴퓨터 비전, 데이터집합, 심층 신경망

미드저니, 스테이블 디퓨전, 달리2 등 오늘날 우리에게 잘 알려진 이미지 합성용 생성형 AI의 기원을 살펴보기 위해서는 기계학습 이외에도 컴퓨터 비전, 이미지 인식, 이미지 분류와 같은 개념을 생각해야 한다. 이와 같은 모델의 이미지 생성 방식은 인터넷에 존재하는 엄청난 규모의 디지털화된 사진 또는 그림 이미지에서 비롯되기 때문이다. 이 거대 규모의 이미지가 새로운 출력 데이터 이미지를 위한 재료가 되기 위해서는 그 이미지가 어떤 지시체를 포함하고 색채, 밝기 등의 시각적 요소는 무엇인가라는 정보를 획득해야 한다. 컴퓨터 비전은 현실 세계 내에서 카메라와 전자 센서, 기타 광학 기구로 기록할 수 있는 시각적 데이터는 물론 데이터로서의 시각 이미지를 분석하고 처리하는 기법으로서 2차 세계대전 이후 인공지능 및 컴퓨터 시스템의 한 응용 분야로 연구되어 왔다. 21세기에 들어 컴퓨터 비전이 오늘날과 같은 과학적, 정치적, 사회적 파급력을 가지게 된 기원에는 두 가지 과제의 해결 과정이 있다. 첫째, 그 무수한 양과 규모의 이미지를 어떻게 컴퓨터가 연산할 수 있게 할 것인가. 둘째, 이를 가능하게 하는 수학적 방법은 어떻게 구축될 수 있는가. 첫 번째는 데이터집합의 문제와, 두 번째는 기계학습 모델의 문제와 연결된다. 오늘날 우리가 활용하는 생성형 AI를 미디어로 설명한다면, 이는 이 모델을 활용하는 사용자 인터페이스를 넘어선 데이터집합과 기계학습 모델의 다층적이고도 역동적인 결합으로 정립해야함을 뜻한다(물론 뒤에 설명하겠지만 미디어로서의 생성형 AI는 이 세 가지 구성요소만을 갖지 않는다).

스탠퍼드대학의 페이-페이 리(Fei-Fei Li) 교수 연구진의 주도로 2009년 출시된 이미지넷(ImageNet)은 2010년대 이후 기계학습 모델의 활발한 실험 및 적용에 기폭제 역할을 했고, 오늘날 생성형 AI 모델이 활용하는 데이터집합의 선구이기도 하다. 이미지넷의 목표는 웹 2.0 시대에 폭증하게 된 이미지 데이터를 알고리즘이 검색하고 인식하고 분류할 수 있도록 대규모의 이미지 데이터베이스를 구축하는 것이었다. 이를 위해 연구진은 320만 여 개의 디지털화된 사진 이미지를 수집하고, 이를 영어 단어의 의미론적 관계에 대한 기존 데이터베이스인 워드넷(WordNet)의 범주에 따라 분류했다. 아울러 수집된 이미지 중 정확한 데이터집합에 포함될 수 있는 이미지를 선별하기 위해 크라우드노동 플랫폼 아마존 메커니컬 터크(Amazon Mechanical Turk)를 통해 후보 이미지와 그에 상응하는 워드넷 구문집합(synset)을 제공하고, 해당 이미지가 구문집합의 의미에 상응하는가를 판별하면서 레이블링(label) 작업을 수행하도록 주문했다. 물론 동일한 구문집합에 포함될 수 있으면서도 크기와 배경 등이 매우 다양한 다수의 이미지를 대표할 수 있는 평균 이미지를 측정하고 획득하기 위한 전산적 프로세스 또한 적용되었다.

이 과정에서 이미지넷 연구진이 적용한 가정은 다음과 같았다. 첫째, 기존의 컴퓨터 비전에 활용되어 온 객체 인식(object recog-nition) 알고리즘이 자동차 및 얼굴과 같은 한정된 이미지의 데이터집합을 훈련 데이터로 활용한 반면, 이미지넷은 워드넷의 의미 분류 및 위계에 상응하는 모든 이미지를 포함한다는 점에서 데이터집합의 다양성과 풍부함을 충족할 수 있다. 둘째, 비록 레이블링 데이터 작업자의 편견(즉 어떤 이미지를 어떤 의미에 분류할 것인가에 대한)으로부터 자유롭지 않지만, 여러 작업자 및 전문가, 알고리즘이 결합된 분류 검증 시스템의 적용 및 업그레이드와 더불어 이미지넷은 더욱 다양한 대규모의 이미지를 포함함으로써 더욱 정확해질 것이다. 셋째, 이미지넷에 포함되는 후보 이미지들은 유명인이나 정치인 등의 프로필 사진일 수도 있지만, 플리커(Flickr)를 비롯한 사진 공유 플랫폼이나 웹사이트에서 얻을 수 있는 이미지가 예시하듯 자연스러운 배경에서 대부분의 사람들이 공통적으로 볼 법한 일상적 장면의 이미지를 포함해야 한다. 니콜라스 말레베(Nicolas Malevé)와 카트리나 슬루이스(Katrina Sluis)가 최근의 논문에서 밝히듯, 이와 같은 가정에는 사진 제작 및 사진 이미지의 수용에 작용하는 복합적인 사회문화적 요인들을 소거한 채, 카메라의 기계적 기록을 세계와 주체에 대한 객관성의 척도로 취급하는 19세기 이후 '도구적리얼리즘'(instrumental realism)이 깔려 있다. 또한 이들보다 앞서 케이트 크로포드(Kate Crawford)가 트레버 패글린(Trevor Paglen)과의 협동 작업을 통해 입증했듯, 이미지넷을 비롯하여 기계학습의 훈련 데이터로 활용되는 이미지 데이터베이스를 구성하는 분류 체계(이미지넷의 경우에는 이미지들이 포함되고 계통적으로 분류되는 '구문집합')는 결코 중립적인 것이 아니라 분류의 대상이 되는 인간과 사물, 집단, 직업, 계급, 성향 등에 대한 인식적 권력이 개입되며, 이 데이터베이스는 성소수자와 유색 인종에 대한 편향적인 가치를 포함한다. 이와 같은 편향성은 한편으로는 인간의 특정한 시각적 속성이 인간의 성격과 정체성을 반영한다는 의심스러운 경험주의적 가정을 고착시키고, 다른 한편으로는 이미지와 그 이미지의 지시체, 그리고 그 이미지를 묘사하고 분류하는데 적용되는 레이블 간의 관계가 본질적이고 자명하다는 마찬가지로 문제적인 가정에 근거한다. 이와 같은 연구들이 비판적으로 밝히는 데이터집합의 인식적인 가정은 이를 학습함으로써 작동하는 2010년대 이후 기계학습에도 일정 부분 적용된다. 이미지넷을 비롯한 데이터집합은 얼굴 인식 및 객체 인식을 위한 신경망 모델의 개발 및 수정에 활용되었고, 2012년 이후 본격화된 심층학습(deep learning) 패러다임으로의 전환을 이끈 인프라 구조가 되었다. 이미지넷은 1990년대 후반 다차원의 시각적 요소를 포함한 얼굴 인식을 위해 고안된 심층 합성곱 신경망(deep convolutional neural networks: CNNs)의 광범위한 적용을 촉진했다. CNN은 훈련 데이터로서의 이미지를 공급받는 입력층(input layer)과 그 이미지와 관련된 출력층(output layer) 사이에 무수히 많은 은닉층(hidden layer)이 놓인 아키텍쳐를 따른다. 은닉층은 무수히 많은 활성화 함수(acti-vation function)로 이루어지는데, 여기에서 입력 데이터로서의 이미지는 시각적 패턴(이미지에 포함된 객체의 모양, 밝기, 색채 등)을 포함한 픽셀로, 나아가 수학적 연산을 통해 처리되는 벡터로 변환된다. 신경망은 이 벡터를 연산하면서 입력 이미지와 훈련 데이터 이미지에서 추출한 특징들의 유사성에 따른 통계학적 모델을 산출하고 조정하며, 이 모델이 띠는 패턴을 새로운 데이터에 적용하여 출력 이미지를 낳는다. 마테오 파스퀴넬리(Matteo Pasquinelli)와 블라단 욜러(Vladan Joler)가 정식화한 정신경(nooscope) 모델이 제안하듯, 기계학습은 이른바 AI라는 용어가 강조하는 인지나 지성의 구체화보다는 데이터의 훈련을 통한 패턴의 추출, 그 데이터의 분류를 포함하는 인식, 예측을 통한 모델의 생성과 변경으로 보아야 한다. 즉 기계학습 바탕의 모델에서 이미지의 지각 및 그 이미지가 구축하는 지식은 수많은 이미지들로 이루어진 데이터집합에서 시각적 특징을 신경망이 연산 가능한 요소로 추출하는 수학적 추상화, 그리고 분류와 예측이라는 자동화된 통계학적 프로세스를 거친 결과다. 오늘날의 자율주행 자동차 시스템에서 알 수 있듯 도로 위의 다양한 객체들을 식별하는 분류 과정과 이를 바탕으로 미래의 경로를 제시하는 예측 과정은 자동차 및 도로와 관련된 대규모 이미지 데이터집합의 학습과 연산을 전제한다.

심층학습의 이와 같은 발전 과정에서 2014년 이안 굿펠로우(Ian Goodfellow) 등이 제시한 적대적 신경망(Generative Ad-versarial Network: GAN)은 오늘날의 생성형 AI를 예비한 결정적인 선구자로 등장했다. GAN에 대한 가장 보편적인 설명 두 가지는 다음과 같다. 첫째, GAN은 입력 데이터 이미지를 통해 다수의 이미지를 생성하는 생성자(generator)와 그 이미지들이 출력 데이터와 호응하는가를 통계적으로 연산하고 분류하는 판별자(discriminator)라는 두 개의 모델이 서로를 강화하는 방식으로(즉 강화학습 방식으로) 작동한다는 것이다. 둘째, 이와 같은 방식으로 작동함으로써 GAN은 이전의 컴퓨터 비전 심층학습 모델보다 훨씬 사실적인 이미지를 얻을 수 있다는 것이다. 이 모델이 이른바 딥페이크의 생성 및 유행을 촉진했다는 것은 잘 알려져 있다. 그러나 좀 더 나아가자면 GAN이 오늘날의 생성형 AI를 예고했던 세 가지 방식을 식별할 수 있다. 첫째는 전산화된 통계학적 방법의 향상으로, 이를 통해 보다 많은 벡터화된 시각 정보가 포함된 고차원의 확률분포를 다룰 수 있게 되었고, 레이블 처리되지 않은 다수의 이미지에서 생성 이미지의 통계적 모델을 일반화할 수 있는 가능성을 확대했다. 둘째, GAN과 그 후속 모델을 통해 텍스트와 이미지, 또는 이미지와 이미지 간의 연결을 포함하는 데이터의 처리와 산출이 용이하게 되었다. 마지막으로 이와 같은 역량으로 인해 GAN과 그 유사 모델을 통해 저화질 이미지에서 고화질 이미지를 생성하거나 하나의 이미지에서 다른 이미지로 변환할 수 있게 되었는데, 이를 통해 GAN 기반 모델의 응용 범위는 기존 컴퓨터 비전의 객체 인식 또는 얼굴 인식을 넘어 과학과 의학의 영역(예를 들어 MRI 이미지, 천체망원경 이미지를 인간이 식별 가능하게 재구성하는 것), 그리고 예술의 영역으로 확대되어 왔다. 굿펠로우와 연구진은 2016년 출간한 GAN에 대한 튜토리얼 논문에서 이렇게 전망한 바 있다. "GAN은 사용자의 상상력 속 개략적인 장면에 호응하는 사실적 이미지를 창조하도록 사용자를 돕는 상호작용적 프로그램을 창출하는데 사용될 수 있다."

생성형 AI: 올드 미디어와 뉴 미디어 사이

지금까지 생성형 AI에 대한 비판적인 설명은 데이터집합을 구성하는 이미지와 텍스트의 자동화된 스크랩과 인지적 노동 과정, 그리고 이러한 과정으로 구성된 데이터집합에서 이미지와 텍스트를 생성하는데 적용되는 수학적 프로세스의 확률론적 속성을 부각시켜 왔다. 이 두 가지 관점은 생성형 AI가 데이터세트와 모델에 있어서 이전 기계학습 모델의 연속임을 강조한다. 생성형 AI를 구성하는 거대언어모델의 방법론적 혁신으로 부각되어 온 두 가지 요소는 데이터의 규모, 그리고 모델의 훈련에 적용되는 학습 데이터 획득의 방식이었다. 이미지넷 구축 당시 다루었던 백만 단위의 이미지 데이터에 비해 거대언어모델에 기반한 오픈AI의 달리-2는 수십억 단위의 이미지를 학습 데이터로 활용한다. 이처럼 기하급수적으로 증가한 규모의 경제는 데이터집합의 구성 방식 덕택이기도 했다. 다수의 이미지를 워드넷의 의미 분류와 연결하기 위해 알고리즘 이외에도 다수의 미세노동자가 작업에 투여되었던 이미지넷의 사례와는 달리, 달리-2를 이루는 클립(CLIP: Contrastive Language-Images Pre-training)은 캡션이 붙은 이미지를 인터넷에서 직접적으로 스크랩하여 사전 훈련된 모델이다. 그러나 데이터 규모와 데이터 큐레이션 파이프라인의 혁신이라는 두 가지 차이에도 불구하고 생성형 AI가 이전의 심층학습 모델에 적용된 이미지 인식의 한계와 문제점을 완전히 극복한 것은 아니다. 지도학습에서 비지도학습으로의 이행, 그리고 사전훈련 모델의 범용성이라는 혁신에도 불구하고 훈련 데이터는 여전히 이와 같은 AI의 중요한 자원이기 때문이다. 그렇기에 이미지넷을 비롯하여 기계학습의 훈련을 위해 구축되고 활용되었던 이미지 데이터베이스에 기입된 성적, 인종적, 젠더적, 직업적 편향과 이를 강화하는 스테레오타입의 문제가 생성형 AI의 확산과 더불어 사용자 인터페이스와 대중적 공론장의 표면에 부상할 수 있었다. 예를 들어 블룸버그통신은 2023년 스테이블 디퓨전을 활용하여 직업 및 범죄와 관련하여 생성한 5,100여 개 이미지의 편향성을 분석한 바 있다 (https://www.bloomberg.com/graphics/2023-generative-ai-bias/).

생성형 AI의 훈련 데이터 차원에 내재된 이와 같은 인식론적, 문화적 문제는 생성형 AI 모델을 작동시키고 이전의 심층학습 모델을 계승한 수학적 프로세스와도 관련된다. 언어학자 에밀리 벤더가 거대언어모델의 한계를 지적하면서 제시한 확률론적 앵무새(stochastic parrot)라는 유명한 비유는 대규모의 텍스트 데이터로 사전 학습된 이와 같은 모델로 생성된 텍스트가 하나의 단어나 문장 다음에 올 수 있는 단어나 문장을 통계적인 분포에 따라 예측할 수 있음을 가리킨다. 그 예측의 결과로 얻게 되는 텍스트는 구문론적으로는 인간의 담화와 유사하더라도, 그 모델에는 인간의 언어 습득 및 활용에 적용되는 경험과 지성, 맥락이 결여되어 있기에 성적, 인종적, 정치적 편향에 취약하다는 것이다. 과학소설가 테드 창(Ted Chiang)은 생성형 AI를 '응용 통계(applied statistics)'라 부르는 것이 온당하다고 단언하면서, 빅 테크 기업을 비롯한 AI의 열광자들이 이렇게 부르기를 주저하는 이유는 이 명칭이 기술의 산업적, 상업적 가치라는 면에서 그렇게 매력적이지 않기 때문이라고 덧붙인다. 새로운 미디어가 이전 미디어의 재현적 관습을 전용하고 통합하는 방식을 재매개(remediation) 개념으로 이론화한 바 있는 제이 데이비드 볼터(Jay David Bolter)는 생성형 AI가 사진, 드로잉, 회화 등 기존 미디어에 구성적으로 의존한다는 점에서 '알고리즘적 재매개/리믹스'라 볼 수 있다고 말한다. 무엇보다도 생성형 이미지 제작 AI에 대한 가장 생생한 비판을 제시한 히토 슈타이얼(Hito Steyerl)은 생성형 AI의 이미지 산출 방식을 '확률론적 합성/렌더링(statistical compositing/rendering)'으로 요약하고 이를 경유한 이미지를 '평균 이미지(meanimage)'로 부른다. 여기서 'mean'이라는 단어는 '의미한다'(즉 생성형 AI로 얻은 이미지는 사회에서 이미지가 갖는 의미와 관련된다), '평균'(통계적인 평균값), '저열하다' 모두를 포함한 중의적 의미로, 슈타이얼이 이 개념을 통해 강조하는 것은 생성형 AI의 이미지가 심층학습 모델의 자동적인 연산 결과만으로 볼 수가 없다는 것이다. 즉 이와 같은 이미지의 기원이 되는 훈련 데이터 이미지의 수학적 벡터는 인터넷에서 순환하는 수많은 이미지들에 내재된 사회적 패턴(예를 들면 어떤 인종과 특정 직업 집단이 이미지를 통해 열등하게 재현되는가)을 잠재적으로 반영하기 때문에 "데이터 포퓰리즘의 예측 가능한 산물"이다. 이들은 생성형 AI 모델이 데이터집합의 수학적 연산을 통해 사용자의 프롬프트와 유사한 이미지 요소의 패턴을 인식하고 텍스트의 수학적 정보와 가장 근사하게 일치하는 통계적 분포를 찾아 이를 통해 프롬프트가 뜻하는 이미지와 유사한 이미지를 예측한다는 점을 강조한다. 이와 같은 관점에서 볼 때 생성형 AI는 물론 기존의 심층학습을 가동하는 확률론적 프로세스는 데이터의 구성과 활용에 작용하는 비대칭적 권력과 모순을 한편으로는 통계학적 상관 관계의 힘(즉 통계적으로 가장 근사한 데이터들의 분포가 지식과 의사결정의 객관적 근거가 된다)으로 은폐하는 동시에, 사용자의 손에서 자유로이 제작되고 유통될 수 있는 재현물의 형식으로 심화하는 것으로 파악된다.

나는 데이터집합과 확률론적 프로세스라는 두 가지 차원에서 생성형 AI가 이미지 인식 및 얼굴 인식 기능을 포괄하는 기존의 심층학습 모델과 연속적이라는 점을 단언하면서, 그러한 두 가지 연속성이 초래하는 모순에 대한 비판적인 견해에도 동의한다. 그런데 GAN 이후의 생성형 AI 모델의 이미지 생성 과정이 훈련 데이터의 시각적, 텍스트적 요소를 단순히 재생산 또는 복제하는 것이 아니라는 점을 인식하는 것이 중요하다. 생성형 AI 텍스트의 번역과 연구에 주력해 온 이계성은 "인공적 원본: 합성적 텍스트와 번역 가능성"이라는 글에서 창과 슈타이얼의 견해가 "LLM이 생성 가능한 출력값의 범위가 훈련 데이터의 총합과 꼭 동일하지는 않다는 비교적 단순한 측면을 편리하게 간과하는 듯하다"라고 설득력 있게 지적한다. 거대 언어모델이 기존의 심층학습 모델과 다른 점은 훈련 데이터의 사전학습이라는 방법론 이상으로 훈련받지 않은 과제를 수행하거나 훈련 데이터에 포함되지 않은 텍스트 또는 이미지 결과물을 산출하는 능력이다, 그리고 그와 같은 능력의 기원인 확률론적 프로세스가 어떻게 단어 또는 문장 간의 상관관계를 구축하는가를 인간의 지각과 인식 내에서 설명하는 과제는 여전히 해결되지 않았다(바로 이와 같은 알 수 없음은 물론 생성형 AI를 '초지성(superintelligence)' 또는 '인공 일반지성(artificial general intelligence: AGI)'으로 간주하는 신화적 의인화 관념을 강화하는 데 기여하기도 한다).

챗GPT와 같은 거대언어모델에 적용되는 이와 같은 딜레마는 이미지 생성 모델에도 적용된다. 즉 여기서 문제는 데이터집합에서 출력 데이터에 이르는 과정을 과연 리믹스 또는 합성의 용어로 설명할 수 있을 것인가이다. 리믹스가 콜라주라고 한다면 콜라주를 이루는 개별 이미지들을 알아볼 수 있어야 한다. 이는 서로 다른 객체와 재현 체계를 가진 이미지 레이어를 동일 프레임 내에 중첩함으로써 하나의 이미지를 획득하는 범용한 시각효과 기법인 디지털 합성(digital compositing)의 경우에도 마찬가지다(이 점을 알기 위해서는 유튜브에서 잘 알려진 블록버스터 영화의 제작 과정 영상을 보는 것으로 충분하다). 그런데 생성형 AI를 경유한 이미지는 이와 같이 부분들은 물론 그 부분들을 결합시키는 기법이 식별되지 않는다. 예를 들어 GAN을 비롯한 생성형 AI를 활용하여 A라는 인물과 유사한 이미지를 만드는 과제를 수행해 보자. 이때 A와 유사한 인물은 데이터집합에 속한 다른 인물 사진 데이터들의 특정한 특징들을 조합한 결과인가, 아니면 A와 유사한 인물에 대한 가상의 모델을 형성한 결과인가. 생성형 AI 모델을 통한 이미지 생성은 부분들의 조합으로 이미지를 얻는 것이라고 엄밀하게 단정할 수 없다. 즉 '합성'이라 하더라도 합성에 포함되는 얼굴의 개별적 특징들이 어디까지인가를 식별할 수 없고, 그러한 합성을 이루는 코드 또한 마찬가지다. 굳이 말하자면 생성형 AI의 이미지 합성은 특정 객체의 이미지에 대한 확률분포를 통해 생성되는 전체론적인 게슈탈트(Gestalt)에 보다 가깝다. 이와 같은 방법은 훈련 데이터를 이루는 수많은 얼굴 사진을 분석하여 얼굴의 주요한 특징만을 추출하는 주성분분석(principal component analysis: PCA)과 유사하다는 점에서 생성형 AI 이전의 심층학습 기법과 연결된다. 이와 같은 유사성에도 불구하고 생성형 AI 모델의 이미지 생성 과정은 결코 훈련 데이터의 직접적인 반영 또는 모방이 아니다. 생성형 AI에서 훈련 데이터 이미지는 인코딩을 통해 압축되고 수학적 벡터로 변환된 후, 이 벡터들이 놓이는 n차원의 잠재 공간(latent space)를 거쳐, 디코더를 통해 노이즈로서의 데이터를 이미지로 재구성하는 과정을 겪는다. 이와 같은 확산 모델(diffusion model)에서 본래의 훈련 데이터 이미지가 압축과 손실을 겪고 수학적 함수들의 복합적 연산을 통해 고화질의 이미지로 변환되는 과정에는 많은 가변성과 인식불가능성이 자리한다.

이와 같은 점을 고려한다면 다음을 알 수 있다. 생성형 AI 모델에서 데이터집합의 학습부터 출력 데이터의 생성에 이르는 과정은 결코 결정론적이지 않으며, 결괏값이 콜라주 또는 사실주의적 디지털 합성과 유사하더라도 그 과정은 비선형적이고 복잡하다. 즉 생성형 AI에 근거한 이미지 생성은 프롬프트의 명령에 따라 특정한 규칙을 통해 특정 이미지를 낳는 결정론적 모델을 따르지 않는다. 예를 들어 GAN을 이용하여 인물 사진과 유사하지만 사실은 존재하지 않는 인물의 이미지를 임의적으로 생성하는 thispersondoesnotexist(https://this-person-does-not-exist.com/en)의 경우 동일한 검색어를 입력해도 항상 다른 결과의 인물 사진이 생성된다는 것을 알 수 있다. 이처럼 설명 가능성 바깥에 있는 수학적 프로세스의 창발성과 우발성을 고려하면 생성형 AI는 도구이되 인간의 의도성과 도구적 합리성의 관점에서만 볼 수 있는 도구가 아님을 알게 된다. 수학적인 방법론에 내재된 귀납적 실증성이 그것이 기대하는 객관성을 벗어나는 초현실적, 마술적, 우발적 효과까지 산출한다는 것, 이것이 생성형 AI 모델이 이전의 기계학습 모델과 구별되는 중요한 한 가지 차원이다.

결국 생성형 AI가 낳는 양가적인 효과인 기존 미디어의 재현적, 의미론적 관습의 재생산과 이를 넘어서는 익숙하지만 낯선, 우발적인 인공물의 산출은 데이터집합 결정론(즉 데이터집합의 편향과 모순이 생성형 AI가 낳는 인공물의 모순을 일차적으로 결정한다)만으로는 설명될 수 없다. 이 기계적/도식적 결정론은 생성형 AI를 구성하는 모델 및 데이터의 역동적 변환과 재구성에 내재된 복잡성을 평면화하고 '도구주의'를 '도구'와 혼동한 결과인 '자판기'라는 설득력 없는 비유로 반사되고, '훈련되지 않을 권리'를 AI의 추출주의에 대한 유일한 대안으로 상정하는 네오러다이즘으로 산개된다. 생성형 AI의 양가적 효과를 보다 정교하게 탐구하고 설명하기 위해서는 데이터집합 이외에도 생성형 AI를 구성하는 수학적 모델과 그 모델의 기능성이 갖는 인식론적, 문화적 함의에 대한 분석이 필요하다. 거대언어모델을 가능하게 한 사전학습(pretraining)과 같은 기법, 그러한 기법을 전제로 새로운 훈련 데이터의 학습이나 모델의 조정 없이 입력 데이터에 대한 처리 결과를 도출하는 제로-샷(zero-shot) 학습과 같은 기법, 그리고 이와 같은 기법들의 적용을 통해 구성된 다양한 모델이 생성형 AI를 미디어로 설명할 때 고려해야 할 비중 있는 변수들이다.

모델의 중요성과 관련하여 생성형 AI가 이전의 심층학습과 구별되는 또 다른 중요한 차원은 달리 2, 스테이블 디퓨전과 같은 모델들이 이른바 텍스트와 이미지를 결합하고 넘나드는 다중모드(multimodal) 모델이라는 점이다. 이는 분류와 분별이라는 기존 기계학습의 기능에서 생성으로의 패러다임 전환이 제기하는 또 다른 단절의 지점을 현상한다. 2010년대 중반부터 GAN과 같은 모델을 업데이트하면서 본격화된 생성형 AI의 개발은 이미지와 텍스트를 단일한 데이터 흐름으로 처리하기 위한 방법들을 적용했고, 그 결과 CLIP처럼 텍스트와 이미지 각각을 인코딩하여 어떤 이미지가 데이터집합 내의 텍스트들과 짝을 이룰 수 있는가를 수학적으로 예측할 수 있는 모델을 개발했다. 이를 통해 초기 인공지능 단계부터 실험의 영역이었던 자연어 처리(natural language processing)은 프롬프트를 통한 이미지 분류와 예측으로 연장되었다. 이와 관련된 한 논문에 따르면 "자연어는 시각적 범주의 모든 공간 내에 있는 객체를 기술하기 위한 일반적이고도 유동적인 인터페이스를 제공한다. 이상적으로 보자면 우리에게는 속성들을 분별하는 역량을 가진 텍스트 기술의 일반성이 있을 수 있었다"("Generative Adversarial

Text to Image Synthesis"). 또 다른 관련 컴퓨터 공학 논문의 목표가 분명히 밝히듯, 텍스트와 이미지를 벡터 상태로 변환하는 임베딩(embedding)에 근거한 다중모드 모델은 잠재 공간 내에서 텍스트와 이미지 간의 매체 특정적인 구별이 붕괴되는 결과를 낳음은 물론, "훈련 시에는 볼 수 없었던 완전히 새로운 장면에 대한 텍스트 설명의 생성"("Generating Images from Captions with Attention") 또한 가능하게 만들었다.

생성형 AI의 다중모드 모델 내에서 텍스트와 이미지 간의 이와 같은 가변적 관계가 낳는 이중적 함의를 추론할 수 있다. 데이터집합의 차원에서 인간이 기존의 다양한 이미지를 텍스트와 연결하는 방식, 이미지를 설명하고 분류하고 그 이미지에 의미를 부여하는 담화의 방식에 대한 인식을 새롭게 촉발한다. 생성형 AI의 이미지 생성에 연료를 공급하는 데이터집합은 W.J.T 미첼(W.J.T. Mitchell)이 말하는 메타그림(metapicture)의 속성을 띤다. "메타그림은 이미지에서 자주-관찰되는 익숙한 낯섦(uncanniness), 이미지의 유령성, 관찰자를 되돌아보는 이미지의 경향, 외견상, 관찰자의 현전에 응답하는 경향, '관찰자로부터 무엇인가를 원하는' 경향을 설명하는 형상"이다. 이와 같은 메타그림은 이미지에 대한 설명, 또는 텍스트와 더불어 존재해 온 이미지의 집합으로 설명된다. '익숙한 낯섦'에 내재된 양가성에 주목한다면, 생성형 AI로 산출된 이미지가 메타그림으로서의 이미지 문화에 대해 무엇을 암시하는가를 알 수 있다. 생성형 AI의 중요한 효과 중 하나는 기계학습이 기존에 플랫폼 또는 사회적 장치의 기능을 위해 구축해 온 이미지 데이터와 텍스트 데이터의 정치적, 문화적, 인식론적 함의를 사용자의 경험적 인터페이스에 출력한다는 데 있다. 그러한 함의를 알려주는 대상에는 물론 전형화된 인물 사진처럼, 시각적 특징의 분류를 통해 인간과 집단의 정체성을 설명해 온 역사적 실천이 포함된다. 다른 한편으로 생성형 AI는 이 과정에서 이미지와 텍스트의 기이한 조합을 만들어내거나, 프롬프트에 엄밀하게 호응하지 않으면서도 이미지의 역량과 그 사회적, 이데올로기적, 심리적 효과에 대한 사유를 자극하는 낯선 이미지를 낳기도 한다. 후자의 효과는 자연어 처리를 포함하게 되면서 더욱 수학적으로 치밀해진 동시에 더욱 복잡하고 가변적이게 된 이미지와 텍스트의 위상에서 비롯된다.

수리마술적 미디어

지금까지의 논의를 재가동하면서 처음의 질문으로 돌아가 보자. 생성형 AI를 미디어로 어떻게 정의할 수 있는가. 생성형 AI의 익숙하면서도 낯선 면모는 단순히 인간의 문화에 축적되어 왔고 인간이 인식할 수 있는 이미지와 텍스트의 산출로만 설명될 수 없다. 생성형 AI는 거대 규모 데이터집합과 컴퓨팅 인프라 구조(GPU와 데이터센터, 클라우드 컴퓨팅을 포함한)로 작동하는 모델, 이 모델을 구성하는 다수의 수학적 함수들인 알고리즘으로 구성된 기계학습이라는 물리적, 가상적, 인간적, 비인간적 행위자들의 다층적이고도 정교한 결합이라는 점에서 연산 미디어(computational media)의 최전선에 속한다. 연산 미디어로서 기계학습의 기존 특징은 일차적으로 그것이 소셜 미디어와 스트리밍 미디어에서의 추천 알고리즘이 입증하듯, 인간이 미디어 객체로 경험하는 결과물의 차원보다는 인간과 사회의 가치와 지식, 관계를 심층적으로 구성하고 조율하는 매개자(mediator)로서 존재하고 작동했다는 점이다. 생성형 AI의 기원이 이미지 내의 객체 인식이나 얼굴 인식처럼 다양한 사회적 기능을 수행하는 장치들을 구성하는 컴퓨터 비전의 탐구에서 파생되었다는 점이 이를 입증한다.

이와 같은 요소들로 인해 생성형 AI를 통한 이미지 제작은 카메라와 대상 간의 인과적 관계에 근거한 전통적인 사진화학적 미디어 이미지와도 다르고, 인간의 수작업 또는 인지적 작업을 자동화한 기능들을 포함한 소프트웨어를 활용한 이미지 제작은 물론 자연 현상이나 유기체의 운동과 특징을 수학적 모델링을 통해 시뮬레이션하는 과정을 수반하는 컴퓨터 그래픽과도 구별된다. 컴퓨터 비전의 탐구를 뒷받침한 가정은 인간의 시각적 지각과 이미지의 시각적 특징이 컴퓨터가 연산 가능한 수학화된 특징들로 변환 및 추출될 수 있고, 그 특징을 이루는 벡터들의 수학적 분포와 유사도에 의해 이미지의 패턴을 인식할 수 있다는 것이었다. 이와 같은 프로세스를 위한 학습 자료로 제공되는 데이터집합 내의 이미지는 전통적인 미적 가치로 판별되고 인간의 눈으로 음미되는 것이 아니라 다른 기계를 위해 활용되고 그 기계에 의해 해독되고 처리된다는 점에서 하룬 파로키(Harun Farocki)가 말했고 트레버 패글런, 미디어학자 유시 파리카(Jussi Parikka) 등이 정교화해 온 작동 이미지(operational image)에 속한다. 즉 작동 이미지는 기계학습의 매개 과정에서 적용되는 지침들을 위한 원재료로 활용되어 왔다.

작동 이미지의 관점에서 볼 때 생성형 AI의 등장은 무엇을 말하는가? 생성형 AI는 프롬프트를 통한 자연어 처리에도 불구하고 궁극적으로는 복잡하고 다층적인 수학적 프로세스에 근거한다는 점에서, 그리고 실제로 모델이 수학적으로 처리하는 대상이 기존의 시각적 요소가 아닌 비시각적(invisual) 요소로서의 벡터라는 점에서 이미지 제작 과정을 전반적으로 작동화(operationalize)한다. 그러나 이와 같은 과정의 귀결은 흥미롭게도 미적 가치가 부재하거나 기계의 작업을 위해서만 처리되는 이미지만이 아니다. 우리가 생성하고 유통해 온 어떤 종류의 이미지도 스크랩과 추출, 학습 대상이 될 수 있다는 점에서 한편으로는 탈인간적이고 연산적인 작동화 과정 내에 있지만, 생성형 AI가 낳는 이미지는 기존의 재현 및 형상화 내에 포함되면서도 기존이 재현 또는 형상에 적용되어 온 논리와 가치, 예를 들면 이미지와 지시체가 갖는 인과적 지표성의 논리와 그 논리가 보증해 온 진실 주장(truth claim)의 가치를 교란시키는 종류의 이미지다. 기존에는 인간이 볼 수도 없었고 인간이 보는 것으로 상정되지 않았던 이미지를 처리하던 시스템이 이제는 인간에게 보기를 촉발하는 미적 이미지를 낳는다. 이와 같은 역설적인 효과는 수학적인 방법에 근거하면서도 이를 뒷받침해 온 도구적인 합리성을 넘어서는, 슈타이얼의 표현을 빌리자면 '유사-마술적(quasi-magical)' 효과다. 이와 같은 역설을 고려하여 나는 생성형 AI를 수학(mathematics)과 마술적 효과의 합성어인 '수리마술적(mathemagical)' 미디어로 규정한다. 생성형 AI의 마술적인 효과, 즉 이미지의 지시체와 관습을 추출하여 합성함으로써 파생되는 현실 효과와 초현실적 이미지, 불가해한 추상적 이미지 등은 기존의 미디어 이미지, 이미지-텍스트 관계, 이미지의 사회문화적 작용이 무엇인가에 대한 사유, 그리고 이 모든 것들이 여전히 설명의 문턱 너머에 있는 통계적 프로세스의 우발성과 복잡성을 통해 어떻게 변화하는가에 대한 사유를 요구한다.

이와 같은 사유의 대상에 시네마가 포함될 수 있는가. 즉 시네마가 수리마술적 미디어로 변모될 가능성이 있는가. 나는 언젠가 그것이 가능할 수 있어도 아직까지는 제법 시간이 필요하다고 보는데 다음과 같은 두 가지 이유 때문이다. 첫째, 기존의 영화 이미지, 나아가 동영상 일반은 사진 또는 회화 이미지보다 훨씬 고차원의 정보를 포함하기 때문에 사전 훈련용 데이터집합으로 추출되고 가공되는데 상당한 노력과 인프라구조를 필요로 한다. 둘째, 영화의 체계를 구조언어학적인 방법으로 설명할 수 있는 가능성에 대한 질문에 "영화는 언어 규칙으로서의 '랑그(langue)'가 없는 랑가주(language/언어)다"로 답했던 크리스티앙 메츠(Christian Metz)의 견해를 떠올릴 수 있다. 즉 트랜스포머(Transformer)와 같은 거대언어 모델이 순차적으로 배열될 수 있는 언어 규칙의 사전학습에 근거한다면, 그와 같은 규칙에 해당하는 등가물을 역사적으로 존재해 온 영화에서 식별하고 정식화할 수 있을 것인가의 문제가 해결되어야 한다 (혹자는 그 등가물은 고전적 할리우드 편집이나 예술 영화 내레이션과 같은 것이라고 말할 수도 있겠지만, 이것이 심층학습이 학습하여 패턴 인식으로 추상화할 수 있는 것인가에 대해서는 현재까지는 회의적이다).

영화의 제작과 존재 방식을 연산적으로 재구성할 수 있는 이러한 변화의 실현이 아직까지는 거리가 멀다는 의미에서 생성형 AI는 아직 포스트-시네마 조건을 구성하는 의미 있는 변수로 포함되지 않았다. 현재까지 생성형 AI를 활용한 무빙 이미지 제작 실험이 현재까지는 기존 디지털 시각효과의 자동화를 통한 프로덕션 파이프라인의 개선이나 애니메이션 이미지 구성요소의 생성, 그리고 특정한 정지 이미지에서 마치 에드워드 머이브리지의 연속사진 재생 영상을 연상시키는 원시적인 (심지어 '움짤'로 번역되는 GIF 파일 이미지와 유사한) 영상을 산출하는 수준에 머물러 있다는 점이 이를 입증한다. 이와 같은 상황을 고려한다면 비록 기존 영화 이미지의 집합이 빅 데이터라는 이름의 아카이브가 되고, 그 아카이브에 포함된 특정한 규칙을 미래의 생성형 AI 모델이 학습하고 적용할 수 있더라도, 지금까지 존재했고 또한 변화하는 시네마라는 구성물은 일정 정도는 이미지 제작의 전반적인 수학적 작동화에 대한 일종의 저항적 전선을 형성할 것이다. 자신의 다양한 이형들을 낳아 온 형식적, 물질적, 기법적 가변성의 차원에서도(확장 영화의 역사를 떠올려보라) 시네마는 이미지 제작 기법의 수학화에 저항적일 것이다. 카메라와 세계와의 관계를 전체가 아니더라도 중요한 존재론적 근거로 삼아 온 예술로서 시네마는 데이터집합으로서의 이미지로 이미지를 생성하고 유통하는 시스템에 저항적일 것이다. 이미지들 간의 관계들을 구축하고 조율함으로써 의미 있는 시간적 경험을 구성하는 몽타주의 미학적, 개념적 풍부함이라는 차원에서도 시네마는 생성형 AI에 적용되는 확률론적 상관관계의 논리에 저항적일 것이다. █

(왼쪽부터) 백준오, 최지웅, 김용언, 김미영, 서희영, 강혜연, 신해욱, 정성일, 신동혁, 이영재, 장훈, 이연호, 이종은, 주성철, 곽신애, 김지훈

!
— 강혜연
『키노』 38~54호 기자. 〈착한 아이〉 감독

겪으면서도 믿어지지 않는 일들, 한 치 앞도 알 수 없는 삶. 내 남은 생의 중심에 무엇을 둘 것인가. 살아가는 동안은 물론 죽음 이후에도 가치로운 것은 딱 하나, 사랑인 것 같습니다. 사랑할 대상이 있고 제대로 사랑하기 위해 지혜를 구하는 삶은 (현실적으로 뭐가 어떻든) 축복. 그러니, 그렇게, 또박또박 한 발 한 발 가보자 싶습니다. 환기와 충전의 시간이었습니다. 『키노 씨네필』을 만든 분들, 참여해 주신 분들, 읽는 분들 모두 참 비슷한 사람들인 것 같습니다. 사랑합니다. 고맙습니다.
— 곽신애
『키노』 창간호~28호 기자. 〈가려진 시간〉, 〈기생충〉 제작

애야, 속세는 놀라운 일의 연속이지?
(엉클 분미)
내 생각에 가장 영향력 있는 영화는 인생의 형성기에 본 영화라고 생각합니다. 이름을 선택할 수 없는 것처럼 좋아하는 영화도 선택할 수 없습니다. 그것은 당신에게 일어나는 일이고, 갑자기 그것은 당신의 일부가 됩니다.(알리체 로르바케르)
— 김미영
『키노』 17~32호 기자.
〈너는 결코 서둘지 말라〉, 〈절해고도〉 감독

10대 20대를 걸쳐 함께 한 『키노』의 마지막 호에 함께해서 영광이었습니다. 저에게 『키노』는 좋은 스승이었고 친구였습니다. 정성일 편집장님이 늘 하시던 그 말로 마무리 하겠습니다. 우리들은 전진할 것입니다.

앞으로도 한국영화 현장에서 누가 되지 않는 사진 찍으며 살아남아 있겠습니다.
— 김설우
『키노』 모니터 기자. 〈베테랑〉, 〈남산의 부장들〉, 〈소울메이트〉 스틸 작가

이번 마감을 치르면서 20년 전 남산 사무실 생각을 자주 했다. 한동안 매일 동일한 새벽 시간 복도에서 울려 퍼져서 공포에 질리게 했던 옆 사무실 전화벨 소리, 매일 야식으로 사다 먹었던 치킨, 갓 개장했던 명동 밀리오레, 이른 시간에 타러 갔던 남산 케이블카, 마감하면서 들었던 친구의 윈앰프 방송, 맞은편 서울예대의 커피 자판기. 몇 달 전 남산 초입을 지나면서 옛 사무실 건물이 공사 중인 걸 봤다. 약간의 리모델링만 하는 것인지 전체를 다 새로 짓는 것인지는 알 수 없었지만, 너무나 아쉬워서 그 자리를 한참 떠나지 못하고 서성거렸다. 20년 전 『키노』에서 일했다는 것이 여전히 자부심으로 남아 있다. 나이 들어가면서 그런 기억이 얼마나 든든한 밑바탕이 되고, 늘 부족한 자신감을 가까스로 끌어낼 수 있는 근거가 되는지를 새삼 실감한다. 세 편의 원고를 쓰면서 20년 전 편집장님에게 매번 혼나던 게 떠올라 내내 식은땀을 흘렸다. 그때나 지금이나 내 원고는 여전히 부끄럽지만, 어떻게든 시간 안에 맞춰 제출했다는 것에 의의를 둔다. 이런 기회를 얻을 수 있어서 정말 감사한 마음뿐이다.
— 김용언
『키노』 63~95호 기자. 현재 격월간 미스터리 잡지 〈미스테리아〉 편집장

2023년 6월 어느날 『키노 씨네필』 기획에 관한 연락을 받고 퍽 흥분했습니다. 『키노』가 20여 년 만에 귀환(?)하기

때문만이 아니라 10여 년 전에 한국을 떠난 나를 편집진분들이 여전히 기억해 주었기 때문입니다. 『키노』에서 배운 소중한 것들을 외국에서 일하면서도 언제나 떠올립니다. 내 인생을 바꿔준 『키노』에 감사!
— 김준양
『키노』 3호~79호 애니메이션 갤러리/ 포럼 연재. 일본 니가타대학교 학제일본학프로그램 교수

돌이켜보면 『KINO』는 수전 손택이 '영화의 쇠퇴'를 선언했던 1996년 당시 한국에서 '영화의 시대'에 참여하고 영화를 진지한 예술 작품, 분석을 요하는 대중 문화, 사유와 연구의 대상으로 정립하고자 분투했다는 점에서 역설적이었다. 그 역설적인 시네필리아를 역사화할 수 있을 시기에, 연산적 미디어(computational media)가 영화를 넘어 기술적 미디어가 존재하고 작동하는 새로운 방식의 인식론적, 미학적 함의에 대한 사유를 화급하게 요청하는 시기에 『KINO 씨네필』 프로젝트가 시작되었다. 영화미디어학의 관점에서 이 프로젝트에 기고한 글은 그런 요청에 화답하기 위한 출발점이다.
— 김지훈
제1회 『키노』 영화평론가 당선. 중앙대학교 영화학과 교수

『키노』에 가장 어울리지 않는 글을 쓰지만, 『키노』는 그런 글도 품어줬다. 어쩌면 『키노』에 허용된 일말의 농담이었기를 바란다.
— 나호원
제2회 『키노』 영화평론가 당선. 애니메이션 연구자

『키노』와는 한창 영화에 빠져들던 고등학교 시절 독자로서 처음 만났다. 그리고 몇 년 후 DVD 시장이 최전성기였던 시절엔 (많이들 기억 못하실) 『키노』의 DVD 섹션이 별책 부록으로 제공되었는데, 한동안 DVD 섹션 필자로 참여해서 더욱 깊은 인연을 맺을 수 있었다. 그리고 다시 20여 년이 흘러 이제는 출판인이 된 내가 기념비적인 100번째 『키노』의 공동 발행을 맡게 되었으니 정말 길고도 깊은, 어쩌면 끈질긴 인연이다 싶어 감회가 새롭다. 영화의 주변부를 맴돌며 함께 해 온 30여 년에 걸친 나와 『키노』의 인연이 부디 이 책으로 끝나지 않길 바라며....

— 백준오
　플레인아카이브 대표

1년 전 『키노 씨네필』의 기획을 시작했던 때가 떠오른다. 그때의 나에게 『키노』는 그저 꿈이었는데, 이제 『키노 씨네필』 책을 손안에서 펼칠 날이 머지 않았다. 그 현실이 마치 꿈 같다.

— 서희영

디자인 에이전시를 다니던 시절, 회사 책장에는 『키노』가 빽빽이 꽂혀있었다. 저기 저 잡지가 전설로 남은 바로 그 잡지란다, 그리고 내가 다니고 있는 이 회사에서 2001년에 기존 『키노』 디자인을 리노베이션했는데 그게 호불호가 갈린단다, 라는 선배의 말과 함께. 남의 이야기인 것처럼 후루룩 넘겨보던 그 잡지였던 것인데, 그것이 오늘의 복선이 될 줄을 누가 알았을까. 이번 『키노 씨네필』을 디자인하게 되면서 기존 『키노』를 다시 뜯어보고, 들여다보게 되리라는 것, 이 책에 실린 모든 글을 미리 읽고 즐길 수 있는 기회가 주어질 것을 누가 알았을까. 역시 세상일이란 알 수 없는 장면의 연속이다.

— 신신(신해옥, 신동혁)
　디자이너

고다르가 타계한 지 1년여 지난 즈음에 〈이미지 북〉 관련 기사를 번역하며 여러 생각이 들었다. 『키노』의 역사가 신화로 박제되지 않고 진행형으로 재래하길 바란다.

— 신은실
　『키노』 75~99호 파리 통신원,
　『뒤라스×고다르 대화』 번역

『키노』로 만났던 수많은 영화들과 지난 시간들에 대해 오랜만에 다시 생각하는 기회를 주셔서 감사합니다. 많은 것들이 변했고 또 여전히 그대로인 것도 있네요. 영화를 사랑해서 만난 사람들! 어디서든 또다시 영화로 만날 수 있기를 바랍니다.

— 신혜은
　『키노』 창간호~44호 기자. 〈낮은 목소리〉 3부작 기획, 〈화차〉 프로듀서

『키노』 스페셜호 덕분에 『키노』가 없는 20년간을 꼼꼼히 반추할 기회를 얻었다. 아주 긴 시간에 비하면 영화는 천천히 변화한다고 여겨졌다. 하지만 세상은 아주 짧은 시간에도 많은 일들이 발생한다. 한 배우를 깊이 이해하는 시간이 주어졌고 그 충족감을 누릴 새도 없이 한 배우가 황망히 떠났다. 그 둘은 한 영화의 완벽한 균형을 데칼코마니처럼 지탱한 얼굴들이다. 하나를 얻으면 하나를 잃는 냉혹한 법칙

속에서, 어느 때보다 애절한 마음으로 영화를 응원한다.

— 이연호
　『키노』 창간호~73호 편집부장,
　74~99호 편집장. 영화평론가

영화가 역사이자 정치임을 새삼 깊이 깨달아갔던 짧지 않은 시간이 있었다. 여전히 영화의 친구들인 나의 씨네필 동지들께, 반가움과 설렘, 얼마쯤은 낯선 만남이었기를. 변치 않는 우정을 기약하며.

— 이영재
　『키노』 8~91호 기자. 성균관대학교 비교문화연구소 선임연구원

오랜 동안 영화와 멀리 떨어져 있었는데 『키노』로 인해 그 시간이 봉합된 듯하다. 즐거운 시간이었고 좋은 추억으로 남을 것이다. 함께한 모든 분들께 감사드린다.

— 이종은
　『키노』 창간호~48호 기자.
　『죽음의 가시』, 『D자카 살인사건』 번역

2023년은 개인적으로 참 힘든 한 해였다. 그 한 해를 『키노』의 동료들과 함께했다. 여전히 열정적이고 영화에 대한 애정이 가득한 사람들을 보며 그 덕에 무사히 한 해를 보내게 된 것 같다. 여전히 『키노』는 나에게 힘이 되어주었다. 참으로 감사하다.

— 장훈
　『키노』 45~95호 기자.
　〈원나잇스탠드〉 감독

너무 오래전에 『키노』를 만들었기 때문에 모두 잊었을 것으로 생각했다. 그런데 편집회의를 하기 위해 『키노』들을 만나러 가는 길에 무심코 하늘을 쳐다보는 지금, 참으로 이상하게도 문득 어제까지 매일 해오던 일처럼 느껴졌다. 그러면서 중얼거렸다. 아, 이번 생은 『키노』가 있어서 꽤 괜찮았구나. 이 책을 받아 들면서 독자였던 당신에게도 『키노』가 있던 날들이 꽤 괜찮았구나, 라고 이 마음이 전해졌으면 참 좋겠다.

— 정성일
　『키노』 창간호~73호 편집장. 영화감독. 영화평론가